中华传世藏书

【图文珍藏版】

二十五史

姜涛⊙主编

线装书局

桓伊传

【题解】

桓伊字叔夏，小字野王，晋谯国铚县（今安徽宿县西南）人。桓氏家族在晋代是仕宦世家，人才辈出，桓温、桓冲、桓玄等是其中的佼佼者。桓伊自幼就显示出他的军事才略，入仕后，多次被任为定疆大吏，历任淮南太守、豫州刺史、江州刺史、护军将军等。他和谢玄在淝水大败苻坚之军，是指挥这次著名战役的名将。桓伊除具军事才能外，又是当时著名的笛子演奏家，他的演奏水平，在当时为江左一。他还收藏一支东汉著名音乐家蔡邕的"柯亭笛"，称为一时之绝。著名琴曲《梅花三弄》据说就是据桓伊的笛曲改编而成的。

【原文】

伊字叔夏。父景，有当世才干，仕至侍中、丹杨尹、中领军、护军将军、长社侯。

伊有武干，标悟简率，为王濛、刘惔所知，频参诸府军事，累迁大司马参军。时苻坚强盛，边鄙多虞，朝议选能距捍疆场者，乃授伊淮南太守。以绥御有方，进督豫州之十二郡扬州之江西五郡军事、建成将军、历阳太守，淮南如故。与谢玄共破贼别将王鉴、张蚝等，以功封宣城县子，又进都督豫州诸军事、西中郎将、豫州刺史。及苻坚南寇，伊与冠军将军谢玄、辅国将军谢琰俱破坚于肥水，以功封永修县侯，进号右军将军，赐钱百万，袍表千端。

伊性谦素，虽有大功，而始终不替。善音乐，尽一时之妙，为江左第一。有蔡邕柯亭笛，常自吹之。王徽之赴召京师，泊舟青溪侧。素不与徽之相识。伊于岸上过，船中称伊小字曰："此桓野王也。"徽之便令人谓伊曰："闻君善吹笛，试为我一奏。"伊是时已贵显，素闻徽之名，便下车，踞胡床。为作三调，弄毕，便上车去，客主不交一言。

时谢安女婿王国宝专利无检行，安恶其为人，每抑制之。及孝武末年，嗜酒好内，而会稽王道子昏庸尤甚，惟狎昵谄邪，于是国宝谗谀之计稍行于主相之间。而好利险波之徒，以安功名盛极，而构会之，嫌隙遂成。帝召伊饮宴，安侍坐。帝命伊吹笛。伊神色无迕，即吹为一弄，乃放笛云："臣于筝分乃不及笛，然自足以韵合歌管，请以筝歌，并请一吹笛人。"帝善其调达，乃敕御妓奏笛。伊又云："御府人于臣必自不合，臣有一奴，善相便串。"帝弥赏其放率，乃许召之。奴既吹笛，伊便抚筝而歌《怨诗》曰："为君既不易，为臣良独难。忠信事不显，乃有见疑患。周旦佐文武，《金縢》功不刊。推心辅王政，二叔反流言。"声节慷慨，俯仰可观。安泣下沾衿，乃越席而就之，将其须曰："使君于此不凡！"帝甚有愧色。

伊在州十年，绥抚荒杂，甚得物情。桓冲卒，迁都督江州荆州十郡豫州四郡军事、江州刺史，将军如故，假节。伊到镇，以边境无虞，宜以宽恤为务，乃上疏以江州虚耗，加连岁不登，今馀户有五万六千，宜并合小县，除诸郡逋米，移州还镇豫章。诏令移州寻阳，其余皆听之。伊随宜拯抚,百姓赖焉。在任累年,征拜护军将军,以右军府千人自随,配护军府,卒官。赠右将军,加散骑常侍,谥曰烈。

初,伊有马步铠六百领,豫为表,令死乃上之。表曰:"臣过蒙殊宠,受任西藩。淮南之捷,逆兵奔北,人马器铠,随处放散。于时收拾败破,不足贯连。比年营缮,并已修整。令六合虽一,馀烬未灭,臣不以朽迈,犹欲输效力命,仰报皇恩。此志永绝,衔恨泉壤。谨奉输马具装百具,步铠五百领,并在寻阳,请勒所属领受。"诏曰:"伊忠诚不遂,益以伤怀,仍受其所上之铠。"

子肃之嗣。卒,子陵嗣。宋受禅,国除。伊弟不才,亦有将略,讨孙恩,至冠军将军。

【译文】

桓伊字叔夏。他的父亲桓景,具有治世的才能,官至侍中、丹杨尹、中领军、护军将军、长社侯。

桓伊有军事才略,生性机敏,作风平易,深为王濛、刘惔所赏识,多次为诸军府参谋;军事历升至大司马参军。当时苻坚兵力强盛,边境上多处令人担心,朝廷要选拔能捍卫边境的将领,于是任桓伊为淮南太守。因在边地措施得力,升任他为豫州的十二郡扬州的江西五郡都指军事、建威将军、历阳太守,仍旧兼任淮南太守。他和谢玄一起击败苻坚的将领王鉴、张蚝等人,因功封为宣城县子,又晋升为都督豫州诸军事、西中郎将、豫州刺史。在苻坚率兵南下的时候,桓伊和冠军将军谢玄、辅国将军谢琰共同在淝水打败苻坚,因功被封为永修县候,进名号为右军将军,赏钱百万、衣料千匹。

桓伊生性谦逊平易,立了大功,始终作风不改。他擅长音乐,成为当时的高手,被称为江左第一。他有一支东汉蔡邕的柯亭笛子,经常吹奏。王徽之有一次奉召进京,所乘的船只停泊在青溪旁。桓伊向来不认识王徽之,他正好从岸上经过,船上的人称呼桓伊说:"这位是桓野王。"王徽之便让人对桓伊说:"听说你善于吹笛子,请为我吹奏一曲。"当时桓伊已是官高位显,平时就久闻王徽之的大名,于是下车,坐在矮几上,为他演奏了三支曲子,吹奏完毕,便上车走开,主人和客人并没有交谈一句。

当时谢安的女婿王国宝仗势胡作非为,谢安很讨厌他,经常对他进行约束。晋武帝晚年嗜酒,好女色,会稽王道子更加昏庸,只亲近那些阿谀奉承、行为邪恶之徒,于是王国宝便能靠拍马奉承、挑拨君主和宰相谢安的关系。那些为利的奸险之辈,认为谢安势力已经极盛转变,便造谣生事,于是晋武帝和谢安之间发生矛盾。晋武帝请桓伊赴宴,谢安陪坐。晋武帝让桓伊吹笛助兴,桓伊满腔表现出顺从的神情,为他吹奏了一曲,放下笛子说:"我弹筝的水平虽然不如笛的水平高,但也能做到与歌声和其他乐器音调和谐,我为陛下边弹边唱,请一个人来吹笛子。"晋武帝对他的随和很满意,于是让全皇家乐队的乐妓来吹笛。桓伊对说:"皇家乐队的人和我不一定配合得好,我有一个奴仆,善于和我配合。"晋武帝越发欣赏他的直率,准许把奴仆叫来。奴仆吹起笛子,桓伊便弹筝歌唱《怨诗》,歌词说:"为君既不易,为臣良独难。忠信事不显,乃有见疑患。周公佐文武,《金滕》功不刊。推心辅王政,二叔反流言。"音调铿锵,情绪慷慨激昂,声调高低悦耳。谢安被感动得泪湿前襟,他从座位上站起来,走到桓伊的笛边,用手捋着桓伊的胡子说:"刺史大人在这一点上真是不同凡响!"晋武帝则满腔羞愧。

桓伊在豫州十年,他安抚百姓,救济贫困,很得民心。桓冲去世后,他升任都州荆州十郡豫州四郡军事、江州刺史,仍号右军将军,假节钺。桓伊到江州镇城,鉴于边境上没有什么担心的地方,应以宽免百姓的赋税、抚恤贫困为当务之急,于是他上奏朝廷,因江州连年争斗,地方人力物力消耗殆尽,加上连年收成不好,现在只剩下民户五万六千多户,应该将小县合并,免除所欠的赋税,把州治迁回豫章,皇帝下令州治移至寻阳,其他各项都照准。桓伊因地制宜地进行安抚,使百姓有所依赖。他在任多年,朝廷征他为护军将军,原右军将军府中千人兵吏随他调动,配备护军府。他死在护军将军任上。追赠他为右将军。加散骑常侍衔,谥号为"烈"。

当初,桓伊存有骑兵步兵盔甲众百套,他临死之前预先写下奏疏,让家人在他死后上交给朝廷。他在奏疏上说:"我受到皇帝的厚爱,在西部边境任职。淮南的胜利,敌人逃命,人马的盔甲,四处丢弃。当时我下令收集这些盔甲,但都残破不完整。连年加以修理,现又修理完整。现在虽然天下统一了,但敌人的残暴势力还没有消灭,我虽然已经年迈老朽,仍想为朝廷效力尽命,以上报皇帝的恩德。现在我的志愿没法实现了,这是我死后的遗愿。现在送上马具一百套、百兵盔甲五百套,这些都存放在寻阳,请派官员去接受。"皇帝下诏说:"桓伊的尽忠心理没能最终实现,更加让我伤心,收下他送上的盔甲。"

桓伊的儿子桓肃之继承了他的爵位。桓肃之死后,他的儿子桓陵继承爵位。宋朝接收政权,封爵被废除。桓伊的弟弟名叫不才,也有军事才略,他曾讨伐孙恩,官至冠军将军。

陈寿传

【题解】

陈寿(233～297),字承祚,安汉(今四川南充北)人,著名的西晋史学家。他少时受学于同郡史学家谯周(201～270年),"聪明敏识,属文富艳"。后出仕,屡被谴黜。入晋后,被举为孝廉,作佐著作郎,又升任著作郎,出补平阳侯相,编成了《诸葛亮集》。不久,他又入为著作郎,吴灭(280年)后,他开始整理三国史事,著魏、蜀、吴书共六十五卷,称为《三国志》,是为继司马迁、班固之后写成的第三部纪传体史书。这部书包括《魏志》三十卷,《蜀志》十五卷,《吴志》二十卷,只有纪、传而无表、志。其《魏志》前几卷都是本纪体裁,因此,此书名为《三国志》,实际上是以魏为正统。为了维护当时统治者司马氏的利益,《三国志》有不少曲笔,但对曹魏与孙吴刑政的苛虐、徭役的繁重,却并不掩饰。其内容涵盖也较广阔,凡是这一时期政治、军事、经济上的重要人物,以及学术、文学、艺术、科技上有贡献者都得到了反映。它全书爽洁简约,但"裁制有余,

陈寿塑像

【原文】

陈寿字承祚,巴西安汉人也。少好学,师事同郡谯周,仕蜀为观阁令史。宦人黄皓专弄权威,大臣皆曲意附之,寿独不为之屈,由是屡被谴黜。遭父丧,有疾,使婢丸药,客往见之,乡党以为贬议。及蜀平,坐是沈滞者累年。司空张华爱其才,以寿虽不远嫌,原情不至贬废,举为孝廉,除佐著作郎,出补阳平令。撰《蜀相诸葛亮集》奏之。除著作郎,领本郡中正。撰《魏吴蜀三国志》,凡六十五篇。时人称其善叙事,有良史之才。夏侯湛时著《魏书》,见寿所作,便坏己书而罢。张华深善之,谓寿曰:"当以《晋书》相付耳。"其为时所重如此。或云丁仪、丁廙有盛名于魏,寿谓其子曰:"可觅千斛米见与,当为尊公作佳传。"丁不与之,竟不为立传。寿父为马谡参军,谡为诸葛亮所诛,寿父亦坐被髡,诸葛瞻又轻寿。寿为亮立传,谓亮将略非长,无应敌之才,言瞻惟工书,名过其实。议者以此少之。

张华将举寿为中书郎,葛勖忌华而疾寿,遂讽吏部迁寿为长广太守。辞母老不就。杜预将之镇,复荐之于帝,宜补黄散。由是授御史治书。以丁母忧去职。母遗言令葬洛阳,寿尊其志。又坐不以母归葬,竟被贬议。初,谯周尝谓寿曰:"卿必以才学成名,当被损折,亦非不幸也。宜深慎之。"寿至此,再致废辱,皆如周言。后数岁,起为太子中庶子,未拜。元康七年,病卒,时年六十五。

梁州大中正、尚书郎范頵等上表曰:"昔汉武帝诏曰:'司马相如病甚,可遣悉取其书。'使者得其遗书,言封禅事,天子异焉。臣等案:故治书侍御史陈寿作《三国志》,辞多劝诫,明乎得失,有益风化,虽文艳不若相如,而质直过之,愿垂采录。"于是诏下河南尹、洛阳令,就家写其书。寿又撰《古国志》五十篇、《益都耆旧传》十篇,余文章传于世。

【译文】

陈寿,字承祚,巴西郡安汉县人。少年时代他就很好学,拜同郡学者谯周为师,后入仕蜀国为观阁令史。宦官黄皓弄事专权,大臣们都阿谀曲附,只有陈寿不向他低头屈服,因此屡遭排挤。在为他父亲服丧期间,他得了病,便让婢女调治药丸,这件事被看望他的客人看到了,于是乡亲邻里认为陈寿应受到贬责。蜀国被平定之后,陈寿便因此事多年在仕途上不得升进。司空张华怜惜他的才华,认为陈寿虽然没有远避嫌疑,但根据当时的实际情况,不至于将陈寿贬废,于是推举陈寿为孝廉,授佐著作郎,出任阳平令。他编撰了《蜀相诸葛亮集》,上奏给皇上。于是升为著作郎,兼任本郡中正。又编撰《魏吴蜀三国志》,共六十五篇。当时人夸赞他擅长叙述历史,有作为良史的才华。夏侯湛当时也编撰了《魏书》,他看到陈寿的著作后,便销毁了自己的书并不再写。张华非常欣赏《三国志》,对陈寿说:"应当把《晋书》的著述也交付与你。"陈寿就是这样被当时所看重。也有人说,丁仪、丁廙在魏国负有盛名,陈寿对他们的儿子说:"可用一千斛米献给我,我会为你们的父亲写作好的传记",丁的儿子不给他米,他于是就不为丁仪、丁廙立传。陈寿的父亲曾是马谡的参军,马谡被诸葛亮诛杀,陈寿的父亲也因此受到剃发的刑罚。诸葛瞻又轻视陈寿。陈寿为诸葛亮作传,说诸葛亮帅兵作战不是他的长处,没有应敌的才能;说诸葛瞻仅擅长书法,名过其实。评论者因此而轻视这部书。

张华准备荐举陈寿为中书郎，荀勖嫉妒张华，因而憎恶陈寿，授意吏部迁陈寿为长广太守。陈寿以母老为借口，辞官不就。杜预将要到镇南任大将军，重新向皇帝举荐陈寿，认为可以任命他为黄门侍郎与散骑常侍。于是授官为御史治书。后来因母亲去世，回家守丧，辞去官职。他母亲临终嘱托他将自己埋葬在洛阳，陈寿遵照母亲的遗愿办了。陈寿由于没有将母亲运回故乡归葬，竟然又受到贬议。起初，谯周对陈寿说："您一定会以才学成就功名，理当受到别人的贬损中伤，也并不是不幸。应当非常谨慎这一点。"后来陈寿果然到了这一步，并二次遭到清议的侮辱，都同谯周的预言一样。许多年后，复官为太子中庶子，未及就职，元康七年，便因病去世了，时年六十五岁。

梁州大中正、尚书郎范颖等上表说："过去汉武帝曾下诏说：'司马相如病重，可派人去把他的著述都取来。'使者拿到司马相如的遗著，其中所言封禅之事，使天子感到吃惊。我们下臣认为：已故治书侍御史陈寿作《三国志》，多有规劝警戒之辞，阐明得失，有益于社会教化，虽然文采不如司马相如那么艳丽，但如实记事超过了他，希望陛下恩准采录陈寿的著述。"于是下诏书命令河南尹、洛阳令，到陈寿家里抄写《三国志》。陈寿又撰写有《古国志》五十篇、《益都耆旧传》十篇，其他的文章也传播于当时。

司马彪传

【题解】

司马彪(？～约306)，字绍统，河内温县(今河南温县西)人，西晋史学家。他是晋朝的宗室，因少年无行，不得为嗣，故不交人事，博览群书，潜心著述，如《庄子注》《九州春秋》等。其中以《续汉书》最为知名。其书计八十篇，纪、传、志均备。后因范晔《后汉书》出，《续汉书》的纪、传部分逐渐散佚。书中的志则因《后汉书》无志而被南朝人刘昭取并入《后汉书》中得以流传至今。志原为八篇，刘昭并入《后汉书》时分为三十卷，即《律历》三卷，《礼仪》三卷，《祭祀》三卷，《天文》三卷，《五行》六卷，《郡国》五卷，《百官》五卷，《舆服》二卷。它们的材料根据大概是《东观汉记》的志，因此有较高的史料价值。虽早将其并入了《后汉书》中，后人仍相沿称其为《续汉书志》。

【原文】

司马彪字绍统，高阳王睦之长子也。出后宣帝弟敏，少笃学不倦，然好色薄行，为睦所责，故不得为嗣，虽名出继，实废之也。彪由此不交人事，而专精学习，故得博览群籍，终其缀集之务。初拜骑都尉。泰始中，为秘书郎，转丞。注《庄子》，作《九州春秋》。以为："先王立史官以书时事，载善恶以为沮劝，撮教世之要也。是以《春秋》不修，则仲尼理之；《关雎》既乱，则师挚修之。前哲岂好烦哉？盖不得已故也。汉氏中兴，讫于建安，忠臣义士亦以昭著，而时无良史，记述烦杂，谯周虽已删除，然犹未尽，安顺以下，亡缺者多。"彪乃讨论众书，缀其所闻，起于世祖，终于孝献，编年二百，录世十二，通综上下，旁贯庶事，为纪、志、传凡八十篇，号曰《续汉书》。泰始初，武帝亲祠南郊，彪上疏定议，语在初,谯周以司马迁《史记》书周秦以上,或采俗语百家之言,不专据正经,周于是作《古史考》二十五篇,皆凭旧典,以纠迁之谬误。彪复以周为未尽善也,条《古史考》中凡百二十二事为不当,多据《汲冢纪年》之义,亦行于世。

【译文】

司马彪字绍统,是高阳王司马睦的长子。过继给宣帝司马懿的弟弟司马敏为子。司马彪年少时笃学不倦,但由于喜好女色,行为不检,深受司马睦的斥责,并因此不能作为王位的继承人。司马彪虽然在名义上过继给了司马敏,实际上是以此废除了他的继承权。由于这件事,司马彪便不再热心于交朋结友,转而集中精力,专心学习,博览群书,完成了他编写、注释书籍的工作。起初,司马彪被授以骑都尉的官职。泰始年间,为秘书郎,不久转为秘书丞。他注释了《庄子》,编纂了《九州春秋》。司马彪认为:"过去的君主都设立史官,用来书录时事,记载善恶,用以惩罚劝勉,收集教化世人的经验教训。因此对没有修饰的《春秋》,仲尼给予整理;《关雎》散乱,师挚给予修整。难道是前哲们喜好麻烦吗? 大概是不得不如此的原因吧。自东汉建国,到建安年间,忠君之臣,仁义之士也已经闻名天下,但东汉没有好的史官,所修史籍也冗繁芜杂。谯周虽已有所删除,但还没有刊削完毕。安顺年间以后,佚失阙漏者还有很多。"司马彪于是查阅、参照了许多有关东汉史的记述,编纂收集到的资料,起于世祖,终于孝献,编写了二百年的历史,共记载十二个皇帝,上下贯通综合,又缀录众多史事,纂成纪、志、传共几十篇,名为《续汉书》。泰始初年,晋武帝亲自到南郊祭拜,司马彪上疏使意见最终确定下来,其文收在《郊祀志》。后来司马彪被授以散骑侍郎。惠帝末年去世,终年六十余岁。

起初,谯周因为司马迁《史记》记载周秦以上史事,有些地方采用民间俗语,不完全依据严肃的经典,于是作《古史考》二十五篇,完全凭据旧典,以纠正司马迁的谬误。司马彪又认为谯周所考也未能尽善,于是摘出《古史考》不正确者共一百二十二条,据《汲冢纪年》的记载予以改正,司马彪的这部书也流传于世。

胡威传

【题解】

胡威,字伯武,一名貔,淮南寿春(今安徽寿县)人。他父亲胡质在三国魏政权中以忠正清廉而著称,任官至征东将军、荆州(治今河南新野)刺史。胡威自小就廉洁谨慎,他从京城洛阳去荆州探望父亲时,没有车队仆从,只是单身骑驴而行。在归途中,当他发现沿途对他加以照顾的人是父亲帐下的都督时,就把父亲给的一匹绢偿还给都督,并与都督分手。胡威在魏、晋之际历任侍御史、徐州刺史、豫州刺史、尚书、青州刺史等职,仍以清慎著称。曾劝谏晋武帝不可对高官贵戚过于宽纵,但未被采纳,死于青州刺史任上。

【原文】

胡威，字伯武，一名貔，淮南寿春人也。父质，以忠清著称，少与乡人蒋济、朱绩俱知名于江淮间，仕魏至征东将军、荆州刺史。威早砺志尚。质之为荆州也，威自京都定省，家贫，无车马僮仆，自驱驴单行。每至客舍，躬放驴，取樵炊爨食毕，复随侣进道。既至，见父，停厩中十余日。告归，父赐绢一匹为装。威曰："大人清高，不审于何得此绢?"质曰："是吾俸禄之余，以为汝粮耳。"威受之，辞归。质帐下都督先威未发，请假还家，阴资装于百余里，要威为伴，每事佐助。行数百里，威疑而诱问之，既知，乃取所赐绢与都督，谢而遣之。后因他信以白质，质杖都督一百，除吏名。其父子清慎如此，于是名誉著闻。

拜侍御史，历南乡侯、安丰太守，迁徐州刺史。勤于政术，风化大行。

后入朝，武帝语及平生，因叹其父清，谓威曰："卿孰与父清?"对曰："臣不如也。"帝曰："卿父以何为胜耶?"对曰："臣父清恐人知，臣清恐人不知，是臣不及远也。"帝以威言直而婉，谦而顺。累迁监豫州诸军事、右将军、豫州刺史，入为尚书，加奉车都尉。

威尝谏时政之宽，帝曰："尚书郎以下，吾无所假借。"威曰："臣之所陈，岂在丞、郎、令史，正谓如臣等辈，始可以肃化明法耳。"拜前将军、监青州诸军事、青州刺史，以功封平春侯。太康元年，卒于位，追赠使持节、都督青州诸军事、镇东将军，余如故。谥曰烈。

子奕嗣。奕字次孙，仕至平东将军。威弟罴，字季象，亦有干用，仕至益州刺史、安东将军。

【译文】

胡威，字伯武，他又名胡貔，是淮南寿春人。他父亲胡质，以忠正清廉著称，年轻时与同乡人蒋济、朱绩在长江、淮南之间都很有名气，出仕三国魏政权，官至征东将军、荆州刺史。胡威自小就砥砺自己的志向。胡质担任荆州刺史时，胡威自京城洛阳前去探望父亲，由于家中贫困，没有车马以及僮仆，只是自己单身骑驴前往。每到一个客站，胡威就自己放驴、取柴作饭，吃完后再与旅伴一起上道。到达荆州后，胡威拜见父亲，在驿站中停留了十余天，然后向父亲告辞，父亲赐他一匹绢以供路途上使用。胡威说："您为人清高，不知是在何处得到此绢的?"胡质说："这是我俸禄的结余，以作为你路上的开销。"胡威这才接受这匹绢，告辞返京。胡质帐下的都督在胡威未出发前，就请假还家，暗中置下路上所需物品，在百余里外等候胡威，邀胡威作为旅伴，事事都帮助胡威。一起行走数百里后，胡威心中疑惑，就引他说话以得知实情，既知他是父亲帐下的都督，就取出父亲所赐给的那匹绢偿付给都督，向他道谢后与他分手。以后，胡威在其他信中将此事告诉胡质，胡质责打都督一百杖，除去他的吏名。胡质父子如此清廉谨慎，因此名誉广为人知。

胡威以后出任侍御史，历任南乡侯，安丰太守，迁任徐州刺史。他勤于处理政事，治理得法，当地风化大行。

以后胡威奉召入朝，晋武帝司马炎与他谈论过去的事情，于是感叹他父亲胡质的清廉作风，对胡威说："你与父亲相比，谁更清廉?"胡威回答说："我不如父亲。"晋武帝说："你父亲在哪方面比你强呢?"胡威回答说："我父亲的清廉行为唯恐别人知道，我的清廉行为唯恐别人不知道，因此，我远远不及父亲。"晋武帝认为胡威的回答直率而且婉转，谦合而又恭顺。胡威又迁任监豫州诸军事、右将军、豫州刺史。以后，他又奉召入朝担任尚书,加奉车都尉。

胡威曾批评晋武帝对臣下过于宽纵,晋武帝说:"对于尚书郎以下的官吏,我从不加以宽免。"胡威说:"我所指的,并不在于丞、郎、令史等中下级官吏,正是说的像我这样的人也不可宽纵,才可以肃清风化,严明法纪。"他又被任命为前将军、监青州诸军事、青州刺史,因功被封为平春侯,太康元年,他死于任上,朝廷追赠使持节、都督青州诸军事、镇东将军,其余如故,又赐给谥号称烈。他儿子胡奕承袭他的爵位。

胡奕字次孙,出仕西晋,官至平东将军。胡威的弟弟胡罴,字季象,也有才干,官至益州刺史、安东将军。

吴隐之传

【题解】

吴隐之(? ~413)字处默,濮阳鄄城人,是三国时期魏国侍中吴质的六世孙。他少时家中贫困,却清高廉洁,从不非分妄取。在为父母守丧时,以孝著称,并由此得到当时有权势者的赏识,因而一出仕就担任士族所任的清官。以后,他在朝内外历任要职,但俸禄大部分给亲戚与族人,自己的生活与庶民一样。朝廷因历任广州刺史皆贪赃枉法。为矫正这一弊病,特任命吴隐之为龙骧将军,广州刺史。他在上任途中曾酌饮贪泉之水,并赋诗表达自己的清白之志。在广州时,他的清廉节操更为突出,每日只以蔬菜、干鱼为食。从广州返回京都时,一无所带。到京后,拒绝接受执政者为他建造住宅,居住在茅屋小宅之中。以后,他又担任尚书、太常、中领军等要职,但廉洁俭朴的作风始终如一,在他身教的影响之下,子孙也都保持着廉洁谨慎的传统。

【原文】

吴隐之,字处默,濮阳鄄城人,魏侍中质六世孙也。隐之美姿容,善谈论,博涉文史,以儒雅标名。弱冠而介立,有清操,虽日晏饮菽,不飨非其粟,儋石无储,不取非其道。年十三,丁父忧,每号泣,行人为之流涕。事母孝谨,及其执丧,哀毁过礼。家贫,无人鸣鼓,每至哭临之时,恒有双鹤警叫,及祥练之夕,复有群雁俱集,时人咸以为孝感所至。尝食咸菹,以其味旨,掇而弃之。

与太常韩康伯邻居,康伯母,殷浩之姊,贤明妇人也,每闻隐之哭声,辍餐投箸,为之悲泣。既而谓康伯曰:"汝若居铨衡,当举如此辈人。"及康伯为吏部尚书,隐之遂阶清级,解褐辅国功曹,转参征虏军事。兄坦之为袁真功曹,真败,将及祸,隐之诣桓温,乞代兄命,温矜而释之。遂为温所知赏,拜奉朝请、尚书郎、累迁晋陵太守。在郡清俭,妻自负薪。入为中书侍郎、国子博士、太子右卫率,转散骑常侍,领著作郎。孝武帝欲用为黄门郎,以隐之貌类简文帝,乃止。寻守廷尉、秘书监、御史中丞,领著作如故,迁左卫将军。虽居清显,禄赐皆班亲族,冬月无被,尝浣衣,乃披絮,勤苦同于贫庶。

广州包带山海,珍异所出,一箧之宝,可资数世,然多瘴疫,人情惮焉。唯贫窭不能自立者,求补长史。故前后刺史皆多黩货。朝廷欲革岭南之弊,隆安中,以隐之为龙骧将军、广州刺史、假节,领平越中郎将。未至州二十里,地名石门,有水曰贪泉,饮者怀无厌之欲。隐之既至,语其亲人曰:"不见可欲,使心不乱。越岭丧清,吾知之矣。"乃至泉所,酌而饮之,因赋诗曰:"古人云此水,一歃怀千金。试使夷齐饮,终当不易心。"及在州,清操逾厉,常食不过菜及干鱼而已,帷帐器服皆付外库,时人颇谓其矫,然亦终始不易。帐下人进鱼,每剔去骨存肉,隐之觉其用意,罚而黜焉。元兴初,诏曰:"夫孝行笃于闺门,清节厉乎风霜,实立人之所难,而君子之美致也。龙骧将军、广州刺史吴隐之孝友过人,禄均九族,菲己洁素,俭愈鱼飧,夫处可欲之地,而能不改其操,飨惟错之富,而家人不易其服,革奢务啬,南域改观,朕有嘉焉。可进号前将军,赐钱五十万、谷千斛。"

及卢循寇南海,隐之率厉将士,固守弥时,长子旷之战没。循攻击百有余日,踰城放火,焚烧三千余家,死者万余人,城遂陷。隐之携家累出,欲奔还都,为循所得。循表朝廷,以隐之党附桓玄,宜加裁戮,诏不许。刘裕与循书,令遣隐之还,久方得返。归舟之日,装无余资。及至,数亩小宅,篱垣仄陋,内外茅屋六间,不容妻子。刘裕赐车牛,更为起宅,固辞。寻拜度支尚书、太常,以竹篷为屏风,坐无毡席。后迁中领军,清俭不革,每月初得禄,裁留身粮,其余悉分振亲族,家人织纺以供朝夕。时有困绝,或并日而食,身恒布衣不完,妻子不沾寸禄。

义熙八年,请老致事,优诏许之,授光禄大夫,加金章紫绶、赐钱十万、米三百斛。九年,卒,追赠左光禄大夫,加散骑常侍,隐之清操不渝,屡被褒饰,致事及身没,常蒙优锡显赠,廉士以为荣。

初,隐之为奉朝请,谢石请为卫将军主簿。隐之将嫁女,石知其贫素,遣女必当率薄,乃令移厨帐助其经营。使者至,方见婢牵犬卖之,此外萧然无办。后至自番禺,其妻刘氏赍沈香一斤,隐之见之,遂投于湖亭之水。

子延之复迈清操,为鄱阳太守。延之弟及子为郡县者,常以廉慎为门法,虽才学不逮隐之,而孝悌洁敬犹为不替。

【译文】

吴隐之,字处默,是濮阳鄄城人,三国时魏国侍中吴质的六世孙。吴隐之容貌很美,善于谈论,广泛涉猎文史,以儒雅著名。他年少时就孤高独立,操守清廉,虽然到傍晚才能熬豆为食,但绝不吃不属于自己的饭食;虽然家中一无积蓄,但绝不拿取不合道义而来的东西。在他十余岁时,父亲去世,他每次大声哭泣时,连路过的行人都心酸流泪。他事奉母亲孝顺谨慎,到他为母亲守丧时,哀伤的表现超过礼制的规定。他家中贫困,没有人击鼓,每当他哭吊母亲时,就有双鹤在附近鸣叫,到母亲丧期进行祭祀的那天傍晚,又有一群雁会集在他家附近,当时人都以为是他的孝心感动天地所致。他曾吃咸菹,以其味美,挟起来扔掉。

吴隐之与太常韩康伯是邻居,韩康伯的母亲是殷浩的姐姐,是一位贤良聪明的妇人。她每次听到吴隐之的哭声,就放下筷子不再吃饭,为之悲痛流泪。后来,她对韩康伯说:"你如果掌管国家官吏的任用权,应当推举像这样的人。"到韩康伯担任吏部尚书时,吴隐之遂被任用为清官,他一出仕就担任辅国将军功曹,又调任征虏将军参军事。他哥哥吴坦之为袁真功曹,袁真失败后,吴坦之将要被处死,吴隐之去拜见桓温,请求代替兄长去死，桓温出于怜悯而赦免了吴坦之。由此吴隐之受到桓温的赏识，任奉朝请、尚书郎等职，后出任晋陵太守。吴隐之在郡清廉俭朴，妻子自己出去背柴。又被召入朝担任中书侍郎、国子博士、太子右卫率，迁任散骑常侍，领著作郎。武帝原打任用他为黄门郎，但以他的相貌与父亲简文帝相似，故而停止。不久，又以他守廷尉、秘书监、御史中丞，依旧领著作郎，迁任左卫将军。他虽然出任清要的高官显职，但俸禄赏赐都分给自己的亲戚及族人，以至于冬天没有被子。他曾因没有替换衣服，在洗衣时，只好披上棉絮，他生活勤苦得与贫寒的庶民一样。

广州地区倚山靠海，是出产奇珍异宝的地方，一个小箱所装的珍宝，可供人生活数世。然而有瘴气，人易患疾病，所以一般人害怕去那里。只有贫困无法自立的人，愿意去那里担任官员。因此，前后刺史皆贪赃枉法。朝廷想要革除五岭以南的弊病，晋安帝隆安中，以吴隐之为龙骧将军、广州刺史、假节，领平越中郎将。离广州治所二十里处的地名叫石门，有一道泉水，被称为贪泉，传说人只要一喝，就会有无尽的贪欲。吴隐之到达这里，对他周围的亲信说："不看到可产生贪欲的东西，就能便心境保持不乱，越过五岭就丧失清白的原因，我现在知道了。"于是他来到泉傍，舀上泉水喝下去，并作诗说："古人云此水，一歃怀千金，试便夷齐饮，终当不易心。"他在广州，清廉的节操更加突出，经常吃的不过是蔬菜和干鱼，帷帐、用具与衣服等都交付外库，当时有许多人认为他是故意作假，然而他却始终如一。帐下人向他进奉鱼时，经常剔去鱼骨，只剩鱼肉，吴隐之觉察到他的用意后，给予处罚并加以黜降。晋安帝元兴初，朝廷下诏说："在家中恪尽孝道，在困难环境中砥砺清节，实在是一般人难于做到的，而成为君子的美德。龙骧将军，广州刺史吴隐之孝顺友爱，超于常人，俸禄均分给九族，廉洁克己，俭朴过人。身处可产生贪欲的地方，而能不改变自己的操守，在海物杂错的富庶环境中，而家中亲属服装依旧。革除奢侈，务求俭约，使得岭南风俗为之改观，我对此有嘉奖。可将吴隐之进号为前将军，赐给钱五十万，谷一千斛。"

到卢循进攻南海时，吴隐之率领将士，坚守城池，他的长子吴旷之临阵战死。卢循攻城一百余日，越城放火，焚烧三千余家，死的有一万余人，城遂被攻陷。吴隐之携带家眷出城，想要逃回京城，被卢循所俘获。卢循上表给朝廷，提出吴隐之是桓玄的党羽，应予以处死，朝廷下诏不许。刘裕给卢循写信，命令他让吴隐之返回京城，过了许久卢循才同意吴隐之还京。吴隐之乘船返回时，没有装载多余的东西。他回到京城后，只住数亩地的小宅院，篱笆与院墙又矮又窄，内外共有六间茅屋，连妻子儿女都住得很挤。刘裕赐给吴隐之车牛，又为他修造住宅，他坚决推辞。不久，任命吴隐之为度支尚书、太常，他以竹篷作为屏风，坐的地方没有毡席。以后，他迁任中领军，但清廉俭朴之风不改，每月初得到俸禄，只留下自己的口粮，其余都分别赈济亲戚、族人，家中人靠自己纺织以供家用。经常有困难缺乏的情况，有时两天吃一天的粮食，身上总是穿布制的衣服，而且破旧不堪，妻子儿女一点也不能分享他的俸禄。

晋安帝义熙八年，吴隐之以年老请求退休，朝廷颁下措辞优厚的诏书予以同意，授予他光禄大夫，加金章紫绶，赐给钱十万，米三百斛。九年，吴隐之去世，追赠他为左光禄大夫，加散骑常侍。吴隐之操守清廉，始终不渝，屡次受到朝廷褒奖，在他退休及去世时，受到优厚的赏赐，并赠予显要的官职，廉洁的士大夫们皆以此为荣。

起初，吴隐之为奉朝请，谢石请他担任卫将军主簿。吴隐之的女儿将要出嫁，谢石知道他家中贫素，嫁女一定会从简，就命令将厨房移去帮助他料理婚事。使者到吴家时，正见到婢女牵着狗去卖，此外什么也没有预备。后来。吴隐之自番禺返回京城，他妻子刘氏带了沉香一斤，吴隐之见到后，就取出扔到湖亭的水中。

　　他的儿子吴延之又坚持清廉的操守，曾任鄱阳太守，延之的弟弟以及儿子担任郡、县长官的，常以廉洁谨慎作为家门传统，虽然他们的才学比不上吴隐之，然而仍保持着孝敬友爱，廉洁恭顺的作风。

邓攸传

【题解】

　　邓攸（？～326），字伯道，平阳襄陵（今山西临汾东南）人。他小时以孝著称，被中正品评为灼然二品，出任吴王文学，后历任太子洗马、东海王司马越参军、吏部郎、河东（治今山西夏县西北）太守。西晋怀帝永嘉（307～313）末，他被石勒所俘虏，携带妻子逃出。由于考虑无法两全，他舍弃亲生儿子，而带侄子逃生。以后，他辗转逃到江东，被东晋元帝司马睿任命为太子中庶子，后迁任吴郡（治今江苏苏州）太守。在郡作风清廉，法纪严明，深受百姓爱戴。在他离职时，有数千人牵住他的船进行挽留。以后，邓攸又历任侍中、吏部尚书、护定将军、太常等职，后迁任尚书右仆射，于晋成帝咸和元年（326）去世。他舍弃自己的亲生儿子后，妻子一直未再怀孕，当时人感念他的仁义，十分同情，认为是"天道无知"。

【原文】

　　邓攸，字伯道，平阳襄陵人也。祖殷，亮直强正。钟会伐蜀，奇其才，自黾池令召为主簿。贾充伐吴，请殷为长史，后授皇太子《诗》，为淮南太守。梦行水边，见一女子，猛兽自后断其盘囊。占者以为水边有女，汝字也，断盘囊者，新兽头代故兽头也，不作汝阴，当汝南也。果迁汝阴太守。后为中庶子。

　　攸七岁丧父，寻丧母及祖母，居丧九年，以孝致称。清和平简，贞正寡欲。少孤，与弟同居。初，祖父殷有赐官，敕攸受之。后太守劝攸去王官，欲举为孝廉，攸曰："先人所赐，不可改也。"尝诣镇军贾混，混以人讼事示攸，使决之。攸不视，曰："孔子称听讼吾犹人也，必也使无讼乎！"混奇之，以女妻焉。举灼然二品，为吴王文学，历太子洗马、东海王越参军。越钦其为人，转为世子文学、吏部郎。越弟腾为东中郎将，请攸为长史。出为河东太守。

　　永嘉末，没于石勒。然勒宿忌诸官长二千石，闻攸在营，驰召，将杀之。攸至门，门干乃攸为郎时干，识攸，攸求纸笔作辞。干候勒和悦致之。勒重其辞，乃勿杀。勒长史张宾先与攸比舍，重攸名操，因称攸于勒。勒招之幕下，与语悦之，以为参军，给车马。勒每东西，置攸车营中。勒夜禁火。犯之者死。攸与胡邻毂，胡夜失火烧车。吏按问，胡乃诬攸。攸度不可与争，遂对以弟妇散发温酒为辞。勒赦之。既而胡人深感，自缚诣勒以明攸。而阴遗攸马驴，诸胡莫不叹息宗敬之。石勒过泗水，攸乃斫坏车，以牛马负妻子而逃。又遇贼，掠其牛马，步走，担其儿及弟子绥。度不能两全，乃谓其妻曰："吾弟早亡，唯有一息，理不可绝，止应自弃我儿耳。幸而得存，我后当有子。"妻泣而从之。乃弃之。其子朝弃而暮及。明日，攸系之于树而去。

至新郑，投李矩。三年，将去，而矩不听。荀组以为陈郡、汝南太守，愍帝征为尚书左丞、长水校尉，皆不果就。后密舍矩去，投荀组于许昌，矩深恨焉，久之，乃送家属还攸。攸与刁协、周𫖮素厚，遂至江东，元帝以攸为太子中庶子。时吴郡缺守，人多欲之，帝以授攸。攸载米之郡，俸禄无所受，唯饮吴水而已。时郡中大饥，修表振贷，未报，乃辄开仓救之。台遣散骑常侍桓彝、虞騑慰劳饥人，观听善不，乃劾攸以擅出谷。俄而有诏原之。攸在郡刑政清明，百姓欢悦，为中兴良守。后称疾去职。郡常有送迎钱数百万，攸去郡，不受一钱。百姓数千人留牵攸船，不得进，攸乃小停，夜中发去。吴人歌之曰："紞如打五鼓，鸡鸣天欲曙。邓侯拖不留，谢令推不去。"百姓诣台乞留一岁，不听。拜待中。岁余，转吏部尚书。蔬食弊衣，周急振乏。性谦和，善与人交，宾无贵贱，待之若一，而颇敬媚权贵。

永昌中，代周𫖮为护军将军，太宁二年，王敦反，明帝密谋起兵，乃迁攸为会稽太守。初，王敦伐都之后，中外兵数每月言之于敦。攸已出在家，不复知护军事，有恶攸者，诬攸尚白敦兵数。帝闻而未之信，转攸为太常。时帝南郊，攸病不能从。车驾过攸问疾，攸力病出拜。有司奏攸不堪行郊而拜道左，坐免。攸每有进退，无喜愠之色。久之，迁尚书右仆射。咸和元年卒，赠光禄大夫，加金章紫绶，祠以少牢。

攸弃子之后，妻不复孕。过江，纳妾，甚宠之，讯其家属，说是北人遭乱，忆父母姓名，乃攸之甥。攸素有德行，闻之感恨，遂不复畜妾，卒以无嗣。时人义而哀之，为人之语曰："天道无知，使邓伯道无儿。"弟子绥服攸丧三年。

【译文】

邓攸，字伯道，是平阳襄陵人。他的祖父邓殷，为人亮直强正。钟会征伐蜀国，欣赏他的才干，将他从渑池令召为自己的主簿。贾充讨伐吴国，请邓殷为长史。以后，他为皇太子讲授《诗经》，出任淮南太守。他梦见在水边行走，见到一个女子，又有猛兽从后边把他的盘囊咬断。占梦的人认为水边有女子，是汝字，咬断盘囊，是用新的兽头来代替旧的兽头，因此，不是担任汝阴太守，就是汝南太守。他果然调任汝阴太守。以后又担任太子中庶子。

邓攸七岁时父亲去世，不久，母亲与祖母也相继去世，他守丧九年，以孝著称。他为人清慎和气，平易简朴，贞正寡欲。他从小成为孤儿，与弟弟居住在一起。起初，他祖父邓殷有赐官，命令邓攸接受。以后，太守劝邓攸辞去王官，准备推举他为孝廉，邓攸说："这是出于先人所赐，不可改变。"他曾去拜见镇军将军贾混，贾混把别人的诉状及情况拿给邓攸看，让他做出决断。邓攸不看，说："孔子说：听理诉讼我与一般人一样，应该做的是使人不进行诉讼。"贾混十分欣赏，把女儿嫁给邓攸为妻。邓攸被中正品评为灼然二品，任吴王文学，历任太子洗马、东海王司马越参军。司马越很钦佩他的为人，迁他为东海王世子文学，后转任吏部郎。司马越的弟弟司马腾出任东中郎将，请邓攸任长史。又出任河东太守。

晋怀帝永嘉末,邓攸被石勒俘虏。然而石勒一向忌恨太守等高级官吏,听说邓攸在营中,派人骑马去召他,打算杀死他。邓攸到达石勒门前,门干正是邓攸为郎时的干,认识邓攸,邓攸就求他找来纸笔。给石勒写上一封书信。门干等石勒高兴时,呈上邓攸的书信。石勒赏识邓攸的文辞,才没有杀死他。石勒的长史张宾先前与邓攸是邻居,很看重邓攸的名望节操,于是向石勒推荐邓攸。石勒把邓攸召到账下,与他谈话,谈后很高兴,就以他为参军,给他车马。石勒每次外出征伐,就把邓攸安置在车营中。石勒夜间禁止点火,违犯者要处死。邓攸的车子与胡人相邻,胡人夜里失火烧毁车辆。官吏来调查,胡人就诬陷邓攸。邓攸自知无法与他争辩,就回答说是因弟媳妇服药,必须把酒温热而引起失火,石勒知道后,下令宽赦邓攸。以后胡人深感邓攸的恩德,捆上自己去见石勒,以辨明邓攸的冤情。而且胡人暗中送给邓攸马、驴,胡人们听说后,无不叹息敬服邓攸。石勒过泗水,邓攸就砍坏车辆,以牛、马驮妻子逃跑。又遇到强盗,掠走牛、马,只好担着自己的儿子以及侄子邓绥。邓攸估计不能两全,就对自己妻子说:"我弟弟早已去世,只有这一个儿子,按理不能使他断绝后代,只能舍弃咱们自己的儿子。假如幸能活下去,我后来还应当有儿子。"他妻子哭着同意了。于是把自己儿子扔掉。他儿子早晨被扔掉,傍晚时又追上来。第二天,邓攸把儿子绑在树上而离去。

邓攸到达新郑,投靠李矩。过了三年,想要离去,而李矩不允许。苟组任命邓攸为陈郡、汝南太守。晋愍帝征召他为尚书左丞、长水校尉,邓攸都不能就职。以后,他暗中离开李矩,到许昌投奔苟组,李矩大为恼恨,过了很久,才把家属送还给邓攸。邓攸与刁协、周顗一向关系很好,于是到达江东。晋元帝以邓攸为太子中庶子。当时吴郡没有太守,有许多人觊觎这个职位,元帝把这授给邓攸。邓攸自己运载着米到吴郡赴任,不接受俸禄,只是饮用吴郡的水而已。当时郡中正闹饥荒,邓攸上表请求朝廷允许开仓振贷,朝廷还未答复,他就擅自开仓拯救饥民。尚书台派遣散骑常侍桓彝、虞騋慰劳饥民,察看地方官员的政绩,于是他们就弹劾邓攸擅自开仓出谷。不久,朝廷下诏原谅邓攸的做法。邓攸在吴郡政治清廉,法纪严明,百姓欢悦,成为东晋中兴时期著名的好太守。以后,他声称有病而离职。吴郡中常置备有送迎官员的钱数百万,邓攸离开吴郡时,一钱也不接受。百姓数千人牵住邓攸的船进行挽留,使船无法行驶,邓攸于是暂时停住,到半夜时开船离去。吴郡人唱歌谣说:"紞如打五鼓,鸡鸣天欲曙,邓侯拖不留,谢令推不去。"百姓到尚书台乞求再留邓攸一年,未得到允许。邓攸被任命为侍中。一年左右,转任吏部尚书。他平时只吃蔬菜,穿旧衣,但经常周济别人的困乏。他性格谦顺和气,善与人交往,不分贵贱,一视同仁,只是有些敬媚权贵。

晋元帝永昌中,他代替周顗为护军将军。晋明帝太宁二年,王敦起兵造反,明帝密谋起兵,就迁邓攸为会稽太守。起初,王敦征伐京都之后,朝廷内外的军兵数目每个月都要向王敦报告。邓攸在接到调任命令后已离职在家,不再掌管护军事务,但有与他关系不好的人,诬告邓攸还把军兵的数字报告王敦。明帝听到,但不相信,将邓攸调为太常。当时明帝要到南郊举行祭天仪式,邓攸有病,不能侍从。明帝到邓攸家探望他的病情,邓攸带病勉强出来见行礼。有关机构上奏邓攸不能去参加南郊的祭天仪式,却能在道边行礼拜见皇帝,邓攸的官职因此而被免除。邓攸每次遇到进退升黜的事情,都没喜欢或怨怒的表情。过了一段时候,他被任命为尚书右仆射。成帝咸和元年,邓攸去世,追赠光禄大夫,加金章紫绶,并以少牢的规格对他进行祭祀。

邓攸抛弃自己的儿子以后,妻子未再怀孕。过江以后,邓攸收纳一妾,十分宠爱,讯问她的家属,说是北方人遭遇战乱流亡到江东来的,回忆父母的姓名,正是邓攸的外甥。邓攸一向以德行著称,听到后感到很悔恨,于是不再纳妾,最终还是没有儿子。当时人感念他的仁义而且哀伤他没有后代,流传说:"天道无知,使邓伯道无儿。"他舍子而救出的侄子邓绥为他服丧三年。

虞喜传

【题解】

虞喜(270~346)字仲宁,晋代著名的儒家学者。终生隐居,潜心于学术研究。他至少有五次被推荐做官,但他一次也不应召。

虞喜又是中国科学史上著名的天文学家。他在天文学上的贡献主要有两条:一是创立了"安天论";二是发现了岁差。

虞喜还计算了岁差值,得出结果是50年相差一度。后来人们又逐步改进,使这个数据更加精确。祖冲之首先把虞喜的数据引入历法,大大提高了历法的精度。

岁差的发现非常重要。有的科学史家认为这是天文学上的一大创新,有人认为这个发现具有划时代的意义。而从虞喜的传记可以看出,假如不是他不慕荣利,长期潜心于科学研究,有着严谨而踏实的学风,要做出这样的发现几乎是不可能的。

【原文】

虞喜字仲宁,会稽余姚人,光禄潭之族也。父察,吴征虏将军。喜少立操行,博学好古。诸葛恢临郡,屈为功曹。察孝廉,州举秀才,司徒辟,皆不就。元帝初镇江左,上疏荐喜。怀帝即位,公车征拜博士,不就。喜邑人贺循为司空,先达贵显,每诣喜,信宿忘归,自云不能测也。

太宁中,与临海任旭俱以博士征,不就。

复下诏曰:"夫兴化致政,莫尚乎崇道教,明退素也。丧乱以来,儒雅陵夷,每览《子衿》之诗,未尝不慨然。临海任旭、会稽虞喜并洁静其操,岁寒不移,研精坟典,居今行古,志操足以励俗,博学足以明道,前虽不至,其更以博士征之。"喜辞疾不赴。

咸和末,诏公卿举贤良方正直言之士,太常华恒举喜为贤良。会国有军事,不行。

咸康初,内史何充上疏曰:"臣闻二八举而四门穆,十乱用而天下安,微猷克阐,有自来矣。方今圣德钦明,思恢遐烈,旌舆整驾,俟贤而动。伏见前贤良虞喜天挺贞素,高尚遐世,束修立德,皓首不倦,加以傍综广深,博闻强识。钻坚研微有弗及之勤,处静味道无风尘之志,高枕柴门,怡然自足。宜使蒲轮纤衡,以旌殊操。一则翼赞大化,二则敦励薄俗。"疏奏,诏曰:"寻阳翟汤,会稽虞喜并守道清贞,不营世务,耽学高尚,操拟古人。往虽征命而不降屈,岂素丝难染而搜引礼简乎!政道须贤,宜纳诸廊庙,其并以散骑常侍征之"。又不起。

永和初，有司奏称十月殷祭，京兆府君当迁祧室，征西、豫章、颍川三府君初毁主，内外博议不能决。时喜在会稽，朝廷遣就喜咨访焉。其见重如此。

喜专心经传，兼览谶纬，乃著安天论以难浑、盖，又释《毛诗略》，注《孝经》，为《志林》三十篇。凡所注述数十万言，行于世。年七十六卒，无子。弟豫自有传。

【译文】

虞喜，字仲宁，会稽虞姚人（今浙江虞姚人）。是光禄卿虞潭家族的人。父亲虞察，吴国的征虏将军。虞喜从小就有志气和好的品行，博览群书，仰慕古风。诸葛恢在郡里执政时，他勉强做了个一般的办事人员，察举他为孝廉，州里举荐他为秀才，宰相府招聘他，他均不就任。晋元帝当初镇守江南的时候曾上书推荐过他。晋怀帝即位，朝廷征召他为博士，他仍不接受。虞喜的同乡人贺循当了司空，是他的老前辈，又是高官，每次去拜访虞喜彻夜交谈忘了回家。贺循自己讲，虞喜渊深，难以测度。

太宁年间，虞喜和临海任旭都以博士被征召，他还是不接受。朝廷又下诏说："振兴教化，以致力于政治，最要紧的是用大道进行教化。宣传崇尚退让的素朴之风。天下大乱以来，儒家的高雅风尚衰落，每当观看《子衿》这首诗，无不感慨万分。临海的任旭，会稽的虞喜，都具有纯洁高尚的情操，任凭世态炎凉，从不更改，对古代典籍研究精深，身居当代，信守古代道德风尚。他们的志气、操行足以教育世俗百姓，渊博的知识足以能够使大道得到发扬光大。虽然以前多次征召都不就任，这次还要以博士征召他。"虞喜推说有病，仍未接受征召。咸和末年，命令公卿举荐贤良方正和直言的人，太常举荐虞喜为贤良，正好遇到战事，没有办成。咸康初年，内史何充上书讲："臣听说过去高辛氏、高阳氏都任用了八个贤良而有才气的人，致使四方秩序井然；周武王任用了十个贤人，致使天下太平。高明的谋略应能得以发挥，从来都该是这样的。当今圣德庄严光明，想要招募四方的志士仁人，已整顿好了车马，车上插上了旌旗，等待着发现贤才良士，马上出发去接。我个人认为以前的贤良之士虞喜，一直是贞洁素朴，情操高尚，不与世俗同流，从小就有好德行，直到白头也坚持不变，他又知识丰富，广阔高深。见多识广，渊博雄厚。钻研难题，研究细微，都有别人所不可比拟的勤奋之处。安静处世，认真体味大道，志向从不动摇，守清贫而处之泰然，清高而自得其乐。应该用蒲草裹上车轮把他接来，以表彰他那高尚的志向和杰出的操行。一则可以辅佐那伟大的教化事业，二则可以纯洁那浇薄的世风。"奏疏送给了皇上，皇帝就下诏道："寻阳翟汤、会稽的虞喜都是遵守大道清廉贞洁，他们不为做官而费心经营，静心钻研学问，风格高尚，操行可以和古人比美。以往虽有征召的命令而没有屈就，是不是因为洁白的纯丝一时难以染上色，征召他们的礼仪也太简单了呢？治国必须有贤才，应将他们召到朝廷之上。都以散骑常侍征召他们。"虞喜又没有接受。

永和初年，有个部门上奏说十月要举行每五年一次的宗庙大祭，京兆府君应当迁到后殿，征西将军、豫章府君、颍川府君都刚刚毁掉了神主牌位，内外大臣论议纷纭，不知如何决断。当时虞喜在会稽，朝廷就派遣使臣向他咨询。皇上就是如此的看重他。

虞喜专心钻研经传，兼通谶纬，于是著《安天论》，用以驳斥浑天说和盖天说，又注释《毛诗略》，注《孝经》，作《志林》三十篇。著作达几十万言，流行于世上。七十六岁时去世，没有儿子。他的弟弟虞豫另外有传。

顾恺之传

【题解】

顾恺之字长康，小字虎头，晋陵无锡（今江苏无锡市）人。他博学有才气，但一生未做过大官，只是在桓温、殷仲堪等权贵府中任幕僚之类的小官。他为人诙谐，且时有怪僻的行径，有点装疯卖傻。这是魏晋文人怀才不遇、满腹愤恨无处发泄的一种变态表现。

顾恺之是我国历史上著名的画家，尤以画人物见长。他画人物，并不注重人物外形的相似，而特别注重传神。他认为，传神的关键处，在于眼睛。所以他画人物肖像，往往几个月不肯点眼睛。经过苦苦观察思考之后，才点出眼睛，分外传神，把人物的精神气质充分表现出来。他的这种主张和艺术实践，体现了我国人物画的优秀传统。可惜的是，他的作品没有保存到今天，读者无由一睹他的画作风貌。

【原文】

顾恺之字长康，晋陵无锡人也。父悦之，尚书左丞。恺之博学有才气，尝为《筝赋》成，谓人曰："吾赋之比嵇康琴，不赏者必以后出相遗，深识者亦当以高奇见贵。"

桓温引为大司马参军，甚见亲昵。温薨后，恺之拜温墓，赋诗云："山崩溟海竭，鱼鸟将何依！"或问之曰："卿凭重桓公乃尔，哭状其可见乎？"答曰："声如震雷破山，泪如倾河注海。"

顾恺之

恺之好谐谑，人多爱狎之。后为殷仲堪参军，亦深被眷接。仲堪在荆州，恺之尝因假还，仲堪特以布帆借之，至破冢，遭风大败。恺之与仲堪笺曰："地名破冢，真破冢而出。行人安稳，布帆无恙。"还至荆州，人问以会稽山川之状。恺之云："千岩竞秀，万壑争流。草木蒙笼，若云兴霞蔚。"桓玄时与恺之同在仲堪坐，共作了语。恺之先曰："火烧平原无遗燎。"玄曰："白布缠根树旒旐。"仲堪曰："投鱼深泉放飞鸟。"复作危语。玄曰："矛头淅米剑头炊。"仲堪曰："百岁老翁攀枯枝。"有一参军云："盲人骑瞎马临深池。"仲堪眇目，惊曰："此太逼人！"因罢。恺之每食甘蔗，恒自尾至本。人或怪之。云："渐入佳境。"

尤善丹青，图写特妙，谢安深重之，以为有苍生以来，未之有也。恺之每画人成，或数年不点目精，人问其故，答曰："四体妍蚩，本无缺少于妙处，传神写照，正在阿睹中。"尝悦一邻女，挑之弗从，乃图其形于壁，以刺针钉其心，女遂患心痛。恺之因致其情，女从之，遂密去针而愈。恺之每重嵇康四言诗，因为之图，恒云："手挥五王弦易，目送归鸿难。"每写起人形，妙绝于时，尝图裴楷象，颊上加三毛，观者觉神明殊胜。又为谢鲲象，在石岩里，云："此子宜置丘壑中。"欲图殷仲堪，仲堪有目病，固辞。恺之曰："明府正为眼耳，若明点瞳子，飞白拂上，使如轻云之蔽月，岂不美乎！"仲堪乃从之。恺之尝以一厨画糊题其前，寄桓玄，皆其深所珍惜者。玄乃发其厨后，窃取画，而缄闭如旧以还之，绐云未开。恺之见封题如初，但失其画，直云妙画通灵，变化而去，亦犹人之登仙，了无怪色。

恺之矜伐过实，少年因相称誉以为戏弄。又为吟咏，自谓得先贤风制。或请其作洛生咏，答曰："何至作为老婢声！"义熙初，为散骑常侍，与谢瞻连省，夜于月下长咏，瞻每遥赞之，恺之弥自力忘倦。瞻将眠，令人代己，恺之不觉有异，遂申旦而止。尤信小术，以为求之必得。桓玄尝以一柳叶绐之曰："此蝉所翳叶也，取以自蔽，人不见己。"恺之喜，引叶自蔽，玄就溺焉，恺之信其不见也，甚以珍之。

初，恺之在桓温府，常云："恺之体中痴黠各半，合而论之，正得平耳。"故俗传恺之有三绝：才绝，画绝，痴绝。年六十二，卒于官，所著文集及《启蒙记》行于世。

【译文】

顾恺之字长康，是晋陵郡无锡县人。他的父亲顾悦之，曾任尚书左丞。顾恺之很博学，也很有才气，他曾作成一篇《筝赋》，对别人说："我这篇赋比起嵇康的那把琴，不懂的人必然认为它晚出而被遗弃，识见高明的人一定会因为它的高妙奇特而加以珍贵。"

大司马桓温引荐他为大司马参军，很受桓温的宠信。桓温死后，顾恺之到桓温墓前拜祭，作了一首诗，诗中说："山崩沧海干，鱼鸟何所依！"有人问他说："你是这样的依重桓公，痛哭的情景可以用诗表达出来吗？"顾恺之回答说："声如震雷破山，泪如倾河注海。"

顾恺之诙谐好开玩笑，人们都喜欢和他亲近。后来任殷仲堪的参军，也很受器重。殷仲堪在荆州做官时，顾恺之曾请假回家，殷仲堪特别借给他一条船用布帆。行船至破冢的地方，遭遇大风，船被风浪击坏。顾恺之写信对殷仲堪说："那个地名叫破冢，真是破冢而出啊！同行的人都平安，布帆也没坏。"回到荆州，人们问起会稽地方山川景物的状貌，顾恺之说："千座山峰，各显灵秀，万道溪流，争相奔泻。草木郁郁葱葱，像云蒸霞飞。"有一次桓玄和顾恺之一起在殷仲堪家做客，三人比试，看谁说出的话能道出事之极致、最为彻底。顾恺之说："火烧平原，寸草不留。"桓云说："白布裹棺材，竖起招魂幡。"殷仲堪说："投鱼于深渊，放鸟于蓝天。"又比试谁的话最道出危险的景状。桓玄说："长矛顶上淘米，利剑尖上煮饭。"殷仲堪说："百岁衰老翁，攀缘枯树枝。"有一个参军在旁边插嘴："盲人骑瞎马，走近深水池。"殷仲堪一只眼因生病而失明，听了这话，吃惊地说："这话太逼人了！"因此不再说了。顾恺之每次吃甘蔗，总是从尖上慢慢嚼至根部，别人觉得这种吃法很奇怪。他却说："这样可以渐入佳境。"

他尤其擅长绘画，勾线设色，奥妙无比，谢安深为佩服，认为开天辟地以来，还没有人达到这样高的成就。顾恺之每画完人像，经常好几年不点眼神。人家问他为什么，他回答说："四肢的美和丑，本来无关紧要，人像的传神，只在这里。"他曾爱上一个邻家的少女，顾恺之挑逗她，少女不从，于是他把那少女的像画在墙上，用针扎在心脏部位，那少女就得了心痛病。顾恺之向对方诉说了爱慕之情，少女答应了，他偷偷拔掉针，少女的病也随之而愈，顾恺之很欣赏嵇康的四言诗，因此为诗配图，他常说："画出手弹五弦琴的场面很容易，要画出目送归雁的意境很难。"因此，要画成一幅人像，都妙绝一时。他曾为裴楷画像，在面颊部位加上三根毛，观看者觉得人像特别有精神。又曾为谢鲲画像，把他安排在山石之中，他说："这位先生应该置身于丘壑之中。"他想为殷仲堪画像，殷仲堪因为自己眼有毛病，坚辞不允。顾恺之对他说："刺史大人您的特点恰恰在眼上，如果把眼球点得黑黑的，再用飞白笔轻抹，象薄云蔽月，不是很美吗！"殷仲堪这才答应。他曾装满一柜子画，柜门上贴了封条，寄给桓玄，这些画都是他珍爱的精品。桓玄把柜子背面打开，偷偷把画取出来，而前面柜门上的封条依旧，把柜子送还，捉弄顾恺之，说柜子并没有打开。顾恺之见封条如旧，但画却没有了，他只说："好画通灵气，变化飞去了，正像人成仙上天一样。"他毫没露出惊怪的表情。

顾恺之的矜持自夸，言过其实，那些轻薄少年便对他胡乱吹捧，以此来嘲弄他。又好吟诗，自以为颇得古人的风韵。有人请他效法洛阳书生用鼻音来咏诗，他回答说："不屑于学那老奴婢的声音！"义熙初年，任散骑常侍之职，衙门与谢瞻相邻，夜里在月色下长时间吟诗，谢瞻在远处高声赞扬，顾恺之越发起劲，忘记了疲倦。谢瞻要睡觉，让人代替自己，顾恺之也没觉察到换了人，于是直吟到天亮才停止。他特别相信邪道小术，认为用心访求，一定能学到手。桓玄曾拿一片树叶捉弄他，说道："这是蝉借以藏身的树叶，用它来遮盖自己，别人就看不见你。"顾恺之高兴，便拿树叶遮盖自己，醒玄就当面小便，恺之便确信他看不见自己，因而对那片树叶十分珍视。

当初，顾恺之在桓温府中任职，桓温常说："顾恺之身上，呆痴和狡黠各占一半，二者合起来，正好平衡。"因此，世俗传说顾恺之有三绝：才绝、画绝、痴绝。六十二岁时，死于任所，他的著作文集和《启蒙记》流传于世上。

隐逸传

【题解】

两晋时期是中国思想史上一个重要时期。它刚刚从三国纷争、战乱频仍的时代走过来，社会重新趋于统一。但表面政治疆域的统一，不能阻止住人们心灵世界礼仪节度的淡散。司马氏用名教统治天下，广大的忧患之士却以种种形式加以抗争。文学兴起，清谈风行，给思想史注入了丰富的内容，另有一批人隐遁山林，逃避尘世，用行动表示对现实的绝望与不合作。这样就出现了本传中记载的那许许多多的高人逸士。

我们在孙登的事迹中便可以清楚看到隐士逃祸全身的心理动机。他居住在北山土窟中，夏穿草衣，冬披头发。对嵇康说："你才气虽大但见识寡少，很难免于现实社会的灾难。"结果嵇康显然被祸杀头。临终才发感叹道："与古人比我不如柳下惠。与今人比我不如孙登。"

氾腾也是这样。他说："生活在乱世，经过富贵而能忍受贫穷，才可能免于灾难。"所以在柴门园中耕种，拒绝出仕，说："门一旦关上，那里能再开开呢？"

当然，更多的隐士除了全身避祸之外，更重要的是他们以此来作为对当时社会黑暗的一种反抗。他们既不愿与统治者合作，又不敢公然对抗，就只有独善其身一条道了。从刘骥之、戴逵等人的事迹中，可以证明这一点。这也是晋代隐士从社会治政角度分析所具有的积极意义。

【原文】

若夫穹昊垂景，少微以缠其次；《文》《系》探幽，贞遁以成其象。故有避於言色，其道闻乎孔公；骄乎富贵，厥义详於孙子。是以处柔伊存，有生之恒性；在盈斯害，惟神之常道。古先智士体其若兹，介焉超俗，浩然养素，藏声江海之上，卷迹嚣氛之表，漱流而激其清，寝巢而韬其耀，良画以符其志，绝机以虚其心。玉辉冰洁，川渟岳峙，修至乐之道，固无疆之休，长往邈而不追，安排窘而无闷，修身自保，悔吝弗生，诗人考盘之歌，抑在兹矣。至於体天作制之后，讼息刑清之时，尚乃仄席幽贞以康神化，徵聘之礼贲於岩穴，玉帛之赞委於窑衡，故《月令》曰"季春之月聘名士，礼贤者"，斯之谓欤！

自典午运开，旁求隐逸，谯元彦之杜绝人事，江思悛之啸咏林薮，峻其贞白之轨，成其出尘之迹，虽不应其嘉招，亦足激其贪竞。今美其高尚之德，缀集於篇。

孙登字公和，汲郡共人也。无家属，於郡北山为土窟居之，夏则编草为裳，冬则被发自覆。好读《易》，抚一弦琴，见者皆亲乐之。性无恚怒，人或投诸水中，欲观其怒，登既出，便大笑。时时游人间，所经家或设衣食者，一无所辞，去皆舍弃。尝住宜阳山，有作炭人见之，知非常人，与语，登亦不应。

文帝闻之，使阮籍往观，既见，与语，亦不应。嵇康又从之游三年，问其所图，终不答，康每叹息。将别，谓曰："先生竟无言乎？"登乃曰："子认火乎？火生而有光，而不用其光，果在於用光。人生而有才，而不用其才，而果在於用才。故用光在乎得薪，所以保其耀，用才在乎识真，所以全其年。今子才多识寡，难乎免於今之世矣！子无求乎？"康不能用，果遭非命，乃作《幽愤诗》曰："昔惭柳下，今愧孙登。"或谓登以魏晋去就，易生嫌疑，故或嘿者也。竟不知所终。

董京字威辇，不知何郡人也。初与陇西计吏俱至洛阳，被发而行，逍遥吟咏，常宿白社中。时乞於市，得残碎缯絮，结以自覆，全帛佳绵则不肯受。或见推排骂辱，曾无怒色。

孙楚时为著作郎，数就社中与语，遂载与俱，归，京不肯坐。楚乃贻之书，劝以今尧舜之世，胡为怀道迷邦。京答之以诗曰："周道敕兮颂声没，夏政衰兮五常汩。便便君子，顾望而逝，洋洋乎满目，而作者七。岂不乐天地之化也？哀哉乎时之不可与，对之以独处。无娱我以为欢，清流可饮，至道可餐，何为栖栖，自使疲单？鱼悬兽槛，鄙夫知之。夫古之至人，藏器於灵，缊袍不能令暖，轩冕不能令荣，动如川之流，静如川之渟。鹦鹉能言，泗滨浮磬，众人所玩，岂合物情！玄鸟纤幕，而不被害？鸱隼远巢，咸以欲死。眄彼梁鱼，逡巡倒尾，沈吟不决，忽焉失水。嗟乎！鱼鸟相与，万世而不悟；以我观之，乃明其故。焉知不有达人，深穆其度，亦将窥我，蘁蹙而去。万物皆贱，惟人为贵，动以九州为狭，静以环堵为大。"

后数年，遁去，莫知所之，於其所寝处惟有一石竹子及诗二篇。其一曰："乾道刚简，坤体敦密，茫茫太素，是则是述。末世流奔，以文代质，悠悠世目，孰知其实！逝将去此至虚，归我自然之室。"又曰："孔子不遇，时彼感麟。麟乎麟！胡不遁世以存真？"

夏统字仲御，会稽永兴人也。幼孤贫，养亲以孝闻，睦於兄弟，每采梠求食，星行夜归，或至海边，拘蝛蛣以资养。雅善谈论。宗族劝之仕，谓之曰："卿清亮质直，可作郡纲纪，与府朝接，自当显至，如何甘辛苦於山林，毕性命於海滨也！"统悖然作色曰："诸君待我乃至此乎！使统属太平之时，当与元凯评议出处；遇浊代，念与屈生同汙共泥；若汙隆之间，自当耦耕沮溺，岂有辱身曲意於郡府之间乎！闻君之谈，不觉寒毛尽戴，白汗四匝，颜如渥丹，心热如炭，舌缩口张，两耳壁塞也。”言者大惭。统自此遂不与宗族相见。会母疾，统侍医药，宗亲因得见之。其从父敬宁祠先人，迎女巫章丹、陈珠二人，并有国色，庄服华丽，善歌舞，又能隐形匿影。甲夜之初，撞钟击鼓，间以丝竹，丹、珠乃拔刀破舌，吞刀吐火，云雾杳冥，流光电发。统诸从兄弟欲往观之，难统，於是共绐之曰："从父间疾病得瘳，大小以为喜庆，欲因其祭祀，并往贺之，可俱行乎？”统从之。入门，忽见丹、珠在中庭，轻步佪舞，灵谈鬼笑，飞触挑柈，酬酢翩翻。统惊愕而走，不由门，破藩直出。归责诸人曰："昔淫乱之俗兴，卫文公为之悲惋；蝃蝀之气见，君子尚不敢指；季桓纳齐女，仲尼载驰而退；子路见夏南，愤恚而忼忾。吾常恨不得顿叔向之头，陷华父之眼。奈何诸君迎此妖物，夜与游戏，放傲逸之情，纵奢淫之行，乱男女之礼，破贞高之节，何也？”遂隐床上，被发而卧，不复言。众亲踧踖，即退遣丹、珠，各各分散。

后其母病笃，乃诣洛市药。会三月上巳，洛中王公已下并至浮桥，士女骈填，车服烛路。统时在船中曝所市药，诸贵人车乘来者如云，统并不之顾。太尉贾充怪而问之。统初不应，重问，乃徐符合曰："会稽夏仲御也。”充使问其土地风俗，统曰："其人循循，犹有大禹之遗风，太伯之义让，严遵之抗志，黄公之高节。”又问："卿居海滨，颇能随水戏乎？”答曰："可。”统乃操柂正橹，折旋中流，初作鯔鯯跃，后作鯆䱐引，飞鷁首，掇兽尾，奋长梢而船直逝者三焉。於是风波振骇，云雾杳冥，俄而白鱼跳入船者有八九。观者皆悚遽，充心尤异之，乃更就船与语，其应如响，欲使之仕，即俛而不答。充又谓曰："昔尧亦歌，舜亦歌，子与人歌而善，必反而后和之，明先圣前哲无不尽歌。卿颇能作卿土地间曲乎？”统曰："先公惟寓稽山，朝会万国，授化鄙邦，崩殂而葬。思泽云布，圣化犹存，百姓感咏，遂作《慕歌》。又孝女曹娥，年甫十四，贞顺之德过越梁宋，其父堕江不得尸，娥仰天哀号，中流悲叹，便投水而死，父子丧尸，后乃俱出，国人哀其孝义，为歌《河女》之章。伍子胥谏吴王，言不纳用，见戮投海，国人痛其忠烈，为作《小海唱》。今欲歌之。”众人佥曰："善。统於是以足叩船，引声喉啭，清激慷慨，大风应至，含水嗽天，云雨响集，叱咤讙呼，雷电昼冥，集气长啸，沙尘烟起。王公已下皆恐，止之乃已。诸人顾相谓曰："若不游洛水，安见是人！听《慕歌》之声，便仿佛见大禹之容。闻河女之音，不觉涕泪交流，即谓伯姬高行在目前也。聆《小海》之唱，谓子胥、屈平立吾左右矣。”充欲耀以文武卤簿，觊其来观，因而谢之，遂命建朱旗，举幡校，分羽骑为队，军伍肃然。须臾，鼓吹乱作，胡葭长鸣，车乘纷错，纵横驰道，又使妓女之徒服袿襹，炫金翠，绕其船三匝。统危坐如故，若无所闻。充等各散曰："此吴儿是木人石心也。”统归会稽，竟不知所终。

朱冲字巨容，南安人也。少有至行、闲静寡欲，好学而贫，常以耕艺为事。邻人失犊，认冲犊以归，后得犊於林下，大惭，以犊还冲，冲竟不受。有牛犯其禾稼，冲屡持刍送牛而无恨色。主愧之。乃不复为暴。

咸宁四年，诏补博士，冲称疾不应。寻又诏曰："东宫官属亦宜得履蹈至行；敦悦典籍者，其以冲为太子右庶子。”冲每闻征书至，辄逃入深山，时人以为梁管之流。冲居近夷俗，羌戎奉之若君，冲亦以礼让为训，邑里化之，路不拾遗，村无凶人，毒虫猛兽皆不为害。卒以寿终。

范粲字承明，陈留外黄人，汉莱芜长丹之孙也。粲高亮贞正，有丹风，而博涉强记，学皆可师，远近请益者甚众，性不矜庄，而见之皆肃如也。魏时州府交辟，皆无所就。久之。乃应命为治中，转别驾，辟太尉掾、尚书郎，出为征西司马，所历职皆有声称。

及宣帝辅政，迁武威太守。到郡，选良吏，立学校，劝农桑。是时戎夷颇侵疆场，粲明设防备，敌不敢犯，西域流通，无烽燧之警。又郡壤富实，珍玩充积，粲检制之。息其华侈。以母老罢官。郡既接近寇戎，粲以重镇辄去职，朝廷尤之，左迁乐涫令。

顷之。转太宰从事中郎。遭母忧，以至孝称。服阕，复为太宰中郎。齐王芳被废，迁于金墉城，粲素服拜送，哀恸左右。时景帝辅政，召群官会议，粲又不到，朝廷以其时望，优容之。粲又称疾，阖门不出。於是特诏为侍中，持节使於雍州。粲因阳狂不言，寝所乘车，足不履地。子孙恒侍左右，至有婚宦大事，辄密谘焉。合者则色无变，不合则眠寝不安，妻子以此知其旨。

武帝践阼，泰始中，粲同郡孙和时为太子中庶子，表荐粲，称其操行高洁，久婴疾病，可使郡县舆致京师，加以圣恩，赐其医药，若遂瘳除，必有益於政。乃诏郡县给医药，又以二千石禄养病，岁以为常，加赐帛百匹。子乔以父疾笃，辞不敢受，诏不许。以太康六年卒，时年八十四，不言三十六载，终於所寝之车。长子乔。

乔字伯孙。年二岁时，祖馨临终。抚乔首曰："恨不见汝成人！"因以所用砚与之。至五岁，祖母以告乔，乔便执砚涕泣。九岁请学，在同辈之中，言无媟辞。弱冠，受业於乐安蒋国明。济阴刘公荣有知人之鉴，见乔深相器重。友人刘彦秋凤有声誉，当谓人曰："范伯孙体应纯和，理思周密，吾每欲错其一事而终不能。"光禄大夫李铨尝论杨雄才学优於刘向，乔以为向定一代之书，正君籍之篇，使雄当之，故非所长，遂著刘杨优劣论，文多不载。

乔好学不倦。父粲阳狂不言，乔与二弟并弃学业，绝人事，侍疾家庭，至粲没，足不出邑里。司隶校尉刘毅尝抗论於朝廷曰："使范武威疾若不笃，是为伯夷、叔齐复存於今。如其信笃，益是圣主所宜哀矜。其子久侍父疾，名德著茂，不加叙用，深为朝廷惜遗贤之讥也。"元康中，诏求廉让冲退履道寒素者，不计资，以参选叙。尚书郎王琨乃荐乔曰："乔禀德真粹，立操高洁，儒学精深，含章内奥，安贫乐道，栖志穷巷，箪瓢咏业，长而弥坚，诚当今之寒素，著历俗之清彦。"时张华领司徒，天下所举凡十七人，於乔特发优论。又吏部郎郗隆亦思求海内幽遁之士，乔供养衡门，至於白首，於是除乐安令。辞疾不拜。乔凡一举孝廉，八荐公府，再举清白异行，又举寒素，一无所就。

初，乔邑人腊夕盗斫其树，人有告者，乔阳不闻，邑人愧而归之。乔往喻曰："卿节日取柴，欲与父母相欢娱耳，何以愧为！"其通物善道，皆此类也。外黄令高颙叹曰："诸士大夫未有不及私者，而范伯孙恂恂率道，名讳未尝经於官曹，士之贵异，於今而见。大道废而有仁义，信矣！"其行身不秽，为物所叹服如此。以元康八年卒，年七十八。

鲁胜字叔时，代郡人也。少有才操，为佐著作郎。元康初，迁建康令。到官，著《正天论》云："以冬至之后立晷测影，准度日月星。臣案日月裁径百里，无千里；星十里，不百里。"遂表上求下群公卿士考论。"若臣言合理，当得改先代之失，而正天地之纪。如无据验，甘即刑戮，以彰虚妄之罪"。事遂不报。尝岁日望气，知将来多故，便称疾去官。中书令张华遣子劝其更仕，再徵博士，举中书郎，皆不就。

其著述为世所称，遭乱遗失，惟注《墨辩》，存其叙曰：

名者所以别同异，明是非，道义之门，政化之准绳也。孔子曰："必也正名，名不正则事不成。"墨子著书,作辩经以立名本,惠施、公孙龙祖述其学,以正别名显於世。孟子非墨子,其辩言正辞则与墨同。荀卿、庄周等皆非毁名家,而不能易其论也。

名必有形,察形莫如别色,故有坚白之辩。名必有分明,分明莫如有无,故有无序之辩。是有不是,可有不可,是名两可。同而有异,异而有同,是之谓辩同异。至同无不同,至异无不异,是谓辩同辩异。同异生是非,是非生吉凶,取辩於一物而原极天下之污隆,名之至也。

自邓析至秦时名家者,世有篇籍,率颇难知,后学莫复传习,於今五百馀岁,遂亡绝。《墨辩》有上下经,经各有说,凡四篇,与其书众篇连第,故独存。今引说就经,各附其章,疑者阙之。又采诸众杂集为《刑》《名》二篇,略解指归,以俟君子。其或兴微继绝者,亦有乐乎此也!

董养字仲道,陈留浚仪人也。泰始初,到洛下,不干禄求荣。及杨后废,养因游太学,升堂叹曰:"建斯堂也,将何为乎?每览国家赦书,谋反大逆皆赦,至於杀祖父母、父母不赦者,以为王法所不容也。奈何公卿处议,文饰礼典,以至此乎!天人之理既灭,大乱作矣。"因著《无化论》以非之。

永嘉中,洛城东北步广里中地陷,有二鹅出焉,其苍者飞去,白者不能飞。养闻叹曰:昔周时所盟会狄泉,即此地也。今有二鹅,苍者胡象,白者国家之象,其可尽言乎!"顾谓谢鲲、阮孚曰:"《易》称知机其神乎,君等可深藏矣。"乃与妻荷担入蜀,莫知所终。

霍原字休明,燕国广阳人也。少有志力,叔父坐法当死,原入狱讼之。楚毒备中,终免叔父。年十八,观太学行礼,因留习之。贵游子弟闻而重之。欲与相见,以其名微,不欲昼往,乃夜共造焉。父友同郡刘岱将举之,未果而病笃,临终,敕其子沈曰:"霍原慕道清虚,方成奇器,汝后必荐之。"后归乡里。高阳许猛素服其名,会为幽州刺史,将诣之,主簿当车谏不可出界,猛叹恨而止。

原山居积年,门徒百数,燕王月致羊酒。及刘沈为国大中正,元康中,进原为二品,司徒不过,沈乃上表理之。诏下司徒参论,中书监张华令陈准奏为上品,诏可。元康末,原与王褒等俱以贤良微,累下州郡,以礼发遣,皆不到。后王浚称制谋僭,使人问之。原不答,浚心衔之。又有辽东囚徒三百馀人,依山为贼,意欲劫原为主事,亦未行。时有谣曰:"天子在何许?近在豆田中。"浚以豆为霍,收原斩之,悬其首。诸生悲哭,夜窃尸共埋殡之。远近骇愕,莫不冤痛之。

鲁褒字元道,南阳人也。好学多闻,以贫素自立。元康之后,纲纪大坏,褒伤时之贪鄙,乃隐姓名,而著《钱神论》以刺之。其略曰:

钱之为体,有乾坤之象,内则其方,外则其圆。其积如山,其流如川。动静有时,行藏有节,市井便易,不患耗折。难折象寿,不匮象道,故能长久,为世神宝。亲之如兄,字曰"孔方",失之则贫弱,得之则富昌。无翼而飞,无足而走,解严毅之颜,开难发之口。钱多者处前,钱少者居后。处前者为君长,在后者为臣仆。君长者丰衍而有馀,臣仆者穷竭而不足,《诗》云:"哿矣富人,哀此茕独。"

钱之为言泉也,无远不往,无幽不至。京邑衣冠,疲劳讲肄,厌闻清谈,对之睡寐,见我家兄,莫不惊视。钱之所祐,吉无不利,何必读书,然后富贵!昔吕公欣悦於空版,汉祖克之於赢二,文君解布裳而被锦绣,相如乘高盖而解犊鼻,官尊名显,皆钱所致。空版至虚,而况有实;赢二虽少,以致亲密。由此论之。谓为神物。无德而尊,无势而热,排金门而入紫闼。危可使安，死可使活，贵可使贱，生可使杀。是故忿争非钱不胜，幽滞非钱不拔，怨仇非钱不解，令问非钱不发。

洛中朱衣，当途之士，爱我家兄，皆无已已。执我之手，抱我终始，不计优劣，不论年纪，宾客辐辏，门常如市。谚曰："钱无耳，可使鬼。"凡今之人，惟钱而已。故曰军无财，士不来，军无赏，士不往。仕无中人，不如归田。虽有中人，而无家兄，不异无翼而欲飞，无足而欲行。盖疾时者共传其文。

裒不仕，莫知其所终。

任旭字次龙，临海章安人也。父访，吴南海太守。旭幼孤弱，儿童时勤於学。及长，立操清修，不染流俗，乡曲推而爱之。郡将蒋秀嘉其名，请为功曹。秀居官贪秽，每不奉法，旭正色苦谏。秀既不纳，旭谢去，闭门讲习，养志而已。久之。秀坐事被收，旭狼狈营送。秀慨然叹曰："任功曹真人也。吾违其谠言，以至於此，复何言哉！"寻察孝廉，除郎中，州郡仍举为郡中正，固辞归家。

永康初，惠帝博求清节俊异之士，太守仇馥荐旭清贞洁素，学识通博，诏下州郡以礼发遣。旭以朝廷多故，志尚隐遁，辞疾不行。寻天下大乱，陈敏作逆，江东名豪并见羁縶，惟旭与贺循守死不回。敏卒不能屈。

元帝初镇江东，闻其名，召为参军，手书与旭，欲使必到，旭固辞以疾。后帝进位镇东大将军，复召之；及为左丞相，辟为祭酒，并不就。中兴建，公车徵，会遭母忧。於时司空王导启立学校，选天下明经之士，旭与会稽虞喜俱以隐学被召。事未行，会有王敦之难，寻而帝崩，事遂寝。

明帝即位，又徵拜给事中，旭称疾笃，经年不到，尚书以稽留除名，仆射荀崧议以为不可。太宁末，明帝复下诏备礼徵旭，始下而帝崩。成和二年卒，太守冯怀上疏谓宜赠九列，值苏峻作乱，事竟不行。子琚，位至大宗正，终於家。

郭文字文举，河内轵人也。少爱山水，尚嘉遁。年十三，每游山林，弥旬忘反。父母终，服毕，不娶，辞家游名山，历华阴之崖，以观石室之石函。洛阳陷，乃步担入吴兴馀杭大辟山中穷谷无人之地，倚木於树，苫覆其上而居焉，亦无壁障。时猛兽为暴，入屋害人，而文独宿十馀年，卒无患害。恒著鹿裘葛巾，不饮酒食肉，区种菽麦，采竹叶木实，贸盐以自供。人或酬下价者，亦即与之。后人识文，不复贱酬。食有馀谷，辄恤穷匮。人有致遗，取其粗者，示不逆而已。有猛兽杀大鹿於庵侧，文以语人，人取卖之，分钱与文。文曰："我若须此，自当卖之。所以相语，正以不须故也。"闻者皆嗟叹之。尝有猛兽忽张口向文，文视其口中有横骨，乃以手探去之。猛兽明旦致一鹿於其室前。猎者时往寄宿，文夜为担水而无倦色。

馀杭令顾飏与葛洪共造之。而携与俱归。飏以文山行或须皮衣，赠以韦裤褶一具，文不纳，辞归山中。飏追遣使者置衣室中而去，文亦无言，韦衣乃至烂於户内，竟不服用。

王导闻其名，遣人迎之，文不肯就船车，荷担徒行。既至，导置之西园，园中果木成林，又有鸟兽麋鹿，因以居文焉。於是朝士成共观之，文颓然箕踞，旁若无人。温峤尝问文曰："人皆有六亲相娱，先生弃之何乐？"文曰："本行学道，不谓遭世乱，欲归无路，是以来也。"又问曰："饥而思食，壮而思室，自然之性，先生安独无情乎？"文曰："情由忆生，不忆故无情。"又问曰："先生独处穷山，若疾病遭命，则为乌鸟所食，顾不酷乎？"文曰："藏埋者亦为蝼蚁所食，复何异乎！"又问曰："猛兽害人，人之所畏，而先生独不畏邪？"文曰：

"人无害兽之心,则兽亦不害人。"又问曰:"苟世不宁,身不得安。今将用先生以济时,若何?"文曰:"山草之人,安能佐世!"导尝众宾共集,丝竹并奏,试使呼之。文瞠眸不转,跨蹑华堂如行林野。於时坐者咸有钩深味远之言,文常称不达来语。天机铿宏,莫有窥其门者。温峤尝称曰:"文有贤人之性,而无贤人之才,柳下、梁踦之亚乎!"永昌中,大疫,文病亦殆。王导遗药,文曰:"命在天,不在药也。夭寿长短,时也。"

居导园七年,未尝出入。一旦忽求还山,导不听。后逃归临安,结庐舍於山中。临安令万宠迎置县中。及苏峻反,破馀杭,而临安独全,人皆异之,以为知机。自后不复语,但举手指麾,以宣其意。病甚,求还山,欲枕石安尸,不令人殡葬,宠不听。不食二十馀日,亦不瘦。宠问曰:"先生复可得几日?"文三举手,果以十五日终。宠葬之於所居之处而祭哭之。葛洪、庾阐并为作传,赞颂其美云。

龚壮字子玮,巴西人也。洁己自守,与乡人谯秀齐名。父叔为李特所害,壮积年不除丧,力弱不能复仇。及李寿成汉中,与李期有嫌,期,特孙也。壮欲假寿以报,乃说寿曰:"节下若能并有西土,称藩於晋,人必乐从。且舍小就大,以危易安,莫大之策也。"寿然之,遂率众讨期,果克之。寿犹袭伪号,欲官之,壮誓不仕,赂遗一无所取,会天久雨,百姓饥垫,壮上书说寿以归顺,允天心,应人望,永为国藩,福流子孙。寿省书内愧,秘而不宣。乃遣使入胡,壮又谏之,寿又不纳。壮谓百行之本莫大忠孝,既假寿杀期,私仇以雪,又欲使其归朝,以明臣节。寿既不从,壮遂称聋,又云手不制物,终身不复至成都,惟研考经典,谭思文章,至李势时卒。

初,壮每叹中夏多经学,而巴蜀鄙陋,兼遭李氏难,无复学徒,乃著之《迈德论》,文多不载。

孟陋字少孤,武昌人也。吴司空宗之曾孙也。兄嘉,桓温征西长史。陋少而贞立,清操绝伦,布衣蔬食,以文籍自娱。口不及世事,未曾交游,时或弋钓,孤兴独往,虽家人亦不知其所之也。丧母,毁瘠殆於灭性,不饮酒食肉十有馀年。亲族迭谓之曰:"少孤!谁无父母?谁有父母!圣人制礼,令贤者俯就,不肖企及。若使毁性无嗣,更为不孝也。"陋感此言,然后从吉。由是名著海内。

简文帝辅政,命为参军,称疾不起。桓温躬往造焉。或谓温曰:"孟陋高行,学为儒宗,宜引在府,以和鼎味。"温叹曰:"会稽王尚不能屈,非敢拟议也。"陋闻之曰:"桓公正当以我不往故耳。亿兆之人,无官者十居其九,岂皆高士哉!我疾病不堪恭相王之命,非敢为高也。"由是名称益重。

博学多通,长於三礼。注《论语》,行於世。卒以寿终。

韩绩字兴齐,广陵人也。其先避乱,居於吴之嘉兴。父建,仕吴至大鸿胪。绩少好文学,以潜退为操,布衣蔬食,不交当世,由是东土并宗敬焉。司徒王导闻其名,辟以为掾,不就。咸康末,会稽内史孔愉上疏荐之。诏以安车束帛徵之。尚书令诸葛恢奏绩名望犹轻,未宜备礼,於是召拜博士。称老病不起,卒於家。

於时高密刘鲺字长鱼,城阳郏郁字弘文,并有高名。鲺幼不慕俗,长而希古,笃学厉行,化流邦邑。郁,魏微士原之曾孙,少有原风,教身谨洁,口不妄说,耳不妄听,端拱恂恂,举动有礼。咸康中,成帝博求异行之士,鲺、郁并被公卿荐举,於是依绩及翟汤等例,以博士徵之。郁辞以疾,鲺随使者到京师,自陈年老,不拜。各以寿终。

谯秀字元彦,巴西人也。祖周,以儒学著称,显明蜀朝。秀少而静默,不交於世,知天下将乱，预绝人事，虽内外宗亲，不与相见。郡察孝廉，州举秀才，皆不就。及李雄据蜀，略有巴西，雄叔父骧、骧子寿皆慕秀名，具束帛安车徵之，皆不应。常冠皮弁，弊衣，躬耕山薮，龚壮常叹服焉。桓温灭蜀，上疏荐之。朝廷以秀年在笃老，兼道远，故不徵，遣使敕所在四时存问。寻而范贲、萧敬相继作乱，秀避难宕渠，乡里宗族依凭之者以百数。秀年出八十，众人欲代之负担，秀曰：“各有老弱，当先营护，吾气力犹足自堪，岂以垂朽之年累诸君也！”年九十馀卒。

翟汤字道深。寻阳人。笃行纯素，仁让廉洁，不屑世事，耕而后食，人有馈赠，虽釜庾一无所受。永嘉末，寇害相继，闻汤名德，皆不敢犯，乡人赖之。

司徒王导辟，不就，隐於县界南山。始安太守干宝与汤通家，遣船饷之，敕吏云：“翟公廉让，卿致书讫，便委船还。”汤无人反致，乃货易绢物，因寄还宝。宝本以为惠，而更烦之。益愧叹焉。咸康中，征西大将军庾亮上疏荐之。成帝徵为国子博士，汤不起。建元初，安西将军庾翼北征石季龙，大发僮客以充戎役，敕有司特蠲汤所调。汤悉推仆使委之乡吏，吏奏旨一无所受，汤依所调限，放免其仆，使令编户为百姓。康帝复以散骑常侍徵汤，固辞老疾，不至。年七十三，卒於家。

子庄字祖休。少以孝友著名，遵汤之操，不交人物，耕而后食，语不及俗，惟以弋钓为事。及长，不复猎。或问：“渔猎同是害生之事，而先生止去其一，何哉？”庄曰：“猎自我，钓自物，未能顿尽，故先节其甚者。且夫贪饵吞钩，岂我哉！”时人以为知言。晚节亦不复钓，端居筚门，饮菽饮水。州府礼命，及公车徵，并不就。年五十六，卒。

子矫亦有高操，屡辞辟命。矫子法赐，孝武帝以散骑郎徵，亦不至。世有隐行云。

郭翻字长翔，武昌人也。伯父讷，广州刺史。父察，安城太守。翻少有志操，辞州郡辟及贤良之举。家於临川，不交世事，惟以渔钓射猎为娱。居贫无业，欲垦荒田，先立表题，经年无主，然后乃作。稻将熟，有认之者，悉推与之。令闻而诘之，以稻还翻，翻遂不受。尝以车猎，去家百余里，道中逢病人，以车送之，徒步而归。其渔猎所得，或从买者，便与之而不取直，亦不告姓名。由是士庶成敬贵焉。

与翟汤俱为庾亮所荐，公车博士徵，不就。咸康末，乘小船暂归武昌省坟墓，安西将军庾翼以帝舅之重，躬往造翻，欲强起之。翻曰：“人性各有所短，焉可强逼！”翼又以其船小狭，欲引就大船。翻曰：“使君不以鄙贱而辱临之，此固野人之舟也。”翼俯屈入其船中，终日而去。

尝坠刀於水，路人有为取者，因与之。路人不取，固辞，翻曰：“尔向不取，我岂能得！”路人曰：“我若取此，将为天地鬼神所责矣。”翻知其终不受，复沈刀於水。路人怅焉，乃复沈没取之。翻於是不逆其意。乃以十倍刀价与之。其廉不受惠，皆此类也。卒於家。

辛谧字叔重，陇西狄道人也。父怡，幽州刺史，世称冠族。谧少有志尚，博学善属文，工草隶书，为时楷法。性恬静，不妄交游。召拜太子舍人、诸王文学，累徵不起。永嘉末，以谧兼散骑常侍，慰抚关中。谧以洛阳将败，故应之。及长安陷没於刘聪，聪拜太中大夫，固辞不受。又历石勒、季龙之世，并不应辟命。虽处丧乱之中，颓然高迈，视荣利蔑如也。

及冉闵僭号复备礼徵为太常，谧遗闵书曰：“昔许由辞尧，以天下让之，全其清高之节。伯夷去国，子推逃赏，皆显史牒，传之无穷。此往而不反者也。然贤人君子虽居庙堂之上，无异於山林之中，斯穷理尽性之妙，岂有识之者邪！是故不婴认祸难者，非为避之，但冥心至趣而与吉会耳。谥闻物极则变，冬夏是也；致高则危，累棋是也。君王功以成矣，而久处之，非所以顾万全远危亡之祸也。宜因兹大捷，归身本朝，必有许由、伯夷之廉，享松乔之寿，永为世辅，岂不美哉！"因不食而卒。

刘骥之字子骥，南阳人，光禄大夫耽之族也。骥之少尚质素，虚退寡欲，不修仪操，人莫之知。好游山泽，志存遁逸。尝采药至衡山，深入忘反，见有一涧水，水南有二石囷，一囷闭，一囷开，水深广不得过。欲还，失道，遇伐弓人，问径，仅得还家。或说囷中皆仙灵方药诸杂物，骥之欲更寻索，终不复知处也。

车骑将军桓冲闻其名，请为长史，骥之固辞不受。冲尝到其家，骥之於树条桑，使者致命，骥之曰："使君既枉驾光临，宜先诣家君。"冲闻大愧，於是乃造其父。父命骥之，然后方还，拂短褐与冲言话。父使之於内自持浊酒蔬菜供宾，冲敕人代骥之斟酌，父辞曰："若使从者，非野人之意也。"冲慨然，至昏乃退。

骥之虽冠冕之族，从义著余群小，凡厮伍之家婚娶葬送，无不躬自造焉。居於阳岐，在官道之侧，人物来往，莫不投之。骥之躬自供给，士君子颇以劳累，更惮过焉。凡人致赠，一无所受。去骥之家百馀里，有一孤姥，病将死，叹息谓人曰："谁当埋我，惟有刘长史耳！何由令知？"骥之先闻其有患，故往候之，值其命终，乃身为营棺殡送之。其仁爱隐恻若此。卒以寿终。

索袭字伟祖，敦煌人也。虚靖好学，不应州郡之命，举孝廉、贤良方正，皆以疾辞。游思於阴阳之术，著天文地理十馀篇，多所启发。不与当世交通。或独语独笑，或长叹涕泣，或请问不言。

张茂时，敦煌太守阴澹奇而造焉，经日忘反，出而叹曰："索先生硕德名儒，真可以谘大义。"澹欲行乡射之礼，请袭为三老，曰："今四表辑宁，将行乡射之礼，先生年耆望重，道冠一时，养老之义，宾实系儒贤。既树非梧桐，而希鸾凤降翼；器谢曹公，而冀盖公枉驾，诚非所谓也。然夫子至圣，有召赴焉；孟轲大德，无聘不至，盖欲弘阐大猷，敷明道化故也。今之相屈，遵道崇教，非有爵位，意者或可然乎！"会病卒，时年七十九。澹素服会葬，赠钱二万。澹曰："世人之所有馀者，富贵也；目之所好者，五色也；耳之所玩者，五音也。而先生弃众人之所收，收众人之所弃，味无味於慌惚之际，兼重玄於众妙之内。宅不弥亩而志忽九州，形居尘俗而栖心天外，虽黔娄之高远，庄生之不愿，蔑以过也。"乃谥曰玄居先生。

杨轲，天水人也。少好易，长而不娶，学业精微，养徒数百，常食粗饮水，衣褐缊袍，人不堪其忧，而轲悠然自得，疏宾异客，音旨未曾交也。虽受业门徒，非入室弟子，莫得亲言。欲所论授，须旁无杂人，授入室弟子，令递相宣授。

刘曜僭号，徵拜太常，轲固辞不起，曜亦敬而不逼，遂隐於陇山。后为石勒所擒，秦人东徙，轲留长安。及石季龙嗣伪位，备玄纁束帛安车徵之，轲以疾辞。迫之，乃发，既见季龙，不拜，与语，不言，命舍之於永昌乙第。其有司以轲倨傲，请从大不敬论，季龙不从，下书任轲所尚。

轲在永昌，季龙每有馈饩，辄口授弟子，使为表谢，其文甚美，览者叹有深致。季龙欲观其真趣，乃密令美女夜以动之，轲萧然不顾。又使人将其弟子尽行，遣魁壮羯士衣甲持刀，临之以兵，并窃其所赐衣服而去，轲视而不言，了无惧色。常卧土床，覆以布被，倮寝其中，下无菌褥。颍川荀铺，好奇之士也，造而谈经，轲瞑目不答。铺发轲被，露其形，大笑之。轲神体颓然，无惊怒之状。于时咸以为焦先之徒，未有能量其深浅也。

后上疏陈乡思，求还，季龙送以安车蒲轮，蠲十户供之。自归秦州，仍教授不绝。其后秦人西奔凉州，轲弟子以牛负之。为戍军追擒，并为所害。

张忠字巨和，中山人也。永嘉之乱，隐於泰山。恬静寡欲，清虚服气，餐芝饵石，修导养之法。冬则缊袍，夏则带索，端拱若尸。无琴书之适，不修经典，劝教但以至道虚无为宗。其居依崇岩幽谷，凿地为窟室。弟子亦以窟居，去忠六十馀步，五日一朝。其教以形不以言，弟子受业，观形而退。立道坛於窟上，每旦朝拜之。食用瓦器，凿石为釜。左右居人馈之衣食，一无所受。好事少年颇或问以水旱之祥，忠曰："天不言而四时行焉，万物生焉，阴阳之事非穷山野叟所能知之。"其遣诸外物，皆此类也。年在期颐，而视听无爽。

苻坚遣使徵之。使者至，忠沐浴而起，谓弟子曰："吾馀年无几，不可以逆时主之意。"浴讫就车，及至长安，坚赐以冠衣，辞曰："年朽发落，不堪衣冠，请以野服入觐。"从之。及见，坚谓之曰："先生考磐山林，研精道素，独善之美有馀，兼济之功未也。故远屈先生，将任齐尚父。"忠曰："昔因丧乱，避地泰山，与鸟兽为侣，以全朝夕之命。属尧舜之世，思一奉圣颜。年壤志谢，不堪展效，尚父之况，非敢窃拟。山栖之性，情存岩岫，乞还馀齿，归死岱宗。"坚以安车送之。行达华山，叹曰："我东岳道士，没於西岳，命也，奈何！"行五十里，及关而死。使者驰驿白之，坚遣黄门郎韦华持节策吊，祀以太牢。褒赐命服，谥曰安道先生。

宋纤字令艾，敦煌效谷人也。少有远操，沈靖不与世交，隐居於酒泉南山。明究经纬，弟子受业三千馀人。不应州郡辟命，惟与阴颙、齐好友善。张祚时，太守杨宣画其象於阁上，出入视之，作颂曰："为枕何石？为漱何流？身不可见，名不可求。"酒泉太守马岌，高尚之士也，具威仪，鸣铙鼓，造焉。纤高楼重阁，距而不见。岌叹曰："名可闻而身不可见，德可仰而形不可觌，吾而今而后知先生人中之龙也。"铭诗於石壁曰："丹崖百丈，青壁万寻。奇木蓊郁，蔚若邓林。其人如玉，维国之琛。室迩人遐，实劳我心。"

纤注《论语》。及为诗颂数万言，年八十，笃学不倦。张祚后遣使者张兴备礼徵为太子友，兴逼喻甚切，纤喟然叹曰："德非庄生，才非干木，何敢稽停明命！"遂随兴至姑臧。祚遣其太子太和以执友礼造之，纤称疾不见，赠遗一皆不受。寻迁太子太傅。顷之，上疏曰："臣受生方外，心慕太古。生不喜存，死不悲没。素有遗属，属诸知识，在山投山，临水投水，处泽露形，在人亲土。声闻书疏，勿告我家，今当命终，乞如素愿。"遂不食而卒，时年八十二，谥曰玄虚先生。

郭瑀字元瑜，敦煌人也。少有超俗之操，东游张掖，师事郭荷，尽传其业。精通经义，雅辩谈论，多才艺，善属文。荷卒，瑀以为父生之，师成之，君爵之，而五服之制，师不服重，盖圣人谦也，遂服斩衰，庐墓三年。礼毕，隐於临松薤谷，凿石窟而居，服柏实以轻身，作《春秋墨说》《孝经错纬》，弟子著录千馀人。

张天锡遣使者孟公明持节，以蒲轮玄缥备礼徵之，遗瑀书曰："先生潜光九皋，怀真独远，心与至境冥符，志与四时消息，岂知苍生倒悬，四海待拯者乎！孤忝承时运，负荷大业，思与贤明同赞帝道，昔傅说龙翔殷朝，尚父鹰扬周室，孔圣车不停轨，墨子驾不俟旦，皆以黔首之祸不可以不救，君不独立，道由人弘故也。况今九服分为狄场，二都尽为戎穴，天子僻陋江东，名教沦於左证，创毒之甚，开辟未闻。先生怀济世之才，坐观而不救，其於仁智，孤窃惑焉。故遣使者虚左授绥，鹤企先生，乃眷下国。"公明至山，瑀指翔鸿以示之曰：“此鸟也，安可笼哉！”遂深逃绝迹。公明拘其门人，瑀叹曰：“吾逃禄，非避罪也，岂得隐居行义，害及门人！”乃出而就征。及至姑臧，值天锡母卒，瑀括发入吊，三踊而出，还於南山。

及天锡灭，苻坚又以安车征瑀定礼仪，会父丧而止，太守辛章遣书生三百人就受业焉。及苻氏之末，略阳王穆起兵酒泉，以应张大豫，遣使招瑀。瑀叹曰：“临河求溺，不卜命之短长，脉病三年，不豫绝其餐馈，鲁连在赵，义不结舌，况人将左衽而不救之！”乃与敦煌索嘏起兵五千，运粟三万石，东应王穆。穆以瑀为太府左长史、军师将军。虽居元佐，而口诵黄老，冀功成世定。追伯成之踪。

穆惑於谗间，西伐索嘏，瑀谏曰：“昔汉定天下，然后诛功臣。今事业未建而诛之，立见麋鹿游於此庭矣。”穆不从。瑀出城大哭，举手谢城曰：“吾不复见汝矣！”还而引被覆面，不与人言，不食七日，舆疾而归，旦夕祈死。夜梦乘青龙上天，至屋而止，寤而叹曰：“龙飞在天，今止於屋。屋之为字，尸下至也。龙飞至尸，吾其死也。古之君子不卒内寝，况吾正士乎！”遂还酒泉南山赤崖阁，饮气而卒。

祈嘉字孔宾，酒泉人也，少清贫，好学。年二十馀，夜忽窗中有声呼曰：“祈孔宾，祈孔宾！隐去来，隐去来！修饰人世，甚苦不可谐。所得未毛铢，所丧如山崖。”旦而逃去，西至敦煌，依学官诵书，贫无衣食，为书生都养以自给，遂博通经传，精究大义。西游海渚，教授门生百馀人。张重华征为儒林祭酒。性和裕，教授不倦，依《孝经》作《二九神经》。在朝卿士、郡县守令彭和正等受业独拜床下者二千馀人，天锡谓为先生而不名之。竟以寿终。

瞿硎先生者，不得姓名，亦不知何许人也。太和末，常居宣城郡界文脊山中，山有瞿硎，因以为名焉。大司马桓温尝往造之。既至，见先生被鹿裘，坐於石室，神无忤色，温及僚佐数十人皆莫测之，乃命伏滔为之铭赞。竟卒於山中。

戴逵字安道，谯国人也。少博学，好谈论，善属文，能鼓琴，工书画，其馀巧艺靡不毕综。总角时，以鸡卵汁溲白瓦屑作郑玄碑，又为文而自镌之，词丽器妙，时人莫不惊叹。性不乐当世，常以琴书自娱。师事术士范宣於豫章，宣异之，以兄女妻焉。太宰、武陵王晞闻其善鼓琴，使人召之，逵对使者破琴曰：“戴安道不为王门伶人！”晞怒，乃更引其兄述。述闻命欣然，拥琴而往。

逵后徙居会稽之剡县。性高洁，常以礼度自处，深以放达为非道，乃著论曰：

夫亲没而采药不反者，不仁之子也；君危而屡出近关者，苟免之臣也。而古之人未始以彼害名教之体者何？达其旨故也。达其旨，故不惑其迹。若元康之人，可谓好遁迹而不求其本，故有捐本徇末之弊，舍实逐声之行，是犹美西施而学其矉眉，慕有道而折其巾角，所以为慕者，非其所以为美，徒贵貌似而已矣。夫紫之乱朱，以其似朱也。故乡原似中和，所以乱德，放孝似达，所以乱道。然竹林之为放，有疾而为颦者也，元康之为放，无德而折巾者也，可无察乎！

且儒家尚誉者，本以兴贤也，既失其本，则有色取之行。怀情丧真，以容貌相欺，其弊必至於末伪。道家去名者，欲以笃实也，苟失其本，又有越检之行。情礼俱亏，则仰咏兼忘，其弊必至於本薄。夫伪薄者，非二本之失，而为弊者必托二本以自通。夫道有常经，而弊无常情，是以《六经》有失，王政有弊，苟乖其本，固圣贤所无奈何也。

嗟夫！行道之人自非性足体备、阘蹋而当者，亦曷能不栖情古烈，拟规前修。苟迷拟之然后动,议之然后言,固当先辩其趣舍之极,求其用心之本,识其枉尺直寻之旨,采其被褐怀玉之由。若其,涂虽殊,而其归可观也;迹虽乱,而其契不乖也。不然,则流遁忘反,为风波之行,自驱以物,自诳以伪,外眩嚣华,内丧道实,以矜尚夺其真主,以尘垢翳其天正,贻笑千载,可不慎欤!

孝武帝时,以散骑常侍、国子博士累徵,辞父疾不就。郡敦逼不已,乃逃於吴。吴国内史王珣有别馆在武丘山,逵潜诣之,与珣游处积旬。会稽内史谢玄虑远遁不反,乃上疏曰:"伏见谯国戴逵希心俗表,不婴世务,栖迟衡门,与琴书为友。虽策命屡加,幽操不回,超然绝迹,自求其志。且年垂耳顺,常抱羸疾,时或失适,转至委笃。今王命未回,将离风霜之患。陛下既已爱而器之。亦宜使其身名并存,请绝其召命。"疏奏,帝许之,逵复还剡。

后王珣为尚书仆射,上疏复请徵为国子祭酒,加散骑常侍,徵之,复不至。太元二十年,皇太子始出东宫,太子太傅会稽王道子、少傅王雅、詹事王珣又上疏曰:"逵执操贞厉,含味独游,年在耆老,清风弥劭。东宫虚德,式延事外,宜加旌命,以参僚侍。逵既重幽居之操,必以难进为美,宜下所在备礼发遣。"会病卒。

长子勃,有父风。义熙初,以散骑侍徵郎,不起,寻卒。

龚玄之字道玄,武陵汉寿人也。父登,历长沙相、散骑常侍。玄之好学潜默,安於陋巷。州举秀才,公府辟,不就。孝武帝下诏曰:"夫哲王御世,必搜扬幽隐,故空谷流縶维之咏,丘园旅束帛之观。谯国戴逵、武陵龚玄之并高尚其操,依仁游艺,洁己贞鲜,学弘儒业,朕虚怀久矣。二三君子,岂其于贤戢怀抱哉!思挹雅言,虚诚讽议,可并以为散骑常侍,领国子博士,指下所在备礼发遣,不得循常,以稽侧席之望。"郡县敦逼,苦辞疾笃,不行。寻卒,时年五十八。

弟子元寿,亦有德操,高尚不仕,举秀才及州辟召,并称疾不就。孝武帝以太学博士、散骑侍郎、给事中累徵,遂不起。卒於家。

陶淡字处静,太尉侃之孙也。父夏,以无行被废。淡幼孤,好导养之术,谓仙道可祈。年十五六,便服食绝谷,不婚娶。家累千金,僮客百数,淡终日端拱,曾不营问。颇好读《易》,善卜筮。於长沙临湘山中结庐居之,养一白鹿以自偶。亲故有候之者,辄移渡涧水,莫得近之。州举秀才,淡闻,遂转逃罗县埤山中,终身不反,莫知所终。

【译文】

苍天垂下日影,少微星借以记录年岁;《文言》《系辞》探幽索微,贞洁隐遁之人用以完善他的理论。所以即使有些人不愿说话,他们的思想仍然被孔子听说;有些蔑视富贵之人,他们的计谋主张仍详载于《孙子》一书。所以外表柔弱才能生存,是生活的常理;骄傲自满就会受到伤害,则是上天的惩罚。远古及近代的聪明人都明白这一点,他们耿介脱俗,正直有涵养,隐姓埋名在江湖之间,销声匿迹于尘世之外,濯清流以激励自己的意志,住洞穴以掩藏自己的光芒,周密安排以实现自己的志愿,杜绝机缘以安静自己的心绪。他们的品德犹如玉一样的光辉,冰一样的纯洁,碧川一样地长流不息,高山一样地巍然耸峙。他们从事于最快乐的事业,修炼自己无边无际的美德,过去的事情不再追究,将来的安排遥远而无忧愁。他们修身自保,因而后悔和吝啬都无从产生,《诗经》中《考槃》一首所颂扬的美妙之处,全都在这儿了。就是在礼貌禅让、争讼全无的太平盛世,仍然要

尊重隐士贤人以扩大王政的清明教化，征聘隐士用的礼物到达山岩中的洞穴，也出现在隐士所居之处。所以《月令》说"春季三月应招聘名士，致礼贤者"，说的就是这样的情况。

自从司马迁首创体例，广泛收集隐逸之人，载入《史记》，谯元彦的杜绝人事，江思悛的歌咏山林，使他们的贤贞纯洁的行为更加高尚，使他们超尘脱俗的事迹更加鲜明。他们虽然没有响应帝王的招聘，但他们的做法足以激励贪婪而有野心的人。现在赞美他们高尚的德行，把他们的事迹收集起来，写成这篇《隐逸传》。

孙登，字公和，是汲郡共县人。家里没有其他亲属，在郡里的北山上造了土窑居住，夏天把草编起来做成衣服，冬天就把自己的头发披在身上。喜欢读《周易》和弹琴，看见的人都很亲近和喜欢他。不急躁，不发怒，有人把他扔进水里，想要看看他发怒的样子，他从水里爬上来，反而大笑不止。经常在社会上游逛，所经过的人家有的给他衣服和食物，他一点儿也不推辞，离开了就都不要了。曾经住在宜阳山中，有烧炭的人看见他，知道他不是普通的人，和他说话，孙登也不回答。

文帝听说后，让阮籍去察访。阮籍见到后，和他说话，他也不搭腔。嵇康跟着他游历了三年，问他的愿望是什么，最终他也没有回答，嵇康每每为此叹息，将离开他时，对他说："先生真是没有一句话说吗？"孙登于是说："您知道火吗？火生来是有光焰的，然而不用它的光焰，但最终还是用它的光焰。人生下来有了才能，然而不用他的才能，结果还是用了他的才能。也就是说使用光焰在于得到柴火，因为得到柴火才能保证火的光焰；人的才能的运用应该是认识真理，认识事物的实质，只有这样才能保全人的寿命。现在您才气很大但认识不清，在当今的社会上很难免于灾难啊。您难道没有更高的追求吗？"嵇康没有听他的说，果然死于非命。临刑前作《幽愤诗》说："和过去的柳下惠及今天的孙登相比，我都惭愧。"有人说孙登是因为对魏、对晋的态度，容易让人产生怀疑，所以遭人防范。最后竟然不知死在什么地方。

董京，字威辇，不知是什么地方的人。起初是和陇西掌管计簿的官吏一起到洛阳的，一路上披发而行，逍遥自在，边走边吟诗作诵，常常住在白社中。有时则在集市上乞讨，讨得一些残碎的绸缎丝絮，自己做一点衣服穿在身上，整匹的绸缎和很好的丝絮则不肯接受。有人看见他遭到别人的推挤和辱骂，一点也不愤怒。

孙楚当时任著作郎，多次到社中和他说话，并且和他一起坐着车子，回来，董京站着，不肯坐下。孙楚于是写信给他，劝他说当天子贤如尧舜的世代，为什么还要执迷不悟，不走正道。董京用诗来回答："周朝灭亡了，颂声就没有了。夏朝衰落了，五常就混乱了。大腹便便的君子，一批一批地过去，而洋洋满目的人群中，只有隐士七人。他们难道不以天地万物的造化为乐吗？只是感到身处肮脏时代的悲哀，对之以隐居独处。没有什么东西让我高兴快乐，清澈的泉水可以喝，最高的道义可以吃。为什么这样栖栖惶惶，自己使自己疲劳不堪。河鱼悬挂在野兽的门槛，再愚笨的人都知道将会发生什么。古代最高尚的人，把自己的才能隐藏起来，绫罗绸缎不能让他们觉得温暖，高官厚禄不能使他们感到荣耀，行动像河里的流水，汩汩不停；静止象寂静的河川，默默无言。鹦鹉能说话，犹如泗水边上能做磬的大石头，被众人所玩赏，这岂符合它的本意！燕子在罗网周围盘旋，哪能不受到伤害？鸱隼跑到很远的地方去做窝，都是想去送死。看看那些跳到了桥上的鱼，乱蹦乱动，呻吟不绝，一下子就干涸而死。啊，鱼和鸟相处在一起，一万代都不明白这是什么道理。从我的角度来看他们，才能明白其中的原因。哪里知道不会有更精明的人，更深沉、更大度，也将窥察我的动静，皱着眉头而离开呢？万物都很卑微，只有人是高贵的。要想有所作为，万里九州都嫌窄，要是不想干什么，立锥之地也嫌大。"

几年后，隐遁而离开，没有人知道他到哪里去了。在他的住处只发现一些竹子和两篇诗作。其一是："天的运行刚健简洁，地的配合厚实密集，茫茫太苍，就是这样。后世仁义已去，以虚浮代替质朴，浑浑然的社会人事，谁能知道它的真实面目。我要走了，将要离开这最虚妄的境地，返归我将要去的地方。"又说："碰不到孔子，为现在的那些优秀人才感到悲哀。优秀人士啊优秀人士，为什么不遁世隐居以保存你们真正的自我呢？"

夏统，字仲御，是会稽永兴人。幼年丧父，家里贫穷，侍奉母亲，以孝著称，兄弟关系也很和睦，经常拾柴拾谷寻求食物，披星戴月，半夜才回家，或者到海边去拾一些蚌蛤和螃蟹帮助生活。很善于言谈。同族的人劝他出去做官，对他说："您清廉质朴正直，可以在郡里执政，如果和官府朝贵结交，一定会很显贵，为什么要心甘情愿地在山林隐居，在江湖河泽中终此一生呢？"夏统听了后勃然大怒，说："你们各位就这样对待我吗？假如让我处于太平盛世，我可以和天子重臣共评议同出入，如果遇到混浊的时代，一定会和屈原一样自沉江河，以死抗争；如果处于这两种时代之间，则自然会象长沮和桀溺一样隐居遁世，那能在朝廷官府间委曲求全呢？听见你们这样说，不觉得寒毛尽竖，汗下如雨，面红耳赤，心热如炭，目瞪口呆，两耳嗡嗡作响。"说的人非常惭愧。夏统从此后不再和本族的人见面。

正好碰上母亲生病，夏统侍奉汤药，同族的人因此又见到了他。他的叔父夏敬宁祭祀祖先，迎请女巫章丹、陈珠二人，她二人均很美丽，服饰华美，能歌善舞，并且还能隐形匿影。甲子夜一开始，她们就撞钟击鼓，中间伴以丝竹乐器，这时章丹、陈珠二人拿出刀子割破舌头，并吞下刀子吐出火焰，弄得烟雾缭绕、流光如电。夏统的堂兄弟们想去看看，想刁难夏统，于是一起骗他说："叔父得病，马匕就要好了，全家大小都认为是喜庆的事，所以想趁着这个机会祭祀祖宗，一起去祝贺，您可以和我们一起去吗？"夏统跟他们一起去了。进得门进，忽然看见章丹、陈珠二人在院子中间轻柔地跳着舞，像鬼神一般地谈笑怪叫，东戳一指，西摸一下，对答应酬，不慌不忙。夏统见了后异常吃惊，掉头而走，没有从门出去，而是撞破了篱笆直奔而去。回来后责怪同去诸人说："过去淫乱的习俗兴起，卫文公为之感到悲哀；彩虹出现在东方，君子尚不敢明说；季桓子娶了齐国女子，孔子见了，驾车而回；子路见了夏南，非常愤怒，意气慷慨。我常常恨不得砸烂叔向的头，掐瞎华父的眼。没想到你们诸位迎请了这样的妖物，夜里和她们一起游戏，放纵你们骄傲不羁的情绪，纵任自己荒淫无耻的行为，乱了男女有别的礼节，破坏了贞洁高尚的节操，这样做是为像什么呢？"于是躲到了床上，披头散发地睡下，不再说话。弄得各位都很不好意思，立即赶走了章丹、陈珠二人，各自回家去了。

后来夏统的母亲病重了，他到洛阳去买药。正好碰上三月上巳这天，洛阳王公以下的人都出游到浮桥上，男女并驾齐驱，华丽的车子、服装照亮了大路。当时夏统正在船上晒他买回的药，达官贵人的车骑如云般纷至沓来，夏统却连看也不看。太尉贾充觉得奇怪，就问他是什么人。夏统一开始并不回答。贾充又问了一遍，他才慢慢地说："我是会稽人夏仲御。"贾充使人问他会稽的风俗人情，夏统说："那儿的人彬彬有礼，犹有大禹时代的遗风，太伯时代的仁义和谦让，严遵所具有的高亢的志气，黄公所表现的高风亮节。"又问他："您在海边居住，很识水性，能撑船搏浪吧？"夏统回答说："是的。"夏统于是操舵正橹，在大浪中盘旋，起初做了一个鲻鲦般的跳跃，接着又来一个鲔鲟般的穿引，船头如鹢鸟般翘首挺进，船尾象兽尾一样卷伏起来密切配合。撑一下长长的船艄，船就向前越进三次。当时风大浪高，云遮雾绕，一会儿工夫就有八九条白鱼跌入船舱。看的人都感到心惊肉跳，贾充的心里尤其是这样，于是换了一只船和他说话，他答应的声音如雷鸣一般响亮。想让他出来做官，则低着头不说话。贾充又对他说："过去尧也唱歌，舜也唱歌，您和别人一起唱歌而感觉不错，您一定会返回来再和他们一起唱歌，这就能明白远古的圣贤和前代的哲人们为什么都尽情歌唱。您能唱你们当地的民歌吗?"夏统说："先公只住在稽山，进见过天子，拜见过王公大臣，传授教化在偏僻的地方，死了后安葬了。皇帝的恩泽像云雾一样洒满人间，圣明的教化仍然保存，百姓们受了感动因而歌唱，于是作了一曲《慕歌》。又有孝女曹娥，年龄才十四岁，坚贞和温顺的美德已经超过了梁、宋，她的父亲坠江死后捞不到尸体，曹娥呼天哭地，忧伤悲叹，为了寻找父亲的尸体，也投水而死。她死后，父女两人的尸体一起浮出水面。当地的人们为她的孝义深深感动，写了《河女》一诗来纪念她。伍子胥上书劝说吴王，意见没有被采纳，受到迫害投海而死，国人为他的忠贞刚烈感到万分痛惜，为他作了《小海唱》一歌。现在我就来唱唱这几首歌。"众人都很严肃，说："好。"夏统于是用脚在船板上打着拍子，引吭高歌，声音清越高昂，大风受到感应刮了起来，卷起海水喷向天空，电闪雷鸣，光影交加，雷雨大作，长风呼啸，岸上沙尘烟雾般地涌起。王公以下的人都很恐慌，夏统停止了唱歌，这种种现象才消失。众人都个个相对说："如果不来洛水边游玩，怎么能够见到这样的人。听到《慕歌》的歌声，便仿佛看见了大禹的容貌。听到《河女》的歌声，不觉眼泪潸然而下，就好像曹娥的高尚行为历历在目。听《小海唱》这首歌，就好像是伍子胥和屈原站在我们的身旁。"贾充想炫耀自己带来的文武仪仗队，让前来观看的人感到羡慕，因而就向夏统告辞了。下令竖起赤色大旗，高举各种仪仗，将骑兵排列成行，队伍肃然待立。不一会儿，军鼓号角响声大作，胡葭长鸣，车马涌越，纵横驰骋于大道上，又使歌伎舞女穿着艳丽的服装，点缀着耀眼的首饰，密密地绕船之周。夏统端坐如旧，好像是什么也没有听见，什么也没有看见。贾驻等回去后说："这个吴国的小子是木头人石头心。"夏统回到会稽，最后竟不知何年何月死于何处。

朱冲，字巨容，是南安人。年轻时即有很高的道德品行，性情安静，清心寡欲，好学然而家道贫穷，常常从事农业生产。邻居有人丢失了小牛犊，把朱冲的牛犊认作自己丢失的牛犊赶了回家。后来在林子里找到了自己的牛犊，于是非常惭愧，把朱冲的牛犊赶来还给他，朱冲竟然不再收下。有牛到他的庄稼地里吃庄稼，朱冲多次拿喂牛的食物给牛吃，而脸上一点都没有不满的神色。那牛的主人非常惭愧，于是不再把牛赶到朱冲的地里去了。

咸宁四年，皇帝征诏他为博士，朱冲借口有病没有应诏。不久皇帝又下诏说："东宫太子的随从官员也应该是具有最高的道德品质、博通典籍的人，应该用朱冲作为太子右庶子。"朱冲每次听说皇帝的诏书到了，总要逃到深山里去，当时的人认为他是梁鸿、管宁一流的人物。朱冲所居之地接近少数民族地区，少数民族人民对待他就像对待国君一样，朱冲也依据礼仪制度对他们进行教导，整个县里的风气都很好，路不拾遗，村无坏人，毒虫猛兽都没有造成灾害。后高寿而终。

范粲，字承明，是陈留郡外黄县人，汉代莱芜地方官陈丹的孙子。范粲品行高洁，为人正直，也有陈丹的风格，并且博闻强记，掌握多种学问，每个方面都可做人老师，远近的人有很多请他教授，为人不故作庄严矜持，但别人一见他，都很尊敬他。魏时州里府里都举荐他做官，但他都没有就任。很久以后，才应征做了治中一官，后又转任别驾，又被任命为太尉掾、尚书郎，又被派出为征西司马，所任官职都有良好的反应。

宣帝辅政时，升任武威太守，到任后，选拔好的官员，创办学校，鼓励发展农业生产。当时周边地带少数民族经常侵扰中原地区，范粲公开设立防范措施，敌人不敢再来进犯。开辟和西域各国的流通，使边疆地区战火停息。武威郡土地肥沃。富贵人多，珍玩异品到处都是，范粲检敛控制这些方面，抑制了奢华社会风气形成漫延。因为母亲年老辞官。武威郡和野蛮的少数民族邻近接壤，范粲因为坐守在这一重要的位子上而辞官回家，朝廷非常不满意他，把他降职为乐涫令。

事隔不久，转任他为太宰从事中郎。为母亲守孝，以最孝的人著称。守完孝后，又任太宰中郎。齐王萧芳被废黜后，被赶到了金墉城去，范粲穿了白色衣服给他送行，他的行为使左右的人都为之感动。当时景帝辅政，召集官员们开会，范粲又没有出席。朝廷因为他当时名气很大，都原谅了他。范粲又借口有病，闭门不出。于是皇帝特意下诏任他为侍中，被特派到雍州。范粲因此只有假装狂颠，不说话，睡在所乘坐的车子里，脚不落地。子孙总是侍奉在旁边，每当碰到娶嫁或做官等大事，总要悄悄地征求范粲的意见，他认为可以的就面无表情，认为不行的就坐卧不安，妻子因此而知道他的意思。

武帝登基后，泰始年间，范粲的同郡人孙和当时任太子中庶子一职，上表推荐范粲，赞扬他品行高尚，讲究节操，长期疾病缠身，应该让郡里县里用车子把他运到京城，让皇家施恩于他，赐给他医药，如果能够逐渐地好起来，一定对朝廷执政很有好处。于是皇帝下诏命令郡里县里为他提供医药，又赐给他二千石谷子的俸禄用作养病之资，每年都是这样，还赐给他一百匹布。儿子范乔因为父亲病得很重了，谢绝了，不敢收下，皇帝下诏说不许不收。太康六年去世，时年八十四岁。他不说话有三十六年，死在他所睡的车中。大儿子名范乔。

范乔，字伯孙。二岁时祖父范馨去世，临终时，摸着范乔的头说："很遗憾看不见你长大成人了。"把自己用过的砚台给了他。五岁时，祖母告诉了他这件事，他就拿着砚台哭。九岁入学，在同辈人中，说话从来不开玩笑。二十岁时，受业于乐安人蒋国明。济阴人刘公荣有识人才的经验，见了范乔后，非常器重他。朋友刘彦秋很早就有名气，曾经对人说："范伯孙这个人沉稳持重，思维缜密，我每次都想挑他一个错误而始终做不到。"光禄大夫李铨曾经论述杨雄的才学比刘向高，范乔认为刘向整理刊定那一时代绝无仅有的书籍，整理了各种图书，如果让杨雄来做这些事，也就不是他的专长，于是写了《刘杨优劣论》，很多文献都没有记载。

范乔爱好学习，不知疲倦。父亲范粲装疯不说话，范乔和他的两个弟弟都放弃了学业，杜绝了和社会上的各种人事往来，在家里服侍父亲，一直到范粲去世，脚步都没有走出过村子。司隶校尉刘毅曾在朝廷上据理直言说："假如范武威病得不是很重，就是伯夷、叔齐又活在了今天。像这样的诚实和有信念，更是圣主所应该褒奖的。他的儿子长期服侍生病的父亲，名声和德行影响都很大，如果不给予表彰和任用，就会被朝廷中爱惜隐士贤人的人所讽刺、讥笑。"元康年间，皇帝下诏征求廉洁、谦让、从事低微贫寒之业的人，不考虑他们的经历，让他们参与议政。尚书郎王琨于是推荐范乔说："范乔天性纯真，德行高尚,志向远大,风操高洁,儒家思想广博精深,深刻地挖掘了它的精神实质;生活上安贫乐道,有志于住偏僻的巷子,吃粗疏的饮食而毫无怨言,成年以后这种志愿更加坚决,确实是当今贫寒而有志气的人,身体力行地起到了纠正社会风俗的作用。"当时张华任司徒,各地所推荐的共有十七人,对范乔都特别地称赞。又吏部郎郄隆也想寻求国内的隐居之士,范乔一直隐居避世,直到老年,这时任他为乐安令,他还是借口有病没有赴任。范乔一共一次被推荐为孝廉,八次被推荐去公府做官,两次被选为清白异行,一次被任命为寒素,都没有接受。

早先,范乔的同乡人除夕晚上偷砍他家的树,有人告诉他,范乔装作没听见,同乡人很惭愧,就把树还给了他。范乔跑去对他说:"您过年时缺柴火,是想和父母一起过个愉快的年,有什么惭愧的呢?"他对人的善于理解和引导,就像这样。外黄县令高顡感叹地说:"士大夫没有不自私的,而范伯孙和蔼公正,他的名字虽然不曾出现在官府的名单上,但这个人的宝贵和特别,现在让人看得更加清楚。伟大正确的法则不再存在,然而还有仁义的人,确实是这样的啊。"他修身立名,毫无瑕疵污点,被同时代的人佩服得五体投地。元康八年去世,时年七十八岁。

鲁胜,字叔时,是代郡人。年轻时即有才华,风格高尚,任佐著作郎。元康初年,升任建康令。到任后,著《正天论》,说:"从冬至后安置仪器,测量日影移动的速度,考察日、月、星的变化。我认为日、月直径只有一百里,不是一千里,星星的直径才十里,不是一百里。"于是上表要求诸侯王公给予讨论。"如果我说得有理,应当改正前人的失误,还天地星辰以本来面目。如果我的看法得不到验证,我甘愿受罚,以表明法律的公正无私。"事情没有回音。曾经年复一年地观察天象,知道将来变故颇多,于是借口有病辞去官职。中书令张华派儿子去劝他再出来做官,又一次征聘他为博士,推荐他为中书郎,都没有就任。

他的文章著述被社会上的人所称颂。因遭逢战乱而失传,只有《墨辩》注保存下来的序里讲:

"名"是用来区别异同、明辨是非的,它是道义的分门别类,是实行政治教化的基本依据。孔子说:"一定要正名,名不正则事情就不能办成。"墨子著书,作《辩经》来阐明什么是"名",惠施,公孙龙继承他的学说,也因辩明什么是"名"而名显当时。孟子反驳墨子,但他在辨别用语、使用适当的言辞这一点上则和墨子相同。荀子、庄子等人都责难、批驳名家,但也不能动摇它的理论。

名字所表观的事物一定有具体形状,但观察它的形状不如辨别他的颜色,所以有"坚白"的争辩。"名"之间的区别一定是很清楚的,但再清楚也不如"有"和"无",所以有"无序"之辩。"是"中也有不是,"可"中也有不可,所以叫作"两可",同中有异,异中有同,这就叫作"辩同异"。最同里面就没有不同,最异里面就没有不异,这统称为"辩同辩异"。因为有同异,就生出了是非;因为有是非,就生出了吉凶,以辩明一个事物的名字就可以追究到天下社会风俗的高下,这是辩明名字的最高目标。

从邓析到秦朝的名家,每一代都有文章著述著作,都很难理解。后代的人就更没有传承学习的了。到现在已经五百多年,名家著作也就亡佚了。《墨辩》分上下经两部分,每《经》都有《说》这部分,共四篇,和这部书的其他篇章相连接,于是只有它被保存下来。现在用《说》来对照、解释它所属的《经》,将各条附在对应的各章节后,有怀疑的地方就空缺出来。又从其他著作中摘出有关条款,汇集成《形》《名》二文,粗略地解释一下它们的大意,以待大家指正。希望有振兴衰微事业、拯救灭绝之物的人,也会以此为乐。

董养,字仲道,是陈留浚仪人。泰始初年到洛阳,不做官求荣。杨后被废除后,董养游历太学,在讲堂上感叹道:"建造这个讲堂,为了什么呢?每次翻阅国家的赦罪文件,看到谋反、政变的人都予以宽大处理,杀祖父母、父母的人不予宽大处理,是因为王法不能容忍这样的事。为什么公卿大臣们如此议论朝政、制定法典,天人之理不讲了,大的灾祸就要来临了。"因此写了《无化论》一文批判这种现象。

永嘉年间,洛城东北步广里地面下陷,钻出两只鹅,苍青色的一只飞走了,白色的不能飞。董养听说后感叹道:"周代各国统治者盟会的狄泉,就是这个地方。现在出现了两只鹅,苍青色的代表匈奴等少数民族,白色的代表我们的国家,后事就尽在不言中了。"回头对谢鲲、阮孚说:"《周易》上说能够辨明事物征兆的就是神,你们可以隐姓埋名地躲藏起来了。"于是和妻子挑着担子去了蜀地,没有人知道他最后死在什么地方。

霍原,字休明,是燕国广阳人。年轻时刚强有志气,叔父因犯法将被判处死刑,霍原到狱中去申辩,备受刑罚,终于使叔父得以免罪。十八岁时,观看太学举行礼节仪式,因而就留在太学里学习。贵族子弟听说他来学习,很器重他,想见见他,因为他出身低微,名气不大,不想白天去,而是一起晚上去他那里。父亲的朋友同郡人刘岱将要举荐他,还未举荐自己就病重了,临终时对他的儿子刘沈说:"霍原向往高尚正义,清虚自守,将会成为独特的人才,你以后一定要推荐他。"后来霍原回到乡里。高阳人许猛一向佩服他,正好碰上任幽州刺史,将要去拜访他。主簿拦住车子说车子不能走出幽州地界,许猛只好叹息而遗憾地停了下来。

霍原在山里住了很多年,有门徒百多人。燕王每个月都要送酒肉礼品给他。元康年间,刘沈任国大中正时,上书荐霍原应升任二品官员,司徒不同意,刘沈于是上表据理力争。皇帝下诏告命令司徒参与讨论,结果中书监张华命令陈准提升议任他为上品官员,皇帝下诏说可以。元康末年,霍原和王褒等都因为贤良被征召,诏书屡次下发到郡县,郡县按礼节发送派遣,都没有赴任。后来王浚想要谋反,使人来向霍原咨询,霍原不作回答,王浚耿耿于怀。又有辽东因犯三百多人,凭据有利的地理位置,依山为寇,想把霍原劫持去作为首领,也没有办到。当时有一首谣谚说:"天子在什么地方?近在附近的豆田中。"王浚认为"豆"就是指"霍",逮捕了霍原,把他杀了,把他的头悬挂起来。他的门徒痛哭不止,半夜时把他的尸体偷来,偷偷地埋掉了。远近的人都十分震惊,没有人不觉得他冤枉,为他感到痛惜。

鲁褒,字元道,是南阳人。博学多闻,不愿做官,甘心过贫困生活。元康之后,政府崩溃,法律典章荡然无存,鲁褒为时风的贪婪败坏感到悲哀,隐姓埋名,写了《钱神论》一文以讽刺社会的贪婪现象。大意是:

钱的形状,有乾坤之象,里面方,外面圆,把它堆积起来就像山一样,一旦流通就像水一样。它有时动有时静,有时通行,有时被人收藏,方便了买卖交易,而它自己却不怕有所损耗。长期使用,不乏来源。所以能够生命长久,被社会上的人看作宝贝。对它的感情犹如兄长,把它叫作"孔方"兄。失去它就贫穷孤弱,得到它就富硕昌盛。它没有羽翼而能飞,没有脚腿而能走,它能够让生活窘迫的人露出笑容,让处境困难的人开口说话。钱多的人处处向前,钱少的人裹足退后。向前的人成了官长,退后的人则成了奴仆。官长们越来越富，奴仆的则越来越穷。《诗经》上说："多么欢乐啊，有钱人；多么可怜啊，这些孤独者。"

钱即是泉，再远的地方也能去，再深的地方也能到。京城的衣冠人士，疲劳于讲坛上，已经讨厌再听那些清谈，听到它就昏昏欲睡。但一看见"孔方"兄，没有人不立即惊醒。在钱的保佑下，没有不吉利的事，何必一定要先读书，然后才能富贵呢？过去吕公对着空口许诺就满心欢喜，汉高祖略施小利就降服了他，文君脱去了布衣衫，披上了绫凤绸缎，相如乘上大马高车，解下了犊鼻之绳。他们官高位尊，名声显赫，这些都得力于钱的力量。空口许诺是最虚的，然而却有了实际的结果；小利虽小，却可以形成亲密的关系。从这一点来看，就可以把钱看作神物，没有德行而受到尊敬，没有势力却炙手可热，能够推开官府的大门，进入皇帝的宫殿。危险可以使之安全，死人可以使他变活，富贵的人可以使他贫贱，活着的人可以使他死去。所以官司诉讼没有钱不能赢，纷乱纠葛没有钱解不开，冤家仇人没有钱不会和解，就是有好名声，没有钱也传不开。

洛城中的公子王孙，达官贵人，喜爱"孔方"兄，没有止境。拉着"孔方"兄的手，紧紧抱着它，不计较它的磨损，也不管它使用的年限，总是有那么多人向往之，想要拥有它。谚语说："钱没有耳朵，但它能够使唤鬼神。"但凡现在的人，只是想钱而已。所以有人说军队没钱，召不来兵；打仗没有赏赐，战士不会冲锋向前。做官的人没有人推荐介绍，不如干脆回家种田；即使有推荐介绍的人，但没有钱，和没有翅膀而想飞，没有腿脚而想走没有两样，是根本行不通的。

愤世嫉俗的人一起传诵他的文章。

鲁褒没有做官，没有人知道他死在什么地方。

任旭，字次龙，是临海章安人。父亲任访，是吴南海太守。任旭幼年丧父，身体羸弱，儿童时期勤奋学习。长大成人后，志向远大，清正廉洁，不同流合污，同乡人都推重并爱护他。郡将蒋秀器重他的名声，请他出任功曹。蒋秀为官贪赃污秽，每每不守法纪，任旭严肃地劝止他。蒋秀不接受他的意见，任旭辞官而离去，在家里闭门讲学，修身养性。很久以后，蒋秀因为犯事被捕，任旭很狼狈地去给他送行，蒋秀很感慨地叹道："任功曹是一个真正的好人，我违背了他所提的意见，所以到了今天这个地步，还有什么可说的呢？"不久后又被举为孝廉，任命为郎中，州郡提拔他为郡中正，他坚决推辞回到家里。

永康初年，惠帝广求清正廉洁的人，太守仇馥推荐任旭，说他清贞洁素，学识广博，诏书命令州郡按礼节发送派遣。任旭认为朝政变化多端，志趣趋向隐遁，所以借口有病没有应征。不久天下大乱，陈敏叛变，江东名豪都受牵连，只有任旭和贺循意志坚定，陈敏最终也未能使他们屈服。

元帝才镇守江东时，听说他的大名，就征召他任参军，亲自写信给他，想使他一定到任，任旭借口有病坚决地推辞了。后元帝升任镇东大将军，又征召他；到任左丞相时提拔他任祭酒，都没有就任。晋中兴后，官府派公车征召他出山，恰逢他母亲去世。此时司空王导创立学校，选拔天下通晓经典的人，任旭和会稽人虞喜都因为具有隐居避世的思想而被征召，事情还未办妥，恰逢王敦叛乱，不久元帝又驾崩，这件事情于是被耽搁下来。

明帝即位，又征召提拔他任给事中，任旭说自己病重，一年不到任，尚书因为他拖拉把他除名，仆射荀崧认为这样做不行。太宁末年，明帝又下诏准备礼物征召任旭，诏书才下，明帝又驾崩。任旭于咸和二年去世，太守冯怀上书认为应该追赠他为九列，碰到苏峻作乱,这件事也没有办成。任旭的儿子任琚,做官做到大宗正,最后死于家中。

郭文,字文举,是河内郡轵县人。年轻时热爱自然山水,崇尚避世隐居。十三岁时,每次游历山水,往往流连忘返,十多天不回来。父母去世,服孝完毕,不结婚,离家而去,游历名山大川,经过华荫山时,观赏考察石室中的石函。洛阳陷落后,挑着担子进入吴兴余杭大辟山中无人烟的地方,把木头斜靠在大树上,上面盖上草垫子,就住在那里面,四周也没有墙壁。当时经常有猛兽作乱,进入住宅伤害人类,然而郭文在这样的条件下一个人住了十年,竟没有遭到祸患。总是穿着鹿皮衣服,头上包着葛布巾,不喝酒不吃肉,开垦出一些土地,种点豆子和小麦。采摘竹叶和树上的果实,换些盐来供自己生活。有的人给他很低的价钱,他也就换给了他。后来人们认识了解了郭文,就不再给他很低的价钱了。他除了吃饭之外还有些剩余的谷物,总是救济那些贫穷的人。别人送东西给他,总是接受一点不太好的,以表示不拂人家的好意。有一次有一头猛兽在他的小屋旁边咬死了一只大麋鹿,郭文告诉了别人,他们把它拿去卖了,分了一些钱给郭文。郭文说:“我如果需要钱,我就会自己去卖。之所以告诉你们,正是因为我不需要钱。”听说的人心里都很感慨。曾经有猛兽向着郭文忽然张大口,郭文看到它口中有一根横着的骨头,于是伸手进去把它拿掉了。猛兽第二天早晨放了一头鹿在郭文的小屋前面,作为报答。打猎的人经常到郭文那儿寄宿,郭文夜里为他们挑水,脸上毫无厌倦之色。

余杭令顾飏与葛洪一起去拜访他,带着他一起回来。顾飏认为他走山路也许需要皮袄,赠给他熟皮制成的皮袄一件。郭文没有要,辞别了他们,回到了山中。顾飏派手下人追他,把衣服放在了他的小屋中,郭文没有说什么,这件皮衣竟烂在了小屋中,郭文最终也没有穿它。

王导听说了他的大名,派人去迎接他,郭文不肯坐车船,而是挑着担子自己走。到了以后,王导把他安置在西园内,园中果树成林,又有鸟兽麋鹿,因而让郭文住在那里。朝中的官员都跑去看他,郭文没精打采地伸腿坐着,傍若无人。温峤曾经问郭文说:“人人都有亲戚朋友来往,以此为乐,先生您抛弃了他们,有什么快乐呢?”郭文说:“本想学道成仙的,没有想到碰到了动荡的时代,要想回去也没办法了,所以只好这样。”又问他说:“饿了就想吃饭,年纪大了就想成家,这是自然而然的,先生怎么单单没有这些欲望呢?”郭文说:“欲望是由于人们老去想它而产生的,不想也就没有欲望。”又问他:“先生一个人住在深山里,如果碰上生病送了命,就会被乌鸦鸟兽吃掉,难道不残酷吗?”郭文说:“埋葬在地下的人也是被蚂蚁吃掉的,有什么两样。”又问他:“猛兽是要伤害人类的,世上的人都很害怕,先生您偏偏不怕吗?”郭文说:“人如果没有害兽的心思,兽也不会害人。”又问他:“如果社会不安宁,人们也不得安身。现在将请您出仕做官以济时匡政,怎么样?”郭文说:“山野草莽之人,怎么能够辅佐朝政。”王导曾经会集各位宾客,歌舞宴会,试着让人去请郭文来。郭文目不斜视,两眼直瞪瞪地向前,走在华丽的殿堂犹如穿行在山间荒野。当时在座的人都说了些试探性地意味深长的话,郭文常常表示不知道他们说的是什么意思。他的想法很深奥奇特,没有人能够探测出来。温峤曾评论说:“郭文有贤人的本性,然而却没有贤人的才能,应居于柳下、梁跻之下!”永昌年间,瘟疫流行,郭文也病得很重。王导送药给他,郭文说:“命在天,不在药。寿命长短,是时间管着的。”

住在王导西园中七年,没有出来过。一天早晨,忽然要回到山里去,王导没有同意。后来逃跑了,回到临安,在山里盖了房子住下。临安令万宠把他接去县里。苏峻谋反时,破了余杭，然而临安独得保全，别人认为他能知天意。从此以后不再说话，仅仅用手势表达意思。病重时，要求回到山里去，想要把尸体安放在石头上，不叫人埋葬，万宠没有同意。不吃东西二十多天，也不见瘦。万宠问："先生还能有几天？"郭文举了三次手，果然于十五号去世。万宠把他葬在他的房子旁边，祭祀祷念他。葛洪、庾阐都为他做过传，赞颂他的美德。

龚壮，字子玮，是巴西人。廉洁自守，和同乡人谯秀齐名。父亲和叔叔被李特残害，龚壮多年都没有除去丧服，势单力薄不能复仇。李寿戍守汉中，和李期有矛盾，李期即是李特的孙子。龚壮想假手李寿以报仇。于是劝说李寿说："阁下如果能吞并向西的土地，听命于晋，人民一定乐于您这样做。并且舍小利得大利，用危险换得安全，这是最上策了。"李寿同意了他的建议，于是率领军队讨伐李期，果然攻克了他。李寿仍任原职，想让龚壮做官，龚壮誓死不出仕为官，也不接受任何给他的贿赂、馈赠。恰逢久雨成涝，百姓饥饿不堪，龚壮上书劝李寿归顺朝廷，赢得朝廷欢心，满足人民的心愿，永远成为朝廷的藩国，造福后代子孙。李寿看了上书后内心很愧疚，藏在心里没有说。于是派人出使少数民族部落，龚壮知道后劝止他不要这样做，李寿又没有采纳他的意见。龚壮认为万物之本没有比忠、孝更大的，既已假手李寿杀了李期，报了私仇，于父亲、叔叔已经尽孝；又想使李寿归顺朝廷，以尽臣职，于国尽忠。李寿既然没有听从自己的建议，龚壮只好声称自己已经耳聋，又说手也拿不得东西，终身没有再去成都，只是研究考释经典，思考文章辞意，至李势执政时去世。

早先，龚壮常常叹息说中原人多通经学，而巴、蜀人粗鄙浅陋，加上碰到李氏的灾难，未收有学生，著有《迈德论》，史书大都没有记载。

孟陋，字少孤，是武昌人。吴司空孟宗的曾孙。哥哥孟嘉，是桓温的征西长史。孟陋年轻时就清白做人，品格高尚，穿的是布衣，吃的是粗食，以读书自娱。从来不谈论社会上的事，也不和官场人物结交往来。有时去钓鱼，也一个人前往，连家里人也不知道他到哪里去了。母亲去世后，他十分悲哀，身体几乎完全垮了，有十多年不喝酒不吃肉。同族亲友反复对他说："少孤！谁没有父母？谁都有父母。圣人制定丧礼制度，是要让贤孝的人随便地守一下孝，让不孝的人努力地遵守它。如果你身体垮了，没有了后代，这样反而不孝了。"孟陋听了这番话，有些醒悟，然后慢慢地才好起来。由于这件事，孟陋名扬天下。

简文帝辅政后，任命他为参军。他借口有病，没有赴任。桓温亲自前往访问他。有人对桓温说："孟陋品行高洁，学识上是儒学大师，应该把他召进朝廷，让他发挥良好的作用。"桓温叹息说："会稽王尚且不能让他屈就，更不敢指望他参与议政了。"孟陋听了后说："桓公正猜着了我不出去的原因。天下万人，十分之九不当官，他们那能都是高士呢？我是有病，不敢赴命应召，不是以高士自居。"由于这个原因，名声更大。

他博学多闻，对于很多经籍都很精通，特别长于《三礼》，为《论语》作的注通行于世。后高龄而逝。

韩绩，字兴齐，是广陵人。他的祖先因避乱迁居到吴郡的嘉兴。父亲韩建，在吴做官，位至大鸿胪。韩绩年轻时喜爱文学，奉行潜处退让哲学，穿粗衣吃蔬食，不和达官贵人结交往来。由于这个原因，东部地区的人民都很尊敬他。司徒王导听说了他的名声，提拔任命他为掾，他没有就任。咸康末年，会稽内史孔愉上书推荐他，皇帝下诏准备舒适的车子带上礼物征召他进京。尚书令诸葛恢上书说韩绩的名声还不算大，不宜如此礼遇，于是下诏任他为博士。他借口年老体弱没有应召，死于家中。

当时高密人刘孻，字长鱼；城阳人邴郁，字弘文，都很出名。刘孻幼年时即不羡慕社会上的东西，成年后希望能问古人看齐，刻苦学习，认真做事，良好的风范影响了当地人民。邴郁，是魏国不受皇帝征召之人邴原的曾孙，他年轻时即有其曾祖的风范，为人廉洁，行为检点，口不乱说，耳不乱听。彬彬有礼，行动大方得体。咸康年间，成帝广求有突出建树的人，刘孻、邴郁被官员们推荐，于是依据韩绩和翟汤等人的惯例，按博士征召他们。邴郁借口有病，刘孻随使者来到京城，亲自向皇帝陈述年纪已大，没有应征。二人均寿终正寝。

谯秀，字元彦，巴西人。祖父谯周，以通晓儒学著称，在蜀朝名声显赫。谯秀年轻时即沉默寡言，不和社会上的人来往，知道天下不久就会大乱，提前就断绝任何人事往来，即使是本家和母亲家族的人，也不见。郡里察访他为孝廉，州里举荐他为秀才，都不就任。李雄攻占了蜀国后，占有了巴西地区，李雄的叔父李骧、李骧的儿子李寿都很仰慕谯秀其人，都准备了礼物和乘坐舒适的车子征召他。他都没有应召。常常戴着皮帽子，穿着破衣服，亲自在山间草泽中耕种，龚壮常常为他感到叹息。桓温灭了蜀后，上疏推荐他，朝廷认为谯秀年纪已经大了，加上路又远，所以没有征召他，派遣使者传达所在地区每年四季去慰问他。不久范贲、萧敬相继叛乱，谯秀因避难去了宕渠，乡里同族一百多人因为要依靠他，跟他前往。谯秀八十多岁了，别人想替他挑担子，谯秀说："各家都有年纪大的和身体差的人，你们应该首先照顾自己的家人。我的力气仍然足以生活自理，那能够让我以垂朽之年连累你们各位呢？"九十多岁去世。

翟汤，字道深，是寻阳人。为人厚道纯朴，仁慈廉洁，对社会上的事不屑一顾，亲自种田，然后吃饭，其他人如有馈赠，哪怕东西再小，也不肯接受。永嘉末年，寇贼蜂起，听说了翟汤的名声和德行，都不敢冒犯他，同乡人依赖他而得平安无事。

司徒王导提拔他做官，没有答应。隐居于县境的边界南山。始安太守干宝和翟汤为通家之好，派船送东西给他，对跟船的小官吏说："翟公廉洁、谦让，你把信交给他后，把船留下就走。"翟汤没有人可以派来把船还给干宝，于是只有买些丝绸织物，让人带给干宝。干宝本来是想让他得些实惠，没想到反而给他添了麻烦。更加惭愧和感慨。咸康年间，征西大将军庾亮上书推荐他，成帝征召他为国子博士，翟汤没有应征。建元初年，安西将军庾翼北征石季龙，大量征调奴仆充军，告诉具体经办人员免除翟汤所应输送的奴仆。翟汤把他的奴仆全部交给乡里官员，这些官员接到上级指示一个也不接受，翟汤依据所征调的限额，解放了他的奴仆，让他们自己组织起来成为普通百姓。康帝又以散骑常侍的位置征召翟汤，翟汤以自己年老多病为借口，坚决推辞。七十三岁时死于家中。

翟汤的儿子翟庄，字祖休。年轻时就以孝悌友善著名。遵奉翟汤的风格情操，亲自耕种，然后吃饭，说话从不涉及庸俗的事，平时所做的事只是钓鱼。成年以后，不再打猎。有的人问："钓鱼和打猎同是伤害生命的事，而先生您只去掉了其中的一样，这是为什么呢？"翟庄说："打猎的行为由我发生，钓鱼的行为由鱼饵发出，不能够全部去掉，所以先去掉那个伤害行为厉害的。况且鱼是贪吃鱼饵而吞了钩子的，责任怎么在我呢！"当时的人认为他会说话。晚年时也不再钓鱼，端端正正坐在竹编的门旁边，吃着豆子喝着水。州府很郑重地任命他，用官车来征召他，都没有就任。五十六年时去世。

他的儿子翟矫也有高尚的情操。多次谢绝提拔任命。翟矫的儿子翟法赐,孝武帝征召他为散骑郎,也没有就任。社会上传说他也有隐者的道德品行。

郭翻,字长翔,武昌人。伯父郭讷,任广州刺史。父亲郭察,是安城太守。郭翻少年时即有高尚的志气和节操,谢绝了州郡的提拔,不愿被推选为孝廉秀才。在临川安家,不和官场上的人来往,只以钓鱼打猎为乐。生活贫困,没有正式职业,想要开垦荒地,先插标志说明,一年后没有人来认明这块土地,郭翻才开垦耕种。稻子快熟时,有一个人来说这块地是他的,郭翻把快熟的稻子全部给了他。县令听说后责问那个人,把稻子还给了郭翻,郭翻不再接收。曾经乘车出去打猎,离家百余里远,途中碰到生病的人,把车子送给了他,自己却步行回来。他钓得的鱼和打得的野兽,如果有人要买,便送给他,分文不取,也不告诉他自己的姓名。由于这些事情,老百姓都很敬重他。

和翟汤一起被庾亮推荐,官车征召为博士,没有就任。咸康末年,乘小船暂时回到武昌给父母、亲属上坟,安西将军庾翼以皇帝舅舅的身份,亲自去拜访郭翻,想勉强他出来做官。郭翻说:"人的性格各有各的不足,那里是可以强逼的!"庾翼因为他的船又小又窄,想让他坐大船。郭翻说:"您不因为它鄙陋微贱而亲临它,它本来就是山野之人的船啊。"庾翼躬着腰进到小船中,整整一天才离开。

曾经把刀掉在了水里,有一个过路的人帮他捞了起来,他因此就把刀送给了那个人。那个过路的人不要,坚决推辞,郭翻说:"假如刚才你不把它捞起来,我怎么还能得到它!"过路人说:"我如果要了这把刀,将被天地鬼神所责备。"郭翻知道他最终不肯要,又把刀沉到了水里。过路人很遗憾,又跳入水中捞起了这把刀。郭翻于是不拂他的好意,收下了这把刀,并给他十倍于刀的钱。他廉洁而不愿接受别人的恩惠就像这样。死于家中。

辛谧,字叔重,是陕西狄道人。父亲辛怡,是幽州刺史,社会上的名门望族。辛谧年轻时即有大志,博学多闻,善于作文,擅长草书、隶书,他的墨迹被认为是当时的楷模。性格恬静,不乱交际。被征召任太子舍人、诸王文学,屡征不应。永嘉末年,任命辛谧为散骑常侍,抚慰关中。辛谧因为知道洛阳将要陷落,所以应征。刘聪攻陷长安后,任命他为太中大夫,坚决推辞,没有接受。又经历了石勒、季龙统治的时代,都没有应召赴命。虽然生活在丧乱之中,但超然独立,视荣利如粪土。

冉闵篡夺皇位后,又准备了礼物征召他为太常,辛谧给他写信道:"过去许由谢绝帝尧的封官许愿,而尧把天下让给他,是帮助显示他清高的节操;伯夷离开了自己的国家,介子推逃避了帝王的赏赐,都名垂青史,万世流芳。这些都是避世隐居永不回头的人。然而贤人君子即使是位居高贵显职,也和隐居山林没有两样,这即是明白事物本性的奥妙,哪有知道这一点的人呢!所以不被祸患困扰的人,不是因为逃避了它,而是因为潜心静志、清虚自守而善于应付它。我辛谧听说事物到了极限就会发生变化,比如说冬天向夏天的转化;到了最高点也就十分危险,比如说把棋子垒得很高就会坍塌。君王的大业已经成功,还长时间地和他相处,这就不是顾全性命、远离危险的处理办法了。应该借着事业的成功,安心臣服于当朝,并且一定要有许由、伯夷的廉洁谦让、与世无争,才能够享有古代仙人王子乔和赤松子的高寿,永远作为君王的助手,这难道不是很好吗?"因为不吃东西而死亡。

刘骥之,字子骥,是南阳人,光禄大夫刘耽的本家。刘骥之年轻时即崇尚朴素,清心寡欲,退让谦虚,不修边幅,没有什么名气。喜欢游历自然山水,有志于隐居避世,曾经因为采药到了衡山，进入了大山的深处忘了返回，看见一溪泉水，水的南边有两个石头垒成的园仓，一个门开着，一个门关着，溪水很深，水面又宽，过不去。想要原路返回，迷失了道路，碰到砍伐树木做弓箭的人，问他怎么走。才得回到家里。有人说石仓里都是灵丹妙药等，骥之想再一次去看看它，最终也没有搞清它的方位。

车骑将军桓冲听说了他的名声，请他出任长史，他坚决推辞，不肯接受。桓冲曾经到了他的家里，他正在给树修剪枝叶，使者传达了桓冲的到来及问候，刘骥之说："您既然肯委屈地到我家来，应该先去拜望家父。"桓冲听说后非常惭愧，于是就去拜望他的父亲。他父亲让骥之回来，骥之这才回到家里，掸着短袄上的尘土和桓冲说话。父亲让骥之亲自从屋里拿出浊酒和蔬菜给宾客们吃喝，桓冲让人代骥之给客人们斟酒，骥之的父亲推辞说："让手下人斟酒，不合我这山野之人的本意。"桓冲十分感慨，到黄昏时才告辞返回。

骥之虽然出身于名门望族，但对普通老百姓也很讲义气信用，凡是和他相熟的人家里结婚送葬，他都亲自到场。住在阳岐的时候，刚好住在官道的旁边，人来人往，没有不在他那里歇脚投宿的。骥之总是亲自提供饮食，安排住宿，有自知之明的人认为他很劳累辛苦，反而害怕经过他家门口。凡是别人送给他的东西，都不接受。离骥之家一百多里的地方，有一位孤老奶奶，病得快要死了，叹息着对别人说："谁将安葬我呢？只有刘长史了。怎么才能让他知道我就要死了呢？"骥之早先就听说她有病，所以就去探望她，恰好碰上她去世，于是就亲自置办棺材安葬了她。他就是这样地具有仁爱侧隐之心。后高龄而终。

索袭，字伟祖，敦煌人。虚心，清静好学。州郡任命，推举他为孝廉、贤良方正，他都借口有病，一一辞谢了。自己则潜心研究阴阳方术，著有十多篇天文、地理方面的文章，颇有启发。不与社会交往，常常独言自语，或长吁短叹、涕哭流泪，有时问他，也不答话。

张茂执政时，敦煌太守阴澹，感觉索袭为人奇异，特去拜访他，逗留了一整天。出来，叹息说："索先生德高望重，是有名的儒者，真可以向他请教大道理。"阴澹将举行乡射之礼，打算聘请索袭担任三老。对他说："当今四方宁静，将举行乡射礼。先生德高望重，道德为当今之冠，尊老养老，实在应是您这样的贤德儒者。不是梧桐树，而希望有鸾凤落下翅膀；谢曹公而盼望盖公驾到，实不是这样。但至圣如孔夫子，有邀请，他也去；大德如孟夫子，有聘请，他也到。都是为了弘扬大道啊！现在委屈你，是为了尊崇道义教化，不是做官。想你或者可以答应吧。"后来，索袭病逝，时年七十九岁。阴澹穿上素衣，参加了葬礼，赠送银钱二万。他说："人们有余的是富贵，眼睛想看的是五色，耳朵想听的是五音。而索先生抛弃众人所要的，要了众人所抛弃的。品味无味之事物於恍恍惚惚之时，兼有玄妙于众多奥妙之中。住宅不到一亩，却志在九州，身居尘俗之中，而心栖息在天外。就是高人逸士如黔娄、庄生，都不及他啊！"赠谥号"玄居先生"。

杨轲，天水郡人。年轻时喜欢研究《周易》，成年后没有结婚，学业精微，有学生数百人，常常吃粗疏的食物，喝冷水，穿粗布衣服和破麻絮做的袍子，别人都不能忍受这样的遭遇，而杨轲却不以为耻，悠然自得，和那些不了解及行为怪僻的人从不来往。即使是跟着他学习的学生，如果不是很有成就的入室弟子，也不可能亲口跟他说话。想要教授什么东西，一定要旁边没有其他人时，才教给他的入室弟子，让他们一个一个地递相传授。

刘曜篡皇位后，征召任命他为太常，杨轲坚决推辞，没有应从，刘曜由于对他尊敬而没有强迫他，于是杨轲隐居去了陇山。刘曜后来被石勒擒获，秦地的人向东迁徙，杨轲留在长安。石季龙登上皇位，准备了专门征召隐士的礼物和舒适的车子去召他出来做官，他借口有病，没有出山。使者强迫他出来，他才上车。看见了石季龙后，不向他行礼，石季龙跟他说话，他也不搭腔。石季龙卜令让他住在永昌的官第中。分管人员因为杨轲很粗野傲慢，请求上司按"大不敬"的罪行处罚他，季龙没有同意，下令说杨轲想干什么就让他干什么。

杨轲住在永昌，石季龙每次送东西给他，他都口授感谢信，让弟子记下来作为感谢。文辞总是很美，看到的人都佩服他的水平高。石季龙想要察访他的真正兴趣所在，就偷偷命令美女半夜里去打动他，他果然不为所惑，很严肃，不予理睬。又让人把他的学生们全部带走，派强壮的羯族武十穿上盔甲拿着刀对着他，并偷走了他的衣服。杨轲看着这一切不发一言，一点也不害怕。常常躺在泥土垒成的床上，盖着布被子，赤裸着睡在中间，下面也没有垫絮。颍川人荀铺，是一位好奇的人。到了杨轲那儿和他谈经，杨轲闭着眼睛不予回答。荀铺掀开了杨轲的被子，露出了他的身体，狠狠地嘲笑了他。杨轲的神情仍很安然，没有丝毫惊奇、发怒的样子。当时的人都认为他是隐者焦先的徒弟，没有人能估量出他的肚识的深浅。

后来上书皇帝陈述自己的思乡之情，要求允见他回到老家去，石季龙用舒适的、用蒲草包着车轮的车子给他送行，免除了十户农民的租税，让他们供应杨轲的生活必需品。自从回到秦州，仍然教授学生，从未停止。后来秦人向西逃跑到了凉州，杨轲的学生们用牛车载着他逃跑，被戍守的军队追赶上，抓住了，并被他们杀害。

张忠，字巨和，中山人。永嘉政变时，去泰山隐居。性格恬静，清心寡欲，主张清虚自守，吃灵芝服丹石，修炼导养之法。冬天穿着乱麻作絮的袍子，夏天用绳子系着布衫，端然拱立如尸体，一动不动。没有弹琴读书的爱好，也不研究经书典籍，宣扬主张仅以"虚无"为根本。他的住处是依崇岩幽谷的地势，凿地为窟而成。弟子也住山洞，住处离张忠六十余步远，五天去朝拜他一次。他的教法是不用言语而用形体来说话，弟子跟着他学习，是观看过他的形体变化就退下来。他在他居住的洞顶上放了一个道坛，自己每天都要朝拜它。吃饭用瓦器，锅用石头凿成。左右邻居送给他衣服食物，他都不接受。喜欢多事的年轻人问他水涝旱灾的征兆是什么，他说："上天不说话，而四季照样运行，万物依然生长，阴阳历像这类事情不是深山里一个贫民老头子所能知道的。"他打发外面的人，都像这个样子。年龄七、八十了，而视力和听觉一点儿也没有减退。

苻坚派人去征召他。使者到的时候，张忠才洗完澡起来，对弟子说："我没有几年活了，不能够违背当今君主的意志。"洗完澡就上了车。到了长安，苻坚赐给他帽子和衣服，他推辞说："年老体衰，头发也掉了，已不能穿朝服、戴朝冠，还是请允许我穿便服入朝觐见吧。"苻坚同意了他的请求。到了觐见时，苻坚对他说："先生您在深山老林里隐居，研究探索道义思想，独善其身有余，兼济天下不足。所以老远地委屈先生您来，将象周武王尊敬吕尚一样，把您也看作可尊敬的父辈。"张忠说："过去因为战争动乱，我隐居泰山，和鸟兽做朋友，以保全我不长久的性命。现在碰到君主贤明如尧舜的时代，心里想着一定要博取君主的欢心。然而年龄大了，意志也消沉了，不能够再尽忠效力了，'尚父'的比喻，我自己是不敢这么想的。我生性喜欢住在山里，全部的感情都倾注在悬崖和山谷之间，请求您赐还我剩下的年月，让我回去，死在泰山。"苻坚用舒适的车子给他送行。车到华山时，他叹息着说："我是东岳泰山的道士，将要死在西岳华山，这是命啊，有什么办法呢!"走了五十里路,将出关时而死。使者骑马飞驰告诉苻坚,苻坚派遣黄门郎韦华拿着帝王的信物予以吊唁,用丰盛的礼品祭祀他,宣扬他,赐给他官服。赠给他的谥号是"安道先生"。

宋纤,字令艾,是敦煌效谷人。年轻时即有远大的志向,沉静安详,不和社会人士交往,隐居在酒泉南山。学习研究经纬之学,有弟子三千多人跟他学习。不响应州郡的提拔任命,只和阴颙、齐好打交道。张祚当权时,太守杨宣把他的像画在家里的小门上,进出都看着他,并赞颂道:"他头枕何处的石头?洗漱在那一条河流?他的形体不能够看见,名声也不能够寻求。"酒泉太守马岌,是一位高尚的人,带着大队人马和仪杖,敲打着锣鼓,去拜访他。宋纤躲在高楼的顶层,远离他们,不愿和他们相见。马岌叹息地说:"他的名字可以听说,然而身体却不能够见到,高尚的品德可以景仰,然而风采却不可目睹,我从今以后知道先生是人群中的蛟龙了。"在石壁上刻诗说:"红色的山崖深百丈,青色的峭壁高万尺。奇特的树木郁郁葱葱,茂盛好像邓林。那个人的品质如白玉,是国家的宝贵人才。他的住处这么近而人却那么远,实在让我心里挂念。"

宋纤给《论语》做过注,写有数万字的诗歌颂词。八十岁了,还坚持学习,毫不怠倦。张祚后来派遣使者张兴带着礼物召他去做太子友,张兴强迫他,反复和他讲道理,要他应征。宋纤长叹地说:"道德品质比不上庄生,才能不如干木,怎么敢违抗群主的命令。"于是随着张兴一起到了姑臧。张祚派遣他的太子太和以挚友的身份去拜访他,宋纤说有病而不见他,馈赠的东西一概不收。不久升任为太子太傅。很快宋纤给皇帝上书说:"我生性不合世俗礼仪,内心羡慕向往着蛮荒远古,活着不因活着而欣喜,死了不因死去而悲伤。早就写有遗嘱,告诉诸位亲朋好友,在山就停在山里,临水就投进水中,放在沼泽地上会露出形体,在有人居位的地方就埋进土里。既不要告诉我的家人,也不要写信给他们。现在就是我要死的时候,请满足我的心愿。"于是不食而死,时年八十二岁,赠给他的谥号是"玄虚先生"。

郭瑀,字元瑜,是敦煌人。年轻时即有超尘脱俗的情操,向东游历张掖一带,拜郭荷为师,全部继承了他的事业。精通经文辞义,善于争辩谈论,多才多艺,会写文章。郭荷去世,郭瑀认为是父亲生了他,老师培养了他,君王给了他地位,然而依据五服服丧制度,为教师服丧是不够重的,这大概是圣人的谦虚,于是就穿了丧服中最重的斩衰这一种,墓旁筑庐守灵三年,丧礼完毕后,隐居于临松薤谷,凿石洞居住,吃柏树的果实以使身体变轻,著有《春秋墨说》《孝经错纬》,知道姓名的弟子有一千多人。

张天锡派使者孟公明带着帝王的信物和探望隐士的礼物,驾驶装有蒲轮的舒适的车子征召他出山,给他写信说道:"先生的光焰被深深地埋没着,却胸怀真诚,志气超远,心情与最高的境界一样良好,兴趣与四季的更迭一样变化无穷,哪里知道老百姓生活在水深火热之中,天下等待着救世主的出现。我勉强趁着时运,担负主理国家的大业,想和你们这些贤明君子一起把国家治理好。过去傅说在殷朝像龙一般翱翔,尚父在周朝像鹰一样飞扬,孔子的车不敢停下,墨子要出发等不到天明,都因为老百姓处于灾祸之中,不能不去相救。君主不能遗世独立,大业是由众人去完成的。何况现在天下被少数民族所霸占,两个都城也成为少数民族的巢穴,天子避难江东,名流也散失在少数民族人群中,灾难之深重,自开天辟地以来闻所未闻。先生怀有匡经济世的才能,坐在一边旁观而不相救,对老百姓不尽仁智,我私下里感到不太明白。所以派遣使者前来,空出重要的位子,引领盼望先生的到来,愿先生能顾惜我们的国家。"孟公明到了山里,郭瑀指着翱翔的飞鸿对他说:"这种鸟,怎么能够把它装进笼子呢?"于是远远地逃匿,灭绝了行踪。孟公明逮捕了他的门下人,郭瑀叹息说:"我是逃避俸禄官爵,不是因为有罪才逃避,那能够因为避世隐居,施行大义,反而害了门人。"于是出来应征。到姑臧时,恰逢张天锡母亲去世,郭瑀束起头发去吊唁,拜了三拜就出来了,回到了南山。

张天锡被废黜后,苻坚又用舒适的车子征召郭瑀出山,帮助国家制定礼仪制度,正好碰上他父亲去世,这件事没有进行。太守辛章派了书生三百人跟着他学习。到了苻坚末年,略阳王穆在酒泉起兵造反,以响应张大豫,派人去请郭瑀。郭瑀叹息说:"站在河边,拯救落水的人,也不管自己的生命有无危险;病了三年的人,也不知道哪天就不行了;鲁仲连在赵国,为了正义不惜据理力争,可观人民即将被少数民族统治者蹂躏,哪能够不拯救他们呢?"于是和敦煌人索嘏一起带领五千人起义,运粮三万石,以响应东边的王穆。王穆任命郭瑀为太府左长史和军师将军。他虽然身居要职,然而嘴里总是念念不忘黄帝和老子,希望事业成功、天下安定之后,仍然隐居,追寻伯成的遗踪。

王穆受到挑拨离间,向西讨伐索嘏,郭瑀劝阻说:"过去汉代安定了天下,然后就讨伐有功之臣。现在事业还没有成功就杀掉他们,马上就可以看见麋鹿野善在现在朝廷所在这个地方游荡。"王穆不听他的劝阻。郭瑀出了城门大哭不止。挥手告别城门说:"我再也见不到你了。"回去后拿被子盖住脸,不和人说话,七天不吃东西,有病回到了乡里,早晚只求快死。夜里梦见自己乘着青龙飞上了天,飞到屋顶上就停住了,醒了后叹息地说:"飞龙是在天上的,现在停在了屋顶上。'屋'这个字,是'尸'下面放个'至'字,龙飞到尸体上,喻示着我将要死了。古代君子不死在家里睡觉的屋子里,何况我是一个真正的正直的人呢!"于是到了酒泉南山赤崖阁下,吸了一口气就死了。

祈嘉,字孔宾,酒泉人。年轻时家里贫困,上进好学。二十多岁时,有一天夜里忽然窗子外面有一个声音说道:"祈孔宾,祈孔宾,隐居去吧,隐居去吧,入仕做官,在社会上钻营,是很苦的,不可能愉快。所得到的不值一文,所失去的重如泰山。"第二天一早他就逃跑了,向西去,到了敦煌,跟着老师读书,很穷困,没有吃的和穿的,任书生都养一职以自给,于是博览经传,精通大义,向西游历海边、边境,教授门生一百多人。张重华征召他为儒林祭酒。他性格温和,从容娴雅,教授学生不知疲倦。依据《孝经》体例作《二九神经》。当朝卿士、郡县守令彭和正等受业学生中等有成就的人有二千多,张天锡称他为先生而不叫他的名字。后高龄而终。

瞿硎先生,不知道他的姓名,也不知道是什么地方的人。太和末年,常常居住在宣城郡边界的文脊山里,山里有磨兵器的石头(瞿硎),所以用"瞿硎"作名字。大司马桓温曾经去拜访他。到那儿后,看见先生披着鹿皮皮衣,坐在石头垒成的房子里,脸上没有发怒的神色,桓温和几十个手下人都不知道他在想什么,于是命令伏滔写了赞美他的颂词。后来瞿硎先生死于山中。

戴逵,字安道,谯国人。年轻时即博学多闻,喜欢谈论,善于写文章,会弹琴,精通书法和绘画,其他精巧的技艺没有不精通的。少年时,用鸡蛋汁淘洗白瓦屑作《郑玄碑》,又写了文辞自己刻在上面,词采华丽,器物精妙,当时的人没有不惊异和赞叹的。自己不以入仕做官为乐,所以常以弹琴写字自我娱乐。在豫章拜术士范宣为师,范宣很赏识他,把哥哥的女儿嫁给了他。太宰、武陵王晞听说他会弹琴,派人去叫他来,戴逵当着使者的面摔破了琴,说:"戴安道不做王公贵族的唱戏人!"晞很愤怒,于是改请他的哥哥述。述听到命令后很高兴,抱着琴就去了。

戴逵后来迁居到了会稽的剡县。品性高洁,常依据礼仪制度行动处事,认为放纵、不拘小节是不合礼义之道的。于是著有这样的论说:

双亲去世,因为采药就一去不复返的人,是不仁慈的子孙;君王危险而经常出入近旁的人,是苟且偷安的臣子。古代的人没有因为这些而损害礼仪、典章,这是为什么呢?是因为知道礼义的宗旨。知道礼义的宗旨,就不被人们的具体行为所迷惑。象元康年间的这些人,可以说是喜欢隐居而不追求隐居的宗旨,所以有弃本求末的弊病,实际上是舍弃其根本而追逐名声的做法。这样做就像是认为西施漂亮而学她皱着眉头,羡慕有道的人,所以也把头巾的角折起来。他们之所以羡慕这些人,并不认为他们的行为是美好的,只是外表上跟着他们学。紫色之所以混同于大红,是因为它像红色。所以老好人貌似公正和气,这样就混淆了有德的人和无德的人;狂放的人貌似豁达,这样就混淆了道德品质高尚的人和道德品质不高尚的人。然而竹林七贤的放纵,是有病才皱眉头这一类,元康年间那些人的放纵,是无德而折头巾角这一类,这难道能不分辨清楚吗?

儒家崇向名誉,其根本是想激励贤人的产生,既然已失掉了它本来的作用,那么就会有以貌取人的做法。情怀失去了纯真,以外貌欺骗众人,它的弊病一定是最上一等。道家不讲究名声,是想鼓励世人看重实质,如果违背了它的原意,就是没有意义的行为。本性和礼仪都受到损害,那么仰慕和吟咏都会被忘却,这样的弊病也必定是最上一等。这两种弊病,不是因为失去了它的本意,而是因为这样做的人一定是假托这两种本义作幌子的。道有规律可循,而弊病是无规律可循的,所以《六经》也有失误,王政也会有弊病。如果违背了根本宗旨,就是圣贤也没有办法。

啊,奉行公正的人当然不是十全十美、万无一失的,怎么能够不怀念远古的英烈,不向近代的贤人看齐呢?如果相信他们,想向他们看齐,然后才行动,商议以后才说话,一定要先辨明他们的追求之所在,寻求他们的用心是什么,了解他们各种行为的宗旨,明白他们外表粗朴,而内心深具美德的原因何在。如果这样,道路虽然不同,而他们的最终目标就可以看清楚了;行迹虽然纷乱复杂,而他们的意志却是并不相违背的。不这样的话,就会流逃,忘记如何返回,就像波浪一样随风而动,为物所驱使,被假象所欺骗,行为上为喧嚣华丽的东西迷惑,内心里丧失了道的实质,用流行的时尚来取代了真理的追求,用尘俗的污垢来蒙蔽自己纯真的天性,使千年以后的人们讥笑嘲讽,怎么能够不慎重呢?

孝武帝时候,戴逵多次被征为散骑常侍、国子博士,他都以父亲有病为借口不去上任。郡县的官吏不停地催逼他,他于是逃到了吴国。吴国的内史王珣有一座别馆在武丘山,戴逵偷偷地去拜访他,与他游玩相处了十多天。会稽内史谢玄担心戴逵长期在外不回来,于是上疏说:"我看见谯国的戴逵一心向往脱俗之风,不愿被现实的事务所缠绕。栖息停留在简陋的房屋之下,把琴与书当作自己的朋友。虽然多次下令征他做官,他却保持幽洁的操守而不回头。超脱尘俗,断绝了人间之迹,独自追求自己的志愿。并且年龄快到六十岁的耳顺之年了,身体经常有病。如果一旦遭遇大病,就会逐渐加重而至病危。现在皇帝的委命并未撤除,他就有遭受风霜侵害的危险。陛下既然已经爱护和器重他,就应该使他的名声和身体一起存留下来,请您撤销征招他为官的任命吧。"上疏报到上面之后,皇帝批准下来,戴逵才回到了剡。

后来王珣为尚书仆射，上疏再次请求征戴逵为国子祭酒，并加散骑常侍征招他，他再一次小应命。太元二十年，皇太子刚开始继位，太子太傅会稽王道子、少傅王雅、詹事王珣又上疏说："戴逵极其坚持他的操守，独往独来，年龄已经很大，清高的风范却更加强烈。皇太子品德谦逊，其恩泽已普及到外面，应该对戴逵加以表彰和任命，使他得以参与政治。戴逵既然看重隐居的操节，必然会以不轻易出山为美德，应该让下面的人准备周全的礼节来征招他。"正在此时，戴逵因病而死去。

戴逵的长子戴勃，具有和父亲一样的风范。义熙初年，朝廷征召他为散骑侍郎，不应命，不久死去。

龚玄之，字道玄，武陵汉寿人。龚玄之的父亲龚登，历任长沙相、散骑常侍。龚玄之喜爱学习，沉默寡言，安于贫穷的生活。州里推举秀才，官府举荐当官，他都不去，孝武帝下诏书说："圣明的君主统治社会，一定要寻访宣扬有道德的隐士，所以荒山野岭传颂着君主的贤明，空谷丘园常可看到征召隐士的官车。谯国人戴逵、武陵人龚玄之均情操高尚，宽厚仁爱，学识丰厚，廉洁正直，研究并且发扬光大了儒家思想，我盼望这样的人已经很久了。这二三位君子，那能够把贤德隐藏到自己一身呢！我想要采集正确的言论，虚心等待着建议和意见，他二人都可以任命为散骑常侍，兼国子博士，命令他们所在地方的官府准备礼物发送他们来京城，不得依据常例。以表示我盼望人才的迫切愿望。"郡里县里都敦捉催逼他上路，他以病重为理由苦苦辞绝，没有去。不久就去世，时年五十八岁。

弟子元寿，也是道德品质高尚的人，不出仕做官，被选为秀才及州里征召他做官，他都借口有病没有就召。孝武帝多次征召他任太学博士、散骑侍郎、给事中，他都没有去。最后死在家中。

陶淡，字处静，太尉陶侃的孙子。父亲陶夏，因为道德品质败坏被废黜。陶淡幼年丧父，喜欢按摩导养之术，说是成仙之道因祈求可以得到。十五、六岁时，便炼丹服药，不吃东西，不结婚。有家产千金，奴仆数百人。然而陶淡终日端坐，不问家事。很喜欢读《周易》，擅长占卜算命。在长沙临湘山中盖房子住下，养了一头白鹿和自己做伴。亲朋故旧中有人来探望他，他总渡河离开，没有人能够走近他。州里选举他为秀才，陶淡听说后，转移到罗县垾山中，从此没再回来，没有人知道他死在什么地方。

鸠摩罗什传

【题解】

鸠摩罗什（344~413），后秦僧人，译经家。七岁随母出家，后秦弘始三年，姚兴攻打后凉，迎他入长安，组织大规模译场，请人主持译经事业。共译出经论三十五部，二九四卷，在中国译经史上有划时代意义，是我国佛教史上杰出的佛学家。本传记则不仅记述了他的翻译活动与主张，对他的生平事迹也有较详细记载。

【原文】

鸠摩罗什，天竺人也。世为国相。父鸠摩罗炎，聪懿有大节，将嗣相位，乃辞避出家，东渡葱岭。龟兹王闻其名，郊迎之，请为国师。王有妹，年二十，才悟明敏，诸国交娉，并不许，及见炎，心欲当之，王乃逼以妻焉。既而罗什在胎，其母慧解倍常。及年七岁，母遂与俱出家。

罗什从师受经，日诵千偈，偈有三十二字，凡三万二千言，义亦自通。年十二，其母携到沙勒，国王甚重之，遂停沙勒一年。博览五明诸论及阴阳星算，莫不必尽，妙达吉凶，言若符契。为性率达，不拘小检，修行者颇共疑之。然罗什自得於心，未尝介意，专以大乘为化，诸学者皆共师焉。年二十，龟兹王迎之还国，广说诸母，四远学徒莫之能抗。

有顷，罗什母辞龟兹王往天竺，留罗什住，谓之曰："方等深教，不可思议，传之东土，惟尔之力。但於汝无利，其可如何？"什曰："必使大化流传，虽苦而无恨。"母至天竺，道成，进登第三果。西域诸国咸伏罗什神俊，每至讲说诸王皆长跪坐侧，令罗什践而登焉。

鸠摩罗什塑像

苻坚闻之，密有迎罗什之意。会太史奏云："有星见外国分野，当有大智入辅中国。"坚曰："朕闻西域有鸠摩罗什，将非此邪？"乃遣骁骑将军吕光等率兵七万，西伐龟兹，谓光曰："若获罗什，即驰驿送之。"光军未至，罗什谓龟兹王白纯曰："国运衰矣，当有勃敌从日下来，宜恭承之，勿抗其锋。"纯不从，出兵距战，光遂破之乃获罗什。光见其年齿尚少，以凡人戏之，强妻以龟兹王女，罗什距而不受，辞甚苦至。光曰："道士之操不逾先父，何所固辞？"乃饮以醇酒，同闭密室。罗什被逼，遂妻之。光还，中路置军於山下，将士已休，罗什曰："在此必狼狈，宜徙军陇上。"光不纳。至夜，果大雨，洪潦暴起，水深数丈，死者数千人，光密异之。

光欲留王西国，罗什谓光曰："此凶亡之地，不宜淹留，中路自有福地可居。"光还至凉州，闻苻坚已为姚苌所害，於是窃号河右。属姑臧大风，罗什曰："不祥之风当有奸叛，然不劳自定也。"俄而有叛者，寻皆殄灭。沮渠蒙逊先推建康太守段业为主，光遣其子纂率众讨之。时论谓业等乌合，纂有威声，势必全克。光以访罗什，答曰："此行未见其利。"既而纂败於合黎，俄又郭黁起兵，纂弃大军轻还，复为黁所败，仅以身免。

中书监张资病，光博营救疗。有外国道人罗叉，云能差资病。光喜，给赐甚重。罗什知叉诳诈，告资曰："叉不能为益，徒烦费耳。冥运虽隐，可以事试也。"乃以五色丝作绳结之烧为灰末，投水中，灰若出水还成绳者，病不可愈。须臾，灰聚浮出，复为绳，叉疗果无效，少日资亡。

顷之，光死，纂立。有猪生子，一身三头。龙出东箱井中，於殿前蟠卧，比旦失之。纂以为美瑞，号其殿为龙翔殿。俄而有黑龙升於当阳九宫门，纂改九宫门为龙兴门。罗什曰："比日潜龙出游，豕妖表异，龙者阴类，出入有时，而今屡见，则为灾眚，必有下人谋上之变。宜克己修德，以答天戒。"纂不纳，后果为吕超所杀。

罗什之在凉州积年，吕光父子既不弘道，故蕴其深解，无所宣化。姚兴遣姚硕德西伐，破吕隆，乃迎罗什，待以国师之礼，仍使入西明阁及逍遥园，译出众经。罗什多所暗诵，无不究其羲旨，既览旧经多有纰缪，於是兴使沙门僧睿、僧肇等八百余人传受其旨，更出经论，凡三百余卷。沙门慧睿才识高明，常随罗什传写，罗什每为慧睿论西方辞体，商略同异，云："天竺国俗甚重文制，其宫商体韵，以入管弦为善。凡觐国王，必有赞德，经中偈颂，皆其式也。"罗什雅好大乘，志在敷演，常叹曰："吾若著笔作大乘阿毗昙，非迦旃子比也。今深识者既寡，将何所论！"惟为姚兴著《实相论》二卷，兴奉之若神。

尝讲经於草堂寺，兴及朝臣、大德沙门千有余人肃容观听，罗什忽下高坐，谓兴曰："有二小儿登吾肩，欲郢须妇人。"兴乃召宫女进之，一交而生二子焉。兴尝谓罗什曰："大师聪明超悟，天下莫二，何可使法种少嗣？"遂以伎女十人，逼令受之。尔后不住僧坊，别立解舍，诸僧多效之。什乃聚针盈钵，引诸僧谓之曰："若能见效食此者，乃可畜室耳。"因举匕进针，与常食不别，诸僧愧服乃止。

杯渡比丘在彭城，闻罗什在长安，乃叹曰："吾与此子戏。别三百余年，相见杳然未期，迟有遇於来生耳。"罗什未终少日，觉四大不悆，乃口出三番神咒，令外国弟子诵之以自救，未及致力，转觉危殆，於是力疾与众僧告别曰："因法相遇，殊未尽心，方复后世，恻怆可言。"死於长安。姚兴於逍遥园依外国法以火焚尸，薪灭形碎，惟舌不烂。

【译文】

鸠摩罗什，天竺人。世代都当宰相。父亲鸠摩罗炎，聪明美德，有节操。将要继承相位，却推辞避开，东渡葱岭。龟兹王听说他的名声，到郊外去迎接他，请他当了国师。龟兹王有个妹妹，年龄二十岁，才智聪慧，很多国家都来说媒，都不准许。等见了鸠摩罗炎，心里想嫁给他，龟兹王便逼他娶了她。之后怀上了鸠摩罗什，她更加聪明智慧。等到鸠摩罗什七岁，母亲与他一起出了家。

鸠摩罗什跟着师傅读经，每天口诵一千人偈语。偈语有三十二字，共三万二千个字，自己都能理解意思，年岁十二，他母亲把他带到沙勒，国王很看重他。便在沙勒逗留了一年。广泛地阅读五明等佛书和阴阳星算等书，没有不读尽的。精通吉凶之事，算得一丝不差。性格坦率通达，不拘小节，修行的人都很怀疑他。然而鸠摩罗什心中悠然自得，不曾介意，专门追求大乘教的教化，许多学者都一起以他为师。二十岁，龟兹王把他迎接回国内，广泛地讲授各种佛经，其他各地的学徒都不能与他抗衡。

过了一段时间，鸠摩罗什的母亲告别龟兹王到了天竺，把鸠摩罗什留下，对他说："这样不能想象的深湛的教义，把它传播到东方，只有靠你的力量。但是这对你并没有好处，你怎么打算呢？"鸠摩罗什说："我决心使佛教教义流传，虽然吃苦也不后悔。"母亲到了天竺，修成了道，达到第三果。两城各国都佩服鸠摩罗什的神智，每当他讲说佛法的时候，各个王侯都长跪在他座位旁边，使鸠摩罗什踩着登上去。

符坚听说了，暗暗有把鸠摩罗什迎接来的意思。正在这时太史上奏说："天象上外国的分界处出现了星星，会有大智之人来辅佐中国。"符坚说："我听说西域有鸠摩罗什，莫非就是这个人不成？"便派骁骑将军吕光等率领七万部队，往西征伐龟兹。对吕光说："如果抓到了鸠摩罗什，立刻用马车快送回来。"吕光军队还没有到达，鸠摩罗什对龟兹王白纯说："国运衰亡了。会有敌人从帝王之都来，应该恭敬地应承他们，不要与他们的锋芒相抗拒。"白纯不听，出兵作战，吕光打败了他们，抓到了鸠摩罗什。吕光看到他年纪很轻,把他当成普通人戏弄他,强迫把龟兹王的女儿嫁给他。鸠摩罗什拒绝不接受。话说得很坚决。吕光说:"你的操行超不过你父亲,为什么一定要推辞呢?"于是让他喝烈酒,把他们关在一间密封的房里。鸠摩罗什被逼迫,便娶了她。吕光回来,半道上把军队安置在山下,将士都休息了,鸠摩罗什说:"在这里停留一定很狼狈,应该把军队迁移到陇上。"吕光不接受他的意见。到了晚上,果然天下大雨,洪水暴发,水涨好几丈,死了几千人,吕光暗地里很感到惊异。

吕光想留在西方国家当王,鸠摩罗什对吕光说:"这是凶恶的地方,不宜停留,路途中自然有有福之地可以居住。"吕光回到凉州,听说苻坚已被姚苌害死,于是就在黄河右岸盗用了他的名号。正遇到姑藏起大风,鸠摩罗什说:"不吉祥的风会有奸人反叛,但不用费事就能平定。"不久有反叛的人,很快就被歼灭。

沮梁蒙逊先推举建康太守段业为头领,吕光派他的儿子吕纂率领部队讨伐。当时的议论说段业等是乌合之众,吕纂有威赫的名声,一定能够大获全胜。吕光将此事去询问鸠摩罗什。回答说:"这一趟出行没有利。"后来吕纂在合黎战败。不久又有郭磨起兵,吕纂丢弃了大部队,轻装回来,又为郭磨打败,仅仅一人逃脱掉。

中书监张资生了病,吕光想方设法挽救治疗。有一个外国和尚罗叉,说能够治好张资的病。吕光很高兴,赏赐给他很多东西。鸠摩罗什知道罗叉欺骗,对张资说:"罗叉不能起什么作用,只是白费劲罢了。冥冥之中的运气虽然很难说,也可以用一些事来试一试。"于是用五种颜色的丝线做成绳打成结,烧成灰末,投放到水中。灰如果出水还变成绳,病就不能好。一会儿,灰很快地浮出水面,又变成绳。罗叉治病果然没有见效,没几天张资就死了。

过了一段时间,吕光死了,吕纂继位。有头猪生小猪,一个身子三个脑袋。龙从东箱井中游出,伏卧在殿堂前,到了天亮就不见了。吕纂认为这是吉祥的象征,把那个殿叫作龙翔殿。不久有条黑龙在当阳九宫门升腾,吕纂把九宫门改成龙兴门。鸠摩罗什说:"近几天潜伏的龙游出来,妖猪也表现得很异常。龙是暗地里的东西,出入也有一定的时候的,而今天都多次看见,这就是灾难了,一定有下面的人阴谋篡上的政变。应该严格要求自己,增强品德用以回报天的告诫。"吕纂不接受,后来果然被吕超杀死了。

鸠摩罗什在凉州不少年头了。吕光父子既不弘扬佛道,所以他胸怀着深湛的见解,没有地方去宣传教化。姚兴派姚硕德向西征讨,击败吕隆,迎接鸠摩罗什,用国师的礼仪来接待他。仍然让他进入西明阁和逍遥园,翻译出各种佛经。鸠摩罗什大都能背诵,没有不深究佛经的义理的,他既看出旧的佛经有很多错谬,于是姚兴让僧人慧叡、僧肇等八百多个人传播他的义旨,又译出经纶,共三百多卷。僧人慧叡才分学识高明,经常随着鸠摩罗什传播抄写,鸠摩罗什常常为慧叡论说西方语言的体制,商量同与不同,说:"天竺国的习惯很讲究文采,它的宫商体制韵律,以能合管弦为好。凡是进见国王,必然有颂扬其品德的赞语,佛经中的偈和颂,都是用它一样的样式。"鸠摩罗什很喜爱大乘佛教,他的志向在传播其教义,经常感叹说:"我如果下笔写大乘阿毗,迦旃子都不能与我比。现在很精通的人既然很少,我还论个什么呢?"只为姚兴著了《实相论》二卷,姚兴把它尊奉得像神一样。

罗什曾经在草堂寺讲授佛经,姚兴和朝廷之臣、有地位的僧人一千多人严肃认真地观摩听讲,罗什忽然走下讲台,对姚兴说:"有两个小孩登上我的肩膀,欲望阻碍需要妇人。"姚兴于是喊来宫女献给他,交合一次便生了两个小孩。姚兴曾经对罗什说:"大师超常的聪明,天下没有第二个。怎么能使你佛法的根种少了后继的人呢?"于是送他十个歌舞伎女,逼迫他接受。这之后罗什不住在僧人住的地方,另外建了宿舍。其他各僧也多仿效他。罗什于是把针装满了盆子,带来各个僧人对他们说:"如果能学我吃掉这些针,才可以娶媳妇。"便举着勺子舀针吃,与平常吃其他东西没有区别,其他各僧这才很佩服,不再学他了。

杯渡比丘在彭城。听说罗什在长安,便感叹道:"我与这小子开玩笑,分别三百多年了,相见遥远无期,只有等到下辈子才再见面了。"罗什临终前几天,感觉四肢不舒适,便说出三番神咒让外国弟子念涌来救自己,还未来得及努力,觉得更加危急了。于是同僧人们告别说:"因为佛法使我们相识,却很没有尽到心意。来世再相见,凄凉感伤不可说。"在长安去世。姚兴在逍遥园按照外国的方法用火烧掉他的尸体。柴灭后形体碎了,只有舌头不烂。

佛图澄传

【题解】

佛图澄(232～348),西晋、后赵时僧人。学识渊博。持戒精严,能诵经数十万言,善好文义。传中记述多起神奇之事。既显示了佛的神威,又表现了佛图澄的过人本领,具有较强的吸引力。

【原文】

佛图澄,天竺人也。本姓帛氏。少学道,妙通玄术。永嘉四年,来适洛阳,自云百有余岁,常服气自养,能积日不食。善诵神咒,能役使鬼神。腹旁有一孔,常以絮塞之,每夜读书,则拨絮,孔中出光,照于一室。又尝斋时,平旦至流水侧,从腹旁孔中引出五藏六府洗之,讫,还内腹中。又能听铃音以言吉凶,莫不悬验。

及洛中寇乱,乃潜草野以观变。

石勒屯兵葛陂,专行杀戮,沙门遇害者甚众。澄投勒大将军郭黑略家,黑略每从勒征伐,辄豫克胜负,勒疑而问曰:"孤不觉卿有出众智谋,而每知军行吉凶何也?"黑略曰:"将军天挺神武,幽灵所助,有一沙门智术非常,云将军当略有区夏,已应为师。臣前后所曰,皆其言也。"勒召澄,试以道术,澄即取钵盛水,烧香咒之,须臾钵中生青莲花,光色曜日,勒由此信之。

勒自葛陂还河北,过枋头,枋头人夜欲斫营,澄谓黑略曰:"须臾贼至,可令公知。"果如其言,有备,故不败。勒欲试澄,夜冠胄衣甲,执刀而坐,遣人告澄云:"夜来不知大将军何所在。"使人始至,未及有言。澄逆问曰:"平居无寇,何故夜严?"勒益信之。勒后因忿,欲害诸道士,并欲苦澄。澄乃潜避至黑略舍,语弟子曰:"若将军信至,问吾所在者,报云不知所之。"既而勒使至,觅澄不得。使还报勒,勒惊曰:"吾有恶意向澄,澄舍我去矣。"通夜不寝,思欲见澄。澄知勒意悔,明旦造勒。勒曰:“昨夜何行?”澄曰:“公有怒心,昨故权避公。今改意,是以敢来。”勒大笑曰:“道人谬矣。”

襄国城堑水源在城西北五里,其水源暴竭,勒问澄何以致水。澄曰:“今当敕龙取水。”乃与弟子法首等数人至故泉源上,坐绳床,烧安息香,咒愿数百言。如此三日,水泫然微流,有一小龙长五六寸许,随水而来,诸道士竞往视之。有顷,水大至,隍堑皆满。

鲜卑段末波攻勒,众甚盛。勒惧,问澄。澄曰:“昨日寺铃鸣云,明旦食时,当擒段末波。”勒登城望末波军,不见前后,失色曰:“末波如此,岂可获乎!”更遣夔安问澄。澄曰:“已获末波矣。”时城北伏兵出,遇末波,执之。澄劝勒宥末波,遣还本国,勒从之,卒获其用。

刘曜遣从弟岳攻勒,勒遣石季龙距之。岳败,退保石梁坞,季龙坚栅守之。澄在襄国,忽叹曰:“刘岳可怜!”弟子法祚问其故,澄曰:“昨日亥时,岳已败被执。”果如所言。

及曜自攻洛阳,勒将救之,其群下咸谏以为不可。勒以访澄,澄曰:“相输铃音云‘秀支替戾冈,仆谷劬秃当。’此羯语也。秀支,军也。替戾冈,出也。仆谷,刘曜胡位也。劬秃当,捉也。此言军出捉得曜也。”又令一童子洁斋七日,取麻油合胭脂,躬自研於掌中,举手示童子,粲然有辉。童子惊曰:“有军马甚众,见一人长大白皙,以朱丝缚其肘。”澄曰:“此即曜也。”勒甚悦,遂赴洺距曜,生擒之。

勒僭称赵天王,行皇帝事,敬澄弥笃。时石葱将叛,澄诫勒曰:“今年葱中有虫,食必害人,可令百姓无食葱也。”勒班告境内,慎无食葱。俄而石葱果走。勒益重之,事必谘而后行,号曰大和尚。

勒爱子斌暴病死,将殡,勒叹曰:“朕闻虢太子死,扁鹊能生之,今可得效乎?”乃令告澄。澄取杨枝沾水,洒而咒之,就执斌手曰:“可起矣!”因此遂苏,有顷,平复。自是勒诸子多在澄寺中养之。勒死之年,天静无风,而塔上一铃独鸣,澄谓众曰:“铃音云,国有大丧,不出今年矣。”既而勒果死。

及季龙僭位,迁都於邺,倾心事澄,有重於勒。下书衣澄以绫锦,乘以雕辇,朝会之日,引之升殿,常侍以下悉助举舆,太子诸公扶翼而上,主者,唱大和尚,众坐皆起,以彰其尊。又使司空李农旦夕亲问,其太子诸公五日一朝,尊敬莫与为比。支道林在京师,闻澄与诸石游,乃曰:“澄公其以季龙为海鸥鸟也。”百姓因澄故多奉佛,皆营造寺庙,相竞出家,真伪混淆,多生愆过。季龙下书料简,其著作郎王度奏曰:“佛,外国之神,非诸华所应祠奉。汉代初传其道,惟听西域人得立寺都邑,以奉其神,汉人皆不出家。魏承汉制,亦循前轨。今可断赵人悉不听诣寺烧香礼拜,以遵典礼,其百辟卿士下逮众隶,例皆禁之,其有犯者,与淫祀同罪。其赵人为沙门者,还服百姓。”朝士多同度所奏。季龙以澄故,下书曰:“朕出自边戎,忝君诸夏,至於飨祀,应从本俗。佛是戎神,所应兼奉,其夷赵百姓有乐事佛者,特听之。”澄时止邺城寺中,弟子遍於郡国。尝遣弟子法常北至襄国,北子法佐从襄国还,相遇於梁基城下,对车夜谈,言及和尚,比旦各去。佐始入,澄逆笑曰:“昨夜尔与法常交车共说汝师邪?”佐愕然愧忏。於是国人每相语:“莫起恶心,和尚知汝。”及澄之所在,无敢向其方面涕唾者。

季龙太子邃有二子,在襄国,澄语邃曰:“小阿弥比当得疾,可往看之。”邃即驰信往视,果已得疾。太医殷腾及外国道士自言能疗之,澄告弟子法牙曰:“正使圣人复出,不愈此疾,况此等乎!”后三日果死。邃将图为逆,谓内竖曰:“和尚神通,傥发吾谋。明日来者,当先除之。"澄月望将入觐季龙,谓弟子僧慧曰:"昨夜天神呼我曰:'明日若入,还勿过人。'我傥有所过,汝当止我。"澄常入,必过邃。邃知澄入,要候甚苦。澄将上南台,僧慧引衣,澄曰:"事不得止。"坐未安便起,邃固留不住。所谋遂差。还寺,叹曰:"太子作乱,其形将成,欲言难言,欲忍难忍。"乃因事从容箴季龙,季龙终不能解。俄而事发,方悟澄言。

后郭黑略将兵征长安北山羌,堕羌伏中。时澄在堂上坐,惨然改容曰:"郭公今有厄。"乃唱云:"众僧祝愿。"澄又自祝愿。须臾,更曰:"若东南出者活,余向者则困。"复更祝愿。有顷,曰:"脱矣。"后月余,黑略还,自说坠羌围中,东南走,马乏,正遇帐下人,推马与之曰:"公乘此马,小人乘公马,济与不济,命也。"略得其马,故获免。推检时日,正是澄祝愿时也。

时天旱,季龙遣其太子诣临漳西滏口祈雨,久而不降,乃令澄自行,即有白龙二头降于祠所,其日大雨方数千里。澄尝遣弟子向西域市香,既行,澄告余弟子曰:"掌中见买香弟子在某处被劫垂死。"因烧香祝愿,遥救护之。弟子后还,云某月某日某处为贼所劫,垂当见杀,忽闻香气,贼无故自惊曰:"救兵已至。"弃之而走。黄河中旧不生鼋,时有得者,以献季龙。澄见而叹之曰:"桓温入河,其不久乎!"温字元子,后果如其言也。季龙尝昼寝,梦见群羊负鱼从东北来,寤以访澄。澄曰:"不祥也,鲜卑其有中原乎!"后亦皆验。澄尝与季龙升中台,澄忽惊曰:"变,变,幽州当火灾。"乃取酒噀之,久而笑曰:"救已得矣。"季龙遣验幽州,云尔日火从四门起,西南有黑云来,骤雨灭之,雨亦颇有酒气。

石宣将杀石韬,宣先到寺与澄同坐,浮屠一铃独鸣,澄谓曰:"解铃音乎?铃云胡子洛度。"宣变色曰:"是何言欤?"澄谬曰:"老胡为道,不能山居无言,重茵美服,岂非洛度乎!"石韬后至,澄孰视良久。韬惧而问澄,澄曰:"怪公血臭,故相视耳。"季龙梦龙飞西南,自天而落,旦而问澄,澄曰:"祸将作矣,宜父子慈和,深自慎之。"季龙引澄入东阁,与其后杜氏问讯之。澄曰:"胁下有贼,不出十日,自浮图以西,此殿以东,当有血流,慎勿东也。"杜后曰:"和尚耄邪?何处有贼?"澄即易语云:"六情所受,皆悉是贼。老自应耄,但使少者不昏即好耳。"遂便寓言,不复彰的。后二日,宣果遣人害韬于佛寺中,欲因季龙临丧杀之。季龙以澄先诫,故获免。及宣被收,澄谏季龙:"皆陛下之子也,何为重祸邪!陛下若含怒加慈者,尚有六十余岁。如必诛之,宣当为慧星下扫邺宫。"季龙不从。后月余,有一妖马,鬣尾皆有烧状,入中阳门,出显阳门,东首东宫,皆不得入,走向东北,俄尔不见。澄闻而叹曰:"灾其及矣!"季龙大享群臣于太武前殿,澄吟曰:"殿乎,殿乎!棘子成林,将坏人衣。"季龙令发殿石下视之,有棘生焉。冉闵小字棘奴。

季龙造太武殿初成,图画自古贤圣、忠臣、孝子、烈士、贞女,皆变为胡状,旬余,头悉缩入肩中,惟冠阁仿佛微出,季龙大恶之,秘而不言也。澄对之流涕,乃自启茔墓于邺西紫陌,还寺,独语曰:"得三年乎?"自答:"不得。"又曰:"得二年、一年、百日、一月乎?"自答:"不得。"遂无复言。谓弟子法祚曰:"戊申岁祸乱渐萌,己酉石氏当灭。吾及其未乱,先从化矣。"卒于邺宫寺。后有沙门从雍州来,称见澄西入关,季龙掘而视之,惟有一石而无尸。季龙恶之曰:"石者,朕也,葬我而去,吾将死矣。"因而遇疾。明年,季龙死,遂大乱。

【译文】

佛图澄，天竺人，本来的姓是帛。小时候学习道教，对玄学那一套非常精通。永嘉四年，来到洛阳，自称已活了一百多岁，经常吞食精气来养护自己，可以许多天不吃东西。擅长念唱一些咒语，能够差使鬼神。肚子旁边有一个孔，平常用棉絮堵住它。每当夜晚读书，就把棉絮拨出来，孔中冒出光亮，照的满屋都是。还曾经在斋戒的时候，一大清早来到流水旁边，从肚子旁的孔中拽出五脏六腑来洗，洗完之后，又把它们装到肚子中。还能够听铃响的声音来说出吉凶，没有不得到验证的。

等到洛阳一带强盗暴乱，佛图澄隐居到乡间，观察着时局的变化。石勒在葛陂驻扎部队，专门干杀人的事。出家人被害的非常多。佛图澄来到石勒的大将军郭黑略家。黑略每每跟着石勒征战，都能预先知道胜败。石勒怀疑地问他说："我不觉得你有什么出人的智谋，却常常能知道部队行动的吉凶，为什么呢？"黑略说："你气宇不凡，鬼神都在帮助你。有一和尚有不同寻常的智慧和方术，说你将会征服整个中国。他已答应当你的谋师。我前前后后所说的那些，都是他说的。"石勒把佛图澄召来，用道术来试验他。他便马上取一个小盆装上水，烧上香来念咒，不一会儿盆中便生出了青莲花，花的光色在太阳下闪耀。石勒因此便相信了他。

石勒从葛陂回到黄河北面，路过枋头，枋头人晚上打算进攻兵营，佛图澄对黑略说："马上敌人就要到了，赶快告诉将军。"后来果然象他所说的那样。因为早有准备，所以得以不败。石勒想试一试佛图澄，晚上穿戴了盔甲，手持着刀坐着。派人去跟佛图澄说："晚上不晓得大将军在哪里。"被派的人刚到，还没来得及说话，佛图澄先向他说："平时居处，并没有敌寇，为什么晚上要那么戒备森严呢？"石勒于是更相信他了。石勒后来因为一些气愤的事，想要迫害那些和尚。并且想牵连佛图澄。佛图澄于是偷偷地到黑略家避一避，对弟子们说："如果将军的信使来了，问我在哪里，你们就说不知我到哪里去了。"后来石勒的人来了，便找不到佛图澄。信使回去向石勒汇报，石勒吃惊地说："我对佛图澄有歹意，佛图澄便离开我走了。"整晚上都没有睡觉，就想见佛图澄。佛图澄知道石勒后悔了，第二天早上去拜记他。石勒说："昨天晚上到哪里去了呢？"佛图澄说："你有气愤恼怒之心，所以昨天我暂时避一避你。今天你的心境变了，所以才敢来。"石勒大笑着说："你说错了。"

襄国城池的水源在城西北五里，水源突然枯竭，石勒问佛图澄用什么办法可以弄到水。佛图澄说："今天应该命令龙王送水来。"于是同弟子法首等几个人来到原有泉水的源头，坐在绳子编成的床上，点燃安息产的香，念了几百句话的咒。这样弄了三天，水滴滴答答地流了一些出来。有一条小龙，长有五六寸的样子，随着水游来，那些僧人都争相跑去观看。不一会儿，大水来到，城池全都灌满。

鲜卑人段末波攻打石勒，人数很多。石勒害怕了，问佛图澄。佛图澄说："昨天寺庙里的铃响了，说明天早晨吃饭的时候，就可以抓到段末波了。"石勒登上城，观察段末波的军队，连头尾看不见。脸色都变了，说："段末波这样强大，哪里能够抓到？"又派夔安去问佛图澄。佛图澄说："已经找到段末波了。"当时城北面埋伏的军队出击，遇见段末波，抓到了他。佛图澄劝石勒宽恕末波，把他遣送回本国。石勒听从了他，后来终于得到段末波的帮助。

刘曜派遣堂弟刘岳进攻石勒,石勒派石季龙阻拦。刘岳战败后,退保石梁坞。石季龙竖起坚实的栅栏防守。佛图澄在襄国,忽然叹息说:"刘岳可怜!"弟子法祚问为什么,佛图澄说:"昨天亥时,刘岳已经兵败被抓。"事情果然像他所说的那样。

后来刘曜自己攻打洛阳,石勒打算救洛阳,许多部下都劝他,认为不能这么做。石勒便去征求佛图澄的意见,佛图澄说:"寺庙的铃声说:'秀支替戾冈,仆谷劬秃当。'这是羯的语言。秀支,军队。替戾冈,出击。仆谷,刘曜的位置。劬秃当,抓住。这是说部队出击就能抓住刘曜。"又让一个小孩去斋戒了七天,用麻油和着胭脂,亲自在手掌中调和,举起手给小孩看,有灿烂的光辉。小孩惊奇地说:"有很多很多的军队和车马,还看见一个人高高大大,白白的,用红线捆着胳膊。"佛图澄说:"这就是刘曜了。"石勒很快活,便去洛阳与刘曜作战,活捉了他。

石勒越份,自称赵天王,做的都是皇帝才可做的事。对佛图澄更加尊敬。当时石葱将要叛变,佛图澄劝诫石勒说:"今年葱当中长了虫,吃葱就必然毒死人。可以命令老百姓不要吃葱。"石勒在所管辖的地盘上发布告示,要百姓加强警惕,不要吃葱。不久石葱果然就逃走了。石勒更加敬重他。每件事都必须先去问他然后才采取行动,称作大和尚。

石勒疼爱的儿子石斌得了暴病死了,将要出殡,石勒叹息说:"我听说太子死了,扁鹊能够使他复生,今天可以效法扁鹊吗?"于是命令人去告诉佛图澄。佛图澄取来杨柳枝沾上水,边喷洒边念咒语,抓住石斌的手说:"可以起来了!"石斌因此苏醒过来,过了一会儿,恢复如平时一样。从此以后,石勒的几个孩子大多在佛图澄的寺庙中生活。石勒死的那一年,天上平静没有风,而寺塔卜一个铃却独自在鸣响。佛图澄对大家说:"铃音说,国家有大的丧事,出不了今年了。"不久石勒果然死了。

等到石季龙即了位,把国都迁到了邺,一心一意地尊敬佛图澄,比石勒还要重视。下诏书给佛图澄穿绫锦衣服,坐雕花的车,朝会的时候,带他上到殿上,常侍以下的人都要帮助抬车,太子诸大臣扶着他上车,主持的人嘴里叫着大和尚,大家坐着的都要站起来,用这些来表现他的尊贵。又让司空李龙早上晚上都亲自去慰问。太子等诸大臣五天去朝拜一次,尊敬他其他人没法跟他比,支道林在京城,听说佛图澄与石家来来往往,便说:"佛图澄大概是把把石季龙当成海鸥鸟了。"老百姓因为佛图澄的原因,多信奉佛教,都去建造寺庙,竞相出家,真心假心的人都混在里面,常常生出是非来。石季龙下诏书命令品评选择。他的著作郎王度上奏说:"佛,外国的神,华夏国家不应该建庙侍奉。汉代初年佛教传进来,只让西域人才能在都城建立寺庙,以尊奉其神,汉人都不准许出家。魏朝延续汉代制度,也遵循前代的轨迹。今天可以命令赵人都不准到寺庙中去烧香礼拜,这样才能遵守典章礼仪。文武百官以至群众百姓,照例都应禁止。有违反的人,犯了与随便什么都祭祀一样的罪。赵人当了僧人的,重新返俗做老百姓。"朝廷之士都赞成王度所奏的意见。石季龙因为佛图澄的缘故,下诏书说:"我出生在边疆少数民族,很惭愧成为华夏的国君。至于祭祀,应该遵从本来的风俗。佛是西方民族的神,应该同时尊奉,赵人中的少数民族有高兴信奉佛教的,可以特别加以允许。"

佛图澄当时住在邺城寺庙中,弟子遍布在郡国各地。曾经派遣弟子法常去到北边的襄国,弟子法佐从襄国回来,在梁基城下面碰到。车靠车地整夜交谈,谈到了佛图澄,天亮了才各自离去。法佐刚刚进门,佛图澄迎着笑道:"昨天夜里你与法常车子经过时一起谈论你们的师傅了吧?"法佐很惊愕,感到惭愧。于是国中的人常常互相说道:"不要起不好的心思,和尚知道你。"以至于佛图澄所在的地方,没有敢对着他那一方向清鼻涕和吐口水的。

　　石季龙的太子石邃有两个孩子,在襄国,佛图澄对石邃说:"你小孩近来会生病,可以去看看他。"石邃随即前去看他,果然已生了病。宫廷中的太医殷腾和外国的道士都自称能治疗好,佛图澄告诉弟子法牙说:"即使圣人再出来,也治不好这种病。更何况是这种人呢?"过了三天,果然死了。石邃将要图谋反叛,对宫廷内的太监说:"和尚神通广大,如果揭穿我们的计谋怎么办?""他明天来,应该先除掉他。"佛图澄月中旬后将要去朝见石季龙,对弟子僧慧说:"昨天晚上天神叫我说:'明天如果去朝廷,回来时不要去拜访人。'我如果要去拜访人,你应该阻止我。"佛图澄经常去朝廷,都必然去拜访石邃。石邃知道佛图澄来,很坚决地邀请等候。佛图澄将要登上南台,僧慧拽他的衣服,他说:"事情没法阻止了。"还没坐稳就起来,石邃强留他也留不住,计划于是没有得逞。回到寺庙中,叹息道:"太子起乱的形势将要形成。想说又难说,想忍又难忍。"于是就着其他事从从容容地规劝石季龙。季龙始终不能理解。不久事情发生了,才懂得了佛图澄说的话。

　　后来郭黑略带兵征讨长安北面山中的羌人,却掉进了羌人的埋伏中。当时佛图澄在堂上坐着,脸上的面色都变了,说:"郭公今天遇到麻烦了。"便唱诵道:"各位僧人都来祝福他。"他又自己祈祷。一会儿,又说:"如果从东南方向逃出的人就能活命,向其他方向的人就会被围困。"又再祝祷。过了会儿,说:"逃脱了。"过了个把月,郭黑略回来了。述说陷入羌人的包围中,向东南方走,马走累了。正好遇到手下的人,把马推让给他骑,说:"您骑我的马,我骑您的马。跑得掉跑不掉,都是命啊。"黑略得到他的马,所以能够逃脱。推算当时的时间,正是佛图澄祝祷的时候。

　　当时天旱。石季龙派他的太子去临漳西滏口求雨。很长时间都不下雨。于是命令佛图澄求雨。立刻就有二条白龙降在祠庙中,那一天大雨下在方圆几千里之内。佛图澄曾经派弟子向西域去买香,走后,佛图澄告诉其他弟子说:"我在手掌中看见买香的弟子在某个地方被劫持快要死了。"于是烧香祝祷,遥遥地帮助保护他。弟子后来回来,说某月某日在某处被贼抢劫,差一点就要被杀掉,忽然闻到香气,贼无缘无故地惊慌道:"救兵已到了。"丢开他就跑了。黄河中以前不生鼋,当时有人抓到,送给季龙。佛图澄看到感叹道:"桓温进入黄河,恐怕不会长久了吧!"桓温字元子,后来果然如他们说的那样。季龙曾经白天睡觉,梦见一群羊驮着鱼从东北来,醒来后去向佛图澄询问。佛图澄说:"不吉祥啊。鲜卑恐怕要拥有中原了吧!"后来也都得到应验。佛图澄曾经与石季龙登上中台,佛图澄忽然惊讶地说:"变,变,幽州正有火灾。"便取来酒喷洒,喷了很久笑道:"已救灭了。"石季龙派人去幽州对证,说那天火人四门起来,西南有黑云飘来,大雨扑灭了火。雨也颇有酒味。

　　石宣将要杀石韬,石宣先到寺庙与佛图澄一起坐,庙中一铃独自鸣响,佛图澄对他说:"懂的铃的声音吗? 铃说胡子洛度。"石宣变了脸色,说:"这说的是什么呢?"佛图澄假装说:"老胡作为僧人,不能住在山中不说话。穿戴着好看的衣服,岂不是洛度吗?"石韬晚到,佛图澄仔细看了他很久。石韬害怕地问佛图澄,佛图澄说:"我奇怪你有血腥味,所以看你。"石季龙梦见龙飞向西南,从天上掉下来,天亮后问佛图澄,佛图澄说:"灾难将要发生了,应该父子慈爱和睦,要非常谨慎。"石季龙带着佛图澄来到东阁,与他的皇后杜氏讯问他。佛图澄说："你身边有贼寇，要不了十天，从寺庙以西，这个殿以东，会有血流，千万不要往东去啊。"杜后说："和尚老了吧，哪里有贼？"佛图澄马上改口说："各种感情所受到的，都是贼寇，老的自然老了，只要使年轻的不糊涂就好了。"便不再明确表态。过了两天，石宣果然派人把石韬害死在佛庙中，还想等石季龙吊唁时杀他。石季龙因为佛图澄先有告诫，所以得以逃脱。等到石宣被逮，佛图澄对石季龙说："都是你的儿子啊，为什么再加一重祸呢？你如果忍怒，增加慈爱，还有六十多岁。如果一定要杀他，石宣会变成彗星扫过邺宫。"石季龙不听从。一个多月以后，有一匹妖马，头尾都有被烧的痕迹，进入中阳门，出了显阳门，东头东宫，都不得进入，走向东北，一下就不见了。佛图澄听到后叹息道："灾难这就要来了吧！"石季龙大宴群臣于太武前殿，佛图澄低声道："宫殿，宫殿啊，荆棘将要长成丛林，将要毁坏人的衣服。"石季龙下令搬开殿石，走下来一看，有荆棘生出来了。再闵小字叫棘奴。

　　石季龙建造太武殿刚成，画从古以来的圣贤、忠臣、孝子、烈士、贞女，都画成胡人的样子。一旬多点的时间，头都缩到肩膀中去。只有帽簪好像稍微高了点。石季龙很讨厌它们，将此事隐起来不说。佛图澄对着图画流泪，于是自挖坟墓于邺西紫陌。回到寺中，独自说道："有三年的时间吧？"自己回答："没有。"又说："没有两年、一年、一百天、一个月吗？"自己回答："没有。"于是不再说话。对弟子法祚说："戊申年祸乱逐渐发生，己酉年石氏会灭亡。我趁它没有乱的时候，先化去了吧。"卒于邺宫寺庙中。后来有僧人从雍州来，说看到佛图澄往西进入了关内。石季龙挖开坟墓一看，只有一块石头而没有尸体。石季龙很讨厌这，说："石是我。埋葬了我而离去，我也要死了。"因此而染病。第二年，石季龙死，于是天下大乱。

列女传

【题解】

　　《晋书·列女传》的编著者虽然说只要有一种操行可赞扬的、有一种技艺值得记载的，都为她们立传，但仍然表现了它的两个特点。第一，跟魏晋南北朝时期清谈风气相联系，《晋书·列女传》也体现了崇尚言谈机智、料事准确的时代特点。例如，谢道韫妻一条的文字就很像《世说新语》的风格。第二，晋代的社会矛盾是非常尖锐的，社会局势也动荡不宁。不少妇女自然免不了充当牺牲品。因此，《晋书·列女传》中就有了不少誓死守节重义轻生的列女。

【原文】

　　夫三才分位，室家之道克隆；二族交欢，贞烈之风斯著。振高情而独秀，鲁册于是飞华，挺峻节而孤标，周篇於焉腾茂。徽烈兼劭，柔顺无愆，隔代相望，谅非一绪。然则虞兴妫汭，夏盛涂山，有娀、有㜪广隆殷之业，大纴、大姒衍昌姬之化，马邓恭俭，汉朝推德，宣昭懿淑，魏代扬芬，斯皆礼极中闱，义殊月室者矣。至若恭姜誓节，孟母求仁，华率傅而经齐，樊授规而霸楚，讥文伯于奉剑，让子发于分菽，少君之从约礼，孟光之符隐志，既昭妇则，且擅母仪。子政缉之于前，元凯编之于后，具宣闺范，有裨阴训。故上从泰始，下迄恭安，一操可称，一艺可纪，咸皆撰录，为之传云。或位极后妃，或事因夫子，各随本传，今所不录。在诸伪国，暂阻王猷，天下之善，足以惩劝，亦同搜次，附於篇末。

羊耽妻辛氏，字宪英，陇西人，魏侍中毗之女也，聪朗有才鉴。初，魏文帝得立为太子，抱毗项谓之曰："辛君知我喜不？"毗以告宪英，宪英叹曰："太子，代君主宗庙社稷者也。代君不可以不戚，主国不可以不惧，宜戚而喜，何以能久！魏其不昌乎？"

弟敞为大将军曹爽参军，宣帝将诛爽，因其从魏帝出而闭城门，爽司马鲁芝率府兵斩关赴爽，呼敞同去。敞惧，问宪英曰："天子在外，太傅闭城门，人云将不利国家，于事可得尔乎？"宪英曰："事有不可知，然以吾度之，太傅殆不得不尔。明皇帝临崩，把太傅臂，属以从事，此言犹在朝士之耳。且曹爽与太傅俱受寄托之任，而独专权势，于王室不忠，于人道不直，此举不过以诛爽耳。"敞曰："然则敞无出乎？"宪英曰："安可以不出！职守，人之大义也。凡人在难，犹或恤之；为人执鞭而弃其事。不祥也。且为人任，为人死，亲昵之职也，汝从众而已。"敞遂出。宣帝果诛爽。事定后，敞叹曰："吾不谋于姊，几不获于义！"

其后钟会为镇西将军，宪英谓耽从子祜曰："钟士季何故西出？"祜曰："将为灭蜀也。"宪英曰："会在事纵恣，非持久处下之道，吾畏其有他志也。"及会将行，请其子琇为参军，宪英忧曰："他日吾为国忧，今日难至吾家矣。"琇固请于文帝，帝不听。宪英谓琇曰："行矣，戒之！古之君子入则致孝于亲，出则致节于国；在职思其所司，在义思其所立，不遗父母忧患而已。军旅之间可以济者，其惟仁恕乎！"会至蜀果反，琇竟以全归。祜尝送锦被，宪英嫌其华，反而覆之，其明鉴俭约如此。泰始五年卒，年七十九。

杜有道妻严氏，字宪，京兆人也。贞淑有识量。年十三，适于杜氏，十八而嫠居。子植、女繁并孤藐，宪虽少，誓不改节，抚育二子，教以礼度，植遂显名于时，繁亦有淑德，傅玄求为继室，宪便许之。时玄与何晏、郑扬不穆，晏等每欲害之，时人莫肯共婚。及宪许玄，内外以为忧惧。或曰："何、邓郑执权，必为玄害，亦由排山压卵，以汤沃雪耳，奈何与之为亲？"宪曰："尔知其一，不知其他。晏等骄侈，必当自败，司马太傅兽睡耳，吾恐卵破雪销，行自有在。"遂与玄为婚。晏等寻亦为宣帝所诛。植后为南安太守。

植从兄预为秦州刺史，被诬，征还，宪与预书戒之曰："谚云忍辱至三公。卿今可谓辱矣，能忍之，公是卿坐。"预后果为仪同三司。玄前妻子咸年六岁，尝随其继母省宪，谓咸曰："汝千里驹也，必当远至。"以其妹之女妻之。咸后亦有名于海内。其知人之鉴如此。年六十六卒。

王浑妻钟氏，字琰，颍川人，魏太傅繇曾孙也。父徽，黄门郎。琰数岁能属文，及长，聪慧弘雅，博览记籍。美容止，善啸咏，礼仪法度为中表所则。既嫡浑，生济。浑尝共琰坐，济趋庭而过，浑欣然曰："生子如此，足慰人心。"琰笑曰："若使新妇得配参军，生子故不翅如此。"参军，谓浑中弟沦也。琰女亦有才淑，为求贤夫。时有兵家子甚俊，济欲妻之，白琰，琰曰："要令我见之。"济令此兵与群小杂处，琰自帏中察之，既而谓济曰："绯衣者非汝所拔乎？"济曰："是。"琰曰："此人才足拔萃，然地寒寿促，不足展其器用，不可与婚。"遂止。其人数年果亡。琰明鉴远识，皆此类也。

浑弟湛妻郝氏亦有德行，琰虽贵门，与郝雅相亲重，郝不以贱下琰，琰不以贵陵郝，时郑袤妻曹氏,鲁国薛人也。袤先娶孙氏,早亡,娉之为继室。事舅姑甚孝,躬纺绩之勤,以充奉养,至于叔妹群娣之间,尽其礼节,咸得欢心。及袤为司空,其子默等又显朝列,时人称其荣贵。曹氏深惧盛满,每默等升进,辄忧之形于声色。然食无重味,服浣濯之衣,袤等所获禄秩,曹氏必班散亲姻,务令周给,家无馀资。

初,孙氏瘗于黎阳,及袤薨,议者以久丧难举,欲不合葬。曹氏曰:"孙氏元妃,理当从葬,何可使孤魂无所依邪。"于是备吉凶导从之仪以迎之,具衣衾几筵,亲执雁行之礼,闻者莫不叹息,以为赵姬之下叔隗,不足称也。太康元年卒,年八十三。

愍怀太子妃王氏,太尉衍女也,字惠风,贞婉有志节。太子既废居于金墉,衍请绝婚,惠风号哭而归,行路为之流涕。及刘曜陷洛阳,以惠风赐其将乔属,属将妻之。惠风拔剑距属曰:"吾太尉公女,皇太子妃,义不为逆胡所辱。"属遂害之。

陶侃母湛氏,豫章新淦人也。初,侃父丹娉为妾,生侃,而陶氏贫贱,湛氏每纺绩资给之,使交结胜己。侃少为寻阳县吏,尝监鱼梁,以一坩鲊遗母。湛氏封鲊及书,责侃曰:"尔为吏,以官物遗我,非惟不能益吾,乃以增吾忧矣。"鄱阳孝廉范逵寓宿于侃,时大雪,湛氏乃撤所卧新荐,自锉给其马,又密截发卖与邻人,供肴馔。逵闻之,叹息曰:"非此母不生此子!"侃竟以功名显。

虞潭母孙氏,吴郡富春人,孙权族孙女也。初适潭父忠,恭顺贞和,甚有妇德。及忠亡,遗孤藐尔,孙氏虽少,誓不改节,躬自抚养,劬劳备至。性聪敏,识鉴过人。潭始自幼童,便训以忠义,故得声望允洽,为朝廷所称。

永嘉末,潭为南康太守,值杜弢构逆,率众讨之。孙氏勉潭以必死之义,俱倾其资产以馈战士,潭遂克捷。及苏峻作乱,潭时守吴兴,又假节征峻。孙氏戒之曰:"吾闻忠臣出孝子之门,汝当舍生取义,勿以吾老为累也。"仍尽发其家僮,令随潭助战,贸其所服环佩以为军资。于时会稽内史王舒遣子允之为督护,孙氏又谓潭曰:"王府君遣儿征,汝何为独不?"潭即以子楚为督护,与允之合势。其忧国之诚如此。拜武昌侯太夫人。加金章紫绶,潭立养堂于家,王导以下皆就拜谒。咸和末卒,年九十五。成帝遣使吊祭,谥曰定夫人。

周颛线李氏,字络秀,汝南人也。少时在室,颛父浚为安东将军,时尝出猎,遇雨,过止络秀之家。会其父兄不在,络秀闻浚至,与一婢于内宰猪羊,具数十人之馔,甚精办而不闻人声。浚怪使觇之,独见一女子甚美,浚因求为妾。其父兄不许,络秀曰:"门户殄瘁,何惜一女!若连姻贵族,将来庶有大益矣。"父兄许之。遂生颛及嵩、谟。而颛等既长,络秀谓之曰:"我屈节为汝家作妾,门户计耳。汝不与我家为亲亲者,吾亦何惜余年!"颛等从命,由此李氏遂得为方雅之族。

中兴时,颛等并列显位。尝冬至置酒,络秀举觞赐三子曰:"吾本渡江,托足无所,不谓尔等并贵,列吾目前,吾复何忧!"嵩起曰:"恐不如尊旨。伯仁志大而才短,名重而识暗,好乘人之弊,此非自全之道。嵩性抗直,亦不容于世。唯阿奴碌碌,当在阿母目下耳。"阿奴,谟小字也。后果如其言。

荀崧小女灌,幼有奇节。崧为襄城太守,为杜曾所围,力弱食尽,欲求救于故吏平南将军石览,计无从出。灌时年十三,乃率勇士数十人,逾城突围夜出。贼追甚急,灌督厉将士,且战且前,得入鲁阳山获免。自诣览乞师,又为崧书与南中郎将周访请援,仍结为兄弟,访即遣子抚率三千人会石览俱救棘。贼闻兵至,散走,灌之力也。

王凝之妻谢氏,字道韫,安西将军奕之女也。聪识有才辩。叔父安尝问:"《毛诗》何句最佳?"道韫称:"吉甫作颂,穆如清风。仲山甫永怀,以慰其心。"安谓有雅人深致。又尝内集,俄而雪骤下,安曰:"何所似也?"安兄子朗曰:"散盐空中差可拟。"道韫曰:"未若柳絮因风起。"安大悦。

初适凝之,还,甚不乐。安曰:"王郎,逸少子,不恶,汝何恨也?"答曰:"一门叔父则有阿大、中郎,群从兄弟复有封、胡、羯、末,不意天壤之中乃有王郎!"封谓谢韶,胡谓谢朗,羯谓谢玄,末谓谢川,皆其小字也。又尝讥玄学植不进,曰:"为尘务经心,为天分有限邪?"凝之弟献之尝与宾客谈议,词理将屈,道韫遣婢白献之曰:"欲为小郎解围。"乃施青绫步鄣自蔽,申献之前议,客不能屈。

及遭孙恩之难,举厝自若,既闻夫及诸子已为贼所害,方命婢肩舆抽刃出门,乱兵稍至,手杀数人,乃被虏。其外孙刘涛时年数岁,贼又欲害之,道韫曰:"事在王门,何关他族!必其如此,宁先见杀。"恩虽毒虐,为之改容,乃不害涛。自尔嫠居会稽,家中莫不严肃。太守刘柳闻其名,请与谈议。道韫素知柳名,亦不自阻,乃簪髻素褥坐于帐中,柳束修整带造于别榻。道韫风韵高迈,叙致清雅,先及家事,慷慨流涟,徐酬问旨,词理无滞。柳退而叹曰:"实顷所未见,瞻察言气,使人心形俱服。"道韫亦去:"亲从凋亡,始遇此士,听其所问,殊开人胸府。

初,同郡张玄妹亦有才质,适于顾氏,玄每称之。以敌道韫。有济尼者,游于二家,或问之,济尼答曰:"王夫人神情散朗,故有林下风气。顾家妇清心玉映,自是闺房之秀。"道韫所著诗赋诔颂并传于世。

孟昶妻周氏,昶弟颛妻又其从妹也。二家并丰财产。初,桓玄雅重昶而刘迈毁之,昶知,深自愧失。及刘裕将建义,与昶定谋,昶欲尽散财物以供军粮,其妻非常妇人,可语以大事,乃谓之曰:"刘迈毁我于桓公,便是一生沦陷,决当作贼。卿幸可早尔离绝,脱得富贵,相迎不晚也。"周氏曰:"君父母在堂,欲建非常之谋,岂妇人所谏!事之不成,当于奚官中奉养大家,义无归志也。昶怆然久之而起。周氏追昶坐,云:"观君举厝,非谋及妇人者,不过欲得财物耳。"时其所生女在抱,推而示之曰:"此而可卖,亦当不惜,况资财乎!"遂倾资产以给之,而托以他用。及事之将举,周氏谓颛妻云:"一昨梦殊不好,门内宜浣濯沐浴以除之,且不宜赤色,我当悉取作七日藏压。"颛妻信之,所有绛色者悉敛以付焉。乃置帐中,潜自剔绵,以绛与昶,遂得数十人被服赫然,悉周氏所出,而家人不之知也。

何无忌母刘氏,征虏将军建之女也。少有志节。弟牢之为桓玄所害,刘氏每衔之,常思报复。及无忌与刘裕定谋,而刘氏察其举厝有异,喜而不言。会无忌夜于屏风里制檄文,刘氏潜以器覆烛,徐登凳于屏风上窥之,既知,泣而抚之曰:"我不如东海吕母明矣!既孤其诚,常恐寿促,汝能如此,吾仇耻雪矣。"因问其同谋,知事在裕,弥喜,乃说桓玄必败、义师必成之理以劝勉之。后果如其言。

刘聪妻刘氏,名娥,字丽华,伪太保殷女也。幼而聪慧,昼营女工,夜诵书籍,傅母桓止之,娥敦习弥厉。每与诸兄论经义,理趣超远,诸兄深以叹伏。性孝友,善风仪进止。

聪既僭位,召为右贵嫔,甚宠之。俄拜为后,将起鹓仪殿以居之。其廷尉陈元达切谏,聪大怒,将斩之。娥时在后堂,私敕左右停刑,手疏启曰:"伏闻将为妾营殿,今昭德足居,鹓仪非急。四海未一,祸难犹繁,动须人力资财,尤宜慎之。廷尉之言,国家大政。夫忠臣之谏，岂为身哉？帝王距之，亦非顾身也。妾仰谓陛下上寻明君纳谏之昌，下忿暗主距谏之祸，宜赏廷尉以美爵，酬廷尉以列土，如何不惟不纳，而反欲诛之？陛下此怒由妾而起，廷尉之祸由妾而招，人怨国疲，咎归于妾，距谏害忠，亦妾之由。自古败国丧家，未始不由妇人者也。妾每览古事，忿之忘食，何意今日妾自为之！后人之观妾，亦犹妾之视前人也，复何面目仰侍巾栉，请归死此堂，以塞陛下误惑之过。"聪览之色变，谓其群下曰："朕比得风疾，喜怒过常。元达，忠臣也，朕甚愧之。"以娥表示元达曰："外辅如公，内辅如此后，朕无忧矣。"及娥死，伪谥武宣皇后。

其姊英，字丽芳，亦聪敏涉学，而文词机辩，晓达政事，过于娥。初与娥同召拜左贵嫔，寻卒，伪追谥武德皇后。

韦逞母宋氏，不知何郡人也，家世以儒学称。宋氏幼丧母，其父躬自养之。及长，授以《周官》音义，谓之曰："吾家世学《周官》，传业相继，此又周公所制，经纪典诰，百官品物，备于此矣。吾今无男可传，汝可受之，勿令绝世。"属天下丧乱，宋氏讽咏诵不辍。

其后为石季龙徙之于山东，宋氏与夫在徙中，推鹿车，背负父所授书，到冀州，依胶东富人程安寿，寿养护之。逞时年小，宋氏昼则樵采，夜则教逞，然纺绩无废。寿每叹曰："学家多士大夫，得无是乎！"逞遂学成名立，仕苻坚为太常。坚尝幸其太学，问博士经典，乃悯礼乐遗阙。时博士卢壶对曰："废学既久，书传零落，比年缀撰，正经粗集，唯《周官礼注》未有其师。窃见太常韦逞母宋氏世学家女，传其父业，得《周官》音义，今年八十，视听无阙，自非此母无可以传授后生。"于是就宋氏家立讲堂，置生员百二十人，隔绛纱幔而受业，号宋氏为宣文君，赐侍婢十人。《周官》学复行于世，时称韦氏宋母焉。

苻坚妾张氏，不知何许人，明辩有才识。坚将入寇江左，群臣切谏不从。张氏进曰："妾闻天地之生万物，圣王之驭天下，莫不顺其性而畅之，故黄帝服牛乘马，因其性也；禹凿龙门，决洪河，因水之势也；后稷之播殖百谷，因地之气也；汤武之灭夏商，因人之欲也。是以有因成，无因败。今朝臣上下皆言不可，陛下复何所因也？《书》曰：'天聪明自我民聪明。'天犹若此，况于人主乎！妾闻人君有伐国之志者，必上观乾象，下采众祥，天道崇远，非妾所知。以人事言之，未见其可。谚言：'鸡夜鸣者不利行师，犬群嗥者宫室必空，兵动马惊，军败不归。'秋冬已来，每夜群犬大嗥，众鸡夜鸣，伏闻厩马惊逸，武库兵器有声，吉凶之理，诚非微妾所论，愿陛下详而思之。"坚曰："军旅之事非妇人所豫也。"遂兴兵。张氏请从。坚果大败于寿春，张氏乃自杀。

慕容垂妻段氏，字元妃，伪右光禄大夫仪之女也。少而婉慧，有志操，常谓妹季妃曰："我终不作凡人妻。"季妃亦曰："妹亦不为庸夫妇。"邻人闻而笑之。垂之称燕王，纳元妃为继室，遂有殊宠。伪范阳王德亦娉季妃焉。姊妹俱为垂、德之妻，卒如其志。垂既僭位，拜为皇后。

垂立其子宝为太子也，元妃谓垂曰："太子姿质雍容，柔而不断，承平则为仁明之主，处难则非济世之雄，陛下托之以大业，妾未见克昌之美。辽西、高阳二王，陛下儿之贤者，宜择一以树之。赵王麟奸诈负气，常有轻太子之心，陛下一旦不讳，必有难作。此陛下之家事，宜深图之。"垂不纳。宝及麟闻之，深以为恨。其后元妃又言之，垂曰："汝欲使我为晋献公乎？"元妃泣而退，告季妃曰："太子不令，群下所知，而主上比吾为骊戎之女，何其苦哉！主上百年之后，太子必亡社稷。范阳王有非常器度，若燕祚未终，其在王乎！"

垂死，宝嗣伪位，遣麟逼元妃曰："后常谓主上不能嗣守大统，今竟何如？宜早自裁，以全段氏。"元妃怒曰："汝兄弟尚逼杀母,安能保守社稷!吾岂惜死,念国灭不久耳。"遂自杀。宝议以元妃谋废嫡统,无母后之道,不宜成丧,群下咸以为然。伪中书令睦邃大言于朝曰："子无废母之义,汉之安思阎后亲废顺帝,犹配飨安皇,先后言虚实尚未可知,宜依阎后故事。"宝从之。其后麟果作乱,宝亦被杀,德复僭称尊号,终如元妃之言。

段丰妻慕容氏,德之女也。有才慧,善书史,能鼓琴。德既僭位,署为平原公主。年十四,适于丰。丰为人所谮,被杀,慕容氏寡妇,将改适伪寿光公徐炽。慕容氏谓侍婢曰:"我闻忠臣不事二君,贞女不更二夫。段氏既遭无辜,已不能同死,岂复有心于重行哉!今主上下顾羲嫁我,若不从,则违严君之命矣。"于是克日交礼。慕容氏恣容婉丽,服饰光华,炽睹之甚喜。经再宿,慕容氏伪辞以疾,炽亦不之逼。三日还第,沐浴置酒,言笑自若,至夕,密书其裙带云:"死后当埋我于段氏墓侧,若魂魄有知,当归彼矣。"遂于浴室自缢而死。及葬,男女观者数万人,莫不叹息曰:"贞哉公主!"路经徐炽宅前,炽闻挽歌之声,恸绝良久。

吕纂妻杨氏,弘农人也。美艳有义烈。纂被吕超所杀,杨氏与侍婢十数人殡纂于城西。将出宫,超虑赍珍物出外,使人搜之。杨氏厉声责超曰:"尔兄弟不能和睦,手刃相屠,我旦夕死人,何用金宝!"超惭而退。又问杨氏玉玺所在,杨氏怒曰:"尽毁之矣。"超将妻之,谓其父桓曰:"后若自杀,祸及卿宗。"桓以告杨氏,杨氏曰:"大人本卖女与氏以富贵,一之已甚,其可再乎!"乃自杀。

时吕绍妻张氏亦有操行,年十四,绍死,便请为尼。吕隆见而悦之,欲秽其行,张氏曰:"钦乐至道,誓不受辱。"遂升楼自投于地,二胫俱折,口诵佛经,俄然而死。

凉武昭王李玄盛后尹氏,天水冀人也。幼好学,清辩有志节。初适扶风马元正,元正卒,为玄盛继室。以再醮之故,三年不言。抚前妻子逾于己生。玄盛之创业也,谟谋经略多所毗赞,故西州谚曰:"李、尹王敦煌。"

及玄盛薨,子士业嗣位,尊为太后。士业将攻沮渠蒙逊,尹氏谓士业曰:"汝新造之国,地狭人稀,靖以守之犹惧其失,云何轻举,窥冀非望!蒙逊骁武,善用兵,汝非其敌。吾观其数年已来有并兼之志,且天时人事似欲归之。今国虽小,足以为政。知足不辱,道家明诫也。且先王临薨,遗令殷勤,志令汝曹深慎兵战,俟时而动。言犹在耳,奈何忘之!不如勉修德政,蓄力以观之。彼若淫暴,人将归汝;汝苟德之不建,事之无日矣。汝此行也,非唯师败,国亦将亡。"士业不从,果为蒙逊所灭

尹氏至姑臧,蒙逊引见劳之,对曰:"李氏为胡所灭,知复何言!"或谏之曰:"母子命悬人手,奈何倨傲!且国败子孙屠灭,何独无悲?"尹氏曰:"兴灭死生,理之大分,何为同凡人之事,起儿女之悲!吾一妇人,不能死亡,岂惮斧钺之祸,求为臣妾乎!若杀我者,吾之愿矣。"蒙逊嘉之。不诛,为子茂虔娉其女为妻。及魏氏以武威公主妻茂虔,尹氏及女迁居酒泉。既而女卒,抚之不哭,曰:"汝死晚矣!"沮渠无讳时镇酒泉。每谓尹氏:"后诸孙在伊吾,后能去不?"尹氏未测其言,答曰:"子孙流漂,托身丑虏,老年馀命,当死于此,不能作毡裘鬼也。"俄而潜奔伊吾,无讳遣骑追及之。尹氏谓使者曰:"沮渠酒泉许我归北,何故来追?汝可斩吾首归,终不回矣。"使者不敢逼而还。年七十五,卒于伊吾。

史臣曰:"夫繁霜降节,彰劲心于后凋;横流在辰,表贞期于上德。匪伊君子,抑亦妇人焉,自晋政陵夷,罕树风检,亏闲爽操,相趋成俗,荐之以刘石,汩以苻姚。三月歌胡,唯见争新之节;一朝辞汉,曾微恋旧之情。驰骛风埃,脱落名教,颓纵忘反,于兹为极。吾若惠

风之数乔属,道韫之对孙恩,荀女释急于重围,张妻报怨于强寇,僭登之后,蹈死不回,伪纂之妃,捐生匪吝,宗辛抗情而致夭,王斩守节而就终,斯皆冥践义途,匪因教至。耸清汉之乔叶,有裕徽音;振幽谷之贞蕤,无惭雅引,比夫悬梁靡顾,齿剑如归,异日齐风,可以激扬千载矣。

赞曰:从容阴礼,婉娩柔则。载循六行,爰昭四德。操洁风霜,誉流邦国。彤管贻训,清芬靡忒。

【译文】

天、地、人三者分出位置,关于家庭生活的学说才兴盛起来;两个家庭结成友好,贞烈的风气就显著起来。振作高尚的情谊做得非常优秀,鲁国的书籍于是鲜明夺目,挺拔崇高的节操做得非常杰出,周地的诗篇因此光辉耀眼。美好与忠烈同样得到勉励,柔和顺畅没有过失,隔代相望,确实不是只有一条线索。但是虞在妫汭兴起,夏在涂山隆盛,有娀有蝝扩大繁荣了殷商的基业,大纴、大姒进一步昌盛了姬姓的教化,马皇后、邓皇后恭敬俭朴,汉朝推广美德,宣公、昭公赞美贤淑、魏代宣扬芬芳美德,这些都把礼仪在中国发挥到了极点,道义在闺房中都很突出了。至于象恭姜发誓守节,孟母寻求仁爱,华氏做了老师的表率而治理齐国,樊传授法规而成为楚国霸主,讥笑文伯的奉行剑术,责备子发的分别庄稼,少君的遵从简约的礼节,孟光的符合隐居志趣,在使妇女的规则显著的同时,还占有母亲的表率。先是子政收集,后有元凯为之编次,都宣传了闺房的模范,对女性教育有所裨补。因此,早的从泰始起,晚到恭、安止,有一种操行可赞扬的,有一种技艺值得记载的,都撰集记录,为之立传。有的地位高到皇后妃子,有的人事迹随放在丈夫儿子的传中,现在不再记录。各个伪立的国家里的人,即使一时与王道有所不合,但天下的善事,只要可以惩恶劝善,也一起搜集编次,附在篇末。

羊耽的妻子辛氏,字宪英,陇西人,魏侍中辛毗的女儿。聪明开朗而且有才华见识。当初魏文帝能够立为太子,抱着毗的脖子说:“辛君知道我高兴吗?”毗把这事告诉了宪英,宪英叹息着说:“太子,是代替君主宗庙社稷的人。代替君主不能不担忧,主持国政不能不害怕,应该担忧却高兴,怎么能够长久!魏难道会不昌盛吗?”

她弟弟辛敞做大将军曹爽的参军,宣帝要讨伐曹爽,因为他跟随魏帝出去后关闭了城门,曹爽的司马鲁芝率领府兵破关去救曹爽,招呼辛敞一同去。辛敞害怕,问宪英说:“天子在外边。太傅关闭了城门,人们说国家将要灭亡,这事可能会成功吗?”宪英说:“事情还不知道,但据我估计,太傅大概是不得不这样。明皇帝临终时,拉着太傅的手臂,把后事交托给他,这事朝廷里人都还记得。而且曹爽与太傅都接受了托付的任务,但只有他一个人独断专权,不忠诚于王室,在做人的道义上不正直,这举动不过是为了讨伐曹爽罢了。”辛敞说:“那么我可以不出去吗?”宪英说:“怎么可以不出去!职守,是做人的大道理。普通人有困难,还应该同情他;做别人属下却不去做事,是不吉利的。而且替人担当责任,为别人去死,这是亲密情感的分内事,你只有随大流罢了。”辛敞于是出去。宣帝果然讨伐了曹爽。事件平定后,辛敞叹息说:“我如果不跟姐姐商量,几乎得不到道义!”

后来钟会做了镇西将军,宪英对羊耽的侄子羊祜说:“钟士季为什么西出?”祜说:“准备消灭蜀国。”宪英说:“钟会做事纵横恣肆,没有长久处在下位的道理,我怕他有别的志向。”等到钟会快要往西部去时,请求他的儿子做他的参军,宪英担忧地说:“从前我为国家担忧,今天灾难降临我家了。"琇坚决地向文帝请求推辞,文帝不同意。宪英对琇说: "去吧,谨慎些! 古代的君子。到家里就对亲人孝顺,出去就为国守节,在职责上就想着他的任务,道义上就想着他要树立的志向,不给父母增添担忧患难罢了。在军队里可能解救危难的,大概只有仁爱忠恕吧!"钟会到蜀地果然造反,竟然活着回到家里。羊祜曾经送她锦做的被子,宪英嫌它华丽,反过来覆盖,她是这样有预见和节俭。泰始五年死去,享年七十九岁。

杜有道的妻子严氏,字宪,京兆人。坚贞贤淑有胆有识。十三岁时,嫁给杜氏,十八岁时成为寡妇。儿子植、女儿都成了孤儿,宪虽然年轻,但发誓不改变气节,抚育两个孩子,教他们礼节气度,植于是在当时出了名,辨也有美好的品德,傅玄请求让她做自己的继室,宪就同意了他。当时傅玄跟何晏、邓飏有矛盾,何晏等人一直想害他,当时没有人肯跟他结为姻亲。到了宪同意嫁了傅玄,家里家外的人都为这事担忧害怕。有人说: "何、邓执掌大权,一定想害傅玄,也不过像大山压卵,用滚汤浇雪罢了,怎么跟他结亲呢?"宪说: "你只知其一,不知其他。何晏等人骄傲奢侈,必定会自己毁了自己,司马太傅却像睡着了的猛兽,我怕卵破雪化,这样做自然是有道理的。"于是跟傅玄结了亲。何晏等人不久也被宣帝铲除。植后来做了南安太守。

植的唐兄预做秦州刺史,被人诬陷,征召回京,宪给他写信告诫他说: "谚语说忍受屈辱能做到三公。你现在可以说是受到屈辱了,能忍受住它,你是会坐上公的位置的。"植后来果然做了仪同三司的官。傅玄前妻的儿子傅咸六岁时,曾跟随他继母看望宪,她对咸说: "你是一匹千里驹,一定会前途远大。"把她妹妹的女儿嫁给了他。傅咸后来在国内也有名气。她能这样了解别人。

王浑的妻子钟氏,字琰,颍川人,魏太傅钟繇的曾孙女。父亲名徽,做黄门侍郎的官。琰几岁时就能写文章,等到长大,聪明智慧,大度文雅,博览记录书籍。容貌举止美好,善于吹哨吟诵,好的礼仪法度都成为内外人士的榜样。嫁给王浑后,生了济。王浑曾跟琰坐在一起,济从堂前跑过,王浑高兴地说: "生了这样的儿子,足以安慰人心。"琰笑着说: "如果让媳妇能够许配给参军官,生个儿子一定不止这样。"参军,指王浑的二弟王沦。琰的女儿也有才华又美好,他们为她寻找贤明的丈夫。当时有一个军官的儿子很英俊,济想把女儿嫁给他,跟琰说,琰说: "得让我见见他。"济让这个士兵跟其他年轻人混在一起,琰从帐帏中观察他们,过后对济说: "穿红衣服的人不是你所选拔的人吗?"济说: "是。"琰说: "这人凭才能可以说是出类拔萃的,但处境不好寿命又短促,没有办法施展他的才能,不可以跟他结亲。"就算了。那人几年后果然死了。琰远见明察,都像这事一样。

浑的弟弟的妻子郝氏也有好德行,琰虽然出身权贵,与郝氏一直互相敬重,郝氏不因为自己微贱在琰氏面前表示自卑,琰氏不因为自己出身高贵欺凌郝氏,当时人称颂钟夫人的礼节,郝夫人的法度。

郑袤的妻子曹氏,鲁国薛地人。郑袤先娶了孙氏,很早就死了,娉她为继室。侍候公婆非常孝顺,亲自勤劳地纺纱织布,作为赡养的费用,至于叔叔妹妹各位妹妹之间,都充分做到有礼节,使他们都很高兴。等到郑袤做了司空,他们的儿子默等人在朝廷官员中又很突出,当时人们都称赞他们的荣耀富贵。曹氏非常害怕隆盛美满,每当郑默等升官,往往担忧的心思表现在声音脸色上。但吃饭时没有几样菜,穿着浆洗的衣服,郑袤等人所得到的俸禄薪水,曹氏一定分散给亲戚,务必命令全部给到,家里没有多余的资财。

当初,孙氏埋葬在黎阳,等到郑袤死时,商议的人认为孙氏死了很久了难以迁葬,想不把他们合葬在一起。曹氏说:"孙氏是原配,理当葬在一起,怎么可以使孤鬼没有依靠呢。"于是准备好吉凶引导的仪式来迎接孙氏遗骸,准备好衣服被褥案几筵席,亲自主持雁行的礼仪,听说的人没有不叹息的。认为赵姬以下到叔隗,都不值得赞扬。太康元年死去,终年八十三岁。

愍怀太子的妃子王氏。太尉王衍的女儿,字惠风。坚贞委婉有志向气节。太子被废黜后住在金墉,王衍请求取消婚姻,惠风哭喊着回到家里,路上的人都为她流泪。等到刘曜攻克洛阳,把惠风赏赐给了他手下的将军乔属,乔属准备娶她为妻,惠风拔出宝剑拒绝乔属说:"我是太尉公的女儿,皇太子的妃子,按道义不被叛乱的胡人污辱。"乔属于是杀了她。

陶侃的母亲湛氏,豫章郡新淦县人。当初,陶侃的父亲陶丹娶她为妾,生下陶侃,但陶家贫穷低贱,湛氏常常靠纺织来资助他,使他结交比自己强的朋友。陶侃年轻时做寻阳县吏,曾监督鱼,拿了一瓦锅鲊鱼送给母亲。湛氏封了鲊鱼与书信,责怪陶侃说:"你做官吏,拿官家东西送给我,不但不能给我好处,反而给我增添担忧啊。"鄱阳孝廉范逵住在陶侃家里,当时下了大雪,湛氏就拿下自己睡床上的新褥子,亲自铡草喂他的马,又暗中剪了头发卖给邻居,用来供给饭食。范逵听说后,叹息说:"不是这个母亲不会生这个儿子!"陶侃最后因为功名成为显贵。

虞潭的母亲孙氏,吴郡富春人,是孙权家族的孙女。当初嫁给虞潭父亲虞忠,恭谨温顺坚贞祥和,很有妇德。到虞忠死去时留下孤儿孤苦伶仃,孙氏虽然年轻,发誓不改变气节,亲自抚养,受尽劳累。她天赋聪明敏锐,见识观察能力超过常人。虞潭从幼童开始,她就教育他忠义的道理,因此得到了很好的声望,被朝廷里的人所称赞。

永嘉末年,虞潭做南康太守,遇上杜弢叛乱,率领众人攻打他。孙氏勉励虞潭应为国家不惜一死的道理,把她家的财产都拿出来馈赠给士兵,虞潭于是获得了胜利。到苏峻作乱时,虞潭正任吴兴太守,又凭着气节征讨苏峻。孙氏告诫他说:"我听说忠臣出在孝子的家里,你应当舍弃性命去得到道义,不要把我年老作为累赘。"又打发她的全部男仆人,让他们跟随虞潭帮助作战,卖掉她身上佩带的环佩作为军费。这时会稽内史王舒派他儿子允之作为督护,孙氏又对虞潭说:"王府君派遣儿子出征,你为什么独独不这样呢?"虞潭就让儿子楚做了督护,跟允之合在一处。她就是这样诚恳地为国分忧。封为武昌侯太夫人,加授金章紫绶。虞潭在家里设了养堂,王导以下官员都去拜见了。咸和末年去世,终年九十五岁。成帝派使者吊孝祭奠,谥"定夫人"。

周顗的母亲李氏,字络秀,汝南人。小时候在家时,周顗父亲周浚任安东将军,有一次出去打猎,遇到下雨,路过时在络秀家里停留。正碰上她父亲和哥哥不在家,络秀听说周浚来了,跟一个丫头在里屋杀猪杀羊,准备了几十人的饭食,非常周到但没有听见人说话。周浚感到奇怪,让人偷看,只见一个很漂亮的女子,周浚于是请求做她的妾。她父亲和哥哥不答应,络秀说:"家族不兴旺,怎么吝惜一个女儿!如果跟贵族联姻,将来大概会有很大好处的。"父亲与哥哥就答应了周浚。后来生了周顗和周嵩、周谟。等到周顗等人长大后,络秀对他们说:"我委屈气节做你们家的妾,是为了自己家庭考虑的。你们不跟我家友好,我又何必珍惜剩下的这几年呢!"周顗等从命,从此李氏才能够成为算得上有名望的家族。

中兴年间，周颢等人都官位显赫。有一次冬至日准备了酒席，络秀举杯赐给三个儿子说："我家本来从北方渡过长江南来的，没有立足之地，没想到你们都做大官了，排坐在我眼前，我还担心什么呢!"周嵩站起来说："恐怕不像说的那样。伯仁志大才短，名声很大但见识不明白，喜欢乘人之危，这不是保全自己的方法。嵩禀性耿直，也得不到世人的容忍。只有阿奴碌碌无为，应当会一直在母亲面前的。"阿奴，周谟的小名。后来果然如他所说的那样。

荀崧小女儿灌，从小就有奇特的操守。荀崧任襄城太守，被杜曾包围，力量单薄粮食也没有了，想向前任官员平南将军石览求救，没有办法可想。灌这年十三岁，就率领数十名勇士，夜间逾城突围出去。贼人追赶得很紧，灌督促勉励将士，且战且进，进到鲁阳山才摆脱了追赶。她亲自去见石览请求出兵，又把荀崧的书信给南中郎将周访请求援助，并且与他结为兄弟，周访于是派儿子抚率领三千人会同石览一起去救援荀崧。贼人听说援兵到了，逃散了，这都是灌的功劳。

王凝之的妻子谢氏，字道韫，是安西将军谢奕的女儿。聪明有见识善于言辞。她叔父谢安有一次问她："《毛诗》哪一句最好?"道韫说："吉甫作颂，像清风一样和穆。仲山甫咏怀，用来慰心绪。"谢安说她有文雅人的浓厚兴趣。又有一次家人聚会，一会儿下起大雪，谢安说："象什么呢?"谢安哥哥的儿子谢朗说："散盐空中勉强可用来比拟。"道韫说："不如柳絮因风起。"谢安听了很高兴。

刚嫁给凝之时，回到家中，很不高兴的样子。谢安说："王郎是逸少（王羲之）的儿子，人不错，你有什么遗憾的?"回答说："一家子人叔父中有阿大、中郎，一大群堂兄弟中又有封、胡、羯、末，没想到这么优秀的家族中竟有个王郎!"封指谢韶，胡指谢朗，羯指谢玄，末指谢川，都是他们的小名。又曾经嘲笑谢玄学习曹植没有长进，说："因为繁琐的事务用心太多呢，还是天分不够高呢?"凝之的弟弟献之有一次跟宾客谈论说话，言辞论据都快不行了，道韫派丫头告诉献之说："想要替你小叔子解围。"于是用青绫步鄣把自己遮起来，申述献之刚才的议论，客人中没有人能驳得倒她。

遭逢孙恩叛乱的灾难时，她举止自如，听到丈夫和几个儿子都被贼人杀害后，才命令女仆抬着竹箦，拿了把刀子出门，乱兵开始到来时，她亲手杀了好几个人，才被俘获。她的外孙刘涛这年才几岁，贼人又想杀害他，道韫说："事情是王家的，跟别的家族有什么关系! 一定要这样，不如先杀了我。"孙恩虽然狠毒暴虐，也被她说动了心，才没有杀害刘涛。从此她寡居会稽，家里人没有不严肃敛容的。太守刘柳听说她的大名，请求跟她说话。道韫向来知道刘柳的名声，也不拒绝，于是挽好发髻铺着素色的垫子坐在帐中，刘柳带着学费整理好带子坐在另一张榻上。道韫风韵高洁超越常人，言谈的风度清新儒雅，开始时说到家族的事情，慷慨流泪，接着感谢慰问的好意，言辞理据都很流畅。刘柳回去后赞叹说："实在是没有见过这样的人，瞻视观察言语声气，都使人发自内心地佩服。"道韫也说："亲人随从死了不少，才遇到这样的人，听他的问话，特别让人心胸开阔。"

当初，同郡张玄的妹妹也有才学品质，嫁给顾氏，谢玄常夸奖她，用来跟道韫做比较，有一个叫济尼的人，来往于两家之间，有人问他，济尼回答说："王夫人神情疏散开朗，因此有隐士的风度气质。顾家媳妇清心玉映，自然是闺房里的优秀者。"道韫所著诗赋谏颂等类文章，都在世上流传。

孟昶的妻子周氏，孟昶的弟弟颉的妻子又是她的堂妹。两家都很富有。当初，桓玄一直敬重孟昶但刘迈却诽谤他,孟昶知道后,非常惋惜遗憾。等到刘裕要商议建立政权,跟孟昶谋划,孟昶想把所有的财物都当作军粮,他妻不是一般的女人,可以跟她商量大事,于是对她说:"刘迈向桓公说我的坏话,即使是一生都被关在牢狱中,也坚决要做反贼。你幸好可以早些与我脱离关系,如果我能够得到富贵,再去迎娶你也不迟。"周氏说:"您的父母亲都还健在,想要做这样重大的决定,难道是妻子能劝止的!事情如果不成功,只好在奴隶地位中奉养大家,没有回家的道理。"孟昶悲怆了很久才站起来。周氏追赶上孟昶的坐骑,说:"看你的举止,不是需要和妻子商量的人,不过是想得到财物罢了。"当时她抱着自己的女儿,递过去让他看看,说:"这个要是可以卖钱,也没有什么可惜的,何况资财呢!"于是拿出全部资产给了他,却假称有别的用途。到事情快要行动时,周氏对孟颛妻子说:"昨天做了一个梦,很不好,家里人应该用洗涤沐浴的方法来祛除它,而且不能用赤色的东西,我会把赤色的东西都收集起来藏压七天。"孟颛的妻子相信了她,把所有绛红色一类东西都收集起来交给她。于是放在帐中,暗地里亲自去掉棉花,把红布给了孟昶,于是有了几十个人用的醒目的被子和衣服,这些都是周氏提供的,而家里人都不知道这件事。

何无忌的母亲刘氏,是征虏将军刘建的女儿。从小就有志向气节。她弟弟牢之被桓玄害死,刘氏常常怀恨在心,一直想着报复。等到无忌与刘裕定下计谋,而刘氏看出他的举止有些不同往常,心里高兴但不说出来。碰巧有一夜无忌在屏风里边撰写讨伐文告,刘氏暗中用器具盖住灯烛,慢慢爬上凳子在屏风上边偷看他,知道后,哭着抚着他说:"现在知道我比不上东海人吕母了!已经辜负了你的忠心诚意,常常担心我寿命不长久,你能这样做,我报仇的思想能够实现了。"接着问他谁是同谋,知道事情由刘裕发起,更加高兴,就说桓玄一定失败,用正义的军队一定成功的道理来勉励他。后来的事情正如她所说的。

刘聪的妻子刘氏,名娥,字丽华,伪太保刘殷的女儿。自幼聪明伶俐,白天从事女工,晚上诵读书籍,教母常阻止她,刘娥更加认真学习。每次跟哥哥们讨论经籍的意义,理趣超越一般人而且深刻独到,各位兄长深深地叹服。她性格孝顺友好,风度仪表进退举止都很得体。

刘聪篡夺皇位后,征召她作为右贵嫔,很宠爱她。不久封为皇后,准备造鸾仪殿让她居住,他的廷尉陈元达严词劝谏,刘聪大怒,要斩了他。刘娥当时在后堂,暗地里让手下人停止用刑,写了奏疏上奏说:"在下听说准备为我营造宫殿,现在昭德殿已经足够起居了,仪殿不着急。国家还没有统一,灾祸患难还很多,动不动就需要人力资财,特别应该慎重考虑这件事。廷尉的话,是国家的大政。那忠臣的劝谏,难道是为了他自己吗?帝王拒不接受,也不是为了自己。我仰望陛下上能寻思做个明君接受劝谏以使国家昌盛,下能够气愤昏暗的君主拒绝谏言而遭灾祸,应该用好的爵位来奖赏廷尉,用分封土地去酬谢廷尉,怎么不但不接纳,反而想要杀了他?陛下这次发怒是由我引起的,廷尉的祸害由我造成的,人们怨恨国家贫困,过错都在我,拒绝进谏迫害忠臣,也是由我造成的。自古以来败国丧家,没有不是由女人引起的。我每次阅读古代的事情,气愤得忘了吃饭,哪里想得到今天我自己正做着这样的事情!将来的人看我,也好像我看从前的人,还有什么脸面来服侍陛下,请让我回去死在这里,来为陛下被错误地迷惑的过错抵罪。"刘聪看完后脸色都变了,对他的一群属下说:"我自从得了风病,喜怒都不正常。元达是位忠臣，我对他有愧。"把刘娥的上表给元达看了，并说："外边的辅佐像您，里边的辅佐像这位皇后，我不用担忧了。"等到刘娥死后，伪朝廷谥她为武宣皇后。

她的姐姐刘英，字丽芳，也聪明敏锐涉猎学问，而文辞机警雄辩，通晓明白政事，甚至超过了刘娥。开始时与刘娥一同被征召封左贵嫔，不久就死了，伪朝廷追谥她为武德皇后。

韦逞的母亲宋氏，不知道是哪郡人，家族世代因为儒学出名，宋氏自幼死了母亲，由她父亲自己抚养。等到长大后，教她《周官》的读音和意思，对她说："我们家世代研究《周官》，学业不断继承传递，这书又是周公所写的，经济治理的经典文献，百官品物，在这里都有了。我现在没儿子可传授，你可以接受过去，不要让它在世上断绝了。"不久天下动乱，宋氏仍讽咏诵读从不间断。

后来被石季龙迁徙到太行山的东边，宋氏跟她丈夫都在迁徙之列，推着鹿车，背上背着她父亲交给她的书籍，到了冀州，投靠胶东富人程安寿，程氏供养保护他们。韦逞当时年纪还小，宋氏白天砍柴采摘，晚上就教韦逞读书，但并不影响纺纱织布。程安寿常常叹息说："做学问的多是士大夫家，有不是这样的吗！"韦逞于是学业有成名声也树立了起来，在苻坚的朝廷里做太伟博士官。苻坚曾去他所在的太学，询问博士经典方面的问题，可惜礼乐经典遗失不全。当时博士卢壶回答说："废止学业已经很久，书籍又零星散落，经过连续几年的连缀撰集，主要的经典差不多集中起来了，只有《周官礼注》没有精通的人。我曾见过太常韦逞的母亲宋氏是世代学问人家的女儿，继承她父亲的学业，学到了《周官》的音义，今年八十岁了，眼睛和耳朵都没有毛病，当然除了这位母亲没有人可以传授学生的了。"于是，在宋氏家里设立学堂，招收了一百二十名学生，隔着红色的纱幔进行教学，封宋氏号为宣文君，赏赐给她服侍女仆十人。《周官》的学业又在世上传播起来，当时人称她"韦氏宋母"。

苻坚姜张氏，不知道哪个地方人，明辨事理有才学见识，苻坚要侵略江左（东晋），大臣们坚决劝谏他都不听从。张氏进言说："我听说天地滋生万物，圣明的国王统治天下，没有不顺乎它们的本性而使它们顺畅，所以黄帝驾乘牛马，顺着它们的本性，禹开凿龙门，决开洪河，那是顺着水势；后稷播种了百谷，那是顺应了土地的脾气；汤、武消灭夏、商，那是顺应人的愿望。因此，有所顺应就会成功，无所顺应就会失败。现在朝廷大臣上下都说不可以，陛下您又顺应什么呢？《尚书》说：'天聪明是源自我百姓聪明。'天尚且这样，何况是国王呢？我听说国王有讨伐一个国家的志向时，必须上观天象，下采众祥。天道崇高深奥，不是我能理解的。从人事方面说，不见得可行。谚语说：'鸡夜里打鸣不利于出兵，狗成群吠噪宫室会被洗劫，兵器有动静马受惊军队会打败仗而回不来。'秋天冬天已经来临，一到夜里成群的狗大声噪叫，我听见马厩里的马受惊乱跑，武库里兵器发出声音，吉凶的规律，当然一定不是像微贱的我所说的这样，希望陛下全面地考虑一下这件事。"苻坚说："军队打仗的事情不是妇女能参加的。"于是兴兵。张氏要求一起去。苻坚果然在寿春被打得大败，张氏就自杀了。

慕容垂的妻子段氏，字元妃，伪政权右光禄大夫段仪的女儿。从小温顺聪慧，有志气节操，常常对妹妹季妃说："我一定不会做普通人的妻子。"邻居听后嘲笑她们。慕容垂称燕王后，纳元妃为继室，于是得到了特别的宠爱。伪政权范阳王德也娶了季妃。姐妹都成了垂、德的妻子，最终如愿以偿。垂篡位以后，封她为皇后。

慕容垂把她的儿子宝立为太子，元妃对慕容垂说："太子姿色品质雍容华贵，柔和而不独断，继承太平皇位就会成为仁爱明智的君主，处在危难之际就能成为救济时世的英雄，陛下把大业托付给他，我没有见到他能够使国家昌盛的优点。辽西、高阳两位王，陛下儿子中的聪明者，应该选择一个来树立他。赵王麟奸诈负气，一直有轻视太子的思想，陛下一旦有个三长两短，一定会发生祸难。这是陛下家里的事情，应该认真地考虑。"慕容垂不采纳她的意见。宝与麟听说后，都感到很遗憾。后来，元妃又跟他说起这事，慕容垂说："你想让我成为晋献公吗？"元妃哭着退下，跟季妃说："太子不好，下属们都知道，而君主把我比作骊戎的女儿，真是痛苦啊！皇上死后，太子一定会使国家败亡。范阳王有不同一般的气魄风度，如果燕国的福分还没有结束，大概就靠范阳王了！"

慕容垂死后，慕容宝继承伪王位，派遣赵王麟迫使元妃说："太后常常说皇上不能继承保住统一的国家，现在究竟怎么样？应该早一点自杀，来保全段家。"元妃愤怒地说："你们兄弟还逼迫母亲自杀，怎么能保得住社稷！我难道是怕死，担心国家不久要就要灭亡啊。"于是自杀了。慕容宝认为元妃阴谋废黜嫡亲的王位，没有母后的道理，不适合举行丧礼，属下官员们都这样认为。伪政权中书令睦邃在朝廷上大声地说："儿子没有废黜母亲的道理，汉代的安思阎后亲自废黜了顺帝，还能配飨安皇，从前太后是否说过那些话还不知道，应该依照阎后的故事。"慕容宝听了他的建议。后来赵王麟果然作乱，慕容宝也被杀了，慕容德又篡夺了皇位，终于跟元妃说的一样。

段丰的妻子慕容氏，是慕容德的女儿。有才学且聪明，擅长于写字和历史，会弹琴。慕容德篡位后，她被命名为平原公主。十四岁时嫁给段丰。段丰为人诬陷，被杀了，慕容氏一个人回到家里，要被改嫁给伪政权的寿光公徐炽。慕容氏对女仆人说："我听说忠臣不侍候两位君主，坚贞的女子不改嫁两个丈夫。段氏已经无辜被害，自己不能跟着一起死，难道又有心思再嫁一次吗！现在君主不顾礼仪嫁我，如果不听从，就违背父王的命令了。"于是约定日期完成婚礼。慕容氏姿色容貌温顺美丽，服饰光彩华丽，徐炽看见后很高兴。住了两夜后，慕容氏推说有病，徐炽也没有强迫她。三日后回家，洗涤后准备酒席，言谈欢笑很正常，到了晚上，暗中在她的裙带上写："死以后应该把我埋葬在段氏坟墓的旁边，如果魂魄有知觉，应该去那里了。"于是在浴室里上吊死了。等到埋葬时，男女观看的人有好几万，没有人不叹息地说："坚贞啊公主！"路上经过徐炽门前，徐炽听见挽歌的声音，很长时间里悲痛欲绝。

吕纂的妻子杨氏，弘农人，美貌艳丽，义气忠烈。吕纂被吕超杀害，杨氏与女仆十九人一起把他殡葬在城西。快出宫时，吕超担心她们携带珍宝出去，让人搜查她们。杨氏厉声斥责吕超说："你们兄弟不能和睦相处，拿着刀子互相屠杀，我很快就要去死的，金银财宝有什么用！"吕超惭愧地退走了。又问杨氏玉玺在哪里，杨氏愤怒地说："都已经把它们毁坏了。"吕超想娶她为妻，对她的父亲杨桓说："皇后如果自杀，祸害就要殃及你们家族。"杨桓把这话转告杨氏，杨氏说："父亲本来就是把女儿卖给氐人来得到富贵，一次已经足够了，怎么可以来第二次呢！"就自杀了。

同时吕绍的妻子张氏也有操守品行，十四岁时，吕绍死了，就请求去做尼姑。吕隆见到她就喜欢她，想要使她的品行变坏，张氏说："敬重快乐的最高道义，发誓不受污辱。"于是爬到楼上跳到地上，两条腿都断了，口中念着佛经，一会儿就死了。

凉武昭五李玄盛后尹氏，天水冀人。幼年喜欢学习，清雅善辩有志气节操。开始嫁给扶风人马元正，元正死后，做了玄盛的继室，因为再醮的缘故，三年没有说话。抚养前妻的孩子超过了亲生。玄盛的创立基业，筹措谋略大多得到她的赞助，因此西州的谚语说："李、尹王敦煌。"

玄盛死后，儿子士业继位，尊她为太后。士业准备攻打沮渠蒙逊，尹氏对士业说："你刚建立起来的国家，土地不广人口稀少，安定地守住它还怕失去，说什么轻举，作非分的希望！蒙逊骁勇强壮，善于用兵，你不是他的对手。我观察他数年以来有兼并我们的想法，并且天时人事方面好像也表明要归并给他。现在国家虽然小，足以施行政治。懂得满足能不受污辱，这是道家的明白劝诫。而且，先王临终时，遗嘱反复叮咛，要你们一定慎重考虑采用军队作战，等待时机再行动。话如同还在耳边，怎么就忘掉了！不如勉力建设用道统治的政治，积蓄力量来观察形势。他们如果淫乱暴虐，人心就会归向你；你如果不树立起美德，灾祸也就不远了。你这一次行动，不但军队要失败，国家也要灭亡。"士业不听从她，真的被蒙逊消灭了。

尹氏到了姑臧，蒙逊接见并犒赏她，她回答说："李氏政权被胡人消灭，既然已经知道了，还有什么活好说！"有人劝谏她说："母子性命都捏在人家手里，怎么还这么傲慢！再说国家败亡子孙被屠杀，怎么独独没有悲伤？"尹氏说："兴亡死生，规律中的大名分，为什么把它当作凡人的事情，表现出儿女的悲伤心情来？我一个女人，不能去死，难道还怕斧钺杀身的大祸，乞求做人家的臣妾吗！如果杀了我，是我的愿望。"蒙逊夸奖她，不杀，替儿子茂虔娶了她的女儿为妻子。到了魏氏把武威公主嫁给茂虔做妻子，尹氏跟女儿迁居酒泉。不久女儿死了，她抚着女儿但没哭，说："你死得晚了！"沮渠无讳当时镇守酒泉，常对尹氏说："太后的几个孙子都在伊吾，太后能去那里居住吗？"尹氏不知他的用意何在，回答说："子孙流散漂泊，寄身丑陋的强虏境内，我年纪大了剩下没几年，只能死在这里，不能去做住毡帐著皮裘的鬼了。"不久偷偷地跑到伊吾，无讳派遣骑手追上了她。尹氏对使者说："沮渠酒泉答应我回北方去，为什么来追我？你们可以斩下我的头回去，我是坚决不回去的了。"使者不敢强迫她就回去了。七十五岁时死在伊吾。

编写史书的大臣说：天寒霜重的时候会使气节降低，使坚强的思想因为最后凋谢而更加昭明；局势动荡的日子里，用高尚的品德去表明坚贞的愿望，不一定只是男子，也有妇女啊。自从晋朝廷政治不稳定后，很少树立风教美德，娴雅操守都遭到了打击而损失，互相趋附成为风气。以刘、石为基础，以苻、姚为主流。三月唱着胡人歌曲，只见争奇斗艳的装饰，一旦脱离了汉民族，便少有恋旧的情绪。在尘世里奔走，名教传统失落不传，颓废纵情忘记了本原，到这时达到了极点。至于像惠风的数落乔属，道韫的回答孙恩，荀女子在重围中解救危急，张妻向强寇报怨，篡位的苻登之后，面对死亡不回头，伪政权的妃子，抛弃性命都不吝惜，宗、辛直抒情怀而被杀，王、靳坚守节操而死去，这些都是天然在冥冥之中循着道义的路走着的，不是因为有了教育才那样的。让高入青天的乔木的叶子耸听，使美好的声音更加富裕；使幽深山谷里坚贞的草木振奋起来，无愧于雅、引诗歌，至于悬梁自尽毫地顾虑，牙齿触剑等闲视之，将来这种完备的道德力量，可以发扬千年了。

评论说：从容不迫的女性礼仪，温顺柔和的模范。遵循着知、仁、圣、义、忠、和六种为人的行为，使妇德、妇言、妇容、妇功四种美德昭明于世。操守像风霜一样纯洁，美名在各邦国之间传播。彤管女吏赠给训导，清芬的品格是没有差错的。

孙恩传

【题解】

孙恩(？~402)，东晋农民起义领袖。字灵秀，琅玡(今山东琅玡台西北)人，世奉五斗米道。其时，会稽王司马道子、元显父子当权，贪污奢侈，政治败坏，横征暴敛，民不聊生；统治集团内部矛盾迭起，争杀不已。孙恩领导的农民起义就是在此背景下爆发的。先是，孙恩的叔父孙泰以五斗米道发动百姓起事，被朝廷杀害。孙恩逃到海上。399年，孙恩从海上率百余人攻破会稽郡(治所在今浙江绍兴)，部众骤增至数万人。江南其他七郡同时起事，击杀东晋地方官吏，响应孙恩。十天之内，孙恩部众达数十万人。孙恩自称"征东将军"，其部众称"长生人"。他们攻城夺地，击杀官吏，官军望风溃逃，朝廷震惊。后东晋镇北将军刘牢之领兵攻伐，孙恩败，率众二十余万退到海上。此后，孙恩连年领兵从海上登陆。401年突袭京口(今江苏镇江)，进逼建康(东晋京城，今江苏南京)。402年，进犯临海郡(治所在今浙江临海)。但最终为刘牢之、刘裕等击败。孙恩投海自杀。

【原文】

孙恩字灵秀，琅玡人，孙秀之族也。世奉五斗米道。恩叔父泰，字敬远，师事钱唐杜子恭。而子恭有秘术，尝就人借瓜刀，其主求之，子恭曰："当即相还耳。"既而刀主行至嘉兴，有鱼跃入船中，破鱼得瓜刀。其为神效往往如此。子恭死，泰传其术。然浮狡有小才，诳诱百姓，愚者敬之如神，皆竭财产，进子女，以祈福庆。王珣言於会稽王道子，流之於广州。广州刺史王怀之以泰行郁林太守，南越亦归之。太子少傅王雅先与泰善，言於孝武帝，以泰知养性之方，因召还。道子以为徐州主簿，犹以道术眩惑士庶。稍迁辅国将军、新安太守。王恭之役，泰私合义兵，得数千人，为国讨恭。黄门郎孔道、鄱阳太守桓放之、骠骑谘议周勰等皆敬事之，会稽世子元显亦数诣泰求其秘术。泰见天下兵起，以为晋祚将终，乃扇动百姓，私集徒众，三吴士庶多从之。于时朝士皆惧泰为乱，以其与元显交厚，咸莫敢言。会稽内史谢辅发其谋，道子诛之。

孙恩

恩逃于海。众闻泰死，惑之，皆谓蝉蜕登仙，故就海中资给。恩聚合亡命得百余人，志欲复仇。及元显纵暴吴会，百姓不安，恩因其骚动，自海攻上虞，杀令，因袭会稽，害内史王凝之，有众数万。於是会稽谢辅、吴郡陆瑰、吴兴丘尪、义兴许允之、临海周胄、永嘉张永及东阳、新安等凡八郡，一时俱起，杀长吏以应之，旬日之中，众数十万。於是吴兴太守谢邈，永嘉太守谢逸，嘉兴公顾胤,南康公谢明慧,黄门郎谢冲、张琨,中书郎孔道,太子洗马孔福,乌程令夏侯愔等皆遇害。吴国内史桓谦,义兴太守魏㥄,临海太守、新蔡王崇并度出奔。於是恩据会稽,自号征东将军,号其党曰"长生人",宣语令诛杀异己,有不同者戮及婴孩,由是死者十七八。畿内诸县处处蜂起,朝廷震惧,内外戒严。遣卫将军谢琰、镇北将军刘牢之讨之,并转斗而前。吴会承平日久,人不习战,又无器械,故所在多被破亡。诸贼皆烧仓廪,焚邑屋,刊木堙井,虏掠财货,相率聚於会稽。其妇女有婴累不能去者,囊簏盛婴儿投於水,而告之曰:"贺汝先登仙堂,我寻后就汝"

初,恩闻八郡响应,告其属曰:"天下无复事矣,当与诸君朝服而至建康。"既闻牢之临江,复曰:"我割浙江,不失作勾践也。"寻知牢之已济江,乃曰:"孤不羞走矣。"乃虏男女二十余万口,一时逃入海。惧官军之蹑,乃缘道多弃宝物子女,时东土殷实,莫不粲丽盈目,牢之等遽於收敛,故恩复得逃海。朝廷以谢琰为会稽,率徐州文武戍海浦。

隆安四年,恩复入余姚,破上虞,进至刑浦。琰遣参军刘宣之距破之,恩退缩。少日,复寇刑浦,害谢琰。朝廷大震,遣冠军将军桓不才、辅国将军孙无终、宁朔将军高雅之击之,恩复还於海。於是复遣牢之东屯会稽,吴国内史袁山松筑扈渎垒,缘海备恩。

明年,恩复入浃口,雅之败绩。牢之进击,恩复还于海。转寇扈渎,害袁山松,仍浮海向京口。牢之率众西击,未达,而恩已至,刘裕乃总兵缘海距之。及战,恩众大败,狼狈赴船。寻又集众,欲向京都,朝廷骇惧,陈兵以待之。恩至新州,不敢进而退,北寇广陵,陷之,乃浮海而北。刘裕与刘敬宣并军蹑之於郁洲,累战,恩复大败,由是渐衰弱。复沿海还南。裕亦寻海要截,复大破恩於扈渎,恩遂远进海中。

及桓玄用事,恩复寇临海,临海太守辛景讨破之。恩穷戚,乃赴海自沈,妖党及妓妾谓之水仙,投水从死者百数。余众复推恩妹夫卢循为主。自恩初入海,所虏男女之口,其后战死及自溺并流离被传卖者,至恩死时裁数千人存。而恩攻没谢琰、袁山松,陷广陵,前后数十战,亦杀百姓数万人。

【译文】

孙恩,字灵秀,琅玡人,是孙秀的同族。孙家世代信奉五斗米道。孙恩的叔父孙泰,字敬远,以钱塘人杜子恭为师。杜子恭有秘术,曾经向人借了一把瓜刀,瓜刀的主人跟他索还瓜刀,杜子恭说:"马上就会奉还。"不久,刀主乘船行至嘉兴时,有一条鱼跳进船中,剖开鱼,得到瓜刀。杜子恭施行秘术的神奇效果经常像这样。杜子恭死后,孙泰继承了他的秘术。但是孙泰虚浮狡猾有些小聪明。哄骗诱惑百姓,愚昧的人敬奉他如同神一样,都拿出全部财产,送上自己的子女,以求得福气和幸运。王珣将孙泰的事报告给会稽王司马道子,道子将孙泰流放到广州。广州刺史王怀之让孙泰当郁林太守,南越也属他管。太子少傅王雅先前就同孙泰相好,于是将他的情况报告给晋孝武帝,由于孙泰懂得养生修性的方法,因此把他召回。司马道子让他当徐州主簿,他仍然用道术迷惑士大夫和庶民。其后,孙泰逐渐迁任辅国将军、新安太守。在王恭谋反的战事中,孙泰自己召集义兵,共有数千人,为国家讨伐王恭。黄门郎孔道、鄱阳太守桓放之、骠骑谘议周勰等人都很尊敬地服侍他;会稽王的嫡长子司马元显也数次拜访孙泰,求学他的秘术。孙泰见天下反晋的战乱四起,以为晋朝的国运快完了,就煽动老百姓,私自聚集很多门徒,三吴地区的士庶大多追随他。当时朝廷上的士大夫都害怕孙泰作乱,但因他同司马元显交情甚深，都不敢说。会稽内史谢辄揭发了孙泰的阴谋，司马道子杀掉了他。

孙恩逃到海上。众门徒听说孙泰死了，感到困惑不解，都说他解脱成仙了，所以便从海里取得给养。孙恩纠集亡命之徒有一百多人，立志要报仇。等到司马元显在吴会地区施行残暴的统治，老百姓再也安定不下来了，孙恩便乘民众骚动，从海上攻破上虞，杀死县令，又乘势攻打会稽，杀死内史王凝之，部众达到数万人。继而会稽谢铖、吴郡陆瑰、吴兴丘尫、义兴许允之、临海周胄、永嘉张永以及东阳、新安等共八郡，同时都起事，杀掉地方官吏来响应孙恩，十天之内，孙恩已聚众数十万人。这时吴兴太守谢邈，永嘉太守谢逸，嘉兴公顾胤，南康公谢明慧，黄门郎谢冲、张琨，中书郎孔道，太子洗马孔福，乌程令夏侯愔等人都被杀害。吴国内史桓谦，义兴太守魏儇，临海太守、新蔡王司马崇等人都逃跑了。于是孙恩占据会稽，自称征东将军，称他的党徒为"长生人"，下达命令屠杀异己，有和自己不一致的人，连婴儿也一起杀死，因此而死的人达十之七八。京城管辖地区内的许多县也到处起事，朝廷震惊，内外戒严。朝廷派卫将军谢琰、镇北将军刘牢之讨伐孙恩，两人同时率军辗转战斗前进。吴会地区太平无事的时间很长了，人们不会打仗，又没有兵器，所到之处多被贼寇攻破。贼寇焚烧仓库、房屋，砍伐树木、填塞水井，抢掠财物，一起集聚到会稽。贼众妇女有婴儿拖累不能带着走的，就将婴儿放在袋子或篓子里扔到水里，还告诉他们说："恭喜你先升入仙境，我随后就来和你在一起。"

起初，孙恩听说八郡都响应，对他的部下说："天下不再有事了，我该同各位穿上礼服到建康做官。"后来听说刘牢之到了浙江边，又说："我割据浙江东部也还能做个越王勾践。"等知道刘牢之已渡过浙江，就说："我是不会以逃跑为羞耻的。"于是掳掠男女二十多万人，一起逃往海上。（逃跑时，）害怕官军跟踪追击，就沿途丢弃大量珍宝物品与女子，当时，东南地区富裕，（所弃之物，）无不鲜丽夺目，刘牢之等急于收拾所弃之物，因而孙恩又得以逃到海上。朝廷让谢琰管辖会稽，率领徐州的文官武将守卫海边。

晋安帝隆安四年（400），孙恩又侵犯余姚，攻破上虞，推进到刑浦。谢琰派遣参军刘宣之抗击，孙恩往后退缩。过了几天，又侵犯刑浦，杀死谢琰。朝廷非常震惊，派遣冠军将军桓不才、辅国将军孙无终、宁朔将军高雅之出击，孙恩又退回到海上。于是又派遣刘牢之往东驻守会稽，吴国内史袁山松修筑扈渎垒沿着海岸防备孙恩。

次年（401），孙恩又侵犯扈口，高雅之溃败。刘牢之进攻，孙恩又退回到海上。转而侵犯扈渎，杀死袁山松，又乘船从海路前往京口。刘牢之率领军队向西进击，还未到达，孙恩已到，牢之部将刘裕统领军队沿着海边抵御。到交战时，孙恩部队大败，狼狈不堪地逃上船。不久又聚集徒众，要进犯京城（建康），朝廷惊慌恐惧，布置军队防御。孙恩到达新州，不敢前进而后退，向北侵犯广陵，攻破它，然后从海路北行。刘裕和刘敬宣两军一起追击孙恩到郁洲，连续交战，孙恩又大败，从此逐渐衰弱，又沿着海回到南边。刘裕也顺着海堵击，又在扈渎大败孙恩，孙恩等于是远远地逃散到海上。

到桓玄当政之时，孙恩又骚扰临海，被临海太守辛景击溃。孙恩走投无路，跳海自杀，徒党和妓妾说他成了水仙，跟着投水而死的有数百人。余党又推举孙恩的妹夫卢循为首领。从孙恩开始到海上，所掳掠的男女人口达二十余万，其后有战死的和自己淹死的以及流散被贩卖的，到孙恩死时只剩下数千人。而孙恩攻杀谢琰、袁山松，攻占广陵，前后几十次交战，也杀死百姓数万人。

王猛传

【题解】

王猛(325~375),字景略,北海剧(今山东昌乐西,)人,少时贫贱,好读兵书,东晋桓温北伐入关,曾想带王猛南下,王猛认为东晋是门阀专政,不会重用他这种寒人,就仍留在北方。前秦苻坚久闻王猛名声,即皇帝位后重用王猛,使他一年五次升迁,三十六岁时做了宰相。王猛采取加强中央集权,抑制前秦贵族即氏族贵族势力发展的政治策略,打击豪强,整顿吏治,劝课农桑。在他执政的十五年内,前秦国富兵强,政治比较清明,先后统一了除前凉、代外的全部中原地区。针对苻坚想进攻东晋统一中国的想法,王猛临病死前曾提出过谏劝,但未被苻坚采纳。

【原文】

王猛字景略,北海剧人也,家于魏郡。少贫贱,以鬻畚为业。尝货畚于洛阳,乃有一人贵买其畚,而云无直,自言家去此无远,可随我取直。猛利其贵而从之。行不觉远,忽至深山,见一父老须发皓然,踞胡床而坐。左右十许人,有一人引猛进拜之。父老曰:"王公何缘拜也!"乃十倍偿畚直,遣人送之。猛既出,顾视,乃嵩高山也。

猛瑰姿隽伟,博学好兵书。谨重严毅,气度雄远,细事不干其虑。自不参其神契,略不与交通,是以浮华之士咸轻而笑之。猛悠然自得不以屑怀。少游于邺都,时人罕能识也。惟徐统见而奇之,召为功曹。遁而不应,遂隐于华阴山。怀佐世之志,希龙颜之主,敛翼待时,候风云而后动。桓温入关,猛被褐而诣之,一面谈当世之事,扪虱而言,旁若无人。温察而异之,问曰:"吾奉天子之命,率锐师十万,杖义讨逆,为百姓除残贼,而三秦豪杰未有至者,何也?"猛曰:"公不远数千里,深入寇境,长安咫尺而不渡灞水,百姓未见公心故也。所以不至。"温默然无以酬之。温之将还,赐猛车马,拜高官督护,请与俱南。猛还山谘师,师曰:"卿与桓温岂并世哉!在此自可富贵,何为远乎!"猛乃止。

苻坚将有大志。闻猛名,遣吕婆楼招之,一见便若平生。语及废兴大事,异符同契,若玄德之遇孔明也。及坚僭位,以猛为中书侍郎。时始平多枋头西归之人,豪右纵横,劫盗充斥,乃转猛为始平令。猛下车,明法峻刑,澄察善恶,禁勒强豪。鞭杀一吏,百姓上书讼之。有司劾奏,槛车征下廷尉诏狱。坚亲问之曰:"为政之体,德化为先。苟任未几而杀戮无数,何其酷也!"猛曰:"臣闻宰宁国以礼,治乱邦以法。陛下不以臣不才,任臣以剧邑,谨为明君弹除凶猾。始杀一奸,余尚万数。若以臣不能穷残尽暴,肃清轨法者,敢不甘心鼎镬,以谢孤负。酷政之刑,臣实未敢受之。"坚谓群臣曰:"王景略固是夷吾、子产之俦也。"于是赦之。

迁尚书左丞、咸阳内史、京兆尹。未几,除吏部尚书、太子詹事,又迁尚书左仆射、辅国将军、司隶校尉,加骑都尉,居中宿卫。时猛年三十六。岁中五迁,权倾内外,宗戚旧臣皆害其宠。尚书仇腾、丞相长史席宝数谮毁之。坚大怒,黜腾为甘松护军、宝白衣领长

史。尔后上下咸服，莫有敢言。顷之，迁尚书令、太子太傅。加散骑常侍。猛频表累让，坚竟不许。又转司徒、录尚书事，余如故。猛辞以无功，不拜。

后率诸军讨慕容暐，军禁严明，师无私犯。猛之未至邺也，劫盗公行，及猛之至，远近帖然，燕人安之。军还，以功进封清河郡侯，赐以美妾五人、上女妓十二人、中妓三十八人、马百匹、车十乘。猛上疏固辞不受。

时既留镇冀州，坚遣猛于六州之内听以便宜从事，简召英俊，以补关东守宰，授讫，言台除正。居数月，上疏曰："臣前所以朝闻夕拜：不顾艰虞者，正以方难未夷，军机权速，庶竭命戎行，甘驱驰之役，敷宣皇威，展筋骨之效。故倥偬从事，叨据负乘，可谓恭命于济时，俟太平于今日。今圣德格于皇天，威灵被于八表，弘化已熙，六合清泰。窃敢披贡丹诚，请避贤路。设官分职，各有司存，岂应孤任愚臣，以速倾败！东夏之事，非臣区区所能康理，愿徙授亲贤，济臣颠坠。若以臣有鹰犬微勤，未忍捐弃者，乞待罪一州，效尽力命。徐方始宾，淮汝防重，六州处分，府选便宜，辄以悉停。督任弗可虚旷，深愿时降神规。"坚不许，遣其侍中梁谠诣邺喻旨。猛乃视事如前。

王猛

俄入为丞相、中书监、尚书令、太子太傅、司隶校尉、持节、常侍、将军、侯如故。稍加都督中外诸军事，猛表让久之。坚曰："卿昔螭蟠布衣，朕龙潜弱冠。属世事纷纭，厉士之际，颠覆厥德。朕奇卿于暂见，拟卿为卧龙；卿亦异朕于一言，回《考槃》之雅志，岂不精契神交，千载之会！虽傅岩入梦、姜公悟兆，今古一时，亦不殊也。自卿辅政，几将二纪。内厘百揆，外荡群凶，天下向定，彝伦始叙。朕且欲从容于上，望卿劳心于下。弘济之务，非卿而谁！"遂许。其后数年，复授司徒。猛复上疏曰："臣闻乾象盈虚，惟后则之；位称以才，官非则旷。郑武翼周，仍世载咏；王叔昧宠，政替身亡。斯则成败之殷监，为臣之炯戒。窃惟鼎宰崇重，参路太阶，宜妙尽时贤，对扬休命。魏祖以文和为公，贻笑孙后；千秋一言致相，匈奴吲之。臣何庸猥，而应斯举！不但取嗤邻远，实令为虏轻秦。昔东野穷驭，颜子知其将弊。陛下不复料度臣之才力，私惧败亡是及。且上亏宪典，臣何颜处之！虽陛下私臣，其如天下何！愿回日月之鉴，矜臣后悔，使上无过授之谤，臣蒙覆焘之恩。"坚竟不从。猛乃受命。军国内外万机之务，事无巨细，莫不归之。

猛宰政公平，流放尸素。拔幽滞，显贤才，外修兵革，内崇儒学。劝课农桑，教以廉耻。无罪而不刑，无才而不任。庶绩咸熙，百揆时叙。于是兵强国富，垂及升平，猛之力也。坚尝从容谓猛曰："卿凤夜匪懈，忧勤万机。若文王得太公，吾将优游以卒岁。"猛曰："不图陛下知臣之过，臣何足以拟古人！"坚曰："以吾观之，太公岂能过也。"常敕其太子宏、长乐公丕等曰："汝事王公，如事我也。"其见重如此。

广平麻思流寄关右，因母亡归葬，请还冀州。猛谓思曰："便可速装，是暮已符卿发遣。"及始出关，郡县已被符管摄。其令行禁整、事无留滞，皆此类也。性刚明清肃，于善恶尤分。微时一餐之惠，睚眦之忿，靡不报焉，时论颇以此少之。

其年寝疾，坚亲祈南北郊、宗庙、社稷，分遣侍臣祷河岳诸祀，靡不周备。猛疾未瘳，乃大赦其境内殊死已下。猛疾甚，因上疏谢恩，并言时政，多所弘益。坚览之流涕，悲恸左右。及疾笃，坚亲临省病，问以后事。猛曰："晋虽僻陋吴越，乃正朔相承。亲仁善邻，国之宝也。臣没之后，愿不以晋为图、鲜卑、羌虏，我之仇也。终为人患，宜渐除之，以便社稷。"言终而死，时年五十一。坚哭之恸。比敛，三临，谓太子宏曰："天不欲使吾平一六合邪？何夺吾景略之速也！"赠侍中，丞相余如故。给东园温明秘器，帛三千匹，谷万石。谒者仆射监护丧事，葬礼一依汉大将军霍光故事。谥曰武侯。朝野巷哭三日。

【译文】

王猛，字景略，北海郡剧县人，家在魏郡，幼年贫困微贱，以卖畚箕为生。他曾在洛阳贩货，有一人要出高价买他的畚箕，又说没钱，自称家住不远。可随他一同去取。王猛以为价高有利，便跟了去。一路并不觉远，很快到了深山，看见一位长者，须发皆白，垂脚坐在胡床上，左右十余人，有一人领王猛上前相拜。长者说："王公为什么要拜！"随后给了他十倍于畚箕的钱，并派人送他。王猛走出深山，回头望去，才知是嵩山。

王猛仪态隽伟，博学而喜读兵书，谨慎庄重，严肃刚毅，大度有气魄，不为琐事干扰。如果不是与他十分相知十分投缘，他大多是不与交往的。为此浮华之士都轻视并嘲笑他，他却悠然自得，毫不介意。王猛年少时曾游访邺都，当时很少有人赏识他，只有徐统见到他后认为非同一般，召他为功曹。但他避不应召，随后隐居华阴山。他胸怀救世之志，期望能遇见造就帝业的君主，为此隐逸不仕，静观时变，等待时机成熟而后出山。桓温入关后，王猛身着粗麻短衫去见他，一面谈论时局，一面捉着虱子，旁若无人。桓温从旁察看，觉得惊异，问道："我奉天子命令，率精兵十万，依仗正义讨伐叛逆，为百姓扫除残余虐贼，而三秦豪杰却没有

王猛与桓温

来投奔的，这是为什么？"王猛答："您不顾数千里之遥，深入敌境，长安城已近在咫尺，你们却不渡灞水，百姓没有见到你们的真心，所以不来投附。"桓温沉默无言以对。桓温即将班师，赐给王猛车马，并授高官督护，请他一同返回南方。王猛回到华阴山询问师父意见，师父说："你和桓温怎么能同时相处？你在这里就可以富贵，为什么要远行？"王猛于是未走。

符坚有心成就霸业，听说王猛名声，派吕婆楼去招他。两人一见如故，谈及天下兴亡大势，各自主张竟不谋而合，尤如刘玄德遇到孔明一般。符坚僭据皇位后，任王猛为中书

侍郎。当时始平一带有许多从枋头西归的人，豪门大户横行无忌，匪盗充斥，于是调王猛任始平县令。他一到任，便申明法令：严峻刑罚，明辨善恶，辖制豪强。他曾鞭杀一官吏，百姓上书告他，法司弹劾，囚车把他押到廷尉所设诏狱，符坚亲自审他，说："为政的根本是以道德教化为先，你上任不久就杀了那么多人，何等残酷！"王猛回答："臣听说，宰相治理安宁的国家用礼，治理混乱的国家用法。陛下不嫌弃我才浅，派我管理乱难县邑，我恪尽职守，为贤明君主翦除凶残诡诈之徒。现在我刚刚杀除一个奸人，余下的尚数以万计，如果认为我未能除尽残暴恶人，肃清违法之徒，我岂敢不甘心被处死，以谢辜负陛下重托之罪；但若说我为政残酷，我实在不敢接受。"符坚对群臣说："王景略真是同管夷吾和子产一样的人。"于是赦免了他。

王猛升尚书左丞、咸阳内史、京兆尹。不久授为吏部尚书，太子詹事，又升尚书左仆射、辅国将军、司隶校尉，加骑都尉，在朝中宿卫。当时王猛三十六岁，一年之内五次升迁，权倾内外。宗室、国戚、旧臣都嫉妒他的宠遇，尚书仇腾、丞相长史席宝屡次进谗言诋毁他。符坚大怒，贬仇腾为甘松护军，贬席宝为白衣领长史。此后上下都畏服，没有人再敢议论。不久迁尚书令、太子太傅、加散骑常侍，王猛多次上表推让，符坚终于不准。又授司徒、录尚书事，其他官职依旧。王猛以无功为由推辞，没有接受。

其后王猛率各路人马征讨慕容暐，军队纪律严明，没有人骚扰民间百姓。王猛未到邺时，盗贼公行，王猛一到，远近慑服，燕人得以安居乐业。班师回朝后，他以军功进封清河郡侯，赐美妾五人、上等女妓十二人、中等女妓三十八人、马百匹、车十辆，但他上疏坚决辞谢不受纳。

其时王猛已留下镇守冀州，符坚派他在六州依照形势自行处理各项事宜，不必请示。还令他简选人才，充任关东各级地方官，授职完毕，再上报朝廷正式任命。过了几个月，王猛上疏称："此前我之所以得到授命立即赴任，不避艰疑，是因当时祸难未平，而兵贵神速，期望竭尽全力率军旅赴命，甘愿驱驰奔走以弘扬皇威，一展筋骨，效体力之劳。所以我努力从事，辱承重托，可以说是奉命于解难之时，等待太平于今日。如今圣德达于皇天，威灵遍及八方，大化方兴，天下升平，我斗胆披献赤诚，恳请避贤让路。应设官分职，各有所司，各负其责，岂能只任用愚臣一人，以至于迅速倾败？东方地区事务，不是我区区一人能够妥善处理的，希望把我的职位转授给亲贵贤能，以救我出颠倾之境。倘若因为我还可效犬马之劳，舍不得把我抛弃，就请允许我待罪在一州任官，效尽全力。徐方刚刚归顺，淮、汝为设防要地，因此请将统领六州和自行任命地方官员的权限一并收回。督守一职不可虚旷无人，深深企盼早下圣命。"符坚不批准，派遣他的侍中梁说到邺传喻圣旨，王猛于是依旧履行职守。

不久王猛入朝为丞相、中书监、尚书令、太子太傅、司隶校尉、持节、常侍、将军等职侯爵依旧。又加都督中外诸军事，他上表辞让了许久。符坚说："卿昔日为布衣精英，朕二十岁未即帝位。时逢乱世，厉王在位，殄丧道德。朕初次见你便觉惊叹，把你比做卧龙，你也只缘我一席话，便放弃了隐居的雅志，这岂不是深相契合的神交、千载难逢的相会吗？虽傅岩入梦殷高宗，姜太公兆启周文王，今古相比，也无不相同。自从卿辅政，至今已近二十年，对内日理万机，对外扫荡群凶，天下大致安定，伦常初见有序，朕正想在上从容而治，还望卿在下费心操劳。救助危难，除了卿还有谁呢！"于是没有应允。以后数年中，又授王猛司徒。王猛又上疏说："臣听说天象的盈亏，靠帝王决断，授职要看才能，任官非人就会荒废时政。郑武公辅翼周朝，世代称颂；周王叔贪图恩宠，政废身亡。这是成败的历史经验，是臣所严明戒备的。臣私下以为宰相地位尊崇，位列三公，应妙用当代贤才，弘扬天子善令。魏文帝用贾诩为三公，贻笑孙权；车千秋因一言当丞相，被匈奴耻笑。臣何等平庸无能，怎么可以当此人选。这样不但会贻笑远近，实在还会让敌虏小视秦国。往昔东野子驾马，穷尽马力，颜渊知道他就要失败。陛下不衡量一下臣的才力，臣恐怕败亡就要到了。这样对上有亏宪章成法，臣还有什么脸面自处！虽然陛下偏爱臣，但如何向天下人交代呢？希望陛下恢复日月般明亮的光鉴，怜惜臣使臣不至后悔，也使陛下免遭授官太过的非议，这样臣便是蒙受无限的恩宠了。"苻坚终于没有听从，于是王猛接受任命，军国内外一切事务，无论大小，都由他掌管。

王猛任宰相持政公平，罢黜尸位素餐者，拔擢隐士及滞于仕途者，使贤能显赫。对外整饬军备，对内崇仰儒学；鼓励百姓务农植桑，教化百姓懂得廉耻；犯罪者都受到惩罚，有才能者都得到任用，众务兴旺，百官有叙，于是兵强国富，接近升平之世，这都是王猛主持政务的结果。苻坚曾缓缓对王猛说："卿日夜不懈，思虑操持一切政务。有如周文王得姜太公之助，我可以优游度日，颐养天年了。"王猛回答："但求陛下不要苛责臣的过失，臣怎么能和古人相比呢！"苻坚说："依我看姜太公怎能超过卿呢？"苻坚常敕告太子苻宏、长乐公苻丕等人说："你们待王公，要像待我一样。"王猛受推崇到如此程度。

广平人麻思流亡寄居在关中，因母亲过世要回故乡安葬，请求返回冀州。王猛对麻思说："现在就请快快整装上路，今晚已经为你发放派遣的符文了。"及至麻思刚刚出关，郡县已按符文办事。他处理事情令行禁止，毫无延误，都像这样。王猛性情刚直明哲、清廉庄重，尤其明辨善恶。微贱时受人一餐的恩惠，遭人怒视的怨怼，他都要报偿，当时舆论因此对他颇有微词。

这一年王猛卧病，苻坚亲自到南北郊、宗庙、社稷坛为他祈祷，并分别派遣侍臣向河岳诸神祈福，无不周到详备。王猛病情仍不见好转，于是苻坚大赦境内判决斩首以下的囚犯。王猛病重，为此上疏谢恩，并谈论时政，其中不少见解非常有益，苻坚看到不禁落泪，其他人也很悲痛。到王猛病情已无可救治时，苻坚亲自前去探望，询问后事。王猛说："晋国虽然偏处吴越一隅，但却是承袭了正统。亲近仁人、善待友邻是立国之宝。我死之后，希望不要对晋国有所企图。鲜卑和羌虏是我们的仇敌，终究要成为祸患，应该逐渐剪除，以利于国家。"话说完就去世了，当时年龄五十一岁。苻坚痛哭。到入殓时，苻坚三次哭吊，对太子苻宏说："难道是上天不想让我统一天下吗？为什么这样快就夺去我的景略！"赠王猛侍中。丞相和其他职位依旧。赐给东园所造葬器、帛三千匹、谷万石。由谒者仆射督理丧事。葬礼完全依照汉朝大将军霍光丧仪的旧例举行。赠谥号武侯。朝野上下在街巷聚哭三日。

【二十五史】

宋书

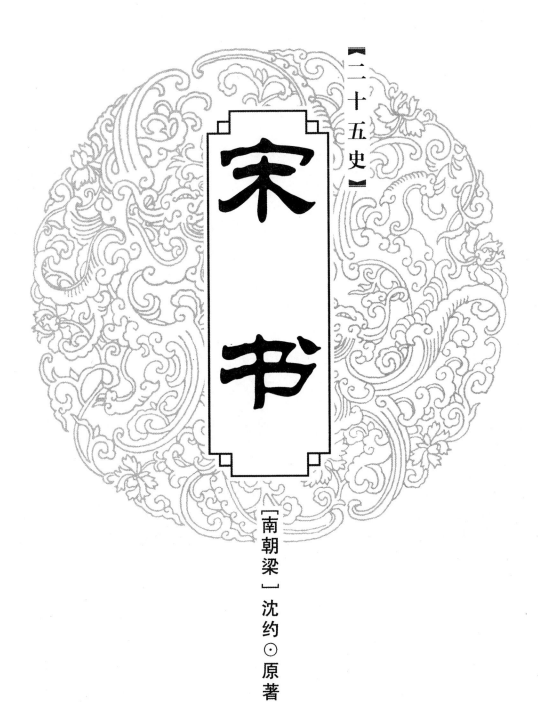

〔南朝梁〕沈约·原著

导　读

　　《宋书》是一部纪传体断代史著，为南朝梁沈约所撰，全书共一百卷，包括本纪十卷，志三十卷，列传六十卷。晋安帝元兴二年（403年），荆州刺史桓玄代晋称帝。明年，刘裕推翻桓玄，过了十五年，建立了宋。至宋顺帝升明三年（479年），被南朝萧齐所灭。本书主要记载了刘宋政权六十年的历史。

　　《宋书》的志分为律、历、礼、乐、天文、符瑞、五行、州郡、百官等九目，记述刘宋一代的典章制度，同时也追述了东西晋和三国。《乐志》详细记载了古代各种乐器，保留了许多古代乐歌歌词，是《二十四史》同类志中较好的。《符瑞志》是新创的，它以满篇的白虎、丹书、甘露、嘉禾之类的怪异，与人事相附会，借以神化君权。尽管也有一些有关自然现象和自然灾害的资料，但总的说，它的史料价值远在其他各志之下。

　　《宋书》的类传大多沿袭前史，但《恩幸传》与前史不同。《史记》《汉书》中的《佞幸传》所记述的是以婉媚而贵幸的人物，《宋书》的《恩幸传》却主要记载由寒门爬上统治阶级上层的人物。东晋以后，门阀世族盘根错节，垄断了政治和经济大权，他们与皇室之间，在利益的分配上有时出现一些矛盾。刘宋时代，一度起用非高门贵族出身的文人来抵制门阀世族。沈约把这些人放在《恩幸传》，视为以恩宠幸进的人，在赞许他们的才能时，也间有贬抑。这说明沈约是门阀世族利益的维护者。

　　《宋书》列传叙事往往采用带叙的方法，这是它的一个特点。所谓带叙，就是把某些没有专传的人的简历和事迹，在他人的传记中夹带写出。如《刘道规传》讲到命刘遵为将时，插入有关刘遵历官、身世的一段记述，然后又重叙刘道规。这种叙事方法可以在不增加传目的情况下，保留更多的历史人物的事迹。但《宋书》有时带叙所占的篇幅超过了本传，这就喧宾夺主了，文章也显得不够连贯。

　　在长期的流传过程中，《宋书》残缺较多，后人杂取《高氏小史》和《南史》等书续有增补，仍保存原来的卷数。

明恭王皇后传

【题解】

王贞风(435~479年),宋明帝刘彧的皇后。父亲王僧朗为尚书左仆射、侍中、特进。传中反映出她为人刚正,但却连其皇子(后废帝)都想毒死她。刘宋皇室的荒淫残暴由此可略见一斑。

【原文】

明恭王皇后讳贞风,琅玡临沂人也。元嘉二十五年,拜淮阳王妃。又为湘东王妃。生晋陵长公主伯姒,建安长公主伯媛。太宗即位。立为皇后。

上尝宫内大集,而裸妇人观之,以为欢笑。后为扇障面,独无所言。帝怒曰:"外舍家寒乞,今共为笑乐,何独不视?"后曰:"为乐之事,其方自多。岂有姑姊妹集聚,而裸妇人形体,以此为乐?外舍之为欢适,实与此不同。"帝大怒,遣后令起。后兄扬州刺史景文以此事语从舅陈郡谢纬曰:"后在家为佇弱妇人,不知遂能刚正如此。"

废帝即位,尊为皇太后,宫曰弘训。废帝失德,太后每加勖譬,始者犹见顺从,后狂慝转甚,渐不悦。元徽五年五月五日,太后赐帝玉柄毛扇,帝嫌其毛柄不华,因此欲加酖害,已令太医煮药,左右人止之曰:"若行此事,官便应作孝子,岂复能得出入狡狯。"帝曰:"汝语大有理。"乃止。

顺帝即位,齐王秉权,宗室刘晃、刘绰、卜伯兴等有异志,太后颇与相关。顺帝禅位,太后与帝逊于东邸,因迁居丹阳宫,拜汝阳王太妃。顺帝殂于丹阳,更立第京邑。建元元年,薨于弟,时年四十四。追加号谥,葬以宋后礼。父僧朗,事别见景文传。

【译文】

明恭王皇后名叫贞风,是琅玡郡临沂人。元嘉二十五年,拜为淮阳王妃。太宗改封,又作为湘东王妃。她生了晋陵长公主伯姒、建安长公主伯媛。太宗即位后,被立为皇后。

明帝曾经在宫中举行大集会,而让妇女们裸体,大家观看取乐。王皇后用扇子挡住脸,独自一言不发。明帝发怒说:"你的亲戚们家中也举行乞寒活动,现在我和你们一同搞乞寒的活动取乐,怎么只有你不看呢?"皇后说:"取乐的事,有很多种方法。那里有姑表姐妹们聚集在一起,却让妇女裸露身体,以此为乐的?我们亲戚家中开心取乐的做法,与这些实在不同。"明帝大怒,命令皇后起身离开。皇后的哥哥扬州刺史王景文把这件事告诉堂舅陈郡人谢纬,说:"皇后在家是那样一个软弱的女子,想不到今天竟能如此刚强正直。"

废帝即位后,尊王皇后为皇太后,寝宫名叫弘训宫。废帝缺乏德行,太后经常加以劝谕。开始时废帝还表现出顺从来,以后就越来越变得狂妄阴险,逐渐不高兴了。元徽五年五月五日,太后赐给废帝有玉柄的羽毛扇。废帝嫌扇子的玉柄粗糙不华丽,因此想要毒害太后，已经命令太医去煮毒药了。废帝身边的近侍们劝阻他说："如果做了这种事，您就应该当孝子了，还怎么能出入宫中到处玩闹嬉戏呢？"废帝说："你们的话很有道理。"这才停止下毒。

顺帝即位后，齐王执掌政权，宗室刘晃、刘绰、卜伯兴等人有造反的意向，太后和这件事颇有关联。顺帝禅让出帝位后，太后和顺帝退居东邸，接着迁居丹阳宫，被拜为汝阳王太妃。顺帝在丹阳去世后，又在京城给王皇后再设了府第。建元元年，她在府第中去世，当时四十四岁。追加了谥号。用宋皇后的礼仪下葬。她的父亲王僧朗，事迹另见于《景文传》。

后废帝江皇后传

【题解】

江简珪，生卒年不详，宋北中郎长史江智渊的孙女，宋后废帝刘昱的皇后。传记中对她的情况介绍不多，但揭露宋皇室为了娶太子妃，暗示官员们送物送钱，送少了还要被处死的情况，对于了解刘宋王朝颇有价值。

【原文】

后废帝江皇后讳珪简，济阳考城人，北中郎长史智渊孙女。泰始五年，太宗访求太子妃，而雅信小数，名家女多不合。后弱小，门无强荫，以卜筮最吉，故为太子纳之，讽朝士州郡令献物一多者将直百金。始兴太守孙奉伯止献琴书，其外无余物。上大怒，封药赐死，既而原之。太子即帝位，立为皇后。帝既废，降为苍梧王妃。智渊自有传。

【译文】

后废帝的江皇后名叫简珪，是济阳郡考城人，北中郎长史江智渊的孙女，泰始五年，太宗寻求太子妃，太宗很相信术数占卜，名家大族的女子占卜多不合适。江皇后年幼体弱，家里又没有有力的依靠，由于卜筮的结果最好，所以太宗替太子娶了她作妃子。太宗暗示朝廷官员和州郡长官献财物给太子妃，多的送价值百金的礼品。始兴太守孙奉伯只献了琴和书籍，此外没有，皇帝大怒就装了毒药给他，赐他一死，过后不久又宽恕了他。太子即皇帝位，立江氏为皇后。皇帝被废黜后，江氏降为苍梧王妃。江智渊自有传记。

明帝陈昭华传

【题解】

陈法容，生卒年不详，宋明帝的昭华。传中揭露宋明帝因不能生子，就把各弟弟的怀孕姬妾收入宫中，待生下儿子后杀死她们。刘宋王朝帝王残暴凶恶的本性在此充分暴露出来。后妃传中多处都显示了当时妇女的悲惨命运。

【原文】

明帝陈昭华讳法容，丹阳建康人也。太宗晚年，痿疾不能内御，诸弟姬人有怀孕者，辄取以入宫，及生男，皆杀其母，而以与六宫所爱者养之。顺帝，桂阳王休范子也，以昭华为母焉。明帝崩，昭华拜安成王太妃。顺帝即位，进为皇太妃。顺帝禅位，去皇太妃之号。

【译文】

明帝的陈昭华名叫法容。丹阳郡建康人。太宗晚年，得了阳痿的病，不能与嫔妃同房，他各个弟弟的姬妾中有人怀孕了，他就把她们收入宫中，到她们生了男孩后，就把孩子的母亲全杀死，而把孩子交给后宫中自己宠爱的妃子抚养。顺帝就是桂阳王刘休范的儿子，以陈昭华为母亲。明帝去世后，陈昭华被拜为安成王太妃。顺帝即位，进封陈昭华为皇太妃。顺帝将皇帝位禅让后，陈昭华被取消了皇太妃的称号。

檀道济传

【题解】

檀道济（？~436），高平金乡（今山东金乡北）人。世居京口，父母早亡，有智勇，被刘裕任为参军。东晋义熙十二年（416），参加刘裕北伐后秦，为前锋，攻下多座城市，在灭后秦中起了重要作用。宋王朝建立后，以佐命之功，被封永修县公，任丹阳尹、护军将军。后出为镇北将军、南兖州刺史。景平元年（423），北魏攻青州，檀道济率军救援，使北魏军退走。文帝即位，因平谢晦之功，进号征南大将军，任江州刺史。元嘉八年（431），北魏攻滑台，檀道济再次出击，多次打败敌军。文帝晚年多病，对檀道济有所顾忌，遂借口把他和他一家杀死。檀道济死前说："乃坏汝万里长城。"檀道济为宋王朝的建立做出了重要贡献。

【原文】

檀道济，高平金乡人，左将军韶少弟也。少孤，居丧备礼。奉姊事兄，以和谨致称。

高祖创义，道济从入京城，参高祖建武军事，转征西。讨平鲁山，禽桓振，除辅国参军、南阳太守。以建义勋，封吴兴县五等侯。卢循寇逆，群盗互起，郭寄生等聚作唐，以道济为扬武将军、天门太守讨平之。又从刘道规讨桓谦、荀林等，率厉文武，身先士卒，所向摧破。及徐道覆来逼，道规亲出拒战，道济战功居多。迁安远护军、武陵内史。复为太尉参军，拜中书侍郎，转宁朔将军，参太尉军事。以前后功封作唐县男，食邑四百户。补太尉主簿、谘议参军。豫章公世子为征虏将军镇京口，道济为司马、临淮太守。又为世子西

中郎司马、梁国内史。复为世子征虏将军司马,加冠军将军。

义熙十二年。高祖北伐,以道济为前锋出淮、肥,所至诸城戍望风降服。进克许昌,获伪宁朔将军、颍川太守姚坦,及大将杨业。至成皋,伪兖州刺史韦华降。迳进洛阳,伪平南将军陈留公姚峣归顺。凡拔城破垒,俘四千余人,议者谓应悉戮以为京观。道济曰:"伐罪吊民,正在今日。"皆释而遣之。于是戎夷感悦,相率归之者甚众。进据潼关,与诸军共破姚绍。长安既平,以为征虏将军、琅玡内史。世子当镇江陵,复以道济为西中郎司马、持节、南蛮校尉。又加征虏将军。迁宋国侍中,领世子中庶子,兖州大中正。

檀道济

高祖受命,转护军,加散骑常侍,领石头戍事。听直入殿省。以佐命功。改封永修县公,食邑二千户。徒为丹阳尹,护军如故。高祖不豫,给班剑二十人。

出监南徐兖之江北淮南诸郡军事、镇北将军、南兖州刺史。景平元年。虏围青州刺史竺夔于东阳城,夔告急。加道济使持节、监征讨诸军事,与王仲德救东阳。未及至,虏烧营,焚攻具遁走。将追之,城内无食,乃开窖取久谷,窖深数丈,出谷作米,已经再宿,虏去已远,不复可追。乃止。还镇广陵。

徐羡之将废庐陵王义真,以告道济,道济意不同,屡陈不可,不见纳。羡之等谋欲废立,讽道济入朝,既至,以谋告之。将废之夜,道济入领军府就谢晦宿。晦其夕辣动不得眠,道济就寝便熟,晦以此服之。太祖未至,道济入守朝堂。上即位,进号征北将军,加散骑常侍,给鼓吹一部。进封武陵郡公,食邑四千户,固辞进封。又增督青州、徐州之淮阳下邳琅玡东莞五郡诸军事。

及讨谢晦,道济率军继到彦之。彦之战败,退保隐圻,会道济至。晦本谓道济与羡之等同诛,忽闻来上,人情凶惧,遂不战自溃。事平,迁都督江州荆州之江夏、豫州之西阳、新蔡、晋熙四郡诸军事、征南大将军、开府仪同三司、江州刺史,持节、常侍如故。增封千户。

元嘉八年,到彦之伐索虏,已平河南,寻复失之,金墉、虎牢并没,虏逼滑台。加道济都督征讨诸军事。率众北讨。军至东平寿张县,值虏安平公乙旃眷。道济率宁朔将军王仲德、骁骑将军段宏奋击,大破之。转战至高梁亭,虏宁南将军、济州刺史寿昌公悉颊库结前后邀战,道济分遣段宏及台队主沈虏之等奇兵击之,即斩悉颊库结。道济进至济上,连战二十余日,前后数十交,虏众盛,遂陷滑台。道济于历城全军而反。进位司空、持节、常侍、都督、刺史并如故。还镇寻阳。

道济立功前朝,威名甚重。左右腹心,并经百战,诸子又有才气,朝廷疑畏之。太祖寝疾累年,屡经危殆,彭城王义康虑宫车晏驾,道济不可复制。十二年,上疾笃,会索虏为边寇,召道济入朝。既至,上间。十三年春,将遣道济还镇,已下船矣,会上疾动,召入祖道,收付廷尉。诏曰:"檀道济阶缘时幸,荷恩在昔,宠灵优渥,莫与为比。曾不感佩殊遇,思答万分,乃空怀疑贰,履霜日久。元嘉以来,猜阻滋结,不义不昵之心,附下罔上之事,固已暴之民听，彰于遐迩。谢灵运志凶辞丑，不臣显著，纳受邪说，每相容隐。又潜散金货，招诱剽猾，逋逃必至，实繁弥广，日夜伺隙，希冀非望。镇军将军仲德往年入朝，屡陈此迹。朕以其位居台铉，豫班河岳，弥缝容养，庶或能革。而长恶不悛，凶慝遂遘，因朕寝疾，规肆祸心。前南蛮行参军庞延祖具悉奸状，密以启闻。夫君亲无将，刑兹罔赦。况罪衅深重，若斯之甚。便可收付廷尉，肃正刑书。事止元恶，余无所问。"于是收道济及其子给事黄门侍郎植、司徒从事中郎粲、太子舍人隰、征北主薄承伯、秘书郎遵等八人，并于廷尉伏诛。又收司空参军薛彤，付建康伏法。又遣尚书库部郎顾仲文、建武将军茅亨至寻阳，收道济子夷、邕、演及司空参军高进之诛之。薛彤、进之并道济腹心，有勇力，时以比张飞、关羽。初，道济见收，脱帻投地曰："乃复坏汝万里之长城！"邕子孺乃被宥，世祖世，为奉朝请。

【译文】

檀道济，高平金乡人，左将军檀韶的小弟。从小父母双亡，在居丧期间十分重礼。事奉兄姊以和蔼谨慎闻名。

宋武帝刘裕开始创业时，檀道济随从他进入京城建康，成为刘裕的建武将军参军事、转官征西将军参军事。后讨平鲁山，擒获桓振，授官为辅国参军、南阳太守。因为有帮助刘裕扩大势力的功勋，封为吴兴县五等候。卢循继续造反，群盗纷纷起事，郭寄生等聚集在做唐，任命道济为扬武将军、天门太守讨伐平定了他。又随从刘道规讨伐桓谦、苟林等，率领督厉文武官员，身先士卒，所到处敌人多被打败。后徐道覆来攻，刘道规亲自出来抗拒作战，檀道济的战功居多。升迁为安远护军、武陵内史。又任太尉参军，拜为中书侍郎，转官宁朔将军，参太尉军事。因前后的功劳封爵为作唐县男，食邑四百户。补官太尉主簿、咨议参军。豫、章公刘裕长子刘义符为征虏将军镇守京口，檀道济为他们司马、临淮太守，又任他的西中郎司马、梁国内史，后又任他的征虏将军司马，加号冠军将军。

东晋安帝义熙卜二年，刘裕北伐，以檀道济为前锋从淮河、肥水出发，所到各城成都纷纷投降。进而攻克许昌，俘获后秦宁朔将军、颍川主守姚坦，以及大将杨业。到成皋，南燕兖州刺史韦华投降。直进洛阳，南燕平南将军陈留公姚洸归顺。拔城破垒，共俘获四千余人，有人建议应该都处死后把尸体堆在一起成为京观。檀道济说："讨伐罪人，哀愍百姓，正在今日。"全部释放遣散回家。于是各少数民族十分感激和欢悦。相聚前来投奔的人很多。进而占据潼关，与其他军队一起攻破姚绍。长安平定后，檀道济被任为征虏将军、琅琊内史。刘义符将去镇守江陵，又任檀道济为他的西中郎司马、持节、南蛮校尉。又加号征虏将军。升迁为宋国侍中，兼任世子中庶子，兖州大中正。

刘裕受天命称皇帝，檀道济转官护军，加散骑常侍，兼领石头戍事。准许他直入殿省。因辅佐创业的功劳，改封永修县公，食邑二千户，徙官为丹阳尹，护军不变。刘裕患病时，给他称为班剑的仪仗队二十人。

出任为监南徐、兖之江北、淮南诸郡军事、镇北将军、南兖州刺史。宋文帝景平元年，北魏鲜卑军队在东阳城包围了青州刺史竺夔，竺夔告急。朝廷下诏加官檀道济为使持节、监征讨诸军事，与王仲德一起去救东阳。未到东阳时，鲜卑军队已烧掉营房、攻具逃走。檀道济正要出追，因城内无粮食，于是开粮窖取陈年的谷，窖深数丈，出谷作米，已经过了一夜，鲜卑兵逃去已远，不再可追，于是只得作罢。回军后仍镇守广陵。

徐羡之将废庐陵王刘义真为平民，以此先告知檀道济，檀道济不同意，多次陈说不可，但不见采纳。徐羡之等人打算废少帝刘义符，立刘义隆，托辞让檀道济入朝，到建康后，把这计谋告诉他。将实行废立的前夜，檀道济到领军府谢晦处住宿。这一夜谢晦辗转不能入睡，而檀道济则上床便睡着，谢晦十分佩服他。废刘义符后，太祖刘义隆还未到，檀道济入内守朝堂。宋文帝即位，进号征北将军、加散骑常侍，给鼓吹乐队一部。晋封为武陵郡公，食邑四千户，檀道济坚决辞去。又增加督青州、徐州的淮阳下邳琅玡东莞五郡诸军事。

在讨伐谢晦时，檀道济率领军队继到彦之部队之后，到彦之战败，退保隐圻，刚好道济来到。谢晦本来以为檀道济与徐羡之一起被杀，忽然听到他上来，人心更加动荡害怕，于是不战自溃。谢晦事平定后。升为都督江州、荆州的江夏、豫州的西阳、新蔡、晋熙四郡诸军事、征南大将军、开府仪同之司、江州刺史，持节、常侍不变。增封食邑千户。

宋文帝元嘉八年，到彦之北伐鲜卑，已平定黄河以南，不久重新失去，洛阳金墉、虎牢都被敌人占领，北魏军逼近滑台。朝廷加檀道济都督征讨诸军事，率军北讨。军队到达东平寿张县，遇到鲜卑的将领安平公乙旃眷。檀道济统率宁朔将军王仲德、骁骑将军段宏奋起进击，大败北魏军。转战到高梁亭，鲜卑宁南将军、济州刺史寿昌公悉颊痒结前后迎战，檀道济分别派遣段宏及台队主沈虔之等设奇兵出击，当即斩杀悉颊库结。檀道济进军到济水上，连战二十余日，前后数十次交战，鲜卑军队人数众多，结果滑台被北魏占领。檀道济在历城保全了军队而返回。加官为司空，持节、常侍、都督、刺史都不变。回来后镇守寻阳。

檀道济立功在前面刘裕一朝，威信名望特别高，左右及心腹，都身经百战，几个儿子有才气，因而朝廷怀疑，对他不放心。宋文帝生病多年，屡次病危，彭城王刘义康怕皇帝驾崩后，檀道济不可控制。元嘉十二年，宋文帝病更重，刚好鲜卑在边境上进犯，就召檀道济入朝。檀道济到来时，宋文帝病已好转。元嘉十三年春，将要派檀道济回镇，已经下船了。突然宋文帝又发病，再召檀道济回到饯行的道路上，于是把他逮捕交给掌刑狱的廷尉。诏书说："檀道济遇到了时机和幸运，在过去受到了皇恩，他得到的宠幸和厚爱，没有人能与他相比。但他不对这特殊的恩遇有所感动，想报答其万分之一，反而凭空怀疑和存在反心，而且在危险的道路上越滑越远。元嘉以来，猜疑多结，不义不亲的心，附下欺上的事，已经为大家所知道，暴露无遗。谢灵运居心险凶语言丑恶，叛逆已很明显，但他却赞同他的邪说，每每为他隐瞒。还要偷偷散发财宝货币，招诱狡猾之徒。逃亡的人前来投奔的越来越多，日夜窥测方向，想要达到这非望的目的。镇军将军王仲德去年入朝，多次陈说此事。朕因为他位居台鼎高位，预先班赐他封土，希望弥补互相的缝隙，使他或许能革面洗心。可是他怙恶不悛，凶邪奸谋，终于发动，因为朕生病，就规划实现其阴谋。前南蛮行参军庞延祖了解了他的全部阴谋，向我密报。对天子和父母的叛变，刑罚不能赦免。何况罪孽之深，像他这样的严重。便可逮捕交付廷尉，按刑处斩。此事只限于首恶，其余都无所追究。"于是逮捕檀道济和他的儿子给事黄门侍郎檀植、司徒从事中郎檀粲、太子舍人檀隰、征北主簿檀承伯、秘书郎檀遵等八人，都在廷尉处斩首。又收捕司空参军薛彤到建康处死。又派遣尚书库部郎顾仲文、建武将军茅亨到寻阳，收捕檀道济的儿子檀夷、檀邕、檀演及司空参军高进之斩首。薛彤、高进之都是檀道济心腹，勇敢而有武力，当时人把他们比作张飞、关羽。起初，檀道济见人来逮捕，脱下头巾掷到地

王镇恶传

【题解】

王镇恶(373~418),东晋北海剧(今山东寿光东南)人。善骑射,处事果断。晋末被刘裕任为前部参军,成为刘裕的心腹将领。义熙八年(412),在击灭荆州刺史刘毅的战斗中,他率水军沿江而上,假称刘藩赴任,直抵江陵,使刘毅败死。义熙十二年,刘裕伐后秦,王镇恶入渭河溯水西上,攻克长安,灭亡后秦。这两大战役的胜利为刘裕称帝建立宋王朝打下了基础。刘裕灭后秦后南归,留王镇恶辅佐刘义真守关中,后被中兵参军沈田子杀害。

【原文】

王镇恶,北海剧人也。祖猛,字景略,苻坚僭号关中,猛为将相,有文武才,北土重之。父休,伪河东太守。

镇恶以五月五日生。家人以俗忌,俗令出继疏宗。猛见奇之,曰:"此非常儿,昔孟尝君恶月生而相齐,是儿亦将兴吾门矣。"故名之为镇恶。年十三而苻氏败亡,关中扰乱,流寓崤、渑之间。尝奇食渑池人李方家,方善遇之。谓方曰:"若遭遇英雄主,要取万户侯,当厚相报。"方答曰:"君丞相孙,人才如此,何患不富贵。至时愿见用为本县令足矣。"后随叔父曜归晋,客居荆州。颇读诸子兵书,论军国大事,骑乘非所卡,关弓甚弱,而意略纵横,果决能断。

广因之役,或荐镇恶于高祖,时镇恶为天门临澧令,即遣召之。既至与语,甚异焉。因留宿。明旦谓诸佐曰:"镇恶,王猛之孙,所谓将门有将也。"即以为青州治中从事史,行参中军太尉军事,署前部贼曹。拒卢循于查浦,屡战有功,封博陆县五等正。

高祖谋讨刘毅,镇恶曰:"公若有事西楚,请赐给百舸为前驱。"义熙八年,刘毅有疾,求遣从弟兖州刺史藩为副贰,高祖伪许之。九月,大军西讨,转镇恶参军事,加振武将军。高祖至姑孰,遣镇恶率龙骧将军蒯恩百舸前发,其月二十九日也。戒之曰:"若贼知吾上,此军至,亦当少日耳。政当岸上作军,未办便下船也。卿至彼,深加筹量,可击,便烧其船舰,且浮舸水侧,以待吾至。尉劳百姓,宣扬诏旨并敕文及吾与卫军府文武书。罪止一人,其作一无所问。若贼都不知消息,未有备防,可袭便袭。今去,但云刘兖州上。"镇恶受命,便书夜兼行,于鹊洲、寻阳、河口、巴陵守风凡四日,十月二十二日,至豫章口,去江陵城二十里。

自镇恶进路,扬声刘兖州上,毅谓为倍然,不知见袭。镇恶自豫章口舍船步上,蒯恩军在前,镇恶次之。舸留一二人,对舸岩上竖六七旗,下辄安一鼓。语所留人:"计我将至城,便长严,今如后有大军状。"又分队在后,令烧江津船舰。镇恶迳前袭城,语前军:"若有问者,但云刘兖州至。"津戍及百姓皆言刘藩实上,晏然不疑。

未至城五六里，逢毅要将朱显之，与十许骑，步从者数十，欲出江津。问是何人，答云"刘兖州至。"显之驰前问藩在所，答云："在后。"显之既见军不见藩，而见军人担彭排战具，望见江津船舰已被烧，烟焰张天，而鼓严之声甚盛，知非藩上，便跃马驰去告毅："外有大军，似从下上，垂已至城，江津船悉被火烧矣。"行令闭诸城门。镇恶亦驰进，军人缘城得入，门犹未及下关，因得开大城东门。大城内，毅凡有八队，带甲千作，已得戒严，蒯恩入东门，便北回南射堂，前攻金城东门。镇恶入东门，便直击金城西门。军分攻金城南门。毅金城内东从旧将，犹有六队千余人，西将及能细直吏快手，复有两千余人。食时就斗，至中晡，西人退散及归降略尽。镇恶入城，便因风放火，烧大城南门及东门。又遣人以诏及赦文并高祖手书凡三函示毅，毅皆烧不视。金城内亦未信高祖自来。有王桓者，家在江陵，昔手斩桓谦，为高祖所赏拔，常在左右。求还四迎家，至是率十余人助阵恶战。下晡间，于金城东门北三十步凿城作一穴，桓便先众入穴，镇恶自后继之，随者稍多，因短兵接战。镇恶军人与毅东来将士，或有是父兄子弟中表亲亲者，镇恶令且斗且共语，众并知高祖自来，人情离懈。一更许，听事前阵散溃，斩毅勇将赵蔡。毅左右兵犹闭东西阁拒战。镇恶虑暗夜自相伤犯，乃引军出，绕金城，开其南面，以为退路。毅虑南有伏兵，三更中，率左右三百许人开北门突出。初，毅常所乘马在城外不得主，仓卒无马，毅便就子肃民取马，肃民不与。朱显之谓曰："人取汝父，而惜马不与，汝今自走，欲河之？"夺马以授毅。初出，政值镇恶军，冲之不得去；回冲蒯恩军，军人斗斗争已一日，疲倦，毅得从大城东门出奔牛牧佛寺，自缢死。镇恶身被五箭，射镇恶手所执矛，于手中破折。江陵平后二十日，大军方至。

署中兵，出为安远护军、武陵内史。以讨刘毅功，封汉寿县子，食邑五百户。蛮帅向博抵根据阮头，屡为凶暴，镇恶讨平之。初行，告刺史司马休之，求遣军以为声援，休之遣其将襄领众助镇恶。会高祖西讨休之，镇恶乃告诸将曰："百姓皆知官军已上，朱襄等复是一贼，丧里受敌，吾事败矣。"乃率军夜下，江水迅急，倏忽行数百里，直据都尉治。既至，乃以竹笼盛石，堙塞水道，襄军下，夹岩击之，斩襄首，杀千余人。镇恶性贪，既破襄，因停军抄掠诸蛮，不时反。及至江陵，休之已乎，高祖怒，不时见之。镇恶笑曰："但令我一见会，无忧矣。"高祖寻登城唤镇恶，镇恶为人强辩，有口机，随宜酬应，高祖乃释，休之及鲁宗之奔襄阳，镇恶统蒯恩诸军水路追之。体之等奔羌，镇恶追蹑，尽境而远。除游击将军。

十二年，高祖将北代，转镇恶为谘议参军，行龙骧将军，领前锋。将发，前将军刘穆之见镇恶于积弩堂，谓之曰："公愍此遗黎，志荡逋逆。昔晋文王委伐蜀于邓艾，今亦委卿以关中，相勉建大功，勿孤此授。"镇恶曰："不克咸阳，誓不复济江而还也！"

镇恶入贼境，战无不捷，邵陵、许昌，望风奔散，破虎牢及柏谷坞，斩贼师赵玄。军次洛阳，伪陈留公姚洸归顺。进次渑池，造故人李方家，升堂见母，厚加酬赉，即版授方为渑池令。遣司马毛德祖攻伪弘农太守尹雅于蠡城，生擒之。仍行经农太守。方轨长驱，径据潼头。伪大将军姚绍率大众拒崄，深沟高垒以自固。镇恶悬军远入，转输不充，与贼相持久，将士乏食，用亲到弘农督上民租，百姓竞送义粟，军食复振。初，高祖与镇恶等其，若克洛阳，须大军至，未可轻前。既而镇恶等迳向潼关，为绍拒不得进，而军又乏食，驰告高祖，求遣粮援。时高祖沿河。索瞄屯据河岩，军不得前，高祖呼所遣人开舫北户，指河上房示之曰："我语令勿进，而轻佻深入。岸上如此，何由得遣军？"镇恶既得义租，绍又病

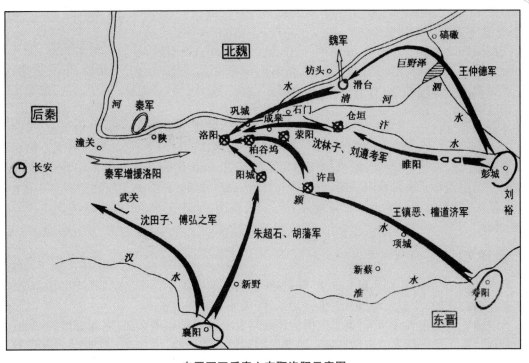

东晋军灭后秦之夺取洛阳示意图

死,伪抚军姚赞代绍守险,众力犹盛。高祖至湖城,赞引退。

　　大军次潼关,谋进取之计,镇恶请率水军自河入渭。伪镇北将军姚强屯兵泾上,镇恶遣毛德祖击破之,直至渭桥。镇恶所乘皆蒙冲小舰,行船者悉在舰内,羌见舰泝渭而进,舰外不见有乘行船人,北土素无舟楫,莫不惊愕,咸谓为神。镇恶既至,令将士食毕,便弃船登岸。渭水流急,倏忽间,诸舰悉逐流去。时姚泓屯军在长军城下,犹数万人。镇恶抚慰士卒曰:"卿诸人并家在江南,此是长安城北门外,去家万里,而舫乘衣粮,并已逐流去,岂复有求生之计邪!唯宜死战,可以立大功,不然,则无遗类矣。"乃身先士卒,众并知无复退路,莫不胜踊争先,泓众一时奔溃,即陷长安城。泓挺身逃走,明日,率妻子归降。城内夷、晋六万余户,镇恶宣扬国恩,抚慰初附,号令严肃,百姓安堵。

　　高祖将至,镇恶于灞上奉迎,高迎劳之曰:"成吾霸业者,真卿也。"镇恶再拜谢曰:"此明公之威,诸将之力,镇恶何功之有焉!"高祖笑曰:"卿欲学冯异也。"是时吴中丰全,仓库殷积,镇恶极意收敛,子女玉帛,不可胜计。高祖以其功大,不问也。进号征虏将军。时有白高祖以镇恶既克长安,藏姚泓伪辇,为有异志。高祖密遣人觇辇所在,泓辇饰以金银,镇恶悉剔取,而弃辇于垣侧。高祖闻之,乃安。

　　高祖留第二子桂阳公义真为安西将军、雍秦二州刺史,镇长安。镇恶以本号领安西司马,冯翊太守,委以盾御之任。时西虏佛佛强盛,姚兴世侵扰北边,破军杀将非一。高祖既至长安,佛佛畏惮不敢动。及大军东还,便寇逼北地。义真遣中兵参军沈田子距之。虏甚盛,田子屯列回堡,遣使还报镇恶。镇恶对田子使,谓长史王修曰:"公以十岁几付吾等,当各思竭力,而拥兵不进,寇虏何由得平。"使还,具说镇恶言,田子素与镇恶不协,至是益激怒。二人常有相图志,彼此每相防疑。镇恶率军出北地,为田子所杀,事在序传。

时年四十六，田子又于镇恶营内，杀镇恶兄基、弟鸿、遵、渊及从弟昭、朗、弘，凡七人。是岁，十四岁正月十五日也。

高祖表曰："故安西司马、征虏将军王镇恶，志节亮直，机略明举。自策名州府，屡著诚绩。荆南进衅，势据上流，难兴强蕃，忧兼内侮。镇恶轻舟先迈，神兵电临，肝食之虞，一朝雾散。及王师西伐，有事中原，长驱洛阳，肃清湖、陕。入渭之捷，指麾无前，遂廓定咸阳，俘执伪后，克成之后，莫与为畴，实拜城所寄，国之方邵也。近北虏游魂，寇掠渭北，统率众军，曜威扑讨。贼既还奔，还次泾上，故龙骧将军沈田子忽发狂易，奄加刃害，忠勋未究，受祸不图，痛惜兼至，惋悼无已，伏惟圣怀，为之伤恻。田子狂悖，即已备宪。镇恶诚著艰难，勋参前烈，殊绩未酬，宜蒙追宠，愿敕有司，议其褒赠。"于是追憎左将军、青州刺史。高祖受命。追封龙阳县侯，食邑千五百户，谥曰壮侯。配食高祖庙廷。

子灵福嗣，位至南平王铄右军谘议参军。灵福卒，子述祖嗣，述祖卒，子睿嗣。齐受禅，国除。

【译文】

王镇恶，北海剧县人。祖父王猛，守景略，前秦苻坚在关中称帝，王猛兼任将相，有文武两方面的才能，北方人都很看重他。父王休，任前秦河东太守。

王镇恶出生在五月初五，家里人因为传统禁忌有这一日生男害父，生女害母的说法，想把他过继给远房族人。王猛见到王镇恶后感到他不同一般，说："这是个并非寻常的孩子，过去孟尝君也生于恶月而后来成为刘国的相，这个孩儿将来也会光宗耀祖，振兴我们的门庭。"故而取名为镇恶。在王镇恶十三岁那年苻坚失败而灭亡，关中地区一片混乱，因而他逃亡到崤山、渑池之间。曾经在渑池人李方家中暂时居住，李方对他很好。王镇恶对李方说："我如果遇到英雄的主子，成为万户侯，一定好好报答你。"李方答道："你是相的孙子，人才如此出众，还怕不富贵。到时候我的愿望是当一个本县县令就足够了。"王镇恶后来随叔父王曜到南方东晋境内，客居在荆州。他常读诸子百家和兵书，议论国家政治军事方面的大事，骑马不是他的长处，弯弓射箭也很差，但是谋略很多，做事果断。

在刘裕征伐南燕都城广固的战斗中，有人把王镇恶推荐给他，当时镇恶是天门临澧县令，刘裕立即派人召他来见。与他谈话后，感到他确实不一般，于是留他住宿。次晨对下面属官员说："镇恶是王猛的孙子，真所谓将门有将呀。"当即任命他为青州治中从事史，暂任参中军太尉军事，署前部贼曹。镇恶在建康城外的查浦抗击卢循，多次战斗有功，被封博陆县五等子。

刘裕谋划讨伐占据荆州的刘毅，王镇恶说："您如果想在西楚地区发动征伐刘毅的大事，请赐给我一百条大船作为前锋。"晋安帝义熙八年，刘毅有病，请求派遣堂弟兖州刺史刘藩为副手，刘裕假意答应他。九月，大军向西讨伐，王镇恶转官为参军事，加号振武将军。刘裕到达姑孰，派王镇恶率领龙骧将军蒯恩百条大船向前进发，这是在这一月的二十九日，刘裕告诫说："如果刘毅得知我军向上游进发，等到我军抵达时，他们得知这消息也不过几天。他们先要在岩上集结军队，还来不及把军队部署在战船上。你到了那里，按情况筹划一下，如可以出击，便烧掉他们的战船，而且把我们的船停在江边，等待我的到来。同时慰劳百姓，宣扬诏书意旨和大赦的文告，以及我给刘毅军府中文武官员的信。我们只对刘毅一人加罪，其余一无所问。如果刘毅都不知消息，没有防备，可袭击就袭击。今天去，只说是刘兖州来到。"王镇恶受命后，便昼夜兼行，在鹊洲、寻阳、河口、巴陵等候顺风共四天，十月二十二日，到豫章口。离开江陵二十里。

自从王镇恶出发，声称是刘兖州到来，刘毅信以为真，不知道会被袭击。王镇恶从豫章口舍船步行而上，蒯恩的军队在前面，王镇恶军随后。每只船中留一二人，船对岩上竖立六七面旗帜，下安放一只战鼓。王镇恶对留下的人说："你们估计我将到城下时，便大搔军鼓，好像后面还有大军的样子。"又分出一部分部队在后面，命他们烧掉江边渡口的战船。王镇恶径直往前攻袭江陵城，对前面的军队说："如果有问话，只说是刘兖州来到。"沿岸戍所及百姓都说是刘藩到来，安定而没有怀疑。

到离城五六里处，遇到刘毅的重要将领朱显之与十余骑兵和数十步兵，想要出江边渡口。他问"是何人"？答道："刘兖州来到。"朱显之驰马到前面问刘藩在哪里，答道："在后面。"朱显之只见到军队不见刘藩，而且看见军人抬着一种可御矛、箭的护卫战具"彭排"，又望见江边渡口的战般已被烧，烟焰满天，后面战鼓声很响，知道不是刘藩到来，便立即跳上马奔驰而去报告刘毅说："城外有大军，好像从下游而来，现在已快到城下，江边渡口的船已都被火烧掉了。"于是传达命令关闭所有城门。王镇恶也加速前进，军士们攀登城墙进入城内，城门还未来得及下门栓，因此这大城的东门被打开。大城内刘毅的军队共有八队，报甲的兵有千余人，已红戒严。蒯恩进入东门后，便向北攻击射堂（即室内射靶场），向前又攻城中坚固的牙城"金城"的东门。王镇恶入东门后，便直接攻击金城的西门。又分派一部分军队攻金城南门。刘毅金城内有从东方长江下游带来的旧部将，还有六队共千余人，荆州本地军官能干细心的吏员和士卒。还有两千多人。从中午开始战斗，一直到下午傍晚，荆州士兵逃散和投降得差不多了。王镇恶入江陵城后，便趁风放火，烧大城的南门和东门。又派人拿了诏书、赦文和刘裕的亲笔信共三份文书送给刘毅看，刘毅都烧掉了，表示不屑一顾。金城内的人也不相信刘裕的军队到来。有个叫王桓的人，家住在江陵，过去曾亲手杀死桓谦，被刘裕所赞赏提拔，常在刘裕左右。他向刘裕要求到荆州迎接家眷，刘裕同意。这时就率领十多人来帮助王镇恶战斗。约晚饭时，他在金城东门北三十步处的城墙中凿开了个洞穴，首先进入，王镇恶跟在后面也进入，以后不少人跟入，'于是发生短兵接战，王镇恶的战士与刘毅从东部带到荆州的将士元间，或者有父子兄弟关系，或者有中表亲关系，王镇恶命令战士一边战斗一边与他们交谈，于是荆士将士都知道刘裕的军队到来，人心离异斗志松懈。到一更时分公堂前阵势溃散，斩了刘毅的勇将赵蔡。刘毅左右的士兵又关闭东西阁抗拒战斗，王镇恶怕黑夜中自相伤害，就引兵退出，包围金城，敞开南面，以作为退路。刘毅怕南部有埋伏士兵，三更时，就率左右三百来人开北门冲出去逃走。起初，刘毅平常所骑的马在城外没能进入。现仓促无马，刘毅就向儿子刘肃民要马，肃民不肯，朱显之对他说："人家要抓你父亲，而你不肯给马，你今天自己逃跑，想到何处去呢？"然后夺过马给刘毅。刘毅冲出去，正遇上王镇恶军，冲不过去；回头冲到蒯恩军中，军人们已战斗一日一夜，十分疲倦，于是刘毅得以从大城东门出去逃奔到牛牧佛寺，然后在那里上吊而死。王镇恶身上中了五箭，有的箭射到王镇恶手中的长矛、矛折断了。平定江陵后二十天，刘裕大军才到达江陵。

王镇恶被任命为统领首都内军队。又离开京城，出任安远护军、武陵内史。因讨伐刘毅的功劳，封汉寿县子、食邑五百户，蛮族首领向博抵根占据阮头，屡次凶暴残害百姓，王镇恶讨伐平定了他。初出军时，王镇恶要求荆州刺史司马休之派遣军队支援，休之派其将领朱襄率领军队前来助战，刚好刘裕出兵西讨司马休之，王镇恶告诉各位将领说："百姓都知道官军已西上，朱襄等已变成了我们的敌人，如果表里受敌，我们的事就完了。"于是连夜率军沿江而下，江水湍急，一会儿就行了数百里，直接占据了都尉的治地。到了那里，就马上用竹笼盛石，扔到江中，堵塞水道，朱襄的水军下来，王镇恶对他两岸夹击，斩了朱襄、杀死士兵千余人。镇恶性格贪婪，打败朱襄后，停军侵扰掠夺蛮族人民，没有按时返回军队，等到了江陵，司马休之已经被平定，刘裕大怒，不及时接见他。王镇恶笑道："只要让我一见主公，就不用再担忧了。"不久刘裕登城楼时传唤王镇恶，王镇恶为人善于强辩，有口才，能随机应变，此后刘裕才消除了怒气。司马休之和鲁宗之逃奔襄阳，王镇恶率领蒯恩诸军从水路追他们，司马休之奔至羌人建立的后秦，王镇恶紧紧追赶，直到边境才撤回。朝廷任命他为游击将军。

义熙十二年，刘裕准备北伐，王镇恶被转官为谘议参军，代行龙骧将军，兼前锋。在出发前，前将军刘穆之在积弩堂召见王镇恶，对他说："主公怜悯姚秦统治下的北方汉族遗民，他的想法是讨平这伙叛贼。过去晋文王委托邓艾征伐蜀地，今天主公委任你伐征关中，你想建立大功勋，不要辜负这次授命。"王镇恶说："不攻克咸阳，誓不渡江而回！"

王镇恶进入敌境后。战无不胜，邵陵、许昌敌军望风逃散，攻破虎牢和柏谷坞，斩敌统帅赵玄。军队到洛阳，后秦陈留公姚洸前来投降。王镇恶到渑池，访问熟人李方家，在堂上拜见了他的母亲，送了许多东西，当即写公文授予李方为渑池县令。派遣司马毛德祖进攻由后秦弘农太守尹雅镇守的蠡城，活捉了他，但仍让他代理弘农太守。部队沿着大路长驱直入，占领了潼关。后秦大将军姚绍率领大军据险抵抗，修筑了深沟高垒来巩固阵地。王镇恶孤军深入敌境，后勤供应不足，与敌兵对阵时间久了，将士们缺乏粮食，于是他亲自到弘农监督征收百姓租赋，百姓们争着送来米粟，军粮重新充足了。起初，刘裕与王镇恶等约定，如果攻克洛阳，就必须等大军到后再前进，不可轻易向前。后来王镇恶等径直向潼关进发，被姚绍所阻挡不得前进，而军队又缺少粮食，于是驰报刘裕，要求派人送粮。当时刘裕沿黄河而行，北魏军队屯据黄河筑垒设防，军队不能顺利前进。刘裕叫被派来的人打开船的北窗，指着河北岸的鲜卑军队说："我早就命令说不要前进，而你们轻易深入。岸上这般情状，怎么能派军队去？"后来王镇恶得到了粮食，姚绍又病死，后秦派抚军姚赞替代姚绍守险，兵力仍很强大。刘裕到湖城，姚赞引军撤退。

大军到了潼关，谋划进取的方案，王镇恶请求率领水军从黄河入渭水。后秦镇北将军姚强屯兵在泾水岸上，王镇恶派毛德祖打败了他，直到长安城北的渭桥。王镇恶所乘坐的都是蒙着生牛皮的小战船，划船的人都在船内，后秦的羌人看到战船逆流而上，船外不见划船的人。北方甲素没有船只，没有一个不感到惊奇的，都认为这是神。王镇恶到达后，命将士们吃完饭，便弃船登岸。渭水水流湍急，一忽儿船都随水漂去。当时姚泓的军队在长安城下还有数万人。王镇恶抚慰士兵说："你们这些人家都在江南，这里是长安城的北门外，离开家有万里路，而船和衣粮，都已经随渭水流走，哪里还有求生的路呀！只有拼死战斗，可以立大功，不然的话，我们都没有命了。"于是身先士卒带头攻城，士兵们知道已经没有退路，也没有一个不奋勇争先地作战，姚泓的军队一下子就溃败奔散了，长安城被攻克。姚泓孤身逃走，第二天，带着夫人和孩子来投降。城内有少数民族和汉族六万余户，王镇恶宣扬朝廷的恩泽，安抚慰问刚刚归降的人，号令严明，百姓安定。

刘裕快要来到，王镇恶在长安东北郊的霸上迎接，刘裕慰劳他说："帮助我成就霸业的人,真的是你呀。"王镇恶再拜感谢说:"这是您明公的威望,各位将士的努力,我王镇恶哪里有什么功劳呀!"刘裕笑道:"你是想学东汉的逃避论功的冯异吧。"当时关中连年丰收,仓库里堆满了各类物资,王镇恶竭力收拢,男奴女奴和玉器丝帛,不可胜数。刘裕因为他的功劳大,也不去追究。进号为征虏将军。有人报告刘裕,王镇恶攻克长安后,收藏了姚泓的皇帝用的车子,有想称帝的野心,刘裕秘密派人去看这部车,原来姚泓装饰在车上的金银都被王镇恶剥取,而车子则扔弃在城墙边。刘裕知道后,才安下心来。

　　刘裕留下次子桂阳公刘义真为安西净军、雍秦二州刺史,镇守长安。王镇恶以本号将军兼安西司马、冯翊太守、委任防卫的重任。当时西部匈奴族夏国群主赫连佛佛强盛,姚兴在世时他们常侵扰北部边境,不止一次打败后秦军队和杀死将领。刘裕到长安后,赫连佛佛害怕不敢妄动。等到刘裕大军东归,他们便侵扰北地。刘义真派中兵参军沈田子去抵挡,匈奴族军队很强大,沈田子屯军在刘回堡,派使者回来报告王镇恶。王镇恶面对着沈田子的使者,对长史王修说:"主公把十岁的儿子托付给我等人,我们应当各自想怎样尽心竭力,而拥兵不进,敌寇如何才能平定?"使者回去,把王镇恶的话都传达了,沈田子一向与王镇恶不和,听了这番话更加激动愤怒。于是两人常常有吞并对方的想法,也因此互相防范猜疑。王镇恶率领军队离开北地时,被沈田子杀害,这事记载在《序传》里。当时年龄四十六岁。沈田子又在王镇恶营房内,杀死王镇恶的哥哥王基、弟王鸿、王遵、王渊和堂弟王昭、王朗、王弘,共七人。这一年,是义熙十四年正月十五日。

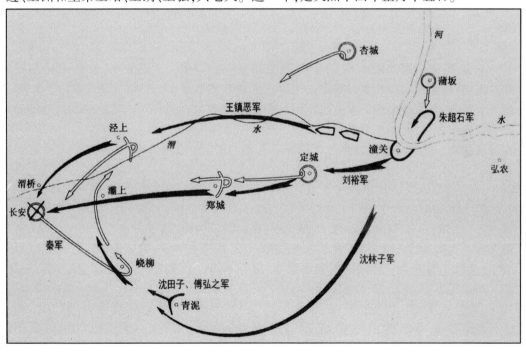

王镇恶奇袭长安示意图

　　刘裕上表说:"已故的安西司马、征虏将军王镇恶,有崇高的志向节操,善于谋略。自从在州府任职,屡次显示出忠诚和功绩。荆州方面制造祸端,其势力控制了上流,在边地兴起了灾难,朝廷内部也因此忧愁。王镇恶带领战船率先出发,神兵像闪电一般降临到荆州,使皇帝不能按时进餐的忧患,立即像雾一样散开。后来王师西伐,在中原作战,军队长驱进入洛阳,肃清了湖、陕一带敌人。在渭水上的胜利战斗,所向无敌,于是攻克了咸阳,俘获了后秦的君主,攻克成功的业绩,是没有人可以与他相比的,实在是捍卫城池所依托的人,是国家的方叔和召房呀。近日北方少数民族像游魂般又进犯渭北,镇恶统率大军,耀武扬威讨伐它,贼军退逃后,回军行在泾水边。原龙骧将军沈田子竟然丧心病狂,忽然用刀加害,忠良事业未完,意外受祸,悲痛和惋惜的心情相交织,悼念不已。我想到圣上的心中也一定为他悲伤。沈田子猖狂悖逆,已经依法论处。王镇恶的忠诚在艰难中显现,功勋可与前朝的忠烈相比,特殊的功绩没有奖酬,应该受到追加的荣宠,要求命令有关部门,议论对他的褒赠。"于是追赠王镇恶为左将军、青州刺史。刘裕称帝,追封他为龙阳县侯。食邑一千五百户,谥号为"壮侯"。刘裕死后,王镇恶的灵位在刘裕庙中享受陪祭。

儿子灵福继承爵位,他官位做到南平王铄的右军谘议参军。灵福死,儿子述祖继承爵位。述祖死,儿子睿继承爵位。齐朝建立后,撤除了龙阳县侯。

刘义恭传

【题解】

刘义恭,宋武帝刘裕之子,幼聪明颖悟,倍受刘裕宠爱。元嘉元年(公元424)册封为江夏王,监南徐州、益州、荆州等诸州军事。元嘉嘉奖九年(公元432)镇广陵。十六年又南下至瓜步,刘义恭坐镇彭城(今江苏徐州)而不敢邀敌,使魏军得以轻骑而返,刘劭与考武帝刘骏争夺帝位,刘义恭投奔刘骏,上表功刘骏登基,进太傅,领大司马,以虚恭为事,而奢侈豪靡,迁延不恒,于政事一无建树。永先元年(公元465)八月,前废帝刘子业忌而杀之,死年五十三岁。

【原文】

江夏文献王义恭,幼而明颖,资颜美丽,高祖特所钟爱,诸子莫及也。饮食寝卧,常不离于侧。高祖为性俭约,诸子食不过五酼杯,而义恭爱宠异常,求须果食,日中无算,得未尝啜,悉以乞与旁人。庐陵诸王未尝敢求,求亦不得。景平二年,监南豫、豫、司、雍、秦、并六州诸军事、冠军将军、南豫州刺史,代庐陵王义真镇历阳,时年十二。元嘉元年,封江夏王,食邑五千户。加使持节,进号抚军将军,给鼓吹一部。三年,监南徐、兖二州、扬州之晋陵诸军事、徐州刺史,持节、将军如故。进监为都督,未之任。太宜征谢晦,义恭还镇京口。

六年,改授散骑常侍、都督荆、湘、雍、益、梁、宁、南、北秦八州诸军事、荆州刺史,持节、将军如故。义恭涉猎文义,而骄奢不节,既出镇,太祖与书诫之曰:"汝以弱冠,便亲方任。天下艰难,家国事重,虽曰守成,实亦未易。隆替安危,在吾曹耳,岂可不感寻王业,大惧负荷。今既分张,言集无日,无由复得动相规诲,宜深自砥砺,思而后行。开布诚心,厝怀平当，亲礼国士，友接佳流，识别贤愚，鉴察邪正，然后能尽量君子之心，收小人之力。

"汝神意爽悟，有日新之美，而进德修业，未有可称，吾所以恨之而不能已己者也。汝性褊急，袁太妃亦说如此。性之所滞，其欲必行，意所不在，从物回改，此最弊事。宜应慨然立志，念自裁抑。何至丈夫方欲赞世成名而无断者哉。今粗疏十数事，汝别时可省也。远大者岂可具言，细碎复非笔可尽。"

"礼贤下士，圣人垂训；骄侈矜尚，先哲所去。豁达大度，汉祖之德；猜忌褊急，魏武之累。《汉书》称卫青云：大将军遇士大无以礼，与小人有恩。西门、安于、矫性齐美；关羽、张飞，任偏同弊。行己举事，深宜鉴此。"

"若事异今，嗣于幼蒙，司徒便当周公之事，汝不可不尽祇顺之理。苟有所怀，密，自书陈。若形迹之间深宜。至于尔时安危，天下决汝二人耳，勿忘吾言。"

"今既进袁太妃供给，计足充诸用，此外一不须复有求取，近亦具白此意。唯脱应大饷致，而当时遇有所乏，汝自可少多供奉耳。汝一月日自用不可过三十万，若能省此，益美。"

"西楚殷旷，常宜早起，接对宾侣，勿使留滞。判急务讫，然后可入问讯，既睹颜色，审起居，便应即出，不须久停，以废庶事。下日及夜，自有余闲。"

"府舍住止，园池堂观，略所谙究，计当无须改作。司徒亦云尔。若脱于左右之宜，须小小回易，当以始至一治为限，不须烦纭，日求新异。"

"凡讯狱多决，当时难可逆虑，此实为难，汝复不习，殊当未有次第。讯前一二日，取讯簿密与刘湛辈共详，大不同也。至讯日，虚怀博尽，慎无以喜怒加人。能择善者而从之，美自归已。不可专意自决，以矜独断之明也。万一如此，必有大咎，非唯讯狱，君子用心，自不应尔。刑狱不可拥滞，一月可再讯。"

"凡事皆应慎密亦宜豫救左右，人有至诚，所陈不可漏泄，以负忠信之款也。古人言君不密则失臣，臣不密则失身。或相谗构，勿轻信受，每有此事，当善察之。"

"名器深宜慎惜，不可妄以假人。昵近爵赐，尤应裁量。吾于左右虽为少恩，如闻外论，不以为非也。"

"以贵陵物物不服，以威加人人不厌，此易达事耳。"

"声乐嬉游，不宜令过，蒲酒渔猎，一切角为。供用奉身，皆有节废，奇服异器，不宜兴长。汝嫔侍左右，已有数人，既始至西，未可忽包复有所纳。"

又诫之曰："宜数引见佐史，非唯臣主自应相见，不数则彼我不亲，不亲则无因得尽人，人不尽，复何由知其众事。广引视听，既益开博，于言事者，又善有地也。"

九年，征为都督南兖、徐、兖、青、冀、幽六州、豫州之梁郡诸军事、征北将军、开府仪同三司、南兖州刺史，镇广陵。时诏内外百官举才，义恭上表曰：

"臣闻云和备乐，则繁会克谐，骅骝骋服，则致远斯效。陛下顺简甫化，文明在躬，玉衡既正，泰阶载一，而犹发虑英髦，垂情仄陋，幽谷空同，显著扬历。是以潜虬耸鳞，伫俐见之期；翔凤弭翼，应来仪之感。"

"窃见南阳宗炳，操履闲远，思业贞纯，砥节丘园，息宾盛世，贫约而居，内无改情，轩冕屡招，确尔不拨。若以蒲帛之聘，感以大伦之美，庶投竿释褐，翻然来仪，必能毗亹九官，宣赞百揆。尚书金部郎臣徐森之，臣府中直兵参军事臣王天宝，并局力充济，忠谅款诚。往年逆臣叛逸，华阳失守，森之全境宁民，绩章危棘。前者经略伊、瀍元戎表族，天宝北勤河朔，东据营丘，勋勇既昭，心事兼竭。虽蒙褒叙，未尽才宜，并可授以边藩，展其志力。交阯辽邈，累丧藩将，政刑每阙，抚荒惟艰。南中复远，风谣迴隔，蛮、獠狡窃，边氓荼炭，实须练实，以缓其难。谓森之可交州刺史，天宝可宁州刺史，庶足威怀荒表，肃清遐服。昔魏戊之贤，功存荐士；赵武之明，事彰管库。臣识愧前良，理谢先哲，率举所知，仰酬采访，退惧警言，无足甄奖。"

十六年，进位司空。明年，大将军彭成王义康有罪出藩，征义恭为侍中、都督扬、南徐、兖三州诸军事、司徒、录尚书，领太子太傅，持节如故，给班剑二十人，置仗加兵。明年，解督南兖。二十一年，进太尉，领司徒，余如故。义恭既小心恭慎，且戒义康之失，虽为总录，奉行文书而已，故太祖安之。相府年给钱二千万，它物倍此，而义恭性奢，用常不足，太祖又别给钱年千万。二十六年，领国子祭酒。时有献五百里马者，以赐义恭。

二十七年春，索虏豫州，太祖因此欲开定河、洛。其秋，以义恭总统群帅，出镇彭城。解国子祭酒。虏遂深入，径至瓜步，义恭与世祖闭彭城自守。二十八年春，虏退走，自彭城北过，义恭震惧不敢追。其日，民有告："虏驱广陵民万余口，夕应宿安王陂，去城数十里。今追之，可悉得。"诸将并请，义恭又禁不许。经宿，太祖遣驿至，使悉力急追。义恭乃遣镇军司马檀和之向萧城。虏先已闻知，乃尽杀所驱广陵民，轻骑引去。初虏深入，上虑义恭不能固彭城，备加诚勤，义恭答曰："臣未能临翰海，济居廷，庶免刘仲奔逃之耻。"及虏至，义恭果欲走，赖众义得停。事在《张畅传》。降义恭号骠骑将军、开府仪同三司，余悉如故。鲁郡孔子旧庭有柏树二十四株，经历汉、晋，其大连抱。有二株先折倒，士人崇敬，莫之敢犯，义恭悉遣人伐取，父老莫不叹息。又以本官领南兖州刺史，增督南兖、豫、徐、兖、青、冀、司、雍、秦、幽并十一州诸军事，并前十三州，移镇盱眙。修治馆宇，拟制东城。

二十九年冬，还朝，上以御所乘苍鹰船上迎之。遭太妃忧，改授大将军、都督扬、南徐二州诸军事、南徐州刺史，持节、侍中、录尚书、太子傅如故，还镇东府。辞侍中未拜。值元凶肆逆，其日劭召义恭。先是，诏召太子及诸王，各有常人，虑有诈妄致害者。至是义恭求常所遣传诏，劭遣之而后入。义恭请罢兵，凡府内兵仗，并送还台。进位太保，进督会州诸军事，服侍中服，又领大宗师。

世祖入讨，劭疑义恭有异志，使入住尚书下省，分诸子并住神虎门外侍中下省。劭闻世祖已次近路，欲悉力逆之，决战中道。义恭虑世祖船乘陋小，劭豕突中流，容能为患，乃进说曰："割弃南岸，栅断石头，此先朝旧法，以逸待劳，不忧不破也。"劭从之。世祖前锋至新亭，劭挟义恭出战，恒录在左右，故不能自拔。战败，使人恭于东堂简将。义恭先使人具船于东冶渚，因单马南奔。始济淮，追骑已至北岸，仅然得免。劭大怒，遣始兴王就西省杀义恭十二子。

世祖时在新林浦，义恭既至，上表劝世祖即位，曰："臣闻治乱无兆，倚伏相因，乾灵降祸，二凶极逆，深酷巨痛，终古未有。陛下忠孝自天，赫然电发，投袂泣血，四海顺轨，是以诸侯云赴，数均八百，义奋之旅，其会如林。神祚明德，有所底止，而冲居或耀，未登天祚。非所以严重宗社，绍延七百。昔张武抗辞，代王顺请，耿纯陈款，光武正位。况今罪道无亲，恶盈衅满，阻兵安忍，戮善崇奸，履地藏天，毕命俄顷，宜早定尊号，以固社稷。景平之季，实惟乐推，王室之乱，天命有在，故抱拜兆于厌壁，赤龙表于霄征。伏惟大明无私，远存家国七庙之灵，近哀黔首荼一炭之切，时陟帝祚，永慰群心。臣负衅婴罚，偷生人壤，幸及宽政,待有司,敢以漏刻视息,披露肝胆。"世祖即祚,授使持节、侍中、都督扬、南徐二州诸军事、太尉、录尚书六条事、南徐、兖二州刺史,给鼓吹一部,班剑二十人,又假黄钺。事宁,进位太傅,领大司马,增班剑为三十人。以在藩所服玉环大绶赐之。增封二千户。

上不欲敬礼太傅,讽有司奏曰:"圣旨谦光,尊师重道,欲致拜太傅,斯诚弘兹远风,敦阐盛则。然周之师保,实称三吏,晋因于魏,特加其礼。帝道严极,既有常尊,考之史载,未见兹典。故卞壶、孙楚并谓人君无降尊之义。远稽圣典,近即群心,臣等参仪谓不应有加拜之礼。"诏曰:"暗薄纂统,实凭师范,思尽虚慕,以承道训。所奏稽诸往代,谓无拜礼,据文既明,便从所执",世祖立太子,东宫文案,使先经义恭。

孝建元年,南郡王义宣、减质、鲁爽等反,加黄钺,白直百人入六六。事平,以臧质七百里马赐义恭,又增封二千户。世祖以义宣乱逆,由于强盛,至是欲削弱王侯。义恭希旨,乃上表省录尚书,曰:"臣闻天地设位,三极同序,皇王化则,九官成事。时亮之绩,昭于《虞典》;论道之风,宣于周载。台辅之设,坐调阴位,元、凯之置,起厘百揆。所以栾铖矢言,侵官是诫,陈平抗辞,匪职罔答。汉承秦后,庶僚稍改。爵因时变,任与世移,总录之制,本非旧典,列代相沿,兹仍未革。今皇家中造,事遵前文,宜宪章先代,证文古则,停省条录,以依昔典。使物竟思存,人怀勤壹,则名实靡愆,庸节必纪。臣谬国重,虚荷崇位,兴替宜知,敢不谕尽。"上从其议。

又与骠骑大将军竟陵王诞奏曰:"臣闻佾悬有数,等级仪,珮笏有制,卑高殊序。斯盖上哲之洪谟,范世之明训。而时至弥流,物无不弊,僭佚由俗,轨度非古。晋代东徙,旧法沦落,侯牧典章,稍与事广,名实一差,难以卒变,章服崇滥,多历年所。今枢机更造,皇风载新,耗弊未充。百用思约,宜备品式之律,以定损厌之条。臣等地居枝昵,位居参台辅,遵正之首,请以爵先,致贬之端,宜从戚始。辄因暇日,共参愚怀,应加省易,谨陈九事。虽惧匪衰,庶竭微疑,伏愿陛下所览之余,薄垂昭纳,则上下相安,表里和穆矣。"

诏付外详。有司奏曰:

"车服以庸,《虞书》茂典;名器慎假,《春秋》明诫。是以尚方所制,汉有严律,诸侯窃服,虽亲必罪。降于顷世,下僭滋极。器服装饰,乐舞音容,通于王公,达于众庶。上下无辨,民志靡一。义恭所陈,实允礼度。九条之格,犹有未尽,谨共附益,凡二十四条。"

"所事不得南面坐,施帐并沓。藩国官,正冬不得跣登国殿,及夹侍国师傅令及油载。公主王妃传令,不得朱服,舆不得重枫,郭扇不得雉尾。剑不得鹿卢形。槃耗不得孔雀白氅。夹毂队不得绛袄。平乘诞马不得过二匹。胡会不得彩衣。舞伎正冬著袿衣,不得装面蔽花。正冬会不得铎舞,杯拌舞。长蹻、透狭、舒丸剑、博山、缘大橦、升五案,自非正冬会奏舞曲,不得舞。诸妃主不得著绲带。信幡非台省官悉用绛。郡县内史相及封内官长,于甚封君,既非在三,罢官则不复追敬,不合称臣,宜止下官而已。诸镇常行,车前后不得六队,白直夹毂,不在其限。刀不得过银铜为饰。诸王女封县主,诸王子孙袭封之王妃及封侯者夫人行,并不得卤簿。诸王子继体为王者,婚葬吉凶,悉依诸国公侯之礼,不得同皇弟皇子。车非轺车,不得油幢。平乘船皆下两头作露平形,不得拟象龙舟,悉不得朱油。帐钩不得作五花及竖笋形。"诏可。

是岁十一月,还镇京口。二年春进督东、南兖二州。其冬,征为扬州刺史,余如故。加入朝不趋,赞拜不名,剑履上殿,固辞殊礼。又解持节都督并侍中。

义恭撰《要记》五卷,起前汉讫晋太元,表上之,诏付秘阁。时西阳王子尚有盛宠,义恭解扬州以避之，乃进位太宰，领司徒。义恭常虑为世祖所疑，及海陵王休茂于襄阳为乱，乃上表曰：

"古先哲王，莫不广植周亲，以屏帝宇，诸侯受爵，亦愿永固邦家。至有管、蔡、梁、燕，致祸周、汉，上乖显授之恩，下亡血食之业。夫善积庆深，宜享长外，而历代侯王，甚乎匹庶。岂异姓皆贤，宗室悉不贤。由生于深宫，不睹稼穑，左右近习，未值田苏，富贵骄奢，自然而至，聚毛折轴，遂乃危祸。汉之诸王，并置傅相，犹不得禁逆，七国连谋，实由强盛，晋氏列封，正足成永嘉之祸。尾大不掉，终古同疾，不有更张，则其源莫救。"

"日者庶人恃亲，殆倾王业。去岁西寇藉宠，几败皇基。不图襄、楚，复生今衅，良以地胜兵勇，奖成凶恶，前事不忘，后事之明兆。陛下大明绍祚，垂法万叶。臣年衰意塞，无所知解，忝皇族耆长，惭慨内深，思表管见，裨崇万一。窃谓诸王贵重，不应居边，至于华州优地，时可暂出。既以有州，不须置府。若位登三事，止乎长史掾属。若宜镇御，别差扦诚大将。若情乐冲虚，不宜逼以戎事。若舍文好武，尤宜禁塞。僚佐文学，足充话言，游业之徒，一概勿许。文武从镇，以时休止，妻子室累，不烦自随。百僚修诣，宜遵晋令，悉须宣令齐到，备列宾主之则。衡泌之士，亦无烦干燥贵王。器甲地私，为用产寡，自金银装刀剑战具之服，皆应输送还本。曲突徙薪，防之有素，庶善者无惧，恶者止奸。"

时世祖严暴，义恭虑不见容，乃卑辞曲意，尽礼祗奉，且便辩善附会，俯仰承接，皆有容仪。每有符瑞，辄献上赋颂，陈咏美德。大明元年，有三脊茅生石头西岸，累表劝封禅，上大悦。三年，省兵佐，加领中书监，以崇艺、昭武、永化三营合四百三十七户给府，更增吏僮千七百人，合为二千九百人。六年，解司徒府太宰府依旧辞召。又年给三千匹布。

七年，从巡，兼尚书令，解中书监。八年闰月，又领太尉。其月，世祖崩，遗诏："义恭解尚书令，加中书监；柳元景领尚书令，入住城内。事无巨细，悉关二公。大事与沈庆之参决，若有军旅，可为总统。尚书中事委颜师伯。外监所统委王玄谟。"前废帝即位，诏曰："总录之典，著自前代，孝建始年，虽暂并省，而因革有宜，理存济务。朕茕独在躬，未涉政道，百揆庶务，允归尊德。太宰江夏王义恭新除中书监、太尉，地居宗重，受遗阿衡，实深凭倚，用康庶绩，可录尚书事，本官监、太宰、王如故。侍中、骠骑大将军、南兖州刺史、巴东郡开国公、新除尚书令无景，同禀顾誓，翼辅皇家，赞业宣风，惟公是赖。可即本号天府仪同三司，领兵置佐，一依旧准，领丹阳尹、侍中、领公如故。"又增义恭班剑四十人，更申殊礼之命。固辞殊礼。

义恭性嗜不恒，日时移变，自始至终，屡迁第宅。与人游，欵意好亦多不终。而奢侈无度，不爱财宝，左右亲幸者，一日乞与，或至一、二百万，小有忤意，趣追夺之。大明时，资供丰厚，而用常不足，赊市百姓物，无钱可还，民有通辞求钱者，辄题后作"原"字。善骑马，解音律，游行或三五百里，世祖恣其所之。东至吴郡，登虎丘山，又登无锡县乌山以望太湖。大明中撰国史，世祖自为义恭作传。及永光中，虽任宰辅，而承事近臣戴法兴等，常若不及。

前废帝狂悖无道，义恭、元景等谋欲废立。永光元年八月，废帝率羽林兵于第害之，并其四子，时年五十三。断析义恭支体，分裂肠胃，挑取眼精，以蜜渍之，以为鬼目粽。

太宗定乱，令书曰："故中书监、太宰、领太尉、录尚书事江夏王道性渊深，睿览通远，树声列藩，宣风铉德，位隆姬辅，任属负图，勤劳国家，方熙托付之重，尽心毗导，永融雍穆之化。而凶丑忌威，奄加冤害，夷戮有暴，殡殓无闻，愤达幽明，痛贯朝野。朕蒙险在难，含哀莫申，幸赖宗佑之灵，克纂祈天之祚，仰惟勋戚，震悼于厥心。昔梁王征庸，警跸备礼；东平好善，黄屋在建。况公德猷弘懋，彝典未殊者哉。可追崇使特节、侍中、都督中外诸军事、丞相、领太尉，中书监、录尚书事，王如故。给九旒鸾辂，虎贲班剑百人，前后部羽葆、鼓吹，辒辌车。"

泰始三年，又下诏曰："皇基崇建，《屯》《剥》维难，弘启熙载，底绩忠果，故从飨世祀，勒勋崇彝。世祖宁乱定业，实资翼亮。故使持节、侍中、都督中外诸军事、丞相、领太尉中书监、尚书事江夏文献王义恭，故使持节、侍中、都督南豫、江、豫三州军事、太尉、南豫州刺史巴东郡开国忠烈公元景，故侍中、司空始兴郡开国襄公庆之，故持节、征西将军、雍州刺史洮阳县开国萧侯悫，或体道冲玄，燮化康世，或尽诚致效，庚难夷逆，宜式遵国典，陪祭庙庭。"

义恭长子朗，字元明，出继少帝，封南丰县王，食邑千户。为湘州刺史持节、侍中、领射声校尉。为元凶所杀。世祖即位，追赠前将军、江州刺史。孝建元年，以宗室祇长子歆继封。祇伏诛，歆还本。泰始三年，更以宗室韫第二子铣继封。为秘书郎，与韫俱死。顺帝升明二年，复以宗室琨子绩继封。三年，薨，会齐受禅，国除。

朗弟睿，字元秀，太子舍人。为元凶所害。追赠侍中，谥宣世子。大明二年，追封安陆王。以第四皇子子绥、字宝孙继封，食邑二千户。追谥睿曰宣王。以子绥为都督郢州诸军事、冠军将军、郢州刺史。进号后军将军，加持节。太宗泰始元年，进号征南将军，改封江夏王，食邑五千户。改睿为江夏宣王。子绥未受命，与晋安王子勋同逆，赐死。七年，太宗以第八子跻、字仲升，继义恭为孙，封江夏王，食邑五千户。后废帝即位，督会稽、东阳、新安、临海、永嘉五郡诸军事、东中郎将、会稽太守，进号左将军。齐受禅，降为沙阳县公，食邑一千五百户。谋反，赐死。

睿弟韶，字元和，封新吴县侯，官至步兵校尉。追赠中书侍郎，谥曰烈侯。韶弟坦，字无度，平都怀侯。坦弟元谅，江都愍侯。元谅弟无粹，兴平悼侯。坦、元谅、元粹弟元仁、元方、元旒、元淑、元胤与朗等几十二人，并为元凶所杀。

元胤弟伯禽，孝建三年生。义恭诸子既遇害，为朝廷所哀，至是世祖名之曰伯禽，以拟鲁公伯禽，周公旦之子也。官至辅国将军、湘州刺史。又为前废帝所杀。谥曰哀世子。又追赠江夏王，改谥曰愍。

伯禽弟仲容，封永修县侯。为宁朔将军、临淮、济阳二郡太守。仲容弟叔子，封永阳县侯。叔子弟叔宝，及仲容、叔子，并为前废帝所杀。谥仲容、叔子并曰殇侯。

【译文】

江夏文献王刘义恭，幼年时聪明颖悟，姿态容颜美丽，高祖特别钟爱，所有儿子都不及他。高祖饮食起居，经常不离左右。高祖生性省俭节约，所有儿子食不超过五杯酒食。而刘义恭受爱宠不同寻常求取水果吃，每天到了中午，所吃的水果已经不可计数。捡到他不曾吃尽的残果，都要在人乞讨时才给别的人。庐陵王等诸王不曾敢于求取，即使要求也不能得到。

景平二年，监任南豫州、豫州、司州、雍州、秦州、兰州六州诸军事、冠军将军、南豫州刺史，代庐陵王刘义真坐镇历阳，这时年龄十二岁。元嘉元年，册封为江夏王，食邑五千户。加使持节，进升封号抚军将军，赐给鼓吹一部。元嘉三年，监南徐州、兖州二州、扬州

晋陵诸军事、徐州刺史、持节，将军封号与以前相同。进任为都督，还没到任，太宜征伐谢晦，刘义恭又还坐镇京口。元嘉六年，改授散骑常侍、都督荆州、雍州、益州、梁州、宁州、南秦州、北秦州八州诸军事、荆州刺史，持节，将军职与以前相同。

刘义恭涉猎文学和道义，骄奢不事节俭。临出任镇抚职时，太祖给他书告诫他说："你年少仅及弱冠，便亲自就赴一方的职任。天下时事艰难，家与国的事情重大，虽说你是去守已有的成业，实际也不容易。朝代的兴废，国家的安危，就在我和你们这些皇子身上，难道能够没有感想，不思考谨守国家的基业吗，要像大为恐惧的样子那样小心负起政治的责任。今天，既然分别了，各在一方，再在一起说话没有确定的日子，没有机会再当面规划教诲你，你应当深刻地自行砥砺锻炼自己，遇事三思而后行。开诚布公，平心静气，亲自礼遇国内的贤人，以朋友的身份迎接豪杰俊士之辈，识别贤愚，鉴察邪正，然后才能够尽你的君子之心，集中人民的力量，治理好国家。你的精神爽快，意念敏悟，具有日新一业的美德。但是进德修业，还没有达到成熟的程度，我所以可惜，就在于不能完成你的学业。你的性情偏急，袁太妃也说是这样。人的性情要是有所偏急而有所阻滞不通，他的欲望又势在必行，这时候，思想与行动不统一，及至遇事又改变主意。这是最不好的事情。你应该坚定地确立你的志向，思考为实现你的志愿而裁省抑制自己的行为。哪里有大丈夫想要成名为世称赞而不能够自断其事的呢！今天粗粗地给你疏阵十几件事，你别离以后可用来自己省察。为时这，事情太大的不可能一一具陈，细小琐碎的事又不是一支笔可以写尽的。

"礼贤下士，这是圣人留下来的训典；骄纵奢侈尚，先哲们对此舍弃。心胸开阔，性情达观，处世大度，这是汉高祖刘邦的美德；猜疑别人，忌恨贤能，处世偏袒，断事急躁，这是魏武帝曹操的弊病。《汉书》称卫青说：'大将军遇士大夫时行之以礼，与下面的人相处时就加之恩'。西门、安于，矫正自己的性情使之趋美；关羽、张飞，任用偏急而趋向了弊端。当自己行动举事的时候，要深入地借鉴这些。"

"假如遇事不同于今天，继承人还很年轻。你将司徒当作是周公旦一样的贤人来对待，你不能不完全尽恭敬之理。即使有你的想法，就秘密地亲自书写陈述告诉他。在情形迹象上，你应当慎重地拥护他。至于有时产生安危，天下就看你们两个人的。不要忘记我的话。"

"今天，既然已经享有了与袁太妃一样的供给，计算起来，足以够用了。此外，都不要等待再求什么，近来电都已经说明这意思了。如果碰上大行犒赏，而且当时又碰到了财货有所不足，你自己可以少给多余的供奉。你在一个月间自己的用度不能超过三十万，倘若能比这还节省些，更好。"

"西楚地方宽广空旷，经常宜于早早地起床。接待宾客和僧侣，不要让他们长期停留滞阻。判断急的事情，要当机立断，如此，随后才可请他进屋问询，观看他的颜色，审察他的起居，有了应答就出来，不要等待和久停，以免耽误了你的政事。太阳落山到夜间，自然还有空余的时间。"

"府舍住址，园庭、池阁、堂馆及观门，略微有所讲究，计议停当了，就不要再行改造。司徒也说了这件事。倘若与手下有个不相统一的时候，必须小心周旋。应当以从开始到终了，都采用一种办法治事为限度。不惮繁难，纷纭变化，每天都要标新立异。"

"凡是审讯案件，断理狱讼，遇上多疑难解决的，一时间难于追究事情原委。这也实在是难事,你又不谙习世故,世事多端没有规范。可以审讯前一二天,取审讯的记录簿秘密地与刘湛等人共同详细研究,事情就会大不一样。到审讯那天,要以虚怀为要,博爱尽至为仁,千万不要以个人的喜怒加之于人。能够择善而从,秉公断案,美自然就归你自己了。不能够专一于你个人的意见自选决断,用以显示你独断的明智。万一有这种事出现,一定会大为恨惜。不但只是审理狱案是这样,君子用心于时事,自然也是这样。刑罚狱案的事不可以塞滞,一个月可以再行讯问。”

“凡遇到事情都应该缜密思考,也适宜于提前敕示你的手下。人都有至诚的心,手不所陈述的不能够泄漏出去,因而辜负了忠信的信条。古时候的人说,‘君主不守秘密,那么会失去他的臣子;臣子不守秘密,那么会丧失他自己。’有的人互相谗毁以致互相构怨,你不要轻易相信和接受一方而否定另一方。每有这类事情出现,你应当善于观察。”

“名器宜于常深深地加以爱惜,慎重地加以运用。不能够随便假借别人。亲近的人授爵赐封,尤其应该裁减数量。我对我的手下,虽然很少施恩。如果听到外边有议论,不要以为他们不对。”

以尊贵陵侵于人,那么人就不会服你;以威势强加于人,那么人就不会向你靠拢。这是容易理解的。

“声乐嬉游娱乐方面的事,不宜过分;赌博喝酒渔猎,一切都要停止不为。供给财用,限于事奉身体,都要有节度。奇特的服饰,怪异的器具,不宜于时兴滋长。你的左右嫔侍,已经有了几个人,从现在开始直至达到所镇的地方,不能够在匆忙之间再纳娶嫔侍。”

又告诫他说:“应当多引见辅佐你的官吏,不只是君主与臣子自然就应该相见。而且不多见,那么彼此就不亲近,不亲近,那么就不能完全了解人,不完全了解人,又凭什么将许多的事告诉他们便于他们辅佐你决断呢。广泛地引见人,既有益于你广闻博视,对于言事的人,也就有个受差遣用武之地。”

元嘉九年,征任为都督南兖州、徐州、兖州、青州、冀州、幽州六州和豫州梁郡诸军事、征北将军、开府仪同三司、南兖州刺史,坐镇广陵。这时,下诏京师内外的百官举贤荐才,刘义恭上表说:

“我听说以乐器(云和为乐器之代称)制备音乐,要杂会各种声音才会达到和谐;骓骝这样的骏马用于骖服,才能有致远之效。陛下顺成简以治世之理,努力化成天下,自身既有文明之德,正定了国家朝政的大业,皇权集中统一,尚且启用英髦之士,垂情留意于仄陋之间,发幽谷于空同,使之显著发扬光大。由此,潜藏的蛟虬得以能够耸鳞振奋,等待着奋发时期的时机;欲待飞翔的彩凤得以清理它的羽翼,因为有了响应招致来仪的感受。”

“我私自看到南阳的宗炳这个人,节操行事悠闲达观,思想与业绩都贞正面纯洁。在丘园中砥自己的节操,在盛世当前,却息而为宾,没有涉足仕途。以贫约自居,心里边没有要改变自己操行的想法。官府屡将去招请他,都坚定不移。倘若用蒲轮之国、锦帛之弊去聘请他,用天地大伦之美业去感化他,或许能让他投竿释褐,高兴地接受招聘供职朝廷,他的才能一定能够光耀九官,受到百官的称道。尚书金部郎徐森之,我府中的直兵参军事王天宝,一并都有能力充任朝廷,忠义宽厚,而且诚实不欺。往年乱臣叛逆,华阳被贼乱占领,徐森之能够保护疆土不受侵犯,安定百姓不受骚扰,他的功劳与才能在危难中得到表现。以前的经略伊、瀍,大行征伐没有成功而丧失了军旅,天宝向北,勤事河朔,在东面据守营丘，他的功勋和勇敢已经得到昭示，他为获得成功尽了心，也尽了力。虽然已经蒙受了褒扬，叙官得到任用，但是还没有尽其所能，可以一并授给边疆藩任之职，使他们施展自己抱负和才能。交阯辽阔，路途遥远，连续丧失官员和将领，政治与刑罚每每受到损害，抚理统治很艰难。南中相去京师遥远，王道风化难于到达。蛮、獠人非常狡黠，来去无踪。边境人民备受荼炭，实在等待朝廷去训他们，使那里得到充实，用以免除那里的患难。我说徐森可以任交州刺史，天宝可以任宁州刺史，幸许他们足以用威表感化那里的荒蛮，使政治严肃，民风清静，远近臣服。以前魏戊的贤达，他的功劳在于能够推荐隐士于朝廷；赵武的明智，他的勋业在于管理好府库。我的识见自愧不如以前的人好，我的思想只能谢让于先哲的明达。但是我所举荐的，是我了解的人，希望你派人去采访调查，退一步说我也害怕我是胡说八道，不值得甄别嘉许。"

十六上，进位任司空。第二年，大将军彭城王刘义康因为获罪，出任藩辅，刘义恭被征为侍中、都督扬州、南徐州、兖州三州诸军事、司徒、录尚书、领太子太傅，持节还同以前一样，赐给班剑二十人，行置仗加兵礼仪。第二年，解除都督南兖州的职责。二十一年，进任太尉，领司徒，其他任职还和以前一样。刘义恭处事小心、恭敬、慎重，而且借鉴刘义康的过失，所以虽然任职总录，但是只奉行文书而已，因此太宜很放心他。相府每年所接受的俸禄钱二千万，其他的物资加倍。但是刘义恭生性奢侈，用度常常感到不足，太宜又另外每年给钱一千万。二十六年，领国子祭酒。当时有人献给太祖皇帝刘义隆一匹五百里马，太祖赐给了刘义恭。

二十七年春天，索房骚扰豫州，太宜皇帝因为这件事，想开拓边疆以定河、洛。这年秋天，任命刘义恭统领一群将帅，出师镇守彭城。解除国子祭酒的职务。索房兵进一步推进，直接到了瓜步。刘义恭与世祖闭守彭城不战。二十八年春，房寇退兵逃跑，从彭城向北。刘义恭震恐害怕不敢追击索房。这天，有老百姓来告诉刘义恭说："房寇劫持广陵百姓一万多人，晚上驻扎在安王坡，离城几十里。现在追击，可以全部救出他们。"所有将领也一同请求追击。刘义恭禁止他们，不许他们追击。过了一夜，太祖刘义隆派遣来的快马到了，命令他们竭尽全力迅速追击房寇。刘义恭才派镇军司马檀和之开赴萧城。房寇已经提前知道檀和之追杀过来，于是全部杀了被劫持的广陵百姓，轻装骑马逃之夭夭。开始，房寇深入进军到腹地，太祖刘义隆担心刘义恭没有能力固守彭城，多方面地对刘义恭进行告诫限制，刘义恭回答说："我没有能够身临瀚海。也没有能够镇抚居延，希望不受刘促那样逃窜的耻辱。"等到房寇进攻彭城，刘义恭果然想临阵脱逃，依靠大家谏争，才得以阻止。把刘义恭降职为骠骑将军、开府仪同三司，其余职位都和以前一样。鲁郡孔子原来的园庭中有二十四棵柏树，经历了汉朝、晋朝几个朝代，长到个要几个人连起来才能抱围那么在，有二棵在以前折断倾倒，知书识礼的人出于对孔子的崇尚尊敬，所以没有谁敢去碰它们。刘义恭派人全部砍伐了这些树，地方上的人没有一个不为之叹息。刘义恭又以原来的官职领南兖州刺史，增加都督南兖州、豫州、徐州、兖州、青州、冀州、司州、雍州、秦州、幽州、并州十一州诸军事，加上原来的十三州，共二十四州。迁移坐镇盱眙。在盱眙兴修建造馆舍屋宇，规模和标准都比照东城。

二十九年冬天，从盱眙还朝京师，太祖用皇帝御乘的苍鹰船上水迎接刘义恭。遇上太妃病故，改授给他大将军、都督扬州、南徐州二州诸军事、南徐州刺史的职位，持节、侍中、录尚书、太子太傅职位与以前相同。返回东储镇抚。辞侍中职没有拜授。恰好刘劭发起弑君位的叛乱,这天刘劭召请刘义恭。在这以前,文帝刘义隆下诏唤太子刘劭和诸王,各自派固定的人去,以防有人诈称诏命而害他们。因此,这时刘义恭要求往常受派传诏的人传达诏命。刘劭派遣了平常传达诏命的人传诏给刘义恭。刘义恭才入宫见文帝,刘义恭请示拆掉宫殿内的卫兵,所有府内的卫兵仪仗,都一同返回了台府。刘义恭进位为太保,都督会州诸军事,穿着侍中的服装,又领任大宗师。

世祖发兵向京师讨伐,刘劭怀疑刘义恭怀有叛逆的心理,让他入富居住在尚书下省,分开他的所有儿子都居住在神虎门外侍中下省。刘劭听说世祖已经临时驻扎到靠近京师的地方,想竭尽全力抵抗,与他在半路上决战。刘义恭担心世祖的船只简陋规模小,刘劭要是在激流中突袭他,或许有可能给他造成灾祸,于是向刘劭进言说:"割弃南岸江边,造栅以遮断石头城的路,以此作为据守,这是前代固有的老办法,以逸待劳,不打他不败他。"刘劭依从了刘义恭的建议。世祖刘骏的前锋军抵达新亭,刘劭劫持刘义恭出京师迎战,对刘义恭盯得很紧,因此刘义恭没能够摆脱他们。刘邵战斗失败,命令刘义恭到东堂点将。刘义恭先派人准备船在东冶河渚,因此单兵匹马向南投奔世祖刘骏。刚过秦淮河,追兵已经到达北岸,得以逃脱没有抓住。刘劭很愤怒,就派始兴王刘睿到西省杀害了刘义恭的十二个儿子。

世祖这时在新林浦,刘义恭已经赶到,上表劝说世祖登皇帝位,说:"我听说治理与动乱,没有什么先兆,而祸与福各自相倚,乾灵降祸,二凶极逆,非常残酷,极为痛心,前所未有。你天生忠心孝顺,赫然如雷电般奋发,投袂泣血,四海顺心归正。因此诸侯会风起云涌般投奔你,数量足以挡得住八百诸侯,尚义而起的军队,他们集结起来就像山林一样多。神灵降福的祚位和明德,总要有一个界限,而你谦逊冲和,不登天子之位,这不是以宗庙社稷为重而使之水运延续,世世代代不穷尽。以前张武抗直而言,代王顺从请求而为汉文帝;耿纯陈述意旨,光武帝刘秀登上了皇位。何况现在是罪臣逆贼不视亲戚,恶贯满盈,依仗手中有军队,安于做残忍的事,杀戮善良无辜的人,宠崇奸邪的人,使顶天立地活生生的人,在顷刻间死于非命。你应当及早确定尊号,用以巩固国家朝政。现在的时事处在少帝刘义符景平那样的年代,实在是应该顺应时事高兴地进取。王室陷入了动乱,也是天意要使这样。因此,抱拜兆于压壁,龙表于霄征。伏着想您正大光明而无私心,在远可以保存宗室国家七庙之灵,在近可以哀念平民百姓遭涂炭的切肤之痛,当及时登位称帝,用以永远安慰大家的心灵。我负担焚身受绞的处罚,苟且偷生于众人之间,有幸得到你宽仁的政治,等待治罪于有司,胆敢置自身于不顾,披露肝胆,告诉你全部的想法。"世祖刘骏登皇帝位,授给刘义恭使持节、侍中、都督扬州、南徐州二州诸军事、太尉、尚书六条事、南兖州两州、徐州刺史,赐给鼓吹一部,班剑二十人,另加赐假黄钺。事情安定,进任太傅职位,领大司马,增加班剑达到三十人。用他在出镇外时所佩戴的玉环大绶带赐给他,增加封邑二千户。

世祖刘骏不想致尊敬礼貌于大傅,因此指使有司上奏议说:"圣旨谦逊光明,尊师重道,想要致礼敬拜太傅,这事情诚然是要弘扬王道,使远方都得到风化,阐释朝廷治政的基本规则。劝勉百官躬亲实践。然而,周代太师、太保,与太傅一并称之为官吏,晋朝因袭三国曹魏的办法,唯独只提高了太傅的位置。做皇帝的准则特别严明,太傅既然已有了通常的地位和尊严,又特意提高他的地位,将这件事考察于历史记载,没有这样的规定。因此,卞壶、孙楚都说人民的君主只有授职给人,没有降尊给人的义务。从长远看圣人制定的典章制度，从近看大家的心愿，我们这些臣子参与商议都说不应该再有加拜的礼节。"世祖下诏说："昏庸而薄德的人继承大统，实在要靠师傅的指导和规范，尽心尽意虔诚恭敬，从而承受王道的训诫。你们写的奏章，考察历史上朝代，说没有君主拜见太傅的礼仪。言之有据而文意明白，我就依照你们的意见，不要拜授太傅。"世祖册立太子后，凡是进送东宫的文件案牍，一律先经过刘义恭。孝建元年，南郡王刘义宣、藏质、鲁爽等人造反。世祖加给刘义恭黄钺、白直百人进入六门。叛乱平定，将藏质原来拥有的一匹七百里马赐给刘义恭，又增加封邑二千户。世祖认为刘义宣叛乱悖逆朝廷，是由于势力强盛，因此想削弱王侯的势力。刘义恭观察到了世祖的意思，于是上表省录尚书说："我听说天与地设定万事万物的位置，天、地、人三极都在一个系列上，皇王化则，九官都是共事朝廷。时代所崇尚的功业，昭示在《虞典》上，阐释王道风化已宣行于周代。台、辅的设置，是要与阴、阳相调和，元辅和尚书省的确立，确定百事。所以，銮铖的箭矢之言，有过失的犯官得引以为成；陈平抗意陈辞，不是自己职守便不要回答。汉朝继续在秦朝后面，对前代的东西稍有改变。爵秩因时代的不同而有变化，任职随着世事的发展而迁徙。总录的制度，原本不是古代制度，但是历代相互沿袭，到现在也没有什么变革。今天，我朝创建，凡事都遵循以前的文献，还应该效法前代，征文于古代法典，停止简省条录，使之合乎历史的典章。使万物竞相思虑自己的生存，所有的人都想着勤于国事，那么名义与实际就不会相佐，庸人与节士会载记史册。我荒谬地典属国家大事，白白地担荷崇高的位置。应当清楚国事之兴起与停止，因此岂敢不把我所知道的全部告诉孝武帝。"世祖刘骏采纳了他的建议。

刘义恭又与骠骑大将军竟陵王刘诞上奏说："我听说舞队数目和县磬数目各自有数，上下尊卑的等级仪制不同。珮和笏都依制度进行，卑微与崇高秩序炯然有别。这完全是出自上哲的洪谟，规范世人的明训。而时至今天，沧海横流，万物无不挂疵积弊，僭越奢侈成为风俗，轨度不同于往古。晋代向东迁徙，原有的王法被沦落，诸侯、牧守典章，因事而更为多样。名与实一有差别，难以在短时间内加以改变。章冠与服饰穿着制度很滥，已经有了年头。现在，朝廷的枢机更新改造，君主的风范灿然一新，磨耗积弊未得充实，百用考虑从简，应当修订官品、式样的法律，确定损益的条款。臣等既为皇室宗枝，又为陛下所亲近，职官参坐在台、辅之间。遵行正道的首要任务，请以清理爵秩的封赏放在最前面。有所贬斥的，就从皇亲国戚开始。闲暇的日子，共同参研我们愚蠢的想法，还需加以审察变易。谨慎地陈述九件事。虽然还害怕有所言不由衷，但是已经竭尽了我们心意。恳切地希望孝武帝在聆听和阅读奏疏后的闲暇时间里，稍微垂青于我们的愚心，将我们的奏议给予公布或采纳，那么朝廷上下就会相安无事，宗室内外就会和睦共处了。"下诏将刘义恭与刘诞的奏章外放详议。"

有司上奏说："车辆、服饰的作用，是《虞书》确立的规定；名分、祭器借给别人特别慎重，是《春秋》规定的戒律。因此，尊崇礼法，确定制度，汉代有了严格的法律、诸侯不敢不服从，虽然是皇家宗室亲戚，犯了法也一定要治罪，及至到了当代，下面的人僭越制度更加到了极点，皇帝使用物器具、衣服、装饰、音乐、舞蹈、音容，通达到了王和公卿，及至平民百姓。在下面与在下面没有区别，平民百姓都像王公贵戚一样。刘义恭所陈述的，实在合乎礼制法度。九条的内容，犹尚有没说到的，又谨慎地再作补充，共二十四条。

"听事不能够南面坐，要设账和沓。藩属国的官员，在隆冬不能够赤足登上国殿，以及带上待国太师的传命和油戟。公主、王妃派使传令的人，不得穿红色衣服。所用的车子不能有霞枫，鄣扇不能使用野鸡尾。剑不能文饰鹿卢的形状，槊耗不能采用孔雀的白毛，夹毂队的人不能着绛色袄，平时乘散马不能超过二匹。少数民族的伎人不能穿彩衣，舞会在隆冬时穿褌衣，装饰面容时不能用花，隆冬时会舞，不能演武戈舞、怀枰舞、长高跻、透狭、舒丸剑、博山、缘大橦、升五案，所有不是冬至会奏的舞曲，都不能舞。所有王妃、公主不能着绳带。传命使臣使用的旗号不属于台省官的一律用绛色。郡县的内史相及所有在封内的长官，相对于他受封的君主，已经不在三列之内的，罢官以后就不再条用敬辞，不可以自称臣，宜于自称下官。所有藩镇长官平时出巡，乘车前面和后面的仪仗不能多于六队，夹车毂的白直，不包括在此限。使用的刀不能用比银或铜华贵的东西作装饰。诸王的女儿封为县主，诸王的儿子继承王位者的王妃和各个夫人出行，都不能用卤薄。诸王子继位者，他们的婚丧吉凶之事，一律按诸国公、侯的礼仪，不能与皇帝、皇子相同。车子不是辎车，不能够用油幢，平时乘船都要卸下两头使之成为敞露的平台，不能拟制象龙舟，一律不能用红色油漆。帐钩不能作成五色花和竖笋形。"下诏许可这一奏章。

这年十一月，刘义恭返回京口镇抚。二年春天，进位督东兖州、南兖州二州。这年冬天，被授任扬州刺史，其他职位与以前相同。加赐入朝不小跑，参赞、迎接不称姓名，带剑穿鞋上殿的特殊礼遇，刘义恭坚决辞让不受这种特殊礼遇。又解除了持节、都督和待中的职务。

刘义恭撰写《要记》五卷，上起自西汉，下至晋朝太元年。表奏送给考武帝，孝武帝下诏付给秘阁。这时，西阳王刘子尚受到特别宠爱，刘义恭解除扬州刺史，用以避免构怨于刘子尚。于是进位任太宰，领司徒。刘义恭经常忧虑他会受到世祖刘骏的猜忌，等到海陵王刘休茂在襄阳作乱时，才上表孝武帝说：

"古代明哲的君王，没有谁不是广泛地任用培植周围的亲戚，用以屏蔽皇权帝基。诸侯得到了爵位，也希望永远巩固国家的宗族的统治。管叔、蔡叔为祸周朝，有梁王刘武、燕王刘旦为祸于汉朝，对上有悖于朝廷给他们显赫封赐的恩泽，对下丧失了宗庙血食之典。善行积累至于深厚，那么就能长久地享有帝王的业绩。而历代的侯王，比平民百姓要好得多。难道异姓公侯士大夫就好，皇族的人就都不行。这是由于他们生长在深宫里面，没有看到过农夫的耕种庄稼，他们的手下和近臣侍卫，没有从事过逐耕，财用富足，地位尊贵，骄奢淫逸，自然就会随之而来，聚众闹事，于是危害嫁祸于朝廷。汉代的诸王，都一并设置了太傅、丞相，犹尚不能够禁止叛逆，七国联合造反，实在都是由于诸王势力强盛造成的。晋代授封太多，恰好足够滋生永嘉之乱。尾巴大了，不好掉头左右它，自古以来都出自同一个毛病，不再有所更改变动，那么到头来就会无可救药。

前些时候，庶人刘邵依仗皇室的亲戚关系，几乎倾覆了国家的政权。去年西边的寇贼刘义宣借助于朝廷对他们的恩宠，差点毁掉了皇室的基业。没想到襄、楚之地，又出现了现在的动乱，在很大程度上是因为他们受封拥有疆土过分辽阔，军队过于勇敢，对他们的奖励反而酿成了凶恶。前事不忘，后事之师。孝武帝英明，即位称帝，设王法于万代。我年龄大，精神恍惚，没有什么知识见解，不称职地作为皇族的长辈，惭愧、感慨、内疚，非常深刻，想要上表我的一管之见。用以辅助你万一。我私下认为诸王显贵重要，不应该让他们居处边境，至于中华州郡的好地方，时或可以让他们暂时出京师到那里去镇抚。既然有个州的设置，就不必要再设置府。倘若用一职位兼有三种职责，可以由长史、掾属倘若适合到那里去镇抚行使职权，可以另外派守城大将去那里充任职守。倘若他的性情乐于内向软弱，就不宜派他去从事征讨方面的事。倘若舍弃文礼，崇尚武争的事，尤其应该禁止。批属佐吏的文学之士能把活讲清楚就行。像游于梁国那样的文学之士，一律予以排斥。文官武将到方镇任职，应该按时调动。妻子、儿女等家室，不应让他们跟随一道前往镇抚的地方。朝廷命官的文件，送达朝廷，应当遵守晋朝的条令，等待宣令都到齐，都充列在君主两侧的来宾席上。隐居的人，也无须烦扰显赫的侯和尊贵的君主。私人拥有的兵器甲具，作用很小，凡是金银装饰的刀剑及作战工具和服装，都应该输送朝廷。曲突徙薪防患于未然。这样做了，大概会使行善的人没有了恐惧，凶恶的人停止了为奸犯科"。

这时，世祖严酷暴戾，刘义恭担心不被他所容纳，于是使用谦卑的语言，曲尽其意奉承，而且敏捷辨绘，善于附会，仰俯应承之间，也都十分有容貌威仪。每当有符瑞出现，总是献上自己的赋颂文章，陈述颂赞美德。大明元年，有三脊茅生长在石头城西岸，刘义恭便几次表奏孝武帝封禅，孝武帝大为高兴。三年，省去兵佐的职任，加领中书监职，以崇艺、昭武、水化三个营共四百三十七户充府用，又增加吏僮一千七百人，加上以前的共二千九百人。六年，解职司徒府、太宰府，返同以前一样应召入朝。又每上赐给他三千匹布。

七年，随孝武帝刘骏出巡，兼尚书令职，解除中书监职。八年闰月，又领太尉职。一个月，世祖去世，遗诏说："义恭解除尚书令，加任中书监。柳元景领尚书令职，搬进城内居住。凡遇事情，不论大小，都要征询刘义恭、柳元景的意见。国家大事请沈庆之参加决定，倘若有军事行动，可以让他作最高统帅。尚书省中的事情委任颜师伯处理，对外监察军事方面的事情委任给王玄谟。"前废帝登皇帝位，下诏说："总录的典章，确立在前代。孝建元年，虽然暂时合并简省了一些，但是沿袭不变与更新革面都要适合时宜，合理的存在在于能够利于处理时务。我孤独无依，不曾涉及政治，不论大事小事，都依靠遵循德的原则来处理。太宰江夏王刘义恭刚被任命了中书监、太尉的职务，居处在宗室长辈的重要地位，受遗诏秉承朝政要职，是我深深地依靠，使天下平安，万事有功，可以任一尚书事，本宫中书监、太宰、江夏王职位如同以前。待中、骠骑大将军、南兖州刺史、巴东邵开国公、新任尚书令柳元景与刘义恭一道受遗诏安排，作为皇室的辅翼。赞助朝政的事业，宣扬王道风化，就依靠你们二公。可以就本官号开府仪同三司，所领军队、设置的佐吏，都保存以前世祖准许的制度。领丹阳尹、待中、领公职位和以前一样。"又增拨给刘义恭班剑四十人，再次明确加赐给他特殊礼仪，刘义恭坚持辞让。

刘义恭生性喜欢行动不持之以恒，每天每时都有迁移变化，从开始封王到被前废帝刘子业杀害，多次迁徙居住地。与人交游时，他的兴趣爱好也有许多时候是有始无终。而生活奢侈没有限度，不珍惜爱护财物珍宝，他手下亲近信赖的人，一天向他请示赐予，有时或一次给钱一、二百万，稍有不合他的心意，动辄又将赐给人的东西追夺回来。大明年间，资财供应丰富多样，但是支用常常不足，赊账购买百姓货物，没有钱偿还，百姓中有人通过不途径捎欠条给他，动辄在欠条的后面写"原"字了之。善于骑马，理解音律，浏览行走有时竟远达三五百里。世祖任凭他为所欲为，不加责怪限制。游玩到东面的吴郡，先登上虎丘山，又登上无锡县乌山，用以观望太湖。大明年间撰写国史，世祖皇帝亲自给刘义恭作传记。到永光年中，虽然担任宰相，辅弼朝政，而巴结皇帝的贴身待臣戴法兴等人，经常像赶不上他们的样子。

前废帝狂妄不循常规，残暴无道，刘义恭、柳元景等人计划想要废除他的皇位。永光元年八月，前废帝率领羽林兵到刘义恭家中杀了他，以及他的四个儿子，刘义恭死时五十三岁。砍断分离了刘义恭的四肢和身体，剖开肠胃，挑出眼珠，用蜂蜜浸泡眼珠，用以制作鬼目粽。太宗平定动乱登皇帝位，下诏令说："原中书监、太宰、领太尉录尚书事、江夏王刘义恭的修养道德非常高深，明智判断是非的能力可以通达远方，在列藩时即已声望遍布，宣扬王化风尚建立了自己的德仁。职位显赫隆于周公旦，责任重大有如负图，为国家辛勤劳苦，当他担受辅佐朝政大任的时候，尽心辅佐领导，自始至终保持着和融雍穆的态度。但是凶恶丑陋的人害怕他的威仪，大肆冤枉谋害他，夷族杀身，残暴不忍，殡葬的墓穴都没听说建立。对此愤恨到了极点，连幽冥之界都有愤激的情绪，朝廷内外都为之痛心疾首。我遭受危害，处在险难之中，忍含恶愤，不曾申诉。有幸依赖祖先神灵护佑，能够得到向天祈祷的皇位，上对建立功勋的宗戚，震恐哀恸的心情难于言表。西汉梁王非常平庸，朝廷都加赐给了他行警跸的大礼；东汉东平王刘苍好善乐施，明帝特赐建造黄屋。何况刘义恭的德仁广博、浩大、美妙，与常典相比也没有不同。可以追尊他为使持节、待中、都督中外诸军事、丞相、领太尉、中书监、录尚书事、江夏王，同生前一样。增赐给九旒銮辂、虎贲班剑一百人、前后部羽葆、鼓吹、辒辌车。"

泰始三年，又下诏说："皇室的基业贵在创建，《屯》《剥》两卦说志在守业艰难。轰轰烈烈地开创基业，浩浩荡荡光大开国的成果，造就了大的业绩，厚实的成就。因此，要进行祭祀，世代奉祀，将功勋铭刻在宗族的典制上。世祖皇帝平定动乱，巩固皇室的基业，实在依靠忠达的羽翼和辅弼。原使特节、侍中、都督中外诸军事、丞相、领太尉、中书监、隶尚书事江夏文献王刘义恭，原使持节、侍中、都督南豫州、江州、豫州三州军事、太尉、南豫州刺史、巴东郡开国忠烈公柳元景，原侍中、司空始兴郡开国襄公沈庆之，原持节、征西将军、雍州刺史洮县开国萧侯宗悫，他们或者理喻治道达到了微妙的境地，能够籍以和他康世，有的或者竭尽忠诚，效忠朝廷，更易国难，使之趋向平定，制裁叛逆。应当让他们的享祀等同国典，陪祭在宗庙中间。"

刘义恭长子刘朗，字元明，作为少帝的继嗣，册封为中南丰县王，赐给食邑一千户。任湘州刺史、持节、侍中、领射声校尉。被刘劭杀害。世祖即位称皇帝，追赠为前将军、江州刺史封号。孝建元年，用宗室刘祗的长子刘歆继承封号。刘祗被诛杀，刘歆削职还本。泰始三年，又改用宗室刘韫第二个儿子刘铣继承封号。任职秘书郎，与刘韫一同死。顺帝升明二年，又以宗室刘琨儿子刘绩承袭封号。升明三年，去世。遇上齐朝取代宋朝，封国消除。

刘朗的弟弟刘睿，字元秀，太子舍人，被刘劭杀害。追赠为侍中，谥号称宣世子。大明二年，追封为安陆王。以第四皇子刘子绥、字宝孙继承封赐，食邑二千户。追赠刘睿号称宣王。以刘子绥任都督郢州诸军事、冠军将军、郢州刺史。进封后军将军，加持节。太宗泰始元年，进封征南将军，改封为江夏王，食邑五千户。改赠刘睿江夏宣王。刘子绥尚未受命，与晋安王刘子勋一同叛逆，赐死。七年，太宗以第八子刘跻、字仲升，作刘义恭的继嗣孙，册封为江夏王，食邑五千户。后废帝刘昱登皇帝位，任命他督会稽、东阳、新安、临海、永嘉五郡诸军事、东中郎将、会稽太守。进任左将军。齐朝受禅，刘跻被降为沙阳县公，食邑减至一千五百户。因谋反，被赐死。

刘睿的弟弟刘韶,字元和,册封为新吴县侯,任官至步兵校尉。追赠为中书侍郎,谥号烈侯。刘韶的弟弟刘担,字元度,受封为平都怀侯。刘坦的弟弟刘元谅,受封为江安愍侯。刘元谅的弟弟刘元粹,受封为兴平悼侯。刘坦、刘元谅、刘元粹一并追赠为散骑侍郎。刘元粹的弟弟刘元仁、刘元方、刘元旒、刘元淑、刘元胤与刘朗等一共二十人,一并被刘劭杀害。

刘元胤的弟弟刘伯禽,孝建三年出生。刘义恭十二个儿子被杀害。朝廷为之哀悼,因为这样,世祖皇帝刘骏给他取名叫伯禽,类比鲁公伯禽,周公旦的儿子。任官为辅国将军、湘州刺史。又被前废帝杀害。愍号称哀世子。后追赠为江夏王,改愍号叫愍。

刘伯禽的弟弟刘仲容,受封为永修县侯。任职为宁朔将军、临淮、济阳二郡太守。刘仲容弟弟刘叔子,受封为永阳县侯。刘叔子的弟弟刘叔皇,和刘仲容、刘叔子,一并被前废帝杀害。刘仲容、刘叔子谥号一并称殇侯。

羊欣传

【题解】

羊欣(公元 370~442 年),字敬元,泰山南城(今山东省费县西南)人。官至义兴太守、中散大夫。他是刘宋著名书法家,曾得王献之真传,他的隶书在王献之以后,可以独步当时,因而有这样的谚语:"买王得羊,不失所望。"

【原文】

羊欣字敬元,泰山南城人也。曾祖忱,晋徐州刺史。祖权,黄门郎。父不疑,桂阳太守。

欣少靖默,无竞于人,美言笑,善容止。泛览经籍,尤长隶书。不疑初为乌程令,欣时年十二,时王献之为吴兴太守,甚知受之。献之尝夏月入县,欣著新绢裙昼寝,献之书裙数幅而去。欣本工书。因此弥善。起家辅国参军,府解还家。隆安中,朝廷渐乱,欣优游私门,不复进仕。会稽王世子元显每使欣书,常辞不奉命元显怒,乃以为其后军府舍人。此职本用寒人,欣意貌恬然,不以高卑见色,论者称焉。欣尝诣领军将军谢混,混拂席改服,然后见之。时混族子灵运在坐,退告族兄瞻曰:"望蔡见羊欣,遂易衣改席。"欣由此益知名。桓玄辅政,领平西将军,以欣为平西参军。仍转主簿,参预机要。欣欲自疏,时漏密事,玄觉其此意,愈重之,以为楚台殿中郎。谓曰:"尚书政事之本,殿中礼乐所出。卿昔处股肱,方此为轻也。"欣拜职少日,称病自免屏居里巷,十余年不出。

义熙中,弟徽被遇于高祖,高祖谓谘议参军郑鲜之曰:"羊徽一时美器,世论犹在兄后,恨不识之。"即拔欣补右将军刘藩司马,转长史,中军将军道邻谘议参军出为新安太守。在郡四年,简惠著称。除临川王义庆辅国长史,庐陵王义真谘议参军,并不就。太祖重之,以为新安太守,前后凡十三年,游玩山水,甚得适性。转在义兴,非其好也。顷之,又称病笃自免归。除中散大夫。

素好黄老,常手自书章,有病不服药,饮符水而已。兼善医术,撰《药方》十卷。欣以不堪拜伏,辞不朝觐,高祖、太祖并恨不识之。自非寻省近亲,不妄行诣,行必由城外,未尝入六关。元嘉十九年,卒,时年七十三。子俊,早卒。

【译文】

羊欣,字敬元,是泰山郡南城县人。他的曾祖羊忱,在晋朝官至徐州刺史。祖父羊权,官至黄门郎。父亲羊不疑,官至桂阳太守。

羊欣少年时,性格沉静,寡言少语,与人无争,谈笑时音容甜美,举止得体。他广览经史图籍,尤其擅长隶书。他的父亲羊不疑起初任乌程县令,当时羊欣才十二岁,那时王献之任吴兴太守,很喜欢羊欣。有一次王献之在大热天来到乌程县衙,这时羊欣正穿着新绢做的裙睡午觉,王献之就在他的裙幅上写了几行字,就走开了。羊欣本来擅长书法,因此事更加热爱书法艺术。他初任官为辅国参军,因将军府撤销,他就回到家乡。隆安年间,朝政日益昏乱,羊欣便在家闲居,不再出来当官。会稽王司马道子的世子司马元显,多次请羊欣写字,羊欣则推辞不答应,司马元显大为恼火,于是安插他为后军府舍人。这种职务本来只任用下层人士,羊欣对此却心情平静。不把职位的高低放在心上,为此人们对他大加称赞。羊欣曾去拜见领军谢混,谢混马上打扫座席,换了便服,然后才见羊欣。当时谢混的族侄谢灵运在座,他退出后告诉本族哥哥谢瞻说:“望蔡(谢混的字)接见羊欣,竟然更衣而且更换座席。”羊欣从此更加知名。桓玄为辅政大臣,并兼任西平将军,任羊欣为西平参军,后来转为主簿,参与机密要事的处理。羊欣想自行疏远桓玄,不断故意泄露机密,桓玄察觉了他的用意,对他却更加倚重,任他为楚台殿中郎。并对他说:“尚书郎一职关于国家的政事根本,殿中郎一职主持制定政令。过去你处在辅佐地位,比起现在的职务,地位还是轻了些。”羊欣任职没有几天,就称病辞职了,他隐居在普通街巷之中,十几年不出来做官。

东晋义熙年间,羊欣的弟弟羊徽受到宋高祖刘裕的重用,刘裕对谘议参军郑鲜之说:“羊徽是一时的美才,声誉还在他哥哥之下,我因不认识羊欣感到遗憾。”当即就荐奏他补为右将军刘藩的司马,又转为长史、中军将军刘道邻的谘议参军。又外任为新安郡太守。在新安任职四年,在简政利民著称。升任他为临川王刘义庆的辅国长史、庐陵王刘义真的车骑谘议参军,他都不去就任。宋太祖刘义隆很敬重他,又任他为新安郡达守。前后在郡十三年,游山玩水,十分得意。又转任他为义兴郡太守,他并不喜欢这个职务,过了不久,就称病辞职回乡了,朝廷给他加中散大夫衔。

羊欣一向爱好黄老学说,常常亲笔书写有关章节。‘他生了病不吃药,只是饮用道家的神水。他又擅长医术,著有《药方》十卷。羊欣因上朝跪拜不便,就不去朝见皇帝,宋高祖刘裕、太祖刘义隆都因不认识他而感到遗憾。羊欣在家,除非去看望知己的亲戚,不随便去拜访其他人,他出门也必绕城而行,没有走进过城关,元嘉十九年去世,终年七十三年。他的儿子羊俊,很早就死去了。

裴松之传

【题解】

裴松之(372~451年),字世期,河东闻喜(今山西闻喜)人。曾任国子博士、永嘉太守等职。他受宋文帝之命而注《三国志》,于元嘉六年(429年)写成奏进。其注引书,据清人统计达二百一十种(见沈家本《三国志注所引书目》)。他利用这些丰富的史料,对《三国志》进行了补阙、备异、惩妄、辩论等工作。《四库全书总目提要》把注文的特点归结为六项:"一曰引诸家之沦以辨是非;一曰参诸书之说以核伪异;一曰传所有之事评其委曲;一曰传所无之事补其阙佚;一曰传所有之人详其生平;一曰传所无之人,附以同类。"这就使注文有了补编的性质。《三国志》注文的这一特点,对更多地保存史料、辩证史事,都是极有价值的。被后人称为"注史的新例"。但注文对各种传说,摘引甚多,虚实混淆,博则有余,恰则不足,这成为该注的主要缺点。后人将该注简称为《三国志》裴注,并将其注的原则奉为注释史书的基本依据,对我国史注产生了重大影响。

裴松之

【原文】

裴松之字世期,河东闻喜人也。祖昧,光禄大夫。父珪,正员外郎。松之年八岁,学通《论语》《毛诗》。博览坟籍,立身简素。年二十,拜殿中将军。此官直卫左右。晋孝武庆元中革选名家以参顾问,始用琅玡王茂之、会稽谢辀,皆南北之望。舅庚楷在江陵,欲得松之西上除新野太守,以事难不行,拜员外散骑侍郎。义熙初,为吴兴故鄣令。在县有绩,入为尚书祠部郎。

松之以世立私碑,有乖事实,上表陈之曰:"碑铭之作,以明示后昆,自非殊功异德,无以允应兹典。大者道勋光远,世所宗推,其次节行高妙,遗烈可纪。若乃亮采登庸,绩用显著,敷化所莅,惠训融远,述咏所寄,有赖镌勒。非斯族也,则几乎僭黩矣。俗敝伪兴,华烦已久,是以孔悝之铭,行事人非;蔡邕制文,每有愧色。而自时厥后,其流弥多。预有臣吏,必为建立,勒铭寡取信之实,刊石成虚伪之常,真假相蒙,殆使合美者不贵,但论其功费,又不可称。不加禁裁,其敝无已。"以为:"诸欲立碑者,宜悉令言上,为朝议所许,然后听之。庶可以防遏无征,显彰茂实,使百世之下,知其不虚,则义信于仰止,道孚于来叶。"由是并断。

高祖北伐，领司州刺史，以松之为州主簿，转治中从事史。既克洛阳，松之居州行事。宋国初建，毛德祖使洛阳。高祖敕之曰："裴松之廊庙之才，不宜久尸边务，今召为世子洗马，与殷景仁同，可令知之。"于时议立五庙乐，松之以妃藏氏庙乐亦宜与四庙同。除零陵内史，征为国子博士。

太祖元嘉三年，诛司徒徐羡之等，分遣大使，巡行天下。通直散骑常侍袁渝、司徒左西掾孔邈使扬州；尚书三公郎陆子真、起部甄法崇使荆州；员外散骑常侍范雍、司徒主簿庞遵南兖州；前尚书右丞孔默使南北二豫州；抚军参军王歆之使徐州；冗从仆射车宗使青、兖州；松之使湘州；尚书殿中郎阮长之使雍州；前竟陵太守殷道鸾使益州；员外散骑常侍李耽之使广州；郎中殷斌使梁州、南秦州；前员外散骑侍郎阮园客使交州；驸马都尉、奉朝请潘思先使宁州，并兼散骑常侍。班宣诏书曰："昔王者巡功，群后述职，不然则有存省之礼，聘颣之规。所以观民立政，命事考绩，上下偕通，遐迩咸被，故能功昭长世，道历远年。朕以寡暗，属承洪业，夤畏在位，昧于治道，夕惕惟忧，如临渊谷。惧国俗陵颓，民风凋伪，眚厉违和，水旱伤业。虽躬勤庶事，思弘攸宜，而机务惟殷，顾循多阙，政刑乖谬，未获具闻。岂诚素弗孚，使群心莫尽？纳隍之愧，在予一人。以岁时多难，王道未壹，卜征之礼，废而未修，眷彼氓庶，无忘攸恤。今使兼散骑常侍渝等申令四方，周行郡邑，亲见刺史、二千石官长，申述至诚，广询治要，观察吏政，访求民隐，旌举操行，存问所疾。礼俗得失，一依周典，每各为书，还具条奏，俾朕照然，若亲览焉。大夫君子，其各悉心敬事，无惰乃力。其有咨谋远图，谨言中诚，陈之使者，无或隐遗。方将敬纳良规，以补其阙。勉哉勖之，称朕意焉。"

松之反使，奏曰："臣闻天道以下济光明，君德以广运为极。古先哲后，因心溥被，是以文思在躬，则时雍自洽，礼行江汉，而美化斯远，故能垂大哉之休咏，廓造周之盛则。伏惟陛下神睿玄通，道契旷代，冕旒华堂，垂心八表，咨敬敷之未纯，虑明扬之靡畅，清问下民，哀此鳏寡，涣焉大号，周爱四达。远猷形于《雅》《诰》，惠训播乎遐陬。是故率土仰咏，重译咸说，莫不讴吟踊跃，式铭皇风；或有扶老携幼，称欢路左，诚由亭毒既流，故忘其自至，千载一时，于是乎在。臣谬蒙铨任，忝厕显列，猥以短乏，思纯八表，无以宣畅圣旨，肃明风化，黜陟无序，搜扬寡闻，惭惧屏营，不知所措。奉二十四条，谨随事为牒，伏见癸卯诏书，礼俗得失，一依周典，每各为书，还具条奏。谨依事为书以系之后。"松之甚得奉使之义，论者美之。

转中书侍郎、司冀二州大中正。上使注陈寿《三国志》。松之鸠集传记，增广异闻，既成奏上。上善之，曰："此为不朽矣。"出为永嘉太守，勤恤百姓，吏民便之。入补通直为常侍，复领二州大中正。寻出为南琅琊太守。十四年致仕，拜中散大夫，寻领国子博士，进太中大夫，博士如故。续何承天国史，未及撰述。二十八年，卒，时年八十。子骃，南中郎参军。松之所著文论及《晋纪》，骃注司马迁《史记》，并行于世。

【译文】

裴松之字世期，河东闻喜人，他的祖父裴昧，担任过光禄大夫。他的父亲裴珪，担任过正员外郎。裴松之八岁的时候，通学了《论语》和《毛诗》。他博览群书，为人清淡朴素。二十岁的时候，拜为殿中将军。殿中将军这个官是皇帝左右的近卫。晋孝武帝太元年间选拔名家参与顾问，才开始用琅玡的王茂之，会稽的谢辐，这二位一南一北享有很高的声望。裴松之的舅舅庾楷在江陵，想让裴松之西上担任新野太守，因为事情困难而没有实现，于是拜他为员外散骑侍郎。义熙（405~418 年）初年，裴松之担任吴兴故鄣县令。有政绩，调入朝中任尚书祠部郎。

裴松之因为社会上个人所立的碑，文字与事实不符，于是上表说："碑铭的写作。是为了昭示后人，从本意上说不是特殊的功勋和特出的德行，不应当享有碑铭。（应当享有碑铭的）第一是思想勋绩影响很大，受到全社会的推崇的人；其次是高风亮节，有遗烈可记述的人；至于那些辅助皇帝的人，成绩显著的人，改造他所任职的地方的人，有好的教导长久流传的人，咏诗作文的人，也是需要勒铭镌刻的。不是以上几种人，（如果也立碑刻铭）就几乎是僭越和亵渎了。这种庸俗作假的风气兴起，使用华靡的辞藻由来已久，所以孔悝的铭文，正确的行为却遭到人们的非议；蔡邕写作碑文，（因不符合事实，）每有愧色。但自他们以后，流弊就更加多了。稍有职务，就必定要立碑刻铭，勒铭很少有能使人相信的事实，刊石只不过成了弄虚作假的家常便饭，真假混杂，就使得应当得到美名的不显得珍贵，只说他们的功绩，又是些不足道的。对这种风气不加禁止裁办，它的弊病就会没完没了。"裴松之认为："那些想立碑的人，应当命令他们都向上请示，经朝廷议论允许之后，才能让他们去办。这样大概就可以防止不实之词，表彰那些美好的事实，使百世以后，知道没有虚假，就会使仁义得到人们的信仰，办事的原则就会得到未来的崇敬。"于是以后立碑刻铭都依照裴松之所建议的办。

高祖北伐的时候，兼任司州刺史，让裴松之担任州主簿，后又转任治中从事史。攻克洛阳以后，裴松之担任州行事。宋建国之初，毛德祖出使洛阳。高祖下敕说："裴松之是廊庙之才，不宜老是呆在边疆，现在召他回朝担任太子洗马，和殷景仁的待遇一样，可以让他知道。"当时议论建立王朝的音乐，裴松之认为妃子臧氏庙的音乐应该与其他四庙的音乐一样。升任裴松之为零陵内史，旋即征召他为国子博士。

太祖元嘉三年（426），诛杀了司徒徐羡之等人，分遣大使，巡行天下。通直散骑常侍袁渝、司徒左西掾孔邈出使扬州；尚书三公郎陵子真、起部甄法崇出使荆州；员外散骑常侍范雍、司徒丰簿庞遵出使南兖州；前尚书右丞孔默出使南豫州和北豫州；抚军参军王歆之出使徐州；冗从仆射车宗出使青州、兖州；裴松之出使汀州；尚书殿中郎阮长之出使湘州；前竟陵太守殷遭鸾出使益州；员外散骑常侍李耽之出使广州；郎中殷斌出使梁州、南秦州；前员外散骑侍郎阮园客出使交州；驸马都尉、奉朝请潘思先出使宁州，并兼散骑常侍。（他们出使之时，在朝廷列班受诏）诏书说："从前帝王巡视天下，各诸侯述职，不然就是诸侯执行回朝觐、聘问的规定。由此看来观察民情而推行政治，任命官吏并考察他们的政绩，上上下下都一致，远远近近都一样，所以能够功业长久，（治世的）原则得以长期坚持。朕孤陋寡闻，继承了洪大的事业，只好小心谨慎，但不懂治理天下的原则，只有整天忧愁，好像面临深渊一样。朕害怕国家的风气衰颓、百姓弄虚作假，重大的过失有违国家的和睦，水旱之灾伤害了百姓的产业。虽然朕亲自过问这一类的事情，想使其得到妥当的处置，但重要的事情实在太多，朕所见昕做的有许多缺漏，政治和刑法有不恰当的地方，都没有全部清楚。这难道不是朕不够诚恳，使大家不能完全尽心尽意吗？不能救民于水火的惭愧，应由朕一人承担。因为天灾很多，还没有完全实行仁德的政治，帝王巡狩的制度被废弃了还没有恢复，（虽然如此）朕眷顾百姓，没有忘记对他们的悯恤。现在派遣兼散骑常侍袁渝等到四方视察,到各郡邑巡行,亲自与刺史、二干石长官们见面,申述朕治天下的诚挚之意,广泛征求治理国家的重要意见,观察官吏的政治,访求民众的痛苦,表彰有操行的官吏,慰问百姓的疾苦。无论官吏或民俗的得失,都依据周朝的典制加以裁断,每件事情各写成书奏,回来之后都分门别类上奏,帮助朕弄清情况,好像亲见一样。各位大夫君子,请你们全心全意以此事为重,不要怠惰。下面的人如果有良谋大计,请诚心诚意细致地讲出来,上呈使者,不要有任何保留。这样才能使朕恭敬地采纳好的意见,以补政治上的缺漏。各位努力吧,一定要满足朕的心愿。"

　　裴松之回来之后上奏说:"臣下听说天道是给世界光明的,君王的德行是以全面治理社会为极致的。古代圣哲的君主,因为考虑到了所有的事情,所以一个人有好的想法,社会就富足和平;虽然只在江、汉推行礼制,其良好影响却很远。所以能够让后人咏颂他们宏大的功业,创造出比周朝好的典则。陛下神思玄通,思想举世无双,身居天子之位,考虑着四面八方,咨询施布教化的不足,思虑荐举贤才之路还不通畅,公正地问询下民(的痛苦),同情他们当中的鳏夫、寡妇,光辉伟大的感召,影响远及四方。(这些举动)以很早以前的《雅》《诰》为法则,英明的训示传扬到了边远的地方。所以全国民众恭敬地颂扬,很远的外国也感到喜悦,莫不歌唱吟诵欢欣鼓舞,铭记皇恩;有的扶老携幼,在路旁述说欢喜,实在是因为养育之恩流布,因此忘其所以。千载以来,只有这时候才出现这种情况。臣下谬蒙选任出使,不合格地与显要的人物同列,才能缺短,思想简单,无力宣扬圣旨,严肃倡明风化,进退人才没有章法,访求推举也孤陋寡闻,惭愧惶恐,不知所措。现在上奏二十四条,谨恭地随事写成。臣下见癸卯诏书,说官吏民风的得失,都依据周朝的典制加以裁断,每件事情各写成书奏,回来以后分门别类上奏。(现遵诏)依事为类附之于后。"裴松之很懂得出使的意义,谈论的人都赞扬他。

　　后来,裴松之累任中书侍郎、司州、冀州两州的大中正。皇帝选派他为陈寿的《三国志》作注。于是裴松之累集资料,增加了不同的说法,写成后奏上,皇帝认为注得很好,说:"这个注是不朽的!"就调他出任永嘉太守。(他为太守,)勤政恤民,官吏和百姓都感到自如。(所以又让他)入补通直散骑常侍,后又兼任司、元冀二州的大中正。不久他又出任南琅玡太守。元嘉十四年他告第退休,被拜为中散大夫,不久又兼任国子博士。后又提升为太中大夫,仍然任博士。裴松之打算续写何承天所写的刘宋国史,没有来得及动笔。元嘉二十八年,他就去世了,当时他八十岁。他的儿子名骃,任南中郎参军。裴松之所写的论文和《晋纪》,裴骃注释的司马迁的《史记》,一并在世上流行。

刘义康传

【题解】

　　刘义康,宋武帝之子,文帝之弟,为武二王之人,赐爵彭城王。早年因文帝身体欠佳,刘义康既勤于政务,又能干聪明,因而权倾内外,因此也就导致了与文帝及其党属之矛盾。结果自然是刘义康遭殃。先是从属遭杀,继而辞职而出镇豫章,后因又与范晔谋反之事相牵连,结果被文帝赐药而死,年仅四十三岁。

【原文】

彭城王义康，年十二，宋台除督豫、司、雍、并四州诸军事，冠军将军、豫州刺史。时高祖自寿阳被征入辅，留义康代镇寿阳。又领司州刺史，进督徐州之钟离、荆州之义阳诸军事。永初元年，封彭城王，食邑三千户，进号右将军。二年，徙监南豫、司、雍、并五州诸军事、南豫州刺史，将军如故。三年，迁使持节、都督南徐、兖二州、扬州之晋陵诸军事、南徐州刺史，将军如故。太祖即位，增邑二千户，进号骠骑将军，加散骑常侍，难鼓吹一部。寻加开府仪同三司。元嘉三年，改授都督荆、湘、雍、溧、益、宁、南、北、秦八州诸军事、荆州刺史，给班剑三十人，持节、常侍、将军如故。义康少而陪察，及居方任，职事修理。

六年，司徒王弘表义康宜还入辅，征侍中、都督扬、南徐、兖三州诸事、司徒、录尚书事，领平北将国、南徐州刺史，持节如故。二府并置佐领兵，与王弘共辅朝政。弘既多疾，且每事推谦，自是内外众务，一断之义康。太子詹事刘湛有经国才，义康昔在豫州，湛为长史，既素经情款至是意委特隆，人物雅俗，举动事宜，莫不咨访之，故前后在藩，多有善政，为远近所称。九年，弘薨，又令扬州刺史。其年太妃薨，解侍中，辞班剑。十二年，又领太子太傅，复加侍中、班剑。

义康性好吏职，锐意文案，纠剔是非，莫不精尽。既专总朝权，事决自己，生杀大事，以录命断之。凡所陈奏，入无不可，方伯以下，并委义康授用，由是朝野辐凑，势倾天下。义康亦自强不息，无有懈倦。府门每照常有数百乘车，虽复位卑人微，皆被引接。又聪识过人，一闻必记，常所暂遇，终生不忘，稠人广席，每标所忆以示聪明，人物益以此推服之。爱惜官爵，未尝以阶级私人，凡朝士有才用者，皆引入己府，无施及忤旨，即度为召官。自下乐为竭力，不敢欺负。太祖有虚劳疾，寝顿积年。每意有所想，便觉心中痛裂，属纩者相系。义康入侍医药，尽心卫奉，汤药饮食，非口所尝不进；或连夕不寐，弥日不解衣；内外众事，皆专决施行。十六年，进位大将军，领司徒，辟召掾属。

义康素无术学，暗于大体，自谓兄弟至亲，不复存君臣形迹，牵心迳行，曾无猜防。私置僮部千余人，不以言台。四方献馈，皆以上品荐义康，而以次者供御。上尝冬月啖甘，叹其形味并劣，义康在坐曰：“今年甘殊有佳者。”遣人还东府取甘，大供御者三寸。尚书仆射殷景仁为太祖所宠，与太子詹事刘湛素善，而意好晚衰。湛常欲因宰辅之权倾之，景仁为太祖所保持，义康屡言不见用，湛愈愤，南阳刘斌，湛之宗也，有涉俗才用，为义康所知，自司徒右长史擢为左长史。从事中郎琅玡王履、主簿沛郡刘敬文、祭酒鲁郡孔胤秀，并以倾侧自入，见太祖疾笃，皆谓宜立长君。上疾尝危殆，使义康具顾命诏。义康还省，流涕以告湛及殷景仁，湛曰：“天下艰难，讵是幼主所御。”义康、景仁并不答。而胤秀等辄就尚书仪曹索晋咸康末立康帝旧事，义康不知也。及太祖疾豫，微闻之。而斌等既为义康所宠，又威权尽在宰相，常欲倾移朝廷，使神器有归。遂结为朋党，伺察省禁，若有尽忠奉国，不与己同志者，必构造怨衅、加以罪黜，每采拾景仁短长，或虚造异同以告湛。自是主相之势分，内外之难对矣。

义康欲以斌为丹阳尹，言次启太祖，陈其家贫。上觉其旨，义康言未卒，上曰：“以为吴郡。”后会稽太守羊玄保求还，义康又欲以斌代之，又启太祖曰：“羊玄保欲还，不审以谁为会稽？”上时未有所拟，仓卒曰：“我已用王鸿。”自十六年秋，不复幸东府。上以嫌隙既成，将致大祸。十七年十月，乃收刘湛付廷尉，伏诛。又诛斌及大将军录事参军刘敬文、贼曹参军孔邵秀、丹阳丞孔文秀、司空从事中郎司马亮、乌程令盛昙泰等。徙尚书库部郎何默子、余姚令韩景之、永兴令颜遥之、湛弟黄门侍郎素、斌弟给事中温于广州，王履废于家。胤秀始以书记见任，渐预机密，文秀、邵秀皆其兄也。司马亮、孔氏中表，并由胤秀而进。怀明、昙泰为义康所遇。默子、景之、遥之，刘湛党也。

其日刺义康入宿，留止中书省，其夕分收湛等，青州刺史杜骥勒兵殿内，以备非常。遣人宣旨告以湛筹罪衅，义康上表逊位曰："臣幼荷国灵，爵遇逾等。陛下推恩睦亲，以隆棠棣，爱忘其鄙，宠爱遂崇，任总内外，位兼台辅，不能正身率下，以肃庶僚，匪近失所，渐不自觉，致令毁誉违实，赏罚谬加，由臣才弱任重，以及倾挠。今虽罪人即戮，王猷载静，养衅贻垢，实由于臣。鞠躬慄悚，若堕谿壑，有何心颜，而安斯宠，辄解民职，罪私第。"改授都督江州诸军事、江州刺史，持节、侍中、将军如故，出镇豫章。停省十余日，桂阳侯义融、新喻侯义宗、秘书监徐湛之往来慰视。于省奉辞，便下渚。上唯对之恸哭，余无所言。上又遣沙门释慧琳视之，义康曰："弟子有还理不？"慧琳曰："恨公不读数百卷书。"征虏司马萧斌，昔为义康所暱，刘斌等害其宠，谗斥之。乃以斌为谘议参军，领豫章太守，事无大小，皆以委之。司徒主簿谢综，素为义康所狎，以为记宣参军，左右爱念者，并听随从至豫章。辞州，见许，增督广、交二州、湘州之始兴诸军事。资奉优厚，信赐相系，朝廷大事，皆报示之。义康未败，东府听事前井水忽涌溢，野雉江鸥并飞入所住斋前。

龙骧参军巴东扶令育诣阙上表曰：

"盖闻哲王不逆切旨之谏，以博闻为道；人臣不忌歼夷之罚，以尽言为忠。是故周昌极谏，冯唐面折，孝惠所以克固储嗣，魏尚所以复任云中。彼二臣岂好逆主干时，犯颜违色哉。又爰盎之谏孝文曰：'淮南王若道遇疾死，则陛下有杀弟之名。奈何？'文帝不用，追悔无及。臣草莽微臣，窃不自揆，敢抱葵藿倾阳之心，仰慕《周易》匪躬之志，故不远六千里，愿言命侣，谨贡丹愚，希垂察纳。

"伏惟陛下躬执大象，首出万物，王化咸通，三才必理，辟天人之路，开大道之门，搜殊逸于岩穴，招奇英于侧陋，穷谷无白驹之倡，乔岳无遗宝之嗟，岂特罗飞翻于垂天，纲沉鳞于溟海。况于彭城王义康，先朝之爱子，陛下之次弟哉。一旦黜削，远送南垂，恩绝于内，形隔于远，躬离明主，身放圣世，草莱黔首，皆为陛下痛之。臣追惟景平、元嘉之衅，几于危殆，三公托以兴废之宜，密怀不臣之计，台辅伺隙于京甸，强楚窥窬于上流，或苞恶而窥国，或显逆而陵主，有生乏所憷恐，神祇之所仇忌也。赖宗社灵长，庙算流远，洒涤尘埃，歼馘丑类，氛雾时靖，四门载清。当尔之时，义康贵不预参皇谋，均此休否哉。且陛下旧楚形胜，非亲勿居，遂以骠骑之号，任以藩夏之重，抚政南郢，绥民遏寇，又寄之以和味，既居三事，又牧徐、扬，所以幽显齐欢，人神同抃。莫不言陛下授之为得，义康受之为是也。今如何信疑似之嫌，阙兄弟之恩乎。若有迷谬之愆，可贵之以罪，正可教之以善恶，导之以义方。且庐陵王往事，足以知今，此乃陛下前车之殷鉴，后乘之灵龟也。夫曾子之不杀，忠臣之笃譬；二告而犹织，仁王之令范。故《诗》云：无信人之言，人实不信。又云兄弟虽阋，不废亲也。《尚书》曰：'克明俊德。以亲九族。'九族既睦，可以亲百姓。兄弟安可弃乎。

"臣伏愿陛下上寻往代黜废之祸，下惟近者谗言之衅。庐陵王既申冤魂于后土，彭城王亦弭疑怨于宋京，岂徒皇代当今计，盖乃良史万代之美也。且诡谀难辨，是非易默，福始祸先，古人所畏。故爱身之士，自为己计，莫不结舌杜口，孰肯冒忌干主哉。臣以顽昧，独献微管,所以勤勤恳恳,必诉丹诚者,实恐义康年穷命尽,奄忽于南,遂令陛下有弃弟之责。臣虽微贱,窃为陛下羞之。况书言记事,史岂能屈典谟而讳哉。脱如臣虑,陛下恨之何益。杨子云:获福之大,莫先于和穆;遭祸之深,莫过于内难。每服斯言,以为警戒。矧今睹王室大事,岂得韬笔默尔而已哉。臣将恐天下风靡,离间是惧,遂令宇内迁观,民庶革心,欲致康哉,实为难也。陛下徒云恶枝之宜伐,岂悟伐之伤树,乃往古之所悲,当今所宜改也。陛下若荡以平听,屏此猜情,垂讯苍茏之谋,曲察狂瞽之计,一发非意之诏,逮访博古之士,速召义康返于京甸,兄弟协和,君臣缉穆,息宇内之讥,绝多言之路,如是则四海之望塞,谗说之道消矣。何必司徒公、扬州牧,然后可以安彭城王哉。若臣所启违宪,于国为非,请即伏诛,以谢陛下。虽复分形赴镬,煮体烹尸,始愿所甘,岂不幸甚。"

表奏,即收付建康狱,赐死。

会稽长公主,于兄弟为长,太祖至所亲敬。义康南上后,久之,上尝就主宴集甚欢,主起再拜稽颡,悲不自胜。上不晓其意,自起扶之。主是:"车子岁暮,必不为陛下所容,今特请其生命。"因恸哭。上流涕,举手指蒋山是:"必无此虑。若违今誓,便是负初宁陵。"即封所饮酒赐义康,并书曰:"会稽姊饮宴忆弟,所余酒今封送。"车子,义康小字也。

二十二年,大子詹事范晔等谋反,事逮义康,事在《晔传》。有司上曰:"义康昔擅国权,恣心凌上,结朋树党,苞纳凶邪。重衅彰著,事合明罚。特遭陛下后爱深圣,敦惜周亲,封社不削,爵宠无贬。四海之心,朝朝之议,咸谓皇德虽厚,实桡典刑。而义康曾不思此大造之德,自出南服,诡饰情貌,外示知惧,内实不悛。穷好极欲,干请无度。圣慈含弘,每不折旧,矜释屡加,恩畴已住。而阴敦行李,方启交通之谋,潜资左右,以要死士之合。崎岖伺隙,不忘窥窬。时犹隐妨,罚止仆侍。狂痰之性,永不惩革,凶心遂成,悖谋仍构。远投群丑,千里相结,再议宗社,重窥鼎祚。赖陛下至诚感神,宋历方永,故奸事昭露,罪人斯得。周公上圣,不辞同气之刑;汉文仁明,无隐从兄之恶。况义康衅深二叔,谋过淮南,背亲反道,自弃天地。臣等参议,请下有司削义康王爵,收付廷尉法狱治罪。"诏特宥大辟。于是免义康及子泉陵侯允、女始宁、丰城、益阳、兴平四县主为庶人,绝属籍,徙付安成郡。以宁朔将军沈邵为安成公相,领兵防守。义康在安成读书,见淮南厉王长事,废书叹曰:"前代乃有此,我得罪为宜也。"

二十四年,豫章胡诞世、前吴平令袁恽等谋反,袭杀豫章太守桓隆、南昌令诸葛智之,聚众据郡,复欲奉戴义康。太尉录尚书江夏王义恭等奏曰:"投畀之言,义著《雅》篇,流殛之教,事在《书》典。庶人义康负衅深重,罪不容戮。圣仁不忍,屡加迟回,宥其大辟,赐迁近甸,斯乃至爱发天,超邈终古。曾不遇愆甘引,而谗言同众,很悖缴幸,每形辞色,内宣家人,外动民听,不逞之族,因以生心。胡诞世假窃名号,构成凶道。杜渐除微,古今所务,况祸机骤发,庸可忽乎。臣等参议,宜徙广州远郡,放之边表,庶有防绝。"奏可,仍以安成公相沈邵为广州事。未行,值邵病卒,索虏来寇瓜步,天下扰动。上虑异志者或奉义康为乱,世祖时镇彭城,累启宜为之所,太子及尚书左仆射何尚之并以为言。二十八年正月,遣中书舍人严龙赍药赐死。义康不肯服药,曰:"佛教自杀不复得人身,便随宜见处分。"乃以被掩杀之,时言四十三,以侯礼葬安成。

六子:允、肱、珣、昭、方、昙、辨。允初封泉陵县侯,食邑七百户。昭、方并早夭。允等留安成,元凶得志,遣杀之。

世祖大明四年,义康女玉秀等露板辞曰:"父凶灭无状,孤负天明,存荷优养,没蒙加礼,明罚羽山,未足来力法。乌鸟微心,昧死上诉,乞及葬旧坟,糜骨乡壤。"诏听,并加资格。前废帝永光元年,太宰江夏王义恭表曰:"臣闻忝祖远支,犹或虑亲,降霍省序,义重令戚。故严道疾终,嗣启方宇,阜陵愆屏,身罹选晚恩。窃惟故庶人刘义康首昧奸回,自贻非命,沉魂漏籍,垂诚来世。运革三朝,岁盈三纪,天地改朔,日月再升,陶形赋气,咸蒙更始。义康妻息漂没,早违盛化,众女孤弱,永沦黔首。那情原衅,本非己招,感事哀荣,俯增伤咽。敢缘陛下圣化融泰,春泽覃被,慈育群生,仁被泉草。实希洗肩,还齿帝宗,则施及陈荄,荼施杇壤。臣特凭国私,冒以诚表,尘触灵威,伏纸悲悖。"太宰表如此,公缘情追远,览以憎慨。昔淮、楚推恩,胙流支胤,抑法私亲,古今成准。使以公表付外,依旨奉行。故泉陵侯允横罹凶虐,可特为置后。"太宗泰始四年,复绝属籍,还为庶人。

【译文】

彭成王刘义康,年龄十二岁,宋尚书台除受他督豫、司、雍、并四州诸军事、冠军将军、豫州刺史。这时,高祖武帝镇抚寿阳,被起用到朝廷辅佐朝政,留刘义康代替镇抚寿阳。又领任司州刺史,进任督徐州钟离、荆州义阳诸军事。永初元年,武帝册封为彭城王,赐食邑三千户,进封号右将军。二年,调任监南豫州、豫州、司州、雍州、并州五州诸军事、南豫州刺史,右将军官职不变。三年,升任使持节、都督南徐州、兖州二州、扬州晋陵诸军事、南徐州刺史,将军官职不变。太祖登上皇帝增赐食邑二千户,进受封号骠骑将军,加受散骑常侍,赐给鼓吹一部。寻即又加赐天府仪同三司。元嘉三年,改授都督荆州、湘州、雍州、溧州、益州、宁州、南秦州、北秦州八州诸军事、荆州刺史,赐给斑剑三十人,持节、常侍、将军职不变。刘义康少年便聪明有观察能力,等到他任职一方的镇抚时,职责事务都治理得有条不紊。

元嘉六年,司徒王弘上表,认为刘义康应该还京师入朝辅佐朝政。被起用为侍中、都督扬州、南徐州、兖州三州诸军事、司徒、录尚书事,领平北将军、南徐州刺史,持节与以前相同。二府一并设置佐领兵,与王弘共同辅佐朝政。王弘原本有很多疾病,而且每次遇到事情要决断就推逶、谦让给刘义康,从此开始,朝廷内外的所有事务,都一并由刘义康决断。太子詹事刘湛有经纶国家朝政的才能。刘义康以前督抚豫州时,刘湛作他的长史。刘义康与刘湛素有交情,因此,这时刘义康将心事委任于刘湛而特别地依重他。人物不论雅俗、朝廷的事情不分大小,没有一人一事不向他咨询。由此,刘义康先后相继在寿阳、司州、豫州、荆州任职为朝廷藩臣,建立了许多好的政绩,被远近的臣民称道。元嘉九年,王弘去世,刘义康又领扬州刺史。那一年,太妃去世,刘义康解除侍中职务,辞退班剑。元嘉十二年,又领任太子太傅,恢复侍中、班剑。

刘义康生性喜欢为官任吏,专一于文书、案牍。分辨是非,纠正谬误,没有一次不精到曲尽情理。他已经专权,总揽朝廷大政。凡事都由他自己决定,生杀予夺之类的大事,只依照录命来断定。凡是百官呈送文帝刘义隆的陈词、奏章,只要进送入宫,没有一件不准奏。凡是三公以下的奏章、陈辞,一并委托刘义康受理裁夺。从此开始,朝廷内外,百官长吏,都围绕刘义康的指挥转,就像车轮的轴辋,上有爪以凑毂,下有菌以指枰,权势倾动天下。刘义康处理朝政,也自强不息,没有懈怠,不知疲倦。每天早晨,府门外常有数百乘车等待进见,即使是位职很低的小人物,都被引荐接见。而且他的聪明才识有超过常人的地方。只要听说一遍,他就能记住。经常是偶然遇到的东西,便终生不会忘记。

在大庭广众中间，常显示他所记忆东西，用以表示他的聪明，大家因此而更加推崇信服他。爱惜官爵，不曾有过用官阶、爵秩徇私的行为，凡是在朝廷的人，只要有才能可以任用的人，他都将他们安排在自己的府中试用。没有忤道的行为，就引渡作台官。自此以后，在他手下的人都乐意为他竭尽全力履行职责，没有人敢于有欺瞒负心的行为。太祖患有虚痨的疾病，卧床顿息已经有好几年，每次心中有所想法，就感觉到心里疼痛像撕裂了腑脏一样，相关的经脉都受到牵痛。刘义康入寝宫料理文帝就医吃药，尽心尽意地侍奉保护，所有汤药饮食，不经自己的口尝过，就不让文帝吃。有的时候连续几偏重不睡觉，终日不脱衣服；宫廷内外的事情，都由他一个人决定后实行。十六年，进位升任大将军领司徒职务，受任为掾属。

刘义康原本没有术数学问，不识大体。自称与文帝是最亲的兄弟，不再存在君主与臣子的关系，全按他自己的心意行事，文帝对他不曾有过猜忌和防备。刘义恭自行在府上设置了僮部六千多人，不把这件事告诉朝廷的台省。各方面贡献、馈赠给朝廷的物资，都选其中的上品给刘义康，反而用其中次一等的供文帝使用。文帝曾经在冬天吃柑子，感叹柑子的形状味道都小好，刘义康在旁边陪坐，说："今年的柑子很少有形状味道都好的。"派人回刘义康居住的东府取柑子，选取大为三寸的供文帝使用。尚书仆府殷景仁被太祖宠爱，与太子詹事刘湛历来很好，但是，他的兴趣爱好因为年龄大而衰减。刘湛经常想借用刘义康作太宰辅佐朝政的权力取代殷景仁，殷景仁受到文帝刘义隆的保护，刘义康多次进言都没有被采纳，刘湛更加愤恨他。南阳刘斌，是刘湛的宗室长辈。因为有涉世才学，被刘义康所了解，从司徒右长史提升为右长史。从事中郎琅玡人王履、主簿沛郡人刘敬文、祭酒鲁郡人也胤秀一齐因为是刘义康的右左手下而得以进入文帝寝宫，他们看到太祖刘义隆病得很厉害，都说应当确立长君。文帝曾经生命处在危险阶段时，让刘义康起草诏命。刘义康返还尚书省，流着眼泪将事情告诉了刘湛和殷景仁。刘湛说："天下的事情艰难不好办，怎能是年幼的君主统治得了？"刘义康、殷景仁都不回答。而孔胤秀等人到尚书仪曹那里去查阅东晋成帝司马衍在咸康年间不立康帝司马岳的旧事，刘义康不知道他们这件事。太祖病情好转，稍微听到了这件事的消息。而刘斌等人既然受到刘义康的宠幸，而且威势与权力都在宰相刘义康一方，常常想改变朝廷的君主，让皇帝的位置归属刘义康。于是就相互勾结，结朋成党，从旁观察台省宫禁中的人，倘若有谁尽忠文帝，报效朝廷，不与他们自己同道合志的，一定捏造罪名，使之遭受不幸，以罪名罢免。多次收集殷景仁的短处，或者虚构捏造与他们意见不统一的事实告诉刘湛。从此开始，文帝刘义隆与宰相刘义康之间的权势出现了分裂，朝廷内外的灾难已经在酝酿中。

刘义康想任命刘斌作丹阳尹。按照自己先想好的理由将这事启奏太祖，先述说刘斌家庭财用不足情况。文帝观察到了刘义康的意思，刘义康话没说完，文帝刘义隆说："命他去吴郡任职。"后来会稽郡太守羊玄保要求还京师，刘义康又想任命刘湛去接替他。又启奏太祖说："羊玄保想还京师，没想好任命谁去任会稽太守。"皇帝这时没有想好要拟任的人选，仓促地说："我已想好任命王鸿。"从元嘉十六年开始，不再巡幸东府。文帝因为与刘义康的猜忌、隔阂造成了，即将降大祸于刘义康等人。元嘉十七年十月，收捕刘湛，把他交给廷尉准备治罪，伏罪被杀。又杀刘斌和大将军录事参军刘敬文、贼曹参军孔邵秀、中兵参军邢怀明、主簿孔胤秀、丹阳丞孔文秀、司空从事中郎司马亮、乌程令盛昙泰等人。移居尚书库部郎何默子、余姚令韩景之、永兴令颜遥、刘湛弟弟、黄门侍郎刘素、刘斌弟弟给事中刘温于广州，王履被免职居住在家里。孔胤秀开始在书记的职位上被启用，逐渐参与了朝廷的机密要务，孔文秀、孔劭秀都是他的哥哥。司马亮、孔劭秀得到能够奏表文帝的地位，都是通过孔胤秀推荐的。邢怀明、盛昙泰由刘义康直接起用。何默子、韩景之、颜遥之，都是刘湛的党羽。

这天，为了侦伺与事件有关的人，文帝刘义隆宣命刘义康进宫住宿，暂时住在中书省。这天夜里，分别逮捕了刘湛等人。青州刺史杜骥统兵屯驻在殿里面，用以防止非常事件的出现。派人宣布，告谕人民刘湛等人因为犯罪而被诛杀。刘义康上表文帝，请求退位说："我从小受到祖先的保护，十二岁任职为朝廷命宦，受封的爵位超过了正常的标准。当今文帝加恩泽于我，以我为宗室亲族而与我和睦相处，使我兄弟之亲而得到隆兴。爱护我，而忘记了我的鄙陋，加宠并大力抬高我。任职总领朝廷内外的大事，兼有台、辅的地位。没有能够严正自己，统率好手下，用以肃穆百官。只想到自己亲近，忘记了法度，渐渐地习以为常，及至没有觉察到过失已经出来。竟至于损毁人物和褒扬人物，名分与实际相违背，赏赐与惩罚荒谬不经，滥施于人。由于我才识浅薄，任职重大，以至于给朝廷造成困扰。现在虽然有罪的人已经被杀戮，被搅乱的王政之道得到了澄清，但是，养贻过失，纳藏污垢，责任在于我。我战战兢兢向你鞠躬请罪，就好像掉入了深渊沟壑之中，还有什么心思和脸面，再继续安守你给我的荣宠呢。就此请求解除我的所有职务，在我私有的住宅中等待治罪。"改授给刘义康都督江州诸军事、江州刺史职务，持节、侍中、将军职位同以前一样，出京师镇抚豫章。停止执行公务十多天，桂阳侯刘义融、新喻侯刘义宗、秘书监徐湛之前往慰问探视刘义康。省视文书案牍，随便处在下处。文帝刘义隆对这种结局，唯有悲哀恸哭，更没有多的话可说。文帝又派沙门释慧琳去看望他，刘义康说："我还有没有悔过自新的可能？"释慧琳说："可惜你没有读百卷书"。征虏司马萧斌，以前是被刘义康亲近的人，刘斌等人忌恨他受到刘义康的宠爱，谗毁他，让刘义康斥退了他。刘义康就任命萧斌为咨议参军，领豫章太守，事情不论大小，都委请他裁夺。司徒主簿谢综，原本就刘义康的亲信，任命他作记室参军。刘义康手下敬爱怀念他的人，一起随从他去了豫章。辞让江州刺史职务，得到允许，增加了督广州、兖州、湘州始兴诸军事的职务。资财俸禄优惠丰厚，赐他通过信函与朝廷保持联系，朝廷的国家大事，都书报给他知道。刘义康没有失败时，东府听事殿前的井水忽然涌出来，野雉和江鸥飞集到了他原来居住的斋前。

龙骧参军巴东扶令育抵达殿下，送上表奏给皇帝说：

"我曾经听说明哲的君主不反对有悖于圣旨的谏争，而且将谏事当作是扩大自己见识的一种途径；作为君主的臣子，木害怕自己被杀和家族受到牵连的处罚，将能够全部说出自己的心里话当作是一种忠诚。因为这一缘故，周昌敢地极力在皇帝面前谏争，冯唐当着皇帝的面陈述奏折，西汉孝惠帝刘盈所以能够巩固太子的地位，魏尚所以能够恢复职守，到云中赴任。这两位臣子难道是喜欢与君主作对，与时势相违，以至冒犯君主的尊颜，不看君主的脸色行事？西汉爰盎进谏孝文帝说：'淮南王刘长若在路上遇上生病死了，那么皇上就担受了杀死弟弟的恶名。又怎么办呢？'孝文帝不听，后悔但是已经晚了。我出生草莽之间，属于地位卑微的下等臣子，自不置力，敢像向日葵跟着太阳一样的残民诉说我赤诚的心思，敬仰爱慕《周易》中所说的"匪躬"的志慨。因此从不远六千里的地方来京师，希望有机会得以当面述说有关任命徒侣佐率的事，谨慎地贡献丹心愚诚，请求垂青于我,对我的话须予审察,择善采纳。

　　当今皇上躬亲朝政,总理大事,万物滋生都要得于你首肯。王道风化,通达于四面八方,天、地、人一定顺应客观的规律,拓宽了天人相通的道路,开放了王道教化的大门。搜求有特殊才能的隐逸之士于岩穴洞之间,招募罕世少有的英杰于偏远的陋巷中。即道路不通达的山谷中没有白马驹被遗落而引颈长嘶,高不可攀的峰岳上再没有宝藏被丢弃而嗟叹。岂止是罗捕高飞的猛禽于天空,网捉沉渔于深海?何况彭城王刘义康,是先朝皇帝亲爱的儿子,是陛下的次弟呢?一旦犯了过失,被罢黜职务,削减封赐,遣送到南方边陲的豫章。使他应受的恩泽被隔绝在朝廷内部,形体被阻塞在偏僻的远方。以至亲之尊远离圣明的君主,以万金之躯而被放逐在朝廷之外。草木无情,黎民百姓无不替他痛心疾首。我追忆景平元嘉以来的祸乱,几乎危及朝廷倾覆。徐羡之,傅亮、谢晦三位大臣受武帝的信赖,担当起了辅佐少帝事关王朝兴废的大事,暗中怀有不臣事于少帝刘义符的阴谋。朝廷台辅机关之间,伺机朝政互相攻讦于京师,势力强盛的楚国偷偷地窥视宋朝国柄。他们有的人包藏祸心,企图窃国篡夺皇位;有的人尊显自己,违反王法,欺凌君主。百姓生灵为之惶恐不安,先祖列宗的神灵为之愤恨忌恶。依靠先宗社稷的神灵,庙祭不至于绝祀,还能够流畅致远。打扫庙宇,涤除尘埃,奸灭丑恶的败类,使气氛澄清,阴霾驱净,时事得到顺延,宫殿四门得到畅通。当那个时候,刘义康难道不是远离丑恶的败类,预先骠骑将军的封号,授予他以佐辅华夏朝廷的重任,用以和顺幽远的蛮荒之地,不致产生叛乱和灾害。陛下的恩泽德润,广布九州,岂止是南国荆州的百姓得到滋润呢。于是就召请他入朝,授给他宰相辅佐朝政的大位,又在太祖皇帝刘义隆生病的时候,入宫侍医和药,已经身兼三职,还兼为南徐州、扬州刺史,凭借他的治理,上下齐欢,万民同乐,人与神都拍手称快。没有谁不说任命了应该任命的人,刘义康就是受任作了这种应该任命的人。现在,怎么能够相信猜疑的心理是真事,就生嫌隙,断绝兄弟之间的恩情呢?倘若有迷失方向,招谬致误的过失,可以责罚他的罪过。矫正他还能够矫正的错误,改恶从善,引导他走向正确的道路。而且借鉴庐陵王刘义真在以前发生的事,足以知道今天应该怎么做。这也就是文帝要借鉴的殷纣灭亡于无道的所谓前车之鉴,后事之师。那曾子倘若不要因忠而被杀害,那么忠于朝廷的臣子就会忠心耿耿地为朝廷谋划;再作陈述而犹如罗列经纬,仁德君王的命令也就有个规范。因此《诗经》说:'不是忠实可靠的人的话,实在不值得让人相信。'又说兄弟之间虽然有了隔阂,但是不废亲属。《尚书》说:'能够明智,德性美好,就能使宗室九族亲睦。'宗室九族已经和睦了,就可以使万民百姓互相亲近。万民百姓尚且要亲近,兄弟怎么可以抛弃分离呢?

　　我诚恳地希望陛下能向前借鉴历史上各朝代因为罢黜免废不当而造成的祸乱,就近要避免谗言构毁的灾害。庐陵王刘义真既然已经在他死后为他申明了冤屈,安慰了冤魂,彭成王刘义康也是遭受猜疑而受过在宋代朝廷,为他矫枉过正,使他重新位隆于朝,岂止是为皇朝当代考虑的大事,而且是历史上万代称誉的美事。谄媚阿谀之言难于辨别,是是非非容易混淆,往往是福禄开始在灾祸的前面,自古以来,让人感到害怕。因此,珍惜自己的人,自己为自己打算,没有谁不约束自己的舌头,闭住自己的嘴巴,有谁愿意冒犯禁忌,干扰君主而招杀身默职的祸呢?我因为顽固不化,愚昧无知,独自敬献我微不足道的一管这见。之所以勤勤恳恳,一定诉说丹心愚诚的原因,实在是担心刘义康遭受性命穷尽之不测,让他掩尸于南国,让你担受抛弃弟弟的责任。我虽然地位低下,为人卑贱，但是也会私下里替皇上羞愧这件事。何况书籍记言写事崇尚真实，历史怎么能够敢于屈辱典籍而为你的过错避讳禁忌呢？假使事情发展真的像我担心的那样，到时候陛下后悔可惜又有什么用呢？扬子云说：'得到福分最大的，没有什么能够在和穆的前面；遭受祸害最深的，没有一种能够超过内部造成的灾难。我常常叹服这话，引以为自己的警戒。何况现在看到王室中的大事，难道却限制自己的笔墨？我担心的是天下人会借机风起云涌，害怕的是相互离间为敌，于是迫使大家居无确定的地方，百姓庶人心摇动，你想再要平安无事，实在是很难了。陛下曾说树上生长不好的枝丫要砍掉，怎么会想到砍枝丫就会伤及树干。这是自古以来所以为之悲哀的，当今所以应该改变这种做法。陛下倘若要改变因平时听到什么而生产的看法，抛弃因此而滋生的猜忌情绪，垂青讯问我这村野樵夫的谋划，委屈至尊审察我这狂妄而有眼无珠的人计策，我认为只要下一道出其不意的诏书，寻访通今博古有才识的人，迅速召请刘义康返回京都，兄弟协调和睦，君与臣的关系澄清肃穆，平息宇宙之内的讥讪，绝灭议论的口实。如此，那么四海之内的各种非分之想就没有了，谗言构毁的途径也就杜绝够让刘义康心安理得呢？倘若我所启奏的有违王法，于国家不利，请你立即杀了我，用以向你谢罪。如此，我虽然受到了分解肢体，赴就镬刮，烹煮尸体的处罚，也是我一开始就心甘情愿的事，难道不是非常幸运！"

表奏上呈后，立即被逮捕，交付给建康狱关押，赐他死。

会稽长公主，年龄比刘义隆、刘义康兄弟都大，太祖对她亲近尊敬。刘义康被迁徙到南国去后，隔了很长时间，文帝在长公主那里宴饮，非常欢快，公主起身，向文帝行三次叩头拜谢礼，悲哀不能自己禁止。文帝不知道她的意思，亲自起身挽扶她。公主说："车子到了今年底，一定不会被陛下所容纳了，今天只求你还给他性命，不让他死。"因此悲恸大哭。文帝流泪，举手指着蒋山说："一定不能有如公主那样的忧虑，倘若违背了今天的誓言，我便因为这件事还背叛了先祖的初宁陵！"随即密封他们所饮的酒，赐给刘义康，并在封条上写道："会稽姊在饮宴中怀念弟弟，所饮剩余的酒今天封送。"车子，是刘义康的小字。

元嘉二十二年，太子詹事范晔等人谋反，事情牵涉到刘义康。事情记录在《范晔传》。有司奏请文帝刘义隆说："刘义康过去专擅国家朝政，恣意凌辱文帝，私结朋友，树立党羽，包庇凶恶邪险之人。重罪昭彰，著称朝廷内外，他所犯的罪恶值得明确处罚。只因他受到陛下的仁爱非常深厚，有碍于对宗室亲戚的珍惜，封给他的食邑不曾削减，赐给他的爵位和他受到的宠爱没有贬损。四海之内的黎民百姓，朝廷内外的议论，都说陛下的德仁虽然宽厚，但是屈辱了国家制度和刑法。而刘义康不曾思考过加给他的伟大的恩德。自从出京师，到南国去居住，巧妙地装扮自己的表面现象，对外表现出他已经知道恐惧王法，内心没有悔过。穷尽他自己的爱好，极尽他的思欲，耽于享受，没有限度。纯洁的慈爱达到了容忍宽宏的程度，每次封授赐予不折夺以前给予的，而且矜高他好的方面，开释他的过错，屡次加赐，用以赐恩酬赏他的过去。而他不但没受明罚，反而备受加宠，暗中加紧行动，开启了联络反叛的阴谋，暗地资助他的手下，用以要约招请愿意为他效命死难的不义之徒。在暗地里伺机反赴，没有忘记窥探偷窃国家的权柄。时常在禁不住隐忍的情况下，罚止他手下的仆从。狂妄、暴疾的天性，永远没有改变。他的凶神恶煞的天性已经形成，背叛朝廷的阴谋没有放弃。投靠相隔遥远的那群丑恶的败类，千里结盟，再次议改宗室社稷，重又窥视朝廷的权柄，企图篡夺皇位。依靠皇上的最大的诚意，感动了神灵,使宋朝的年历能够延续下去,因此作奸犯科的事情得以失败暴露,范晔等有罪之人得到了惩处。周公且属于最上乘的圣人,但是奉守法度,就是同胞兄弟犯了法,也小免除刑罚。西汉文帝仁义明达,没有隐从兄长的罪恶。何况刘义康的罪恶比管教、蔡极大,他的阴谋超过了淮南王刘长的行为。背叛皇室宗亲,反对朝政王道,自暴自弃于天地之间。我们这些臣子参议,请陛下下诏给有司,削除刘义康的王爵,将他收捕交付廷尉法狱依法治罪。"下诏特别谅解,不予大辟受死罪。于是,免除刘义康王爵和他的儿子泉陵侯刘允的侯爵,女始宁、丰城、益阳、兴平四县县主,都为庶人,削除他们的封邑属籍,将刘义康迁徙、交付给安成郡。任命宁朔将军沈邵为安成公相,领兵看守。刘义康在安成郡读书消遣,读到淮南历王刘长的往事,扔下书感叹地说:"前代已经有此先例,我获罪受罚也是适宜的。"

二十四年,豫章胡诞世、原吴平令袁恽等人谋反,袭击杀害了豫章太守桓隆、南昌令诸葛智之,聚集兵众,占领了郡县,又想要拥戴刘义康为皇帝。太尉录尚书江夏王刘义恭等人奏说:"有关投赐方面的事,意思都写在《小雅》上,流放或者殊灭的条款,事情载录在《尚书》。平民刘义康负罪深重,但是罪大还不至于要受戮杀。圣上宽仁,不忍杀戮,屡次要加罪给他却迟疑回避,原谅他不受大法而死,恩赐他,将他迁居在近京的地方。这乃是发自上天的最大的仁爱,这种仁爱超越了遥远的先代,往古不曾有过。但是刘义康不能引咎自责,改过自新,而且听信他人的谗言,戾悖缴幸。每每有形于辞色,就在家人中广为传布,对外扰动民众的视听。于宗族中不事检点,用以滋生不满的情绪。胡诞世假借了的名号,构成凶恶,实施叛逆。防微杜渐,是古往今来的不曾废弃的要务。何况祸端刚刚出现,能够容许忽视慎言慎事吗?我们这些臣子参议,适宜将刘义康迁徙到远离京师的广州郡,将他放逐到边疆,有希望防止、杜绝他再行不满,滋生事端。"许奏。仍任命安成公相沈邵领广州郡事。还没行动,恰逢沈邵病死,索虏侵扰瓜步,天下为之动荡不安。文帝担心有异志不服朝命的人抑或要拥戴刘义康作乱。世祖这时镇守在彭城,经常动心要为刘义康安排适当的处所,太子和尚书左仆射何尚之一同进言,二十八年正月,派中书舍人严龙奉命带药赐刘义康死。刘义康不愿意吃药,说:"佛教中讲,自杀的人轮回转世时不能再获得人身。除自杀外,请随便给予处治。"随即用被具击杀了刘义康,死时四十三岁,按侯爵的丧礼安葬他的安成郡。

刘义康有六个儿子:允、肱、珣、昭、方、昙辩。刘允开始受封为泉陵县侯,赐食邑七百户。刘昙、刘方一并早夭。刘允等人留住安成。刘劭叛乱得志时,派人杀害了他们。

世祖大明四年,刘义康的女儿玉秀等人写成公文公开,上表说:"父亲遭凶杀,死亡没有正常的形状。他曾独自一人,担负辅佐朝政于清明的年代,身系提荷朝野优养的大任,他死后不曾承蒙君主加礼。竟落得如此下场,即使是明法度于羽山,也未必能够正定王法。我以一点点尊念父母那样的卑微心肠,冒着受死的危险上诉,乞求返葬父亲于原来拟定的坟地,让尸骨糜烂在乡土上。"下诏准奏,并增加资财俸给。前废帝永光元年,太宰、江夏王刘义恭上表说:"我听说有幸居于亲族的人,犹或思念自己的亲属;受贬抑的霍氏,虽然省简了爵秩官序,重义气而顾念令亲。因此,严道因病面死,他的后代能够被启用于方宇之间,阜陵过错很大,身遇晚恩。我私自以为平民刘义康过去因作科犯奸,自己遭受了死于非命的惩处,沉没魂灵,漏削属籍,用以垂诚未来的典籍。他经历了宋朝三代的沿革,他死后已经满了三年,天地轮回,盈朔更改,日月变化,陶冶形体,赋存气数,都要承蒙更易重新开始。刘义康妻子、儿子、女儿漂泊无踪，早已远离了盛世的王道风化，几个女儿孤苦羸弱，长期沦为黎民百姓。她们的这些遭遇，都起因于刘义康的原罪，并非是他们自己招致。感怀这些事情，哀怜他们的孤独无依，不由自主俯身增加伤感而悲咽。胆敢缘请陛下将圣人的仁德化布天下，将春天的雨露广播万物，慈爱养育广大的黎民百姓，仁义散布至于泉边的野草。内心希望皇恩沐浴他们，洗净他们的罪愆，还归于宗室，那么恩泽就施及到了陈旧的根上，荣宠深入到了腐尸变成的土壤里。我特意怜籍国家宗室的私情，冒昧将诚心表白，譬昔日尘埃触到了灵感，伏案在奏章的纸上，悲哀又害怕。"下诏说："太宰刘义恭的表奏是这样，你缘亲情追忆得很远，我览读之后，添了感慨。过去淮、楚推恩，恩胙流布支亲，超越法律，用以表彰亲族的感情，古代与今天都有准则。让有关部门将你的表奏公布出去，依表奏的意思实行。原宗陵侯刘允横遭刘劭杀害，可以特地为地安置后嗣，继承侯爵。"明帝泰始四年，又绝灭他们的属籍，恢复了他们的草民身份。

刘义宣传

【题解】

刘义宣，宋南郡王，初封竟陵王，后出镇诸州军事。后因派徐遗定援助世祖讨伐刘劭有功，改封南郡王。他坚辟爵位，远镇他州，达十年之久。出镇时因居功自傲，不失大体，又接受佞臣臧质的游说，率兵发辟为乱，被王玄漠打败，死于狱中，年仅四十。

【原文】

南郡王义宣，生而舌短，涩于言论。元嘉元年，年十二，封竟陵王，食邑五千户。仍拜左将军，镇石头。七年，迁使持节、都督徐、兖、青、冀、幽五州诸军事、徐州刺史，将军如故，犹戍石头。八年，又改都督南兖，兖州刺史，当镇山阳，未行。明年，迁中书监，进号中军将军，加散骑常侍，给鼓吹一部。时竟陵群蛮充斥，役刻民散，改封南谯王，又领石头戍事，十三年，出都督江州、豫州之西阳、晋熙、新蔡三郡诸军事、镇南将军、江州刺史。

初，高祖以荆州上流形胜，地广兵强，遗诏诸子次第居之。谢晦平后，以授彭城王义康。义康入相，次江夏王义恭。又以临川义庆宗室合望且武烈王有大功于社稷，义庆又居之。其后应在义宣。上以义宣人才素短，不堪居上流。十六年，以衡阳王义季代义庆，而以义宣代义季为南徐州刺史，都督南徐州军事、征北将军，持节如故。加散骑常侍。而会稽公主每以为言，上迟回久之，二十一年，乃以义宣都督荆、雍、益、梁、宁、南、北秦七州诸军事、车骑将军、荆州刺史，持节、常侍如故。先赐中诏曰："师护以在西久，比表求还，出内左右，自是经国常理，亦何必其应于一往。今欲听许，以汝代之。师护虽无殊绩，洁己节用，通怀期扬，不恣群下。此信未易，非唯声著西土，朝野以为美谈。在彼已有次第，为士庶所安，论者乃谓未议迁之，今之回换，更在欲为汝耳。汝与师护时一辈，各有其美，物议亦互有少劣。若今向事脱一减之者，既于西夏交有巨碍，迁代之讥，必归责于吾矣。

复当为师护怨,非但一诮而已也。如此则公私俱损,为不可不先共善详。此事亦易勉耳,无为使人动生评论也。"师护,义季小字也。

义宣至镇,勤自课厉,政事修理。白析,美须眉,长七尺五寸,腰带十围,多畜嫔媵,后房千余,尼媪数百,男女三十人。崇饰绮丽,费用殷广。进位司空,改侍中,领南蛮校尉。二十七年,索虏南侵,义宣虑寇至,欲奔上明。及虏退,太祖诏之曰:"善修民务,不须宫潜逃计也。"

三十年,迁司徒、中军将军、扬州刺史,侍中如故。未及就征,值元凶弑立,以义宣为中书监、太尉,领司徒、侍中如故。义宣闻之,即时起兵,征聚甲卒,传檄近远。会世祖入讨,义宣遣参军徐遗宝率众三千,助为前锋。世祖即位,以义宣为中书监、都督扬、豫二州、丞相、录尚书六条事、扬州刺史,加

南郡王刘义宣

羽葆、鼓吹,给班剑四十人,持节、侍中如故。改封南郡王,食邑万户。进谥义宣所生为献太妃。封次子宜阳侯恺为南谯王,食邑千户。义宣固辞内任,及恺王爵。于是改授都督荆、湘、雍、益、梁、宁、南、北秦八州诸军事、荆、湘二州刺史,持节、侍中、丞相如故。降恺为宜阳县王。义宣将佐以下,并加赏秩。长史张畅,事在本传。咨议参军蔡超专掌书记并参谋,除尚书吏部郎,仍为丞相谘议参军、南郡内史,封汝南县侯,食邑千户。司马竺超民为黄门侍郎,仍除丞相司马、南平内史。其余各有差。

义宣在镇十年,兵强财富,既首创大义,威名着天下,凡所求欲,无不必从。朝廷所下制度,意所不同者,一不遵承。尝献世祖酒,先自酌饮,封送所余,其不识大体如此。初,臧质阴有异志,以义宣凡弱,易可倾移,欲假手为乱,以成其奸。自襄阳往注陵见义宣,便尽礼,事在《质传》。及至江州,每密信说义宣,以为"有太才,负大功,挟震主之威,自古尟有者,宜在人前,蚤有处分。且万姓莫不系心于公,整众入朝,内外孰不欣戴。不尔一旦受祸,悔无所及。"义宣阴纳质言,而世祖闺庭无礼,与义宣诸女淫乱,义宣因此发怒,密治舟甲,克孝建元年秋冬举兵。报豫州刺史鲁爽、兖州刺史徐遗宝使同。爽狂酒失旨,其年正月便反。遣府户曹送版,以义宣补天子,并送天子羽仪。遗宝亦勒兵向彭城。义宣及质狼狈起兵。二月二十六日,加都督中外诸军事,置左右长史、司马,使僚佐悉称名。遣传奉表曰:

"臣闻博陆毗汉,获疑宣后;昌国翼燕,见猜惠王。常谓异姓震主,嫌隙易构;葭莩淳戚,昭亮可期。臣虽庸懦,少希忠谨。值巨逆滔天,忘家殉国,虽历算有归,微绩不树,竭诚尽愚,贯之幽显。而微疑莫监,积毁日闻;投杼之声,纷纭溢听。谅缘奸臣交乱,成是贝锦。夫浇俗之季,少贞节之臣;冰霜竞至,摩后彫之木。并寝处凶世,甘荣伪朝,皆缨冕之所弃,投畀之所取。至乃位超昔宠,任参大政,恶直丑勋,妄生邪说,疑惑明主,诬罔官听。又南从郡僚,劳不足纪,横冒天功,以为己力,同弊相扇,图倾宗社。臧质去岁忠节,勋高古贤,鲁爽夫同大义,志契金石,此等猜毁,必欲祸陷。昔汲黯尚存,刘安寝志;孔父既逝,华督纵逆。臣虽不武,绩著艰难,复肆谗狡,规见诱召。宗祀之危,缀旒非所。

臣托体皇基,连晖日月,王室颠坠,咎在微躬,敢忘抵鼠之忌,甘受犯墉之责。辄征召甲卒,分命众藩,使忠勤早愤,义夫效力,戮此凶丑,谢愆阙廷,则进不负七庙之灵,退无愧二朝之遇。临表戚怀,辞不自宣。”

上诏答曰:“皇帝敬问。朕以不天,招罹屯难,家国阽危,剪焉将及。所以身先八百,雪清冤耻,远凭高算,共济艰难。遂登寡稽,嗣奉洪祀,尊戚酬勋,实表心事,秕政阙职,所愿匡拯。而嘉言蔑闻,末德先著,勤王之绩未终,毁冕之图已及。臧质嵯躁无行,见弃人伦,以此不识,志在问鼎,凶意将逞,先借附从,扇诱欺炽,成此乱阶。如使群逆并济,众邪竞遂,将恐瞻乌之命,未识所止,构怨连祸,孰知其极。公明有不照,背本崇奸,迷昵谗丑,还谋社稷,虽履霜有日,谊议纠纷。朕以至道无私,杜遏疑议,信理推诚,暴于遐迩。不虞物变难筹,丑言遂验,是用悼心失图,忽忘寝食。”

“今便亲御六师,广命群牧,告灵誓众,直造柴桑,枭辕元恶,以谢天下。然后警跸清江,鸣銮郢路,投戈袭兖,面禀规勖。有宋不造,家祸仍缠,昔岁事宁,方承远训,冀以虚薄,永弭厥艰。岂谓曾未期稔,复睹斯衅,二祖之业,将坠于渊,仰瞻鸿基,但深感恸。”

太傅江夏王义恭又与义宣书曰:“顷闻之道路云,二鲁背叛,致之有由,谓不然之言,绝于智者之耳。忽见来表,将兴晋阳之甲,惊愕骇悚,莫譬所由。若主弱臣强,政移冢宰,或时昏下纵,在上畏逼,然后贤藩忠构,睹难赴机。未闻圣主御世,百辟顺轨,称兵于言之初,扶危于既安之日,以此取济,窃为大第忧之。昔岁二凶构逆,四海同奋,弟协宣忠孝,奉戴明主,元功盛德,既已昭著,皇朝钦嘉,又亦优渥。丞相位极人臣,江左罕授,一门两王,举世希有。表倍推诚,彰于见事,出纳之宜,唯意所欲。哀升进益,方省后命,一旦弃之,可谓运也。吾等荷先帝慈育,得及人群,思极厚恩,昊天罔极,竭力尽诚,犹惧无补。奈何妄听邪说,轻造祸难,国靡流言,遽归怨于二叔;世无晁错,仍袭辙于七藩。弃汉苍之令范,遵齐同之败迹。”

“往时仲堪假兵灵宝,旋害其族;孝伯授之刘牢,忠诚逝踬。皆囊代之成事,当今之殷鉴也。臧质少无美行,弟所具悉,凭恃末戚,并有微勤,承乏推迁,遂超伦伍,籍西楚强力,图济其私。凶谋若果,恐非复池中物。鲁宗父子,世为国冤,太祖方弘遐略,故爽等均雍齿之封。今据有五洲,虎凶出于匣,是须刘渊耳。徐遗宝是垣护之妇弟,前因护之归于吾,若求北出,不乐远西。近磐桓湖陆,示遣刘雍,其意见可。雍是徐冲舅,适有密信,誓倒戈。自虏侵境以来,公私彫弊,安以抚之,庶可宁静,弟复随而扰乱,吾恐边鄙皆为禾黍。宜远寻高祖创业艰难,近念家国比者祸,时息兵戈,共安社稷。责躬谢过,诛除险佞,追保前勋,传美竹帛。昔梁孝悔罪。景帝垂恩,阜质改过,肃宗降泽。忠焉之诲,聊希往言,祸福之机,明者是察。”

“主上神武英断,群策如林,忠臣发愤,虎士投袂,雄骑布野,舳舻盖川。吾以不才,忝权节钺,总督群帅,首戒戎先,指晨电举,式清南服。所以积竹缓期,冀弟不远而悟。如其遂溺奸说着,天实为之。临书慨惨,不识次第。”

义宣移檄诸州郡,加进号位。遣参军刘堪之、尹周之等率军下就臧质。雍州刺史朱攸之起兵奉顺。义宣二月十一日率众十万发自江津,舳舻数百里。是日大风,船垂覆没,仅得入中夏口。以第八子恺为辅国将军,留镇江陵。遣鲁秀、朱昙韶万余人北讨朱攸之。秀初至江陵,见义宣,既出,拊膺曰:“阿兄误入事,乃与痴人共作贼,今年败矣。”义宣至寻阳,与质俱下,质为前锋。至鹊头,闻徐遗宝败,鲁爽于小岘授首,相视失色。世祖使镇北大将军沈庆之送爽首示义宣，并与书："仆荷任一方，而衅生所统。近聊率轻师，指往剪扑，军锋裁交，贼爽授首。公情契异常，或欲相见，及其可识，指送相呈。"义宣、质并骇惧。

上先遣豫州刺史王玄谟舟师顿梁山洲内，东西两岸为却月城，营栅甚固。义宣屡与玄谟书，要令降，玄谟书报曰：

"频奉二诲，伏对战骇。先在彭、泗，闻诸将皆云必有今日之事，以鄙意量，谓无此理。去年九月，故遣参军先僧瑗修书表心，并密陈入相之计，欲使周旦之美，复见于今。岂意理数难推，果至如此。昔因幸会，蒙国士之顾，思报厚德，甘起泉壤，岂谓一旦事与愿违，公崇长奸回，自放西服，信邪细之说，忘大节之重，溺流狡之志，灭君亲之恩，狃玩极宠，越希非觊，祖宗世祀，自图颠覆，瞑目行事，未有如斯之甚者也，乃复枉谭书檄，远示见招。此则丹心微款，未亮于高鉴，赤诚幽志，虚感于平日，环念周回，始悟知己之未难也。公但念提职在昔，不思善教有本，徒见徐、鲁去就，未知仗义有人，岂不惜哉！有臣则欲其忠，诱人而导诸逆，君子忠恕其如是乎？苟不忠恕，则择木之翰，有所不集矣。夫挑妾者爱其易，求妻则敬其难。若承命如响，将焉用之。原毂存舆，无礼必及，窃恐荆郢之士，已当潜贰其怀，非皇都陋臣，秉义不徙。公虽心迷迹往，犹愿勉建良图。柳抚军忠壮慷慨，亮诚有素，新亭之勋，莫与为等，尚妄信奸虚，坐相贬谤，不亦惑哉。

幸承从乏，夙诚前驱，精甲已次近路；镇军络绎继发；太傅、骠骑嗣董元戎；乘舆亲御六师，威灵遐振。人百其气，慕义如林，舟骑云回，赫弈千里。辎属鞬秉锐，与执事周旋，授命当仁，理无所让。夫君道既尽，民礼亦绝，执笔裁答，感慨交怀。"

抚军柳元景据姑孰为大统，偏帅郑琨、武念戍南浦。质迳入梁山，去玄谟一里许结营，义宣屯芜湖。五月十九日，西南风猛，质乘风顺流攻玄谟西垒，冗从仆射胡子友等战失利，弃垒渡就玄谟。质又遣将庞法起数千兵从洲外趋南浦，仍使自后掩玄谟。与琨、念相遇，法起战大败，赴水死略尽。二十一日，义宣至梁山，质上出军东岸攻玄谟。玄谟分遣游击将军垣护之、竟陵太守薛安都等出垒奋击、大败质军，军人一时投水。护之等因风纵火，焚其舟乘，风势猛盛，烟焰覆江。义宣时屯西岸，延火烧营殆尽。诸将乘风火势，纵兵攻之，众一时奔溃。

义宣与质相失，各单舸进走，东人士庶并归顺，西人与义宣相随者，船舸犹有百余。女先适臧质子，过寻阳，入城取女，载以西奔。至江夏，闻巴陵有军，被抄断，回入汊口，步向江陵。众散且尽，左右唯十许人，脚痛不复能行，就民僦露车自载。无复食，缘道求告。至江陵郭外，遣人报竺超民，超民具羽仪兵众迎之。时外犹自如旧，带甲尚万余人。义宣既入城，仍出听事见客，左右翟灵宝诚使抚慰众宾，以"臧质违指授之宜，用致失利，今治兵缮甲，更为后图，昔汉高百败，终成大业。"而义宣忘灵宝之言，误云"项羽千败"。众咸掩口而笑。鲁秀、竺超民等犹为之爪牙，欲收合余烬，更图一决，而义宣瀹垫无复神守，入内不复出。左右腹心，相率奔叛。鲁秀北走，义宣不复自立，欲随秀去，乃于内戎服，膝囊盛粮，带佩刀，携息恬及所爱妾五人，皆著男子服相随。城内扰乱，白刃交横，义宣大惧落马，仍便步进，超民送城外，更以马与之，超民因还守城。义宣冀及秀，望诸将送北入虏。既失秀所在，未出郭，将士逃散尽，唯余恬及五妾两黄门而已。夜还向城，入南郡空廨，无床，席地至旦。遣黄民报超民。超民遣故车一乘，越送刺奸。义宣送止狱户，坐地叹曰："臧质老奴误我。"始与五妾俱入狱，五妾寻被遣出，义宣号泣语狱吏曰："常日非苦，今日分别始是苦。"

大司马江夏王义恭诸公王八座与荆州刺史朱攸之书曰："义宣反道叛恩，自陷极逆。大义灭亲，古今同准。无将之诛，犹或凶杀，况丑文悖志，宣灼遐迩，锋指张阙，兵缠近郊，衅逼忧深，臣主旰食。赖朝略震明，祖宗灵庆，罪人斯得，七庙弗隳。司刑定罚，黄辟攸在。而皇慈逮下，愍其愚迷，抑法申情，屡奏不省，人神悚遑，省心震惕。义宣自绝于天，理无容受。神稷之虑，臣子责深。便宜专行大戮，以纾国难。但加诸斧钺，有伤圣仁，亦以弘恩，使自为所，上全天德，下一洪宪。临书悲慨，不复多云。"书未达，攸之至江陵，已于狱尽焉。时年四十。世祖听还葬。

义宣子悰、恺、憬、惔、慏、惇、慆、怕实、业、悉达、法导、僧喜、慧正、慧知、明弥虏、妙觉、宝明几十八人，恺、恢、惔、惇并于江宁墓所赐死，慏、悉达早卒，余并与义宣俱为朱攸之所杀。蔡超及谘议参军颜乐之、徐寿之等诸同恶，并伏诛。超，济阳考城人。父茂之，侍庐陵王义真读书，官至彭城王义康骠骑从事中郎，始兴太守。超少有才学，初为兖州主簿，时令百官举才，超与前始宁令同郡江淳之、前征南将军会稽贺道养并为兴安修义宾所表荐。竺超民，青州刺史竺夔子也。

恢字景度，既嫡长，少而辩慧，义宣甚爱重之。年十一，拜南谯王世子，除给事中。义宣为荆州，常停都邑。太祖欲令还西，乃以为河东太守，加宁朔将军。顷之，征为黄门侍郎。元凶弑立，恢为侍中。义宣起义，劭收恢及弟恺、惔、悰、憬、慏系于外，散骑郎沈焕防守之。焕密有归顺意，谓恢等曰："祸福与诸郎同之，愿勿忧。"及臧质自白下上趋广莫门，劭令焕杀恢等。焕乃解其桎梏，率所领数十人与恢等向广莫门欲出。门者拒之，焕曰："臧公已至，凶人之矣。此司容诸郎，并能为诸君得富贵，非徒免祸而已，勿相留。"亦值质至，因此得出。恢至新亭，即除侍中。俄迁侍中、散骑常侍、西中郎将、湘州刺史。义宣并领湘州，转恢侍中，领卫尉。晋氏过江，不置城门校尉及卫尉官，世祖欲重城禁，故复置卫尉卿。卫尉之置，自恢始也。转右卫将军，侍中如故。义宣举兵反，恢与兄弟姊妹一时逃主恨恢藏江宁民陈铣家，有告之者，录付延尉。恢子善藏，与恢俱死。

恺，字景穆，生而养于宫内，宠均皇子。十岁，封宜阳县侯，仍为建威将军、南彭城沛二郡太定。迁步兵校尉，转黄门侍郎，太子中庶子，领长水校尉。元凶以恺为散骑常侍。世祖以为秘书监。未拜，迁辅国将军、南彭城、下邳二郡太守。其年，转五兵尚书，进爵为王。义宣反问至，恺于尚书寺内，著妇人衣，乘问讯车，投临汝公孟诩。诩于妻室内为地窟藏之，事觉，收付廷尉，并诩伏诛。慏封临武县侯，年十八卒，谥曰悼侯。悰封湘南县侯。憬封祁阳县侯。

徐遗宝，字石儁，高平金乡人。初以新亭战功，为辅国将军、卫军司马、河东太守，不之官。迁兖州刺史，将军如故，戍湖陆。封益阳县侯，食邑二千五百户。义宣既叛，遣使以遗宝为征虏将军、徐州刺史，率军出瓜步。遗宝遣长史刘雍之袭彭城，宁朔司马明胤击破之。更遣高平太守王玄楷与雍之复逼彭城。时徐州刺史萧思话未之镇，因诏安北司马夏侯祖权率五百人驰往助胤，既至，击玄楷斩之，雍之还湖陆。遗宝复遣土人檀休祖应玄楷，闻败，亦溃散。遗宝弃城奔鲁爽，爽败，逃东海郡界，土人斩送之，传首京邑。

夏侯祖权，谯人也。以功封祁阳县子，食邑四百户。大明中，为建武将军、兖州刺史，卒官。谥曰烈子。

史臣曰：襄阳庞公谓刘表曰："若使周公与管、蔡处茅屋之下，食藜藿之羹，岂有若斯之难。"夫天伦由子，共气公形，宠爱之分虽同，富贵之情则异也。追味尚长之言，以为太息。

【译文】

南郡王刘义宣，天生舌头短，语言有障碍。元嘉元年，年龄十二岁，受封为竟陵王，享有食邑五千户，拜受左将军，镇抚石头。七年，升任使持节、都督徐州、兖州、青州、冀州、幽州五州诸军事、徐州刺史，左将军职位没有变，还戍守石头。八年，又改任都督南兖州、兖州刺史，准备镇戍山阳，没有赴任。第二年，升职任中书监、进封中军将军号，加任散骑常侍，赐给他鼓吹一部。这时，竟陵地区的蛮方少数民族扰乱得很厉害，劳役赋税很重，于是改封刘义宣为南谯王，又加领石头地区的军事。十三年，出任为都督江州、豫州西阳、晋熙、新蔡三郡诸军事、镇南将军、江州刺史。

开始，高祖认为荆州是最好的军事要地，土地广阔，兵强马壮，留下遗诏，让他的几个儿子按次序到那里去镇戍。谢晦叛乱被平定后，将荆州封授给彭城王刘义康。刘义康入朝作了宰相，依次封赐给江夏王刘义恭。又因为临川王刘义庆属于宗族中德高望重的人，而且临川武烈王为国家的建立立下了很大的功劳，因此刘义庆又被册封在那里。这以后，按次序应册封刘义宣到那里去。文帝认为刘义宣的才能原本有些短浅，不能够镇抚"上流形胜"的地方。十六年，用衡阳王刘义季代替了刘义庆受封的职位，又用刘义宣代替刘义季受封为南徐州刺史，任职都督南徐州军事、征北将军，持节同以前一样，加封散骑常侍。而会稽公主多次替刘义宣说话，文帝迟疑不定，沉吟不许有很长时间。元嘉二十一年，才册封刘义宣都督荆州、雍州、益州、梁州、宁州、南秦州、北秦州七州诸军事、车骑将军、荆州刺史，持节、常侍的职位同以前一样。文帝先下诏给刘义宣说："师护认为在西方的国土上呆得有些久了，因此两次上表求返回京师，出任朝廷内政，作为我的左右助手，这自然是治理国家通常的道理，也没有必要在一个地方长呆下去。现在想要听取你的意见，用你去代替师护刘义季镇抚南徐州。师护在南徐州虽然没有特殊的政绩，纯洁自己，节省财用，以善心对待民众，不仗势欺凌属下。这些是真实不能改变的事实，不仅在西土南徐州有好名声，就是朝廷内外的百官也以他的那种处世行为作为美谈。在那里治理政事已经步入正轨，有了顺序。士大夫、百姓都不愿意让他离开，朝廷里边议论事情的人也没有说要迁移他，现在让他回京师，换你去代替他镇抚南徐州。更进一步的考虑也是为了你的安排。你与师护的年龄、辈分相同，各有各的优点，在待人接物方面也是各有优劣。倘若现在让师护回京师、让你代替产生的讥讪议论，一定会把责任都归属在我头上。反过来还会被师护怨恨，不只是发点牢骚就了事。事情要是这样，于公于私两方面都受到损害，因此不能够不事先共同好好地商量。通过商量，这事情也就成为容易的事了，没有可能让人再发生评头论足的议论。"师护，是刘义季的小字。

刘义宣到南徐州刺史任上，勤劳努力，约束自己，非常严格，政治事条处理得有条不紊。他生得白皙，蓄着很美的须眉，身长七尺五寸，腰带长达十围，养育了很多嫔妾，后房多达一千多人，尼媪几百人，男儿女孩三十人。崇尚装饰绮丽，财费支用很多。进升职位为司空，改任侍中，领任南蛮校尉。二十七年，索房向南侵扰，刘义宣担心索房寇贼的到来，想逃到上明去。等到索房退兵后，太祖刘义隆下诏给他说："好好地治理人民的事务，不要去考虑潜逃的计划。"

三十年，刘义宣迁升任司徒、中军将军、扬州刺史，侍中职位不变。还没到任职的地方去，遇上刘劭弑君，自立为皇帝。拟任命刘义宣为中书监、太尉，领司徒、侍中的职位同以前一样。刘义宣听说他的任命后，立即起兵，征调聚集兵器士卒，传布战书于远近。适逢世祖入京师讨伐刘劭，刘义宣派他的参军徐遗宝领兵三千人援助，作他的前锋军。世祖登皇帝位，任命刘义宣为中书监，都督扬州、豫州二州诸军事、丞相、录尚书六条事、扬州刺史，加赐给羽葆、鼓吹、班剑四十人，持节、侍中国以前，改封为南郡王，享有食邑一万户。进封谥号给刘义宣所生女为献太妃，册封次子宜阳侯刘恺为南谯王，享有食邑一千户。刘义宣坚持辞让在朝廷内的任职和刘恺的王爵不受。于是改授给他都督荆州、湘州、雍州、益州、梁州、宁州、南秦州、北秦州八州诸军事、荆州、湘州二州刺史，持节、侍中、丞相职位不变。降低封赐刘恺为宜阳县王。刘义宣所属的将领、佐吏及以下的官员，一并都有不同程度的赏赐。长史张畅，事迹见于本传。谘谇参军蔡超专门掌管书记和参谋事务，任职为尚书吏部郎，仍任丞谘议参军、南郡内史，受封为汝南县侯，给食邑一千户。司马竺超民任黄门侍郎，仍任丞相司马、南平内史。其余的人各自都有差任。

刘义宣在任十年，兵力强盛，财用富足，又首先创立义举，发兵讨伐刘劭，威名称誉天下。凡是他有所请求想要得到的东西，没有一样不从他所愿的。朝廷颁布的制度，有不与他的意思统一的，他就一概不执行。曾经献给世祖酒，首先自己饮足后，再将剩余的酒封送给，他的不识大体达到了这种程度。起先，臧质心怀诡计，要背叛朝廷，认为刘义宣平凡羸弱，容易左右他，想假借他的名义实行叛乱，用以成就他的奸计。从襄阳去江陵见刘义宣，便尽情礼遇，事情记载在《臧质传》。及到了江州，经常致密信劝说刘义宣，说刘义宣有治理朝政的才能，建立了兴邦治国的大功，具有了可以使君主都感到不安的威势，从古以来少有全者，应当地位在所有人的前面，及早地做出安排。而且黎民百姓没有谁不归心于你，你如果整顿人马，入朝亲政，朝廷内外没有谁不欣喜若狂拥戴你做皇帝。不如此，一旦降祸于你，后悔将会来不及。刘义宣暗自接受了臧质的游说，而世祖，在深闺宫苑中不守礼规，与刘义宣的几个女儿淫乱。刘义宣因此怒从心发，秘密地治理舟船、兵器，准备在孝建元年秋天或冬天起兵反叛，报知豫州刺史鲁爽、兖州刺史徐遗宝一同起兵。鲁爽因饮酒过度而失态，泄漏了刘义宣的意思。因此提前在这年正月便起兵反叛。派府中户曹送版刻印，以刘义宣补为天子，并送天羽仪给刘义宣。徐遗宝也统兵开赴彭城，刘义宣与臧质狼狈为奸，仓促起兵。二月二十六日，刘义宣自行充任都督中外诸军事，在府中设置左、右长史、司马，让他的僚属佐吏都有了宫位名号。派遣传奉表奏刘骏说："我听说过博陆辅佐汉朝，后来受到宣太后猜疑；昌国辅翼燕国，又被惠王猜忌。常常异姓公卿功高权重时会需用胁君主，容易在君臣之间产生隔阂；葭与莩是同类，可以心心相印，和睦相处。我虽然平庸没有才，懦弱无能，但是稍微献忠诚，处理事情很谨慎。正值刘劭弑杀文帝自立为皇帝的时候，我忘记家庭的安危，抱定以身殉国的信念，发兵征讨刘劭。虽然朝廷的纪年走上正常，得到了延续，我没有树立功劳，但是满尽忠诚和愚心，已经深入人心，感应神灵。我没有得到应有的理解，反而对我的各种各样的怀疑不信任没有停止，我的非议与损毁每天都在发生；犹如织布投杼的声响，纷纷扬扬，不绝于耳。想必是在于奸臣交相作乱，因此鱼目混珠，谎言变成了锦贝之文。当这俗行充斥的年代，很少有奉守贞节的臣子；冰与霜都铺天盖地而来，覆盖了最后凋谢的花木。大家都耽逸于乱世，安然自得，心甘情愿地劳居在非正宗的朝廷。都竞相采摘为人所耻的官带冕服作了高官，惟人家的投赐遗赠是取。及至获得的职位，超过了以前最受宠幸的大臣的职位,任职给他们参与辅佐朝廷大政,恣意培植丑恶的党徒,荒谬地杜撰异端邪说,置疑蛊惑贤明的君主,诓骗人民的视听。又到南国赴任的郡国僚属,他们备受劳苦,不足以记载史册,贪天之功,据为己有,结党营私,互相庇护,企图推翻宗室朝廷。臧质在往年谨守忠节,讨伐刘劭,功勋很高,超过了古代的贤人;鲁爽服从大义,志洁可以刊刻在金石之上。他们这些人受到朝廷猜忌,一定要进行陷害。以前汲黯还在的时候,西汉刘安受其辅佐还能安于志节;孔父既然已经死了,华督就放纵凶逆。我虽然没有武德,领先不辞艰苦也稍有功绩,反而受到谗狡,受到限制而被诱召。宗族祭祀将要出现危险,皇帝的王冠将会不得其所。"

"我托身寄体出生在皇室的家族,累朝历代经历了一些日月。皇室倾颠,朝政坠毁,责任都在我身上。岂敢忘记投鼠忌器的明训,甘愿受到冒犯宗室基业的惩处。于是就征集招募兵器和士卒,分别命令他们到各藩属郡国去,好让忠于皇室、勤于王政的人能够中泄愤慨,让仗义的人效力征伐,诛杀了凶恶丑陋的人,再到朝廷谢罪。如此,那么我前进一步说,不至于有负七庙祖先的灵位,退一步说,无愧于文帝、孝武帝二个朝代的恩遇。临进表奏,感慨惭愧,奏辞难于表达自己的内心。"

孝武帝刘骏下诏回答说:"皇帝恭敬地问候你。我不奉天命,招致蒙受了灾难,宗室与朝政都处于危险,相互为祸的时候很快就要来了。所以身自为八百诸侯的首领,雪清冤屈与耻辱,在于依靠你们的高妙的计策,共同救济艰难时事,杀了刘劭。于是,以孤寡之躯,愚暗不堪用的才能,继嗣了奉祭先祖洪祀的大统。尊亲国戚之间,依功勋酬赏,为的是表明我的心意,便于辅助朝政,尽其职守,所希望的也就是在于匡扶社稷,拯救王业。至于好的言论不曾闻达,小的功德却已经先行著录,勤于王政的事业没有完成,毁誉害身的阴谋已经来了。臧质的为人险恶急躁,没有品行,抛弃人的伦理,因此不曾被重用。你立志在于问鼎皇位,有了凶恶的意图,就一定会乘势行动,先是假借牵强附会的事物,扇动诱惑不明白事理的人,用以掩盖自己真正的意图,达到犯上作乱的目的。如果让那群群逆朝廷的人都心满意足,让那些邪恶的人争相任意驰骋,我担心你临到受难乌有其命时,还不知道是怎么一回事。但是积怨已经很多,灾祸已经接连不断地来了,哪里还知道事情的真谛。你为人明智,但是还有不及的地方。背叛宗室这个根本,崇仰作奸的人,迷信新近惯于谗毁人的丑类,还来谈谋求宗室朝政。虽然步履露径小道,犹明日照中天,喧器议论,纠葛纷扰。我以最大的仁道和无私的公正,杜绝制止有关猜疑的议论,相信正义,推诚至公,远近皆知。我不担心事物会发展到一筹莫展,不好的预言真正应验出现。我只是可怜你用心良苦,到头会失掉了你所追求的。不要忘记睡觉和吃饭吧!

现在我就亲自统帅六师,广泛地命令各地长官,告祭先祖,盟誓群众,直指柴桑,枭首车裂为首作恶的人,用以谢罪天下。随后警跸清理长江两岸,鸣銮荆郢之路,放下武器,穿戴衮服,到宗庙去当面禀告先祖列宗,用以规劝那些还想大逆不道的人。宋朝无福,祸结怨连,仍然缠绕着王室。去年平定乱事,杀了刘劭,刚以为可以以此为鉴,垂训长远,希望得以松弛紧张的气氛,永远消灭灾难。难道说事情刚过去,时间还不到让一季的庄稼成熟,又要看到大难临头,高祖、太祖二朝创立的王业,将又要坠毁于深渊?仰上临祝宗室鸿业,唯有深感悲怆。"

太傅江夏王刘义恭又致书给刘义宣说:

"刚听道路上的人说,刘义宣、臧质背叛了朝廷。说这话的人言之有据,我仍然说会像他们说的那样。道听途说不足为言，应当绝于智着的耳朵，不会再行传播。忽然看到了你的表奏，将要动用晋阳的军队开始行动，我感到震惊，愕然不知所以，恐骇，为你感到惋惜，不知道从何说起，倘若是君主幼弱，臣子强盛，朝政移至了宰相，扰乱了朝纲，进而要造反呢？还是君主在上昏庸无能，臣下纵恶无道，于是对朝廷有所畏逼，然后贤臣藩属难于尽忠职守，及至难处机衡，所以要造反？难道你不曾听说圣明的君主统治了国家，万事万物都已经顺理成章？现在你要称名发兵于你所说的国家兴盛开始的时候，你要扶危难于国家已经安定之，用以达到你的目的，我私下深深为大弟弟忧虑这件事。去年，二凶大逆不道，篡夺朝政，四海之内，万民同奋，弟弟协和宣扬忠义仁孝，奋起发兵，拥戴圣明君主。大功盛德，已经昭彰时世，载入史册，为此皇朝钦敬嘉奖你，也算是又给了优厚的赏赐。宰相的位置，是人臣中间最高的，现在属于你；江左形胜之地，是很少册封给人的，现在也封授给了你；一家受封两个王位，举世少有，现在你和你的儿子刘恺也一并封了王。上表自称你加倍地推诚致公，但是人们看到的是已有的事实。丢掉什么，保留什么，不是因时制宜，而是按你的主观意愿在决定。褒新进益，方省后命，一旦丢掉了它们，可说是命中注定的。我们这些依靠先帝慈爱养育，所获得的东西超过了常人。思考报答先帝的厚恩，天数是不可能让我们达到极点的，竭尽全力，克尽赤诚，犹尚害怕不能报答恩泽，于事无补。怎么还能够胡乱地听信那些胡说八道，轻易招致祸害与灾难呢。西周时国内到处传播流言蜚语，罪责自然都归属到了管叔、蔡叔的头上；秦朝没有晃错的时候，朝政只好沿袭战国七雄的旧典。丢掉西汉张苍制定的条文规范，难免就要踏上西晋齐王司马冏失败的道路。

以往仲堪借兵于灵宝，寻即遗害了灵宝的宗族；孝伯授事于刘牢，靠忠诚而善终。这些都是上古时代已有历史事实，当今要以此为借鉴。臧质那个人少年时就没有好的品行，弟弟清楚有关他的全部情况，就是凭靠了他是你的不关紧要的亲戚，而且稍有一些殷勤劳苦。并得到你任意推举迁长，及至超过三纲五常的伦理。他依靠在西楚比较强的兵力，企图达到他不可告人的目的。大逆不道的阴谋倘若得逞，恐怕他就不再是池中之物，鲁家父子，世代都冤枉受到国家的封赐而不效忠朝廷。世祖刚要弘扬国家的宏图大业，因此鲁爽等人都受到了与雍齿相等的封赐。让他据有五洲的势力，这真是虎兕钻出了笼子，只待作刘渊了。徐遗宝是祖护之的女人的弟弟，以前因为垣护之归属我做我的下属，苦苦追求要出师北上镇守，没有答应他，所以不高兴，就远远地投奔了西土。近来他盘旋左右顾盼在湖陆那地方，把他的意思故意表现给刘雍看，他的用意一目了然。刘雍是徐冲的舅舅，恰好得到了密信，于是盟誓掉转刀口。自从虏寇侵扰边境以来，国家宗室的事业都凋敝不振，安定地匡扶它，也许还有希望获得国内的安宁平静。弟弟不躬亲安抚百姓，效忠朝廷，反而随臧质他们那些人扰乱邦土它宁，我担心的是边鄙地区将成为荒野了。你应当从长远想想高祖创立国家基业的艰难，从近处顾念宗室与国家屡次受到了灾祸的侵害，需要及时停止兵戎相见，共同安定宗室朝廷。你现在的责任是要通过自我反省以谢过失，诛除臧质那些危险的邪恶之徒，用以将功补过。这样对于以前可以保证功勋不受影响，对于以后，能够将善行著入竹帛，载入史册。以前西汉梁孝王能够悔罪改过，得到了景帝谅解并加强了恩宠；东晋阜、质改过自新，肃宗司马绍降恩泽给他了。忠诚教诲，往往是忠的事情出现以后，才想得起来；祸与福的机遇，只有明智的人才能察觉到。

现在的君主精干，英明果断，他周围的贤能策士，多如林木，忠诚的臣子乐于为他发愤图强，勇猛如虎的义士投靠他乐于为他效命。威武雄壮的战马遍布在野外，用于水战又长又大的方舟浮满了江河。我以浅薄才能，辱权被授予节钺，总督全军将帅，率先统领军队，一声令下，晨旦之间，将士将风驰电掣，清除南国叛逆，使之臣服朝廷，志在必得。之所以整装未发，延缓行动，希望弟弟能尽快醒悟。如其不然，沉溺于奸佞之人的异端邪说，一意孤行，其结果将是灭意要使你遭受祸殃。临致书时感慨烦懑，不知道文意的次序，没有章法。”

刘义宣传达战书给所有州郡，给官吏们加官晋爵。派参军刘堪之、尹周之等率领军队去与臧质会师。雍州刺史朱攸之起兵归顺朝廷。刘义宣二月十一日率领十万大军从江津出发，战船在江上连绵，列队长达数百里。这天刮大风，船沉覆没，仅存不多的船只载人驶入中夏口。任命他的第八个儿子刘慆为辅国将军，留镇江陵。派鲁秀、朱昙韶领兵一万余人向北讨伐朱修之。鲁秀初到江陵，拜见刘义宣，拜见后出门，用手拊胸口说："我哥哥鲁爽错误地投靠了人，错误地参与了事。他与痴呆的人一道作逆贼，今年就会失败。"刘义宣到寻阳，与臧质一同发兵，以臧质为前锋。到鹊头，听说徐遗宝失败，鲁爽在小岘那地方被割下首级，大惊失色。世祖派镇北在将军沉庆之送鲁爽首级给刘义宣看，并给他书说："你这奴仆，担任了一方的要职，不行王道，却统领逆贼涂炭生灵。近来又率领你那微不足道的军队，指挥他们前往剪扑朝廷命官，反叛朝廷。军队的前锋还没交战，逆贼鲁爽就割下首级臣服了朝廷。这情契异乎寻常，或许还想与鲁爽相见一面，趁他的首级还可辨认出来，迅速派人送给你。"刘义宣、臧质一并感到惊骇惧怕。

孝孝帝先派豫州刺史王玄谟率领舟师屯驻在梁山州内，东西两边都是却月城，营栅非常坚固。刘义宣屡次致书给王玄谟，要王玄谟投降，王玄谟还报书说：

"频繁收到你奉送的两封信，服读很惊怕，起先在彭、泗的时候，就听说你的将领都说一定会有今天这样的结果。以我的意思来看，可以说这样议论没有道理。去年九月，你派参军先僧瑗给我送信表示你的意思，并且秘密告诉我事情成功之后让我做宰相，想要我具有周公旦那样的美德，以后再次见面就到了今天。难道是意念中的理数难于推脱，结果又到了今天这个地步。过去因为幸会，又蒙你有加给我宰相职衡的顾念，思想要报你厚爱我的德仁。滴水之恩，当甘泉涌报。那里料得到，一朝之间，事情会与愿望相违背。你崇尚奸邪的人，自从到西楚服任，相信邪佞细碎的道听途说，忘记了为国治政要奉守之节的重要，沉溺在下流狡黠的意志之中，毁灭了君臣宗室的恩泽，习玩朝廷加给你的最大的恩宠，超过正常限度很远，达到了非人所望的程度，面对祖宗的七庙，你要自己去颠覆它。就是闭着眼睛做事，结果也没有像这样恶劣的。及至进一步枉妄地向四面八方广泛散发战书，将战书送到遥远的地方，招募不义之徒。这就是所谓丹心与微诚，不曾照亮在高悬的明镜面前，赤诚与幽志，也只是徒有虚表在平日。我翻来覆去地思考，方始感悟到人心易得，知己难求的道理。你只想到往昔要提职的事，没有想到好的教导要源自根本。难道看到了徐遗宝的失败，鲁爽投降朝廷，却不知道仗义行事大有人在，岂不是感到可惜！做人的臣子，那么就要想到尽忠于他的事，引诱人并把他引向叛逆的道路，君子所说的忠、恕二字，难道就是这种意思吗？如若不行忠、恕，那么择木而栖的飞鸟，就会因此而不集结在你这里了。那些挑选妾姬的人，喜欢她轻薄善变和逢场作戏，而求娶妻子，则敬重的是她能够忍辱负重，遇险蹈难。倘若唯命是从，承命如响，你将用他的哪一方面呢？循着车毂的印迹追导，一定会发现车子的处所；不奉守礼法行事，祸害就会随之而来。我私下为你担心，恐怕荆、郢地方的那些仗义之士，已经暗自有了要二心于你的想法，不单是京都里边那些没用的大臣，要秉承大义，不二心于朝廷。你虽然心里迷乱，行迹往复不定，还是希望你能勉励自己，再作好的打算。柳元景抚军忠诚悲壮慷慨，素来有亮节和赤诚，有新亭的功勋，没有谁能够赶得上他，而他胡乱地相信奸人的虚言假意，受他们欺骗，结果受牵连，遭到贬斥和谤毁，不是很清楚吗？

我有幸被启用在没有贤人的时候，受孝武帝训诫，作为征讨你的前驱，精兵已经暂时驻扎到靠近你们的路上。各地镇抚的军将骆驿不断地紧接着发起前来。原来是太傅、骠骑将军的刘骏继承了大统，御驾亲征，他乘车亲自统率六军前来讨伐你。威风抖抖，精神振奋，很远的地方都受到震动。人民如百川汇流般统一在他的意气之下，群情激昂，敬慕大义的人多如山林，战船与战马整装待命如四方潮涌般盘旋在各地，战旗飘扬连绵千里。千钧一发之际，任我执鞭秉锐，与你争锋周旋。接受朝廷的命令，我会当仁不让，道理上也不允许我推让不受命。你与君子之道缘进而作了寇贼，与人民相互礼遇的关系也就绝灭了。我执笔就你的二封来信给予回答，百感交集在我的心中。"

刘义恭任命抚军柳元景守据姑孰为元帅，偏帅郑琨、武念戍守南浦。臧质直奔梁山，在离王玄谟营地里左右的地方扎营。刘义宣屯驻芜湖。五月十九日，西南风刮得迅猛，臧质乘风顺水流攻打王玄谟的西营，冗从仆射胡子友等人迫战，失败，丢下营垒，乘船渡河投靠王玄谟。臧质又派将领庞法起率几千兵从洲外奔袭南浦，仍然让他们从后面去攻击王玄谟。他们与郑琨、武念率领的军队相遇，庞法起大战，失败，将士落水而死几乎殆尽。二十一日，刘义宣到梁山，臧质从上方出军东面攻打王玄谟。王玄谟分别派游击将军垣护之、竟陵太守薛安都等人出营地袭击臧质军，大败臧质，军中士卒一时间全部投水。垣护之等人借用风势纵火烧臧质的战船，风猛火盛，烟雾覆盖了江面。刘义宣这时屯驻西面，火势蔓延烧光了他在西面的营垒。王玄谟派去的将领乘风火的威势，纵兵攻击刘义宣、臧质，一时间全军崩溃瓦解。

刘义宣与臧质失去了联系，各自乘一条船逃走。东土士庶人都投降了王玄谟，西土刘义宣的部属，追随他的船只还有一百余艘。他的女儿在这以前嫁给了臧质的儿子，过寻阳时，刘义宣入城领了女儿，将她载上车子也一齐向西逃奔。到江夏，听到说巴陵有朝廷的军队，被抄断了出路，又折回来进入途口，步行去江陵。随从他的人纷纷离散殆尽，手下只有十人左右。他的脚痛不能够行走，在老百姓那里弄了一辆没有车盖的车子载着他自己行走。没有了粮食，沿途靠讨乞过活。到江陵城外，派人报知竺超民，竺超民用羽仪兵排列迎接刘义宣。这时城外还和以前一样，有带甲兵众一万余人。刘义宣已经进入江陵城，还和以前那样出面听取奏事，会见宾客。他的手下翟灵宝告诉他，让他抚慰将士和宾客，认为"臧质违背了指挥授任应该遵守的规则，因此招致失败，现在修理兵器，整顿队伍，更加变为以后打算。以前汉高祖刘邦竟然有百次的失败，最后还是取得了胜利，创立了国家大业。"而刘义宣忘记了翟灵宝所说的意见，失言说："项羽还有一千次失败。"大家都掩口而笑。鲁秀、竺超民等人仍然是刘义宣的得力干将，想集中合编残余部队，再次一死战，而刘义宣被恐怖畏惧中昏了头脑，神不守舍，进到屋里不再出来。他的部下心腹，争相奔散叛变。鲁秀向北而逃，刘义宣不能再自成自立，想跟鲁秀一道去。于是将戎装穿在里面，外边盖穿常人衣服，用口袋装粮食，带上佩剑，携同儿子刘韬和他喜欢的爱姬五人，都穿男子衣服相随而行。江陵城里纷乱不堪，刀剑纵横，刘义宣大为恐惧，从马上掉下来，反过来又步行进城。竺超民将他送出城外，又将马给他，竺超民就此返还江陵城据守。刘义宣希望追赶上鲁秀，看到将领们送鲁秀投罪了北方的少数民族。刘义宣既然没有了鲁秀这个唯一的归宿，还没出外城，将士们全部逃恨离散，只剩下刘韬和他的五个爱姬、两个黄门跟随他。夜里又向城里返回，进入了南郡的一所空房子，没有床，席地而坐到第二天早晨。派黄门郎报知竺超民，竺超民派一辆旧车子，将他装载送交了官方。刘义宣被送交给狱户，坐在地上叹息说："臧质那老贼奴耽误了我。"开始与五个爱姬一同在监狱里，寻即五个爱姬又被调遣出来。刘义宣哭嚎着对狱吏说："平常不知道苦，今天与爱姬们分别才知道苦就在这里。"

大司马江夏王刘义恭和诸公王八座给荆州刺史朱攸之信说："刘义宣反逆王道，背叛皇恩，自己走上了逆不道的绝路。为了维护君臣大义，可以不顾念亲戚，古代和现代都有同一的准则。不论是将他诛杀，抑或是将他囚禁致死，都不会过分。何况他的丑恶行为，大逆不道的意志，已经远远近近扬起了对他仇恨的火焰。锋芒指向朝廷，屯兵缠绕京郊，对朝廷侵害威逼深重，君主与臣子都不能按时就食。依赖朝廷的英明，祖宗的神灵保佑，罪人已落得应有下场，七庙不曾坠毁。有司刑狱给他定罪，依典大辟都是他咎由自取。但是考武帝的慈恩下降给他，怜悯他愚蠢迷惑不省人事，不得已抑制法律，表达皇室亲戚的和人感情。我们每次奏请都不予省察诏准。人与神都害怕凄惶，于心震动。刘义宣自己绝于天命，没有道理不容他不接受。为了国家朝政的大事，我做臣子的责任重大。要随便对他专行大戮，用以申明国难。但是加给他斧钺的刑罚，又有伤于圣上的仁爱。那就给予他宽宏博大的恩泽，让他自己处死自己，对上可以保全天子的仁德，对下可以表明朝廷的宽宏。临到写信，悲哀感慨，不能够再多说。"信未到达荆州，朱攸之到江陵，刘义恭已在狱中死了。死时四十岁。世祖听从奏请，将刘义宣还葬在江宁。

刘义宣有儿子刘悰、刘恺、刘恢、刘憬、刘惔、刘恍、刘惇、刘韬、刘伯实、刘业、刘跋悉达、法导、僧喜、慧正、慧知、明弥虏、妙觉、刘宝明共十八人，刘恺、刘恢、刘惔、刘惇一起在江宁墓地赐死。刘恍、悉达早年夭折，其余都与刘义宣一道被朱攸之杀害。蔡超和咨议参军颜乐之、徐寿之等刘义宣的全部同党，一并伏诛受刑。蔡超，是济阳考城人。蔡超的父亲民蔡茂之，开始侍奉庐陵王刘义真读书，后来官到举荐贤才，蔡超与原始宁令同郡江淳之、原征南参军会稽贺道养一并受到兴安侯刘义宾的上表推荐。竺超民，是青州刺史竺夔的儿子。

刘恢字景度，既是刘义宣的长子，从小能辩聪慧，刘义宣非常喜欢他。年龄十一岁，拜为南谯王世子，任给事中。刘义宣赴荆州后，刘恢常被留守都邑。太祖想让他从西楚返回，于是任命为河东太守，加任宁朔将军。不久，征任为黄门侍郎。刘劭弑杀刘义符，自立为皇帝，刘恢任侍中。刘义宣发兵起义，刘劭逮捕了刘恢和他的弟弟刘恺、刘惔、刘悰、刘憬、刘恍并将他们关押在宫外，派敬骑常侍沈焕防守他们。沈焕暗自有归顺刘骏的意思，对刘恢等兄弟几人说："我会同你们祝福与共，请你们不要忧虑。"到臧质从百下上杀广莫门时，刘劭命令沈焕杀死刘恢和他的几个弟弟。沈焕不但没杀他们，还解开他们身上的桎梏，率领他所领的数十人与刘恢等人奔向广莫门。欲出城门，守门的人拦阻他们不让出门。沈焕说："臧质已经杀来了，刘劭都已经逃走了。他们是司空的几个儿子，都能够替你们谋得宝贵，岂止是只为你们免除祸患而已，请不要相与阻拦。"这时，正好臧质赶到,因而得以出了城门。刘恢到新亭,即任侍中。寻即迁任侍中、散骑常侍、西中郎将、湘州刺史。刘义宣开始一并领湘州,后转任刘恢侍中,领卫尉。晋朝过长江以后,不设置城门校尉和校尉官职,世祖想加强城门的禁卫,因此又设置卫尉卿。卫尉的设置,是从刘恢开始的。刘恢转任右卫将军,侍中职位不变。刘义宣起兵又叛朝廷,刘恢与兄弟姊妹一起立即逃亡。刘恢藏匿在江宁百姓陈铣的家里,有人告发了他们,被官府抓获送交给了廷尉。刘恢的儿子刘善藏,与刘恢一道被处死。

刘恺,字景穆,出生后即养育在皇宫里面,所受的宠爱与皇子相同。十岁时,被册封为宜阳县侯。频繁迁升,任建威将军、南彭城和沛郡二郡太守。迁任步兵校尉,转任黄门侍郎,太子中庶子,领长水校尉。刘劲任命刘恺为散骑常侍。世祖任他为秘书监。没有拜授,又迁任辅围将军、南彭城、下邳二郡太守。隔了一年,转任五兵尚书,进封王爵。刘义宣谋反时,讯问的人到了,刘恺躲进尚书寺内,穿着女人衣服,乘前来讯问他的车子,投奔临安公孟诩。孟诩在妻子的寝室内挖了一个地洞,将刘恺藏在里边。事情败露后,逮捕他交付给了廷尉,与孟诩一并伏罪被诛杀。刘悚册封后临武县侯,年龄十八岁时死,封谥号悼侯。刘惊受封为湘南县侯。刘憬受封为祁阳县侯。

徐遗宝,字石隽,高平金乡人。开始因为在新亭作战有功,任为辅国将军、卫军司马、河东太守,未到官任,迁任兖州刺史,将军职位不变,戍守湖陆。受封为益阳县侯,享有食邑二千五百户。刘义宣背叛了朝廷,派使者任命徐遗宝为征虏将军、徐州刺史,率领军队出师瓜步。徐遗宝派长史刘雍之袭击彭城,被宁朔司马明胤所击败。又派高平太守王玄楷与刘雍之再次攻打彭城。这时徐州刺史萧思话没到镇任,因此下诏安北司马夏侯祖权率领五百人急驰彭城援助明胤,到达以后,攻打王玄楷,并杀了他。王雍之返回湖陆。徐遗宝又派土著将领檀休祖应援王玄楷,听说王玄楷失败,他的军队也随之崩溃瓦解。徐遗宝丢掉城池,投奔鲁爽,鲁爽失败了,只好逃入东海郡的地界。土著人斩了他的首级并送给了朝廷,他的首级被传示京都。

夏侯祖权,是谯郡人,因为有功而封受祁阳县子爵,享有食邑四百户。大明年间,任建武将军、兖州刺史,死于官任。谥号叫烈子。

著史的臣子说:襄阳庞公对刘表说:"倘若让周公旦与管叔、蔡叔三兄弟都居处在茅屋子里面,呼藜藿之类的野菜汤,哪里还会有杀管叔、放逐蔡叔的灾难呢。"大概无论正常能否行得通,要看做儿子的如何处置,同呼吸,分形貌,所爱父亲宠爱的名分虽然相同,但是他们所拥有的富与贵的情形截然不同。追忆品味尚长的话,不是没有道理,实在为之叹息。

范晔传

【题解】

范晔(398~445 年),字蔚宗,顺阳(今河南淅川东)人,南朝著名的史学家。一生著作甚丰,流传至今的只有一部《后汉书》。今本《后汉书》帝、后纪十卷和列传八十卷,出于范晔之手;八志三十卷则为萧梁刘昭取司马彪《续汉书》之志所补。就他所手著的部分而论,确实贯彻了他提出的"正一代得失"的宗旨。在书中不少篇章中,范晔多能从实际出发议论东汉政治得失,颇具史家识见。但全书突出"忠义"思想,流露出了他的封建正统思想和士族意识。《后汉书》是在自东汉以来十家东汉史书的基础上著成的,取材广博,经范晔删削,做到了"简而且周,疏而不漏"(刘知几《史通·补注》),受到了历代史家的赞许,与《史记》《汉书》《三国志》合称为"前四史"。但《后汉书》中对儒学和谶纬神学大肆渲染,尤其是其中对天命神符、术士推步、神鬼怪异的宣扬,则是此书的糟粕,也是不容掩盖的。

【原文】

范晔字蔚宗,顺阳人,车骑将军泰少子也。母如厕产之,额为砖所伤,故以砖为小字。出继从伯弘之,袭封武兴县五等侯。

少好学,博涉经史,善为文章,能隶书,晓音律。年十七,州辟主簿,不就。高祖相国掾,彭城王义康冠军参军,随府转右军参军,入补尚书外兵郎,出为荆州别驾从事史。寻召为秘书丞,父忧去职。服终,为征南大将军檀道济司马,领新蔡太守。道济北征,晔惮行,辞以脚疾,上不许,使由水道统载器仗部伍。军还,为司徒从事中郎。顷之,迁尚书吏部郎。

元嘉九年冬,彭城太妃薨,将葬,祖夕,僚故并集东府。晔弟广渊,时为司徒祭酒,其日在直。晔与司徒左西属王深宿广渊许,夜中酣饮,开北牖听挽歌为乐。义康大怒,左迁晔宣城太守。不得志,乃删众家后汉书为一家

范晔给宋文帝弹奏琵琶

之作。在郡数年,迁长沙王义欣镇军长史,加宁朔将军。兄暠为宜都太守,嫡母随暠在官。十六年,母亡,报之以疾,晔不时奔赴。及行,又携妓妾自随,为御史中丞刘损所奏,太祖爱其才,不罪也。服阕,为始兴王濬后军长史,领南下邳太守。及濬为扬州,未亲政事,悉以委晔。寻迁左卫将军、太子詹事。

晔长不满七尺,肥黑,秃眉须。善弹琵琶,能为新声。上欲闻之,屡讽以微旨,晔伪若不晓,终不肯为上弹。上尝宴饮欢适,谓晔曰:"我欲歌,卿可弹。"晔乃奉旨。上歌既毕,晔亦止弦。

初,鲁国孔熙先博学有纵横才志,文史星算,无不兼善。为员外散骑侍郎,不为时所知,久不得调。初熙先父默之为广州刺史,以赃货得罪下廷尉,大将军彭城王义康保持之,故得免。及义康被黜,熙先密怀报效,欲要朝廷大臣,未知谁可动者,以晔意志不满,欲引之。而熙先素不为晔所重,无因进说。晔外甥谢综,雅为晔所知,熙先尝经相识,乃倾身事综,与之结厚。熙先藉岭南遗财,家甚富足,始与综诸弟共博,故为拙行,以物输之。综等诸年少,既屡得物,遂日夕往来,情意稍款,综乃引熙先与晔为数。晔又与戏,熙先故为不敌,前后输晔物甚多。晔即利其财宝,又爱其文艺。熙先素有词辩,尽心事之,晔遂相与异常,申莫逆之好。始以微言动晔,晔不回,熙先乃极辞譬说。晔素有闺庭论

议,朝野所知,故门胄虽华,而国家不与姻娶。熙先因以此激之曰:"丈人婚,为是门户不得邪?人作犬豕相遇,而丈人若谓朝廷相待厚者,何故不与丈人欲为之死,不亦惑乎?"晔默然不答,其意乃定。

时晔与沈演之并为上所知待,每被见多同。晔若先至,必待演之俱入,演之先至,尝独被引,晔又以此为怨。晔累经义康府佐,见待素厚。及宣城之授,意好乖离。综为义康大将军记室参军,随镇豫章。综还,申义康意于晔,求解晚隙,复敦往好。晔既有逆谋,欲探时旨,乃言于上曰:"臣历观前史二汉故事,诸蕃王政以忤诅幸灾,便正大逆之罚。况义康奸心衅迹,彰著遐迩,而至今无恙,臣窃惑焉。且大梗常存,将重阶乱,骨肉之际,人所难言。臣受恩深重,故冒犯披露。"上不纳。

熙先素善天文,云:"太祖必以非道晏驾,当由骨肉相残。江州应出天子。"以为义康当之。综父述亦为义康所遇,综弟约又是义康女夫,故太祖使综随从南上,既为熙先所奖说,亦有酬报之心。广州人同灵甫有家兵部曲,熙先以六十万钱与之,使于广州合兵。灵甫一去不返。大将军府史仲承祖,义康旧所信念,屡衔命下都,亦潜结腹心,规有异志。闻熙先有诚,密相结纳。丹阳尹徐湛之,素为义康所爱,虽为舅甥,恩过子弟,承祖因此结事湛之,告以密计。承祖南下,申义康意于萧思话及晔,云:"本欲与萧结婚,恨始意不果。与范本情不薄,中间相失,傍人为之耳。"

有法略道人,先为义康所供养,粗被知待,又有王国寺法静尼亦出入义康家内,皆感激旧恩,规相拯拔,并与熙先往来。使法略罢道,本姓孙,改名景玄,以为臧质宁远参军。熙先善于治病,兼能诊脉。法静尼妹夫许耀,领队在台,宿卫殿省。尝有病,因法静尼就熙先乞治,为合汤一剂,耀疾即损。耀自往酬谢,因成周旋。熙先以耀胆干可施,深相待结,因告逆谋,耀许为内应。豫章胡遵世,藩之子也,与法略甚款,亦密相酬和。法静尼南上,熙先遣婢采藻随之,付以笺书,陈说图谶。法静还,义康饷熙先铜匕、铜镊、袍段、棋奁等物。熙先虑事泄,鸩采藻杀之。湛之又谓晔等:"臧质见与异常,岁内当还。已报质,悉携门生义故,其亦当解人此旨,故应得健儿数百。质与萧思话款密,当仗要之,二人并受大将军眷遇,必无异同。思话三州义故众力,亦不减质。郡中文武,及合诸处侦逻,亦当不减千人。不忧兵力不足,但当勿失机耳。"乃略相署置,湛之为抚军将军、扬州刺史,晔中军将军、南徐州刺史,熙先左卫将军,其余皆有选似。凡素所不善及不附义康者,又有别簿,并入死目。

熙先使弟休先先为檄文曰:

夫休否相乘,道无恒泰,狂狡肆逆,明哲是殛。故小白有一匡之勋,重耳有翼戴之德。自景平肇始,皇室多故。大行皇帝天诞英姿,聪明睿哲,拔自藩国,嗣位统天,忧劳万机,垂心庶务,是以邦内安逸,四海同风。而比年以来,奸竖乱政,刑罚乖淫,阴阳违舛,致使衅起萧墙,危祸萃集。贼臣赵伯符积怨含毒,遂纵奸凶,肆兵犯跸,祸流储宰,崇树非类,倾坠皇基。罪百浞、豷,过十玄、莽,开辟以来,未闻斯比。率士叩心,华夷泣血,咸怀亡身之诚,同思糜躯之报。

湛之、晔与行中领军萧思话、行护军将军臧质、行左卫将军孔熙先、建威将军孔休先,忠贯白日,诚著幽显,义痛其心,事伤其目,投命奋戈,万殒莫顾,即日斩伯符首,及其党与。虽豺狼即戮,王道惟新,而普天无主,群萌莫系。彭城王体自高祖,圣明在躬,德格天地,勋溢区宇,世路威夷,勿用南服,龙潜凤栖,于兹六稔。苍生饥德,亿兆渴化,岂唯东征有《鸤鸠》之歌,陕西有勿翦之思哉。灵祇告征祥之应,谶记表帝者之符,上答天心,下惬民望,正位辰极,非王而谁。

今遣行护军将军臧质等,赍皇帝玺绶,星驰奉迎。百官备礼,骆驿继进,并命群帅,镇戍有常。若干挠义徒,有犯无贷。昔年使反,湛之奉赐手敕,逆诚祸乱,预睹斯萌,令宣示朝贤,共拯危溺。无断谋事,失于后机,遂使圣躬滥酷,大变奄集,哀恨崩裂,抚心摧哽,不知何地,可以厝身。辄督厉尫顿,死而后已。

熙先以既为大事,宜须义康意旨,晔乃作义康与湛之书,宣示同党曰:

吾凡人短才,生长富贵,任情用己,有过不闻,与物无恒,喜怒违实,致使小人多怨,士类不归,祸败已成,犹不觉悟,退加寻省,方知自招,刻肌刻骨,何所复补。然至于尽心奉上,诚实幽显,拳拳谨慎,惟恐不及,乃可恃宠骄盈,实不敢故为欺罔也。岂苞藏逆心,以招灰灭,所以推诚自信,不复防护异同,率意信心,不顾万物议论,遂致谲巧潜构,众恶归集。甲奸险好利,负吾事深;乙凶愚不齿,扇长无赖;丙、丁趋走小子,唯知谄进,伺求长短,共造虚说,致令祸陷骨肉,诛戮无辜。凡在过衅,竟有何征,而刑罚所加,同之元恶,伤和枉理,感彻天地。

吾虽幽逼日苦,命在漏刻,义慨之士,时有音信。每知天文人事,及外间物情,土崩瓦解,必在朝夕。是为衅起群贤,滥延国家,夙夜愤踊,心腹交战。朝之君子及士庶白黑怀义秉理者,宁可不识时运之会,而坐待横流邪。除君侧之恶,非唯一代,况此等狂乱罪酰,终古所无,加之窜戮,易于摧朽邪。可以吾意宣示众贤,若能同心奋发,族裂逆党,岂非功均创业,重造宋室乎?但兵凶战危,或致侵滥,若有一豪犯顺,诛及九族。处分之要,委之群贤,皆当谨奉朝廷,动止闻启。往日嫌怨,一时豁然,然后吾当谢罪北阙,就戮有司。苟安社稷,瞑目无恨。勉之勉之。

二十二年九月,征北将军衡阳王义季、右将军南平王铄出镇,上于武帐冈祖道,晔等期以其日为乱,而差互不得发。于十一月,徐湛之上表曰:“臣与范晔,本无素旧,中忝门下,与之邻省,屡来见就,故渐成周旋。比年以来,意态转见,倾动险忌,富贵情深,自谓任遇未高,遂生怨望。非唯攻伐朝士,讥谤圣时,乃上议朝廷,下及藩辅,驱扇同异,恣口肆心,如此之事,已具上简。近员外散骑侍郎孔熙先忽令大将军府吏仲承祖腾晔及谢综等意,欲收合不逞,规有所建。以臣昔蒙义康接盼,又去岁群小为臣妄生风尘,谓必嫌惧,深见劝诱。兼云人情乐乱,机不可失,谶纬天文,并有征验。晔寻自来,复具陈此,并说臣论议转恶,全身为难。即以启闻,被敕使相酬引,究其情状。于是悉出檄书、选事及同恶人名、手墨翰迹,谨封上呈,凶悖之甚,古今罕比。由臣暗于交士,闻此逆谋,临启震惶,荒情无措。”诏曰:“湛之表如此,良可骇愕。晔素无行检,少负瑕衅,但以才艺可施,故收其所长,频加荣爵,遂参清显。而险利之性,有过溪壑,不识恩遇,犹怀怨愤。每存容养,冀能悛革,不谓同恶相济,狂悖至此。便可收掩,依法穷诘。”

其夜,先呼晔及朝臣集华林东阁,止于客省。先已于外收综及熙先兄弟,并皆款服。于时上在延贤堂,遣使问晔曰:“以卿粗有文翰,故相任擢,名爵期怀,于例非少。亦知卿意难厌满,正是无理怨望,驱扇朋党而已,云何乃有异谋。”晔仓卒怖惧,不即首款。上重遣问曰:“柳与谢综、徐湛之、孔熙先谋逆,并已答款,犹尚未死,证据见存,何不依实?”晔对曰:“今宗室磐石、蕃岳张跱,设使窃发侥幸,方镇便来讨伐,几何而不诛夷?且臣位任过重,一阶两级,自然必至。如何以灭族易此?古人云:‘左手据天下之图,右手刿其喉,愚夫不为。'臣虽凡下，朝廷许其粗有所及，以理而察，臣不容有此。"上复遣问曰："熙先近在华林门外，宁欲面辨之乎？"晔辞穷，乃曰："熙先苟诬引臣，臣当如何？"熙先闻晔不服，笑谓殿中将军沈邵之曰："凡诸处分，符檄书疏，皆范晔所造及治定。云何于今方作如此抵蹋邪。"上示以墨迹，晔乃具陈本末，曰："久欲上闻，逆谋款著，又冀其事消弭，故推迁至今。负国罪重，分甘诛戮。"

其夜，上使尚书仆射何尚之视之，问曰："卿事何得至此？"晔曰："君谓是何？"尚之曰："卿自应解。"晔曰："外人传庾尚书见憎，计与之无恶。谋逆之事，闻孔熙先说此，轻其小儿不以经意。今忽受责，方觉为罪。君方以道佐世，使天下无冤。弟就死之后，犹望君照此心也。"明日，仗士送晔付延尉。入狱，问徐丹阳所在，然后知为湛之所发。熙先望风吐款，辞气不桡，上奇其才。遣人慰劳之曰："以卿之才，而滞于集书省，理应有异志。此乃我负卿也。"又诘责前吏部尚书何尚之曰："使孔熙先年将三十作散骑郎，那不作贼。"

熙先于狱中上书曰："囚小人猖狂，识无远概，徒徇意气之小感，不料逆顺之大方。与第二弟休先首为奸谋，干犯国宪，蜇胲脯醢，无补尤庆。陛下大明含弘，量苞天海，录其一介之节。猥垂优逮之诏。恩非望始，没有遗荣，终古以来，未有斯比。夫盗马绝缦之臣，怀璧投书之士，其行至贱，其过至微，由识不世之恩，以尽驱命之报，卒能立功齐、魏，致勋秦、楚。囚虽身陷祸逆，名节俱丧，然少也慷慨，窃慕烈士之遗风。但坠崖之木，事绝升跻，覆盆之水，理乖收汲。方当身膏铁钺，诒诚方来，若使魂而有灵，结草无远。然区区丹抱，不负夙心，贪及视息，少得申畅。自惟性爱群书，心解数术，智之所周，力之所至，莫不穷揽，究其幽微。考论既往，诚多审验。谨略陈所知，条牒如故别状，愿且勿遗弃，存之中书。若囚死之后，或可追存，庶九泉之下，少塞衅责。"所陈并天文占侯，谶上有骨肉相残之祸，其言深切。

晔在狱，与综及熙先异处，乃称疾求移考堂，欲近综等。见听，与综等果得隔壁。遥问综曰："始被收时，疑谁所告？"综云："不知"。晔曰："乃是徐童。"童，徐湛之小名仙童也。在狱为诗曰："祸福本无兆，性命归有极。必至定前期，谁能延一息。在生已可知，来缘尽无识。好丑共一丘，何足异枉直。凯论东陵上，宁辨首山侧。虽无稽生琴，庶同夏侯色。寄言生存子，此路行复即。"

晔本意谓入狱便死，而上穷治其狱，遂经二旬，晔更有生望。狱吏因戏之曰："外传詹事或当长系。"晔闻之惊喜，综、熙先笑之曰："詹事尝共畴昔事时，无不攘袂瞋目。及在西池射堂上，跃马顾盼，自以为一世之雄。而今扰攘纷纭，畏死乃尔。设令今时赐以性命，人臣图主，何颜可以生存。"晔谓卫狱将曰："惜哉！麴如此人。"将曰："不忠之人，亦何足惜。"晔曰："大将言是也。"

将出市，晔最在前，于狱门顾谓综曰："今日次第，当以位邪？"综曰："贼帅为先。"在道语笑，初无暂止。至市，问综曰："时欲至未？"综曰"势不复久。"晔既食，又苦劝综，综曰："此异病笃，何事强饭？"晔家人悉至市，监刑职司问："须相见不？"晔问综曰："家人以来，幸得相见，将不暂别。"综曰："别与不别，亦何所存？来必当号泣，正足乱人意。"晔曰："号泣何关人？向见道边亲故相瞻望，亦殊胜不见。吾意故欲相见。"于是呼前。晔妻先下抚其子，回骂晔曰："君不为百岁阿家，不感天子恩遇，身死固不足塞罪，奈何枉杀子孙。"晔干笑云罪至而已。晔所生母泣曰："主上念汝无极，汝曾不能感恩，又不念我老，今日奈何？"仍以手击晔颈及颊，晔颜色不怍。妻云："罪人，阿家莫念。"妹及妓妾来别，晔悲涕流涟,综曰:"舅殊不同夏侯色。"晔收泪而止。综母以子弟自蹈逆乱,独不出视。晔语综曰:"姊今不来,胜人多也。"晔转醉,子蔼亦醉,取地土及果皮以掷晔,呼晔为别驾数十声。晔问曰:"汝恚我邪?"蔼曰:"今日何缘复恚,但父子同死,不能不悲耳。"晔常谓死者神灭,欲著《无鬼论》,至是与徐湛之书,云"当相讼地下"。其谬乱如此。又语人:"寄语何仆射,天下决无佛鬼。若有灵,自当相报。"收晔家,乐器服玩,并皆珍丽,妓妾亦盛饰,母住止单陋,唯有一厨盛樵薪,弟子冬无被,叔父单布衣。晔及子蔼、遥、叔蓥,孔熙先及弟休先、景先、思先、熙先子桂甫,桂甫子白民,谢综及弟约、仲承祖、许耀,诸所连及,并伏诛。晔时年四十八。晔兄弟子父已亡者及谢综弟纬,徙广州。蔼子鲁连,吴兴昭公主外孙,请全生命,亦得远徙,世祖即位得还。

晔性精微有思致,触类多善,衣裳器服,莫不增损制度,世人皆法学之。撰《和香方》,其序之曰:"麝本多忌,过分必害,沉实易和,盈斤无伤。零藿虚燥,詹唐粘湿。甘松、苏合、安息、郁金、柰多、和罗之属,并被珍于外国,又取于中土。又枣膏昏钝,甲煎浅俗,非唯无助于馨烈,乃当弥增于尤疾也。"此序所言,悉以比类朝士:"麝本多忌",此庾炳之;"零藿虚燥",比何尚之;"詹唐粘湿",比沈演之;"枣膏昏钝",此羊玄保;"甲煎浅俗",此徐湛之;"甘松、苏事",此慧琳道人;"沉实易和",以自比也。

晔狱中与诸甥侄书以自序曰:

"吾狂衅覆灭,岂复可言,汝等皆当以罪人弃之。然平生行己任怀,犹应可寻。至于能不,意中所解,汝等或不悉知。吾少懒学问,晚成人,年三十许,政始有向耳。自尔以来,转为心化,推老将至者,亦当未已也。往往有微解,言乃不能自尽。为性不寻注书,心气恶,小苦思,便愦闷,口机又不调利,以此无谈功。至于所通解处,皆自得之于胸怀耳。文章转进,但才少思难,所以每于操笔,其所成篇,殆无全称者。常耻作文士。文患其事尽于形,情急于藻,义牵其旨,韵移其意。虽时有能者,大较多不免此累,政可累工巧图绩,竟无得也。常谓情志所托,故当以意为主,以文传意。以意为主,则其旨必见;以文传意,则其词不流。然后抽其芬芳,振其金石耳。此中情性旨趣,千条百品,屈曲有成理。自谓颇识其数,尝为人言,多不能赏,意或异故也。

性别宫商,识清浊,斯自然也。观古今文人,多不全了此处,纵有会此者,不必从根本中来。言之皆有实证,非为空谈。年少中,谢庄最有其分,手笔差易,文不拘韵故也。吾思乃无定方,特能济难适轻重,所禀之分,犹当未尽。但多公家之言,少于事外远致,以此为恨,亦由无意于文名故也。

本未关史书,政恒觉其不可解耳。既造《后汉》,转得统绪,详观古今著述及评论,殆少可意者。班氏最有高名,既任情无例,不可甲乙辨。后赞于理近无所得,唯志可推耳。博赡不可及之,整理未必愧也。吾杂传论,皆有精意深旨,既有裁味,故约其词句。至于《循吏》以下及《六夷》诸序论,笔势纵放,实天下之奇作。其中合者,往往不减《过秦》篇。尝共比方班氏所作,非但不愧之而已。欲偏作诸志,前汉所有者悉令备,虽事不必多,且使见文得尽,又欲因事就卷内发论,以正一代得失,意复未果。赞自是吾文之杰思,殆无一字空设,奇变不穷,同合异体,乃自不知所以称之。此书行,故应有赏音者。纪、传例为举其大略耳,诸细意甚多。自古体大而思精,未有此也。恐世人不能尽之,多贵古贱今,所以称情狂言耳。

吾于音乐,听工不及自挥,但所精非雅声,为可恨。然至于一绝处,亦复何异邪。其中体趣,言之不尽;弦外之意,虚响之音,不知所从而来。虽少许处,而旨态无极。亦尝以授人,士庶中未有一豪似者。此永不传矣。

吾书虽小小有意,笔势不快,余竟不成就,每愧此名。

晔自序并实,故存之。

蔼幼而整洁,衣服竟岁未尝有尘点。死时年二十。

晔少时,兄晏常云:"此儿进利,终破门户。"终如晏言。

【译文】

范晔字蔚宗,顺阳人,是车骑将军范泰的小儿子。他的母亲上厕所时生下他,他的额头被砖弄伤了,所以他以"砖"作为小字。他过继给伯父范弘之、袭封武兴县五等侯。

范晔从小好学,博览经史,善写文章,能写隶书,通晓音乐。他十七岁时,州里辟召他为主簿,他没有去。曾任高祖刘裕的相国掾彭城王义康的冠军参军,随府又转任右军参军。入朝补任尚书外兵郎,出任荆州别驾从事史,不久又召回朝任秘书丞,因父亲去世而卸职。服丧期满,他担任了征南大将军檀道济的司马,兼任新蔡太守。檀道济北征,范晔害怕随行,借口脚有疾病,皇上不允许,让他由水路统率船队装载武器北上。军队回来以后,范晔担任司徒从事中郎,旋即升任为尚书吏部郎。

元嘉九年冬天,彭城太妃逝世了。将要安葬的时候,设奠祭那天晚上,官员故旧都集中在东府。范晔的弟弟广渊,当时为司徒祭酒,那一天正好值日。范晔与司徒左西属王深在广渊的府中住宿,夜里二人畅饮,打开北面的窗户听挽歌取乐。义康大怒,贬范晔为宣城太守。范晔不得志,于是删削数家《后汉书》为一家之作。范晔在宣城待了好几年,才升任长沙王刘义欣的镇军长中,又加官为宁朔将军。范晔之兄范暠担任宜都太守,其生母跟随范暠在所任上。元嘉六年,他们的母亲去世了,但遣人报告范晔却只说母亲有病,范晔没有及时奔赴。等到范晔启程(去看望他母亲时),又携带了妓妾跟从,这件事被御史中丞刘损上奏了,太祖爱范晔的才华,没有降罪。为母服丧期满后,范晔担任了始兴王刘濬的后军长史,兼任南下邳太守。刘濬理扬州,没有亲自过问政事,都委托给给范晔。不久范晔又升任左卫将军、太子詹事。

范晔高不超过七尺,又胖又黑,没有眉毛和胡须。他善于琵琶,能够作曲。皇上想听范晔的弹奏,多次委婉地表达这一要求,范晔却假装听不懂,最终也不肯为皇上弹奏。皇上曾经在一次宴会上很快活,便对范晔说:"我想唱歌,你来伴奏。"范晔才依旨(而为皇上弹奏)。皇上唱完了,范晔也停止了弹奏。

当初,鲁国的孔熙先博学有纵横的才志,文史星算的学问,没有不精通的。他担任员外散骑侍郎,不被当时的人所了解,很久得不到晋升。早些时候孔熙先的父亲孔默之担任广州刺史,因为贪污财货犯罪交廷尉审理,大将军彭城王义康担保而维护他,孔默之才得免于罪。到义康被废为王的时候,孔熙先暗怀报效之心,想联合朝廷大臣(为义康求情),但不知道可以说动谁,认为范晔有不满情绪,便想引范晔以为伍。但是孔熙先一直不被范晔看重,所以没有借口去说服范晔。范晔的外甥谢综,因文雅而为范晔看重,孔熙先曾经与谢综认识,就使出全身解数与谢综周旋,与谢综的友情日益深厚。孔熙先凭借在岭南为官和剩余财产,家境十分富足,开始与谢综的弟弟们赌博,故意表现得赌技低劣,以物品输给他们。谢综等诸位少年,既然多次得到物品,便白天黑夜地和孔熙先往

来,情意渐渐融洽,谢综就领着孔熙先与范晔赌博。范晔又与孔熙先游戏(赌博),孔熙先故意装着不是范晔的敌手,前前后后输给范晔很多东西。范晔既贪图孔熙先的财宝,又爱他的文艺才华。孔熙先平时就善于文词,尽心尽意地顺从范晔,范晔于是与他异常友好,甚至申明两个是莫逆之交。孔熙先开始用婉转的言语劝说范晔,范晔不理睬,他就多方譬喻。范晔从来有在朝廷议论的习惯,朝野闻名,所以他的门第虽然高贵,但国家不与他联姻。孔熙先因此用这件事激怒范晔说:"范先生若说朝廷待先生厚的话,为什么不与先生联姻,而使先生得不到尊贵的门户呢?别人只把(与先生相处)看作狗与猪相遇,而先生却想为此而舍生忘死,不令人感到困惑吗?"范晔沉默不答,他(帮助孔熙先)的决心已经下定了。

当时范晔与沈演之同被皇上当作知心,接见都受到同等待遇。范晔若先到,一定要等沈演之来了才一起入内。有一次沈演之先到,就独自被引见了,范晔对此事有怨气。范晔多次担任义康的府佐,义康待他一向优厚。自从范晔被贬到宣城太守之后,两人意见和喜好就有了分歧。谢综担任义康大将军记室参军,随义康镇守豫章。谢综回朝时,申述义康的意向,请求范晔消除两人之间的不和,恢复往日的友好关系。范晔既有了违背朝廷的想法,想探明皇上的旨意,就对皇上说:"臣历观前代史和两汉的故事,诸蕃王为政如以妖言诅咒企图侥幸嫁祸于人,就要正以大逆之罚。何况义康的奸心叛迹,已远近彰著,但至今他没有受到任何惩罚,臣私下里感到困惑。而且大的梗涩经常存在的话,必将加重阶级次序的混乱,即使是骨肉之间,也是很难说的。臣受恩深重,所以冒犯皇上披露此事。"皇上不采纳范晔的意见。

孔熙先平时对天文有研究,他说:"太祖必定是逝世于非命,是骨肉相残造成的。江州应当出天子。"认为义康正应这句话。谢综的父亲谢述也为义康所知遇,谢综的弟弟谢约又是义康的女婿,所以太祖命谢综相随从南方来。谢综受到孔熙先的夸奖,也有酬报孔熙先的意思。广州人周灵甫有家兵,孔熙先给了他六十万钱,让他在广州集结。但周灵甫一去了就没再回来。大将军府史仲承祖,是义康原来就信任照顾的人,他多次在建业任职,也暗中勾结心腹,图谋不轨。仲承祖听说孔熙先有诚意,就秘密地联合起来。丹阳尹徐湛之,一直受到义康的钟爱,他们之间虽然是舅甥关系,但恩情超过了儿子和兄弟,仲承祖因此结识事奉徐湛之,告诉了他秘密的计划。仲承祖南下,向萧思话和范晔说明义康的意思。他说:"本来想与萧家通婚,只恨原先的打算没有实现。与范晔本来情意不薄,中途相互分离,这是别人挑拨的罢了。"

有一位法略道人,原先受义康供养,大体上被义康当作知心看待;又有王国的法静尼也在义康家里出入,他们都感激旧恩,相约互助,并与孔熙先往来。义康让法略道人还俗;法略道人本姓孙,还俗后改名景玄,任命他为臧质的宁远参军。孔熙先善于治病,兼能诊脉。法静尼的妹夫许耀,领着队伍在宫中,宿卫殿省。许耀曾经有病,因为法静尼的关系就到孔熙先那里去请求治疗,孔熙先为他开了一剂药,许耀的病就好多了。许耀自己去孔熙先那里酬谢,因此相互间就有了来往。孔熙先因为许耀的胆识才干可以利用,就与他深交,乘便告诉了谋反的事,许耀答应作为内应。豫章的胡遵世,是胡藩的儿子,他与法略道人相处甚为融洽,也秘密地相互应和。法静尼南上,孔熙先就派遣婢女跟着她,交给她文书牋牒,陈说图谶。法静回来后,义康赏赐孔熙先铜匕首、铜镜、袍段、棋奁等物。孔熙先忧虑谋反的事被泄漏,就用毒酒杀了采藻。徐湛之又对范晔等人说:"臧质发现了异常情况，年内一定回来。已经告诉臧质了，让他（回来时）把全部的门生故友带回来。他也应当理解这样做的意图，所以应该从他那儿得到数百健儿。臧质与萧思话相处融洽，一定会凭借这一关系邀请萧思话。他们两个人都受到大将军义康的眷遇，必然没有与大将军不同的意见。萧思话在三州的朋友和拥有的力量，也不会比臧质少。郡中的文武官员，和各处侦察、巡逻之人，也应当不少于一千人。不忧虑兵力不足，但应注意勿失时机罢了。"于是大体进行了官员的安排，徐湛之为抚军将军、扬州刺史，范晔为中军将军、南徐州刺史，孔熙先为左卫将军，其他人都有相应的职务考虑。凡平时不与义康交好及不附从义康的人，又有别簿登录，一并都纳入了处死的名单。

孔熙先让他弟弟孔休先提前写了篇檄文。他写道：

休美和否塞彼此战胜，天道没有永远使人安泰的，疯狂凶暴肆意横逆，明智的办法是将其诛灭。所以齐公子小白有一匡天下的功勋，晋公子重耳有尊戴辅翼周王的德行。自从景平年开始，皇室多故。（而在此之前，）宋武帝（刘裕）天生英姿，聪明睿哲，拔自藩国，承继大位统治天下，忧劳于万机，尽心于庶务，因此国内安定闲适，四海之内齐声歌唱。但从景平年以来，奸臣和宦官乱政，刑罚滥施，阴阳颠倒，致使祸起萧墙，危难萃集。贼臣赵伯符积怨含恨，遂纵奸凶，驱兵阻截皇上，祸及百官，推崇行为不正之人，顷刻之间就坠坏了帝王的基业。他的罪百倍于寒浞和他的儿子浇，过错十倍于刘玄和王莽，开天辟地以来，没有听说过有谁能与他相比的。全国民众捶胸，无论中华和国外的人都为之泣血，都怀着献身的忠诚，同思以身报国。

徐湛之、范晔与行中领军萧思话、行护军将军臧质、行左卫将军孔熙先、建威将军孔休先，忠心贯白日，诚意显幽微，出于正义而感到痛心，不忍目睹事态的恶化，舍命奋戈，不顾万死，即日就要斩掉赵伯符的首级，扫荡他的党羽。虽然豺狼就要就戮，帝王的大业即将更新，但普天之下无人主宰，民众就无所依系。彭城王是高祖的骨肉，圣明充满了他的身体，德行感通天地，功勋盈溢于宇宙，道路险阻曲直，在南方得不到发挥才干的条件，龙潜凤栖，到现在已经六年了。苍生如饥盼望德政，民众渴求变化，难道仅仅是周公东征时才有《鸱鸮》之歌，只有陕西有对召公的那种思念之情吗？神灵转告了祥瑞的征兆，谶记表示出了为帝者的事像，对上报答天心，对下满足民望，登位为帝，不是（义康）王又是谁呢！

现在派遣护军将军臧质等人，捧着皇帝的玉玺衣绶，星驰奉迎。百官完全按照礼节，络绎继进，并且命令群帅，按照原来的规矩镇戍各地。若有干扰正义之人，只要有行动就将严惩不贷。前些年徐湛之奉皇上的手命，先就告诫过防止祸乱，预先就看见了动乱的苗头，皇上令他向朝中的贤人们说明这一情况，要求他们共拯危难。但是有谋无断，失去了后发制人的机会，才使皇上受到了摧残，风云突变，哀痛悔恨天崩地裂，抚心哽咽，不知何地，可以安身。我们将即时督促激励受到挫折的队伍，（为拥戴彭城王为帝）死而后已。

孔熙先认为既然发动了这一重大事件，应该有义康的意旨，于是范晔假造了一封义康给徐湛之的信，并在同党中宣布。这封信说：

我是个凡夫俗子、缺才少能，生长在富贵之家，根据个人的好恶随意处理事情，有过错不听人规劝，对事物没有恒定的看法，喜和怒都与事实违逆，致使小人多怒，士人不归附于我。灾祸和失败已成为事实了，还不觉悟，细加检讨反省，方知是自己造成的，痛苦犹如渗肌刻骨，有什么可以再弥补我的过错？但是如果说到尽心侍奉皇上，忠诚贯注细枝大节，那么我拳拳谨慎，唯恐做不到，因此这样才能恃宠骄盈，所以我不敢故意欺骗诬蔑皇上。岂能包藏逆心，招致毁灭？所以我推诚自信，不再顾忌与皇上的旨意是否相同；全心全意根据忠心办事，不顾及众人的议论，这样一来，就导致了谗言和陷害的暗伏，多种罪恶都归附在我的身上。有人奸险好利，在一些事情上有负于我；有人凶愚不为人所齿，只擅长无赖的行径；还有些人是趋炎附势的小人，只知道谄媚以求升官，这些人都伺机寻找我的不是，共同造谣诬蔑，致使灾祸加于骨肉，诛戮殃及无辜。他们所说的罪过，究竟有什么根据？（一点也没有。）但是刑罚所加，把被陷害的人都看成元凶。这种伤害亲人和气违背事理的事，使天地都为之动容。

我虽然被幽禁逼迫每日都很痛苦，生命只在旦夕之间，但有正义感的士人，时常有音信来告。每次得知天文与人事（相应），及外面的社会状况，就相信国家土崩瓦解，必定是朝夕间的事了。于是我为群贤被祸、国家遭难的事，日夜愤怒不安，思想斗争很激烈。身在朝廷的君子及一般士人百姓中深明义理的人，宁可不识时务天运而坐待奸邪横行吗？除掉君王身边的邪恶之人，不只是哪一个朝代的事，何况如今这批狂乱罪恶之人，是自古以来都没出现过的，翦灭他们，比摧枯拉朽还容易呢。可以把我的意思告诉众位贤人，若能同心奋发，将逆党灭族，难道这不是与创业同样的功劳，重新造就了宋室吗？兵是凶事，战争危险，也许有过份的地方，但如果有哪一位豪杰违背大的方向，就要诛灭他的九族。处分的大权，就委托诸位贤人，（凡有所处分）都应恭谨地申报朝廷，一切举动都要奏明皇上，往日的嫌疑怨恨，都会因此而豁然明白，然后我当到朝廷谢罪，到府衙接受杀头的惩处。假如我的举动能安定社稷，即使死也无所怨恨。请诸位贤人努力、再努力。

元嘉二十二年九月，征北将军衡阳王义季、右将军南平王铄出就本镇，皇上到武帐冈这个地方为他们践行，范晔等人准备就在那一天发动动乱，但因安排上出现了差错没能发动。这一年的十一月，徐湛之上表说："我和范晔，原本没有旧交，只不过都忝列朝廷，和他有事务上的联系，他屡次来我处，所以渐渐有了些来往。近一年来，他的思想和行动都有变化的表现，用心险恶，追求富贵，自己说没有受到重用和信任，于是产生了埋怨。他不仅仅是攻击朝廷官员，讥讽诽谤圣明的当世，还对上议论朝廷，对下议论各地的藩王，煽动有相同和不同看法的人，任意攻击，这一类的事情，都已经完全写在前次的材料上了。近来员外散骑侍郎孔熙先忽然命令大将军的府吏仲承祖按范晔及谢综等人的意思，想集合不逞之徒，计划有所大举动。因为臣下我过去蒙受过义康的照顾，又因为去年一群小人为臣的事闹得乌烟瘴气，认为朝廷必然嫌弃我，就多次劝说诱惑我。他们顺便还说现在人们希望动乱，机不可失；谶纬和天象，都有征兆。不久，范晔亲自来找我，再次陈述了这些话，并且说对臣下我的议论变得很险恶了，为了保全自己应当参加作乱。我立即就把此事上奏了，被命令相互揭发，弄清情况。于是我将檄书、选人的事、参加人的姓名、文书手迹都拿出来，谨慎地封好上呈皇上。他们凶狠背叛的程度，古今都没有比得上的。由于臣下我对接交士人看得不清楚，所以得知了这一叛逆的阴谋。在这揭发的时候，我感到震惊和惶恐，思绪混乱，手足无措。"宋文帝下诏说："徐湛之上表所说的一切，实在令人惊骇惋惜。范晔平素行为不检点，小有过恶，但因他才艺可用，所以收纳他的长处，频繁地给他荣耀的爵位，使他参与高洁显要的事务。但他不惜采用一切手段追求自己利益的本性，其欲望比溪谷沟壑还大，不认识已经给予他的恩惠待遇，还心怀怨愤。朕每次都怀着容忍、培养他的心意，希望他能改过自新，没想到他同恶人勾结在一起，狂妄悖乱到如此地步。现在可以将他收监,依法加以彻底审问。"

这一天夜里,先传呼范晔和朝臣们在华林东阁聚集,在客省休息。这时候,早就在外面将谢综及熙先兄弟收监,并使他们一条一条地服罪了。这时候宋文帝在延贤堂,派使者问范晔说:"因为你略有文才,所以加以任用,名声和爵位都是你期望的,按常例给予的待遇也没少给。朕也知道你的欲望难以满足,最多不过是产生些毫无道理的埋怨,在朋党中挑拨煽动而已。为什么有人说你图谋不轨?"范晔仓皇恐惧,不肯承认。皇上再次遣人问他说:"你与谢综、徐湛之、孔熙先谋逆,他们都已经承认了,现在还没有处死,人证物证俱在,为什么不从实招认?"范晔回答说:"如今宗室如磐石一样稳固,各蕃分布峙立,就是下臣我从侥幸出发(发动叛逆),方镇立即就会来讨伐,待得了多少时候不被诛杀夷灭?而且下臣职位权力过于重大,再加一阶两级,自然是一定会实现的。为什么要用灭族之罪来取代我升官的前途呢?古人说:'左手控制着天下,右手去自刎其喉,就是傻瓜也不这样做。'下臣虽然平凡低下,但朝廷还赏识我有些长处,以理而论,下臣不会有这些(谋反的)事情。"皇上派人问他:"孔熙先近在华林门外,你愿意当面对质吗?"范晔无话可说,就回答:"孔熙先假如诬害臣下,臣下怎么办?"孔熙先听说范晔不服罪,笑着对殿中将军沈邵之说:"(谋反的)诸事处置,瑞符、檄书等文件,都是范晔所写的或确定的。怎么现在如此抵赖呢。"皇上把墨迹给范晔看,范晔才原原本本把事情交代出来,他说:"很久前就想把这事奏明圣上,但当时叛逆的阴谋还不明朗,又希望这事消解了,所以推迟到今天都没上报。我深负国恩罪恶深重,甘心接受诛戮。"

这天夜里,皇上派尚书仆射何尚之去看范晔,问他说:"你怎么把事情弄到这个地步?"范晔说:"先生认为是什么原因?"何尚之回答:"先生自己应当分析得出。"范晔说:"外面的人传说庚尚书被皇上憎恶,我估量自己与他之间没有交恶。谋逆的事,我是听孔熙先说的,我认为他是个小孩,所以不以为意。现在突然受到责问,才知道这是罪过。先生您正在以正道佐世,使天下没有冤屈。弟接受死刑之后,还是希望先主按照此心办事。"第二天,仗士把范晔押送廷尉。被投入监狱后,范晔问徐湛之现在哪里,然后才知道事情是徐湛之告发的。孔熙先见形势不妙才吐露出实情,但言辞气度不屈不挠,皇上惊奇他的才干,派人慰问他:"以贤卿的才干,而滞留于集书省,理应有异心。这是我对不起您了。"皇上又诘问责备前吏部尚书何尚之说:"让孔熙先快三十岁了还当散骑郎,哪有不做贼的!"

孔熙先在狱中上书说:"因怨小人孔熙先猖狂,没有远见,徒然凭意气感谢小恩,不估料逆顺的大义。我与二弟孔休先为这次奸谋的首犯,触犯了国法,把我们捣碎做菜、煮了晒成肉干,也不能减轻我们重大的罪恶。陛下心胸广大,量包四海,记得不值得一提的气节,就宽大地下了优待我的诏书。施恩并非是根据开始的行为,给予荣耀不遗漏该享有荣耀的人,自古以来,没有能与陛下相比拟的。盗马绝缨的臣下,怀璧投书的士人,他们的行为卑贱到极点了,但对他们的惩罚却很轻微,他们因此而认识得到了罕见的恩德,要舍身忘命加以报效,最后他们为齐、魏立了大功,为秦、楚建立了功勋。囚犯我虽然身陷祸国的叛逆,名节都丧失了,但少年时也曾慷慨激昂,私下里仰慕壮烈之士的遗风。然而悬附崖上的树木,事情到了绝境才想到长在高处,倒出盆的水,就没收回来的道理了。我马上就要血染斧钺,以我的结果告诫将来了,假若我的魂魄有灵,希望不要把我埋得太远。然而我区区尽忠的怀抱,没有辜负平素的心愿。原来我苟且偷生,很少有舒畅的时候，我天性喜爱读各种书籍，用心地去理解卜筮阴阳之类的道理，智慧所能包容的，力量所能达到的，没有不去穷尽收纳、探究它们深刻微妙的思想的。考察已经过去的事情，天人相应的事实在太多了。谨略陈所知，用纸如实地另外写出来，希望姑且不要将它抛弃了，把它保存在中书。假如因犯我死去之后，或者可以拿出来看，那么我在九泉之下，就稍微可以塞责了。"孔熙先所上陈的有天文、占候，谶纬的预言有骨肉相残之祸，其中的言语情深意切。

范晔在狱中，是与谢综、孔熙先分开囚禁的，就声称自己有病请求把自己移到离审讯室近些的地方关押，实际上是想接近谢综等人。监狱主管允许了范晔的要求，结果他得以关押在谢综等人的隔壁。他隔墙问谢综说："开始被抓的时候，你怀疑是谁告发的？"谢综回答："不知道。"范晔说："就是徐童。"徐童，就是徐湛之；徐堪之的小名叫仙童。范晔在狱中写了首诗："祸福原本没有什么征兆，性命最终也有他的尽头。每个人都必将走向已定的死期，谁又能拖延气息一刻？这一辈子的事已经全部知晓了，来生的缘分却暗昧迷茫昏黄明灭。美和丑都要一样埋进坟墓，哪里用得着去区分是非曲直？难道要我去议论埋在东陵上的盗跖，我倒宁可去探究葬在首山的伯夷。我虽然不能弹出嵇康娴雅的琴声，也差不多能从容自若保持夏侯玄临刑那样的气色。现在还活着的人们呵，这一条生死之路你一起程就接近了它的终结。"

范晔原以为入狱后便会被处死，但皇上想彻底追查这一案件，于是过了二十天（还没被处死），他便产生了求生的欲望。狱吏因此和他开玩笑说："外面传说可能把太子詹事您长期囚禁起来，（并不杀您）。"范晔听后又惊又喜。谢综、孔熙先笑他，说："詹事和我们共同筹划过去的事的时候，没有不揎袖瞑目的。在西池的射堂上，您跃马顾盼，自以为是一世之雄。现在您思想混乱、左顾右盼，只不过是怕死罢了。假设而今皇上赐给您一条命（不杀您），为臣的应当为皇上谋划，您有什么脸面可以活下去呢。"范晔跟守卫监狱的将领说："可惜啊！（您担任这种职务）玷污了您这个人。"这个将领说："不忠的人，又有什么可惜。"范晔说："大将您说得对。"

临到押出范晔等人到大街上问斩的时候，范晔走在最前面，走到监狱门口他回头看着谢综说："今天就刑的顺序，是否该按职位高低为先后呢？"谢综回答："反贼的头子应最先就刑。"一路上说说笑笑，没有一刻停止。到了行刑的地方，范晔问谢综："时候到了没有？"谢综说："看这阵势小会太久了。"范晔吃完了送行饭，又苦劝谢综吃，谢综说："我（不想吃饭）这奇异的病太深沉了，为什么要强迫我吃饭呢？"范晔家里的人都到刑场来了，监刑官问范晔："要与他们见见面吗？"范晔问谢综说："家里人已经来了，有幸相见，您不打算与他们暂时告别吗？"谢综说："告别与不告别，又有什么值得牵挂的？他们前来告别必定要号哭，这足以把我的心弄乱。"范晔说："号哭有什么关系？刚才看见站在路边上的亲朋故友瞻望我们，也大大胜过不见他们。我的意思是（他们既已来了）就相见吧。"于是监刑官将他们的家里人叫到他们面前。范晔的妻子先低头抚摸着他儿子，后回头骂范晔说："先生不为你年老的母亲考虑，不感戴天子的恩遇，你自己死了固然不足以抵罪，子孙们枉自被杀又如何对付！"范晔只是干笑，说罪已到达了这个程度而已。范晔的生母哭着说："皇上照顾你又无微不至，你不能感恩，又不考虑我已经老了，今天有什么办法呢？"边说边用手打范晔的颈项和脸，范晔脸上没有惭愧之色。他的妻子又说："你这个罪人，不要挂念你的母亲。"范晔的妹妹和妓妾来告别，范晔悲痛得泪水长流，谢综说："舅舅太没有夏侯的气质了。"范晔停止了哭泣。谢综的母亲因为儿子和弟弟犯下叛逆大罪唯独她没有出现。范晔对谢综说:"姐姐今天不来,比别人强多了。"范晔变得沉迷,他的儿子范蔼也沉迷了,抓起地上的泥土和果皮掷向范晔,对着他一连叫了几十声"别驾"。范晔问他:"你怨恨我吗?"范蔼回答:"今天还有什么怨恨不怨恨,但是父子一起就死,不能不悲痛罢了。"范晔常常说死去的人精神也消灭了,想写《无鬼论》;到临死之前他给徐湛之写了封信,却说(要与徐湛之)"相讼地下",他就是如此地谬乱。范晔又曾跟人说:"请告诉何仆射,天下断然没有佛和鬼。如果有灵,自然当得以报复。"抄收范晔的家,乐器、衣服、玩物,都很珍贵华丽,妓妾也着力装饰,但他母亲住的地方却很简陋,只有一间厨房堆集柴火,侄儿女们冬天没被子,叔父只有布做的单衣。范晔和他的儿子范蔼、范遥、范叔蒌,孔熙先和他的弟弟休先、景先、思先、熙先,他的儿子桂甫、桂甫的儿子白民,谢综和他的弟弟谢约、仲承祖、许耀,一切被牵连的人,都受了死刑。范晔当时四十八岁,范晔的兄弟及他们的子女父亲已经逃亡了的和谢综的弟弟谢纬,被迁徙到了广州。范蔼的儿子范鲁连,是吴兴昭公主的外孙,请求保全性命,也得到了远徙他乡的结果,直到宋世祖即位后才得以回来。

范晔性情精细有思想,触类旁通,有多方面的才能,不论服装器物,没有不对原来的定式加以修改的,当时的人都效法他。他写了本《和香方》,这书的序言说:"麝本来忌讳就多,用过了量就一定有危害;沉实容易调和,就用满一斤也没伤害。零藿虚燥,詹唐粘湿。甘松、苏合、安息、郁金、栋多、和罗这类药,都是外国的好,不要使用中国的。又有枣膏这种药很昏钝,加上甲煎这种药太肤浅俗气,不但无助于增加它的馨香,而且更加重了它的缺点。"这篇序所说的,都是用药来比当时的在朝之士;"麝本多忌",是比庾炳之;"零藿虚燥",是比何尚之;"詹唐粘湿",是比沈演之;"枣膏昏钝",是比羊玄保;"甲煎浅俗",是比徐湛之;"甘松、苏合",是比慧琳道人;"沉实易合",是范晔自比。

范晔在狱中给他的甥侄们写了封信以自述经历:

我狂妄自大造成了灾祸以至于覆灭,难道还能说什么,你们都会把我当罪人看待而抛弃我。但我这一生我行我素,也有值得探寻的地方。至于我才能的长短,思想所理解的东西,你们或许不完全知晓。我小时候懒于学习,很晚才懂事,到三十多岁,才在政治上有了理想。自从那时候以来,我转向了心灵的陶冶,一直到将至老年,也没有停止。我常常有些微的心得,言语甚至都不能完全表达出来。我没有研究注释一类书籍的习惯,性情急躁,苦思一会儿,便烦乱郁闷,口头表达又不顺畅,因此没有谈话的本领。至于我所彻底理解的地方,不过都是自得于胸怀的罢了。我的文章逐步有了长进,但才少思难,所以每次握笔所写成的文章,几乎没有完全称心如意的。我常常以作文士而感到羞耻。做文章的祸患在于把事情写得一览无余,迫切地在文辞中表达感情,因外加的东西影响了文章的主旨,因为囿于用韵而改变了原来想表达的意义。虽然时时有能干的人,大多数都免不了被以上的原因所拖累,这正如生硬地力求形似的绘画一样,最终表达不出自己的思想。我常常说文章是感情和志趣的寄托,所以写文章应当以意为主,以文传意。以意为主,文章的主旨就一定能得到体现;以文传意,文章的词语也会不同凡响。只有这样,文章在思想方面才能吐露芬芳,在语言方面才能达到金声玉振。这当中的情性旨趣,千条百品,委细曲直有现成的理论。我以为很理解其中的奥妙,曾经与人谈论,但多数人并不欣赏我的观点,这大约是意趣不同的缘故吧。

我懂得音调，能识别音乐的清浊，这是自然生成的。观古今文人，多数对此不完全明白，纵然有会意于此的，也不一定是天生就懂的。我说的话有事实为证，并不是凭空扯谈。在年轻人当中，谢庄最有音乐天分，（根据是他写的文章，）文气辞藻变化多端，并不拘泥于韵律。我想他写文章没有固定的方式，只是他能正确处理文章中的难点，合理摆布轻重而已，但他所具有的天分，还是没能完全表现出来。然而他多数是为公家写文书，很少在公事之外开阔思想，他怨恨这种状况，也因为他对文名没有兴趣（所以他的天性没得到更好的发挥）。

我原本与史书无缘，只是对政治总觉得不可理解而有意于历史罢了。我写完了《后汉书》后，反过来对政治得到了把握，细看古今的著述及评论，大概很少有令人满意的。班固有名气，但他凭性情写作，没有一定的规范，不能给他什么地位。他《汉书》篇末的"赞"语几乎没有自己的思想，只有书中的"志"可以推崇。我写的《后汉书》在博赡方面赶不上《汉书》，但条理整齐未必有愧于它。我在各种传记中的议论，都有精意深旨，我有控制篇幅的意思，所以议论的词句写得简略。但自《循吏传》以下到《六夷传》各篇的序、论，笔势纵放，实在是天下的奇作。其中可以拿出来与杰作比较的，往往不逊色于贾谊的《过秦论》。曾经将全书与班固的《汉书》比，不仅仅只是不愧于它而已。我原想把所有的志都写完，《汉书》中所立的志目也让《后汉书》都具备，虽然事情不必多写，姑且使体裁得以完整也是可以的。又想因事在每卷书内发抒议论，以匡正一代的得失，这一意图也未实现。《后汉书》中的"赞"自然是我文章中所表达的杰出思想，几乎没有一个字是虚设的；它奇变无穷，相互配合，是自己都不知道该如何赞扬的绝作。《后汉书》流传开后，因为以上的优点应当赢得知音。纪和传按成例只是举其大略罢了，但《后汉书》纪、传中的细微的思想却很多。自古以来体大思精的著作，没有《后汉书》这样的。我怕世人不能完全理解它，因为他们多贵古贱今，所以尽情狂言罢了。

我对于音乐，欣赏的能力甚至抛都抛不掉，但是精通的不是严肃的音乐，这是我引以为恨的。然而（无论是通俗的还是严肃的音乐）都有同一的最高境界，又有什么不同的呢？其中的形式趣味，言之不尽；弦外之意，虚响之音，不知道是从哪里流出来的。哪怕是一小段音乐，它的意义和表达方式也是无边无际的。我曾经把这些音乐原理教授给人，可惜士庶中没有一个特出的这种人。我的音乐造诣永远没有传授的机会了。

我的书信虽然表达了我很少很少的思想，但是因为写得不快，其余的事竟写不成了，我常常有愧于为你们叔辈的名分。

范晔写的这篇自序性质的信说的全是事实，所以将它存录在这里。

范蔼从幼小时就爱整洁，他穿的衣服穿一年也未尝有灰尘。他死的时候是二十岁。

范晔少年时，他的哥哥范晏经常说："这小子追求利，最终要破败范家的门户。"结果真如范晏所说的一样。

刘休仁传

【题解】

刘休仁,晋文帝之子,初封建安王,因推崇太宗废除前废帝而有建国之功,都督诸州军事,征讨四方动乱,进而统领全军,屡征屡平,功高震主。不得已自求辞职。皇帝仍生嫉妒,在病重伺死之前将其赐死。并遭诬告,为的是政权不外移,天下暂安定。为王,无功无能便可长命。但不成不可历史人物,这就是历史的选择。

【原文】

始安王休仁,文帝第二十子也。元嘉二十九年,年十岁,立为建安王,食邑二千户。孝建三年,为秘书监,领步兵校尉。寻都督南兖、徐二州诸军事、冠军将军、南兖州刺史。大明元年,入为侍中,领右军将军。四年,出为湘州刺史,加散骑常侍,加号平南将军。八年,迁使持节、督江州、南豫州之晋熙、新蔡、郢州之西阳三郡诸军事、安南将军、江州刺史。未拜,徙为散骑常侍、太常,又不拜。仍为护军将军,常侍如故。前废帝永光元年,迁领军将军,常侍如故。景和元年,又迁使持节、都督雍、梁、南、北秦四州诸军事、安西将军、宁蛮校尉、刺史,未之任,留为散骑常侍、护军将军、又加特进、左光禄大夫,鼓吹一部。

时废帝狂悖无道,诛害群公,忌惮诸父,并办之殿内,殴捶凌曳,无复人理。休仁及太宗、山阳王休佑,形体并肥壮,帝乃以竹笼盛而称之,以太宗尤肥,号为"猪王",号休仁为"杀王",休佑为"贼王"。以三王年长,尤所畏惮,故常录以自近,不离左右。东海王祎凡劣,号为"驴王",桂阳王休范、巴陵王休若年少,故并得从容。尝以木槽盛饭,内诸杂食,搅令和合,掘地为坑阱,实之以泥水,裸太宗内坑中,和槽食置前,令太宗以口就槽中令,用之为欢笑。欲害太宗及休仁、休佑前后以十数,休仁多计数,每以笑调佞谀悦之,故得推迁。常于休仁前使左右淫逼休仁所生杨太妃,左右并不得已顺命,以至右卫将军刘道隆,道隆欢以奉旨,尽诸丑状。时廷尉刘矇妾孕,临月,迎入后宫,冀其生男,欲立为太子。太宗尝忤旨,帝怒,乃保之,缚其手脚,以杖费手脚内,使人担付太官,曰:"即日屠猪。"休仁笑谓帝曰:"猪今日未应死"。帝问其故,休仁曰:"待皇太子生,杀猪取其肝肺。"帝意乃解,曰:"且付廷尉。"一宿出之。

帝将南巡荆、湘二州、明旦欲杀诸父便发。其夕,太宗克定祸难,殒帝于华林园。休仁限日推崇太宗,便执臣礼。明旦,休仁出住东府。时南平、庐陵敬先兄弟,为废帝所害,犹未殡殓,休仁、休佑同载临之,开帐欢笑,奏鼓吹往反,时人咸非焉。

先是,废帝进休仁为骠骑大将军、开府仪同三司,常侍如故。未拜,太宗令书以为使持节、侍中、都督扬、南徐二州诸军事、司徒、尚书令、扬州刺史,加班剑二十人,给三望十五乘。时刘道隆为护军,休仁请求解职,曰:"臣不得与此人同朝。"上乃赐道隆死。

寻诸方逆命,休仁都督征讨诸军事,增班剑三十人。出据虎槛,进据赭圻。寻领太子太傅,总统诸军,随宜应接。中流平定,休仁之力也。初行,与苏侯神结为兄弟,以求神助。及事平,太宗与休仁书曰:"此段殊得苏侯兄弟力。"增休仁邑四千户,固辞,乃受千户。上流虽平,薛安都据彭城,招引索虏,复都督北讨诸军事,又增邑三千户,不受。时豫州刺史殷琰据寿阳,未平。晋平王王休佑先督征讨诸军事,休佑出领江陵,休仁代督西讨军事。泰始五年,进都督豫、司二州。

休仁年与太宗邻亚,俱好文籍,素相爱友。及废帝世,同经危难,太宗又资其权谲之力。泰始初,四方逆命,兵至近畿,休仁亲当矢石,大勋克建,任总百揆,亲寄甚隆。朝野四方,莫不辐凑。上渐不悦。休仁悟其旨,其冬,表解扬州,见许。六年,进位太尉,领司徒,固让,又加漆轮车、剑履。太宗末年多忌讳,猜害稍甚,休仁转不自安。及杀晋平王休佑,忧惧弥切。其年,上疾骂,与杨运长等为身后之计,虑诸弟强盛,太子幼弱,将来不安。运长又虑帝宴驾后,休仁一旦居周公之地,其辈不得秉权,弥赞成之。上疾尝暴甚,内外莫不属意于休仁,主书以下,皆往东府诣休仁所新信,豫自结纳,其或直不得出者,皆恐惧。上既宿怀此意,至是又闻物情向之,乃召休仁入见。既而又谓曰:"夕可停尚书下省宿,明可早来。"其夜,遣人赍药赐休仁死,时年三十九。

上寝疾久,内外隔绝,虑人情有同异,自力乘惟出端门。休仁死后,乃诏曰:"夫无将之诛,谅帷通典,知咎自引,实有偏介。刘休仁地属密亲,位居台重,朕友寄特深,宠秩兼茂。不能弘赞国猷,裨宣政道,而自处相任,妾生猜嫌,侧纳群小之说,内怀不逞之志,晦景蔽迹,无事阳愚。因近疾患沉笃,内外忧悚,休仁规逼禁兵,谋为乱逆。朕曲推天伦,未忍明法,申诏诰砺,辩核事原。休仁惭恩惧罪,遽自引决。追录悲痛,情不自胜,思屈法科,以申矜悯。可宥其二子,并全封爵。但家国多虞,衅起台辅,永寻既往,感慨迢深。"

有司奏曰:"臣闻明罚无亲,情屈于司罔,国典有经,威申于义灭。是以梁、赵之诛,跌出称过,来言之罚,克入致勤。谨案刘休仁苞蓄祸迹,事蔽于天明,窜匿沉奸,情宣于民听。自以属居戚近,早延恩睦,异礼殊义,望越常均。往岁授钺南讨,本非才命,启行浓湖,特以亲摄,抑遵庙略,俯籍众效,属承泰远,窃附成勋,而亟叨天功,多自藏伐。既圣明御宇,躬览万机,百司有纪,官方无越,而休仁矜勋怙贵,自谓应总朝权,遂妄生疑难,深自猜外,故司空晋平剌王休佑,少无令业,长滋贪暴,苟任陕荆,毒流西夏,编户嗟散,列邑彫虚,圣泽含弘,未明正宪。亟与休仁论其愆迹,辞意既密,不宜传广,遂饰容旨,反相劝激。休佑以休仁位居朝右,任遇优崇,必能不同宿,声酬聚集,密语清闲。休仁含奸扇惑,善于计数,说休佑使外托专慎之法,密行贪诈之心,谓朝廷不觉,人莫之悟。休佑遂乃外积怨惧,内协祸心,既得赞激,凶慝转炽与体仁共为奸谋,潜伺机隙,图造彫变,规肆凶狡。休佑致殒仓卒,实维天诛,而晋平国太妃妾邢不能追惭子恶,上感曲恩,更怀不逞,巫蛊祝诅。休仁困圣躬不和,猥谋奸逆,灭道反常莫斯为甚。殛肆朝市,庶申国刑,而法纲未加,自引厥命。天慈矜厚,减法崇恩,赐全二息,及其爵封,斯诚弘风旷德,贯绝通古,然非所以弃恶流衅,惩惧乱臣者也。臣等参议,谓宜追降休仁为庶人,绝其属籍,见息悉徙远郡。休佑怨谋始露,亦宜裁黜,徙削之科,一同旧准。收邢付狱,依法穷治。"诏曰:"邢匹妇狂愚,不足与计。休仁知衅自引,情有追伤,可特为降始安县王,食邑千户,并停伯融等流徙,听袭封爵。伯猷先绍江夏国,令还本,赐爵乡侯。"

上既杀休仁,卿未具悉,事这始末,今疏以相示。

休佑贪恣非政,法网之所不容。昔汉梁孝王、淮南厉王无它逆悖,正以越汉制度耳。

况休佑吞嚼聚敛；为西数州之蝗，取与鄙虐，无复人情。屡得王景文、褚渊、沈攸之等启，陈其罪恶，转不可容。吾笃兄弟之恩，不欲致之以法，且每恨大明兄弟情薄，亲见休佑屯苦之时，始得宽宁，弥不忍问。所以改授徐州，冀其去朝廷近，必应能自悛革。及拜徐州，未及之任，便征动万端，暴浊愈甚，既每为民蠹，不可复全。休仁身粗有知解，兼为宰相；又吾与其兄弟情昵，特复异常，颇与休仁论休佑舋状。休佑以休仁为吾所亲，必应知吾意，又云休仁言对，能为损益。遂多与财赂，深相结事，乃寝必同宿，行必共车。休仁性软，易感说，遂成缱绻，共为一家，是吾所吐密言，一时倒写。吾与休仁，少小异常，唯虚心信之，初不措疑。虽尔犹虑清闲之时，非意脱有闻者。吾近向休佑推情，戒训严切，休佑更不复致疑。休佑死后，吾将其内外左右，问以情状，方知方语漏泄并具之由，弥日懊惋，心神萎黩。休仁又说休佑云："汝但作佞，此法自足安。我常秉许为家，从来颇得此力。但试用，看有验不？"休佑从之，于是大有献奉，言多乖实，积恶既不可怒。

自休佑殒亡之始，休仁款曲共知。休仁既无罪舋，主相本若一体，吾之推意，初无有间。休佑贪愚，为天下所疾，致殒之本，为民除患，兄弟无复多人，弥应思吊不咸，益相亲信。休佑平生，狼抗无赖，吾虑休仁往哭，或生崇祸。且吾尔日本办仗往哭，晚定不行。吾所以为设方便，呼入在省。而休仁得吾召入，大自警疑，遂入辞杨太妃，颜色状意，甚与常异。既至省，杨太妃骤遣监子去来参察。从此日生嫌惧，而吾之推情，初不疑觉。从休佑死后，吾再幸休仁第，饮噉极日，排闼入内，初无猜防，休仁坐生嫌畏。

一日，吾春中多期射雉，每休仁清闲，多往雉场中，或敕使陪辇，及不行日，多不见之。每值宵，休仁辄语左右云："我已复得今一日。"及在房内见诸妓妾，恒语："我去不知朝夕见底，若一旦死去作鬼，亦不取汝，取汝正足乱人耳"。休佑死时，日已三晡，吾射雉，始从雉场出，休仁从骑左右，伏野中，吾遣人召之，称云："腹痛，不堪骑马"。尔时诸王车皆停在朱雀门里，日既螟，不暇远呼车，吾衣书车近在离门里，敕呼来，下油幢络，拟以载之。吾由来谙悉其体有冷患，闻腹痛，知必是冷，乃敕太医上省送供御高粱姜饮以赐之。休仁得饮，忽大惊，告左右称："败今日了"。左右答曰："此饮是御师名封题。"休仁乃令左右先饮竟，犹不甚信，乃偑俛噬之，裁进一合许。妄生嫌贰，事事如是。由来十五日，一就问太妃。自休古死后，每吾诏，必先至杨太妃问，如分别状。休仁由来自营府国，兴生文书。二月中，史承祖赍文书呈之，忽语承祖云："我得成许那，何烦将来"。吾虚心如旧，不复见信，既怀不安，大自嫌恐，惟以情理，不容复有善心。

"休仁既经南讨，与宿卫将帅经习狎共事相识者，布满外内。常日出入，于厢下经过，与诸相识将帅，都不交言。及吾前者积日失适，休仁出入殿省，诸卫主帅裁相悉者，无不和颜厚相抚劳。尔时吾既甚恶，意不欲见外人，悠悠所传，互言差剧。休仁规欲闻知方便，使昙度道彦远屡求启，阚觇吾起居。及其所戾，皆非急事，吾意亦不屑疑。吾与休仁，亲情实异，年少以来，恒相追随，情向大趣，亦往往多同，难否之时，每共契阔。休仁南讨为都统，既有勋绩状之于心，亦何极已。但休仁于吾，望既不轻，小人无知，亦多挟背向，既生猜贰，不复自宁。夫祸难之由，皆意所不悟，如其意趣，人莫能测，事不获已，反覆思惟，不得不有近日处分。夫于兄弟之情，不能无厚薄。休佑之亡，虽复悼念，犹可以理割遣；及休仁之殒，悲愍特深，千念不能已已，举言伤心。事之细碎，既不可曲载诏文，恐物不必即解，兼欲存其儿子，不欲穷法。为诏之辞，不得不云有兵谋，非事实也。故相报卿知。"

上与休仁素厚，至于相害，虑在后嗣不安。休仁既死，痛悼甚至，谓人曰："我与建安年时相邻，少便狎从。景和、泰始之间，勋诚实重。事计交切，不得不相除。痛念之至，不能自已。今有一事不如与诸侯共说，欢适之方，于今尽矣。"因流递不自胜。子伯融，妃殷氏所生。殷氏，吴兴太守冲女也。范阳祖翻有医术，资貌又美，殷氏有疾，翻入视脉，说之，遂通好。事泄，遣还家宁赐死。伯融历南豫州刺史，琅玡、临淮二郡太守，宁朔将军，广州刺史，不之职。废徙丹杨县。后废帝元徽无年，还京邑，袭封始兴王。弟伯猷，初出继江夏愍王伯禽，封江夏王，邑二千户。休仁死后还本，与伯融俱徙丹杨县。后废帝元徽元年，赐爵都乡侯。建平王景素为逆，杨运长等畏忌宗室，称诏赐伯融等死。伯融时年十九，伯猷年十一。

【译文】

始安王刘休仁，文帝的第十二个儿子。元嘉二十九年，年龄十岁，被册立为建安王，受封食邑二千户。孝建三年，任秘书监，领步校尉，不久又任都督兖州、徐州二州诸军事、冠军将军、南兖州刺史。大明元年，入宫任侍中，领右军将军。大明四年，出京师任湘州刺史，加散骑常侍，加封号平南将军。大明八军，迁任使特节、督江州和南豫州晋熙、鄞州西际三郡诸军事、安南将军、江州刺史。尚未拜授，徙任散骑常侍、太常，又未拜授。仍又任护军将军，常侍职位没有变化。前废帝永光元年升迁为领军将军，常侍之职没变。景和元年，又迁任使持节、都督雍州、梁州、南秦州、北秦州四州诸军事、安西将军、宁蛮校尉、雍州刺史，还没有到官任，又留任散骑常侍、护军将军，加任特进、左光禄大夫，赐给鼓吹一部。

这时，前废帝狂妄、勃逆天理，没有仁道，杀害公卿，但顾忌害怕几位叔父，并把他们囚禁在殿内，殴打凌辱他们，不再循人伦常理。刘休仁及太宗、山阳王刘休佑，形貌身体都肥壮，废帝刘子业就用竹笼装了他们用秤称，因为太宗最肥，被起绰号叫"猪王"，给刘休仁起绰号叫"杀王"，刘休佑叫"贼王"。因为三王年纪大，尤其对他们有所担心和害怕，因此常将他们叫来以便与自己接近，不让离开左右。东海王刘祎平庸无才，拙劣不聪，给他取号叫"驴王"，桂阳王刘休范、巴陵王刘休若年纪小，因此反而得以从容不迫，没有受到侵害。曾经用木槽盛饭，里面抖些杂食，搅拌和合均匀，在地上挖一个坑，放些泥水到里边，将太宗脱光了衣服放在坑里，将和匀在木槽里的食物放在坑中的太宜面前，让太祖用嘴在槽里边吃，用以使他们欢笑取乐。想害死太宗和刘休仁、刘休佑前后有数十次。刘休仁善于心计，有智慧，经常用笑话调侃阿谀取悦刘子业，因此使他们自己的被害得到推延。常在刘休仁面前，命令刘休仁的手下以淫相威逼刘休仁所生的杨太妃，他的手下都不得已而服从命令。将她给右卫将军刘道隆，刘道隆乐于服从圣旨，出尽了他的丑态。时值廷尉刘蒙的妾有身孕，临生产，迎她入宫，希望她生男孩，想立为太子。太宗曾经忤逆圣旨，前废帝震怒，就脱光了他的衣服，捆缚他的手脚，用木棍顺手脚再次捆绑，让人抬到太官那里，说："今天杀猪"。刘休仁笑着对前废帝刘子业说："猪今天不应该死。"刘子业问什么原因，刘休仁说："等皇太子生下，杀了这猪好取他的肝肺。"前废帝刘子业杀人的意思才稍微解除，说："先且交给迁尉。"过一夜，出来了。

前废帝即将到南方去巡游荆州、湘州，第二天一早想杀了几个叔父再出发。这天夜里，太宗克服平了祸害和灾难，杀前废帝刘子业于华林园。刘休仁当天就推崇太宗做皇第二天一早,刘休仁出宫到东府。这时南平、庐陵敬先兄弟,被前废帝所杀害,尚未装殓殡葬。刘休仁、刘休佑乘同一辆车前往探视,掀开车帷就欢笑,来去都奏鼓吹乐,这时的人们都认为他们不合人伦常理。

在这以前,前废帝进任刘休仁为骠骑大将军,开府仪同三司,常侍职位还同以前一样。还未拜授,前废帝被杀,太宗登皇帝位。太宗下诏,命他任使持节、侍中、都督扬州、南徐州诸军事、司徒、尚书令、扬州刺史,加赐班剑二十人,赐给三望十五乘的大礼。这时刘道隆任护军,刘休仁奏请求解除他的职务,说:"我不能够与他这种人同朝。"皇上乃赐刘道隆死。

不久多方面不服从朝命,刘休仁都督征讨诸军事,给他曾加班剑三十人。出师据守虎槛,进驻赭圻。随即领任太子太傅,总统全军,应接全由他自行决定。祸乱纷呈,犹如中流激水,被平定全靠刘休仁的效力。刘休仁初出师时,与苏侯盟誓结义为兄弟,用以借助神的帮助。等事情平息后,太宗给刘休仁诏书说:"这一段时间,特别得到了苏侯兄弟的鼎力帮助"。增赐刘休仁食邑四千户。刘休仁坚持辞让不受,最后只接受一千户。大的祸乱虽然平定了,小的动乱又起来。薛安都据守彭城,招引索掳为乱。刘休仁又都督向北方讨伐薛安都的诸军事,又增加给他食邑三千户,没有接受。这时豫州刺史殷琰驻守寿阳,未平息。晋平王刘休佑先督征讨诸军事,刘休佑出师领任江陵,刘休仁代替任督西讨诸军事。泰始五年,进任都督豫州和司州。

刘休仁年龄与太宗相近,都爱好文学典籍,素来相互喜欢友好。在前废帝当政的时候,同时经历危难,太宗又依靠借助于刘休仁权变机巧的能力才得免于难。泰始初年,四方不尊皇命,乱兵逼至靠近了京都的地方。刘休仁又亲自披甲出征,身当矢石,建立了大功。因此他任职总领众兵,与大宗明帝亲近,非常受宠。朝廷内外的各个方面,没有谁不像车轮围绕车轴转一样趋附他。太宗渐渐有些不高兴。刘休仁领会太宗的意思,这年冬天,上表请示解除扬州刺史职位,被诏许。泰始六年,进位任太尉,领任司徒,坚决辞让不赴任,又加赐给他漆轮车和剑履的礼遇。太宗在晚年多生忌讳,猜疑侵害人的心理稍微严重,刘休仁转而开始感觉不安。到杀了晋平王刘休佑,刘休仁的忧虑与恐惧更加厉害。这年,皇上病得很严重,与杨运长等人谋划他死后的安排,担心他的几个弟弟权强势盛,太子幼小懦弱,将来会造成朝廷的不安定。杨运长又担心太宗死后,刘休仁一旦充当了西周周公旦那样的角色,他们这些人不能够再掌权柄,因此,非常赞成太宗的想法。太宗的病曾经突然加重,宫廷内外的人和事无一不奏请刘休仁裁定。主书以下的人,都前往刘休仁的东府趋附刘休仁的亲信心腹,而且来者不拒,都予接纳。其间有的正直但不说出口的人,都感到恐惧。皇上既然已经对刘休仁怀有戒心,到这时又听说人情都归向了他,于是召刘休仁进宫拜见。拜见完了又对刘休仁说:"晚上可以停在尚书下省宿息,明天可以早些来。"这天夜里,皇上派人备办毒药赐刘休仁死了。死时年龄三十九岁。

皇上生病卧床时间久了,宫廷内外的消息隔绝不通,他担心出现人情事物上的变化,因此,自己乘车出端门。刘休仁死后,他下诏说:"凡是没有战事而被杀戮的人,大体都是按照国有的典章制度治的罪。刘休仁清楚自己的过错,引以为自责,犹在其次。刘休仁属于皇室中最亲密的亲戚,职位居处在台府的重要地方,我以友情相寄予他也是特别地深厚,受宠的程度和受赏赐的爵秩都非常优惠。他不能够尽力匡扶国家,为国家出谋划策,辅佐朝政,宣扬王道,而自己居处在宰相的任上胡思乱想,滋生猜忌和嫌隙,通过旁门小道相信无名小辈的小人之见，内心怀有不可告人的志向，掩饰自己的外表，蔽盖自己的踪迹，还装作没事一般的样子，表面上给人家以愚诚，用以惑乱视听。因为我近期患病，而且非常严重，朝廷内外为之忧虑，恐惧，刘休仁规范和威逼禁兵，阴谋制造动乱，挑起叛逆。我委曲求全，对他施加了天伦常理的恩宠，不曾忍心以明法治他的罪。因此下诏说了本事，辩请原委。刘休仁愧对朝廷加给他的恩宠，害怕依法治罪，于是就自行决断，死于非命。追忆前情，拊心悲痛。情难自禁，只好考虑委屈法律条款，不加他罪过，用以表明我对他的哀悼。可以保全他的两个儿子的性命和他们受封的全部爵位，但要牢记教训。宋族朝廷多难，祸乱起自台辅，长久地追忆这种往事，感慨万端，意味深长。"

有司上奏说："我们听说依法明断，不认亲疏关系，个人的情感要屈服于依法办事这个大纲；国家的典章制度，要源出于古代的经籍，服从于经国的大业，因此国家威势的申达，就要在仁义被丢掉的地方。因此，梁、赵之诛，脚踏出去了才说过了头。谨慎地按察刘休仁，他包藏祸心，掩饰劣迹，事情掩盖在光天化日之下，如鼠匿洞穴，匿藏深渊，虚情宣达于民，欺骗了视听。自己认为属于皇室宗亲，位居明帝的近侧，早年与明亲近恩，和睦无猜，因此恣意异礼而行，背义而作，超越常规。往年授予他节钺之任，奉命南讨。这原本就不是因他有才而受命。启行在浓湖时，还特别给予亲自摄事，仰上亲自祭祀宗庙，俯下慰藉将士奋力效命沙场。他是属于承蒙康泰的时运，偷窃了固有的功勋。他不自量力，而极力贪天之功为己功，多次自己褒扬自己的征伐之事。动乱平定后，既然已经由圣主明君统御朝政，躬亲治理万端，百官僚吏遵守纪律，官方没有越轨行为。而刘休仁却矜高自己的功勋，怙重自己的贵宠，自称应该总览朝廷政权。于是就胡乱地滋生疑难，自己见外，与宗室产生嫌隙。原司空晋平刺王刘休佑，少年时不修好行善业，长大后滋长贪婪残暴，出任陕荆，流毒西夏。他所统地区的编制户籍离数散，到处都是凋敝荒芜。圣明君主的德仁博大恢宏，原谅他，不曾依明典给他正法。及与刘休仁讨论他的罪行恶迹，辞意甚为亲密，甚至不宜于传播广布，避免因辞掩义，反而对一些不明真相的人产生劝勉激励的作用。刘休佑以为刘休仁位居朝班的右面之尊，任职与待遇优惠崇高，一定能够给自己以帮助，因此与刘休仁以党相结致深。刘休佑因此向刘休仁输送金钱，荐赠珍宝，仰人鼻息，随颜接意。每当他们促膝在一起的时候，一定要论及朝政。及至他们没有一天不一道出入宫殿，无时不同宿消闲。声音相调，醋息与共，常常聚在一起密语清闲。刘休仁胸怀奸诈，说动刘价格佑，他善于心术计算，游说刘休佑在外表上假装专一谨慎的方法，暗中行使贪婪欺诈的心计，说朝廷不会发觉，也没有人能够觉悟。刘休佑于是就在外面积累怨恨和忧惧的时候，在内心里协和着他的祸心。又得到刘休佑的赞助与激励，于是内心的凶恶情绪转化为炽热愤激之情，与刘休佑狼狈为奸，暗中寻找机会，图谋制造灾变，实现他们的目的。刘休佑仓促殒命，实在是天皇诛杀了他。而晋平国太妃姜邢氏不能够追踪惭愧自己儿子的罪恶，对上感戴皇上委曲求全加强他们的恩典，反而心怀不满，用巫蛊咒骂朝廷政要。刘休仁趁圣上的身体有所不和谐的机会，多谋奸计逆行，毁灭王道，反行常理，其程度之盛，无以复加。像他那样罪恶滔天的人，斩首示众，或许还能够申正国家的刑法。但是法网没有加给他，他自己先行引咎毙命了。天子的慈爱真是矜高敦厚，为了他减少了法律公正无私的尊严，为了他崇尚皇室的恩泽不曾加害给他，而且诏赐保全他两个儿子的性命及他们受封的爵位。这真是一种伟大宽宏的风尚，一种博大高远的德性，自古以来，绝无仅有。然而这种做法，却不是一种能够用以摒弃罪恶，革除灾变，惩戒臣乱贼子的好办法。我们这些臣子参议,认为适宜将刘休仁降为平民,革除他的属籍,他的子息都要迁徙到偏远的州郡去。刘休佑的罪恶阴谋开始暴露,也应当裁削封赐,黜免封爵,降革、削减的标准,一律按旧有的制度进行。捕收晋平国太妃邢氏,交付狱吏,按照法律标准治罪。"下诏说:"邢氏属于匹妇狂遇,不足与她计较。刘休仁知罪自裁,犹有追念的情思,可以特别给他降为始安县王,食邑一个户,并停止实行他儿子刘伯融等人要被流放迁徙的奏请,听任沿袭封爵。刘伯猷先受封在江夏国,让他还本封,赐爵为乡侯。"太宗皇上既然杀了刘休仁,担心人情惊动,于是又下诏给各方镇和各大臣说:"刘休仁丧失生命,你们没有详细知道事情的经过,现在详细公布于后。"

刘休佑贪婪姿势不行王政之道,法网不容许他这样。以前西汉梁孝王、淮南厉王没有别的什么罪孽和悖逆的行动,也叹是因为超过了汉朝制度许可的限度而招致了惩处。何况刘休佑侵吞百姓,聚敛财富,成了西土数州口坚齿硬善于蚕噬的巨蝗,而必搜聚在国土上,用以输给西夏,助纣为虐。不再有人情可言。多次得到王景文、褚渊、沈攸之等人的启奏,陈述他的罪恶,左右不能为法所容。我笃爱兄弟之间的恩情,不想将他绳之以法。而且每次都恨世祖大明年代的兄弟情薄,又亲眼看到了刘休佑屯营的时候,刚刚得到宽松和安宁,所以稍有过失,也就任其所以,不忍对他加讯问。因此改授他到徐州,希望他在离朝廷近的地方,一定也应该能够自我改正。拜授徐州,尚未到官任,便开始了多方面的征剿,万端动荡不安,暴眶污浊愈演愈烈,每每充作百姓的蠹早,无法再保会他。刘休仁身体粗大,稍有智慧和释难的能力,身兼宰相,我又与他有深厚的兄弟情谊,因此,特别加强了他异乎寻常的依赖。当出现刘休佑那种异常事变的时候,我多次与刘休仁讨装刘休佑多行灾祸的状况。刘休佑认为刘休仁被我所亲近,一定应该清楚我的旨意,又说刘休仁的言语对答,被对朝命产生损益的作用。于是就送财货贿赂他,深结情款,共同谋事,及于发展到与刘休佑寝必同宿,行必同车,形影不离的程度。刘休仁性情和软,易于感化说服,遂至形影不离,共为一家。这种结果是因为平日向刘休仁所说的秘密的话,刘休仁又向刘休佑一时间吐尽造成的。我与刘休仁,少小时异常亲密,唯有一心相信他,不曾产生过怀疑。虽然如此,还是担心他在清闲的时候,无意中脱漏一些,致使有人听闻到了。我近来向刘休佑推心置腹地交心,告诫训导他非常严厉、切中要害,刘休佑也更加不再有新疑虑。刘休佑死后,我将他生前在内外左右的人请来,问了有关刘休佑的情形状况,才知道刘休仁将我的言语全部漏泄给他的情由。我为此终日懊悔惋惜,心神萎靡不振。刘休仁又曾游说刘休佑说:"你只管你崇伪善,这办法自然足以让你安全。我常秉承伪善的办法,奏事获准有如在家中一样,从来就颇得伪善的力量。你先且试用,看能不能验证这办法果真有用?"刘休佑随他说的去做,于是大行贡献奉送,言语大多相乖不实。他这样一来,刘休仁所积累的罪恶也就不可饶恕了。

从刘休佑走向死亡的时候开始,刘休仁对他的情况都一清二楚。刘休仁既然没有罪孽,君主与宰相本属一个人一样,我也就推心委意于他。开始我们两人之间并没有隔膜,刘休佑贪财成性,愚笨不智,被天下人所恨,招致他灭亡的根本所在,是为百姓消除祸害。我们兄弟不再有多的人,更应该是极尽关怀抚慰之能事还犹怕有所不周到,更应该相互亲近和依赖。刘休佑在生前,贪鄙成性,如狼如虎,无赖透顶,如狼如虎到了极点,我担心刘休仁前往哭悼,抑或要滋生祸乱。而且我往日原本已准备了行装礼仪前往哭悼,晚上一定不会行走。我因此给他设置方便,叫他在尚书下省休息。而刘休仁被我召入宫后,自己大为惊动、疑惑不解,于是入宫内辞别杨太妃,面色形状表现出来的意味,与往常非常不同。已经到了尚书下省,杨太妃马上派监子去左右观察他。从这以后,每天滋生嫌疑恐惧,而我去与他交心,稍微消除了一些疑虑,有所觉悟。从刘休佑死以后,我再到刘休仁的住宅去,饮酒吃东西,从早到晚,终日不休,打开小门,进入他的里屋,开始没有个猜疑和防备。刘休仁受到的连累,纯粹是因为他胡乱地产生了嫌疑和畏惧治罪的心理造成的。

有一天,我像往常一样,在春天中多数要邀约人去射雉,每次刘休仁清闲的时候,多数或前往雉场,或者敕命让他陪伴我的车子。到他没去这天以后,多数时候见不到他。每当到了夜晚,刘休仁就对他的下人说:"我已经又得到了一天。"等到在房里与妓妾们相见时,总是说:"我去死不知道是早晨还是晚上的事,假如一旦死去作了鬼,我也不再娶你,娶了你正好我就足以成为乱人了。"刘休佑死时,太阳已经到了三晡,我射到了野鸡,刚从野鸡场出来,刘休仁的马匹在我的右边。他这时潜藏在荒野里,我派人叫他出来,他自称说:"腹痛,不能够骑马。"不一会,诸王的车都停在朱雀门里边,天已经黑了,没有时间叫远地方的车,我的装衣、书的车就近在离门很近的门里边,我敕命叫来,取下了油漆的幛络,准备用来装载他。我从来就非常熟悉他身体有怕冷的毛病,听说他腹痛,知道一定是受冷了,于是敕命太医到尚书省去送赐给他供御用的高粱姜汤。刘休仁喝了,忽然大为警恐,告诉左右说:"我死在今天了!"他的手下人回答说:"这汤是御医封装送来的。"刘休仁于是要他手下的人先试喝,还是不太相信,又自己俯身用舌头舐吃后,才喝进了一合左右,不敢多喝。胡乱滋生嫌疑,和我想不一到块,事事都是这样。以往每隔十天、五天、就要进宫一次问候妃子。自从刘休佑死以后,我每次下诏给他,一定要先到杨太妃嫦询问后再应诏,就像要永远分别的样子。刘休仁历来是自己营造府第,兴办文书。二月中旬,史承祖带文书呈送给他,他忽然对史承祖说:"我这里有许多现成的文书,哪里用得着繁难你送来。"我胸无芥蒂,一如既往地待他,但是无法再像以前那样依赖他的。他既然已经有了不安的感觉,自己大为嫌隙惊恐,在情理之中,他也就不可能再有好的心思了。

"刘休仁在以前既然经历过南讨的战事,原来宿卫将帅中经常与他玩耍消闲共事而相识的人,布满朝廷内外。平常每天出入,从他们的房下经过,与原来认识的将帅们,都不交谈。在我前段接连几天身体不适,刘休仁出入往来在寝殿和尚书省之间,各侍卫主帅或许有知道我身体有所不适,没有一个不是和颜悦色以仁厚相抚劳。当时我的病情已经非常严重,意思想不再见外边的人,于是出现了纷纷扬扬的传说,与事实差别很大。刘休仁窥视我的起居情况。等他来奏启的,都不是什么急事,我心里也没有起什么疑心。我与刘休仁,新近情爱实在非比寻常。从年纪很小的时候开始,总是相互追随在一起,情绪的向往和大的追求,也往往大体相同,受难遭挫的那些时候,每次都是默契配合,患难与共。刘休仁在南讨征战时任职都统全军,既然有功勋业绩,形状都在我心里占有很重要的地位,也可以说是无以复加的了。但刘休仁对待我,怨恨既然已经不轻,用小人无知的心胸揣度我,又多挟带了些人心向背的成分,于是由猜疑我而发展到对我存有二心,他也就自己不再得安宁。大概祸害与灾难出现的原因,都是思想没有觉悟到会出现祸害与灾难。一味地按他自己的思想和举动,也没有谁知道他心里的想法并帮助他。到事情不合自己初衷的时候,又反过来反复地沉思闷想,于是就不可避免地出现了近日那种自寻短见的处理办法。我在兄弟方面的情感，不能够说就没有厚伤，刘休仁死于非命，我的悲哀伤感特别深，千念万想，不能自己，一说起他来就觉得伤心。事情的琐碎方面，自然是不能够全部写在诏书中的。担心事情不一定能够得到理解，所以想一并保全他的儿子，不想都按法律来惩治他们。作为诏书的辞令，不能不说他曾经有过想用军谋夺权的阴谋，但是还没有造成事实。因此，将情况报大家知道。"

太宗与刘休仁素来相交深厚，至于要杀害刘休仁，他担心的是刘休仁的存在将会对他的后嗣产生不利。刘休仁死了，他痛心悼念到极点的时候，对人说："我与建安年龄相近，少年时习玩随从，形影不离。景和始年间，他的功勋确实很大。但是为国家大事考虑，事情迫切，不得不清除他。痛心怀念他到了极点，不能够自己控制自己。今天只有一件事可以做，那就是不如与诸侯说明。欢乐到来的由来，落到今天这样也就是到尽头了。"因而流泪，不能自禁。

儿子刘伯融，是刘休仁妃子殷氏生的。殷氏同吴兴太守殷冲的女儿。范阳祖翻有医病的本领，姿态相貌又美丽。殷氏生了病，祖翻进里屋给她探脉，殷氏喜欢上了祖翻，于是就沟通了好事。事情败露后，殷氏被遣送回家，被赐死。伯隔历任南豫州刺史、琅玡、临淮二郡太守，宁朔将军。任广州刺史时没到官任。后停止徙到丹杨县。后废帝元徽元军，返回京都，袭封为始兴王。弟弟刘伯猷，开始出继江夏愍王刘伯禽受封为江夏王，食邑二千户。刘休仁死后，还给平民身份，与刘伯融一同被迁徙到丹杨县。后废帝元徽元年，赐爵为都乡侯。建平王景素叛逆时，杨运长等人畏惧、忌恨宗室的势力，矫称诏命赐刘伯融等人死罪。刘伯融死时十九岁，刘伯猷十一岁。

颜延之传

【题解】

颜延之(384~456年)字延年，琅琊临沂(今属山东)人，初为始安太守，永嘉太守，后宫主周子祭酒、光禄大夫等职。晋宋时期有名的诗人，与谢灵运并称为"颜谢"。

【原文】

颜延之字延年，琅玡临沂人也。曾祖含，右光禄大夫。祖约，零陵太守。父显，护军司马。

延之少孤贫，居负郭，室巷甚陋。好读书，无所不览，文章之美，冠绝当时。饮酒不护细行，年三十，犹未婚。妹适东莞刘宪之，穆之子也。穆之既与延之通家，又闻其美，将仕之，先俗相见，延之不往也。后将军、吴国内史刘柳以为行参军，因转主簿，豫章公世子中军行参军。

义熙十二年，高祖北伐，有宋公之授，府遣一庆变殊命，参起居，延之与同府王参军俱奉使至洛阳，道中作诗二首，文辞藻丽，为谢晦、傅亮所赏。宋国建，奉常郑鲜之举为博士，仍迁世子舍从。高祖受命，补太子舍人。雁门人周续之隐居庐山，儒学著称，永初中，徽诣京师，开馆以居之。高祖亲幸，朝彦毕至，延之官列犹卑，引升上席。上使问续之三义，续之雅仗辞辩，延之每折以简要，既连挫续之，上又使还自敷释，言约理畅，莫不称善。徙尚书仪曹郎，太子中舍人。

时尚书令傅亮自以文之美，一时莫及，延之负其才辞，不为之下，亮甚疾焉。庐陵王义真颇好辞义，待接甚厚，徐羡之等疑延之为同异，意甚不悦。少帝即位，以为正员郎，兼中书，寻徙员外常侍，出为始安太守。领军将军谢晦谓延之曰：昔荀冒忌阮咸，斥为始平中书，寻徙员外常侍，出为始安太守。领军将军谢晦谓延之曰："昔荀勖忌阮咸，斥为始平郡，今卿又为始安，可谓二始。"黄门郎殷景仁亦谓这曰："所谓欲恶俊异，世疵文雅。"

延之郡，道经汨潭，为湘州刺史张邵祭屈原文以致其意，曰：

恭承帝命，建逴旧楚。访怀沙之渊，得捐佩之浦，弭节罗潭，舣舟汨渚，敬祭楚三闾大夫屈君之灵。

兰薰而摧，玉贞则折。物忌坚芳，人讳明洁。曰若先生，逢辰之缺。温风迨时，飞霜急节，赢、芊遘纷，昭、怀不端，谋折仪、尚，贞蔑椒、兰。身绝郢阙，迹遍湘干。比物荃荪，连类龙鸾。声溢金石。志华日月，如彼树芬，实颖实发。望汨心欷，瞻罗思越。藉用可尘，昭忠难阙。

元嘉三年，羡之等诛，徵为中书侍郎，寻转太子中庶子，顷之，领步兵校尉，赏遇甚厚。延之好酒疏诞，不能斟酌当世，见刘湛、殷景仁专当要任，意有不平，常云："天下之务，当与天下共之，岂一人智所能独了！"辞甚激扬，每犯权要。谓湛曰："吾名器不升，当由作卿家吏。"湛深恨焉，言于彭城王义康，出为永嘉太守。延之甚怨愤，乃作五君咏以述竹林七贤，山涛、王戎以贵显被黜，咏嵇康曰："鸾翮有时铩，龙性谁能驯。"咏阮籍曰："物故不可论，涂穷能无恸。"咏阮咸曰："屡荐不入官，一麾乃出守。"咏刘伶曰："韬精日沉饮，谁知非荒宴。"此四句，盖自序也。湛及义康以其辞旨不逊，大怒。时延之已拜，欲黜为远郡，太祖与义康诏曰："降延之为小邦不政，有谓其都邑，岂动物情，罪过彰著，亦士庶共悉，直欲选代，令思愆里间。犹复不悛，当驱往东土。乃志难恕，自可随事录治。殷刘意咸无异也。"乃以光禄勋车仲远代之。延之与仲远世素不协，屏居里巷，不豫人间者七载。中书令王球名公子，遗条事外，延之慕焉。球亦爱其材，情好甚款。延之居常馨匮，球辄赡之。晋甚思皇后葬，应顺百官，湛之取义，熙元年除身，以延之兼侍中，邑吏送札，延之醉于地曰："颜延之未能事生。焉能事死！"

闲居无事，为《庭诰》之文。今删其繁辞，存其正，著于篇。曰：

庭诰者，施于闺庭之内，谓不远也。吾年居秋方，虑先草木，故遽以未闻，诰尔在庭。或立履之方，规鉴之明，已列通人之规，不复续论。今载咸其素蓄，本乎性灵，而致之心用，夫选言务一，不尚烦密，而于备议者，盖以纲诸情非。古语曰得为者罗之一目，而一目之罗，无时得鸟矣。此其积意之方。

道者识之公，情者德之私。公通，可以使神明加响；私塞，不能令妻子移心，是以昔之善士者，必捐情反道，合公屏私。

寻尺之身，而以天地为心。数纪之寿，常以金石为量。观夫古先垂戒，长老馀论，虽用细制，每以不朽见铭；缮筑末迹，咸以可久承志。况树德立义，收族长家，而不转经远乎。

曰身行不足遗之后人。欲求子孝必先慈，将责弟悌务为友。虽老不待慈，而慈固植孝;悌非期友,而友亦立悌。

夫和之不备,或应以不和;犹信不足焉,必有不信。倘知恩意相生,情理相出,可使家有参、柴,人皆由、损。

夫人居德本,外夷民誉,言高一世,处之逾默,器重一时,礼之滋冲,不以所能干众,不以所长议物,渊泰入道,与天为人者,士之上也。若不能遗声,欲人出己,知柄在虚求,不可校得,敬慕谦通,畏避矜踞,思广监择,从其远猷,文理精出,而言称未达,论问宣藏,而不以居身,此其亚也。若乃闻实之为贵,以辩画所克,见声之取荣,谓争夺可护,言不出于户牖,自以为道义久立,才未信于仆妾,而曰我有以过人,于是感苟锐之志,驰倾解决之望,岂悟已持有识之裁,人修家之诫乎。记所云“千人所指,无病自死者也。行近于此者,吾不愿闻之矣”。

凡有知能,预有文论,若不练之庶士,校之群言,通才所归,前流所与,为得以成名乎。若呻吟于墙室之内,喧嚣于党辈之间,窥议以迷寡闻,姐语以敌要说,是短算所出,而非长见所上。适值尊朋临座,稠览博论,而言不入于高德,人见弃于众视,则慌若迷途失偶,厌如深夜撤烛,衔声茹气,腆默而归,岂识向之夸慢,祇足以成今之沮丧邪。此固少壮之废,尔其戒之。

夫以怨诽为心者,未有达无心救得丧,多见消耳。此盖臧获之内,岂识量之为事哉。是以德声令气,愈上每高,忿言怼议,每下愈发。有尚于君子者,宁可不务勉邪。虽曰恒人,情不能素尽,故当以远理胜之,么算除之,岂可不条自异,而取陷庸品乎。

富厚贫薄,事之悬也,以富厚之央,亲贫薄之人,非可一时同处。然昔有守之无怨,安之不闷者,盖有理存焉。夫既有富厚,必有贫薄,岂其证然,时乃天道。若人皆厚富,是理无贫薄。然乎?必不然也。若谓富厚在我,则宜贫薄在人。可乎?又不可矣。道在不然,义在不可,而横意去就,谬在希幸,以为未达至分。

蚕温农饱,民生之本,躬稼难就,止以仆役为资,当施其情愿,庀其衣食,定其当治,递其优剧,出之休敛,后之捶责,虽有劝恤之勤,而无沾暴之苦。

务前公税,以远吏让,无急傍费,以息流议,量时发敛,视岁穰俭,省赡以奉己,损散以及人,此用天之善,御生之得也。

率下多方,见情为上;立长多术,晦明为懿。虽及仆妾,情见则事通;虽在吠亩,明晦则功博。若夺其常然,役其烦务,使威烈雷霆,犹不禁其欲;虽弃其大用,穷其细瑕,或明灼日月,将不胜其邪。故曰:“孱焉则差,的焉则阅。”是以礼道尚优,法意从刻。优则人自为厚,刻则物相为薄。耕收诚鄙,此用不忒,所谓野陋而不以居心也。

含生之氓,同祖一气,等级相倾,遂成差品,遂使业习移其天识,世服没其性灵。至夫愿欲情嗜,宜无间殊,或役人而养给,然是非大意,不可侮也。隔奥有灶,齐侯蔑寒,犬马有秩,管、燕轻饥。若能取温厚而知穿弊之苦,明周之德,厌滋旨而识寡嗛之仇,仁恕之功。岂与夫比股灵于草石方手足于飞走者同其意用哉。罚慎其滥,惠戒其偏。罚滥则无以为罚,惠偏则不如无惠。虽尔眇末,犹扁庸保之上,事思反己,动类念物,则其情得,而人心塞矣。

抟搏薄塞,会众之事,谐调哂谑,适坐之方,然失敬致侮,皆此之由。方其克瞻,弥丧端俨,况遭非鄙,虑将丑折,岂若拒其容而简其事,静其籥气而远其意,使言必浄厌。宾友清耳,笑不倾抚,左右悦目。非鄙无因而生,侵侮何从而入,此亦持德之管签,尔其谨哉。

　　嫌惹疑心，诚亦难分，岂唯厚貌蔽智之明，深情怯刚之断而已哉。必使猜犯愚贤，则频笑入戾，期变犬马，则步顾成妖。况动容窥斧，束装滥金，又何足论。是以前王作典，明慎议狱，而僭滥易意；朱公论璧，光泽相如，而倍薄异价。此言虽大，可以戒小。

　　游道虽广，交义为长。得在可久，失在轻绝。久由相敬，绝由相狎。爱之勿劳，当扶其正性，忠而勿诲，必藏其枉情。辅以艺业，会以文辞，使亲不可亵，疏不可间，每存大德，无挟小怨，率此以往，足以相终。

　　酒酤之设，可乐而不可嗜，嗜而非病者希，病而遂眚者几。既眚既病，将蔑其正，其存其正性，纾其妄，发其唯善戒乎。声乐之会，可简而不可违，违而不背者鲜矣，背而非弊者反矣。既弊既背，将受其毁。必能通其碍而节其流，意可为和中矣。

　　善施者岂唯发自人心，乃出天则，与不待积，取无谋实，并散千金，诚不可能。赡人之急，虽乏必先，使施如王丹，受如杜林，亦可与言交矣。

　　浮华怪饰，还质之具；奇服丽食，弃素之方。动人劝慕，倾人顾盼，可以远识夺，难用近欲从。若亲其淫怪，知生之无心，为见奇丽，能致诸非务，则不抑自责，不禁自止。

　　夫数相者，必有之徵，既闻之术人，又验之吾身，理可得而谕也。人者兆气二德，禀体五常。二德有奇偶，五常有胜杀，及其为人，宁无叶珍。亦犹生有好丑，死有夭寿，人皆知其悬天；至于丁年乖遇，中身迁合者，岂可易地哉。是以君子道命愈难，识道愈坚。

　　古人耻以身为溪壑者，屏欲之谓也。欲者，性之烦浊，气之蒿蒸。故其为害，则熏心智，耗真情，伤人和，犯天性。虽生必有之，而生之行，犹火含烟而妨火，桂怀蠹而蠹残桂，然则火胜则烟灭，蠹壮则桂折。故性明者欲简，嗜繁者气惛，去明节惛，难以生矣。是以中外群圣，建言所黜，儒道众智，发论是除。然有之者不患误深，故药之者恒苦术浅，所以毁道多而于义寡。顿尽诚难，每指可易，能易每指，亦明之末。

　　廉嗜之性不同，故畏慕之情或异，从事于人者，无一人我之心，不以己之所善谋人，为有明矣。不以人之所务失我，能有守矣。己所谓然，而彼定不然，栾棋之蔽，悦彼之可，而忘我不可，学口颟之蔽，将求去敝者，念通作介而已。

　　流言谤议，有道所不免，况在阙薄，难用算防。接应之方，言必出己，可信不素积，嫌间所袭，或性不和物，尤怨所聚，有一于此，何处逃毁。苟能反悔在我，而无责于人，必有达鉴，昭其情远，识迹其事。日省吾躬，月料吾志，宽默以居，洁静以期，神道必在，何恤人言。

　　嗟曰，富则盛，贫则病矣。贫之病也，不唯形色粗厌，或亦神心沮废；岂但交友疏弃，必有家人诮让。非廉深识远者，何能不移其植。故欲蠲忧患，莫若怀古。怀古之志，当自同古人，见通则忧浅，意远则怨浮，昔有琴歌于编蓬之中者，用此道也。

　　夫信不逆彰，义必幽隐，交赖相尽，明有相照。一面见旨，则情固丘岳，一言中志，则意入渊泉。以此事上，水火可蹈，以此托友，金石可弊，岂待充其荣实，乃将议报，厚之筐筐，然后图终。如或与立，茂思无忽。

　　禄利者受之易，易则人之所荣，蚕稿者就之艰，艰则物之所鄙。艰易既有勤倦之情，荣鄙又间向背之意，此二涂所为反也。以劳定国，以功施人，则役徒属而擅丰丽，自理于民，自事其生，则督妻子而趋耕织。必使陵侮不作，悬企不萌，所谓贤鄙处宜，华野同泰。

　　人以有惜为质，非假严刑，有恒为德，不慕厚贵。有惜者，以理葬；有恒者，与物终。世有位去则情尽，斯无惜矣。又有务谢则心移，斯不恒矣。又非徒若此而已，或见人休事，则勤蕲结纳，及闻否论，则处彰离贰，附会以从风，隐窥以成衅，朝吐面誉，暮行背毁，昔同稽款，今犹叛戾，斯为甚矣。又非唯若此而已，或凭人惠训，藉人成立，与人余论，依人扬声，曲存、禀仰，甘赴尘轨。衰没畏远，忌闻影迹，又蒙弊其善，毁之无度，心短彼能，私树己拙，自崇恒辈，罔顾高识，有人至此，实蠹大伦。每思防避，无通间伍。

睹惊异之事，或涉流传；遭卒迫之变，反恩安顺。若异从己发，将尸谤人，迫而又赶，愈使失度。能夷异如裴楷，处逼如裴遐，可称深士乎。

喜怒者有性所不能无，常起于褊量，而止于弘识。然喜过则不重，怒过则不威，能以恬漠为礼，宽愉为器，则为美矣。大喜荡心，微抑则定，甚怒烦性，小忍即歇。故动无衍容，举无失度，则物自悬，人将自止。

习之所变亦大矣，敢唯蒸性染身，乃将移智易虑。故曰："与善人民，如入芷兰之室，久而不知其芬。"与之化矣。"与不善人居，如鲍鱼之肆，久而不知其臭。"与之变矣，是以古人慎所与处。唯夫金真玉粹者，乃能尽而不汙尔。故曰："丹可灭而不能使无赤，石可毁而不可使无坚。苟无丹石之性，必慎浸染之由。能以怀道为念，必存从理之习。道可怀而理可从，则不议贫，议所乐尔。或云贫何由乐？"此未求道意。道者，瞻富贵同贫贱，理固得而齐。自我丧之，未为通议，苟议不丧，夫何不久。

或曰，温饱之贵，所以荣生，饥寒在躬，空曰从道，取诸其身，将非笃论，此又通理所用。凡养生之具，岂间定实，或以膏腴夭性，有以菽藿登年。中散云，所足在内，不由于外，是以称礼而食，贫岁愈嗛；量腹而炊，丰家余餐，非粒实息耗，意有盈虚尔。况心得优劣，身获仁富，明白人素。气志如神，虽十旬九饭，不能令饥，业席三属，不能为寒。岂不信然。

且以己为度者，无以自通彼量。浑四游而斡五纬，天道弘也。振河海而载山川，地道厚也。一情纪而合流贯，人灵茂也。昔之通乎此数者，不为剖判之行，必广其风度，无挟私殊，博其交道，靡怀曲异。故望尘请友，则义士轻身，一遇拜亲，则仁人投分。此伦序通允，礼俗平一，上获其用，下得其和。

世务虽移，前休未远，人之适主，吾将反本。夫人之生，暂有心识，幼壮骤过，衰耗惊及，其间夭郁，既难胜言，假护存遂，又云无几，柔丽之身，亟委土木，刚清之才，遽为丘壤，回邅顾慕，虽数纪之中尔。以此持荣，曾不可留，以此眼道，亦何能平。进退我生，游观所达，得贵为人，将在含理。含理之贵惟神与交，幸有心灵，义无自恶，偶信天德，逝不上惭。欲使人沉来化，志符往情哲，勿谓是赊，日凿斯密。著通此意，吾将忘老，如曰不然，其谁与归。偶怀所撰，略布众条；若备举情见，顾未书一。赡身之经，另在田家节政；奉终之纪，自著燕居毕义。

刘湛诛，起延之为始兴王濬后军谘议参军，御史中丞。在任纵容，无所举奏，迁国子祭酒、司徒左长史，坐启买人田，不肯还直，尚书左丞荀赤松奏之曰："求田问舍，前贤所鄙。延之唯利是视，轻冒陈闻，依傍诏恩，拒捍余直，垂及周年，犹不毕了，昧利苟得，无所顾忌。延之昔坐事屏斥，复蒙抽进，而曾不悛革，怨诽无已。交游阘茸，沉迷麯糵，横兴讥谤，诋毁朝士。仰窃过荣，增愤薄之性；私恃顾盼，成强梁之心。外示寡求，内怀奔竞，士禄祈迁，不知极已，预谶班筋，肆骂上席。山海含容。每存遵养，爱兼彤虫，未忍遐弃，而矣放不节，日月弥著。臣闻声问过情，孟轲所耻，况声非外来，问由己出，虽心智薄劣，而高自比拟，客气虚张，会无愧畏，岂可复弼亮五教，增曜台阶。请以延之讼田不实，妄干天听，以强凌弱，免所居官。"诏可。

复为秘书监，光禄勋，太常。时沙门释慧琳，以才学为太祖所赏爱，每召见，常升独榻，延之甚疾焉。因醉白上曰："昔同子参乘，袁丝正色，此三台之坐，岂可使刑余居之。"上变色。延之性既偏激，兼有酒过，肆意直言，曾无遏隐。故论者多不知云，居身清约，不营财利，布衣蔬食，独酌郊野，当其为适，傍若无人。

二十九年，上表自陈曰："臣闻行百里者半于九十，言其末路之难也。愚心谓为虚，方今乃知其信。臣延之人薄宠厚，宿尘国言，而雪效无从，荣牒增广，历尽身彤，日叨官次，虽容载有涂，而防秽滋积。早欲启请余算，屏敝丑老。但时制行及，归慕无赊，是以腆冒衍非，简息干黩。耗歇难支，质用有限，自去夏侵暑，入此秋变，头齿眩疾，概括痼渐剧，手足冷痹，左胂尤甚。素不能食，倾向减半，本犹赖服食，比倦悸远晚，年疾所摧，顾景引日。臣班叨首卿，位尸封黄，肃祇朝校，尚恶匪任，而陵庙众事，有以疾急，宫府勤慰，转阙躬亲。息兔庸微，过宰近邑，回泽肢降，实加将监，乞解所职，随就药养。伏愿圣慈，特垂矜许。禀恩明世，负报冥暮，仰睦端闱，上恋冈极。"不及，明年致事。

元凶弑立，以为光禄大夫，先是，子竣为世祖南中郎咨议参军。及义师入讨，竣参定密谋，兼造书檄，劭召延之，示以檄文，问曰："此笔所造？"延之曰："竣之笔也。"又问："何以知之？"廷之曰："竣笔体，臣不容不识。"劭又曰："言辞何至乃尔。"延之曰："竣尚不顾老父，何能为陛下。"劭意乃释，由是得免。

世祖登阼，以为金紫光禄大夫，领湘东王师。子竣既贵重，权倾一朝，凡所资供，延之一无所受，器服不改，宅宇如旧，常乘羸牛笨车，逢竣卤薄，即屏往道侧。又好骑马，遨游里巷，遇知旧辄据鞍索酒，得酒必颓然自得。常语竣曰："平生不喜见要人，今不幸见汝。"竣起宅，谓曰："善为之，无令后人笑汝拙也。"表解师职，加给亲信三十人。

孝建三年卒，时年七十三，追赠散骑常侍、特进，金紫光禄大夫如故。谥曰宪子。延之与陈郡谢灵运俱以词彩齐名，自潘岳、陆机之后，文士莫及也，江左称颜、谢焉。所著并传于世。

竣引有传，竣弟测，亦以文章见知，官于江夏王义恭大司徒录事参军，蚤卒。太宗即位，诏曰："延之昔师训朕躬，情契兼款。前记室参军、济阳太守兔伏勤暮朝，绸缪恩旧，可擢为中书侍郎。"兔，延之第三子也。

【译文】

颜延之字延年，琅琊临沂地方人，曾祖叫颜含，官至光禄大夫。祖父颜约，官至零陵太守。父颜显，官至护军司马。

颜延之少年时期孤苦贫困，住在城脚边上，街道居室都十分简陋，喜欢读书学习，什么书都看，所写文章的优美漂亮，超过当时所有的人。喜欢喝酒，不拘小节，到了三十岁，还没有结婚。妹妹嫁给了东莞刘宪之，即刘穆之的儿子。刘穆之既然与颜延之通婚姻之好，又听说他的美名，让他做官，想先见见颜延之，颜延之竟然不去相见。后将军、吴国内史刘柳以他为代理参军，并兼为主簿，再为豫章公世子代理参军。

义熙十二年，高祖北伐，有授予宋公的命令，官府派遣一使者庆贺这一非常的使命，并拜为起居舍人。颜延之和同府王参军都奉命出使到洛阳。路中做了两首诗，文采辞藻优美华丽，被谢晦、傅亮所称颂。宋建国后，奉常郑鲜之举荐他为博士，不久升为世子舍人。宋高祖即位，补授为太子舍人。雁门人周续之隐居庐山，以儒学著称于世。永初中，下诏征至京师，建立学馆让他居住。宋高祖亲自登府，朝廷中杰出名士都前往探视。当时颜延官位还很低，但被周续之引到尊贵的上席。高祖曾派人问周续之三事，周续之宏辞博论，颜延之每每把他的宏论化为简要之言。既然多次阻挫周续之，高祖便派人还让他自我敷衍解释，颜延之言辞简洁，理论畅达，没有一个人不称颂的。官升为尚书仪曹郎，太子中舍人。

当时尚书令傅亮自己认为文辞立意优美，一时没有谁能赶上他。颜延之恃才不服，认为不在他之下，傅亮对此十分嫉恨。庐陵王义真十分喜欢文辞义理，对侍颜延之很厚爱，徐羡之等人怀疑颜延之为异己分子，心中十分不高兴。少帝即位，任命他为正员郎，兼中书，不久迁为员外常侍，出京为始安太守。领军将军谢晦对颜延之说："从前荀勖忌恨阮咸，把阮咸放至始平郡，现在您又做了始安太守，可称得上是二始。"黄门郎殷景仁也评说道："这就是世俗憎恶俊才奇能，流鄙毁斥文雅之才啊！"

颜延之赴郡为官，途中经过汨潭，为湘州刺史张邵写了一篇祭屈原的文章以表达自己的心意。文章说：

兰草因幽香而受摧残，玉石因贞洁而被毁坏。物质忌讳的是坚定、芳香；人世间所嫉妒的是明节与高洁。从前的屈原先生，正赶上时辰不对，温煦的风雨迟迟不来，飞霜急切地来到。嬴姓与芊姓两国发生纠纷，秦昭公与楚怀王行尚不正，计谋为张仪、靳尚所阻挠，贞洁被子椒及子兰所污损，身体离开了楚国的国都，足迹踏遍湘江的河边。自拟比喻为荃草香荪，类同自我为龙凤鸾鸟，声名超越金石，壮志节比日月更明亮，就像那溢香的大树，不断地开花，结果。眺望着汨罗水啊！心里十分感慨，赡望着汨罗江涛，民绪翻腾。借此或许可以赶追，明白的忠心不会阙乏。元嘉三声，徐羡之等被杀掉，颜延之被征为中书侍郎，不久又转为太子中庶子，再世不久，领步兵校尉之衔、赏赐和待遇都很丰厚。颜延之喜欢喝酒，不拘小节，不能圆滑地待人处世，看到刘湛、殷景仁这些人身居要职高位，心中很是不平，常说："天下的事情，应当和天下的人一起分享，难道是一个人的智能可以担当得起的吗？"言辞很激扬慷慨，总是触犯权贵显要。曾对刘湛说："我的身份和制服不变化，只适合做您家的佣人。"刘湛对此十分愤恨，把这句话讲给彭城王义康，被派出当了永嘉太守，颜延之十分悲怨愤恨，于是写下了《五君咏》这首涛以表达对竹林七贤的同情。山涛、王戎因为地位辖贵而被贬黜，诗中歌咏嵇康说："鸾鸟的翅膀有时被击落，但是飞龙的本性又有谁能驯服？"题咏阮籍是这样写的："死去并不值得理论，人走上这样的穷途末路怎能不悲叹！"题咏阮咸有这样的名句："多次推荐不为官，一次出山便当了太守。"题咏刘伶说："韬略精明却每天酣醉，谁知道不是荒唐的宴饮。"这四句，大概是自述。刘湛和彭城王义康因为他言辞不谦逊，非常愤怒。当时颜延之已经拜官，想罢黜他到边鄙之郡为官。大祖下诏书给义康说："降罪颜延之到小地方不能说是好的政务，有人推举他在大都城邑之中，难道触动人情，罪责过失彰明较著，这也是士人百姓所共同知道的，还不如选择一人代替他，让他在乡里间思过。如果仍然不顺从，那么就把他赶到东土，表示难以宽恕，这样就可以根据心意安排录用了，殷景、刘湛也没什么其他想法了。"于是就用光禄勋车仲远代替颜延之。颜延之与车仲远平素很合不来，闭门住在街道城中，不参与世间这之事达七年之久，中书令王球是一位名公子，遗弃俗事追求世外，颜延之很仰慕。王球也很爱惜他的才华，俩人情意相投。颜延之平常过日子常常很缺乏，王球经常供给他，晋恭思皇后安葬,按事须安排冥事百官,湛之根据义熙元年的授官表,授延之为兼侍中。办事的小官吏前去信送札,正赶上颜延之喝醉了,把函札扔在地上说:"我颜延之不能事奉活人,怎么能去侍奉死人?"

闲居没什么事,写了一篇《庭诰》的文章,现在删掉那些繁杂的言辞,保存那些正顺之语,著录于本篇之中,文章说:

《庭诰》这篇文章,是把它用于闺门家庭之中的,讲的不是很远的意思。我的年龄虽近壮年,却优先考虑到草木,所以于是把这些琐碎的见闻,告诉你们在家中的人,至于立身行道的端正,规等鉴别的明白,已经列在通人的规则中了。不再接着论述。瑞在所记载的都是平常的积累,根据心灵性情,而致之于思考与行动。选择语言一定要一致,不讲求烦繁细密,至于周备的议论,大概是用来招致各种非难之情,古语说:"捕得鸟的是罗网的一目,但一目的罗网是无法捕得鸟儿的。"这就是积累的方法。

道义是智识的公理,情感是道德的私意,公理通达,可以让神明更加尊尚,私意阻塞,就不会让妻儿子女变心。所以从前那些善于做人的人,一定抛弃私情曲意,走上正道,符合公理,去掉私心。

八尺的身材,却以天地之事挂在心中,几十年的生命,常常用金石来比量。考察从前古贤留下来的教训,先辈长老的议论,虽然体用细微,但是却是不朽之言而为人所牢记。所做的都是微言细行,但都可永远地继承,何况建立品德道义,聚集一家一族,却不思考得长远一些吗?

又说自身行动不足以留下来给后人,想让儿子孝顺一定要自己慈祥,如果责怪弟弟不敬兄那么则先要亲友。即使孝顺不需要父辈慈祥,但慈祥的长辈能培养孝悌之子,孝悌并不依靠兄长的友爱,但友爱能促成孝悌。

和睦的不完备,有时回报的也是不和睦,就像信誉不足,别人也一定不会讲信誉一样。假若知道恩爱和情意相互依存,情和理并在,那样的话,可以使家家都有曾参、高柴、人人都变成了子由,闵损了。

内心之中以德为本,对外则不要追求大众的夸誉,言论高于当时,自己处世更加沉默;为一时所器重,体味更加冲和淡泊,不要用自己所擅长的去干扰别人,更不要以自己的长处去议论别人,以深沉而又平和之姿处世,和大自然合而为一,这是士人中的上等人。假若不能遗弃声价,想让人超出自己,知道权柄靠虚求,不可以强求得到。尊敬爱慕那些谦虚通达的人,害怕回避骄傲不恭的人,考虑到广泛的选择,以便实现自己的远大谋略,文采斐然,道理明白,但是,仍然说没有表达清楚,论说对答十分如意,却不居其功,这算上是稍次一点的人,至于那种听到一点事情感到很宝贵,便用来辩论区别其他不能者,看到声誉可以带来荣耀,便说可争夺得来。所说所论流行尚没有超出里巷之中,却自以道理意义早已建立,才华不能被仆人妻妾所推信,却认为自己超乎一般的人。于是这样感到苟且愉快的志趣,却尽情发泄不愉快的意味,难道知道已经应该有识之士所裁议,并受到修持家道者的训诫?这就是前人所说的"千个人指责他没有生病也会死亡"的那种人,行为类于这种所述的人,我不愿意听说这种人了。

凡是有知识才华的人,必定会有文采理论,但是显得像不精明的普通百姓,对大众言论进行考校,通达之人便十分推崇,前贤名流也很赞赏,怎么会不成名立业?假若只有墙室之中叹息哀号,在朋党之中喧哗吵闹,私下地议论以迷惑见闻稀少的人,像姐妇一样胡说八道以抵挡警要之言,这便是那些短谋算计的产生者,而不是远见卓识的发生地。正赶上尊贵的朋友促坐在一起,便不断地讲述,杂乱地论说,但所说却没有一点厚德论,被大多数人所抛弃,那么便惶惶然像迷失道路,没有朋友,黑暗得来如同在深夜撤掉蜡烛,低头默声,忍气不语,自己不声不响地回家了,难道知道从前的夸张胡说,只成了今天自己沮丧根源吗?这本来是少壮时代所忌讳的事,你们应该都加以警戒。

那种把怨恨诽谤记在心上的人,没有可能达到也无心去计较得与失,往往被讥消,这就是小人一类的行为;难道是有度量见识的做法吗?所以说道德声誉名声,越发展越高,怨言愤慨,越发展越多,有志向于成为一名有道德之人的,难道能不努力去做吗?即使是普通人,情感上不一家能够纯洁,所以应用大道理去教导、开发,把细小的考虑除去,怎能不追求标新立异,而自我变成一位庸俗之才?

富贵家厚,贫穷财薄,这是明明白白的事情,用富厚的身份,去亲近贫薄的人,不可能一时安然相处。但是从前有的人守持着没什么怨恨,安心也没什么不快的,大概有道理在中间了。既然世上有富贵,那么就一定会有贫穷,难道这是偶然之事,实是天理所然。假若人人都富有,那道义上讲就没有贫困,对吗?那是一定不可能的事。假若说我应该富贵,别人应该贫困,可以吗?那肯定不可以,道理和事义都不可能,却硬性地舍弃或追求这些,侥幸盼望着意外出现,认为是没有达到真正的满足。

蚕丝温暖农夫饱饱,这是民众生存的根本,亲自去养蚕种田恐很困难,只要使用仆役就可以了,对仆役者应该根据他们心中的情愿,提供足够的衣服,确定那些应予处治,变换很难处境,使其能得以休息、安享,而不从者则加以谴责、鞭打,即使有劝勉体恤的勤劳,却没有温和或暴晒的艰苦。

务必要在规定之前交纳公税,以便不去受到官吏的谴责,不要急于其他的花销,以便平息流俗的议论。根据时节发放救节,了解收成进行安排,节省丰侈用来充实自己,减少散失以真正给人以好处,这就是运用大自然的长处,驾驭民生的关键。

统治下民办法很多,以体恤情绪为最佳;建立尊长办法也很多,区分显晦最为关键。即使对侍仆人妻妾,体恤情意事情便通达,即使在田野之中,能区别善恶就有功绩。假若夺去了他的正常原则,使唤他们让其感到繁杂,即使用威风厉雨,万钧需霆,尚且禁止不了他们的欲望,即使舍弃大的效面,只用某感到繁杂,即使舍弃大的效面,只用其细枝末节,即使明照日月,也不能抵挡其邪,所以说:"太注重细小的方面反而有失误,太注意正确的一面反而会失误。"所以说:"谨小慎微反而容易差失,明白正确则容易昏暗。"所以礼道很讲究悠闲,法制讲求严刻,悠闲那么人们自然会宽厚,严刻则人们互相刻薄。耕种收获确实很鄙浅,但这种事情确实不可变换,这就是所谓虽居野鄙却不把他放在心上。

有生命的民众,都是来自一样的气息,等级不相同,于是产生了差异,于是使事业和习性改变了人们的天性本质,世态服饰改变了人们的性情灵气,主意愿欲望情感嗜好,应该没有什么差别,有的使唤别人并养活别人,但是是非非的轮廓,不应该不分清。住房的角落里有炉灶,齐侯就不害怕寒冷了,狗马一定的粮食供给,管、燕就把饥饿看得很轻,假若能穿得温暖厚实而知道穿得很坏的人的苦处,则具有明圣周公一样的德行。厌恶美味而知道贫困的焦急,则具有仁义宽恕的功德。难道和那些把肌肤之痛看若草木,把手足之情视若飞禽走兽的人一样的用意吗?惩罚注意的是过滥,恩惠注意的是偏颇。惩罚太滥就无法真正起到惩罚作用,恩惠偏颇还不如不施恩惠。即使很细微枝少,尚且能遍及普通人身上；做事总是从自己的角度考虑，每每顾及大众，那么就能得到人情，而人心容易阻塞了。

赌博一类的游戏，是大家相聚娱乐的事情，讲笑话调谐，是相处为伴的事情，但是失去尊敬招致侮辱都是从这里产生的。正当克制自己的眼光，反而更加丧失了端正庄严之态，何况遭到非难鄙弃，连思虑也被丑化损坏，难道比得上一开始便拒绝那种样子并简化这样的行为，把心意静下来，从长计念地加以考虑，让自己的讲话一定正直简要，与朋友相处清廉，连笑也不至于东歪西倒，周围左右都很愉快幸福，是非责难就无从产生，侮辱侵害又何从而来呢？这也是保持高德的关键，你们应该多加注意啊！

嫌惑产生疑心，诚实也很难分别，难道只有敦厚之貌会掩蔽智识的明白，深情厚谊害怕刚劲的决断吗？一定会让人猜测怨恨；愚蠢成贤明，那样就会啼笑皆非，期望狗马相变，那么一举一动都成妖怪，更加况行动容易误会为偷斧，穿戴衣服容易被怀疑为偷了金，这也难道值得一论，因此所以前代王侯制作法典，中明注意言义决断，而反对随便改初衷，朱公论说璧玉，光泽颜色相同，但是厚与薄价值就不一样。这样的话虽然较重，但是可以用来借鉴小的方面。

交游之道虽然十分广泛，但交友之道以义气为长。得到友情在于长久坚持，失去友情在于轻薄绝情，能长久是由于相互敬重，断绝情谊则多由轻薄相狎，友爱不要太过分，应当扶持正常的秉性，忠诚但不能告诫，心中一定怀有枉情，从艺事上加以帮助，通过文辞加以交流，那样会亲近而不会邪亵，疏阔也不可远隔，总是记住好的方面，不要把小怨挂在心上，大概这样下去，是能够相为始终的。

酒宴的摆设或参加，可以高兴而不可嗜爱，一嗜爱而不生痛病的人是很少的，因生病而犯过失的人也是很多的。既易犯错又易生病，就会损害其本来之性，假若保存他的本来之态，去掉他随意发作的一面，只有加以善意的警戒！欢愉高兴的聚会，可以简化但不可失意，一旦失意而朋友不相背弃的是很少有的事，相互反目而没有弊病的事是很反常的事，既反目又有伤害，一定会遭到伤毁。一定要针对住困难而又能加以节制，心意便为和中正了。

善于施布的人难道只是发自己内心，这也是出于天意。给予的时候用不着积累，取用时无求谋划，一散就是千金，这是不可能的事情。救济别人的急难，即使贫乏也一定要优先，假使布施像王丹，接受像杜林一样，也就可以谈论交往之事了。

浮华怪异的装饰，是毁灭本质的器具，奇服异食，是抛弃朴素的方式。打动人的可以劝化别人爱慕，征服人的使人眷恋，可以让人远离识夺，但难以接近随心所欲。假若看那些淫怪之事，便知道没有放在心上，因为看到了奇丽的事，能够放在次要，那么这样不能自我贵显，也用不着禁绝而自己停止了。

术数想象，是确实存在的事情，既从术数者那儿听到过，又在我身上实验过，道理可以论说，一个人身上有阴阳二德，并秉承了金、木、水、火、土五常之性。二德有奇偶，五常则有胜有杀，等到做为人，难道就没有会合和灾异，也就像人生下来的好与丑之分，死去寿命有长有短，人都知道这种差异像天一样大。至于碰上差失不平，一生赶上机遇，难道可能变易吗？因此所以有道德的人得到真理很难，但追求真理更加坚定。

古代的人把身体看成山溪沟壑是一种耻辱，这讲的是屏欲望的做法。欲望是本性的繁杂污浊，也是气的蒸化，所以欲望的为害容易熏蚀人的心智，减耗人的真情，伤害人的和气，损坏人的天性、虽然欲望生下来就有，然而那么火胜利烟火就会熄灭，而虫壮大桂树就会折毁。所以性情明白的人欲望简单，嗜好多的人气色昏暗，去掉明智就昏暗，难以生存下去了。因此所以中外的许多圣人，阐发言沦却被罢黜，儒道各位明智者，讲布言论却遭废除。然而有的人不担心失误太深，所以治疗的人经常担心方法太小，因此所以以毁伤道义的很多而追求道义的少。突然除去确实是一件很难的事情，每次指出便能改易，能够改易便进一步指出，也是明白之人。

廉洁嗜爱的本性不相同，所以敬畏爱慕的情感有所差别，从事于人的人，没有一种别人和自己的心态，不用自己所擅长的去考虑别人，也就算得上是明智了。不用别人所从事的看作是我的损失，也算得上是能有所守持了。自己认为对的，那别人一定认为不对，这是不棋的弊端。高兴别人的成功，却忘了自己的失误，这是鹦鹉学舌的弊病，应该追求除去弊病，追求通达，自己惭愧罢了。

流俗之言，诽谤之语，有道之人所难以免除的事，更何况在朝廷乡野之中，难于加以算计防止，接应的办法，言论一定出自自我，有的信誉没有平素积累，更嫌别人加以袭击；有的本性与物不相和，更是怨恨所聚，有一件如此，到那里去逃避毁劫。假若能够自我反躬责难，却不责求于别人。一定会有超人的识鉴，昭显他的远大情致，识论他的事业，每天反省自己，每个月考虑自我志向，宽厚沉默地生活，清静安静地期待，神明之道一定存在，哪里用得着计较别人的言语。

谚语说：“富贵就兴盛，贫困就病倒。”贫困者的生病不仅仅形象颜色粗糙黑，有时也神态心情沮丧。难道只是交往的朋友疏远抛弃，也一定会朋友挖苦讽刺。不是廉洁而又识见卓远的人，又怎么能改变更换他的本来？所以想到除掉忧苦与患难，最后的办法是怀念古旧，怀念古旧的想法，应当自己同古人一样。见解通达就忧虑小，意向太远就会怨恨产生。从前有在草棚之中弹琴唱歌的人，用的就是这种办法。

信义不会违背却很隐讳，交往靠信义来支持，明白相互照管。一次见面就明白意思，那么感情像山丘一样牢固，一句话表达了志向，则意气如不断的深泉，凭这个来侍奉皇上，即是入于水火之中也可蹈践，凭这种信义服托朋友，金石也会损坏，难道有待充其荣华与藏实，于是将讨论报答，把篮子筐筐充实一些，然后才考虑到结果。如果得到确立，美好的思念不会丧失。

俸禄与财利得到容易，容易是人所引以为荣的事，养蚕种地是一件艰难的事情，艰难之事所以去做的人很鄙贱。难和易既然有勤劳和厌倦的因素，荣幸和鄙贱又有相互为背之意，这就是二条道路的相反。根据劳累来安定国家，执照功绩来施予人们，那么使役徒属却能得到丰富艳丽。自己埋头于民众中，自己养活自己，那么安排妻子并让他耕种纺织，如此这样就使欺凌与侮辱不产生，担心挂念不会萌发，这就是所说的贤明与鄙贱相处适宜，中原与野鄙平安无事。

人应该以珍惜为本质，不用借助于严酷的刑法；有恒心为有道德，不贪慕富厚与显贵。珍惜的人，按照情理安排丧事；有恒心的人，和事物相始终。世上有的人离开位置便情意丧失，这是不讲珍惜的人。又有一种职务变易心也改换，这就是不讲恒心的人。又不仅仅如此而已。有的看到别人有好事，就不断地去祈求结交收纳，等到听到不好的言论，于是就明显地与人离开，像风一样地附会，暗暗地构成矛盾，早上当面讲出来赞誉的话，晚上便背着毁谤别人。从前是一样的行止，如今却完全相背戾，这也太过分了，又不仅只是这样罢了，有的靠别的教导，依赖别人而成立，听到别人的一点论说，依靠别人而播开来，委屈地生存、恭敬地对待，甘心情愿地愿意死在车轮灰尘之下。一旦对方衰没，就害怕地远离，忌讳听到看到影子踪迹，并且还掩盖从前的好处，无休止地诋毁。心里十分看不上别人的能力，而暗暗地树立自己的拙失。在同辈中自我推崇一点也不顾及别人的高明之论。有人这样为人处世，实实是人伦中之大害，常常想加以防止回避，不要还他在乡间中通行。

看到惊奇怪异的事情，有的是涉及流俗的传播遇到突然的变化之后，反而觉得安然理顺了。假若差异从自己发生，拿空白的事情去诽谤别人，因迫促而又变换，更加失去衡度。能够对待相异之见像裴楷，处于逼迫在地位像裴遐，可以称得上是有识之士了。

高兴还是发怒的人是有性情所不能免除的事，常常是从狭隘小量里产生的，但往往为广识博通所阻止。但是高兴太过分就不庄重，发怒太过分就不威严，能够以恬情淡漠为本体，宽和愉快为器量，那就很好了。特别高兴动荡人心，稍微抑制就安定了，特别愤怒烦乱性情，稍加忍受便能停止，所以能行动而没有过分的举措，做事也不会失当，那样人的行为举止都将自我端正、规范。

习俗的改变人也太大了，难道只是将身体性情改易变换而已，并且还将改变人的智慧与思虑。所以说："和好的人住一起，像进入了幽香的兰草之，过久了也就不知道兰草的香味了。是和兰草到一起去了。和不好的人生活在一起，像进入了臭鱼摊之中一样；过久了就不知道自己的臭味了，也是跟着变化了"。所以古人很注意和他在一起的人。只有那些真正的金子与纯粹的玉石，才能完全而不被污损，所以说："红色可以不掉却不能让它没有红色，石头可以让它毁掉而不可能不让他坚硬。"假若没有红色与石头那样的品性，一定要注意不被侵害和习染。能够以求道为信念，必定会保存有求理的心，道可以追求，理可以顺从，那就不讨论贫困，而讨论快乐，有的人说："贫困又何从快乐？"这是没有懂得追求道的本意。道这东西，看到富贵和贫贱都一样，按理说都一样应该得到我丧失了它，不能说是通达之说，假若不丧失，又为什么不快乐高兴？

有人说："温暖饱和之所以可贵，在于可以护卫身体，饥饿寒冷在你身上，空喊着去求道，从他身上去索取，又恐怕不是实在的道理，这又是通用的道理"。凡是养生的方法，难道有什么准确的把握，有的因为膏腴腻味而灭掉了天性，有的因为吃麦子菽子而长寿。嵇中散说："充足的在里面，而不是从外来的。所以根据身体去吃饭，贫困之年更加注意。根据胆量而吃，充裕之家也就会有余尽，并不是一粒米有什么浪费，用意是有一个盈和虚的感觉。况且心里得到优或劣，身体获得仁义富贵，明明白白地素食气志如神，即使一百天吃九顿饭，不会感到饥饿；垫上三层木板，也不会感到饥寒，难道不感到可信吗？"

况且用自己作为衡量标准的人，没有办法去度量别人，使四游浑浑然；并使五纬运转，这是天道的宏大，振动江河并负载山川，这是地道的方厚，汇一情感并汇合民众，这是人的灵智广茂，从前明白知道这个道理的人，不去做分剖判别的行为，一定会弘扬的风度，不要挟带着私人情分，广泛地去交求朋友，不要怀有什么曲异之心，所以看到车子的灰尘再请朋友，那么正义之士会轻视；一碰面便结拜成亲，那么仁义之人会减少情分。这就是人伦秩序的通达公允，礼貌习俗平衡一致，上面得以使用，下面得以和睦。

世道虽然变化，美好的前景并不很远，一般人的迎合主上之道，我则将反行其道。一个人生下来以后，慢慢有了思想和知识，幼年壮年匆匆而过，衰弱损耗突然会来临，这中

间丧命失寿的，既难以说清楚，即使得以生存下来，又有几个人？柔弱美丽的身体急急地送入了土木之中，刚直清正的人才，突然变成了山丘土壤，回顾思考不过在几十年之中的事情。凭这个去保存荣幸，怎么可以保留，靠这些去追求道义，又怎么能平等？我生是进是退，游顾观望听及，得以尊贵做人，也是事理之中。事理的可贵，只有和神明相交，庆幸有一点心灵，确实不能自我厌恶，偶然相信上天之德，过去了的也不惭愧。想要让人来感化，志向符合前代哲人，不要说赊借，每天开通就变得厚密了。写下这些用来表达这个意思，我就会忘记自己年老，如果说不是这样，那将与谁一起回去？偶然写下来这些东西，略微写下了几条，假若详细著名情感与见识，恐怕不及万一。考虑到自己人微身轻，主要在农家力政，奉命归终之时，自己写下来打发清闲日子。

刘湛杀掉后，提升颜延之为始兴王濬后军谘议参军，御史中丞，在位上十分悠闲，没有什么业绩，后升国子祭酒、司徒左长史，因为犯了买了人家田，不肯付服钱的罪，尚书左丞荀赤松上奏说："求得田地，寻找房层，是前代贤很瞧不起。颜延之唯利是图，轻率冒昧，随意胡说，依靠仗恃圣上的恩赐，强行抗拒归还多余的钱财，已经将近达一年了，仍然没有完结。贪求小利小得，不注意影响。颜延之从前因犯错误而被放弃，再次蒙恩得以提拔，却不想改正错误，反而不断地抱怨诽谤，交游一些下等之人，沉迷在喝酒之中，随意地讥刺诽谤，诋朝廷官员，实在过于荣显，增加了他愤嫉薄世的本性，私下地依靠左右，成了蛮横之士。外表显得来没什么索求，心里面却在不断的计谋，希望俸禄不断增加，已经到了不知止境的地步，参加朝宴国度，在酒席上举杯随意肆骂。山川和大海是宽容的，总照顾到那些养尊处优的人，加之以他又有雕虫小能，还不忍心把他抛弃，但是骄傲放达，不加节制，一天比一天更加明显。我听说名誉超过了实际情况，那是孟轲感到耻辱的事情，更何况声誉不是从外求得，就像问题从自己提出一样。虽然心智既薄且劣，却自以为高得不得了。故作客气其实是在虚张声势，却并没有一点点惭愧或害怕，难道还可以再对人伦五教有所帮助，为圣上朝廷带来光辉吗？请求以颜延之争讼土地不实随意打扰皇上，倚强欺弱，应该免除他现在的官职。"皇帝同意了。

又升为秘书监，光禄勋，太常。当时沙门释慧琳，因为有才学而被太祖所赏识爱惜，每次被召见，常常被赐一个人独坐，颜延之很嫉恨。因此借酒对皇上说："从前同事三人做事，袁丝正色。这里是三台大夫的座位，怎么可以让受过刑的人去坐它。"皇上脸色都变了。颜延之性格既很褊颇过激，加上有醉酒的过失，故意随口说出来，没有半点掩盖的意思，所以论说的人大都不评说他。生活居住很清廉节约，不追求财产利益，穿着布衣服吃着粗茶淡饭，常常一个人在郊外喝酒，当他喝得痛快时，旁边像没有人一样。

二十九年，上表自陈说："我听说行百里路走到九十才走完一半，讲的是后半的艰难，我心里经常认为是虚的，到现在才知道那是真的。臣延之人虽无才，却受宠不少。过去受到了国家的重托，却没有能力去报效谱牒加虽然荣增广了，但年历已大，身体枯朽，每天的地方在这个任上，虽然道路很宽广，但一天比一天更加妨事。因此厚颜冒昧地掩盖自己的过失，不顾冒坏，消耗难以支撑，体质也十分有限，从去年夏天中暑后，到了这个秋天的变化，头疼眼花，越严重了，脚和手都很凉，左肩尤其厉害，连素食也不能吃，近来减少了一半的食量。本来还依靠吃寒食散，近来更加疲倦心跳。年龄和疾病推促，看到影子想到太阳，我白白地当了朝廷要员，白白地占位置，空受封典，严肃地对待朝廷，尚且感到惭愧，更何况陵庙之事很多，有时因疾病而荒怠，宫廷官府拜见慰问，不能亲自参加，儿子颜夔很平庸弱小,过去曾当过郊区的小官,转达的恩泽已经享受,实际上任命为将监官,请求也解除他的官,跟随我一块为我服药。诚恳地希望皇上圣明慈祥,特别地加以照顾考虑。在生禀受了皇上大恩,在晚年和来世再相报答。仰望企盼着皇位,敬慕依恋没有止境。"不允许明年退休。

元凶杀了皇帝即位,任颜延之为光禄大夫。这之前他的儿子颜端提任过世祖南中郎谘议参军,等到义师进入讨伐,颜竣参加制定商量计划,并兼任起草文书告檄。到邵召颜延之,把檄义拿给他看,问道:"这字是谁写的?"颜延之说:"颜竣的笔迹。"又说:"怎么知道的?"颜延之说:"颜竣有笔迹字体,我不能不熟悉知道。"刘劭又说:"语言怎么会到这程度?"颜延之说:"颜竣连父母都不顾怎么能顾及陛下?"刘邵心里才宽一点,于才得以幸免。

世祖即位,以他为金柴光禄大夫,领湘东王师,儿子颜竣既然贵重,权力倾倒朝廷,凡是所有的供奉,颜延之一点也不接受,器物衣物不变改,住宅和房屋一样,经常坐着瘦牛赶的笨车,碰上颜竣的出巡的仪仗队,便停住靠现在路边。又喜欢骑马,在路上居民区里漫游,碰到朋友故旧便扶着马鞍要酒喝,得到酒以后便高兴得不得了。经常对毅竣讲:"平生不喜欢见到显要的人,现在不幸遇上了你。"颜竣搬了家,说:"好好做吧,不要让后耻笑你的笨拙。"上表解除湘东王师之职,受封加的亲友三十人。

孝建三年逝去,时年七十三。追憎散骑常侍,特进,金紫光禄大夫像从前一样。谥为宪子。颜延之和陈郡谢灵运都以文辞华彩著名当时,自从潘岳、陆机以后,文人学士没有一人赶得上,长江下游并称为颜、谢,所写的东西都流传于世。

颜竣别外有传记,竣的弟弟名测,也因为文章而知名当时,做官做到江夏王义恭大司马录事参军,早年死去,太宗即位,下诏说:"颜延之从前是我的志师,亲自教育培养我,感情深厚,前记室参军,济阳太守夐勤恳地事奉为太子的官府,很有功德恩情,可以提拔为中书侍郎。"夐,颜延之第三儿子。

宗越传

【题解】

南朝四史均不立《酷吏传》,原因之一恐怕是新朝皇帝和修史者与前朝有密切关系,多少会"隐恶扬善"。同时,宋、齐两代,要论酷虐,最严重的还是出现在帝王而不是官吏中,"豺狼当道,安问狐狸",相比之下,酷吏也就被忽略了。例如下面选录的《宗越传》,就多少可以反映这一方面的情况。

【原文】

宗越,南阳叶人也。本河南人,晋乱,徙南阳宛县,又土断属叶。本为南阳次门,安北将军赵伦之镇襄阳,襄阳多杂姓,伦之使长史范凯之攸次氏族,辨其高卑,凯之点越为役门。出身补郡吏。

父为蛮所杀,杀其父者尝出郡,越于市中刺杀之。太守夏侯穆嘉其意,擢为队主。蛮有为寇盗者,常使越讨伐,往辄有功。家贫无以市马,常刀楯步出,单身挺战,众莫能当。每的捷,郡将辄赏钱五千,因此得市马。后被名出州为队主。世祖镇襄阳,以为扬武将军,领台队。元嘉二十四年,启太祖复求次门,移户居冠军县,许之。二十七年,随柳元景北代,领马幢,隶柳元怙,有战功,事在《元景传》。还补后军参军督护,随王诞喜之曰:"汝何人,遂得我府四字。"越答曰:"佛狸未死,不忧不得谘议参军。"诞大笑。

随元景伐西阳蛮。因值建义,转南中郎长兼行参军,新亭有战功。世祖即位,以为江夏王义恭大司马行参军、济阳太守,寻加龙骧将军。臧质、鲁爽反,越率军据历阳。爽遣将军郑德玄前据大岘,德玄分遣偏师杨胡兴,刘蜀马步三千,进攻历阳。越以叔骑五百于城西十余里拒战,大破斩胡兴、蜀等。爽平,又率所领进梁山拒质。质败走,越战功居多。因追奔至江陵。时荆州刺史朱修之未至,越多所诛戮,又逼掠南郡王义宣子女,坐免官,系尚方。寻被宥,复本官,追论前官,封筑阳县子,食邑四百户。迁西阳王子尚抚军中兵参军,将军如故。

大明三年,转长水校尉。竟陵王诞据广陵反,越领马军隶沈庆之攻诞。及城陷,世祖使悉杀城内男丁,越受旨行诛,躬临其事,莫不先加捶挞,或有先鞭其面者,欣欣然若有所得,所杀几数千人。四年,改封始安县子,户邑如先。八年,迁新安王子鸾抚军中兵参军,加辅国将军。其年,督习州、豫州之汝南、新蔡、汝阳、颍川四郡诸军事,宁朔将军,司州刺史,寻领汝南;新蔡二郡太守。

前废帝景和元年,召为游击将军,直阁。顷之,领南济阴太守,进爵为侯,增邑二百户。又加冠军将军,改领南东海太守,游击如故。帝凶暴无道,而越及谭金、童太壹并为之用命,诛戮群公及何迈等,莫不属心竭力,故帝凭其扑牙,无所忌惮。赐与越等美女金帛,充物其家。越等武人,粗强识不及远,咸一往意气,皆无复二心。帝将欲南巡,明旦便发,其夕悉听越等出外宿,太守因之定乱。明晨,越等并入,上抚接甚厚,越改领南济阴太守,本官如故。越等既为废帝尽力,虑太宗不能容之,上接待虽厚,内并怀惧。上亦不欲使其居中,从容谓之曰:"卿等遭罹暴朝,勤劳日夕,苦乐宜更,应得自养之地。兵马大郡,随卿等择。"越等素己自疑,及闻此旨,皆相顾失色、因谋作难。以告沈攸之,攸之具白太宗,即日收越等下狱死。越时年五十八。

赵善立营阵,每数万人止顿,越自骑马前行,使军人随其后,马止营合,未尝参差。及沈攸之代殷孝祖为南讨前锋,时孝祖新死,众并惧。攸之叹曰:"宗公可惜,故有胜人处。"而御众严酷,好行刑诛,睢眦之间,动用军法。时王玄谟御下亦少恩,将士为之语曰:"宁作五年徒,不逐王玄谟。玄谟尚可,宗越杀我。"

【译文】

宗越,南阳叶县人。本来是河南人,晋朝发生动乱的时候,迁居南阳宛县,后来统一整理户籍,又归属于叶县,宗越的家族本来是南阳的次等门节,安北将军赵伦之镇之鸾阳,襄阳人中间不够列入门第氏族的杂姓很多,赵伦之委派他的长史范凯之整理排列氏族,辨别高低,范凯之把宗越贬黜成为服役的低等门户。宗越就开始出仕为郡中的小吏。

宗越的父亲被鸾人所杀死,杀死他父亲的人曾经来到郡城,宗越在集市上刺死了他。太守夏侯穆赞赏他有孝心又勇敢,提升他做了队主。蛮人发生劫掠行为,常常派宗越前去征讨，每次出兵就建立功劳。由于家里贫穷没有钱买马，宗越经常手持刀和盾牌步行而出，单身作战，许多敌兵都没有人能阻挡他。每次战胜，郡中的将领就赏赐五百钱，宗越就凭这些赏钱能购买了马匹。后来被征召，到州里当了队主。宋孝武帝刘骏没有即位以前镇守襄阳，任命宗越为扬武将军，率领都督府的禁卫部队。元嘉二十四年，宗越启奏宋文帝要求恢复次等门第，把户籍迁移属于冠军县，得到批准。元嘉二十七年，跟随柳元景北代，率领骑后，隶属于柳元怙部下，立下战功，这段事情记载在《柳元景传》中。回军南下以后出任后军参写督护，随王刘诞当时任后将军、雍州刺史，跟宗越开玩笑说："你说什么人，竟得到了我府里的四个字官衔。"宗越回答说："佛狸（托跋焘）只要不死，我不愁不能得到谘议参军。"刘诞听了大笑。

宗越随同柳元景征伐西阳蛮人。因为碰上宋孝武帝起兵讨伐杀死父亲宋文帝的太子刘劭，宝越转为南中郎长兼行考军，在新亭之战中立下战功。孝武帝即位，任命宗越为江夏王刘义恭的大司马行参军、济阳太守，不久又加封龙骧将军。臧质、鲁爽起兵反叛朝廷，宗越领兵占据历阳。鲁爽派遣将军郑德玄前进占据了大岘，郑德玄派遣部分兵力，由杨胡兴、刘蜀率领骑兵、步兵三千人，进攻历阳。宗越领骑兵、步兵三千人在历阳城西边十多里处抵御，大破杨胡兴、刘蜀的兵马，斩杀了他们。鲁爽破平定以后，又率领自己的部队开进梁山抵御臧质。臧质败逃，以宗越的战功居多。宗越乘势追赶到江陵。当时荆州刺史朱修事没有到达，宗越大肆杀戮，同时又逼迫劫取南郡王刘义室的子女，因此而获罪，关在政府的作坊里做苦工。不久被赦免，官复原职，又追计从前的功劳，官号照旧不变。

大明三年，转为长水校尉。随王刘诞改封竟陵王，据有广陵造反，宗越率领骑兵在沈庆之的指挥下攻打刘诞。等到广陵城攻陷，孝武帝命令把城内的男性成年人全部杀光，宗越奉旨具体执行，亲自办理，对被杀的人无不先加以殴打，有的还鞭打他们的脸部，高高兴兴地好像得到了什么，被他杀死的总共有几千人。大明四年，改封为始安县子，食邑的户数和以前一样。这一年，以被任命为督司州、豫州的汝南、新蔡、汝阳、颍川四郡诸军事，宁朔将军，司州刺史，不久又兼任汝南、新蔡二郡太守。

前废帝景和元年，召进京城任命为游击将军、直阁。不久，兼任南济阳太守，进升爵位为侯，增加食邑二百户。又加封为冠军将军，改兼南东海太守，游击将军的官号不变。前废帝凶暴无道，而宗越和谭金、童太壹都为他出力卖命，诛戮许多官员以及擒捉何迈等人，无不尽心竭力，所以前废帝依靠着他的这些爪牙帮凶，得以肆无忌惮。赐给宗越等人美女、金钱、绢帛，充满了他们的家里。宗越等都是武人，粗豪强悍，缺乏远见，都是凭着意气用事，顾前不顾后，没有明确念头。前废帝准备到南方荆州湘州去，第二天一早就出发，那天夜里全部听任宗越等人离开宫中到外面住宿，宋明帝因此而能发动政变杀了前废帝。第二天早晨，宗越等人一起进宫，明帝对他们厚加安抚，宗越改兼南济阴太守，原来的官职不变。宗越等人既已为前废帝卖尽力气，担心宋明帝不能够容下自己，明帝对待他们虽然很优厚，他们心里却都感到恐惧。明帝也不想让他们再在京城里做官，就很随便地跟他们说："你们碰上了暴虐的皇帝，早晚辛苦劳累，苦乐应该对换一下，应该得到奉养自己的地方。兵马富足的大郡，可以随你们自己挑选。"宗越等人自己素来就有疑虑，一听到这一旨意，都互相看着脸上变了颜色，因此而计划造反作乱。他们把这一计划告诉沈攸之，沈攸之一一向明帝禀告，当天就拘捕了宗越等人下狱处死。当时宗越五十八岁。

宗越善于安排布置军营的位置，几万人行军宿营，宗越自己骑马在前，让军队跟在后边，边走边指挥，马停下来，军营也就安置完毕，从来没有过参差不齐。等到沈攸之代替殷孝祖为前锋将领征讨义兴一带反对宋明帝的部队。当时殷孝祖刚刚战死，部下都很恐惧。沈攸之叹息说："宗公可惜了的，他本来就有胜过别人的地方。"但是宗越统治军队十分严酷，喜欢用刑诛杀，一点小事情，动不动就军法从事。当时王玄谟对待部下也严厉少恩，将士们为此编出几句话说："宁可做上五年囚徒，不去跟随王玄谟。王玄谟还过得去，宗越却是要杀我。"

戴颙传

【题解】

戴颙(公元378~441年)字仲若，谯郡铚(今安徽宿县)人，迁居浙江剡县。其父戴逵，是东晋著名雕塑家、画家。戴颙能继承父业，也擅长雕塑、绘画。当时他人曾铸丈六铜像，因比例失调，面部显得消瘦，在戴颙的指导下，削减了肩臂部，才自然匀称。他尤其擅长弹琴，能度曲，在当时名声很著。戴颙一生不仕，朝廷多次征召，他都坚卧不出。

【原文】

戴颙字仲若，谯郡铚人也。父逵，兄勃，并隐遁有高名。

颙年十六，遭父忧，几于毁灭，因此长抱羸患。以父不仕，复修其业。父善琴书，颙并传之，凡诸音律，皆能挥手。会稽剡县多名山，故世居剡下。颙及兄勃，并受琴于父，父没，所传之声，不忍复奏，各造新弄，勃五部，颙十五部。颙又制长弄一部，并传于世。中书令王绥常携宾客造之，勃等方进豆粥，绥曰："闻师善琴，试欲一听。"不答。绥恨而去。

桐庐县又多名山，兄弟复共游之，因留居止。勃疾患，医药不给，颙谓勃曰："颙随史得闲，非有心于默语。兄今疾笃，无可营疗，颙当干录以自济耳。"乃告时求海虞令，事垂行而勃卒，乃止。桐庐僻远，难以养疾，乃出居吴下。吴下士人共为筑室，聚石引水，植林开涧，少年繁密，有若自然。乃述庄周大旨，著《逍遥论》，注《礼记》《中庸》篇。三吴将守及郡内衣冠要其同游野泽，堪行便往，不为矫介，众论以此多之。

高祖命为太尉行参军，琅琊王司马，并不就。宋国初建，令曰："前太尉参军戴颙、辟士韦玄，秉操幽遁，守志不渝，宜加旌引，以弘止退。并可散骑侍郎，在通直。"不起。太祖元嘉二年，诏曰："新除通直散骑侍郎。"东宫初建，又征太子中庶子。十五年，征散骑常侍，并不就。

衡阳王义季镇京口，长史张邵与颙姻通，迎来止黄鹄山。山北有竹林精舍，林涧甚美，颙憩于此涧，义季亟从之游，颙服其野服，不改常度。为义季鼓琴，并新声变曲，其三调《游弦》《广陵》《止息》之流，皆与世异。太祖每欲见之，尝谓黄门侍郎张敷曰："吾东巡之日，当宴戴公山也。"以其好音，长给正声一部。颙合《何尝》《白鹄》二声，以为一调，号为清旷。

自汉世始有佛像，形制未工，逵特善其事，颙亦参焉。宋世子铸丈六铜金星于瓦官寺，既成，面恨瘦，工人不能治，乃迎颙看之。颙曰："非面瘦，乃臂胛肥耳。"既错减臂胛，瘦患即除，无不叹服焉。

十八年，卒，时年六十四。无子，景阳山成，颙已亡矣，上叹曰："恨不得使戴颙观之。"

【译文】

戴颙，字仲若，是谯郡铚县人。他的父亲戴逵，哥哥戴勃，都隐居不仕，都有很高的名望。

戴颙十六岁时，父亲去世，他悲痛得几乎垮了，因而身体长年病弱。因为他的父亲没有做过官，他继承了父亲的技艺。他的父亲擅长弹琴书法，戴颙也兼而能之，但凡各种乐曲，他都能挥手弹奏。会稽郡剡县有很多的山水名胜，因而他家世世代代居住在剡县。戴颙和他哥哥戴勃的弹琴技艺都是他父亲亲自传授，他父亲去世之后，传授给他

戴颙墓

们的琴曲，他们怕引起悲痛，不忍心再弹奏，于是各自谱写乐曲，戴勃谱写了五部，戴颙谱写了十五部，又谱写了一部大型乐曲，都流传在世上。中书令王绥曾带领他的门客来到戴家，戴勃等人正吃豆粥，王绥说道："听说你很会弹琴，你弹奏一下，给我听一听。"戴勃等人不理睬，于是王绥气恨而去。

相庐县也有很多名山大川，他们兄弟一起去游玩，就留住在那里。戴勃得了病，又缺医少药，戴颙对他哥哥说："我跟随哥哥闲居，并不想就这样默默无闻。哥哥现在病得这样厉害，又没办法医治，我想出去当官来解救眼前的危急。"于是托人请求任海虞县令，事情快要成功时，戴勃就死去了，这事情也就告罢。相庐县地处偏远，不得于养病，于是出山居住在吴县。吴县的读书人合力为他筑造房屋，叠山引水，植树开沟，不久林木长得郁郁葱葱，景致像自然形成一样。于是他研究《庄子》一书的思想，写出了《逍遥论》，又注释了《礼记》的《中庸》篇。三吴地区的将军，郡守以及吴郡的名流邀请他去野游，他认为合适就去，绝不虚情假意，矜持自高，大家都很赞赏他这一点。

宋高祖任他为太尉行参军、琅玡王的司马属官，他都不就任。宋朝建国之初，下令说："原太尉参军戴颙、隐士韦玄，志在隐居，坚守不改，应该加以表彰，以奖励他们的引退之风。都可任为散骑侍郎，在通值郎之列。"戴颙没有赴任。宋太祖元嘉二年，皇帝下圣旨说："新任通直散骑侍郎颙、太子舍人宗炳，二人志在隐居，自甘蓬屋茅舍的生活，恬静的品操，久而不改。戴颙可任为国子博士，宗炳可任为通直散骑侍郎。"立太子之初，又征

召戴颙为太子中庶子,元嘉十五年又征召他为散骑常侍,戴颙都不就任。衡阳王刘义季镇守京口,长史张邵和戴颙是亲家,把他接来,住在黄鹄山。山北有大片竹林,种杏在精致的房屋,林边的山涧,风景优美,戴颙就生活在这条山涧里,刘义季很快就和他交上朋友,戴颙仍是一身普通百姓的装束,不改往常的仪度。戴颙为刘义季弹琴,都是经过改编的新曲子,他弹奏的清平侧三调整《游弦》《广陵》《止息》等曲目,都和世人的奏法不同。宋太祖常常想去看他,曾对黄门侍郎张敷说:"我去东方视察时,当在戴公住的山上欢宴。因戴颙爱好音乐,当在戴公住的山上欢宴。"因戴颙爱好音乐,长年配给他一个正声乐队。戴颙把正声与《何尝》《白鹄》二调整合起来,形成一个新的声调,称为清旷调。

从汉代才开始有佛像,但造型不精,戴逵特别擅长塑佛像,戴颙也参与其事,宋世子在瓦官寺铸造了一座一丈六尺高的铜佛像,铸成以后,佛像的面部显得很瘦,铸造工人没有办法,于是把戴颙接来察看,戴颙说:"并不是面部瘦,而是肩臂太肥的缘故。"待把肩臂锉减以后,面部瘦的毛病随即消失了。对他的技艺,没有不佩服的。

元嘉十八年,戴颙去世,终年六十四岁。他没有儿子。景阳山堆成以后,戴颙已经去世了,宋太祖感慨地说:"遗憾的是不能让戴颙看上一眼了。"

隐逸传

【题解】

世道乱则隐士多。南朝时代是中国历史上战乱频仍、政权交替频繁的一个时期,因而相应地出现了不少人转为著名的隐士。从这篇《隐逸传》所叙述的十数位传主中,就可以清楚地看到这一点。

正如本传史臣的话所说,"如果让他们碰上值得信赖的君主,碰到太平盛世,他们怎么会放荡于湖海之上,游于山林之间呢?他们大概也是因为不得已才这样的。"可见古人便看得很清楚,虽然《周易》中认为"避世隐居则无烦恼。"但其实避世隐居的人往往比那些混迹红尘的人烦恼更多,忧虑更深。唯其烦恼更多,忧虑更深,以致到了无法忍耐与克制的程度,所以才遁迹尘世,与松竹泉石为伍。

也就是说,这些隐居的人,并不是对世态人情无动于衷的人,恰恰相反,正是至情至性之人。这从本传传主之一的朱百年身上可以明显看出。百年家一向贫困,母亲死在冬天,死后无衣可穿,从此百年也不穿棉衣。一次宿在朋友家,天气寒冷,朋友见他穿得单薄,便用被子替他盖上。百年没有察觉。醒后掀开被子说:"棉被真暖和啊。"眼泪便流下来了。

隐士一般都有一些不同常规的举动。比如王弘之生性喜欢钓鱼,有人问他钓的鱼卖不卖,他说即使钓到也不卖。傍晚时却将一天钓的鱼带到城中,在亲朋故旧家门口各放一二条而去。又如刘凝之曾被别人误认穿的木拖鞋是那人的,他笑着说这双已被他穿坏了,让家人找双新的给了那人。后来那人在田中找到了自己的那双鞋,惭愧不已,而凝之却再不要那人还回自己的鞋子。

这些举动,超凡脱俗,既使我们感到了隐者的精神魅力,又将他们的思想与行动刻画得鲜明,栩栩如生。

【原文】

《易》曰:"天地闭,贤人隐。"又曰:"遁世无闷。"又曰:"高尚其事。"又曰:"幽人贞吉。"《论语》"作者七人",表以逸民之称。又曰:"子路遇荷蓧丈人,孔子曰:隐者也。"又曰:"贤者避地,其次避言"。又曰:"虞仲、夷逸,隐居放言。"品目参差,称谓非一,请试言之。夫隐之为言,迹不外见,道不可知之谓也。若夫千载寂寥,圣人不出,则大贤自晦,降夷凡品,止於全身远害,非必穴处岩栖,虽藏往得二,邻亚宗极,而举世莫窥,万物不睹。若此人者,岂肯洗耳颍滨,皦皦然显出谷之志乎。遁世避世,既贤人也。夫何适非世,而有避世之因,固知义惟晦道,非曰藏身。至於巢父之名,既是见称之号,号曰裘公,由有可传之迹,此盖荷蓧之隐,而非贤人之隐也。贤人之隐,义深於自晦,荷蓧之隐,事止於违人。论迹既殊,原心亦异也。身与运闭,无可知之情,鸡黍宿宾,示高世之美。运闭故隐,为隐之迹不见,违人故隐,用致隐者之目。身隐故称隐者,道隐故曰贤人。或曰:"隐者之异乎隐,既闻其说,贤者之同於贤,未知所异?"应之曰:"隐身之於晦道,名同而义殊,贤人之於贤者,事穷於亚圣,以此为言,如或可辨。若乃高尚之与隐者,三避之与幽人,及逸民隐居,皆独往之称,虽复汉阴之氏不传,河上之名不显,莫不游贪厉俗,秉自异之姿,犹负揭日月,鸣建鼓而趋也。"陈郡袁淑集古来无名高士,以为《真隐传》,格以斯谈,去真远矣。贤人在世,事不可诬,今为《隐逸篇》,虚置贤隐之位,其馀夷心俗表者,盖逸而非隐云。

宗炳字少文,南阳涅阳人也。祖承,宜都太守。父繇之,湘乡令。母同郡师氏,聪辩有学义,教授诸子。

炳居丧过礼,为乡间所称。刺史殷仲堪、桓玄并辟主簿,举秀才,不就。高祖诛刘毅,领荆州,问毅府谘议参军申永曰:"今日何施而可?"永曰:"除其宿衅,倍其惠泽,贯叙门次,显擢才能,如此而已。"高祖纳之,辟炳为主簿,不起。问其故,答曰:"栖丘饮谷,三十馀年"。高祖善其对。妙善琴书,精於言理,每游山水,往辄忘归。征西长史王敬弘每从之,未尝不弥日也。乃下入庐山,就释慧远考寻文义。兄臧为南平太守,逼与俱还,乃於江陵三湖立宅,闲居无事。高祖召为太尉参军,不就。二兄蚤卒,孤累甚多,家贫无以相赡,颇营稼穑。高祖数至饩赉,其后子弟从禄,乃悉不复受。

高祖开府辟召,下书曰:"吾忝大宠,思延贤彦,而《免置》潜处,《考槃》未臻,侧席丘园,良增虚仁。南阳宗炳、雁门周续之,并植操幽栖,无闷巾褐,可下辟召,以礼屈之。"於是并辟太尉掾,皆不起。宋受禅,徵为太子舍人,元嘉初,又徵通直郎;东宫建,徵为太子中舍人,庶子,并不应,妻罗氏,亦有高情,与炳协趣。罗氏没,炳哀之过甚,既而辍哭寻理,悲情顿释,谓沙门释慧坚曰:"死生之分,未易可达,三复至教,方能遣哀。"衡阳王义季在荆州,亲至炳室,与之欢宴,命为谘议参军,不起。

好山水,爱远游。西陟荆、巫,南登衡岳,因而结宇衡山,欲怀尚平之志。有疾,还江陵,叹曰:"老疾俱至,名山恐难遍睹,唯当澄怀观道,卧以游之。"凡所游履,皆图之於室,谓人曰:"抚琴动操,欲令众山皆响。"古有《金石弄》,为诸桓所重,桓氏亡,其声遂绝,唯炳传焉,太祖遣乐师杨观就炳受之。

炳外弟师觉授亦有素业,以琴书自娱。临川王义庆辟为祭酒,主簿,并不就,乃表荐之,会病卒。

元嘉二十年，炳卒，时年六十九。衡阳王义季与司徒江夏王义恭书曰："宗居士不救所病，其清履肥素，终始可嘉，为之恻怆，不能已已。"

子朔，南谯王义宣车骑参军。次绮，江夏王义恭司空主簿。次昭，郢州治中。次说，正员郎。

周续之字道祖，雁门广武人也。其先过江居豫章建昌县。续之年八岁丧母，哀戚过於成人，奉兄如事父。豫章太守范宁於郡立学，招集生徒，远方至者甚众，续之年十二，诣宁受业，居学数年，通《五经》并《纬》《候》，名冠同门，号曰："颜子"。既而闲居读《老》《易》，入庐山事沙门释慧远。时彭城刘遗民遁迹庐山，陶渊明亦不应徵命，谓之寻阳三隐。以为身不可遣，馀累宜绝，遂终身不娶妻，布衣蔬食。

刘毅镇姑孰，命为抚军参军，徵太学博士，并不就。江州刺史每相招请，续之不尚节峻，颇从之游。常以嵇康《高士传》得出处之美，因为之注。高祖之北讨，世子居守，迎续之馆於安乐寺，延入讲《礼》，月馀，复还山。江州刺史刘柳荐之高祖曰：

臣闻恢耀和肆，必在兼城之宝；翼亮崇本，宜纡高世之逸。是以谓滨佐周，圣德广运，商洛匡汉，英业乃昌。伏惟明公道迈振古，应天继期，游外畅於冥内，体远形於应近，虽汾阳之举，辍驾於时艰；明扬之旨，潜感於穷谷矣。

窃见处士雁门周续之，清真贞素，思学钩深，弱冠独往，心无近事，性之所遣；荣华与饥寒俱落，情之所慕，岩泽与琴书共远。加以仁心内发，义怀外亮，留爱昆卉，诚著桃李。若升之宰府，必鼎味斯和；濯缨儒官，亦王猷遐缉。臧文不知，失在降贤；言偃得人，功由升士。愿照其丹款，不以人废言。

俄而辟为太尉掾，不就。高祖北伐，还镇彭城，遣使迎之，礼赐甚厚。每称之曰："心无偏吝，真高士也。"寻复南还。高祖践阼，复召之，乃尽室俱下。上为开馆东郭外，招集生徒。乘舆降幸，并见诸生，问续之《礼记》"傲不可长""与我九龄'' '射於矍圃"三义，辨析精奥，称为该通。续之素患风痹，不复堪讲。乃移病钟山。景平元年卒，时年四十七，通《毛诗》六义及《礼论》《公羊传》，皆传于世。无子。兄子景远有续之风，太宗泰始中，为晋安内史，未之郡，卒。

王弘之字方平，琅玡临沂人，宣训卫尉镇之弟也。少孤贫，为外祖徵士何准所抚育。从叔献之及太原王恭，并贵重之。晋安帝隆安中，为琅玡王中军参军，迁司徒主簿。家贫，而性好山水，求为乌程令，寻以病归。桓玄辅晋，桓谦以为卫军参军。时琅玡殷仲文还姑敦，祖送倾朝，谦要弘之同行，答曰："凡祖离送别，必在有情，下官与殷风马不接，无缘扈从。"谦贵其言。母随兄镇之之安成郡，弘之解职同行，荆州刺史桓伟请为南蛮长史。义熙初，何无忌又请为右军司马。高祖命为徐州治中从事史，除员外散骑常侍，并不就。家在会稽上虞。从兄敬弘为吏部尚书，奏曰："圣明司契，载德惟新，垂鉴仄微，表扬隐介，默语仰风，荒遐倾首。前员外散骑常侍琅玡王弘之，恬漠丘园，放心居逸。前卫将军参军武昌敦希林，素履纯洁，嗣徽前武。并击壤圣朝，未蒙表饰，宜加旌聘，贲于丘园，以彰止逊之美，以祛动求之累。臣愚谓弘之可太子庶子，希林可著作郎。"即徵弘之为庶子，不就。太祖即位，敬弘为左仆射，又陈："弘之高行表於初筮，苦节彰於暮年，今内外晏然，当修太平之化，宜招空谷，以敦冲退之美。"元嘉四年，徵为通直散骑常侍，又不就。敬弘尝解貂裘与之，即着以采药。

性好钓，上虞江有一处名三石头，弘之常垂纶於此。经过者不识之，或问："渔师得鱼卖不？"弘之曰："亦自不得，得亦不卖。"日夕载鱼入上虞郭，经亲故门，各以一两头置门内而去。始宁沃川有佳山水，弘之又依岩筑室。谢灵运、颜延之并相钦重，灵运与庐陵王义真笺曰："会境既丰山水，是以江左嘉遁，并多居之。但季世慕荣，幽栖者寡，或复才为时求，弗获从志。至若王弘之拂衣归耕，逾历三纪；孙淳之隐约穷岫，自始迄今；阮万龄辞事就闲，纂成先业；浙河之外，栖迟山泽，如斯而已。既远同義、唐，亦激贪厉竞。殿下爱素好古，常若布衣，每意昔闻，虚想岩穴，若遣一介，有以相存，真可谓千载盛美也。"

弘之四年卒，时年六十三。颜延之欲为作诔，书与弘之子昙生曰："君家高世之节，有识归重，豫染、豪翰，所应载述。况仆托慕末风，窃以叙德为事，但恨短笔不足书美。"诔竟不就。

昙生好文义，以谦和见称。历显位，吏部尚书，太常卿。大明末，为吴兴太守。太宗初，四方同逆，战败奔会稽，归降被宥，终於中散大夫。

孔淳之字彦深，鲁郡鲁人也。祖恢，尚书祠部郎。父粲，秘书监徵，不就。淳之少有高尚，爱好坟籍，为太原王恭所称。居会稽剡县，性好山水，每有所游，必穷其幽峻，或旬日忘归。尝游山，遇沙门释法崇，因留共止，遂停三载。法崇叹曰："缅想人外，三十年矣，今乃倾盖于兹，不觉老之将至也。"及淳之还反，不告以姓。除著作佐郎，太尉参军，并不就。

居丧至孝，庐于墓侧。服阕，与徵士戴颙、王私之及王敬弘等共为人外之游。敬弘以女适淳之子尚。会稽太守谢方明苦要入郡，终不肯往。茅室蓬户，庭草芜径，唯床上有数卷书。元嘉初，复徵为散骑侍郎，乃逃于上虞县界，家人莫知所之。弟默之为广州刺史，出都与别。司徒王弘要淳之集冶城，即日命驾东归，遂不顾也。元嘉七年，卒，时年五十九。默之儒学，注《谷梁春秋》。

刘凝之字志安，小名长年，南郡枝江人也。父期公，衡阳太守，兄盛公，高尚不仕。凝之慕老莱、严子陵为人，推家财与弟及兄子，立屋於野外，非其力不食，州里重其德行。州三礼辟西曹主簿，与秀才，不就。妻梁州刺史郭铨女也，遣送丰丽，凝之悉散之亲属。妻亦能不慕荣华，与凝之共安俭苦。夫妻共乘薄笨车，出市买易，周用之外，辄以施人。为村里所诬，一年三输公调，求辄与之。有人尝认其所著屐，笑曰："仆著之已败，令家中觅新者备君也。"此人后田中得所失屐，送还之，不肯复取。

元嘉初，徵为秘书郎，不就。临川王义庆、衡阳王义季镇江陵，并遣使存问，凝之答书顿首称仆，不修民礼，人或讥焉。凝之曰："昔老莱向楚王称仆，严陵亦抗礼光武，未闻巢许称臣尧、舜。"时戴颙与衡阳王义季书，亦称仆。

荆州年饥，义季虑凝之馁毙，饷钱十万。凝之大喜，将钱至市门，观有饥色者，悉分与之，俄顷立尽。性好山水，一旦携妻子泛江湖，隐居衡山之阳。登高岭，绝人迹，为小屋居之，采药服食，妻子皆从其志。元嘉二十五年，卒，时年五十九。

翟法赐，寻阳柴桑人也。曾祖汤，汤子庄，庄子矫，并高尚不仕，逃避徵辟。矫生法赐。少守家业，立屋於庐山顶，丧亲后，便不复还家。不食五谷，以兽皮结草为衣，虽乡亲中表，莫得见也。州辟主簿，举秀才，右参军，著作佐郎，员外散骑侍郎，并不就。后家人至石室寻求，因复远徙，违避徵聘，遁迹幽深。寻阳太守邓文子表曰："奉诏书徵郡民新除著作佐郎南阳翟法赐，补员外散骑侍郎。法赐隐迹庐山，于今四世，栖身幽岩，人罕见者。如当逼以王宪，束以严科，驰山猎草，以期禽获，虑至颠殒，有伤盛化。"乃止。后卒於岩石沈道虔，吴兴武康人也。少仁爱，好《老》《易》，居县北石山下。孙恩乱后饥荒，县令庾肃之迎出县南废头里，为立小宅，临溪，有山水之玩。时复还石山精庐，与诸孤兄子共釜庾之资，困不改节。受琴於戴逵，王敬弘深敬之。郡州府凡十二命，皆不就。

有人窃其园莱者，还见之，乃自逃隐，待窃者取足去后乃出。人拔其屋后笋，令人止之，曰："惜此笋欲令成林，更有佳者相与。"乃令人买大笋送与之，盗者惭，不取。道虔使置其门内而还。常以捃拾自资同捃者争穟，道虔谏之，不止，悉以其所得与之，争者愧恶，后每争，辄云："勿令居士知。"冬月无复衣，戴颙闻而迎之，为作衣服，并与钱一万。既还，分身上衣及钱，悉供诸兄弟子无衣者。乡里年少，相率受学。道虔常无食，无以立学徒，武康令孔欣之厚相资给，受业者咸得有成。太祖闻之，遣使存问，赐钱三万，米二百斛，悉以嫁娶孤兄子。徵员外散骑侍郎，不就。累世事佛，推父祖旧宅为寺。至四月八日，每请像。请像之日，辄举家感恸焉。道虔年老，菜食，恒无经日之资，而琴书为乐，孜孜不倦。太祖敕郡县令随时资给。元嘉二十六年，卒，时年八十二。

子慧锋，修父业，辟从事，皆不就。

雷次宗字仲伦，豫章南昌人也。少入庐山，事沙门释慧远，笃志好学，尤明《三礼》《毛诗》，隐退不交世务。本州辟从事，员外散骑侍郎，征，并不就。与子侄书以言所守，曰：

夫生之修短，咸有定分，定分之外，不可以智力求，但当於所禀之中，顺而勿率耳。吾少婴羸患，事钟养疾，为性好闲，志栖物表，故虽在童稚之年，已怀远迹之意。暨于弱冠，遂托业庐山，逮事释和尚。于时师友渊源，务务训弘道，外慕等夷，内怀怫发，于是洗气神明，玩心坟典，勉志勤躬，夜以继日。爰有山水之好，悟言之欢，实足以通理辅性，成夫亹亹之业，乐以忘忧，不知朝日之晏矣。自游道餐风，二十馀载，渊匠既倾，良朋凋索，绩以衅逆违天，备尝荼蓼，畴昔诚愿，顿尽一朝，心虑荒散，情意衰损，故遂与汝曹归耕垄畔，山居谷饮，人理久绝。

日月不处，忽复十年，犬马之齿，已逾知命。崦嵫将迫，前涂几何，实远想尚子五岳之举，近谢居室琐琐之勤。及今耄未至惛，衰不及顿，尚可厉志於所期，纵心於所托，栖诚来生之津梁，专气莫年之摄养，玩岁日於良辰，偷馀乐於将除，在心所期，尽於此矣。汝等年各成长，冠娶已毕，修惜衡泌，吾复何忧。但愿守全所志，以保令终耳。自今以往，家事大小，一勿见关，子平之言，可以为法。

元嘉十五年，徵次宗至京师，开馆於鸡笼山，聚徒教授，置生百馀人。会稽朱膺之、颍川庾蔚之并以儒学，监总诸生。时国子学未立，上留心艺术，使丹阳尹何尚之立玄学，太子率更令何承天立史学，司徒参军谢元立文学，凡四学并建。车驾数幸次宗学馆，资给甚厚。又除给事中，不就。久之，还庐山，公卿以下，并设祖道。二十五年，诏曰："前新除给事中雷次宗，笃尚希古，经行明修，自绝招命，守志隐约。宜加升引，以旌退素。可散骑侍郎。"后又徵诣京邑，为筑室於钟山西岩下，谓之招隐馆，使为皇太子诸王讲《丧服》经。次宗不入公门，乃使自华林东门入延贤堂就业。二十五年，卒於钟山，时年六十三。太祖与江夏王义恭书道次宗亡，义恭答曰："雷次宗不救所疾，甚可痛念。其幽栖穷薮，自宾圣朝，克己复礼，始终若一。伏惟天慈弘被，亦重矜愍。"

子肃之，颇传其业，官至豫章郡丞。

朱百年，会稽山阴人也。祖恺之，晋右卫将军。父涛，扬州主簿。百年少有高情，亲亡服阕，携妻孔氏入会稽南山，以伐樵采箬为业。每以樵箬置道头，辄为行人所取，明旦亦复如此，人稍怪之，积久方知是朱隐士所卖，须者随其所堪多少，留钱取樵箬而去。或遇寒雪，樵箬不售，无以自资，辄自搒船送妻还孔氏，天晴复迎之。有时出山阴为妻买缯彩三五尺，好饮酒，遇醉或失之。颇能言理，时为诗咏，往往有高胜之言。郡命功曹，州辟从事，举秀才，并不就。隐迹避人，唯与同县孔觊友善。觊亦嗜酒，相得辄酣，对饮尽欢。百年家素贫，母以冬月亡，衣并无絮，自此不衣绵帛。尝寒时就觊宿，衣悉夹布，饮酒醉眠，觊以卧具覆之，百年不觉也。既觉，引卧具去体，谓觊曰："绵定奇温。"因流涕悲恸，觊亦为之伤感。

除太子舍人，不就。颜竣为东扬州，发教饷百年谷五百斛，不受。时山阴又有寒人姚吟，亦有高趣，为衣冠所重。义阳王昶临州，辟为文学从事，不起。竣饷吟米二百斛，吟亦辞之。

百年孝建元年卒山中，时年八十七。蔡兴宗为会稽太守，饷百年妻米百斛，百年妻遣婢诣郡门奉辞固让，时人美之，以比梁鸿妻。

王素字休业，琅玡临沂人也。高祖翘之，晋光禄大夫。素少有志行，家贫母老。初为庐陵国侍郎，母忧去职。服阕，庐陵王绍为江州，亲旧劝素修完旧居，素不答，乃轻身往东阳，隐居不仕，颇营田园乏资，得以自立。爱好文义，不以人俗累怀。世祖即位，欲搜扬隐退下，下诏曰："济世成务，咸达隐微，轨俗兴让，必表清节。朕昧旦求善，思悖薄风，琅玡王素、会稽朱百年，并廉约贞远，与物无竞，自足皋亩，志在不移。宜加褒引，以光难进。并可太子舍人"，大明中，太宰江夏王义恭开府辟召，辟素为仓曹属，太宗泰始六年，又召为太子中舍人。并不就。素即屡被徵辟，声誉甚高。山中有蚿虫，声清长，听之使人不厌，而其形甚丑，素乃为《蚿赋》以自况。七年，卒，时年五十四。

时又有宋平刘睦之、汝南州韶、吴郡褚伯玉，亦隐身求志。睦之居交州，除武平太守，不拜。韶字伯和，黄门侍郎文孙也。筑室湖熟之方山，徵员外散骑侍郎，征北行参军，不起。伯玉居剡县瀑布山三十馀载，扬州辟议曹从事，不就。

关康之字伯愉，河东杨人。世居京口，寓属南平昌，少而笃学，姿状丰伟。下邳赵绎以文义见称，康之与之友善。特进颜延之见而知之。晋陵顾悦之难王弼易义四十馀条，康之申王难顾，远有情理。又为《毛诗义》，经籍疑滞，多所论释。尝就沙门支僧纳学算，妙尽其能。竟陵王义宣自京口迁镇江陵，要康之同行，距不应命。元嘉中，太祖闻康之有学义，除武昌国中军将军，蠲除租税。江夏王义恭、广陵王诞临南徐州，辟为从事、西曹，并不就。弃绝人事，守志闲居。弟双之为藏质车骑参军，与质俱下，至赭圻病卒，瘗於水滨。康之其春得疾困笃，小差，牵以迎丧，因得虚劳病，寝顿二十馀年。时有间日，辄卧论文义。世祖即位，遣大使陆子真巡行天下，使反，荐康之"业履恒贞，操勩清固，行信闾党，誉延邦邑，栖志希古，操不可渝，宜加徵聘，以洁风轨"。不见省。太宗泰始初，与平原明僧绍俱徵为通直郎，又辞以疾。顺帝升明元年，卒，时年六十三。

史臣曰："夫独往之人，皆禀偏介之性，不能摧志屈道，借誉期通，若使值见信之主。逢时来之运，岂其放情江海，取逸丘樊，盖不得已而然故也。且岩壑闲远，水石清华，虽复崇门八袭，高城万雉，莫不蓄壤开泉，仿佛林泽。故知松山桂渚，非止素玩，碧润清潭，翻成丽瞩。挂冠东都，夫何难之有哉。"

　　《周易》说："天地闭合，贤人隐去。"又说："避世隐居则无烦恼。"又说："应该把隐居看作高尚的事情。"又说："隐士是很纯真圣洁的。"《论语》说："隐士有七人。"用"作者"来称隐士。又说："子路碰到荷蓧丈人，孔子说：'这是一位隐士。'"又说："圣贤之人首先是选择地方居住，其次是避免说一些不该说的话。"又说："虞仲、夷逸，隐居而敢说话。"这些人的具体情况各有不同，称呼也不一致，请允许我们来阐述。"隐"这个词的意义，是指行迹不露于外，思想主张不被外人得知。至于千年以来没有什么新闻，不出一个圣人，则是大贤大德的人自己隐藏起来，把自己降到和凡人同等的地位，行为仅限于保全身心，远离灾祸罢了，不必一定要住山洞睡岩石，虽然隐藏了以往的品行，表现出另一副模样，接近了最高尚最伟大的人物，也是全世界都看不见，全人类都不曾听说的。像这些人，怎么肯在颍水边上洗耳朵，明明白白地做出这样俗气的事情。逃避社会，避开尘世，就是贤人。针砭时弊，有一定的避世的原因，仅仅知道义就是隐蔽自己的主张，这不叫做藏身。至于巢父的名声，就像用来称呼他的大号，就是"裘公"，因为有可以传颂的事迹，他的隐居就像《论语》中荷蓧丈人一类的隐居，而非贤人的隐居。贤人的隐居，是把自己隐藏得更深一些，荷蓧丈人的隐居，则仅仅是避开社会上的人。他们的行为不同，心中的想法也不一致。自己的运气不好，知道不可能飞黄腾达，隐居种田，反而可以显示出超尘脱俗的高姿态。没有运气，所以隐居，隐居的行迹不明显，用避开人的方式来隐居，使人一下就看出了隐士的面目。形体上的隐居被称为隐者，道德思想上的隐居被称为贤人。有人说："'隐者'和'隐'的不同，已经听说了；'贤者'和'贤'不同，不知它们的区别在什么地方？"回答说："形体隐居和隐藏思想、主张，说起来相同但是实际上不同，贤人和贤者相比，可以拿亚圣来说明问题，以此作比，它

《论语》书影

们的区别也许可以分辨。至于高尚的人和隐者，避时、避地、避言的人和独居之人，以及隐姓埋名而隐居的人，都有独往独来的叫法，虽然汉阴之姓不流传，河上之名不显扬，也不会不激励贪婪和庸俗的人奋发自强，身负重任，一往无前。"陈郡人袁淑汇集古来无名高士的事迹，写成《真隐传》一书，受传闻的影响，和真实的情况相距甚远。贤人仍然活着，事迹不可不真实。现在著录《隐逸》这篇列传，把"贤隐"的位子空着。其他一般的人，大都是"逸"而不是"隐"的。

　　宗炳，字少文。是南阳涅阳人。祖父宗承，曾任宜都太守。父亲宗繇之，任湘乡令。母亲是同郡人师氏，为人聪慧正义，学识丰富，亲自教授子女。

　　宗炳为父母服丧时十分哀恸，受到乡里人们的称赞。刺史殷仲堪、桓玄都提拔他担任主簿一官，又推荐他出任秀才，他都推辞了，没有就任。高祖杀了刘毅，统领了荆州，问刘毅的谘议参军申永道："现在施政可以采取些什么措施？"申永说："清除你和仇敌之间的宿怨，加倍地给他们恩惠，同地方上各阶层人物搞好关系，提拔有才能的人，像这样就

行了。"高祖采纳了他的意见,任命宗炳为主簿,宗炳没有应征。问他为什么,他回答说:"住山林喝泉水,已经三十多年了。"高祖认为他说的不错。宗炳擅长琴棋书画,精通学问道理,每每游历山水,都乐而忘返。征西长史王敬弘每次跟他出去,都日落而返。后来到了庐山,跟着和尚慧远学习如何考释、寻究文章辞意。哥哥宗臧是南平太守,逼着宗炳和他一道回来,于是就在江陵之湖盖房居住,宗炳闲居在家,无所事事。高祖召他为太尉参军,他也没有就任。二哥很早就去世了,留下的孩子较多,家累很大,宗炳自己又很穷,无法帮助他们,于是开始耕田种地。高祖多次接济他们,后来家族中有人做官了,就不再接受救济了。

高祖打开官府大门公开招聘,下诏书说:"我身为天子,想要延聘贤明的人士,然而《免罝》一诗所描述的贤士还隐姓埋名地生活着,《考槃》一诗提到的隐者也还没有出仕做官,我把高位让给这些人,现在它们却空着。南阳人宗炳、雁门人周续之,都是以幽居独处来培养自己的情操,不厌烦耕田种地的农家生活。可下令征召他们,以礼让他们出来做官。"于是一起征召他们为太尉掾,他二人都没有应诏。宋朝替代晋掌权后,征召宗炳为太子舍人;元嘉初年,又征他为通直郎;东宫太子得势后,又征召他为太子中舍人和庶子,都没有应征。妻子罗氏,也有高尚的情怀,和宗炳趣味相投。罗氏死后,宗炳十分悲痛,不久停止了哭泣,用佛理自遣,悲哀的情绪立即减轻了许多。对和尚慧坚说:"生与死的区别,不容易明白,再三地思考,才能排遣心中的悲哀。"衡阳王刘义季在荆州时,亲自到宗炳的家里,和他一起喝酒,任命他为谘议参军,仍然没有接受。

宗炳爱好山水,喜欢远游,向西到过荆巫地区,向南登过衡山,在衡山上盖屋居住,也怀有前人向子长隐居之志。后有病回到了江陵,叹息道:"年纪大了,病也来了,名山大川恐怕难以全部看完了,只有沉静自己的心境,提高自己的修养,睡在床上游历它们吧。"凡是他所游历过的地方,都画成图,贴在室内墙壁上,对人说:"我弹琴奏乐,要让众山都发出回响。"古有《金石弄》一曲,为桓氏家族所器重,桓氏衰亡后,这支曲子就失传了,只宗炳还能弹奏。太祖派乐师杨观跟宗炳学这支曲子。

宗炳的表弟师觉授也有超脱清素的品性,用琴书来自我娱悦。临川王刘义庆让他担任祭酒和主簿二职,他都不去上任,于是刘义庆上表向皇帝推荐他。就在这时,他生病而死。

元嘉二十年,宗炳去世,时年六十九岁。衡阳王刘义季给司徒、江夏王刘义恭写信说:"宗居士不去改变他所不满的东西,他行迹超凡脱俗,一生品行值得褒扬。我为他的逝世感到悲哀,不能控制自己啊。"

宗炳的长子宗朔,南谯王刘义宣的车骑参军。次子宗绮,江夏王刘义恭的司空主簿。三儿子宗昭,郢州治中。小儿子宗说,正员郎。

周续之,字道祖,是雁门广武人。其祖先南渡长江迁居到南昌建昌县。续之八岁时母亲去世,他的哀痛比成年人还厉害,敬奉哥哥如同对待父亲一样。豫章太守范宁在家乡兴办学校,招收学生,从远方来的人很多,续之当时十二岁,也到范宁这儿来学习,在学校学了几年后,精通《五经》和与经书相对的各种《纬》书以及记录历时天象的《候》书,成绩在同学中名列前茅,被称为"颜回"。接着闲居在家,读《老子》《周易》,去庐山跟和尚慧远学佛,当时彭城人刘遗民在庐山隐居,陶渊明也不听从皇帝的征号,这三个人被称为"寻阳之隐"。并且认为自己不可能入仕被使唤,其他的拖累应该断绝,所以终身没有娶妻,穿布做的衣服,吃粗蔬的食物。

刘毅统治姑孰地区,任命他为抚军参军,皇帝又征召他为太学博士,都没有就任。江州刺史每次邀请,续之不认为自己很了不起,跟着他游玩。常认为嵇康的《高士传》材料来源很有意思,因此为它做了注。高祖往北讨伐时,他的儿子在京城留守,接续之去安乐寺中设馆教学,讲授《礼》经,一个多月后,又回到山里。江州刺史刘柳向高祖推荐续之,说:

我听说弘扬卞和的技能,一定是得到价值连城的玉石;基础雄厚羽翼亮泽,适合远续太平盛世的美德。所以渭水边的姜太公辅助周朝,使得天子的贤德广为传播;商山四皓匡辅汉朝,帝王的业绩于是才昌盛。我个人认为陛下您比古人更有思想、更正确,顺应天命接管朝政,注重内心修养以使自己豪爽与丰富,应付各种琐事而使自己超远、高迈,汾阳侯的举止,是在时世艰难之中礼贤下士,器重隐士贤人的洪恩,深深地感动了深山穷谷里的人。

我认为隐士雁门人周续之纯真素雅,善于思考,学识渊博,二十来岁即避世隐居,心里不为世间琐事所困扰,出于本性,他不追求荣华富贵,也不以饥寒交迫为耻,心里所追求的只是隐居山林的淡泊生活和琴棋书画上有所造诣。加上他的仁爱发自内心,正义表现于行动,热爱昆虫、花卉、善待桃树、李枝。如果任命他一官半职,一定会使官员之间关系和睦,政绩显著;这样的清廉儒者,也是王道昌盛所需要的。臧文有所不足,失误在没有认识到贤人的作用;言偃颇得人心,功劳在于提拔任用了优秀人士。愿您洞察他们的内心和真正的道德品质,不要因人废言。

不久皇帝提拔他为太尉椽,没有就任。高祖北伐,返回时驻扎在彭城,派遣使者请他出来,对他很尊敬并赐给他很多礼物,常常称赞他:“心术很正,也不吝啬,是一个真正高尚的人。”不久就回到南边去了。高祖即位后,又一次征召他,于是带领全家前来应征。高祖为他在东郊建了一个学馆,招收学生传授经典,自己常常坐着车子去到他的学馆,接见各位学生,问周续之“懒不可长”“与我九龄”“射于矍圃”三个典故的意义是什么,周续之的回答分析精确、理解深透全面。续之一向患有风痹症,不再能够承受教学后,移居钟山养病。景平元年去世,时年四十七岁。精通《毛诗》六义和《礼论》《公羊传》,所著文章皆传于世,身后无子。哥哥的儿子景远有续之的风范,太宗泰始年间,任命为晋安内史,没有到任即死去。

王弘之,字方平,是琅玡临沂人,宣训卫尉王镇之的弟弟。弘之少时即成为孤儿,家里贫穷,被外祖父——一个不受朝廷征聘的人——何准所收养,叔父王献之和太原人王恭都很器重他。晋安帝隆安年间,任琅玡王中军参军,后升任司徒主簿。家里很穷,但生性爱好自然山水,要求调任乌程令,不久因为有病而回到家乡。桓玄辅佐晋朝,桓谦任他为卫军参军,当时琅玡人殷仲文将去姑孰,全朝廷的人都给他送行,桓谦邀请弘之和他一起去送行,弘之回答说:“凡是给离别的人饯行送别,一定是因为有感情或有交情,我和殷仲文没有任何往来,没有理由跟您一同前往。”桓谦认为他说得很对。母亲随着哥哥王镇之到了安成郡,弘之辞了官职和他们一起同去。荆州刺史桓伟请他出任南蛮长史;义熙年初,何无忌又请他出任右军司马;高祖任命他为徐州治中从事使兼员外散骑常侍,他都没有就任。家居会稽郡上虞县。堂兄敬弘是吏部尚书,上书皇帝说:“圣上明鉴,官各有职,治好国家只有革新。您应该了解隐居遁世之士,表彰宣扬正直耿介之人,不用说话就能引导社会风尚，蛮荒远野之人没有不佩服您的。前员外散骑常侍王弘之，恬然生活在山林，纵情逸志于隐居。前卫将军参军郭希林，一向纯洁正直，是前代伟人的后裔。他二人一并隐居当世，没有受到任何表彰，应该给予旌奖和礼聘，弘扬隐居的意义，表彰、宣扬退处和谦逊的美德，以去除动辄就要有所贪求的弊病。我认为弘之可任太子庶子一职，希林可以担任著作郎。"皇帝于是征召弘之为太子庶子，没有就任。太祖即位后，敬弘任左仆射，又陈述说："弘之年轻时即品行高洁，晚年后仍然艰苦勤恳，当今内外安定，天下太平，应该做些使天下太平的工作，应该征召、褒奖深山空谷中的隐居之士，以敦促淡泊、谦退风气的形成。"元嘉四年，皇上征召他为通直散骑常待，又没有就任。敬弘曾脱下自己的貂裘皮袄给他，他即穿着去山里采药。

弘之生性喜欢垂钓，上虞江有一个地方叫作三石头，弘之常在这儿钓鱼。从这儿路过的人不认识他，有人问："钓鱼的，钓了鱼卖不卖？"弘之说："还没有钓到；就是钓到了，也不卖。"傍晚时带着鱼到了上虞城里，经过亲朋故旧的门口，各放一两条鱼而离去。始宁县沃川附近有很好的自然风景，弘之在那儿依据山势建造房屋。谢灵运、颜延之都很钦佩器重他，灵运曾写信给庐陵王义真说："会稽境内山清水秀，所以江南高层次的隐士，很多都隐居在会稽境内。然而近代人爱慕荣华富贵，深处隐居的人很少，或者是因为有才而被朝廷征召，不能够依据自己的意志行事。至于王弘之，则能掸去身上的灰尘，归耕田亩，从事农桑，已经很多年了；孔淳之能隐居在穷乡僻壤，从年轻时起直到现在；阮万龄辞去官职，闲居在家，完成了父辈著书立说的事业；浙河之外，隐居避世的人，也就这几位罢了。他们的行为和远古的伏羲、唐尧一样，也能够激励贪婪的人锐意进取。殿下您素爱淡泊，思念古人，常常像平民一样，每次回想过去听说的名人，都想到深处岩穴之士，如果派人去慰问、鼓励他们，真可以称为千载称誉的盛事了。"

去世时年龄六十三岁。颜延之想为他写一篇悼念文章，写信给他的儿子昙生说："你父亲高风亮节，思想清楚，认识正确，文章著述也很丰富，历史应该有所记述。何况我很仰慕他的风范，并以著书立说，传播道德为职业。只是才气不足，不一定能够写好。"这篇悼念文章终究没有写成。

昙生喜欢钻研文章辞意，以谦和著称。曾担任过显赫的职务：吏部尚书、太常卿。大明末年，任吴兴太守。太宗初年，东西南北四方都有叛乱，昙生战败后逃到会稽，归降后被判无罪，最后的官职是中散大夫。

孔淳之，字彦深，是鲁郡鲁县人。祖父孔恢，曾任尚书祠部郎。父亲孔粲，被征为秘书监，没有就任。淳之从小情趣高尚，爱好经书典籍，受到太原人王恭的称赞。家住会稽剡县，生性喜爱幽峻，每次游玩，都要踏遍那儿的山水，有时十多天还记不得返回。有一次游历名山，碰到和尚法崇，法崇让他留下，于是他在那儿住了三年。法崇叹息到："我想像世外的生活，已经三十年了，现在我们在这儿一见如故，一点也不知道老之将至。"一直等到淳之返家，也没有告诉自己的姓氏。后任命淳之为著作佐郎、太尉参军，都没有就任。

为父母服丧时竭尽孝道，在墓边盖房居住。守完孝后，和不受朝廷征聘的人戴颙、王弘之及王敬弘等一起游历山水。敬弘把女儿嫁给淳之的儿子孔尚。会稽太守谢方明苦苦邀请他们去他的郡里，最终他们还是不肯去。他们的住处是茅草盖的房子，蓬草搭的窗户，庭园杂草丛生，小路都被淹没了，只有床上有几本书。元嘉初年，皇帝又征召淳之为散骑侍郎,于是他逃离了上虞县境,家里的人都不知道他到哪里去了。弟弟孔默之任广州刺史,临行时和他告别。司徒王弘邀请淳之在冶城与他会合,想要带他回家,他没有理睬。元嘉七年去世,时年五十九岁。默之是儒家学者,给《春秋谷梁传》做过注。

刘凝之,字志安,小名长年,是南郡枝江人。父亲刘期公,任衡阳太守;哥哥盛公,性情高傲,没有做官。凝之倾慕老莱子、严子陵的为人,把家里的财产赠送给弟弟和侄子,在荒郊野外盖房子,不是自己劳动得来的食物不吃,州里的人都很推重他的德行。州里多次尊敬地推举他任西曹主簿,推荐他出任秀才,他都没有就任。妻子是梁州刺史郭铨的女儿,陪嫁很丰厚,凝之全部分散给了亲友。妻子也能不羡慕荣华富贵,与凝之一起安于勤俭艰苦的生活,夫妻二人一起坐着竹子做的粗陋的车子,到集市上去购物和卖掉多余的产品,所得钱财除了应付日用以外,全部施舍给别人。受村里人的陷害,一年要交三次公粮,只要让他交他就交。有人误认他所穿的木拖鞋是自己的,他笑着说:"这双我穿坏了,现在让家里的人找一双新的给你。"后来这个人在田里找到了遗失的那双木拖鞋,把凝之的那双送去还给他,他不肯再要了。

元嘉初年,皇帝征他为秘书郎,没有就任。临川王刘义庆、衡阳王刘义季镇守江陵,一起派遣使者去慰问他,凝之回信署名时自称仆人,以臣子的身份行事,有人讽刺这一点。凝之说:"过去老莱子对楚王自称仆人,严陵也和光武帝分庭抗礼,没有听说巢父、许由对尧、舜称臣。"当时戴瑀颙信,也称仆。

荆州有一年粮食歉收,刘义季想到凝之可能会饿死,赠给他十万钱。凝之非常高兴,把钱拿到集市的入口处,看见面有饥色者,都分送给他们,一会儿工夫钱就用完了。生性爱好山水,一天早晨带妻子开始泛游江湖,隐居在衡山南面。登上崇山峻岭,在荒无人迹的地方盖了小房子,住在里面,采药炼丹,修身养性,妻子依从他的志愿行事。元嘉二十五年去世,时年五十九岁。

翟法赐,寻阳柴桑人。曾祖名翟汤,翟汤的儿子名翟庄,翟庄的儿子名翟矫,这几个人都行为高尚,不入仕做官。逃避皇帝的征召和王公大臣们的推荐提拔。翟矫生了儿子法赐。

法赐年轻时经管家业,在庐山顶上盖了房子,父母去世后,便不再回家。不吃五谷粮食,拿兽皮用草联结作为衣服,即便是乡亲邻里或自己的姑表至亲,也没有人能看见他。州里提拔他任主簿,推举他任秀才、右参军、著作佐郎、员外散骑侍郎,都没有就任。后来家人到他所住的石室去找他,他逃到了更远的地方,因为要回避征召,所以必须遁迹山林。寻阳太守邓文子上表说:"奉皇帝之命征召郡民新提拔的著作佐郎南阳人翟法赐,补员外散骑侍郎一官。法赐隐居庐山,到现在已经更替四朝了,栖身于幽深的岩石中,很少有人能见到他。如果用王法来逼迫他,用礼义制度来约束他,带着军队上山去逮捕他,恐怕会伤害他的性命,这样做对国家的形象也有所伤害。"于是作罢。后来他不知何年何月死于岩石中。

沈道虔是吴兴武康人。年轻时即有仁爱之心,喜欢《老子》《周易》,住在县城北面石山脚下。孙恩暴动后粮食紧缺,县令庾肃之把他接去县城南面废头里,为他盖了小房子。房屋临水,可以欣赏自然山水。他还是经常回到石山的旧宅,和已死兄长的几个儿子一起过着贫困的生活,然而他虽贫穷,却不改变自己高尚的节操,跟着戴逵学习弹琴,王敬弘非常敬佩他。郡里州里十二次要任命他出来做官,他都没有同意。

有人到他的园子里偷菜，他回去后刚好碰见，赶紧自己躲起来，等小偷把菜拿走了才出来。有人要拔他房屋后面的笋子，他让人劝阻他们，说："可惜这些笋子了，我想让它们长成竹林。另外有些好的笋子送给你们。"于是让人去买大笋送给那些人。小偷感到很惭愧，没有要。道虔派人把笋子送到他们家里。常有到田里去拾麦穗来补贴生活的人发生争抢的事，道虔劝他们不要抢，他们不听，这时他就把自己拾得的稻麦穗全给他们。这些争抢的人感到很不好意思。后来每有争抢总是说："别让居士知道。"冬天没有厚衣服，戴颙听说后把他接去，为他制作了衣服，并且给他一万钱，回来后，把身的衣服和钱都分给了没有衣服的侄子们。乡里的小孩子都跟着他学习。道虔常常没有粮食，无法使他的学生完成学业。武康令孔欣之给了他很大资助，使他的学生都能学有所成。太祖听说后，派人来慰问他，赏给他三万钱，二百斛米，帮助他哥哥的子女们完成婚事。征召他为员外散骑侍郎，没有就任。几代人都相信佛教，把祖上的旧宅改建为佛寺，每到四月八号，都要请佛像，那一天总是全家人都诚心诚意。道虔年纪大了后，总是吃素，还经常连日常生活也维持不了。然而他仍以读书、弹琴为乐，勤恳认真，孜孜不倦。太祖下令让郡里县里随时都要给他资助。元嘉二十六年去世，时年八十二岁。

儿子慧锋，继承了父亲的业绩，任命他为从事，也不就任。

雷次宗，字仲伦，是豫章南昌人。年轻时即上庐山，事奉和尚慧远，志向远大，喜爱学习，对于《周礼》《仪礼》《礼记》和《毛诗》特别了解。隐居避世，断绝和社会上人事的来往，本州任命他为员外散骑侍郎和从事，他都没有接受。给子侄写信表明他的操守：

人生长短，都是有定数的。定数以外的事，不能够凭智力去强求。但应当在上天所规定的人生旅途中顺顺当当，而不要轻率行事。我从小就生病，主要做的事情就是养病，生性喜欢清闲，有志于生活在尘世之外，所以还在年纪很小的时候，便已有了遁世隐居的意思。到了二十来岁，把自己托付给佛祖，到庐山事奉和尚。那个时候我的师友和一切有关系的人教导我要弘扬正道，对外要仰慕同辈人的积极进取，对自己要严格要求，有不懂的地方，就要让别人来启发。于是我振奋精神，潜心学习研究经书典籍。勉励自己要勤劳诚恳，夜以继日地工作不停。素来爱好自然山水，又常体会到领悟会意的快乐，这两种爱好实在能够帮助我明白道理，对我的性格形成也有帮助。并使人成就了勤勉不倦的大业，以此为乐，忘记了忧愁，不知道一天即将过去，太阳就要下山了。自从游历山中，风餐露宿已有二十多年，名人既已离开，好朋友又逐渐减少，加以祭礼祷告，送往迎来又不合礼法，倍感冷落与艰辛。过去的诚心诚愿，一个早晨就荡涤殆尽。心意荒芜散漫，情绪衰落，受到伤害。所以和你们一起在田间种地，住深山喝泉水，久已断绝了社会上的各种人事关系。

日月如梭，十来年功夫眨眼间就过去了。和狗马一样不值钱的生命已经过了四十岁。

慕年即将来临，前途而能怎样，实在向往向子平暮年攀登五岳的壮举，也想和他一样摆脱家务琐事的牵累。到现在年纪虽大了，但还没有昏颠；身体衰弱了，但还没有垮掉，还可以在自己所希望的事情上增强信心，随心所欲地做自己想做的事情，保持诚实是通往来生的桥梁，心情舒畅是暮年生活的营养。在美好的时光中玩味岁月的意义，在即将逝去的日子里仔细体会美好的人生。我心里所希望的，全部都在这儿。你们都已成人，也都已嫁夫娶妇，立志于隐居，我还有什么顾虑呢？只愿能够实现自己的志愿，平平安安,终此一生罢了。从今以后,家里的大小事情,都与我无关,向子平说的话,可以作为我的准则。

元嘉十五年,皇帝征召雷次宗去京城,在鸡笼山设立学馆,招集学生讲授经典,招有学生百十来人。会稽人朱膺之、颍川人庾蔚之也因为通晓儒学,在那儿监督学生学习。当时全国的最高学府太学还未建立,皇帝留心艺术事业,命令丹阳尹何尚之创立玄学、太子率更令何承天创立史学、司徒参军谢元创立文学,四门学科一并建立。皇帝多次亲临次宗学馆,俸禄和供给都很丰厚。又提升他为给事中,他没有就任。很久以后,要回庐山。公卿以下的官员,都设宴饯行。元嘉二十五年,皇帝下诏书说:"前新提拔的给事中雷次宗,特别崇尚古人,通晓经籍,行为高尚,自己拒绝了征召,坚持隐居。应该加以提拔,以奖励退让与淡泊。可以任他为散骑侍郎。"后来又征诏他到京城去,为他在钟山西边岩下造了房屋,叫作"招隐馆",让他给皇太子和其他皇子讲授《丧服》经。次宗没有从正门中进去,乃使自己从华林东门直接进入延贤堂讲授,元嘉二十五年,死于钟山,时年六十三岁。太祖给江夏王刘义恭的信中说到次宗已死,义恭回信说,"雷次宗死于他所患的疾病,很是可惜。他幽居深山老林,自以为是世外之人,勉励自己恢复古代的理义制度,始终如一。我认为皇帝应该施恩于他,对他应表示同情。"

儿子雷肃之,继承了他的事业,做官做到豫章郡丞。

朱百年是会稽山阴人。祖父朱恺之,是晋朝的右卫将军,父亲朱涛,任扬州主簿。

百年年轻时就有清高的情怀,父母死后他服完了应尽的孝,就带着妻子孔氏到了会稽南山,以砍柴和采集箬叶为职业,每每把柴火和箬叶放在路边,总是被别人拿走。第二天仍然这样。人们有点奇怪。很久才知道这是朱隐士在卖柴。需要的人能拿多少拿多少,取了柴火、箬叶把钱留下就离开了。有时碰上严寒或大雪,柴火和箬叶卖不出去,无法生活,总是自己撑着船把妻子送回娘家,天晴后再把她接回来。有时还跑出山阴县境为他的妻子买几尺丝绸,喜欢喝酒,喝醉了有时就遗失了丝绸。很能讲道理,时常写诗,往往有高超的语句。郡里任命他为功曹,州里提拔他为从事,乡里推举他为秀才,都没有就任。避人隐居,只和同县人孔觊来往。孔觊也喜欢喝酒,两人一起喝酒,总要喝个够。百年家一向贫困,母亲死在冬季,死了后都没有棉衣穿,从此他自己也不再穿棉衣。曾在很冷的时候到孔觊家去住宿,所穿衣服仍然只有双层布的,喝醉了酒睡着了,孔觊用被子给他盖上,百年没有感觉到。醒来后把被子掀开,对孔觊说:"棉被真是暖和啊。"因而泪流满面,十分悲痛。孔觊也为他感到难过。

提升他为太子舍人,没有就任。颜竣治理东扬州时,下令发给朱百年俸禄稻谷五百斛,他没有接受。当时山阴还有一个贫寒之士姚吟,也有高雅的兴趣爱好,被当时的各级官员所器重。义阳王刘昶亲临东扬州时,举荐他为文学从事,没有就任。颜竣发给姚吟俸禄二百斛米,他也没有接受。

朱百年于孝建元年死于山中,时年八十七岁。蔡兴宗任会稽太守时,赠给朱百年的妻子一百斛米,百年妻子派使女到郡里去说明她坚决不要。当时的人很赞扬她的做法,把她比作梁鸿的妻子孟光。

王素,字休业,是琅玡临沂人,高祖父王翘之,是晋代的光禄大夫。

王素年轻时即有远大的志向,家里贫穷,母亲年纪也大了。起初任庐陵国的侍郎,后因为为母亲守孝,辞去了职务。服完孝时,庐陵王刘绍治理江州,亲朋旧友劝王素把老家旧房子修葺整理一下，王素没有同意。而是只身一人到东阳郡去了，去那儿隐居，没有做官。从事一些农业生产，以此作为生活来源。喜欢欣赏古人文章的意义，不为当时社会上的风俗舆论所左右。世祖即位后，想要搜罗、宣扬隐居退让之人，下诏书说，"治理社会，成就经国大业，都要使隐居避世的人名声显扬；规范社会风俗，形成谦让的风气，一定要表彰清高正直有节操的人，我时时刻刻都在寻求这样的人，总想着使民风淳朴。琅玡人王素、会稽人朱百年，都廉洁、简约、纯洁、超远、与世人无争，满足于农耕生活，坚定不移，应该加以褒奖，以勉励后进之人。两个都可以任命为太子中舍人。"大明年间，太宰江夏王刘义恭公开招聘。任命王素为仓曹属，太宗于泰始六年，又征召他为太子舍人，都没有就任。王素因为多次受到征召，名声大振。山里有百足虫，叫声清脆悠长，听了后不让人讨厌，但它的外貌却很丑，王素于是写了《蚰赋》一文，用百足虫来比喻自己。泰始七年去世，时年五十四岁。

当时还有宋平人刘睦之、汝南人州韶，吴郡人褚伯王，都隐居以求实现自己的志向。睦之住在交州，提升为武平太守，没有就任。州韶字伯和，黄门侍郎州文的孙子，在湖熟的方山中盖房居住，皇帝下诏任命他为员外散骑侍郎，兼北行从事，没有就任。伯玉住在剡县瀑布山三十多年。扬州郡提拔他为议曹参军，他没有就任。

关康之，字伯愉，是河东郡杨县人。世代居住在京口，老屋在南平昌。年轻时即有志于努力学习，姿态外表潇洒伟岸。下邳人赵绎当时以文章著称，康之和他关系很好。他特别把康之推荐给颜延之。晋陵人顾悦之挑出王弼注《周易》四十条，说是有问题，康之为王弼申辩，反驳顾悦之，很有道理。又著有《毛诗义》，对经籍中的可疑点和讲不通的地方，都做了辨析和解释。曾经跟和尚支僧纳学习数学，很能掌握其中的奥妙。竟陵王刘义宣从京口迁到江陵，治理该郡，邀请关康之和他一起去，关康之没有从命。元嘉年间，太祖听说康之有学问有思想，任命他为武昌国的中军将军，并免除他的租税。江夏王刘义恭、广陵王刘诞视察南徐州时，任命他为从事、西曹，都没有就任。他断绝任何人事往来，立志隐居。弟弟双之是臧质的车骑参军，和臧质一起南下，到赭圻时病故，埋在河流的边上。康之就在那年春天也生了重病，稍好一点，就带人去把弟弟的灵柩迎回家乡，因为这件事而得了虚劳病，在床上睡了二十多年。一有空闲，总是在床上咀嚼文义，发表议论。世祖即位，派遣特使陆子真巡视全国，回京后，推荐关康之，说他："坚持隐居，质朴纯正，廉洁执着，风格高尚，道德品行在邻里乡间受到称赞，名声还传到了其他地方，立志向古人学习，他的高风亮节没有人能比得上，应该加以征召聘用，以引导社会风俗走向纯朴。"没有被聘任。太宗泰始初年，和平原人明僧绍一起被征召为通直郎，又借口有病推辞了。顺帝升明元年去世，时年六十三岁。

史臣说：那些独来独往的人，禀性都有点偏执、耿直，不能剥夺他们的理想，使他们屈服于自己的意志。要借招贤纳士来树立自己的威信，一定要有使他们信服的手段。如果让他们碰上值得信赖的君主，碰到太平盛世，他们怎么会放荡于湖海之上，游于山林之间呢？他们大概也是因为不得已才这样的。并且山林寂静旷远、水清石华，住在那儿的隐士贤人，都志趣高雅、学识渊博，即使高楼大厦中人及八品之官，也没有不积蓄土地，引来泉水，设法和隐居挂上钩的，或以隐士自居，或以和他们结交而骄傲自豪。所以我们明白松山桂水，不只是向来游玩的地方，处在深山老林中的人，也许反而成为世人瞩目的对象。所以辞官远离京城，又有什么困难呢？

慧琳传

【题解】

慧琳,本姓刘,生卒年不详,秦郡秦县人,宋文帝时僧人,名僧道渊的弟子,所撰《白黑论》曾得宋文帝赏识,但受到佛教徒的攻击。他因此参与朝政,权倾天下,有“黑衣宰相”之称。

【原文】

佛道自后汉明帝,法始东流,自此以后,其教稍广,自帝王至于民庶,莫不归心,经诰充积,训义深远,别为一家之学焉。元嘉十二年,丹阳尹萧摹之奏曰:“佛化被于中国,已历四代,形象塔寺,所在千数,进可以系心,退足以招劝。而自顷以来,情敬浮末,不以精诚为至,更以奢竞为重,旧宇颓弛,曾莫之修,而各务造新,以相姱尚。甲第显宅,于兹殆尽,材竹铜綵,糜损无极,无关神祇,有累人事,建中越制,宜加裁检,不为之防,流遁未息。请自今以后,有欲铸铜像者,悉诣台自闻,兴造塔寺精舍,皆先诣在所二千石通辞,郡依事列言本州;须许报,然后就功,其有辄造寺舍者,皆依不承用诏书律,铜宅林苑,悉没入官。”诏可。又沙汰沙门,罢道者数百人。

世祖大明二年,有昙标道人与羌人高阇谋反,上因是下诏曰:“佛法替,沙门混难,未足扶济鸿教,而专成逋薮。加奸心频发,凶状屡闻,败乱风俗,人神交怨。可付所在,精加沙汰,后有违怨,严加诛坐。”于是设诸条禁,自非戒行精苦,并使还俗。而诸寺尼出入宫掖,交关妃后,此制竟不能行。

先是晋世庾冰始创议,欲使沙门敬王者,后桓玄复术其义,并不果行。大明六年,世祖使有司奏曰:“臣闻邃宇崇居,非期宏峻,拳跪亹伏,非止敬恭,将以施张四维,缔制入宇。故虽儒法枝派,名墨条分,至于崇亲严上,厥由靡爽。唯浮图为教,易自龙堆,反经提传,训遐事远,练生莹识,恒俗称难,宗旨缅谢,微言沦隔,拘文蔽道,在末弥扇。遂乃陵越典度,偃倨尊戚,失随方之眇迹,迷制化之渊义,夫佛法以谦俭自牧,忠虔为道,不轻比丘,遭人斯拜,目连桑门,遇长则礼,宁有屈膝四辈,而简礼二亲,稽颡耆腊,而直体万乘者哉。故咸康创议,无兴载述,而事屈偏尝,道挫余分。今鸿源遥洗,君流仰镜,九仙奠实,百神耸职,而畿辇之内,舍弗臣之氓,陛席之间,延抗礼之客惧非所以澄一风范,详示景则者也。臣等参议,以为沙门接见,比当尽虔敬之容,依其本俗,则朝徽有序,乘方兼遂矣。”诏可。前废帝初,复旧。

世祖宠姬殷贵妃薨,为之立寺,贵妃子子鸾封新安王,故以新安为寺号。前废帝杀子鸾,乃毁废新安寺,驱斥僧徒,寻又毁中兴、天宝诸寺。太宗定乱,下令曰:“先帝建中兴及新安诸寺,所以长世垂节,弘宣盛化。顷遇昏虐,法像残毁,师徒奔迸,甚以矜怀。妙训渊谟,有扶名教。可招集旧僧,普各还本,并使材官。随宜修复。

宋世名僧有道生。道生,彭城人也。父为广戚令。生出家为沙门法大弟子。幼而聪悟，年十年，便能讲经。及长有异解，立顿悟义，时人推服之。元嘉十一年，卒于庐山，沙门慧琳为之诔。

慧琳者，秦郡秦县人，姓刘氏。少出家，住冶城寺，有才章兼外内之学，为庐陵王义真所知，尝著均善论，其词曰：

"有白学先生，以为中国圣人，经纶百世，其德弘矣，智周万变，天人之理尽矣，道无隐旨，教岡遗筌，聪睿迪哲，何负于殊论哉。有黑学道士陋之，谓不照幽冥之途，弗及来生之化虽尚虚心，未能虚事，不逮西域之深也。于是白学访其所以不逮云尔。"

白曰："释氏所论之空，与老氏所言之空，无同异乎？"黑曰："异。释氏即物为空，空物为一。老氏有无两行，空有为异。安得同乎。"白曰："释氏空物，物信空邪？"黑曰："然。空又空，不翅于空矣。"白曰："三仪灵长于宇宙，万品盈生于天地，孰是空哉？"黑曰："空其自性之有，不害因假之体也。今构郡材以成在大厦，岡专寝之宝，积一豪以致合抱，无檀木之体，有生莫俄顷之留，泰山蔑累息之固，兴灭无常，因缘无主，所空在于性理，所难据于事用，吾以为娱矣。"白曰："所言实相，空者其如是乎？"黑曰："然。"白曰："浮变之理，交于目前，视听者之所同了邪？"解之以登道场，重又以轻异学，诚未见其渊深。"黑曰："斯理若近，求之实远。夫情之所重者虚，事之可重者实。今虚其真实，离其浮伪，爱欲之惑，不得不去。爱去而道场不登者，吾不知所以相晓也。"白曰："今析豪空树，无口垂荫之茂，离材虚室，不损轮奂之美，明无常增其愒荫之，陈若偏笃其竞辰之虑。贝锦以繁采发辉，和羹以盐梅致旨，齐侯追爽鸠之乐，燕王无延年之术，恐和合之辩，危脆之教，正足恋其嗜好之欲，无以倾其爱竞之惑也。"黑曰："斯固理绝于诸华，坟素莫之及也。"白曰："山高累卑之辞，川树积小之咏，舟壑火传之谈，坚白唐肆之论，盖盈于中国矣，非理之奥，故不举以为教本耳。子固以遗情遗累，虚心为道，而据事剖析者，更由指掌之间乎。"黑曰："周、礼为教，正及一世，不见来生无穷之缘，积善不过子孙之度，累恶不过余殃之罚，报效止于荣禄，诛责极于穷贱。视听之外，冥然不知，良可悲矣。释迦关无穷之业，拔重关之险，陶方寸之虑，宇宙不足盈其明，设一兹之救，君生不足胜其化，叙地狱则民惧其罪，敷天堂则物观其福，指泥洹以长归，乘法身以遐览，神变无不周，灵泽靡不覃，先觉翻翔于上世，后悟腾骞而不绍，坎井之局，何以识大方之家乎。"白曰："固能大其言矣，今效神光无径寸之明，验灵变岡纤介之异，勤诚者不睹善救之貌，笃学者弗克陵虚之实，徒称无量之寿，孰见期颐之叟，咨嗟金刚之固，安觌不朽之质。苟于事不符，宜寻立言之指，遗其所寄之说也。且要天堂以就善，曷若服义而蹈道，惧地狱以敕身，孰与从理以端心。礼拜以求免罪，不由祗肃之意，施一以徼百倍，弗乘无吝之情。美泥洹之乐，生耽逸之虑，赞法身之妙，肇好奇之心，近欲未弭，远利又兴，虽言菩萨无欲，群生固以有欲矣。甫救交敝之氓，永开利竟之俗，澄神反道，其可得乎。"黑曰："不然。或不示以来生之俗，何以权其当生之滞。物情不能顿至，故积渐以诱之。夺此俄顷。要彼无穷，若弗劝春稼，秋穑何期。端坐井底，而息意庶虑者，长渝于九泉之下矣。"白曰："异哉！何所务之乖也。道在无欲，而以有欲要之，北行求郢，西征索越，方长迷于幽都，永谬滞于昧谷。辽辽闽、楚，其可见乎。所谓积渐者，日损之谓也。当先遗其所轻，然后忘其所重，使利欲日去，淳白自生耳。岂得以少要多，以粗易妙，俯仰之间，非利不动，利之所荡，其有极哉。乃丹青眩媚綵之目，土木夸好壮之心，兴糜费之道，单九服之财，树无用之事，割群生之急，致营造之计，成私树之权，务劝化之业，结师党之势，若节以要厉精之誉，护法以展陵竟之情，悲矣。夫道其安寄乎。是以周、孔敦俗，弗关视听之外，老、庄陶风，谨守性分而已。"黑曰："三游本于仁义，盗跖资于五善，圣迹之敝，岂有内外，且黄、老之家，符章之伪，水祝之诬，不可胜论。于安于彼，骇于此，玩于浊水，违于清渊耳。"白曰："有迹不能不敝，有术不能无伪，此乃对人所以桎梏也。今所惜在作法于贪，遂以成俗，不正其敝，反以为高耳。至若淫妄之徒，世自近鄙，源流蔑然，固不足论。"黑曰："释氏之教，专救夷俗，便无取于诸华邪？"白曰："曷为其然。为则开端，宜怀属绪，爱物去杀，尚施周人，息心遗荣华之怨，大士布兼济之念，仁义玄一者，何以尚之。惜乎幽旨不亮，末流为累耳。"黑曰："子之论善殆同矣，便事尽于生乎？"白曰："幽冥之理，固不极于人事矣。周、孔疑而不辨，释迦辨而不实，将宜废其显晦之迹，存其所要之旨。请尝言之。夫道之以仁义者，服理以从化，帅之以劝戒者，循利而迁善。故甘辞兴于有欲，而灭于悟理，淡说行于天解，而息于贪伪。是以示来生者，蔽亏于道，释不得已，杜幽暗者，冥符于姬、孔闭其兑。由斯论之，言之者未必远，知之者未必得，不知者未必失，但知六度与五教并行，信顺与慈悲齐立耳。殊涂而同归者，不得守其废轮之辙也。"

论行于世。旧僧谓其贬黜释氏，欲加摈斥。太祖见论赏之，元嘉中，遂参权要，朝廷大事，皆与议焉。宾客辐凑，门车常有数十输，四方赠赂相系，势倾一时。注《孝经》及《庄子·逍遥篇》、文论，传于世。

【译文】

佛教自从后汉明帝开始，法术才开始向东方流传，从此以后，佛教逐渐流传广泛，从帝王至民众百姓，没有不归化信仰的。经文训诂积累很多，教训意义既深渊又广远，单独成为一门学问了。元嘉二十年，丹阳尹萧摹之上奏说："佛教教化流传到中国，已经经历了四个朝代，佛像佛塔，现存的以千计算。进可以维系心灵，退能够招劝民众。但最近以来，感情上敬重那些轻浮枝末的东西，不把精心至诚当作最好的选择，反而把奢侈竞尚看得更重。旧的庙宇荒废了，不曾去修理他们，却各自只顾制造新的庙宇，以竞相夸耀。高院显宅，在这里差不多没有了，木材竹料、铜钉铁料，消耗花费没有止境，对神明没什么关系，却对人间带来烦累，建造的超过规定的，应该加以裁减检束，不对此加以防止，流传放失不会停止。请求从今以后，打算铸造铜像的，都应该向宫廷中报告，兴建佛塔佛寺精舍，都要先到所在的太守处说明，郡里按规定应该报告所在的州，经得同意，然后才能动工兴造。如果有擅自建造佛寺佛塔精舍的，都按违反不接受诏书的律条办理，铜制门宅林木寺院，都没收归官。"皇帝同意，还挑选了沙门并罢免和尚数百人。

世祖大明二年，有一个叫昙标道人和羌人高阇合谋造反，皇上因此下诏书说："佛法讹误，沙门混杂，不能够扶持救济大教，反而专门成了逃犯的藏身之地。加之以奸心不断发生，凶恶之状多次听说，败坏扰乱风俗习惯，人和神之间产生了怨恨，可以交给当地官僚，精心加以挑选淘汰。以后有违犯的，严格加以诛杀论罪。"于是设立了许多条令禁款，假若不是守戒习法精心勤苦的，都让他还俗，但因各个寺里的僧尼进入宫廷，和后妃往来相通，这种制度最后没有实行。

以前晋代的庾冰开始建议，想让和尚尊敬皇帝，后来桓玄再次重述这个意思，都没有真正实行。大明六年，世祖让主管的官吏上奏说："我听说深院高楼大宅，并不是期待有多宏伟壮丽，抱拳下跪匍匐，并不就是恭敬，将是用来施用天下，管理世界，统治民众，所以虽然儒家法家分枝异派，名学墨家各自相异，至于看重亲属、尊敬长辈，这一点是没有什么差异的。独有浮图作为宗教，来自遥远的西域沙漠，不合中土常规，遵从传承的旧事，生命意识精诚超脱，普通民众难以称说，思想学说不断衰微、限隔，加以文字限制掩盖了其道义，在其末流尤难流传。于是就超越常规法度，把亲戚尊辈看得较轻，丧失了从众的明道，迷失了教化的深义。佛法靠谦虚节俭自我管理，以忠厚虔诚为本分，不轻视比丘，碰到人就礼拜。目连是一个桑门和尚，看到长辈便讲礼，那里有因事而屈从于所有的人，因守道而不顾其他？现在大道源长流广，人们都仰视相观，九仙送宝，百神尽职，便是京城内外，舍弃不臣服的人们，在朝廷官府之间，延揽抗礼的人，恐怕不是所以用来纯化风俗世态，榜样规则。我们建议：认为沙门互相接见，当有虔诚礼敬的态度，应当按照他原来的本来习俗，那样则朝廷制度有序，驾驭有方了。"皇帝同意了，前废帝初年，又恢复旧态。

世祖宠爱的妃子殷贵妃死了，为她立了一座寺庙，贵妃的儿子子鸾封为新安王，所以用新安作为寺号。前废帝杀掉子鸾，于是毁掉新安寺，驱赶僧徒，不久又毁了中兴、天宝几个寺庙。太宗平定动乱，下令说："先帝建造中兴及新安几座佛寺，是用来长久地垂范佛义，宣传教义的作用。"不久碰上了昏乱的虐臣，法象被残毁，师徒走散流失，非常的可怜。精妙的训教深沉的教义，非常有助于扶植教义。可以招集从前的旧僧，让他们都回到原来的位上，并且派上材料官，根据需要加以修复。

宋代著名的僧人有道生。道生、彭城地方人。父亲是广戚令。道生出家为沙门，是法大的弟子，小时候聪明颖悟，年仅十五，就能讲诵经典，等到长大了有不同的见解，并且马上悟到新义，当时人很推崇他。元嘉十一年，死在庐山，沙门慧琳为他写了一篇悼文。

慧琳，秦郡秦县人，俗姓刘氏，从小出家，住在冶城寺，有文章才学，兼通儒学与佛典，被庐陵王义真所赏识，曾写下《均善论》，那篇文章的内容是：

有一位白学先生，自己认为是中国的圣人，治理整治天下有百世，他的道德很高大了，智识能应服所有变化，天和人的道理都通了，道义也没什么隐含的意义，教旨也没有什么遗忘的地方，聪明睿智圣哲，那里有负于特异之论。有一位黑学道士认为他很浅陋，认为不能照及幽冥的道路，更不能化及来生，虽然追尚虚心，但不能使事归虚化，没有得到西域佛教的精深之旨。所以白学先生请教他不能达到的地方。

白学先生说："释氏所论的'空'和老氏所说的'空'没有什么差别吗？"黑学道士说："有差别，释氏把万物看作是空的，空就是物合而为一。老氏把有和无看作是两途，空和有互不相同，怎么能说两学相同？"白学先生说："释氏以物为空，万物真的是空的吗？"黑学道士说："确实是空的，空空归无，不仅是全空了。"白学先生说："天、地、人生长在宇宙之中，万事万物充满了天地之间，怎么能说是空的？"黑学道士说："空指的是它本性的空无，不因为他所假借的外体而相害，现在买许多材料用来构成大厦，不在乎它占住的事实。积累一丝一毫而成合抱之大，并没有檀木的本体。生命不计较一会儿的停留，泰山看不上一点点的稳固，兴起与不亡没有固定，因缘没有所主，所谓空是性理之空，所谓难是事理之难，我认为没有什么错误了。"白学先生说："所说的实相，空是讲的这个吗？"黑学道士说："对的。"白说："浮变之理，交错出现在眼前，这是看到听到的人所都了解的。解说的人靠此来登上道场，看重者凭此轻弃异学，确实是没有看到它的渊深之理。"黑说："这个道理很浅，探求起来确实很遥远。感情所看重的东西是虚的，事实中所看重的是实在的。现在把真实的东西看得很虚,把浮伪的东西离去。爱心和欲望的迷惑,不得不除去。爱心丧失就会不登道场,我不知道了用什么来相明白。"白说:"现在把树离析为毫丝,无法体现茂树的垂阴之功,把树木离析,房室空掉,不会损害车轮的美。明无经常增加他爱惜光阴的情怀,陈若偏偏笃信时间竞争的顾虑,贝锦因为繁美有光彩而产生光辉,和羹因为盐梅而产生美味,齐侯追求爽鸠的快乐,燕王没有延年的办法,害怕和合的分辨,危险害怕的教,正好能够爱恋他的嗜好与欲望,没有办法让他倾尽爱竟之心的迷惑。"黑说:"这固然从理论上看与华人不相同,文献典籍没有能够赶上。"白说:"山高不辞让卑小之地,大川不弃小河之流,有关舟和河川的谈话,坚白唐肆的议论,大概充满中国了。并不是理论的深奥,所以不举例作为教本。您本来用遗情弃累,虚心向道,但是按事进行剖析的人,犹如在指掌之间。"黑说:"周、孔作为一教,只关心一世,看不到来生那无穷无尽的缘分,积累的善行也不超过子孙的福庆,积累的过失也不超过剩下的殃害的惩罚,报答功效只限于荣禄,谴责最严重的就是让他贫困低贱,在看到见到以外的世界,其他一点也不知道,真是太可悲了。释迦关系到无穷无尽的事业,拨开重重险关,考虑及点点滴滴,宇宙之内不足以充斥他的光明,设立一个慈悲的救济主,万世群生不足以受尽他的教化,讲到地狱就民众害怕他们自己的罪恶,叙及天堂那么人民高兴喜欢得到幸福,指泥洹为长归之地,乘借法身用来远览博观,神变没有不周到的,灵验恩泽没有不及遍的,先觉者飞翔在上世,后来醒悟的飞腾而紧跟。坎井之中的人,用什么去理解大方之家的人?"白说:"确实能夸大他的话了,现在检效神光没有一寸一尺的光明,验实灵异变化没有一丝一毫的奇异,勤奋诚实的人见不到好报的样子,踏实学习的抵不上做虚弄假的人,只知道称无量之寿,又有谁见到八九十岁的老人? 感叹金刚的坚固,只有谁见到过不朽的形体? 假如和事情不相符,应该寻求立言的意旨,遗落他所依托的学说。况且拿天堂用来激发人们行善。哪里比得上信服道义而追求秉从义理? 顶礼膜拜去求得免除罪责,不用真正地端正肃严施舍一点好事去求得百倍的好处,没有不加吝啬的情怀。爱慕泥洹的快乐,产生着沉醉逸乐之心,赞叹法身的奇妙,也产生了好奇之心。新近的欲望没有满足,获得长远的利益之心又产生了。虽然说菩萨没有欲望,普通民众本来就充满了欲望了。刚开始救助受苦的民众,却永远打开了竞利逐益的习俗。清澄求道,难道可以得到吗?"黑说:"不是这样的。假若不用来生的愿望去显示,怎么可以权衡今生的滞耗,人情不能突然获得满足,所以积渐去诱导他们,夺去这短暂人生,去达到无穷的生命。假若不辛勤地去春播,秋天收获又有何期? 正坐在井底之下,不考虑普通之利,那将永远丧沦在九泉之下了。"白说:"真奇怪啊! 为什么所追求的竟这样不同,道本来处在无欲之上,却要用有欲之道去探救他,往北去要想找达南方之郢,往西行却在期待抵越,正会永远地迷困在幽都,停滞于昧谷了。那辽远的闽、楚之地,又怎么可以见得到? 所说的渐积,是在一天天地减损。应该首先丢掉那些轻的,然后才去丢掉重的,让利益和欲望之心一天天地减;真淳洁白之心自然产生了,怎么能用小的去求得多的,用粗的去换取精妙的,在俯仰之间,无利不动,利益所带来的变化那里还有止境啊! 于是用丹青来满足媚俗世俗的心态,大兴土木来夸世喜欢强壮的心态,大行浪费之道,花掉了亲属的财产,干些没有用的事情,搜割民众的营生所急,以达到建成刹宇的目的,借助手中的权力,来达到劝化的功业,结聚师徒党羽的力量,苦守节操用来达到历尽的名誉,借护法来展示斗竟之情,真是太可悲了啊! 道又怎么去寄托? 因此周公、孔子敦劝世俗,不关系到视听之外的事情,老、庄

虽然风尚，也谨慎地遵守性分吧了。"黑说："连游侠、游说、游行者都秉乎仁义、盗跖虽坏，也借用仁、义、礼、忠、信五善，圣迹的开放。岂有什么内、外之分。况且黄老之家，符咒章醮的伪枉，水祝的诬，不可以说尽了，你对他们没什么奇怪，却对此深感惊异，是在浊水之中游玩，却不习惯见到清水吧了。"白说："有影迹就不能不有过失，有道术就不能没有伪行，这就是圣人所以有所限制，现在叹息的是作法而有失于贪，并因此而成为习俗、不端正这种失弊，反而认为很高深了。至于荒淫荒诞之徒，世间本来就很鄙视，源流也很轻蔑，本来就不值得去说他。"黑说："释氏之教，专门救助夷人习俗，难道就对华众没有什么作用？"白说："怎么是这样的？要做的话就要注重开端，就应该有所属意，爱护民众不事杀伐，追求布施与周济，把荣华之心去掉，广布兼济之心，仁义玄一之人，又靠的是什么。可惜啊！真正的创意不明白，末流反而造成累赘了。"黑说："你的论述好的方面大概相同，适当的事情难道只限于人生吗？"白说："幽冥之理，固然不只是限于人事一途了。周公、孔子怀疑而不加辩论。释迦辩论却不实在，应当废除那些明白或者晦涩的事情，保存那些精要之论，请让我让说一番，那些以仁义为训导的，会服从理念以教化民众。用劝诫去统帅民众的，因利而为善。所以说美好的言辞关生于欲望，而消灭在理悟之中，游说言说流行在天解，而熄灭在贪伪之中，因此所以显亦来生的，掩蔽在道，释不得已，绝幽冥的，暗地里符合姬发，孔子而改变其开始，从这方面来说，说的人未必很远，知道的也未必能得到，不知道的不一定失去，只要知道六度和五教一起大行天下，信顺和慈悲一起立身，不同的道路而走向同一目标，不应该守住始发的迹象了。"

　　论说流行当世，旧的僧人认为他贬低了释氏，想加以排弃。太祖看见了很赞赏它，元嘉年中，于是参加权要机关，朝廷中大事，都得以一块讨论，来往宾客车辆很多，门口的车经常有数十辆，四面八方赠送交通相联系，权力势位倾倒一时，注释过《孝经》以及《庄子·逍遥游篇》文论，流传于世。

陶潜传

【题解】

　　陶潜(365~427)，晋宋时期诗人、辞赋家、散文家。一名渊明，字元亮，私谥靖节，浔阳柴桑(今江西九江)人。曾任江州祭酒，后去职归隐，晚年完全过着躬耕的隐逸生活。

　　陶潜的作品，现存有诗歌一百二十多首，散文六篇，辞赋两篇。成就最高的是其描写自然景色和农村生活的"田园诗"，这些诗作反映了他高远的志趣和守志不阿的品格，隐喻着他对污浊现实的憎恶和对农村淳朴生活的热爱。他还有些诗作歌咏了历史上和神话传说中的英雄，颇多慷慨悲凉之音。他的诗风格平淡自然，语言简洁含蓄，浑厚而富有意境，在我国诗歌史上独具特色。陶潜的赋和文篇数不多，影响极大，《归去来兮辞》《五柳先生传》《桃花源记》等都是传世名篇。

　　陶渊明的诗文在当时未受重视，唐以后受到广泛的推重。他的人品气节、诗歌艺术都成为后人学习的楷模。梁萧统辑其作品，编为《陶渊明集》八卷。

【原文】

陶潜字渊明，或云渊明字元亮，浔阳柴桑人也。曾祖侃，晋大司马。

潜少有高趣，尝著《五柳先生传》以自况，曰：

先生不知何许人，不详姓字，宅边有五柳树，因以为号焉。闲静少言，不慕荣利。好读书，不求甚解，每有会意，欣然忘食。性嗜酒，而家贫不能恒得。亲旧知其如此，或置酒招之。造饮辄尽，期在必醉，既醉而退，曾不吝情去留。环堵萧然，不蔽风日，短褐穿结，箪瓢屡空，晏如也。常著文章自娱，颇示己志，忘怀得失，以此自终。

其自序如此，时人谓之实录。

亲老家贫，起为州祭酒，不堪吏职，少日，自解归。州召主簿，不就。躬耕自资，遂抱羸疾，复为镇军、建威参军，谓亲朋曰："聊欲弦歌，以为三迳之资，可乎？执事者闻之，以为彭泽令。公田悉令吏种秫稻，妻子固请种粳乃使二顷五十亩种秫，五十亩种粳。郡遣督邮至，县吏白应束带见之，潜叹曰："我不能为五斗米折腰向乡里小人。"即日解印绶去职。赋《归去来》，其词曰：

陶渊明

归去来兮，园田荒芜，胡不归。既自以心为形役，奚惆怅而独悲。悟已往之不谏，知来者之可追。实迷涂其未还，觉今是而昨非。舟超遥以轻飏，风飘飘而吹衣。问征夫以前路，恨晨光之希微。

乃瞻衡宇，载欣载奔。僮仆欢迎，稚子候问。三径就荒，松菊独存。携幼入室，有酒停尊。引壶觞而自酌，眄庭柯以怡颜。倚南窗而寄傲，审容膝之易安。园日涉而成趣，门虽设而常关。策扶老以流憩，时矫首而遐观。云无心以出岫，鸟卷飞而知还。景翳翳其将入，抚孤松以盘桓。

归去来兮，请息交而绝游。世与我以相遗，复驾言兮焉求。说亲戚之情话，乐琴书以消夏。农人告余以上春，将有事于西畴。或命巾车，或棹扁舟。既窈窈以穷壑，亦崎岖而经丘。木欣欣以向荣，泉涓涓而始流。善万物之得时，感吾生之行休。

已矣乎。寓形宇内复几时，奚不委心任去留，胡为遑遑欲何之。富贵非吾愿，帝乡不可期。怀良辰以孤往，或植杖而耘籽。登东皋以舒啸，临清流而赋诗。聊乘化以归尽，乐夫天命复奚疑。

义熙末，徵著作佐郎，不就。江州刺史王弘欲识之，不能致也。潜尝往庐山，弘令潜故人庞通之赍酒具于半道栗里要之，潜有脚疾，使一门生二儿舆蓝舆，既至，欣然便共饮酌，俄顷弘至，亦无忤也。先是，颜延之为刘柳后军功曹，在寻阳，与潜情款。后为始安郡，经过，日日造潜，每住必酣饮致醉。临去，留二万钱与潜，潜悉送酒家，稍就取酒，尝九月九日无酒，出宅边菊丛中坐久，值弘送酒至，即便就酌，醉而后归。潜不解音声，而畜素琴一张，无弦，每有酒适，辄抚弄以寄其意。贵贱造之者，有酒辄设，潜若先醉，便语客："我醉欲眠，卿可去。"其真率如此。郡将候潜，值其酒熟，取头下葛巾漉酒，毕，还复著之。

潜弱年薄宦，不洁去就之迹，自以曾祖晋世宰辅，耻复屈身后代，自高祖王业渐隆，不复肯仕。所著文章，皆题其年月，义熙以前，则书晋氏年号，自永初以来唯云甲子而已。与子书以言其志，并为训戒曰：

天地赋命，有往必终，自古贤圣，谁能独免。子夏言曰："死生有命，富贵在天。"四友之人，亲受音旨，发斯谈者，岂非穷达不可妄求，寿夭永无外请故邪。吾年过五十，而穷苦荼毒，以家贫弊，东西游走。性刚才拙，与物多忤，自量为已，必贻俗患，僶俛辞世，使汝幼而饥寒耳。常感孺仲贤妻之言，败絮自拥，何惭儿子。此既一事矣。但恨邻靡二仲，室无莱妇，抱兹苦心，良独罔罔。

少年来好书，偶爱闲静，开卷有得，便欣然忘食。见树木交阴，时鸟变声，亦复欢尔有喜。尝言五六月北窗下卧，遇凉风暂至，自谓是羲皇上人。意浅识陋，日月遂往，缅求在昔，眇然如何。

疾患以来，渐就衰损，亲旧不遗，每以药石见救，自恐大分将有限也。恨汝辈稚小，家贫无役，柴水之劳，何时可免，念之在心，若何可言，然虽不同生，当思四海皆弟兄之义。鲍叔、敬仲，分财无猜，归生、伍举，班荆道旧，遂能以败为成，因丧立功，他人尚尔，况共父之人哉，八十而终，兄弟同居，至于没齿，济北汜稚春，晋时操行人也，七世同财，家人无怨色。诗云："高山仰止，景行行止。"汝其慎哉！吾复何言。

又为命子诗以贻之曰：

悠悠我祖，爰自陶唐。邈为虞宾，历世垂光。御龙勤夏，豕韦翼商。穆穆司徒，厥族以昌。纷纷战国，漠漠衰周。凤隐于林，幽人在丘。逸虬绕云，奔鲸骇流。天集有汉，眷予愍侯。于赫愍侯，运当攀龙。抚剑夙迈，显兹武功。参誓山河，启土开封。亹亹丞相，允迪前踪。浑浑长源，蔚蔚洪柯。群川载导，众条载罗。时有默语，运固隆汙。在我中晋，业融长沙。桓桓长沙，伊勋伊德。天子畴我，专征南国。功遂辞归，临宠不惑。孰谓斯心，而可近得。肃矣我祖，慎终如始。直方二台，惠和千里。于皇仁考，淡焉虚止。寄迹夙运，冥兹愠喜。嗟余寡陋，瞻望弗及。顾惭华鬓，负景只立。三千之罪，无后其急。我诚念哉，呱闻尔泣。卜云嘉日，占尔良时。名尔曰俨，字尔求思。温恭朝夕，念兹在兹。尚想孔伋，庶其企而。厉夜生子，遽而求火。凡百有心，奚特于我。既见其生，宝实欲其可。人亦有言，斯情无假。日居月诸，渐免于孩。福不虚至，祸亦易来。夙兴夜寐，愿尔斯才。尔之不才，亦已焉哉。

【译文】

陶潜，字渊明，有的说渊明字元亮，浔阳柴桑（今江西九江西南）人。曾祖父陶侃，任晋朝大司马。

陶潜少年时就有很高的志趣，曾撰写《五柳先生传》，以"五柳先生"比拟自己，说：

先生不知道是什么地方人，也不知道他的姓名，在他住宅的旁边有五株柳树，因此就把"五柳"作为他的号。他沉静寡言，不羡慕功名利禄。喜欢读书，但不过分穿凿字句，每当心中有所领悟，便高兴得忘记了吃饭。他性情嗜好酒，然而由于家境贫困，不能经常有酒喝。亲戚朋友知道他的这种情况，有的就备酒招呼他，他去饮酒，总要把酒喝光，希望能够喝到醉。喝醉了就回家，从不舍不得走。他的住屋四壁空荡，不能遮风蔽日；他穿的粗毛短衣，破烂缝补；他的竹篮瓜瓢常常空着，如此清苦，却安然自在。他曾经撰写文章自寻乐趣,文章很能表达自己的志趣。他忘却世俗的得失,而愿意终生过着这种生活。

陶潜自己是这样叙述的,当时的人说这是实际的记录。

陶潜的双亲年老,家境又贫穷,起初他任江州(今江西九江)祭酒,因不能忍受官职的拘束,不久,自己便辞职回乡。州府又召他做主簿,他不接受。他亲自耕耘种作,以自供自给,他的身体瘦弱疲病。后来在镇军将军刘裕幕府中任镇军参军,又在建威将军刘敬宣的幕下任建威参军,他向亲朋好友说:"我姑且以出任官职来作为归隐田园的本钱,行吗?"当官的听到这句话,便任命陶潜为彭泽(今江西湖口东部)令。公家的田地全都指使差役种粘稻,他的妻子坚持请求种粳稻,于是,他就用五十亩地来种粘稻,用五十亩来种粳稻。郡守派了督邮到彭泽,县官告诉陶潜应该整饰衣冠,束紧衣带去拜见督邮,陶潜愤慨地说:"我不能为了五斗米而向乡间小人弯腰。"当天,陶潜就解下官印,辞掉了县令的官职。陶潜写了《归去来》赋,赋中写道;

回去啊!田园将要荒芜了,为什么还不回去?既然自己的心志被形体所驱使而做了官,又为什么要惆怅而独自悲愁呢?认识到过去已经不可挽回,知道未来尚可以弥补。确实迷失了道途,好在还不远,领悟到今天的正确、昨天的错误。回归时,水路中,船摇晃着是那样轻快飘扬,风轻飘飘地吹拂着衣裳;陆路上,向行人询问前面的路程,可恨的是星光微弱,辨认不清。

看见了简陋的家屋,高兴得奔跑过去。家僮仆人高兴地出来迎接,幼子等候在家门口。屋前的小路已经荒芜,但松树、菊花还在哩!拉着幼子进入屋内,酒器里盛满了酒,拿来了酒壶酒杯,自斟自酌。悠闲地观望着庭院里的树木,脸上露出了愉快的神情。靠着南边的窗子,寄托着傲世的情怀,深知狭小的屋室仅能容纳足膝,却也适宜于安身。每日在园子里散步倒也自成乐趣,屋子虽然设了门,门却经常关着。拄着手杖优游歇息,时常抬起头远处眺望,云朵无意地飘出山头,鸟儿飞倦了也知道归巢。日光暗淡,太阳将要落山,我抚摩着松树,独自流连徘徊。

回去啊!愿与世间息绝交游。世俗与我相违背,再驾车出游还能有何要求?喜欢与亲戚谈心,乐于弹琴读书以消除心中的忧愁。农夫们告诉我春天到了,将要在田地上耕作。有的驾着篷车,有的划着小船,顺着山路蜿蜒曲直地进入幽深的山谷,沿着崎岖不平的山路,经过了小山岗。树木欣欣向荣,泉水缓缓流动。羡慕万物适时地生长,感叹我的生命可将要结束。

算了吧,托身于天地间还能有多久?为什么不随着心意决定自己的行止?为什么要心神不定而想到哪儿去了呢?富贵不是我的愿望,仙境也不可能期待。有时乘着美好的时光独自去游赏,有时放下拐杖去除草培土。登上东面的田边高地放声长啸,面对清澈的流水吟诗。姑且顺应自然的变化而终归死去,乐天知命,还有什么疑虑?

义熙末年,征召陶潜为著作佐郎,陶潜不接受。江州刺史王弘要与陶潜认识,但未能达到目的。陶潜曾经到过庐山,王弘让陶潜的朋友庞通之带着酒具在半路上的栗里邀请陶潜。陶潜患有脚病,便差派一个差役和二个小孩抬着竹轿去请陶潜。陶潜来到后,便高兴地一块喝酒。不多时,王弘来了,陶潜也没与他过意不去。在此以前,颜延之任刘柳后军功曹,在浔阳与陶潜款叙情怀。后来颜延之任始安郡守时,经过浔阳,天天去造访陶潜,每次前往,必然痛饮一直到醉,临离开时,留下二万钱给陶潜,陶潜全都存入酒店,逐渐去取酒来喝。曾经在九月九日重阳节时没有酒,他走出门在屋子旁边的菊花丛中坐了

归去来兮图之"问征夫以前路"，明马轼等绘。

很久，正逢王弘送酒来到，他马上就地喝了起来，到喝醉了才进家门。陶潜不懂音乐，却存有一张素琴，琴没有弦，每当他酒喝够了，总是抚弄着素琴，以此来寄托自己的心志。不分贵贱，只要来造访他的，凡是有酒，他总要摆出来，如果陶潜先喝醉，他便会对客人说："我喝醉了，要睡了，你可以走了。"陶潜就是如此的纯真，直率。郡守去探望陶潜，正逢陶潜的酒酿好，便拿下头上的葛布巾来过滤酒，滤完酒，又将葛布巾戴在头上。

陶潜幼年官微，他不修身，并考虑放弃或接受某种官职，自以为曾祖父陶侃是东晋皇帝的辅政大臣，而感到羞耻的是生为后代的他，却身份低微，屈居人下。从曾祖以后，帝王的基业虽然逐渐兴隆，陶潜却不肯再做官了。他所撰写的文章，都写上写作的年、月，义熙以前，则写晋朝年号；自永初以后，只写明甲子而已。给他儿子的信中，谈了自己的志趣，并且拿它作为对儿子的教导和告诫。信中说：

天地赋予人以生命，人有生也必有死，自古以来的圣人贤士，有谁能够独免呢？孔子的学生子夏说过："生死由命运决定，富贵则在于天意。"子夏也是与孔子四个得意门生一样的人，他亲身受过孔子的亲口教诲，他发表这种议论，难道不是因为命运的好坏而不可妄意追求、寿命的长短永远无法从分外求得的缘故吗？我的年纪已经过了五十岁了，还为穷苦所困扰，因为家境贫穷破败，只好到处漂泊。我的本性刚直、才质倔强，因而与世人多所不和，自己估计这样做下去，必定留下来自世俗的祸患。勉强辞官归隐，辞别世俗，却使你们幼小时便遭受饥寒之苦。常常被东汉孺仲的贤妻的话所感动，自己盖着破棉絮，对儿子又有什么可惭愧的呢？这是一件事。只恨邻居没有羊仲、求仲那样的高士，而家中又没有像老莱子的妻子那样的贤妻，抱着这样的苦心，确实独自感到怅然失意。

少年时喜欢读书，偶然也爱闲适恬神，打开书卷阅读，心有所得时，便高兴得忘记了吃饭。看见树林枝叶交错成荫，听见鸟婉转鸣叫，便又高兴得很。我曾说过，五、六月在北边窗下闲卧时，恰逢凉风突然吹来，便自称是伏羲时代以前的人了。意志浅薄，学识寡陋，岁月瞬息流逝，远远地回顾过去，一切是那么的渺茫！

自从患疟疾以来，身体就逐渐衰弱了。亲戚、老朋友不遗弃我，经常拿来药物相救助，不过，恐怕自己的寿命已经有限了。可恨的是你们还幼小，家境贫困，没有仆人，劈柴打水等劳动,什么时候可以免啊! 只在嘴里叨念着,怎能用言语表达呢? 你们虽然不是同一个母亲生的,但你们应该想到四海之内都是兄弟的这种情谊。鲍叔和管仲在分钱财时,管仲多分,鲍叔并不猜疑;归生和伍举各事其主,路上相遇仍能坐在荆条上款叙以往的友情。鲍叔能帮助管仲转失败为成功;伍举因在国丧时,在郑国维护了公子纠的地位而立了功。他们这些人尚且如此,更何况同一个父亲生的人呢? 颍川的韩元长是汉末的名士,身处辅助国君的执政大臣地位,八十岁时才辞世,兄弟却住在一起,一直到年老。济北的氾稚春是西晋时节操品行高洁的人,他七代人拥有共同的财产,家里所有的人都没有埋怨的神色。《诗经》中写道:"在高山上能高瞻远瞩,在大路上能通行无阻。"你们要谨慎啊! 我还有什么话可说呢?

陶潜又写了《命子诗》留给他的儿子,诗中写道:

我的祖先是多么悠远,可以追溯到陶唐氏帝尧。久远时,尧的儿子丹朱作了舜的虞宾,此后,历代留下了功德的光辉。陶唐氏的后裔御龙曾任职夏朝、豕韦又辅佐商朝。周朝司徒陶叔,端庄盛美,他的宗族因他而昌盛。纷乱的战国时代以及寂寂无闻的周朝衰落时期,陶氏人才有的隐居林间,有的则隐居于山中。周末群雄战乱,犹如奔窜的虬龙蟠绕云上,飞驰的鲸鱼惊起了浪涛,由于上天成全而建立了汉朝,愍侯陶舍也就得到了眷顾。显赫的愍侯,运气当是依附帝王以建功立业。手执宝剑清晨起舞,他的战功是那样的显著。面对山河立下誓言,开辟疆土拓展地域。汉景帝时的丞相陶青是那样的勤勉,他精诚地追随帝王辅佐朝政。长河浩瀚渺茫,大树郁郁苍苍。众多的支流疏导长河,繁多的枝条罗盖大树。君子有时沉默独处,有时发愤入世,命运本来就有高贵,也有低贱。直到东晋,祖辈功业显赫于长沙(今湖南),威武的长沙公曾祖上封地,独揽荆、湘、江等州军事大

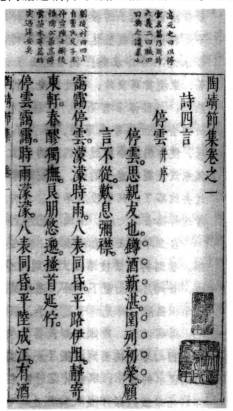

《陶靖节集》书影

权。功成后便辞官返乡,面临荣耀而心不迷乱,谁说此种心志,中近民可以有的呢? 我的祖父武昌太守陶茂很严肃,始终谨慎小心。他正直执法,是荆、江二州刺史属官的模范,他的恩惠,使全郡人民和悦。父亲是多么仁慈啊! 他淡泊虚疏,托身于仕途,对官职的得失,喜怒都不形于色。慨叹我自己孤陋寡闻,远望前辈,自己都不及他们。感到惭愧的是头发已经花白,而只能背负日光单身孤立,应受五种惩罚的罪过,莫过于没有后代。真正值得我思念的是听到你呱呱落地的哭泣声。在吉日良时为你占卜,给你起名叫俨,取字为求思,你要朝夕保持温和恭敬,我所盼望的就在于此。我还想到孔丘的孙子孔鲤,希望你能跟上他成为肖孙。长疮的人夜半生子,便拿来火光察看,生怕儿子像自己。君子有

自己的志趣,为什么要等待我呢?既然看着他出生,确实希望他能令人满意。人们也说,这种感情是真切的。岁月流逝,你将逐渐长大。福不会无缘无故地来到,祸害也容易降临。早起晚睡,时刻盼望你能成才,如果你不才,也就算了。

陶潜于元嘉四年(427)逝世,当年他六十三岁。

【二十五史】

南齐书

[南朝梁] 萧子显 ⊙ 原著

导　读

　　《南齐书》是一部记载南齐封建割据政权历史的书，原名《齐书》，宋代始称《南齐书》，以便与李百药的《北齐书》相区别。原书六十卷，现存五十九卷，包括本纪八卷，志十一卷，列传四十卷。宋顺帝升明三年(479年)，萧道成推翻了宋，建立南齐，传至和帝中兴二年(502年)，被萧衍建立的梁所取代。本书主要记载了南齐二十三年的历史。

　　作者萧子显，字景阳，南兰陵郡南兰陵县(今江苏常州)人，是萧道成的孙子。生于齐武帝永明七年(489年)，卒于梁武帝大同三年(537年)。南齐初年，萧道成命檀超、江淹等编写"国史"，在此之前，沈约和吴均分别撰有《齐纪》《齐春秋》。萧子显的《南齐书》主要取材于檀超、江淹的书稿，也参酌了沈约和吴均的史著。

　　萧子显是南齐的宗室，所以《南齐书》中对他的先世极尽回护夸饰之能事。《高帝纪》百般溢扬萧道成，为他夺取宋政权制造历史根据。豫章王萧嶷[yí移]本应编次在《高祖十二王传》中，由于他是萧子显的父亲，所以书中另立一传，放在武帝萧赜[zé责]的长子文惠太子传之后，表示尊崇。萧嶷传铺张增饰长达九千余字。后人曾对此提出了批评。

　　萧子显以当代人记当代事，使他在掌握和选择史料上有便利的条件，能够记录许多原始材料。如《祖冲之传》，是现存有关祖冲之的最早记载，内容详细可靠，不失为一篇珍贵的文献。

宣孝陈皇后传

【题解】

　　陈皇后，名道止，生卒年不详。南齐高皇帝萧道成的母亲。父亲陈肇之，郡孝廉。她出身贫寒，勤劳俭朴的本质在传中有所反映。

【原文】

　　宣孝陈皇后讳道止，临淮东阳人，魏司徒陈矫后。父肇之，郡孝廉。

　　后少家贫，勤织作，家人矜其劳，或止之，后终不改。嫁于宣帝，庶生衡阳元王道度、始安贞王道生，后生太祖。太祖年二岁，乳人乏乳，后梦人以两瓯麻粥与之，觉而乳大出，异而说之。宣帝从任在外，后常留家治事教子孙。有相者谓后曰："夫人有贵子而不见也。"后叹曰："我三儿谁当应之。"呼太祖小字曰："正应是汝耳。"宣帝殂后，后亲自执勤，婢使有过误，恕不问也。太祖虽从官，而家业本贫，为建康令时，高宗等冬月犹无缣纩，而奉膳甚厚，后每撤去兼肉，曰："于我过足矣。"殂于县舍，年七十三。升明三年，追赠竟陵公国太夫人，蜜印、画青绶，祠以太牢。建元元年，追尊孝皇后。赠外祖父肇之金紫光禄大夫，谥曰敬侯。后母胡氏为永昌县靖君。

【译文】

　　宣孝陈皇后，名道止，临淮东阳人氏，魏司徒陈矫的后代。她的父亲陈肇之，为郡孝廉。

　　陈皇后年幼时家中贫穷，她勤恳地织布劳作，家里人怜悯她过于辛苦，常常阻止她干活，而皇后始终坚持不改。后来她嫁给了宣帝，生下衡阳元王道度、始安贞王道生，后来又生了太祖。太祖两岁时，他的乳母缺少奶水，后来梦见有人给了她两碗麻粥喝，梦醒后奶水大出，既感到奇怪又高兴。宣帝在外地任职，皇后常留在家里掌管家务教导子孙。有相面人对皇后说："夫人生有贵子而没有察觉啊。"皇后叹息道："我的三个儿子，谁能是这贵子呢？"她叫着太祖的小名说："这贵子应该说的是你啊。"宣帝死后，皇后亲自掌管家务，婢女侍从有了过失，也宽恕而不予追究。太祖虽然做官，但家中贫穷。太祖任建康令的时候，高宗等孩子们在冬天还没有棉衣穿，但供奉母亲的食品十分丰厚，皇后常常撤去第二种肉菜，说："给我的过多了。"皇后死于县舍，享年七十三岁。升明三年，被追赠为竟陵公国太夫人，同时赠蜡印、佩青色印带，用太牢祭祀。建元元年，被追尊为孝皇后，追赠外祖父肇之为金紫光禄大夫，谥号称敬侯。追赠皇后的母亲胡氏为永昌县靖君。

高昭刘皇后传

【题解】

刘皇后,名智容(422~472),南齐高皇帝萧道成的妻子。父亲刘寿之,宋员外郎。刘氏在南齐建元元年(479)被追尊为昭皇后。

【原文】

高昭刘皇后讳智容,广陵人也。祖玄之,父寿之,并员外郎。

后母桓氏梦吞食玉胜生后,时有紫光满室,以告寿之,寿之曰:"恨非是男。"桓曰:"虽女,亦足兴家矣。"后每寝卧,家人常见上如有云气焉。年十余岁,归太祖,严正有礼法,家庭肃然。宋泰豫元年殂,年五十。归葬宣帝墓侧,今泰安陵也。门生王清与墓工始下锸,有白兔跳起,寻之不得,及坟成,兔还栖其上。升明二年,赠竟陵公国夫人。三年,赠齐国妃,印绶如太妃。建元元年,尊谥昭皇后。三年,赠后父金紫光禄大夫,母桓氏上虞都乡君;寿之子兴道司徒属,文蔚豫章内史,义徽光禄大夫,义伦通直郎。

【译文】

高昭刘皇后,名智容,广陵人。她的祖父刘玄之,父亲刘寿之,均为员外郎。

皇后的母亲桓氏曾梦见自己吞食玉质头饰,而后生了皇后。生产时有紫光照耀全室。桓氏把这一情况告诉寿之,寿之说:"可惜不是男孩。"桓氏说:"虽然是女孩,也足以使我家兴盛了。"每逢皇后睡卧的时候,家人常常看见她的上方像有云气笼罩。皇后十余岁时,嫁给了太祖,她作风严谨端正而遵循礼法,家庭中秩序井然。宋泰豫元年逝世,时年五十岁。死后归葬在宣帝墓旁,即今天的泰安陵,门生王清与墓工最初下锸挖掘墓穴时,有白兔跳了出来,再挖就见不到了;等到陵墓修成,白兔又归栖在皇后的坟上。升明二年,被赠为竟陵公国夫人。三年,被赠为齐国妃。其印绶与太妃相同。建元元年,尊谥号为昭皇后。建元三年,追赠皇后的父亲为金紫光禄大夫。母亲桓氏为上虞都乡君;寿之的儿子兴道官做到司徒,文蔚、豫章官任内史,义徽任光禄大夫,义伦为通直郎。

武穆裴皇后传

【题解】

裴皇后,名惠昭(?~481),南齐武帝萧赜做太子时的妃子,后被尊为皇后。父亲裴玑之为宋左军参军。

【原文】

武穆裴皇后讳惠昭,河东闻喜人也。祖朴之,给事中。父玑之,左军参军。

后少与豫章王妃庾氏为娣姒,庾氏勤女工,侍奉太祖、昭后恭谨不倦,后不能及,故不为舅姑所重,世祖家好亦薄焉。性刚严,竟陵王子良妃袁氏布衣时有过,后加训罚。升明三年,为齐世子妃。建元元年,为皇太子妃。三年,后薨。谥穆妃,葬休安陵。世祖即位,追尊皇后。赠玑之金紫光禄大夫,后母檀氏余杭广昌乡元君。

旧显阳、昭阳殿,太后、皇后所居也。永明中无太后、皇后,羊贵嫔居昭阳殿西,范贵妃居昭阳殿东,宠姬荀昭华居凤华柏殿。宫内御所居寿昌画殿南阁,置白鹭鼓吹二部;乾光殿东西头,置钟磬两厢:皆宴乐处也。上数游幸诸苑囿,载宫人从后车,宫内深隐,不闻端门鼓漏声,置钟于景阳楼上,宫人闻钟声,早起装饰,至今此钟唯应五鼓及三鼓也。车驾数幸琅玡城,宫人常从,早发至湖北埭,鸡始鸣。

【译文】

武穆裴皇后,名惠昭,河东闻喜人。皇后的祖父裴朴之,任给事中之职。父亲裴玑之,任左军参军。

皇后年少时和豫章王妃庾氏是妯娌,庾氏做女工活十分勤劳,侍奉太祖和昭后恭敬谨慎不知疲倦,而皇后比不上,因此不被公婆看重,世祖家和善但也鄙薄皇后。皇后的性情刚强严厉,竟陵王子良的妃子袁氏在平民时曾有过错,皇后加以训斥惩罚。升明三年,为齐世子妃。建元元年,为皇太子妃。三年,皇后逝世。谥号称穆妃。葬在休安陵。世祖即位以后,追尊其为皇后。赠裴玑之金紫光禄大夫之职,赠皇后母亲为檀氏余杭广昌乡元君。

旧时显阳、昭阳殿,是太后、皇后居住的地方。永明年间没有太后、皇后,羊贵嫔住在昭阳殿西,范贵妃住在昭阳殿东,宠姬荀昭华住在凤华柏殿,宫内皇帝住在寿昌画殿南阁,设置白鹭乐曲两部;乾光殿东西头,两厢设置钟磬,全是宴乐的地方。皇帝多次亲临畜养禽兽的园林游玩,将宫人载在后车相随,宫内幽深森严,听不到端门计时的鼓漏声,于是在景阳楼上设置一钟,宫里的人听到钟声,早起梳妆打扮,至今这件钟还只在五鼓和三鼓时敲响。皇帝的车驾多次到琅玡城,宫里的人常常相随而行,早晨出发至湖北埭,鸡才开始叫。

周盘龙传

【题解】

周盘龙(415~493),北兰陵(今山东苍山县西南)人。有胆量,善射箭骑马。南朝宋末与萧道成一起平定刘休范的起兵,升为骁骑将军。齐建立后,为军主,助桓崇祖在寿春大败北魏军。建元二年(480),北魏攻淮阳(今江苏洪泽北)、围角城(今江苏清江市西南），周盘龙与其子奉叔冲入敌阵，以少胜多，大破魏军，名振北国。永明五年（487），为济阳太守。后出任平北将军、兖州刺史，晋爵为侯。周盘龙以勇敢闻名，深受齐高祖萧道成赏识。

【原文】

周盘龙，北兰陵人也。宋世土断，属东平郡。盘龙胆气过人，尤便弓马。泰始初，随军讨赭圻贼，躬自斗战，陷阵先登。累至龙骧将军。积射将军，封晋安县子，邑四百户。元徽二年，桂阳贼起，盘龙时为冗从仆射、骑官主、领马军主，随太祖屯新亭，与屯骑校尉黄回出城南，与贼对阵，寻引还城中，合力拒战。事宁，除南东莞太守，加前军将军，稍至骁骑将军。升明元年出为假节、督交、广二州军事、征虏将军、平越中郎将、广州刺史，未之官，预平石头。二年，沈攸之平，司州刺史姚道和怀贰被征，以盘龙督司州军事，司州刺史，假节、将军如故。改封沌阳县。太祖即位，进号右将军。

周盘龙

建元二年，虏寇寿春。以盘龙为军主，假节，助豫州刺史垣崇祖决水漂渍。盘龙率辅国将军张倪马步军于西泽中奋击，杀伤数万人，获牛马辎重。上闻之喜，诏曰："丑虏送死，敢寇寿春，崇祖、盘龙正勒义勇，乘机电奋，水陆斩击，填川蔽野。师不淹晨。西蕃克定。斯实将率用命之功，文武争伐之力。凡厥勋勤，宜时铨序，可符列上。"盘龙爱姜杜氏，上送金钗镯二十枚，手敕曰："饷周公阿杜"。转太子左率。改授持节，军主如故。

明年，虏寇淮阳，围角城，先是上遣军主成买戍角城，谓人曰："我今作角城戍，我儿当得一子。"或问其故？买曰："角城与虏同岸，危险具多，我岂能使虏不敢南向。我若不没虏，则应破虏。儿不作孝子，便当作世子也。"至虏围买数重，上遣领军将军李安民为都督救之。敕盘龙曰："角城涟口，贼始复进，西道便是无贼，卿可率马步下淮阴就李领军。钟离船少，政可致衣仗数日粮，军人扶淮步下也。"买与虏拒战，手所伤杀无数。晨朝早起，手中忽见有数升血。其日遂战死。

盘龙子奉叔单马率二百余人陷阵，虏万余骑张左右翼围绕之，一骑走还，报奉叔已没，盘龙方食，弃箸，驰马奋稍，直奔虏阵，自称"周公来！"虏素畏盘龙骁名，即时披靡。时奉叔已大杀虏，得出在外，盘龙不知，乃冲东击西，奔南突北，贼众莫敢当。奉叔见其父久不出，复跃马入阵。父子两匹骑，萦搅数万人，虏众大败。盘龙父子由是名播北国。形甚羸讷，而临军勇果，诸将莫逮。

永明元年，迁征虏将军、南琅琊太守。三年，迁右卫将军。加给事中。五年，转大司马，加征虏将军、济阳太守。世祖数讲武，常令盘龙领马军，校骑骋稍。后以疾为光禄大夫。寻出为持节、都督兖州缘淮诸军事、平北将军、兖州刺史。进爵为侯。

甬城将张蒲，与虏潜相构结，因大雾乘船入清中采樵，载虏二十余人，藏仗笭下，直向城东门，防门不禁，乃登岸拔白争门。戍主皇甫仲贤率军主孟灵宝等三十余人于门拒战，斩三人,贼众被创赴水,而虏军马步至城外已三千余人,阻堑不得进。淮阴军主王僧庆等领五百人赴救,虏众乃退。坐为有司所奏,诏白衣领职。八座寻奏复位。加领东平太守。

盘龙表年老才弱,不可镇边,求解职,见许,还为散骑常侍、光禄大夫。世祖戏之曰:"卿著貂蝉,何如兜鍪?"盘龙曰:"此貂蝉从兜鍪中出耳。"十一年,病卒,年七十九。赠安北将军、兖州刺史。

【译文】

周盘龙,北兰陵人。宋时实行土断政策,兰陵隶属于东平郡。周盘龙胆量过人,尤其善于骑马和射箭。宋前废帝泰始初年,跟随政府军去讨伐赭圻的敌贼,在战斗中奋力拼搏,攻击敌人时总最先到达阵前。多次加官到龙骧将军、积射将军,封爵为晋安县子,食邑四百户。宋明帝元徽二年,桂阳王刘休范在寻阳起兵,周盘龙当时任冗从仆射、骑官主、领马军主,跟随太祖萧道成守新亭,与屯骑校尉黄回出城南,与贼军对阵相持,不久退回到城中,团结在一起抗拒敌军。平定刘休范军后,被任命为南东莞太守,加封前军将军,逐渐升到骁骑将军。后废帝升明元年,出任为假节、督交、广二州军事、征虏将军、平越中郎将、广州刺史,还未去任官,就先平定了石头城司徒袁肇的起兵。二年,沈攸之起兵。第二年,沈攸之被平定,司州刺史姚道和因有异心而被征召,任命盘龙为督司州军事、司州刺史,假节、将军的官职不变。又改封为沌阳县子。太祖萧道成即位,晋升为右将军。

齐高帝建元二年,北魏进攻寿春,朝廷任命周盘龙为军主、假节,协助豫州刺史桓崇祖放决江水阻挡敌人。周盘龙率领辅国将军张倪的马队和步兵在西部江泽中奋起反击,杀伤敌人数万,俘获其牛马和军用物资。皇帝听说十分高兴,下诏说:"丑恶的鲜卑人自来送死,胆敢进攻寿春,桓崇祖、周盘龙依靠着正义和勇敢,抓住了战机,以迅雷不及掩耳之势加以奋击,从水陆两路追杀和攻击敌人,使敌人尸体漫山蔽野。战斗还不到第二天清晨,西部的敌人已被打败。这实在是将领执行命令的功劳,战士们奋击战斗的力量,所有这些功勋,都应该按照其大小,及时向上报告。"对周盘龙的爱妾杜氏,齐高帝送了她金钗镯二十枚,并亲笔写上"送给周公阿杜"。转官为太子左率。改授持节,军主的官职不变。

第二年,鲜卑军队进攻淮阳,包围角城。在此以前齐高帝派遣了军主成买守卫角城。成买对别人说:"我今日建造角城戍,我儿应当得一子。"人们问他原因?成买答:"角城与鲜卑同在淮河北岸,危险太多了。我岂能够使得鲜卑不敢向南来进攻?我如果不是死于战争,就应该打败鲜卑。我儿子不能为我戴孝作孝子,便应当做个传宗接代的长子。"后来鲜卑包围成买好几圈,齐高帝派领军将军李安民为都督去救援。并命周盘龙说:"对角城和涟口,敌贼开始了再次进攻,西部河道应是空虚,你可以率领骑兵和步兵到淮阴去靠拢李领军的部队。钟离船只少,只可送衣服武器和数日的粮食,军人应该徒步过淮河。"此时,成买与鲜卑激战,他亲手杀死杀伤无数敌人。次晨早起,忽然发现手中有数升血,就在这一天他战斗而死了。

周盘龙的儿子周奉叔一人骑马率领二百余人冲锋陷阵,鲜卑军有一万多骑兵从左右两翼向他包围。忽然一骑兵来报告,说周奉叔已战死,周盘龙刚好在吃饭,立刻掷掉筷子,骑上战马,奋起长矛,直冲到敌军阵中,口中大呼"我周公来了!"鲜卑军向来害怕周盘龙的大名,一下子就被周盘龙杀得所向披靡。这时周奉叔已经杀了大批敌人后脱射在外,但周盘龙不知,仍然冲东击西,奔南突北边战边找,鲜卑军都不敢抵挡。周奉叔见他的父亲还不出来,再次跃马冲入敌阵。父子两人勇猛战斗,搅乱了数万鲜卑军队,使敌军大败,由此周盘龙父子在北国名声大振。周盘龙看上去并不强壮,也不善言谈,可是在和敌人战斗时却勇敢果断,其他将领都不及他。

齐武帝永明元年,升为征虏将军、南琅玡太守。三年,再升为右卫将军,加官给事中。五年,转官大司马,加官征虏将军、济阳太守。齐武帝多次军事演习,常命令周盘龙领马军,并带着长矛驰骋。后来因病任为光禄大夫。不久离京外出为持节、都督兖州缘淮诸军事、平北将军、兖州刺史。晋封为侯爵。

角城戍将张蒲与鲜卑暗中勾结,乘着大雾乘船到清水中小岛上采柴,偷偷载了二十多个鲜卑兵,把兵器藏在竹器中,船直驰城东门,守门兵没有禁止,于是敌人登岸攻下了白争门。戍主皇甫仲贤率领军主孟灵宝等三十余人在门上抵抗战斗,斩了三个敌人,其余敌人带着创伤往水中逃去,而敌人的骑兵和步兵到城外的已经有三千多人,受阻挡而不得前进。这时淮阴军主王僧庆等率领五百余人赶去救援,鲜卑兵才退去。因这件事周盘龙被有关衙门奏劾,皇帝下诏他以平民身份领职。不久尚书八座又奏让恢复职位,加官兼东平太守。

周盘龙上表称自己年老才弱,不能镇守边郡,要求解除职务,朝廷同意,回去任散骑常侍、光禄大夫。齐武帝对他开玩笑说:"你戴貂蝉冠比起打仗时戴的兜鍪盔又有什么感觉?"周盘龙回答说:"这貂蝉冠正是从兜鍪盔发展而来的呀!"永明十一年,病死,年龄七十九岁。下诏赠赐官号安北将军、兖州刺史。

王僧虔传

【题解】

王僧虔(公元 426~485),临沂(今山东属县)人。他生活在南朝宋、齐之间,在宋朝官至侍中、吏部尚书、尚书令;在齐朝仍为侍中、湘州刺史。他是王羲之的四世族孙,因受家族的熏陶,他喜爱文史,懂得音律,他有关雅乐与俗乐的论述,反映了随着时代的变化,雅乐与俗乐的消长,道出了音乐发展史上规律性的东西。他尤其以善书著名,他的字能继承古法,书风丰厚古朴,为当时所推崇,对唐、宋的书法也有影响。存世书迹有《王琰帖》等。著有《论书》等文。

【原文】

王僧虔,琅玡临沂人也。祖珣,晋司徒。伯父太保弘,宋元嘉世为宰辅。宾客疑所讳,弘曰:"身家讳与苏子高同。"父昙首,右光禄大夫。昙首兄弟集会诸子孙,弘子僧达下地跳戏,僧虔年数岁,独正坐采蜡珠为凤凰。弘曰:"此儿终当为长者。"

僧虔弱冠,弘厚,善隶书。宋文帝见其书素扇,叹曰:"非唯迹逾子敬,方当器雅过之。"除秘书郎,太子舍人,退默少交接,与袁淑、谢庄善。转义阳王文学,太子洗马,任司徒左西属。

兄僧绰,为太初所害,亲宾咸劝僧虔逃。僧虔涕泣曰:"吾兄奉国以忠贞,抚我以慈爱,今日之事,若不见及耳。若同归九泉,犹羽化也。"孝武初,出为武陵太守。兄子俭于中途得病,僧虔为废寝食。同行客慰喻之。僧虔曰:"昔马援处儿侄之间一情不异,邓攸于弟子更逾所生,吾实怀其心,诚未异古。亡兄之胤,不宜忽诸。若此儿不救,便当回舟谢职,无复游宦之兴矣。"还为中书郎,转黄门郎,太子中庶子。

孝武欲擅书名,僧虔不敢显迹。大明世,常用秃笔书,以此见客。出为豫章王子尚抚军长史,迁散骑常侍,复为新安王子鸾北部郎长史、南东海太守、行南徐州事,二蕃皆帝爱子也。

寻迁豫章内史。入为侍中,迁御史中丞,领骁骑将军。甲族向来多不居宪台,王氏以分枝居乌衣者,位官微浅,僧虔为此官,乃曰:"此是乌衣诸郎坐处,我亦可试为耳。"复为侍中,领屯骑校尉。泰始中,出为辅国将军、吴兴太守、秩中二千石。王献之善书,为吴兴郡,及僧虔工书,又为郡,论者称之。

徙为会稽太守,秩中二千石,将军如故。中书舍人阮佃夫家在会稽,请假东归。客劝僧虔以佃夫要倖,宜加礼接。僧虔曰:"我立身有素,岂能曲意此辈。彼若见恶,当拂衣去。"佃夫言于宋明帝,使御史中丞孙复奏:"僧虔前莅吴兴,多有谬命,检到郡至迁,凡用功曹五官主簿至二礼吏署三传及度与弟子,合四百四十八人。又听民何系先等一百十家为旧门。委州检削。"坐免官。

寻以白衣兼侍中,出监吴郡太守,迁使持节、都督湘州诸军事、建武将军、行湘州事,仍转辅国将军、湘州刺史。所在以宽惠著称。巴峡流民多在湘土,僧虔表割益阳、罗、湘西三县缘江民立湘阴县,从之。

元徽中,迁吏部尚书。高平檀珪罢沅南令,僧虔以为征北板行参军。诉僧虔求禄不得,与僧虔书曰:"五常之始,文武为先,文则经纬天地,武则拨乱定国。仆一门虽谢文通,乃忝武达。群从姑叔,三媾帝室。祖兄二世,糜躯奉国,而致于子侄饿死草壤。去冬今春,频荷二敕,既无中人,屡见蹉夺。经涉五朔,逾历四晦,书牍十二,接觐六七,遂不荷润,反更曝鳃。九流绳平,自不宜独苦一物,蝉腹龟肠,为日已久,饥虎能吓,人遽与肉;饿麟不噬,谁为落毛。去冬乞豫章丞,为马超所争;今年蒙敕南昌县,为史偃所夺。二子勋荫人才,有何见胜?若以贫富相夺,则分受不如。身虽孤微,百世国士,姻媾位宦,亦不后物。尚书同堂姊为江夏王妃,檀珪同堂姑为南谯王妃;尚书妇是江夏王女,檀珪祖姑嫔长沙景王,尚书伯为江州,檀珪祖亦为江州;尚书从兄出身为后军参军,檀珪父释褐亦中军参军。仆于尚书,人地本悬,至于姻宦,不肯殊绝。今通塞虽异,犹忝气类,尚书何事乃尔见苦?泰始之初,人表同逆,一门二世,粉骨卫主,殊勋异绩,已不能甄,常阶旧途,复见侵抑。"僧虔报书曰:"征北板比岁处遇小优,殷主簿从此府入崇礼,何仪曹即代殷,亦不见诉为苦。足下积屈,一朝超升,政自小难。泰始初勤苦十年,自未见其赏,而顿就求称,亦何可遂?吾与足下素无怨憾,何以相侵苦,直是意有佐佑耳。"珪又书曰:"昔荀公达汉之功臣,晋武帝方爵其玄孙。夏侯惇魏氏勋佐,全德初融,亦始就甄显,方赏其孙,封树近族。羊叔子以晋泰始中建策伐吴,至咸宁末,方加褒宠,封其兄子。卞望之以咸和初殒身国难,至兴宁末,方崇礼秩,官其子孙。蜀郡主簿田混,黄初未死故君之难,咸康中方擢其子孙。似不以世代远而被弃,年世疏而见遗。檀悖百罹六极,造化罕比,五丧停露,百口转命,存亡披迫,本希小禄,无意阶荣。自古以来有沐食侯,近代有王官。府佐非沐食之职,参军非王官之谓。质非匏瓜,实羞空悬。殷、何二生,或是府主情味,或是朝廷意旨,岂与悠悠之人同口而语? 使仆就此职,尚书能以郎见转不? 若使日得五升禄,则不耻执鞭。"僧虔乃用为安城郡丞。珪,宋安南将军韶孙也。

僧虔寻加散骑常侍,转右仆射。升明元年,迁尚书仆射,寻转中书令、左仆射、二年,为尚书令。僧虔好文史,解音律,以朝廷礼乐多违正典,民间竞造新声杂曲,时太祖辅政,僧虔上表曰:"夫悬钟之器,以雅为用;凯容之礼,八佾为仪。今总章羽佾,音服舛异。又歌钟一肆,克谐女乐,以歌为务,非雅器也。太明中,即以宫悬合《鞞》《拂》,节数虽会,虑乖雅体。将来知音,或讥圣世。若谓钟舞已谐,重违成宪,更立歌钟,不参旧例。四县所奏,谨依雅条,即义沿理,如或可附。又今之《清商》,实由铜爵,三祖风流,遗音盈耳,京、洛相高,江左弥贵。谅以金石干羽,事绝私室,桑、濮、郑、卫,训隔绅冕,中庸和雅,莫复于斯。而情变听移,稍复销落,十数年间,亡者将半。自顷家竞新哇,人尚谣俗,务在噍杀,不顾音纪,流宕无崖,未知所报,排斥正曲,崇长烦淫。士有等差,无故不可去乐;礼有攸序,长幼不可共闻。故喧丑之制,日盛于廛里;风味之响,独尽于衣冠。宜命有司,务勤功课,缉理遗逸,迭相开晓,所经漏忘,悉加补缀。曲全者禄厚,艺妙者位优,利以动之,则人思刻厉。反本还源,庶可跂踵。"事见纳。

建元元年,转侍中、抚军将军、丹阳尹。二年,进号左卫将军,固让不拜。改授左光禄大夫,侍中、尹如故。郡县狱相承有上汤杀囚,僧虔上疏言之曰:"汤本以救疾,而实行冤暴,或以肆忿。若罪必入重,自有正刑;或去恶宜疾,则应先启。岂有死生大命,而潜制下邑。愚谓治下囚病,必先刺郡,求职司与医对共诊验;远县,家人省视,然后处理。可使死者不恨,生者无怨。"上纳其言。

僧虔留意雅乐,升明中所奏,虽微有厘改,尚多遗失。是时上始欲通使,僧虔与兄子俭书曰:"古语云'中国失礼,问之四夷',计乐亦如。符坚败后,东晋始备金石乐,故知不可全诬也。北国或有遗乐,诚未可便以补中夏之缺,且得知其存亡,亦一理也。但《鼓吹》旧有二十一曲,今所能者十一而已,意谓北使会有散役,得今乐署一人粗别同异者,充此使限。虽复延州难追,其得所知,亦当不同。若谓有此理者,可得申吾意上闻否? 试为思之。"事竟不行。

太祖善书,及即位,笃好不已。与僧虔赌书毕,谓僧虔曰:"谁为第一?"僧虔曰:"臣书第一,陛下亦第一。"上笑曰:"卿可谓善自为谋矣。"示僧虔古迹十一帙,就求能书人名。僧虔得民间所有,帙中所无者,吴大宣帝、景帝、归命侯书,桓玄书,及王丞相导、领军治、中书令珉、张芝、索靖、卫伯儒、张翼十二卷奏之。又上羊欣所撰《能书人名》一卷。

其年冬,迁持节、都督湘州诸军事、征南将军、湘州刺史,侍中如故。清简无所欲,不营财产,百姓安之。世祖即位,僧虔以风疾俗陈解,会迁侍中、左光禄大夫、开府仪同三司。僧虔少时群从宗族并会,客有相之者云:"僧虔年位最高,仁当至公,余人莫及也。"及授,僧虔谓兄子俭曰:"汝任重于朝,行当有八命之礼,我若复此授,则一门有二台司,实可畏惧。"乃固辞不拜,上优而许之。改授侍中、特进、左光禄大夫。客问僧虔固让之意,僧虔曰:"君子所忧无德,不忧无宠。吾衣食周身,荣位已过,所惭庸薄无以报国,岂容更受高爵,方贻官谤邪!"兄子俭为朝宰,起长梁斋,制度小过,僧虔视之不悦,竟不入户,俭即毁之。

永明三年，薨。僧虔颇解星文，夜坐见豫章分野当有事故。时僧虔子慈为豫章内史，虑其有公事。少时，僧虔薨，慈弃郡奔赴。僧虔时年六十。追赠司空，侍中如故。谥简穆。

其论书曰："宋文帝书，自云可比王子敬，时议者云'天然胜羊欣，功夫少于欣'。王平南广，右军叔，过江之前以为最。亡曾祖领军书，右军云'弟书遂不减吾'。变古制，今唯右军、领军；不尔，至今犹法钟、张，亡从祖中出令书，子敬云'弟书如骑骡，骎骎恒欲度骅骝前'。庾征西翼书，少时与右军齐名，右军后进，庾犹不分，在荆州与都下人书云：'小儿辈贱家鸡，皆学逸少书，须吾下，当比之。'张翼，王右军自书表，晋穆帝令翼写题后答，右军当时不别。久后方悟，云'小人几欲乱真'。张芝、索靖、韦诞、钟会、二卫并得名前代，无以辨其优劣，唯见其笔力惊异耳。张澄当时亦呼有意，郗愔章草亚于右军，郗嘉宾草亚于二王，紧媚过其父。桓玄自谓右军之流，论者以比孔琳之。谢安亦入能书录，亦自重，为子敬书嵇康诗。羊欣书见重一时，亲受子敬，行书尤善，正乃不称名。孔琳之书天然放纵，极有笔力，规矩恐在羊欣后。丘道护与羊欣俱面受子敬，故当在欣后。范晔与萧思话同师羊欣，后小叛，既失故步，为复小有意耳。萧思话书，羊欣之影，风流趣好，殆当不减，笔力恨弱。谢综书，其舅云紧生起，是得赏也，恨少媚好。谢灵运乃不伦，遇其合时，亦得入流。贺道力书亚丘道护。庾昕学右军，亦俗乱真矣。"又著《书赋》传于世。

第九子寂，字子玄，性迅动，好文章，读《范滂传》，未常不叹挹。王融败后，宾客多归之。建武初，欲献《中兴颂》，兄志谓之曰："汝膏粱年少，何患不达，不镇之以静，将恐贻讥。"寂乃止。初为秘书郎，卒，年二十一。

僧虔宋世尝有书诫子曰：

知汝恨吾不许汝学，欲自悔厉，或以盖棺自欺，或更择美业，且得有慨，亦慰穷生。但亟闻斯唱，未睹其实。请从先师听言观行，冀此不复虚身。吾未信汝，非徒然也。往年有意于史，取《三国志》聚置床头，百日许，复徙业就玄，自当小差于史，犹未近彷佛。曼倩有云：'谈何容易。'见诸玄，志为之逸，肠为之抽，专一书，转诵数十家注，自少至老，手不释卷，尚未敢轻言。汝《老子》卷头五尺许，未知辅嗣何所道，平叔何所说，马、郑何所异，《指例》何所明，而便盛于麈尾，自呼谈士，此最险事。设令袁令命汝言《易》，谢中书挑汝言《庄》，张吴兴叩汝言《老》，端可复言未尝看邪？谈故如射，前人得破，后人应解，不解即输赌矣。且论注百氏，荆州《八帙》，又《才性四本》《声无哀乐》，皆言家口实，如客至之有设也。汝皆未经拂耳瞥目。岂有庖厨不修，而欲延大宾者哉？就如张衡思侔造化，郭象言类悬河，不自劳苦，何由至此？汝曾未窥其题目，未辨其指归；六十四卦，未知何名；《庄子》众篇，何者内外；《八帙》所载，凡有几家；《四本》之称，以何为长。而终日欺人。人亦不受汝欺也。由吾不学，无以为训。然重华无严父，放勋无令子，亦由己耳。汝辈窃议亦当云：'何日不学，在天地间可嬉戏，何忽自课摘？幸有盛时逐岁暮，何必有所减？'汝见其一耳，不全尔也。设令吾学如马、郑，亦必甚胜；复倍不如今，亦必大减。致之有由，从身上来也。汝今壮年，自勤数倍许胜，劣及吾耳。世中比例举眼是，汝足知此，不复具言。

吾在世，虽乏德素，要复推排人间数十许年，故是一旧物，人或以比数汝等耳。即化之后，若自无调度，谁复知汝事者？舍中亦有少负令誉弱冠超清级者，于是王家门中，优者则龙凤，劣者犹虎豹，失荫之后，岂龙虎之议？况吾不能为汝荫，政应各自努力耳。或有身经三分，蔑尔无闻;布衣寒素，卿相屈体。或父子贵贱殊，兄弟声名异。何也？体尽读数百卷书耳。吾今悔无所及，欲以前车诫尔后乘也。汝年入立境，方应从官，兼有室累，牵役情性，何处复得下帷如王郎时邪？为可作世中学，取过一生耳。试复三思，勿讳吾言。犹捶挞志辈，冀脱万一，未死之间，望有成就者，不知当有益否？各在尔身已切，岂复关吾邪！鬼唯知受深松茂柏，宁知子弟毁誉事！因汝有感，故略叙胸怀矣。

【译文】

王僧虔，是琅玡临沂人。他的祖父王珣，在晋朝官至司徒。伯父王弘，在晋朝官至太保，在宋朝元嘉年间为宰相。王弘的门客问及他的家讳，王弘回答说："我的家讳与苏子高（峻）相同。"王僧虔的父亲王昙首，官至右光禄大夫。王昙首兄弟把他们的子孙召集在一起，王弘的儿子王僧达在地上蹦跳游戏，当时王僧虔才几岁，一个人端坐用蜡油捏凤凰。王弘说："这孩子将来会成忠厚的长者。"

王珣《伯远帖》（局部）

王僧虔二十岁左右时，为人宽厚，擅长楷书。宋文帝看到他写的扇面，赞叹说："不仅书法超过了王献之，方正的器量也超过了他。"他被任为秘书郎、太子舍人。王僧虔性格谦逊，少言寡语，很少和人交往，与袁淑、谢庄是好朋友。后来转任义阳王文学、太子洗马，又迁为司徒左西属。

他的哥哥王僧绰，被刘劭所杀害，亲朋都劝王僧虔逃命。他泪流满面地说："我的哥哥用忠贞来敬奉国家，用慈爱抚育我现在的事情，如果（我）不被牵连就算了。倘若一同命归黄泉，就像飞天成仙一样。"孝武帝初年，外任他为武陵郡太守。他的侄子王俭，在随他赴任的中途生病，王僧虔为此不吃不睡照顾侄儿，同行的门客劝慰他，他说："过去马援对待儿子和侄子一点也没有分别，邓攸看待侄儿胜过亲生儿。我就是这样想的，和古人没有什么两样。他是我亡兄的后代，不应忽视。如果这孩子救不活的话，我就掉转舟头回朝辞职，再也不会有做官的兴致了。"后来回京任中书郎，转任黄门郎、太子中庶子。

宋孝武帝刘骏企图专享书法名家的声誉，因此王僧虔不敢显露出自己的书法水平。在大明年间，他常用秃笔写字，因此才能存身。外任他为豫章王刘子尚的抚军长史，又升为散骑常侍，又任他为新安王刘子鸾的北中郎长史、南东海郡太守，行使南徐州刺史的职权，这两位亲王都是孝武帝的爱子。

不久任他为豫章内史。又入朝为侍中，升御史中丞，兼骁骑将军。贵族人士向来都不任监察官，王氏家族的分支在平民区居住的，才任这官位较低的职务，王僧虔担任这种职务，他说："这是在平民区居住的那些人的官位，我也可以试着干干。"后来又任他为侍中,兼屯骑校尉。泰始年间,外任为辅国将军、吴兴郡太守,官品与二千石相当。王献之擅长书法,曾任吴兴郡太守,王僧虔也擅长书法,也任为吴兴郡太守,被人们传为美谈。

他后来又改任会稽郡太守,官品与二千石相当,仍为辅国将军。中书舍人阮钿夫老家在会稽,请假东归。王僧虔的门客劝他通过阮钿夫结好朝廷,对阮钿夫要以礼接待。王僧虔说:"我立身处世有自己的准则,哪能曲意奉承这种人。他如果讨厌我,我就甩袖而去。"阮钿夫把这话告诉给宋明帝,并指使御史中丞孙复弹劾他,说道:"王僧虔任吴兴太守时,胡作非为,检点他从到任到迁官,共任用功曹、五官、主簿,以至二礼吏署三传,以及收弟子,计四百四十八人。他又批准百姓何系先等一百一十家为士族。应派州郡官员去检查。"王僧虔因此被免官。

不久,以平民的身份兼任侍中,外任为监吴郡太守,又升为使持节、都督湘州诸军事、建武将军、行使湘州刺史职权,又为辅国将军、湘州刺史。他在各种职位上,都以行政宽和利民著称。巴峡的流民很多人住在湘州境内,王僧虔上奏朝廷,分割出益阳、罗、湘西三县沿江流民另立湘阴县,他的建议得到批准。

元徽年间,升任他为吏部尚书。高平人檀珪原为沅南县令,后被罢职,王僧虔任他为征北板行参军。檀珪向王僧虔诉说求官不得的委屈,他给王僧虔写信说:"国家的创建,文韬武略最为重要,文能治理天下,武能拨乱定国。我家族的人虽没有以文治而身居显要,但曾身为显赫的武将。我的堂兄有三位和皇家结亲,我的祖父、兄长两代人,为国捐躯,但是他们的子侄落得饿死草野的下场。去冬今春,连遭二次斥责,因我在朝中无人说话,于是屡遭贬降。在四、五个月的时间内,我给你写了十二封信,你接见我却只有六、七次,不但没有得到你的照顾,反而更受冷遇。三教九流的人你都能公平对待,不应该单独苦了我一人,害得我饥肠辘辘,为时已久。因饥饿的老虎能咬人,人马上投给他肉食;饿坏了的麒麟不会咬人,谁肯给他一口食呢?去年冬天我请求任豫章丞,这个职务被马超夺走了;今年春天任命我为南昌县令,又被史偃夺走了。这两个人他们父祖的功劳和他们本人的才能,哪一点比我强?如果是由于贫富不同的原因,我当然不如他们。我虽然位微势孤,但我的家庭是百年的士族,前辈的联姻之家和父祖的地位,也不在别人之下。尚书您的堂姊是江夏王妃,我的堂姑是南醮王妃;尚书您的妻子是江夏王之女,我的祖姑是长沙景王的嫔妃;尚书您的伯父曾做江州刺史,我的祖父也曾是江州刺史;尚书您的堂兄初仕为后军参军,我的父亲初仕也为中军参军。我和尚书您相比,人才和地位相差悬殊,但是在前辈联姻和官位方面,却相差不多。现在虽然你位居显官,我地位卑下,相差甚远,但同属官宦世家,尚书您为什么这样苦苦相逼?泰始初年之时,八方反叛,我檀家一门两代人,为了保卫君主,粉身碎骨,对国家有这样大的功勋,却得不到提拔,我只不过按常规任官,却又遭到排挤贬降。"王僧虔回信说:"征北板行参军这一职务,近年来处境很不错,殷主簿就从这一职务步入高官之列,何偕曹接代殷主簿,也没听到他诉苦。足下你一向官位较低,一旦想越级提拔,确有困难。泰始初年你辛辛苦苦干了十年,却怎么没有看到你受过苦苦逼迫呢?只不过我对你的看法和你不同罢了。"檀珪又回信说:"过去荀公达是汉朝的功臣,晋武帝还给他的玄孙以爵位。夏侯惇是曹魏的功臣,刘宋初年,也受到重视,他的孙子得到赏赐,近族子孙得到封爵。羊叔子因在晋朝泰始年间提议伐吴,到咸宁末年,也加以褒奖,他的侄儿也得到封爵。卞望之因咸和初年为国献身,到兴宁末年,才受到尊崇,他的子孙都委任为官。蜀郡主簿田混,黄初末年死于旧主之难,咸康年间才提拔他的子孙。以上这些事例，似乎不因年代久远他们的子孙被遗弃，不因时代不同而被排挤。我檀珪遭遇的种种厄运，世间少有，五代人没有安葬，百口之家流离失所，在这生死存亡的关头，本来只希望得到微薄的薪俸，无心获取更高的荣耀。自古以来就有只享受俸禄而无职事的沐食侯，近世又有所谓王官。府佐并非沐食侯的职务，参军也不是王官的职称。我自知自己不是葫芦，以空悬为耻。殷、何二位，或者是出于上官的情面，或者是朝廷的旨意，哪能和我这个平常的人同日而语。假使我就任此职，尚书您是否能转升为我郎官？如果我能得到每天五升米的俸禄，就是给您牵马坠蹬我也不感到羞耻。"王僧虔才任他为安城郡丞。檀珪，是宋朝安南将军檀韶的孙子。

王僧虔不久又加散骑常侍衔，又转为左仆射。升明元年，升尚书仆射，不久又转为中书令、左仆射，二年又为尚书令。王僧虔爱好文史，对乐律也有研究。他鉴于朝廷上现行的礼乐制度大都违背了传统规定，民间又竞相制作新调杂曲，当时太祖萧道成为辅政大臣，王僧虔上书说："悬锤之类的乐器，应用于高雅场合；奏凯的舞蹈，以八队为准。现在乐官跳的羽舞，乐曲和服饰都违背礼数。再者，一套编钟，为歌伎伴奏，以歌唱为主，这也不是雅乐。大明年间，用宫中的编钟演奏《鞞》《拂》乐曲，节拍虽然相合，恐怕也有违于雅乐，将来有懂音乐的人发现这种情况，恐怕会对我们这个时代的礼乐提出批评。如果说现在的乐器和舞蹈已经形成一个整体，很难改变，那么可以另造编钟。不按原来的形制。宫中的四面悬钟，仍严格按照雅乐的规定演奏，这样既保护了雅乐的体统，又考虑到实际情况，这样或许是可行的。再者，现在的《清商》乐曲，实际是从曹魏时流传下来的，它是曹操、曹丕、曹睿时代的流风余韵，这种乐曲仍随处可以听到，京洛人士视此为高雅，江左地区更是以此为高贵。确实做到了庙堂雅乐，绝迹于私家宴会、桑间、濮上，郑卫之声等庸俗的歌乐，遭到上层人士的摒弃，雅俗各得其宜，也没有比这种局面再好的了。但是随着社会风气的变化，人们的欣赏习惯随之变化，这些《清商》乐曲，日渐衰落，十几年的时间，乐曲失传了将近一半。从此，家家竞相创制新曲，人们崇尚通俗音乐，一味追求急促的旋律，不顾及音乐的本身的规律，这种风气无节制地发展流传开去，不知要发展到何种地步。这种社会风气，排斥雅乐正音，崇尚淫乱的歌曲。士人有等级，无故不能撤去音乐，礼仪有分别，有的乐曲不可老少都去欣赏。因此，那些喧嚣叫号的歌曲，日盛一日地在民间发展；雅乐正音，只在士大夫阶层流传。应该下令有关方面，务必要下功夫，整理失传雅乐，逐渐推广，乐曲有遗忘的地方，全部补配齐全。如果能整理出完整的乐曲，要给予高薪，演奏水平高的，任以高官。这样用物质利益去激励，那么人人会去下苦功。这样正本清源，拨乱反正，或指日可待。"他的意见被采纳实行。

建元元年，王僧虔转为侍中、抚军将军、丹阳尹。二年，进他为左卫将军，王僧虔坚持推让，不受封拜。改任他为左光禄大夫，侍中、丹阳尹仍旧。郡县里对待囚犯一向有这样的做法：借囚犯生病之机，用汤药毒死囚犯。王僧虔为此上书说："汤药本来是治病用的，而用这种残忍的手段，或者是为了泄私恨。如果罪行严重，必须重判，自有刑法规定；如果是为了从快惩治罪犯，应该先行上报。哪能把生死大权让郡县随意掌握？我认为，给罪犯治病，必须首先向郡里报，要求有关吏员和医生当面进行诊断，如果罪犯家属远离县衙，必须等家人来看望，然后再治疗。这样罪犯即使死了也没有遗憾，家人也不会有怨言。"他的意见被皇帝采纳了。

王僧虔很留意收集雅乐曲谱，升明年间所进呈的曲谱，不仅稍有修改，而且还有不少遗漏。这时皇帝想向外国派遣使者，收集乐曲，王僧虔给他侄子王俭写信说："古语说得好'中原礼仪失传，求之于四周少数部族。'估计乐曲也是这种情况。苻坚失败以后，东晋才备齐了雅乐乐曲，因此不能对苻坚一概否定。北边国家或许保存了中原失传的乐曲，当然不能用来弥补中原的缺失，但了解了存失的情况，也算一次清理。但是《鼓吹曲》原有二十一支曲子，现在能演奏的只有十一支，我想这次北使，会带随身的隶役，应从乐官中选一个大致能辨别乐曲同异的人，充当使团的一员。虽然难以和延陵季子问乐一事相比，但就他所知能了解到的一些情况，与原来的局面相比，自当有所不同。如果你认为我这话有道理，是否能把我的意思上报给皇帝？请你考虑一下。"但这件事并没有能施行。

齐太祖萧道成擅长书法，他即位当皇帝以后，对书法艺术的爱好，热情不减。他曾和王僧虔比赛书法，他写完后问王僧虔："谁是第一？"王僧虔回答说："我的书法是第一，陛下您的书法也是第一。"皇帝笑着说："您真可说是善于为自己打算啊！"同时向王僧虔展示十一卷古人墨迹，并让他举出历代书法家的名字。王僧虔得到民间收藏的古人墨迹，皇帝给他看的墨迹中不载的，有吴国大皇帝孙权、景帝孙休、归命侯孙皓的墨迹，桓玄的墨迹，以及丞相王导、领军王洽、中书令王珉、张芝、索靖、卫伯儒、张翼等人的墨迹，共十二卷，进呈给皇帝。又进上羊欣所撰《能书人名》一卷。

这一年冬天，升任持节、都督湘州诸军事、征南将军、湘州刺史，仍为侍中。王僧虔为政清静简约，没有贪欲，也不经营私产，因而百姓得以安居乐业。齐世祖萧赜即位，王僧虔因患中风想陈奏退休，这时升他为侍中、左光禄大夫、开府仪同三司。王僧虔少年时曾参加本族同辈人的聚会，有位宾客给他看相，说道："僧虔的年龄和官位将来最高，当官至公卿，其他人赶不上他。"这时被任命，王僧虔对侄子王俭说："你在朝肩负重任，不久将位至公卿，如我再被任此官，那么我们一家就有二位公卿，真让人胆战心惊。"于是他坚辞委任，皇帝体谅他的苦心，答应了他。改任他为侍中、特进、左光禄大夫。有宾客问他为什么推让，王僧虔说："君子所担心的是没有品德，不担心得不到荣誉。我吃得饱穿得暖，官位荣耀，已经过分，惭愧的是才能菲薄，无力报效国家，哪能再接受更高的爵位，招致讥责呢！"他的侄子王俭在朝任宰相，在家盖了一栋长梁房屋，比规定的规格稍稍超标，王僧虔看了很不高兴，竟然为此不登王俭的家门，王俭马上拆毁了。

永明三年，王僧虔去世。王僧虔善观天象，有一天夜里在外闲坐，他看到与豫章郡相应的星座有变异，断定豫章郡将发生什么事件，当时他的儿子王慈任豫章内史，担心他公事上出纰漏。过了不大一会儿，王僧虔就去世了，王慈丢弃职务奔丧。王僧虔当时六十岁。朝廷追赠他为司空，侍中衔仍旧，赠谥号为"简穆"。

王僧虔论述书法艺术时说："宋文帝的书法，自称可以和王献之相比，当时人们的评论是：'他的天赋胜过羊欣，他书法功底不如羊欣'。平南将军王广，是王羲之的叔父，在南渡以前书法水平最高。我去世的曾祖王洽的书法，王羲之评论说：'我弟弟的书法不下于我。'能变化古代书体的，现在只有王羲之、王洽；不然的话，我们至今仍然会以钟繇、张芝的书法为标准书体。我去世的堂祖中书令王坦之的书法，王献之说：'我弟弟的书法像匹骡子，跑得飞快，常想超过骏马。'征西将军庾翼的书法，年轻时和王羲之齐名，王羲之是他的后辈，庾翼不服气，他在荆州任职时给京城的朋友写信说：'后生小辈像穷人家的鸡一样，都去学习王羲之的书法，等我去到京城，将和他平分秋色。'张翼的书法，王羲之曾亲自书写表章。晋穆帝让张翼写题后批语，王羲之本人当时也分不清楚，过了很久才醒悟，说道：'这小子的字几乎和我的字相混，以假乱真。'张芝、索靖、韦诞、钟会、卫瓘、卫夫人，都在前代著名，没法判断他们的优劣，只看到他们的笔力惊人罢了。张澄当时也有心侧身其间，郗愔的章草稍次于王羲之，郗嘉宾的草书稍次于王羲之、王献之，但结构紧凑妩媚，超过了他父亲。桓玄自认为他的书法和王羲之同属一流，人们认为他只能和孔琳之相比。谢安也名列书法家行列，也很自负，曾为王献之书写嵇康的诗作。羊欣的书法名重一时，曾亲受王献之的传授，行书尤其见长，楷书和他的名声不相应。孔琳之的书法，自然放纵，很有笔力，但不如羊欣的字规范。丘道护和羊欣都曾受王献之指点，所以他应在羊欣之下。范晔和萧思话同拜羊欣为师，后来范晔少变师传，既失去原来的规矩，只不过少具羊欣的是笔意罢了。萧思话的书法，简直是羊欣的影子，笔风墨趣，不在羊欣之下，遗憾的是笔力较弱。谢综的书法，他的舅父认为紧凑有生气，得到赏识，但遗憾的是缺少妩媚之趣。谢灵运的书法不入流，若各方面的条件合适，也能写出好字。贺道力的书法稍次于丘道护。庾昕学习王羲之，也能达到乱真的程度。"王僧虔又著有《书赋》，流传于世。

他的第九个儿子王寂，字子玄，生性好动，又长于写文章，他读《范滂传》时，已然有澄清天下之志。王融败亡以后，门客大都去投奔他。建武初年，他想进献《中兴颂》，他的哥哥王志对他说："你现存正青春年少，何愁不发迹？如果不能镇静行事，将来恐怕受人讥笑。"王寂才作罢。初仕为秘书郎，终年二十一岁。

王僧虔在宋朝时曾有书信教训自己的儿子，说道：

我知道你恨我不赞成你的学问，你表示要发奋图强。或者立志为学问献身，或者另选别的好职业，即使有所遗憾，也可以告慰平生。但我只听你这么说，并没有看到你的实际行动。按照先师孔子所说的听其言观其行的圣训去做，希望不虚度此生。我之所以不相信你说的话，并不是无根据的。往年你有意学史，把《三国志》放在床头，不过百十来天，又转而去从事玄学，玄学当然比史学少差，但你也没能得其大概，正如东方朔所说："谈何容易。"你看那些玄学家，其他想法全抛开，为玄学披肝沥胆，专攻一书，又读几十家的注解，这样从小学到老，手不释卷。尚且不敢轻易开口谈玄。可你呢，打开《老子》一书的卷轴还不足五尺长，还不知道王弼的注释说了些什么，何晏又说了些什么，马融、郑玄的说法有什么不同，《凡例》说明了些什么，便摇动拂尘，自称为玄学人士，这是很危险的！假设袁令要和你谈论《易经》，谢中书与你谈《庄子》张吴兴向你提问《老子》中的问题，你能回答说没有读过吗？谈玄就像射策一样，前人点出了某一问题，后人应详加解释，如果解释不了，就算输了。再说诸子百家的论注，有荆州《八襄》，又有《才性四本》《声无哀乐》等，这都是谈玄家的资料，像来了客人则有所准备一样。这些书你都没有读过。哪有厨房里没有任何东西而要大宴宾客的道理？就像张衡造浑天仪巧夺天工，郭象注《庄子》口若悬河，不经过艰苦努力，怎么能达到这种境地！你连题目也没有看懂，大致内容是什么也不知道；《易经》的六十四卦，你也不知道各卦的卦名；《庄子》各篇，哪些是内篇，哪些属于外篇，你也不了解；《八峡》所载，共有几家，你也不清楚；《才性四本》，哪一家优长，你也不知。却整天在那里欺人，人家不会受你的蒙蔽。因我没有什么学问，没去教训你。但是虞舜并没有严父教育，唐尧却有不成器的儿子，关键在个人。你们兄弟们在私下会这样议论："父亲也没有刻苦学问，一样在人间自由自在的生活，我们为什么要自讨苦吃？趁着极盛的时期尽情游乐，何必为此而自减其福呢？"你只看到一面，并不全是这样。如果我的学问像马融、郑玄那样，情况就会比现在好得多；如果我没有现在的学问，情况就会大不如现在。取得现在的生活，是有原因的，就是本身努力的结果。你现在正是壮年，自应加倍学习，也许能赶上我。世上的例子俯首皆是，我想你很了解这一点，不再多说。

我生在世上，虽然缺乏道德修养，总是在人世间生活了几十年，因此算上一个名人了，人家或许把你们看作我一样。我死之后，你们若不严格要求自己，谁再来管你们的事；我们家族中也有少年时代即有美名、二十来岁时就能出人头地的人。到那时，王家的后代，优秀者则成龙成凤，恶劣的则成狼头虎豹，你们失去庇护之后，难道被人讥为狼头虎豹吗？况且我也不能给你们带来恩荫，这就更加应该各自努力啊。有的人做到三公的大官，但却默默无闻，有的人虽身为平常百姓，但王公大臣却向他屈身敬礼。有的虽是父子，但贵贱相差甚远，即使同胞兄弟，名声也很不相同。这是为什么呢？之所以得到好的结果，是本身读通了几百卷书的缘故。我现在后悔也来不及了，我想用我的前车之鉴告诫后来的车辆啊。你的年龄快要三十岁了，正是做官的好时候，又有家属有拖累，耗费精神，哪有时间坐下来专门读书像小时候那样呢？只能在职学习，来度过一生了。你再三想一想，不要回避我提出的问题。希望督促你哥哥王志等人，或许他们能摆脱这种命运。我在死之前，说这些话是希望你们有所成就，不知对你们有启发收益没有？这关系到你们每人的切身利益，和我有什么关系呢？死鬼只知道留恋茂盛的松树柏林，哪知身后子弟的好坏！因为你着想，引起了我的感慨，因此才粗略地谈出我的想法。

谢朓传

【题解】

谢朓(464～499)，南朝齐诗人。字玄晖，陈郡阳夏(今河南太康)人。南朝世家豪门子弟，年少即有文名，曾任宣城太守等职，世称"谢宣城"。在统治阶级的内部斗争中受诬陷而被杀。

谢朓是永明诗人的代表，在当时享有盛誉。他发展了谢灵运以来产生的山水诗，彻底摆脱了玄风的影响。他的诗风格清俊，警句时出，对唐代诗人产生了较大影响。此外，他的赋写景抒情，声律协调，体现了南朝辞赋向骈赋过渡的特点，也颇值得称道。有《谢宣城集》。

【原文】

谢朓字玄晖，陈郡阳夏人也。祖述，吴兴太守。父纬，散骑侍郎。

朓少好学，有美名，文章清丽。解褐豫章王太尉行参军，度随王束中郎府，转王俭卫军东阁祭酒，太子舍人、随王镇西功曹，转文学。

子隆在荆州，好辞赋，数集僚友，朓以文才，尤被赏爱，流连晤对，不舍日夕。长史王秀之以朓年少相动，密以启闻。世祖敕曰："侍读虞云自宜恒应侍接。朓可还都。"朓道中为诗寄西府曰："常恐鹰隼击，秋菊委严霜。寄言尉罗者，寥廓已高翔。"迁新安王中军记室。朓笺辞子隆曰："朓闻潢汙之水，思朝宗而每竭；驽蹇之乘，希沃若而中疲。何则？拜坏摇落，对之惆怅；岐路东西，或以鸣悒。况乃服义徒拥，归志莫从，邈若坠雨，飘似秋带，汙实庸流，行能无算，属天地休明，山川受纳，褒采一介，搜扬小善，舍耒阳圃，奉笔菟园。东乱三江，西浮七泽，契阔戎旃，从容燕语。长裾日曳，后乘载脂，荣立府廷，思加颜色。沐发晞阳，未测涯涘，抚臆论报，早誓肌骨。不悟沧溟未运，波臣自荡；渤澥方春，旅翮先谢。清切藩房，寂寥旧华。轻舟反诉，吊影独留，白云在天，龙门不见。去德滋永，恩德滋深。唯待青江可望，候归舲于春渚；朱邸方开，效蓬心于秋实。如其簪履或存，衽席无改，虽复身填沟壑，犹望妻子知归。揽涕告辞，悲来横集。"

寻以本官兼尚书殿中郎。隆昌初，敕朓接北使，朓自以口讷，启让不当，不见许。高宗辅政，以朓为骠骑谘议，领记室，掌霸府文笔。又掌中书诏诰，除秘书丞，未拜，仍转中书郎。出为宣城太守，以选复为中书郎。

建武四年，出为晋安镇北谘议、南东海太守，行南徐州事。启王敬则反谋，上甚善嘉赏之。迁尚书吏部郎。朓上表三让，中书疑朓未及让，以问祭酒沈约。约曰："宋元嘉中，范晔让吏部，朱修之让黄门，蔡兴宗让中书，并三表诏答，具事宛然。近世小官不让，遂成恒俗，恐此有乖让意。王蓝田、刘安西并贵重，初自不让，今岂或慕此不让邪？孙兴公、孔颙并让记室，今岂可三署皆让邪？谢吏部分授超阶，让别有意，岂关官之大小？拕让之美，本出人情。若大官必让，便与诣阙章表不异。例既如此，谓都自非疑。"拕又启让，上优答不许。

朓善草隶，长五言诗，沈约常云"二百年来无此诗也"。敬皇后迁祔山陵，朓撰哀策文，齐世莫有及者。欲立江夏王宝玄，末更回惑，与弟祀密谓祐曰："江夏年少轻脱，不堪负荷神器，不可复行废立。始安年长入纂，不乖物望。非以此要富贵，政是求安国家耳。"遥光又遣亲人刘沨致意于朓，俗以为肺腑。朓自以受恩高宗，非祐所言，不肯答。少日，遥光以朓兼知卫尉事，朓惧见引，即以祐等谋告左兴盛，兴盛不敢发言。祐闻，以告遥光，遥光大怒，乃称敕召朓，仍回车廷尉，与徐孝嗣、祐、暄等连名启诛朓曰："谢朓资性险薄，大彰远近。王敬则往构凶逆，微有诚效，自尔升擢，超越伦伍。而沟壑无厌，著于触事。比遂扇动内外，处处奸说，妄贬乘舆，窃论宫禁，间谤亲贤，轻议朝宰，丑言异计，非可具闻。无君之心既著，共弃之诛宜及。臣等参议，宜下北里，肃正刑书。"诏："公等启事如此，朓资性轻险，久彰物议。直以雕虫薄伎，见齿衣冠。昔在渚宫，构扇蕃邸，日夜纵谀，仰窥府画。及还京师，反自宣露，江、汉无波，以为己功。素论于兹而尽，缙绅所以侧目。去夏之事，颇有微诚，赏擢曲加，逾迈伦序，感悦未闻，陵竞弥著，遂复矫构风尘，妄惑朱紫，诋贬朝政，疑闲无贤。巧言利口，见丑前志，涓流讦謩，作戒远图。宜有少正之刑，以申去害之义。便如收付廷尉，肃明国典。"又使御史中丞范岫奏收朓，下狱死。时年三十六。

朓初告王敬则，敬则女为朓妻，常怀刀欲报朓，朓不敢相见。乃为吏部郎，沈昭略谓朓曰："卿人地之美，无朓此职。但恨今日刑于寡妻。"朓临败叹曰："我不杀王公，王公由我而死。"

【译文】

谢朓，字玄晖，陈郡阳夏人。祖父谢述曾任吴兴太守。父亲谢纬任过散骑侍郎。

谢朓少年时代就十分好学，享有美名，文章写得清雅流丽。初入仕时，任豫章王太尉行参军，后入随王东中郎府，又转为王俭卫军东阁祭酒、太子舍人以及随王镇西功曹，再转为太子文学。

随王萧子隆镇守荆州，爱好辞赋，多次与幕僚文友聚会，谢朓凭着出色的文学才华，特别受到随王的赏识、宠爱，对面唱和，流连忘返，从早到晚，吟哦不停。长史王秀之借口谢朓年轻，与人合谋相率行动，秘密奏知皇帝。齐世祖下诏命说："侍读虞云自可以经常应付侍奉，谢朓可以返回京都。"谢朓在途中写诗寄赠西府同僚，诗中说："时常担心鹰隼来袭击，秋菊在严霜中萎谢。寄语给设置罗网的人，向着空旷的天空，我已经高高地飞翔。"他改任新安王中军记室。谢朓写信辞别萧子隆说："我听说，池塘死水想流向大海反而干涸，低劣的马乘希望马匹驯顺，却又中途疲惫，为什么呢？面对沼池凋敝，忧愁惆怅；面对东西岔道，郁闷哀鸣。况且我空自坚守奉行仁义，回归的志向已无从实现，渺茫如坠落的雨点，凋残如秋天的瓜蒂。我实属平庸之辈，品低才疏，是天地的光明美善，是山川的接受容纳，才赞扬我一人，推崇我的小善行。放下场圃里的农具，菀园里侍奉笔墨。东渡三江，西游七泽，要约主帅，安逸闲谈。每日摇曳着长袖，追随前面的车乘，命驾而行。荣耀地置身于王府，得到恩典，倍受赏识。头发淋浴着旭日，您的恩德无边无际，扪心图报，早将誓言铭刻肌骨。没想到，沧海未渡，反作江海水族之臣空自游荡；渤海正值春天，群鸟的羽翼却已衰落。杂草丛生的房屋凄清冷落，陈旧的筚门寂寞空旷，轻舟遭遇逆流，孤独地吊影自怜，只见空中白云，不见龙门何处。离开恩德之主愈久，思念之情愈深。只待江景清澈可辨，等候归来的大船抵达春江绿洲。红色的府邸一旦启开，我要把浅陋的心献给品德、成就高贵的人。只要头簪足履犹存，床席不改，即使身填沟壑也还希望妻子、儿女能思念我回来。挥泪告辞，悲不自胜。"

不久，以中军记室兼任尚书殿中郎，郁林王隆昌初年（494），命令谢朓接待北朝来使，谢朓以口齿不伶俐为由，想避开不承担，但未获许可。高宗辅政期间，任命谢朓为骠骑谘议，统领记室令史，掌管诸侯王府邸的章表文书，又掌管中书省中的帝王命令、任命或赠封的文书，授予秘书丞，但没有拜受，仍转为中书郎。后出任宣城（今属安徽）太守，又因选拔而任中书郎。

齐明帝建武四年（497），出任晋安王镇北谘议、南东海太守，处理管南徐州事务。他告发了王敬则造反的阴谋，皇帝十分赞赏，升他为尚书吏部郎。谢朓还来不及推让官职，中书省已起了疑心，便询问祭酒沈约，沈约说："宋元嘉年间，范晔推让吏部官职，朱修之推让黄门官职，蔡兴宗推让中书官职，皇帝下诏书一起答复三分推让呈文，委婉地陈述事情。近代任小官不推让，就已成为通常的习惯，这恐怕有违背推让的本意。王蓝田、刘安西都任重要职务，起初并不推让，如今，岂能羡慕他而不推让呢？孙兴公、孔顗一起推让记室令史，如今怎能三者都推让呢？谢吏部现在是越级升迁，推让另有意思，哪里是关系官阶的大小？谦让的美德，本来出于人的性情。如果任大的官职就推让，这就与送至皇帝殿庭的表章没有什么不同了。惯例是这样，可说自当不必多疑了。"谢朓又启奏推让，皇上下诏赞赏，但不应允。

谢朓善写草书、隶书，又擅长五言诗，沈约常说："二百年来没见过这样的诗歌。"敬皇后迁移陵墓，谢朓撰写哀悼祭文，整个齐朝没比得上它的。

东昏侯失去政德，江祏要立江夏王宝玄，心里迷乱，到最后又改变了主意，和他弟弟江祀秘密对谢朓说:"江夏王年少轻佻,不堪承担国家重任,不能立为国君。始安王年纪较大,适合入朝继承王位,他一定不违众望。我们并非以此享富贵,只是希望求得国家安定而已。"萧遥光又派亲信刘沨秘密向谢朓示意,要把他引为心腹。谢朓因自己受恩于高宗,不听刘沨的话,不肯答应。不久,萧遥光命谢朓兼任卫尉事,谢朓怕被荐举,便将江祐等人的谋算告知左兴盛,左兴盛不敢作声。江祐听到这事,告诉了萧遥光,萧遥光非常愤怒,便说要诏见谢朓,自己回车托付廷尉,与徐孝嗣、江祐、暄等人联名启奏皇帝,请求诛杀谢朓,奏折中说:"谢朓生性阴险轻薄,远近昭著,王敬则过去谋图反叛,他也稍有诚意效法,自从擢升官职已超出同辈,但他的欲望贪得无厌,如同沟壑难以填满一样。他着力于触惹事端,近来又煽动内外,处处传播妖言,狂妄地贬低皇上,私下议论宫中之事,间离诽谤亲人贤能,轻率地非议朝廷官员,丑恶的言论和不正当的谋算,不胜详说。心目中没有君主,这已经很明显,宜当共同唾弃、及早诛杀他。臣等相议认为,应到北面里巷捕捉逆贼,以严肃刑典。"皇帝下诏道:"你等王公所启奏的事属实,谢朓天性轻薄险恶,众人的议论久已明显,他只凭那些雕虫小技,已为官绅所耻笑。过去在渚宫时,就煽动藩王之间的矛盾,日夜恣惠谄媚,对上观言察色,对下密谋筹划。及至返回京城,反而更加暴露,江、汉地区平静,没有风波,以为是他自己的功劳。现在的议论尽是这些,大臣缙绅无不为之侧目怒视。去年夏天王敬则造反的事,他颇有一点诚意,奖赏擢升不正当,跨越了官阶顺序,竟没听到感激、喜悦话,而戒惧之心却更为明显。又借助制造流言蜚语,妄图迷惑众臣,诋毁贬低朝政,猜疑间离亲友贤能。花言巧语,口快舌利,比过去的心志更加丑恶,他细小的罪孽如同涓涓细流汇成了河。做事防备,计谋长远。理当用少正之刑,伸张除害的正义,可将他收交廷尉审讯,以严肃明正国家的刑典。"又派御史中丞范岫启奏收审谢朓,谢朓被投入监狱而死,时年三十六岁。谢朓告发王敬则,敬则的女儿是谢朓的妻子,常常怀里藏刀要找谢朓报仇。谢朓不敢与她相见。到他当了吏部郎时,沈昭略对谢朓说:"你这个人才品和门第都好,真正不负这个职务,只恨今天要对你嫡妻施行法制了。"谢朓临到失败时,才叹息道:"我无意杀王公,王公却因我而死。"

祖冲之传

【题解】

祖冲之(429~500),字文远,范阳遒人(今河北涞水县北部)。南北朝时南朝著名科学家,生活于宋、齐统治时代,他的曾祖台之在东晋,祖父昌、父朔之在宋做官。祖冲之年轻时曾在华林园工作,不久又到南徐州(治所在今江苏镇江市)做官,担任过娄县令(治所在今江苏省昆山东北)。后来调回建康(今江苏省南京市)担任接待宾客、引见臣下、传达使命的政府官员谒者仆射。晚年开屯田,广农殖,又要兴造大业,但都未实行。齐永元二年(500)去世,终年72岁。

祖冲之的一生,除做官外在算学研究方面也不遗余力,在天文历法、数学和机械制造等学科都取得了重要的成就。他于463年制成有名的《大明历》,其中有不少改进和创见,如把岁差引进历法,发现交点月等。

祖冲之还是一位卓越的机械制造家，他制造过指南车、水碓磨、千里船和其他运输工具。

祖冲之又是一位博弈游戏的能手，当时没人能和他相比。对古代的《易经》《老子》《庄子》《论语》《孝经》等也都进行过研究。

祖冲之是一位博学多才的杰出科学家，他在数学领域的重大成就早已得到国内外的公认。

【原文】

祖冲之字文远，范阳蓟人也。祖昌，宋大匠卿，父朔之，奉朝请。

冲之少稽古，有巧思。宋孝武使直华林学省，赐宅宇车服。解褐南徐州迎从事，公府参军。

宋元嘉中，用何承天所制历，比古十一家为密，冲之以为尚疏，乃更造新法。上表曰：

臣博访前坟，远稽昔典，五帝躔次，三王效分，《春秋》朔气，《纪竹》薄食，谈、迁载述，彪、固列志，魏世注历，晋代《起居》，探异今古，观要华戎。书契以降，二千余稔，日月离会之征，星度疏密之验。专功耽思，咸可得而言也。加以亲量圭尺，躬察仪漏，目尽毫厘，心究筹第，考课推移，又曲备其详矣。

然而古历疏舛，类不精密，群氏纠纷，莫审其会。寻何承天所上，意存改革，而置法简略，今已乖远。以臣校之，三睹厥谬，日月所在，差觉三度，二至晷影，几失一日，五星见伏，至差四旬，留逆进退，或移两宿。分至失实，则节闰非正；宿度违天，则伺察无准。臣生属圣辰，询逮在运，敢率愚瞽，更创新历。

祖冲之

谨立改易之意有二，设法之情有三。改易者一：以旧法一章，十九岁有七闰，闰数为多，经二百年辄差一日。节闰既移，则应改法，历纪屡迁，实由此条。今改章法三百九十一年有一百四十四闰，令却合周、汉，则将来永用，无复差动。其二：以《尧典》云"日短星昴，以正仲冬"。以此推之，唐尧世冬至日，在今宿之左五十许度。汉代之初，即用秦历，冬至日在牵牛六度。汉武改立《太初历》，冬至日在牛初。后汉四分法，冬至日在斗二十二。晋世姜岌以月蚀检日，知冬至在斗十七。今参以中星，课以食望，冬至之日，在斗十一。通而计之，未盈百载，所差二度。旧法并令冬至日有定处，天数既差，则七曜宿度，渐与舛讹。乖谬既著，辄应改易。仅合一时，莫能通远。迁革不已，又由此条。今令冬至所在岁岁微差，却检汉注，并皆审密，将来久用，无烦屡改。又设法者，其一：以子为辰首，位在正北，爻应初九升气之端，虚为北方列宿之中。元气肇初，宜在此次。前儒虞喜，备论其义。今历上元日度，发自虚一。其二：以日辰之号，甲子为先，历法设元，应在此岁。而黄帝以来，世代所用，凡十一历，上元之岁，莫值此名。今历上元岁在甲子。其三：以上元之岁，历中众条，并应以此为始。而《景初历》交会迟疾，元首有差。又承天法，日月五星，各自有元，交会迟疾，亦并置差，裁得朔气合而已，条序纷错，不及古意，今设法日月五纬交会迟疾，悉以上元岁首为始，群流共源，庶无乖误。

若夫测以定形，据以实效。悬象著明，尺表之验可推；动气幽微，寸管之候不忒。今臣所立，易以取信。但综核始终，大存缓密，革新变旧，有约有繁。用约之条，理不自惧，用繁之意，顾非谬然。何者？夫纪闰参差，数各有分，分之为体，非常细密，臣是用深惜毫厘，以求全妙之准，不辞积累，以成永定制，非为思而莫知，悟而弗改也。若所上万一可采，伏愿颁宣群司，赐垂详究。

事奏。孝武令朝士善历者难之，不能屈。会帝崩，不施行。出为娄县令，谒者仆射。

初，宋孝武平关中，得姚兴指南车，有外形，而无机巧，每行，使人于内转之。升明中太祖辅政，使冲之追修古法。冲之改造铜机，圆转不究，而司方如一，马钧以来有也。时有北人索驭麟者，亦云能造指南车，太祖使与冲之各造，使于乐游苑对共校试，而颇有差僻，乃焚毁之。永明中，竟陵王子郎好古，冲之造欹器献之。

文惠太子在东宫，见冲之历法，启世祖施行，文惠寻薨，事又寝。转长水校尉，领本职。冲之造《安边论》，欲开屯田，广农殖。建武中，明帝使冲之巡行四方，兴造大业，可以利百姓者，会连有军事，事竟不行。

冲之解钟律，博塞当时独绝，莫能对者。以诸葛亮有木牛流马，乃造一器，不因风水，施机自运，不劳人力。又造千里船，于新亭江试之，日行百余里。于乐游苑造水碓磨，世祖亲自临视，又特善算。永元二年，冲之卒。年七十二。著《易》《老》《庄》义，释《论语》《孝经》，注《九章》，造《缀述》数十篇。

【译文】

祖冲之字文远，范阳郡遒县人。祖父名昌，在刘宋时担任过大匠卿。父亲名朔之，做一散官奉朝请。

冲之少年时代就研习古事，思想机敏。刘宗孝武帝把他安排在华林园省察工作，赐给他住宅、车马和衣物。又派他到南徐州任从事史，走上仕途，后来被调回中央任公府参军。

刘宋元嘉时，所使用的历法为何承天所制《元嘉历》，比古代十一家历法为精密，可祖冲之认为还是粗疏，于是更造新的历法。给皇帝上奏说：

我广泛搜访前人书籍，深入研究古代经典，五帝时的蹜次，三王时的交分，《春秋》中的气朔，《竹书纪年》中的薄食，司马谈、司马迁的载述，班彪、班固的列志，曹魏时的注历，晋代的《起居注》，以寻求古今的不同，考察总结了华族和少数民族的历法。有文字以来，二千多年，日、月相离相会的迹象，五星行度疏密之验证。我是专门下功夫入迷似的思考，都是能够得到而可讲述的。特别是自己测量圭尺，亲自观察仪器和计时器漏，眼睛完全看到毫厘小数，心中进行计算，考查变迁，这就深入掌握了它历法的详情了。

然而古代历法粗疏错误，大都不够精密，各家互相矛盾，他们未能研究出对它的理解。得到何承天所献上的历法，他愿望是要改革，可是设置的法则简略，现在已经差远了。根据我的校验，看到它的三个错误：日月所在位置，发觉其差误有三度；冬至、夏至晷影长度几乎失误一天；五星见伏的日期，误差达到四十天，留逆进退，有的推移了两个星宿。春秋分夏至失去真实，则节气置闰就不正确；宿度不与天象实际相符，则等候观察就

无准。我生逢圣明的时候，都赶上好运气，敢于直率愚盲，再次创造的历法。

谨慎建立改变的思想有二，设置法则的情况有三。改变的第一点：按旧法一章，为十九年设有七闰，闰数多了，经过二百年就一天。节气置闰既然变动，则相应改变闰法，日月运行轨道的分纪就屡次迁改，是由于这一条。现在改章法为三百九十一年设有一百四十四闰，令其往前符合周代、汉代，那么将来就能永远使用，不会再出现差误变动。第二点：根据《尚书·尧典》所说"日短星昴，以正仲冬"。以此推之唐尧之世的冬至日，在现在星宿之左边差不多五十度。汉代初期，仍用秦代历法，冬至日在牵牛六度。汉武帝改革建立《历初历》，冬至日在牵牛初度。后汉的四分历，冬至日在斗宿二十二二度。晋代的姜岌用月食检验日之所在，知道冬至日在斗宿十七之日，在斗宿十一度。通而计之，不满一百年，就差了二度。旧法都令冬至日有固定位置，天文数据既然差错，则日月五星的宿度，就逐渐出现错误。乖谬既然显著就相应改变。这样做止能符合一时，而不能通行长久。改来改去不停，又是由于这条。现在使冬至所在位置岁岁微差，回过头检验汉代历注，都很审密，将来永久施用，不必烦劳屡次修改。还有设置法则，其一"以子时为时辰之首，（从方向来说）子位在正北，卦爻应在初九为升气的开始，虚的北方七宿之中宿。元气的发端，应当在这个"次"。前代学者虞喜，详细讨论了其意义。我的历法上元度日，发端于虚宿。其二，用日辰之号子，甲子日为前导，历法设起算年（上元），应当在此年。但是黄帝以来，世代所用，总共有十一种历法，"上元"之年，没有相当于这个名称的。我的历法上元那年在甲子。其三，以上元之年，历法中的众多条款，都应以此为（计算的）起点。可是《景初历》的交会迟疾，历元的开始参差不齐。又如何承天的历法，日月五星，各自有各自的历元，交会迟疾，也都设置不同起点，剪裁使得朔气相合而已，条件次序纷繁错误，未达到古代的意境。现在设法使日月五星交会迟疾，都是以上元岁首为起点，众多支流有共同的源泉，大多没有错误。

如果对定形进行测量，就得到真实效果。悬挂的星象显著明亮，用天表等仪器测验可推算，变动的气虽不明显而微弱，可用径寸的竹管候测不会有差错。现在我所建立的，容易使人取信。但是综合研究始终，大多存在不精密，革新变旧，有简有繁。用简的条款，道理上不必自我恐惧；用较繁的意思，不过不是谬误。为什么？就是记闰不整齐，数据各有分数，把分数作为主体，并非不细密，我这样做是特别珍惜毫厘之类的小数，以完成求解出美妙之则，不去掉累积，以成就永久固定的著述，不是经思考而不知道，也不是明白了还不改。如果所献上的历法万一可以采用，我愿意由皇帝向各部门宣传，给予详细考究。上报到皇帝。孝武帝令朝廷的官员们懂得历法的提出质难，不能使他屈服。赶上孝武帝死后未能施行。派祖冲之出去担任娄县令，又调回任谒者仆射。缴获后秦姚兴时制作的指南车，有外部开状而没有机巧，每当行走，使人在车内旋转指向。到宋升明时，齐太祖肖道成辅佐朝政，使祖冲之按古法修造指南车。祖冲之改用铜制机械，圆转不穷，而指示方向保持不变，是三国时马钧以来所没有的。当时有一位北方人索驭麟，也说能制造指南车，肖道成就让他与祖冲之各造一辆，让他们在京城的乐游苑相对同时进行校对试验，结果索驭麟的颇有偏差，于是折毁烧掉了。齐永明（483~493）中，竟陵王肖子良爱好古物，祖冲之制造了一件欹器献给他。

文惠太子肖长懋在东宫，看到了祖冲之宾历法，启奏给齐武帝施行，文惠太子不久死去，事情又被搁置。祖冲之转任长水校尉，领本职。他写作《安边论》奏章，建议开屯田，发展农殖。齐建武(494~498)中,明帝肖鸾派祖冲之巡行四方,兴造大业,可以有利于百姓的恰好连年有战争,事情终于没有实行。

祖冲之懂得乐律学,博塞游戏当时独绝,没有能和他匹敌的。他认为诸葛亮有木牛流马,于是制造一件器械,不依靠风、水,施用机关能自己运行,不靠人力。又造千里船,在长江的新亭江段试验,一日能走一百多里。在乐游苑造水碓磨,齐世祖即武帝亲自到场观看。又特别精通数学。永元二年,祖冲之去世,终年七十二岁。著《易经》《老子》《庄子》义,注释《论语》《孝经》,注解《九章算术》,著《缀术》数十篇。

高逸传

【题解】

《南齐书》所记载的这十位隐者,与此前诸史所记载的隐士大略相同,但有两点似乎更为明显,那就是这些隐士们明确向往自由自在的山林安逸生活,如宗测说:"我的本性和鱼鸟一样,只热爱山林泉,眷恋松柏草木。"同时他们的另一面又有极强的出仕思想,似乎有些即是以隐作为出的一种曲直途径,仔细揣摩,不难见出。另外,当权者对隐士普遍推重,真心地希望他们来辅助国政,这看来不完全是史书对帝王的美化。从这十人传中,可以较为清楚地表明这一点。

【原文】

《易》有君子之道四焉,语默之谓也。故有入庙堂而不出,徇江湖而永归。隐避纷纭,情迹万品。若道义内足,希微两亡,藏景穷岩,蔽名愚谷。解桎梏于仁义,永形神于天壤。则名教之外,别有风猷。故尧封有非圣之人,孔门谬鸡黍之客。次则揭独往之高节,重去就之虚名,激竞违贪,与世为异。或虑全后悔,事归知殆;或道有不申,行吟山泽。咸皆用宇宙而成心,借风云以为戒。果志达道,未或非然,含贞养素,文以艺业。不然,与樵者之在山,何殊别哉?故樊英就徵,不称李固之望;冯恢下节,见陋张华之语。期之尘外,庶以弘多。若今十余子者,仕不求闻,退不讥俗,全身幽履,服道儒门,斯逸民之轨操,故缀为《高逸篇》云尔。

褚伯玉字元璩,吴郡钱唐人也。高祖含,始平太守。父遂,征虏参军。

伯玉少有隐操,寡嗜欲。年十八,父为之婚,妇入前门,伯玉从后门出。遂往剡,居瀑布山。性耐寒暑,时人比之王仲都。在山三十余年,隔绝人物。王僧达为吴郡,苦礼致之,伯玉不得已,停郡信宿,裁交数言而退。宁朔将军丘珍孙与僧达书曰:"闻褚先生出居贵馆,此子灭景云楼,不事王侯,抗高木食,有年载矣。自非折节好贤,何以致之。昔文举栖冶城,安道入昌门,于兹而三焉。夫却粒之士,餐霞之人,乃可暂致,不宜久羁。君当思遂其高步,成其羽化。望其还策之日,斩纤清尘,亦愿助为譬说。"僧达答曰:"褚先生从白云游归矣。古之逸民,或留虑儿女,或使华阴成市,而此子索然,唯朋松石。介于孤峰绝岭者,积数十载。近故要其来此,冀慰日夜。比谈讨芝桂,借访荔萝,若已窥烟液,临沧洲矣。知君欲见之，辄当中觱。"

宋孝建二年，散骑常侍乐询行风俗，表荐伯玉，加徵聘本州议曹从事，不就。太祖即位，手诏吴、会二郡，以礼迎遣，又辞疾。上不欲违其志，敕于剡白石山立太平馆居之。建元元年，卒。年八十六。常居一楼上，仍葬楼所。孔稚珪从其受道法，为于馆侧立碑。

明僧绍字承烈，平原鬲人也。祖玩，州治中。父略，给事中。

僧绍宋元嘉中再举秀才，明经有儒术。永光中，镇北府辟功曹，并不就。隐长广郡崂山，聚徒立学。淮北没虏，乃南渡江。明帝泰始六年，徵通直郎，不就。

升明中，太祖为太傅，教辟僧绍及顾欢、臧荣绪以旌币之礼，徵为记室参军，不至。僧绍弟庆符，为青州，僧绍乏粮食，随庆符之郁洲，住弇榆山，栖云精舍，欣玩水石，竟不一入州城。建元元年冬，诏曰："朕侧席思士，载怀尘外，齐郡明僧绍标志高栖，耽情坟素，幽贞之操，宜加贲饰。"徵为正员外郎，称疾不就。其后与崔思祖书曰："明居士标意可重，吾前旨竟未达邪？小凉欲有讲事，卿可至彼，具述吾意，令与庆符俱归。"又曰："不食周粟而食周薇，古犹发议。在今宁得息谈邪？聊以为笑。"

庆符罢任，僧绍随归，住江乘摄山。太祖谓庆符曰："卿兄高尚其事，亦尧之外臣。朕虽不相接，有时通梦。"遗僧绍竹根如意，笋箨冠。僧绍闻沙门释僧远风德，往候定林寺，太祖欲出寺见之。僧远问僧绍曰："天子若来，居士若为相对？"僧绍曰："山薮之人。政当凿坏以遁，若辞不获命，便当依戴公故事耳。"永明元年，世祖敕召僧绍，称疾不肯见。诏徵国子博士，不就，卒。子元琳，字仲璋。亦传家业。

僧绍长兄僧胤，能玄言。宋世为冀州刺史。弟僧廙，亦好学，宋孝武见之，迎颂其名，时人以为荣。泰始初，为青州刺史。庆符，建元初，为黄门。

僧胤子惠照，元徽中，为太祖平南主簿，从拒桂阳，累至骠骑中兵，与荀伯玉对领直。建元元年，为巴州刺史，绥怀蛮蜒，上许为益州，未迁，卒。

顾欢字景怡，吴郡盐官人也。祖赴，晋隆安末，避乱徙居。欢年六七岁书甲子，有简三篇，欢析计，遂知六甲。家贫，父使驱田中雀，欢作《黄雀赋》而归，雀食过半，父怒，欲挞之，见赋乃止。乡中有学舍，欢贫无以受业，于舍壁后倚听，无遗忘者。八岁，诵《孝经》《诗》《论》。及长，笃志好学。母年老，躬耕诵书，夜则燃糠自照。同郡顾恺之临县，见而异之，遣诸子与游，及孙宪之，并受经句。欢年二十余，更从豫章雷次宗谘玄儒诸义。母亡，水浆不入口六七日，庐于墓次，遂隐遁不仕。于剡天台山开馆聚徒，受业者常近百人，欢早孤，每读《诗》至'哀哀父母'。辄执书恸泣，学者由是废《蓼莪篇》不复讲。

太祖辅政，悦欢风教，徵为扬州主簿，遣中使迎欢。及践阼，乃至。欢称山谷臣顾欢上表曰："臣闻举网提纲，振裘持领，纲领既理，毛目自张。然则道德，纲也；物势，目也。上理其纲，则万机时序；下张其目，则庶官不旷。是以汤、武得势师道则祚延，秦、项忽道任势则身戮。夫天门开阖，自古有之，四气相新，缔裘代进。今火泽易位，三灵改宪。天树明德，对时育物，搜扬仄陋，野无伏言。是以穷谷愚走，敢露偏管，谨删撰老氏，献《治纲》一卷。伏愿稽古百王，斟酌时用，不以刍荛弃言，不以人微废道，则率土之赐也，微臣之幸也。幸赐一疏，则上下交泰，虽不求民而民悦，不祈天而天应，应天悦民，则皇基固矣。臣志尽幽深，无与荣势，自足云霞，不须禄养。陛下既远见寻求，敢不尽言。言既尽矣，请从此退。"

是时员外郎，刘思效表陈谠言曰："宋自大明以来，渐见凋敝，徵赋有增于往，天府尤贫于昔。兼军警屡兴，伤夷不复，戍役残丁，储无半菽，小民嗷嗷，无乐生之色。贵势之流，货室之族，车服伎乐，争相奢丽，亭池第宅，竞趣高华，至于山泽之人，不敢采饮其水草。贫富相辉，捐源尚末。陛下宜发明诏，吐德音，布惠泽，禁邪伪，薄赋敛，省徭役，绝奇丽之略，塞郑、卫之倡，变历运之化，应质文之用，不亦大哉！又彭、汴有鸱枭之巢，青丘为狐兔之窟，虐害逾纪，残暴日滋。鬼泣旧泉，人悲故壤，童孺视编发而惭生，耆老看左衽而耻没。陛下宜仰答天人引领之望，下吊氓黎倾首之勤，授钺卫、霍之将，遗策萧、张之师，万道俱前，穷山荡谷。此即恒山不足指而倾，渤海不足饮而竭，岂徒残寇尘灭而已哉！"

上诏曰："朕凤旦惟寅，思弘治道，伫梦岩滨，垂精管库，旰食荣怀，其勤至矣。吴郡顾欢、散骑郎刘思效，或至自丘园，或越在冗位，并能献书金门，荐辞凤阙，辨章治体，有协朕心。今出其表，外可详择所宜，以时敷奏。欢近已加旌贲，思效可付选铨序，以显谠言。"欢东归，上赐麈尾、素琴。

永明元年，诏徵欢为太学博士，同郡顾黯为散骑郎。黯字长孺，有隐操，与欢俱不就徵。

欢晚节服食，不与人通，每旦出户，山鸟集其掌取食。事黄老道，解阴阳书，为数术多效验。初元嘉末，出都寄住东府，忽题柱云："三十年二月二十一日。"因东归。后太初弑逆，果是此年月，自知将终，赋诗言志云："精气因天行，游魂随物化。"克死日，卒于剡山，身体柔软，时年六十四，还葬旧墓，木连理出墓侧，县令江山图表状。世祖诏欢诸子，撰欢《文议》三十卷。

臧荣绪，东莞莒人也。祖奉先，建陵令，父庸民，国子助教。荣绪幼孤，躬自灌园，以供祭祀。母丧后，乃著《嫡寝论》，扫洒堂宇，置筵席，朔望辄拜荐，甘珍未尝先食。

纯笃好学，括东西晋为一书，纪、录、志、传百一十卷。隐居京口教授。南徐州辟西曹，举秀才，不就。太祖为扬州，徵荣绪为主簿，不到。司徒褚渊少时尝命驾寻之。建元中，启太祖曰："荣绪，东方隐者，昔臧质在宋，以国戚出牧彭岱，引为行佐，非其所好，谢疾求免。蓬庐守志，漏湿是安，灌蔬终老。与友关康之沈深典素，追古著书，撰《晋史》十帙，赞论虽无逸才，亦足弥纶一代。臣岁时往京口，早与之遇，近报其取书，始方送出，庶得备录渠阁，采异甄善。"上答曰："公所道臧荣绪者，吾甚志之。其有史翰，欲令人天禄，甚佳。"

荣绪惇爱五经，谓人曰："昔吕尚奉丹书，武王致斋降位，李、释教诫，并有礼敬之仪。"因甄明至道，乃著拜《五经序论》。常以宣尼生庚子日，陈《五经》拜之。自号"被褐先生"。又以饮酒乱德，言常为诫。永明六年，卒。年七十四。

初，荣绪与关康之俱隐在京口，世号为"二隐"。康之字伯愉，河东人。世居丹徒，以坟籍为务。四十年不出门。不应州府辟。宋太始中，徵通直郎，不就。晚以母老家贫，求为岭南小县。性清约，独处一室，稀与妻子相见。不通宾客。弟子以业传授。尤善《左氏春秋》。太祖为领军，素好此学，送《春秋》《五经》，康之手自点定，并得论《礼记》十余条。上甚悦，宝爱之。遗诏以经本入玄宫。宋末卒。

刘虬字灵预，南阳涅阳人也。旧族，徙居江陵。虬少而抗节好学，须得禄便隐。宋泰始中，仕至晋平王骠骑记室，当阳令。罢官归家，静处断谷，饵术及胡麻。

建元初，豫章三为荆州，教辟虬为别驾，与同郡宗测、新野庾易并遣书礼请，虬等各修笺答，而不应辟命。永明三年，刺史庐陵王子卿表虬及同郡宗测、宗尚之、庾易、刘昭五人，请加蒲车束帛之命。诏徵为通直郎，不就。

竟陵王子良致书通意。虬答曰："虬四节卧病，三时营灌，畅馀阴于山泽，托暮情于鱼鸟，宁非唐、虞重恩，周、邵宏施？虬进不研机入玄，无洙泗稷馆之辩；退不凝心出累，非冢间树下之节。远泽既洒，仁规先著。谨收樵牧之嫌，敬加轼蛙之义。"

虬精信释氏，衣粗布衣，礼佛长斋。注《法华经》，自讲佛义。以江陵西沙洲去人远，乃徙居之。建武二年，诏徵国子博士，不就。其冬虬病，正昼有白云徘徊檐户之内，又有香气及磬声，其日卒。年五十八。刘昭与虬同宗。州辟祭酒从事，不就。隐居山中。

庾易字幼简，新野人也。徙居属江陵。祖玫，巴郡太守，父道骥，安西参军。

易志性恬隐，不交外物。建元元年，刺史豫章王辟为骠骑参军，不就。临川王映临州，独重易，上表荐之，饷麦百斛。易谓使人曰："民樵采麋鹿之伍，终其解毛之衣，驰骋日月之车，得保自耕之禄，于大王之恩，亦已深矣。"辞不受。永明三年，诏徵太子舍人，不就。以文义自乐。安西长史袁彖钦其风，通书致遗。易以连理机竹翘书格报之。建武二年，诏复徵为司徒主簿，不就。卒。

宗测字敬微，南阳人，宋徵士炳孙也。世居江陵。测少静退，不乐人间。叹曰："家贫亲老，不择官而仕，先哲以为美谈，余窃有惑。诚不能潜感地金，冥致江鲤，但当用天道，分地利。孰能食人厚禄，忧人重事乎？"

州举秀才，主簿，不就。骠骑豫章王徵为参军，测答府召云："何为谬伤海鸟，横斤山木？"母丧，身负土植松柏。豫章王复遣书请之，辟为参军。测答曰："性同鳞羽，爱止山壑，眷恋松筠，轻迷人路。纵宕岩流，有若狂者，忽不知老至，而今鬓已白，岂容课虚责有，限鱼慕鸟哉！"永明三年，诏徵太子舍人，不就。

欲游名山，乃写祖炳所画《尚子平图》于壁上。测长子宦在京师，知父此旨，便求禄还为南郡丞，付以家事。刺史安陆王子敬、长史刘寅以下皆赠送之，测无所受。赍《老子》《庄子》二书自随。子孙拜辞悲泣，测长啸不视，遂往庐山，止祖炳旧宅。

鱼复侯子响为江州，厚遣赠遗。测曰："少有狂疾，寻山采药，远来于此。量腹而进松术，度形而衣薜萝，淡然已足，岂容当此横施！"子响命驾造之，测避不见。后子响不告而来，奄至所住，测不得已，巾褐对之，竟不交言，子响不悦而退。尚书令王俭饷测蒲褥。

顷之，测送弟丧还西，仍留旧宅永业寺，绝宾友，唯与同志庾易、刘虬、宗人尚之等往来讲说。刺史随王子隆至镇，遣别驾宗哲致劳问，测笑曰："贵贱理隔，何以及此。"竟不答。建武二年，徵为司徒主簿，不就，卒。

测善画，自图阮籍遇苏门于行障上，坐卧对之。又画永业佛影台，皆为妙作。颇好音律，善《易》《老》，续皇甫谧《高士传》三卷。又尝游衡山七岭，著《衡山》《庐山》记。

尚之字敬文，亦好山泽，与刘虬俱以骠骑记室不仕。宋末，刺史武陵王辟赞府，豫章王辟别驾，并不就。永明中，与刘虬同徵为通直郎，和帝中兴初，又徵为谘议，并不就。寿终。

杜京产字景齐，吴郡钱唐人。杜子恭玄孙也。祖运，为刘毅卫军参军，父道鞠，州从事，善弹棋，世传五斗米道，至京产及子栖。

京产少恬静，闭意荣宦。颇涉文义，专修黄老。会稽孔觊，清刚有峻节，一见而为款交。郡召主簿，州辟从事，称疾去。除奉朝请，不就。与同郡顾欢同契，始宁中东山开舍授学。建元中，武陵王晔为会稽，太祖遣儒士刘瓛入东为晔讲说，京产请瓛至山舍讲书，倾资供持,子栖躬自屣履,为瑓生徒下食,其礼贤如此。孔稚珪、周颙、谢瀹、并至书以通殷勤。

永明十年,稚珪及光禄大夫陆澄、祠部尚书虞悰、太子右率沈约、司徒右长史张融表荐京产曰:"窃见吴郡杜京产,洁静为心,谦虚成性,通和发于天挺,敏达表于自然。学遍玄、儒,博通史、子,流连文艺,沈吟道奥。泰始之朝,挂冠辞世,遁舍家业,隐于太平。葺宇穷严,采芝幽涧,耦耕自足,薪歌有余。确尔不群,淡然寡欲,麻衣藿食,二十余载。虽古之志士,何以加之。谓宜释巾幽谷,结组登朝,则岩谷含欢,薜萝起抃矣。"不报。建武初,徵员外散骑侍郎,京产曰:"庄生持钓,岂为白璧所回。"辞疾不就。年六十四,永元元年,卒。

会稽孔道徽,守志业不仕,京产与之友善。

永明中,会稽钟山有人姓蔡,不知名。山中养鼠数十头,呼来即来,遣去便去。言语狂易,时谓之"谪仙"。不知所终。

沈骥士字云祯,吴兴武康人也。祖膺期,晋太中大夫。

骥士少好学,家贫,织帘诵书,口手不息。宋元嘉末,文帝令尚书仆射何尚之抄撰《五经》,访举学士,县以骥士应选。尚之谓子偃曰:"山东故有奇士也。"少时,骥士称疾归乡,更不与人物通。养孤兄子,义著乡曲。

或劝骥士仕,答曰:"鱼县兽槛,天下一契,圣人玄悟,所以每履吉先。吾诚未能景行坐忘,何为不希企日损。"乃作《玄散赋》以绝士。太守孔山士辟,不应。宗人徐州刺史昙庆、侍中怀文、左率勃来候之,骥士未尝答也。隐居余不吴差山,讲经教授,从学者数十百人,各营屋宇,依止其侧,骥士重陆机《连珠》,每为诸生讲之。

征北张永为吴兴,请骥士入郡。骥士闻郡后堂有好山水,乃往停数月。永欲请为功曹,使人致意。骥士曰:"明府德履冲素,留心山谷,民是以被褐负杖,忘其疲病。必欲饰浑沌以蛾眉,冠越客于文冕,走虽不敏,请附高节,有蹈东海而死尔。"永乃止。

升明末,太子王奂上表荐之,诏徵为奉朝请,不就。永明六年,吏部郎沈渊、中书郎沈约又表荐骥士义行,曰:"吴兴沈骥士,英风凤挺,峻节早树,贞粹禀于天然,综博生乎笃习。家世孤贫,藜藿不给,怀书而耕,白首无倦,挟琴采薪,行歌不辍。长兄早卒,孤侄数四,摄衽鞠稚,吞苦推甘。年逾七十,业行无改。元嘉以来,聘召仍选,玉质逾洁,霜操弥严。若使闻政王庭,服道槐掖,必能孚朝规于边鄙,播圣泽于荒垂。"诏又徵为太学博士,建武二年,徵著作郎,永元二年,徵太子舍人,并不就。

骥士负薪汲水,并日而食,守操终老。笃学不倦,遭火,烧书数千卷,骥士年过八十,耳目犹聪明,手以反故抄写,火下细书,复成二三千卷,满数十箧,时人以为养身静嘿之所致也。著《周易》《两系》《庄子》《内篇训》,注《易经》《礼记》《春秋》《尚书》《论语》《孝经》《丧服》《老子》《要略》数十卷。以杨王孙、皇甫谧深达生死,而终礼矫伪,乃自作终制。年八十六,卒。同郡沈俨之,字士恭,徐州刺史昙庆子,亦不仕,徵太子洗马,永明元年,徵中书郎。三年,又诏徵前南郡国常侍沈颙为著作郎,建武二年,徵太子舍人,永元二年,徵通直郎。颙字处默,宋领军寅之兄孙也。

吴苞字天盖,濮阳鄄城人也。儒学、善《三礼》及《老》《庄》。宋泰始中,过江聚徒教学。冠黄葛巾,竹麈尾,蔬食二十余年。隆昌元年,诏曰:"处士濮阳吴苞,栖志穹谷,秉操贞固,沉情味古,自首弥厉。徵太学博士。不就。始安王遥光、右卫江祐于蒋山南为立馆,自刘瓛卒后,学者咸归之。以寿终。

鲁国孔嗣之。字敬伯。宋世与太祖俱为中书舍人,并非所好,自庐陵郡去官,隐居钟山,朝廷以为太中大夫。建武三年,卒。

徐伯珍,东阳太末人也。祖父并郡掾史。

伯珍少孤贫,书竹叶及地学书。山水暴出,漂溺宅舍,村邻皆奔走,伯珍累庆而止,读书不辍。叔父璠之与颜延之友善、还祛蒙山立精舍讲授,伯珍往从学,积十年,究寻经史,游学者多依之。太守琅玡王昙生、吴郡张淹并加礼辟,伯珍应召便退,如此者凡十二焉。徵士沈俨造膝谈论,申以素交。吴郡顾欢挺出尚书滞义,伯珍训答甚有条理,儒者宗之。

好释氏、老庄,兼明道术,岁常旱,伯珍筮之,如期雨澍。举动有礼,过曲木之下,趋而避之。早丧妻,晚不复重娶,自比曾参。宅南九里有高山,班固谓之九岩山,后汉龙丘苌隐处也。山多龙须柏,望之五采,世呼为妇人岩。二年,伯珍移居之。门前生梓树,一年便合抱。馆东石壁夜忽有赤光洞照,俄尔而减。白雀一双栖其户牖,谕者以为隐德之感焉。永明二年,刺史豫章王辟议曹众事,不就。家甚贫窭,兄弟四人,皆白首相对,时人呼为"四皓"。建武四年,卒。年八十四,受业生凡千余人。

同郡楼幼瑜,亦儒学。著《礼捃遗》三十卷。官至给事中。

又同郡楼惠明,有道术。居金华山,禽兽毒螫者皆避之。宋明帝闻之,敕出住华林园,除奉朝请,固乞不受,求东归。永明三年,忽乘轻舟向临安县,众不知所以。寻而唐属之贼破郡。文惠太子呼出住蒋山,又求归,见许。世祖敕为立馆。

史臣曰:"顾欢论夷夏,优老而劣释。佛法者,理寂乎万古,迹兆乎中世,渊源浩博,无始无边,宇宙之所不知,数量之所不尽,盛乎哉! 真大士之立言也。探机扣寂,有感必应,以大苞小,无细不容。若乃儒家之教,仁义礼乐,仁爱义宜,礼从乐和而已;今则慈悲为本,常乐为宗,施舍惟机,低举成敬。儒家之教,宪章祖述,引古证今,于学易悟;今树以前因,报以后果,业行交酬,连琐相袭。阴阳之教,占气步景,授民以时,知其利害;今则耳眼洞达,心智他通,身为奎井,岂俟甘石。法家之教,出自刑理,禁奸止邪,明用赏罚;今则十恶所坠,五及无间,刀树剑山,焦汤猛火,造受自贻,罔或差贰。墨家之教,遵上俭薄,磨踵灭顶,且犹非吝;今则肤同断弧,目如井星,授子捐妻,在鹰庇鸽。纵横之教,所贵权谋,天口连环,归乎适变;今则一音万解,无待户说,四辩三会,咸得吾师。杂家之教,兼有儒墨;今则五时所宜,于何不尽。农家之教,播植耕耘,善相五事,以艺九谷。今则郁单稉稻,已异阎浮,生天果报,自然饮食。道家之教,执一虚无,得性亡情,凝神勿扰;今则波若无照,万法皆空,岂有道之可名,宁余一之可得。道俗对校,真假将仇,释理奥藏,无往而不有也。能善用之,即真是俗。九流之设,用藉世教,刑名道墨,乖心异旨,儒者不学,无伤为儒;佛理玄旷,实智妙有,一物不知,不成圆圣。若夫神道应现之力,感会变化之奇,不可思议,难用言象,而诸张米道,符水先验,相传师法,祖自伯阳,世情去就,有此二学,僧尼道士,矛盾相非。非唯重道,兼亦殉利。详寻两教,理归一极。但迹有左右,故教成先后。广略为言,自生优劣。道本虚无,非由学至,绝圣弃智,已成有为。有为之无,终非道本。若使本末同无,曾何等级。佛则不然,具缚为种,转暗成明,梯愚入圣。途虽远而可践,业虽旷而有期。劝慕之道,物我无隔。而局情浅智,鲜能胜受。世途揆度,因果二门。鸡鸣为善,未必徐庆;胏肉东陵,会无厄祸,身才高妙,郁滞而靡达;器思庸卤,富厚以终生。忠反见遗,诡乃获用。观此而论,近无罪福,而业有不定,著自经文,三报开宗,斯疑顿晓。

【译文】

《周易》有所谓四种成为君子的途径,说的就是寡言少语。所以有人入了宗庙祠堂就不再出来,有人浪迹江湖,一去不返。隐居避世多种多样,人们的行为各有不同。至于内心持有足够的道义的人,对任何名利不要去追求,躲进深山,隐姓埋名在狭谷,解脱了套在自己身上的尽仁义的枷锁,让自己的精神灵魂遨游在隐居避世的极乐世界。那么在名教之外,另有一种品格。所以尧的封臣也有反对他的人,孔门也错杂有山野之人。其次则高举着独来独往的大旗,重视或出世或做官这样的不同的名声,反对竞争,阻止贪婪与社会风气迥然不同。有的思前想后,反而后悔,把事情归咎于自己的糊涂;有的因为正义不能伸张,而行吟山泽、浪迹江湖。都想利用大自然来成就自己的心愿,借用自然界的风云变幻来使自己有所警惕。但是对于心愿的完成、目的的达

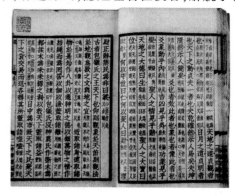

《周易》书影

到,有人能做到,有人却做不到。他们都正直而有修养,用艺术来文饰自己。不然的话,和山里的打柴人,有什么区别呢? 所以樊英应征,不能满足李固的愿望;冯恢唱和,因张华的评说反而显出粗陋。尘世之外,这样的人很多。像现在的这十几位先生,做官不求出名,退处不讽刺时俗,保全自己,隐蔽行踪,从事儒学研究,这才是隐士处世的模范行为。所以将他们的事迹连缀成这篇《高逸篇》。

褚伯玉,字元璩,吴郡钱唐人。高祖褚含。任始平太守。父亲褚遂,任征虏将军。

褚伯玉年轻时即有隐士的操守,清心寡欲。十八岁时,父亲为他娶媳妇。媳妇从前门进去,他从后门逃出。于是逃到了剡县,住进瀑布山。生性耐寒耐暑,当时的人把他比作王仲都。在山里住了三十多年,和社会上的人物相隔绝。王僧达统领吴郡,用厚礼坚请他出来。褚伯玉没有办法,在郡里住了两个晚上,和王僧达才说了几句话就回去了。宁朔将军丘珍孙给王僧达写信说:"听说褚先生出山住在您府上。这个人是从来不到高楼贵宅来的,也不侍奉王侯贵族。他行为高尚,农耕而食,已经有很多年了。如果不是您礼节完备,好士重贤,怎么能够请他出来。过去文举隐居在冶城,安道避世在昌门,现在连上他,也就有三个人了。然而对这些不拿官府俸禄、餐霞饮露之人,只能让他们短暂地停留一下,不应该让他长久地住下。您应该帮助他们完成高尚的行为,促成他们的得道成仙。希望您让他回去的时候,请他到我这儿来一下,我也想听他谈。"王僧达回信说:"褚先生早已回去了。古代的逸民隐士,有的留恋子女,有的想招收门徒,扩大自己的影响。然而这位先生什么都不想,只和松柏、山石做朋友。住在孤峰绝岭上,已经九十年了。最近之所以邀请他来这里,是想满足我对他日夜的思念。此番讨论灵芝、丹桂一类事物,借以谈论荔萝,使我仿佛已经窥见了事物的真谛,像自己亲自隐居了一般。知道您想要见他。一定会替您转达。"

刘宋孝建二年，散骑常侍乐询作民间调查，上表推荐褚伯玉，并征聘他为本州议曹从事，他没有就任。太祖即位，亲自下诏书给吴郡、会稽郡二郡官员，要他们按礼节迎接和护送褚伯玉来京，褚伯玉又借口有病推辞了。高祖不想违背他的意愿，下令在剡县白石山建造太平馆给他住。建元元年去世，时年八十六岁。常常住在一座高楼上，死后就葬在楼旁边。孔稚珪跟着他学习道法，为他在太平馆旁立了一块纪念碑。

明僧绍，字承烈，是平原郡鬲县人。祖父明玩，曾任州治中。父亲明略，任给事中。

僧绍于刘守元嘉间两次被推选为秀才，通晓经籍，掌握儒家思想。永光年间，上级官员又提拔他任功曹，他都没有就任。隐居在长广郡的崂山中，聚徒讲学。淮北被少数民族侵占，于是他到了江南。明帝泰治六年，被征为通直郎，没有就任。

升明年间，太祖任太傅，教人按礼节推荐僧绍、顾欢和臧荣绪，征召他们为记室参军，他们没有来。僧绍的弟弟庆符治理青州，僧绍缺乏粮食，随着庆符到了郁洲，住在弇榆山，住在专门为修身养性而盖的精舍里，欣赏游玩山川林石，一座城池州府都不曾去过。建元元年冬，皇帝下诏说："我空着高位盼望着人才到来，心里怀念着隐居避世之人。齐郡人明僧绍立志隐居，沉浸于典籍和远大的志向中，他具有幽远贞静的操守，应该加以表彰。"征召他任正员外郎，他借口有病没有就任。后来在给崔思祖的信中又说："明居士的意愿值得尊重，我前面的指示难道没有告诉他吗？天凉以后想要举行讲习研讨活动，你可以到他那儿去，告诉他我的意思，命令他和庆符一起回来。"又说："不吃周朝的小米而吃周朝的野菜，古人已经有看法了。现在那会没有说闲话呢？姑且算作笑话。"

庆符离任，僧绍跟随他回来，住在江乘的摄山。太祖对庆符说："你哥哥做事很高尚，也是尧无法统治的臣子，我虽然和他没有接触，但有时睡梦中和他见面。"赠给僧绍一支竹根雕的如意，一顶笋壳做的帽子。僧绍听说了和尚释僧远的道德情操，去探望定林寺，太祖想出寺去见见他，僧远问僧绍说："天子如果来了，居士您怎么办？"僧绍说："山野之人，只能凿墙逃跑。如果辞官不被允许，只有依照过去的戴公的做法了。"永明元年，世祖下令召见僧绍，他借口有病不去拜见。世祖下诏书征他任国子博士，也没有就任，就去世了。儿子元琳，字仲璋，继承了家业。

僧绍的大哥僧胤，懂玄理，能清谈。刘宋时为冀州刺史。弟弟僧暠，也好学，宋孝武看见他，迎上前去并叫着他的名字，当时的人都认为这很荣耀，泰始初年，任青州刺史。

庆符建元初年，任黄门郎。

僧胤的儿子惠照，元徽年间为太祖平南主簿，跟着太祖拒守桂阳，最后官至骠骑中兵，与荀伯玉轮流任领直。建元元年，任巴州刺史，对蛮、蜒等少数民族采取怀柔和绥靖政策，皇帝许诺他说要让他治理益州，还未升官就去世了。

顾欢，字景怡，吴郡盐官人。祖父顾赳，晋朝隆安末年，因避乱而迁居。顾欢六七岁时，记录甲子，有三篇书简，顾欢分析计算，于是知道有六甲等知识。家里穷，父亲让他驱赶田里的麻雀，顾欢作了《黄雀赋》回来了，麻雀吃掉了一半多粮食。父亲生气，想要揍他，看见《黄雀赋》，于是没有揍他。乡里有学校，顾欢很穷，无法上学，在校舍的墙壁后面站听讲，没有一处遗忘的。八岁时读《孝经》《诗经》《论语》。长大后更加有志于读书学习。母亲年纪大了，他亲自种田，夜里读书时则烧一些糠米作照明。同郡人顾恺之到了他们县里，见了他很惊异，让几个儿子跟着他学习，孙子宪之也跟着他读经书。顾欢二十多岁时，改从豫章人雷次宗学习玄学儒学，向他请教玄学儒学的义理。母亲去世时，滴水不进有六七天。在墓旁盖了茅屋住下，于是隐居，不再出来做官。在剡县天台山开馆讲学，常常有近百人跟着他学习。顾欢很早就失去父亲，每次读《诗经》读到"哀哀父母"一句，总是拿着书痛哭，跟着学习的人于是废掉《蓼莪篇》，不要他讲解。

太祖辅政，很高兴顾欢的言行、风格，征召他为扬州主簿，派中使去迎接顾欢。到他即位时，顾欢才到。他自称是"山谷之臣顾欢"，上表说："臣听说举起网就要提起纲，抖皮衣要拎着领，纲、领理顺了，底下的细节问题自然就会解决了。如果确是这样的话，那么道德就是纲，形势趋势就是细节问题。天子理顺那个纲，万物都会按照时间和秩序去进行；细节问题处理起来有原则，底下的官员也就不会无所事事了。所以商汤和周武王提倡道德修养，把握住了时势，所以殷、周就兴旺就长久，秦始皇和项羽忽视道德修养，把握不了时势，所以就会遭到祸害。天气的变化，自古有之；四季更迭，所以细葛布衫和皮袄交替着穿。现今水火易位，天、地、人都有改变，上天树立的道德风尚，对应季节养育万物，搜罗、暴露隐藏着的不足，民间老百姓都无话不说。所以我这个深山穷谷中的笨人，才敢暴露自己的窥管之见，谨献上删节撰写的《老氏》和《治纲》一卷，我个人的愿望是想稽考、依据古代各位帝王的做法，斟酌删节以备时用，您如果不因为村野之人说的话就废置不用，不因为人的出身低贱就贬低他的思想，那就是普天之下的恩典，是我这个小臣子的幸运了。希望您对于这两本书能给予一阅，这样上下都会平安，即使不仰求人民，人民也会高兴，不祈求天的保佑，天也会保佑，老天保佑，人民高兴，那么帝王的根基就巩固了。臣的志向是在隐居，无意于荣华富贵。在山里种田，自给自足，不需要朝廷供给的俸禄。陛下既然老远地来找我，我哪敢不把话说完呢？话既然已经说完了，请允许我从此离开。"

这时员外郎刘思效上表陈述的忠直的意见："刘宋自从大明以来，渐渐地出现凋敝的景况，征调赋税比以往有所增加，国库还比过去穷困。加上战争多次暴发，创伤不能恢复，戍士成了残废，储备不足平时的一半。人民嗷嗷待哺，脸上都没有因为活着而欢乐的神色。王公贵族和大商人对于车马服装歌伎音乐，竞相争奇斗艳，对于亭池住宅，也攀比着看谁高贵华丽。至于平民百姓，都不敢采他们的草来充饥，取他们的水来解渴。贫富形成鲜明对照。这是抛弃了根本，走上了末路。陛下应该下一道明确的诏告，发出提高道德思想的号召，对老百姓施恩加典，禁止奸邪伪劣的做法，减轻赋税征收，减少劳役征调，杜绝贿赂，禁止歌舞宴乐，改变目前的风俗教化，使它能够适应各方面的朴实的做法，这不也是很伟大的吗！又彭、汴两地有猫头鹰的老巢，青丘是狐狸野兔的老窝，那里的少数民族残害百姓已经很多年了，现在越来越厉害。鬼对着旧泉而哭泣，人为故土的失去而悲哀。小孩看到梳辫子的人都惭愧，老人看到穿胡服的人而为自己被他们俘虏感到羞耻。陛下应该对上满足老天的愿望，对下安抚老百姓殷切盼望的心情，授权给如同汉代卫青、霍去病这样的将领，把政策方案交给同汉代萧何、张良一样的军师，这样就会万众一心，清除一切祸乱灾害。这就是平时所说的恒山还没有指一下就倾斜了，渤海还没有喝一口就干枯了，那里仅仅是把残寇消灭掉呢！"

皇帝下诏说："我日日夜夜都很小心谨慎，想着要发扬光大良好的道德风尚，做梦都想着高山和水边的隐士贤人，经常精心管库，不能按时吃饭，思想上老是在考虑，这样的勤劳也就到了极限了。吴郡人顾欢、散骑郎刘思效，或来自田园山丘，或越过自己的级别，都能够献书上表给朝廷，向皇帝发表见解、看法，有思想有主张，很合我的心意。现在发布他们的奏章，外面的人可以详细地选择适合自己的条款，按时想出对策，启奏上来。顾欢近来已予表彰，思效可交给有关部门考核，按资历政绩确定等级，等候升官，以表彰他的正直和敢说真话。"顾欢回到东边，皇帝赐给他麈尾和素琴。

永明元年，皇帝下诏征召顾欢为太学博士，同郡人顾黯为散骑郎。顾黯，字长孺，有隐者的内操和顾欢一起都没有就任。

顾欢晚年炼丹服食，不和人来往。每天早晨出门，山里的小鸟都停在他的掌心里找东西吃。信奉黄帝、老子的学说，通晓阴阳历数，占卜算命很多都灵验。早在元嘉末年，出了都城寄住在东府，忽然在柱子上写道："三十年二月二十一日。"接着就回到东边去了。后来太初年间刘宋刘劭杀了父亲刘义隆自立，果然是在这一年的这一月。自己知道将要辞世，作诗表明自己的志向，说："精气顺着天时的变化而运行，魂魄随着物质的消失而消失。"确切地算出了去世的日子，死在剡山。死后身体柔软，时年六十四岁。归葬原已修好的旧墓，墓旁边长出了木连理树，县令江山图上表表明他的事迹。世祖下诏给顾欢的几个儿子，让他们撰写顾欢《文议》三十卷。

臧荣绪，东莞郡莒县人。祖父臧奉先，做过建陵令，父亲臧庸民，任国子助教。

荣绪早年丧父，亲自从事农业劳动，以供奉祖先，得以进行祭祀祖先的活动。母亲去世后，著有《嫡寝论》，打扫收拾祭堂，摆好筵市，每逢十五总要拜祭供奉，珍奇味美之物没有自己先吃的，总是首先进贡母亲。

他纯朴好学，总括东西两晋的史料，写成一书，有纪、录、志、传，共一百一十卷。隐居在京口，聚众讲学。南徐州官员提拔他任西曹，选举他为秀才，他都没有就任。太祖治理扬州时，征召他为主簿，他不到任。司徒褚渊年轻时曾命令人驾车寻访他。建元年间，启禀太祖说："荣绪，是东方的隐士。过去臧质在宋，以皇帝亲戚的身份出任彭岱令，请他作为助手。因为这不是他的爱好所在，所以以自己有病为借口请求罢免。他住在茅屋蓬庐中，坚守着自己远大、清高的志向，屋漏地湿也不在意，种田浇菜以终其身。和朋友关康之一起沉浸在典籍中，追求古人的思想，著书立说，撰写《晋史》十函套，赞和论虽然没有非凡的才华，也完全理顺了晋朝这一代的历史。我往年常去京口，早和他有来往。现在让他送书来，刚刚才送出，希望能够收藏于石渠、秘书阁，采录其中独特之处，使官府藏书日臻完备。"皇帝答复说："您所说的臧荣绪，我很看重他，他有史书，想把它收入朝廷藏书，很好。"

荣绪特别喜爱五经，对人说："过去吕尚奉上丹书，周武王都要斋戒沐浴，从天子的宝座上下来迎接，李耳、释迦牟尼创道、佛二教，都受到人们的尊敬、供奉。"为了甄别辨明什么是最高的道义，创作了《拜五经序论》。常常在孔子诞辰的日子，陈列《五经》祭拜它。自称"穿着粗布衣的先生"。又因为喝酒会败坏道德，常常说要引以为戒。永明六年去世，时年七十四岁。

早先，荣绪和关康之都隐居在京口，世人称他们为"二隐"。关康之，字伯愉，河东人。世代居住在丹徒。以攻读研究典籍为事业。四十年没出门，没有应征官府的提拔举荐。刘宋太始年间，征召他为通直郎，没有就任。晚年时因为母亲年老家里贫困，要求出任岭南一个小县的县令。性情清正简约，独居一室，很少和妻子见面。不和客人们来往。对于弟子，则把自己的学业传授给他们。特别擅长《左氏春秋》。太祖任领军时，特别喜欢左氏之学，送《春秋五经》给他，他亲手标点整理，并因此而论证了《礼记》中的十多处。

高祖很高兴，很宝贝爱惜这部书。遗诏要以本书入棺陪葬。康之宋末去世。

刘虬，字灵予，南阳涅阳人。祖上迁居到了江陵。刘虬年轻时即志向远大，喜爱学习，一定要做了官后才隐居。刘宋泰始年间，做官做到晋平王的骠骑记室和当阳令。后辞官回家，一个人静处，断了粮食，只吃白术和胡麻。

建元初年，豫章王统治荆州，教人提拔刘虬别驾一职，派人送信札请他的同郡人宗测、新野人庾易，刘虬等各人写信答复，都没有应命。永明三年，刺史庐陵王子卿上表推荐刘虬及同郡人宗测、宗尚之、庾易、刘昭五人，请求皇帝命令用装有蒲轮的车子和礼品聘请他们。皇帝下诏任刘虬为通直郎，他没有就任。

竟陵王子良写信给他表示要让他出仕。刘虬回信说："我刘虬四季都在生病，夏、春、秋三季都要种田，在山泽中舒畅地过完我剩下的年岁，将我暮年的情怀寄托于鱼、鸟等自然景物身上。那里是皇帝恩典不重、大臣宏图不展呢？我刘虬做官不研究玄机沉浸于玄理，没有孔子及稷下诸学士的才辩；退处不能够专心致志，摆脱尘世的俗务，也没有去坟墓间大树下隐居。皇帝隆恩普施、仁慈的风范早已表明。谨以我山野之人的身份，向他表示敬意。"

刘虬精通信奉佛教，穿着粗布衣服，拜佛吃长素。给《法华经》做过注，自己讲解佛教教义。因为江陵西边的沙洲远离人烟，所以迁到那儿去住。建武年，皇帝下诏征聘他为国子博士，没有就任。那年冬天刘虬病了，太白天有白云徘徊在屋檐下和大门里面，又有香气飘出和音乐之声。一天他去世了，时年五十六岁。

刘昭和刘虬同族。州里提拔他任祭酒从事，他没有就任，在山里隐居。

庾易，字幼简，新野郡新野县人。迁居江陵。祖父庾玫，曾为巴郡太守，父亲庾道骥，任安西参军。

庾易性格恬静稳重，不和外面的世界交往。建元元年，刺史豫章王提拔任命他为骠骑参军，没有就任。临川王映亲临地方，只看重庾易，上表推荐他，奖赏他一百斛麦子。庾易对来人说："我小民能够打柴采桑和麋鹿为伍，能够穿着熟制过的皮衣，以日、月为车，可以自由驰骋，能够自己耕种得到粮食，大王对于我的恩典，已经很深了。"推辞了，没有接受馈赠。永明三年，皇帝下诏征聘他为太子舍人，他没有就任。以读书探讨文义自乐。安西长史袁象钦佩他的做法，和他通信，送给他礼物。庾易拿连理机、竹翘书格还报他。建武二年，皇帝下诏再次征聘他为司徒主簿，没有就任就去世了。

宗测，字敬微，南阳人，刘宋征士宗炳的孙子。世代定居在江陵。宗测年轻时即稳重谦让，不喜欢追求功名利禄。他曾感叹地说："家里贫穷，父母已走，不选择就做官，前代的贤人认为这是美德，而我内心中有点不明白。如果不能够无形地感化地下的黄金，不知不觉地使江中的鲤鱼跳出来，就应该顺应大自然运行的规律，分得大地丰富的物产。怎么能够吃别人丰厚的俸禄，为别人的大事担忧呢？"

州里选举他为秀才，提拔他任主簿，都没有就任。骠骑豫章王征召他为参军，宗测回答说："为什么要误伤海鸟，加害山木？"母亲去世，亲自背土去墓边种上松树柏树。豫章王又写信给他请他出山，提拔他为参军。宗测回答说："我的本性和鱼鸟一样，只热爱山中林泉，眷恋松柏草木，看不起出仕做官这条人人都走的路。我纵情于岩石溪水之间，就和疯子一样，一点儿也不知道就要走了。如今鬓发已经白了，那里还能够担负责任，督促别人，憎恨鱼而羡慕鸟呢？"永明三年，皇帝下诏征聘他为太子舍人，他没有就任。

他想遨游名山，于是，把祖父宗炳画的《尚子平图》画在墙壁上。宗测的长子在京城做官，知道父亲要隐居，便求调任为南郡丞，以便经营家产、管理家事。刺史安陆王子敬、长史刘寅以下都曾赠送东西给宗测，但他均不接受。随身携带着《老子》《庄子》二书离家隐居。子孙辞别他时悲痛地哭泣，宗测长呼一口气，看也不看，到庐山去了。住在他的祖父宗炳住过的房子里。

鱼复侯子响统治江州，赠送给他很多东西。宗测说："年轻时有疯病，沿山采药，老远地来到这里。估量着肚子的大小吃点松子白术，按着自己的形体用花草做些衣服，这样恬然自处，已很满足。那里能够接受这样意外的施舍。"子响命令驾车拜访他，宗测回避了，不见他。后来子响没有告诉他就擅自来了，忽然到了他所住的地方，宗测没有办法，只好穿着粗布衣、戴着头巾和他见面，却始终不和他说话，子响不高兴地走了。尚书令王俭赠给他草编的褥子。

不久，宗测护送弟弟的灵柩回西边去，仍然住在旧宅永业寺，不和客人朋友来往，只和有共同隐逸志愿的人庾易、刘虬、同族人宗尚之等来往交谈。刺史随王子隆到了镇上，派遣别驾宗哲去慰问他，他笑着说："贵贱理应有距离，为什么要这样做。"最终也没有搭理他。建武二年，征聘他为司徒主簿，没有就任就去世了。

宗测善于绘画，自己把阮籍遇到苏门的情形画在屏风上，无论坐着睡着都面对着它。又画了永业寺的佛影台，都是绝妙之作。很喜爱音乐，精通《周易》《老子》，续作皇甫谧《高士传》三卷。又曾经游历衡山七岭，著有《衡山记》和《庐山记》。

宗尚之字敬文，也爱好自然山水。和刘虬都不出任骠骑记室一职。刘宋末年，刺史武陵王提拔他任赞府，豫章王提拔他任别驾，他都没有就任。永明中期，和刘虬一起被聘为通直郎，和帝中兴之初，又被征聘为谘议，都没有就任。后高龄而终。

杜京产，字景齐，吴郡钱塘人，杜子恭的玄孙。祖父杜运，是刘毅的卫军参军，父亲杜道鞠，任州从事，擅长弹棋这种游戏，社会上传说五斗米道曾传到京产和他的儿子杜栖。

京产年轻时性格恬静，无意于出仕做官和荣华富贵。广泛地涉猎文章典籍，专门研究黄帝、老子。会稽人孔觊，清正刚直，为人严肃，和他一见面便成为至交。郡里召任他为主簿，州里提拔他为从事，都借口有病没有出任。朝廷任他为奉朝请，也不接受。和同郡人顾欢志趣相投，始宁中期在东山开馆教学。建元年间，武陵王晔统治会稽，太祖派儒士刘瓛往东去为晔讲解儒家思想，杜京产请刘瓛到东山教馆讲学，拿出全部的钱财供奉招待他，儿子杜栖亲自给他拾鞋子，作为刘瓛的门生亲自给准备食物，他对于别人礼貌的就像这样。孔稚珪、周颙、谢瀹都写信给他，以表示友好。

永明十年，孔稚珪和光禄大夫陆澄、祠部尚书虞悰、太子右率沈约、司徒右长史张融上表推荐杜京产，说："我觉得，吴郡人杜京产廉洁贞静，为人谦虚，性格通达和蔼出于天性，才思敏锐捷速是由于天资。学问遍及玄学、儒学、广泛地精通史书、子书，流连往返于文学艺术，思考咀嚼其中的真理。泰始年间，脱掉官服辞别尘世，隐居避世，舍弃家业。隐居于太平的自然山水之间。在深山里盖房子，在溪水边采灵芝，耕耘播种，自给自足，一边砍柴一边唱歌，生活得雍容娴雅。他确实是不同一般，他淡然自处，没有什么欲望，穿麻衣吃粗食，有二十多年了。即使是古代有大志的人，也不比他强。我们认为应该让他脱去布衣，走出深山幽谷，挂上绶带，登上朝廷。如果这样，那么山崖都会欢笑，草木都会鼓掌了。"没有回音。建武初年，征聘员外散骑侍郎，京产说："庄子拿着鱼竿去钓鱼，那能够因为一块白玉就回头呢!"借口有病没有就任。永元元年去世。时年六十四岁。

会稽人孔道徽,保守着志操,不出仕做官,京产和他关系很好。

永明中期,会稽中山有一个人姓蔡,不知道他的名字。在山里养了几十只老鼠,呼来即来,让去便去。谈吐狂妄奇怪,当时的人叫他"谪仙",不知死在什么地方。

沈骢士,字去祯,吴兴武康人。祖父沈膺期,曾任晋朝的太中大夫。

骢士年轻时勤奋好学,家里很穷,一边编织帘子一边背书,口和手都不休息。刘宋元嘉末年,文帝命令尚书仆射何尚之抄撰《五经》,查访推举饱学之士,县里推举骢士应选。何尚之对他的儿子何偃说:"山东本来就有奇人啊。"没有多少时候,骢士便借口有病回到家乡,变得不和人们来往,抚养死去兄长的儿子,名振乡里。

有人劝说骢士做官,他回答说:"鱼悬挂在野兽的门槛上,走遍天下结果都是一样。圣人大彻大悟,所以要追寻祖宗的足迹。我确实不能把这些大道理给忘了。为什么不实现避世隐居呢!"于是作了《玄散赋》,和社会上的人断了交往。太守孔山士提拔他,没有就任。同族人徐州刺史昙庆、侍中怀文、左率勃来探望他,骢士也没有搭理他们。隐居在余不吴境内的差山,讲授经籍,教授学生,跟着他学习的有几百人。每个人盖了小屋,依次住在他的旁边。骢士推重陆机的《连珠文》,经常为学生讲解它。

征北将军张永统治吴兴,请沈骢士入郡。沈骢士听说郡政府的后面自然风景很好,就到那儿去住了几个月。张永要请他出任功曹,让别人向他表示了这个意思。沈骢士说:"贤明的郡守品德真诚素雅,留心山谷之人,所以小民能够穿粗布衣拄着拐杖、忘了自己的疲劳和疾病,老远地来到这儿。一定要把我这生活在大自然中的人装扮成横眉怒目的官戴,戴长发披肩的人戴上有装饰的帽子,我这种身份低贱的人虽然没有什么才能,也请允许攀附高尚的节操,让我跳进东海淹死了吧!"张永于是作罢。

升明末年,太守王奂上表推荐他,皇帝下诏征召他为奉朝请,他没有就任。永明六年,吏部郎沈渊、中书郎沈约上表推荐沈骢士的义举,说:"吴兴人沈骢士,英烈的风范早已树立,高尚的节操也已形成,真诚纯粹出于天性,综合博大源于学习。家庭孤弱贫困,野菜都常常吃不饱。手里捧着书耕田,头发白了读书也不厌倦。腋下夹着琴去砍柴,一边走一边不停地唱歌。长兄很早就去世了,留有四个侄子,自己拖着瘦弱的身体亲自抚养,苦处自己承担,把幸福全让给他们。七十多了,也一如既往。元嘉以来,皇帝、官府多次征聘。他的如玉的本质更加纯洁,冰霜般的情操更加高尚。如能够使政府朝廷得知他的事迹,让他能够得补三公九卿之位,一定能够使朝廷的规章制度传播到边远地区,让边远地区的人民感受到浩荡的皇恩。"皇帝下诏再次征聘他为太学博士。建武二年,征聘他为著作郎,永元二年,征聘他为太子舍人,他都没有就任。

沈骢士自己背柴,到河里去汲水,两天吃一天的粮食,保护着高尚的情操,直到老死。坚持学习,从不厌倦,碰到发生火灾,书烧掉了数千卷,这时骢士已经年过八十,耳不聋,眼不花,亲手用用过的旧纸抄写,就着火光细细地书写,又写成了两三千卷,装满了几十书筐,当时的人认为这是由于平时的修身养性才做到的。他著有《周易》《两系》《庄子内篇训》,给《易经》《礼记》《春秋》《尚书》,《论语》《孝经》《丧服》《老子要略》做过注,共几十卷。认为杨王孙、皇甫谧深深懂得生与死的关系,然而死后的葬祀却很做作、很虚假。于是自己设计了自己的葬礼。年八十六岁时去世。

同郡人沈俨之,字士恭,徐州刺史沈昙庆的儿子,也不出仕做官。曾被征召为太子洗永明三年,又下诏征聘前南郡国常侍沈颙为著作郎,建武二年,征聘他为太子舍人,永元二年,征为通直郎。沈颙字处默,刘宋领军沈寅之哥哥的孙子。

吴苞,字天盖,濮阳鄄城人。学的是儒学思想,精于《三礼》和《老子》《庄子》。刘宋泰始年间,渡长江南下聚徒讲学。戴着黄葛巾,拿着竹麈尾,粗茶淡饭过了二十多年,隆昌元年,皇帝下诏说:"隐士濮阳人吴苞,有志于隐居独处,保持着纯真坚定的情操,追寻、探索古人的思想,年纪大了,意志却更加坚定。征聘他为太学博士。"他没有就任。始安王遥光、右卫江祐在蒋山的南面建了学馆、自从刘瓛死了以后,学习的人都归附于他。后高龄而终。

鲁国人孔嗣之,字敬伯。刘宋时和太祖一起任中书舍人,但是,做官并非他的爱好,任庐陵郡守时辞去官职,隐居在钟山,朝廷任他为太中大夫。建武三年去世。

徐伯珍,东阳太末人。祖父和父亲都担任过郡掾史。

伯珍幼年丧父,家境贫穷,在竹叶或地上学写字。山洪暴发,淹了住房,村里人都逃走了,伯珍把床架起来,坐在上面,仍然读书不止。叔父璠之和颜延之关系好,回到祛蒙山盖了精舍讲授经籍,伯珍到那儿去跟着他学,一共学了十多年,探讨历史经籍,到那儿学习的人很多都采纳他的说法。太守琅玡王昙生、吴郡人张淹都给予提拔,伯珍应召后便退处,像这样有十二次。隐士沈俨,和他促膝谈论,表达他长期的仰慕之情。吴郡人顾欢摘出《尚书》讲不通的地方,伯珍对它们一一做出训释回答,很有条理,儒者都采取他的说法。

他喜爱佛教和《老庄》,兼通仙道方术,那一年天旱,伯珍占卜算卦,果然如期天下大雨。他行为举止符合礼节,经过弯曲的树木下面,加快脚步避开它。早年丧妻,后来没有再娶,自比曾参。他的住宅往南九里有高山,班固叫它做九岩山,是后汉人龙丘苌的隐居地。山上很多龙须柏,远望五彩缤纷,社会上把它叫作妇人岩。二年,伯珍移居那儿。住宅门前长有梓树,一年便有合抱那么粗。永明二年,刺史豫章王提拔他任议曹从事,他没有就任。家境很贫穷,兄弟四人,都白首相对,相依为命,当时的人把他们叫作"四皓"。建武四年,伯珍去世,时年八十四。跟他学习的人有一千多。

同郡人楼幼瑜,也学习儒家思想。著有《礼捃遗》三十卷。做官做到给事中。

又同郡人楼惠明,有仙道方术。住在金华山,禽兽毒虫都避开他。宋明帝听说后,下令让他出山住进华林园,任命他为奉朝请,他坚决推辞不肯接受。要求皇帝同意他回到东边去。永明三年,忽然坐着小船漂向临安县,众人都不知怎么回事。不久唐寓之叛乱,攻破了郡治。文惠太子叫他出来住在蒋山,他又要求回去,太子同意了。世祖下令为他建个学馆。

史臣说:"顾欢评论少数民族和汉族,赞美《老庄》而贬低佛教。佛法的原理,在远古社会就存在,它的产生在中古,它源远流长,无始无边,宇宙不知其大,数量计算不完,多么兴盛啊!它的理论是天下伟大之士所建立的。它叩击寂静无声的世界,探索事物的机缘,有感必应,以大包小,无所不容。至于儒家的主张,是仁、义、礼、乐、仁爱、义、宜,礼制从古,礼乐和美而已。现在佛教则讲究慈悲为本,常乐为宗,施舍全凭机缘,生活清苦以让世人产生敬意。儒家玄言,遵守过去的典章制度,转述古人所说的话,引古证今,对于学习的人来说容易领悟;现在佛教则认为有前因后果,现世的行为和将来的报应互相影响，因果必报，以至无穷。阴阳这种学说，占卜算卦，告诉老百姓做事的时辰，让他们知道自己行为的得失、利害。现在佛教出家人眼明耳聪，智慧广大无边，自己本人就是奎宿井星，那里还须等待甘公和石申来研究以阐呀？法家的主张，出自刑理，禁止奸邪之事和奸邪之人，明确谁该赏谁该罚；现在佛教认为十恶不赦，五恶必有报应，上刀山下火海，自作自受，不会有什么差错。墨家的主张是遵守前法，勤俭节约，赤脚光头，艰苦劳作；现在佛教号召人们视肌肤如同砍断的葫芦，对任何事不要抱希望，眼睛如同早已干枯的水井，抛弃妻子儿女，多作善事。纵横家的做法是看重权谋，主张连横，归旨于适应变化多端的形势；现在佛教则宣扬上帝的声音天下万民都理解，无须一家一户地劝说，佛教形成史上的四次辩论三次盟会，都能成为老师。杂家立言，兼有儒家、墨家的思想；现在佛祖释迦牟尼随时宣教，还有什么不能包容的呢？农家倡导播种耕耘，认为外貌要恭敬对上级要言听计从，眼睛要看得清，耳朵要听得明，思维要敏锐，这样才能搞好农业生产。现在随佛教传入郁单的秫稻，已和阎浮的不同。这是大自然的因果报应，种什么吃什么。道家的主张是抱一守虚，得性忘情，精神专注，不被打扰；现在佛教认为智慧无形，万物皆空，那有什么东西可以叫作'道'，那有什么'一'可以得到？道家和俗人相比较，真伪分明，佛教理论深奥，没有什么不能包容。只要善于运用它，那么俗人即是真人了。设立九流，是因为要借它来教育社会，法家、名家、道家、墨家，都违背人的本性和意愿，而儒者不刻意追求，也可以成为儒者，佛理则深奥、广博，实在是富有智慧和奥秘，有一物不能得知，就不会成佛成正果。至于神秘的因果报应的力量，感应、变化的奇妙，让人不可思议，难以说清。道教人物张道陵创立的五斗米道，占卜画符，每每灵验，师傅传授的方法，是由伯阳首创。社会上的人各有去就，有道教、佛教这二种宗教，僧尼和道士，因为矛盾而互相攻击。这不仅仅是重道，也是为了各自的利益。详细地探讨这两种宗教，其理论实际是同出一辙。但因为具体的做法有不同，所以成教的时间有先后。一个详细，一个简略，所以有优劣之分。'道'本来是虚无的，所以不是通过学就可以'得道'，弃绝聪明、抛弃智慧，这已经是'有为'。做不到'有为'，终究不是'道'的根本。假如本与末都不存在，哪里有什么等之分呢。佛教则不是这样。穿上袈裟，即成为佛徒。从此弃暗投明，由愚人境界进入了圣人境界。路途虽远但仍可以到达，事业虽大但成功有期。从事这种勤勉而让人羡慕的事业，万物和我融为一体。然而受到各人智慧深浅的限制，并不是每个人都能接受这样的道路。世上的途径仔细思量，只有因、果二门。鸡一叫就起来做好事，未必就有福分；在皇帝面前要肉吃，却并没有灾祸。才智高妙，却无法飞黄腾达；才思平庸，却荣华富贵一辈子。忠诚的人反而被遗弃；狡诈的人反而被重用。从这些事情上看，好像没有罪福之别，然而业缘变化不定，都写明在佛经经文上，开宗明义地写明了三业果报，这些疑惑顿时就明白了。史臣信仰佛教，深信冥冥之中的机缘，认为没有什么主张能比得上佛教。"

　　赞曰：饱含着真诚和朴实，履行道义努力学习。只有这些隐居避世的人，掩藏了自己的锋芒。

二十五史

梁书·陈书

[唐] 姚思廉 ⊙ 原著

导　读

　　《梁书》是记述南朝萧梁一代历史的纪传体史书,全书共五十六卷,包括本纪六卷,列传五十卷。《陈书》是南朝陈的纪传体断代史著作,全书共三十六卷,包括本纪六卷,列传三十卷。齐和帝中兴二年(502 年),萧衍推翻齐政权,建立了梁。至梁敬帝太平二年(557 年),陈霸先取代了梁,建立陈政权。传至陈后主祯明三年(589 年),灭于隋。《梁书》和《陈书》分别记载了梁、陈两朝的历史。

　　两部史书都是姚思廉所作。姚思廉本名简,以字行,历官陈、隋、唐三朝,死于唐太宗贞观十一年(637 年)。他的父亲姚察做过梁、陈两代的史官,于隋文帝开皇九年(589 年)受命编写梁、陈两朝史,他没有写完就死了。姚思廉在隋、唐先后两次受命继承他父亲的事业,直到他死的前一年,两史才全部定稿。姚思廉编修梁、陈史书,利用了他父亲的成果。《梁书》篇后题有"陈吏部尚书姚察曰"的有二十六卷,可能都是姚察的旧稿,题为"史臣曰"的,即是他自己的著述。据《陈书·姚察传》记载,《陈书》本纪也多是姚察旧稿。姚思廉奉命修史时,魏征任监修官,所以两书本纪部分和《陈书·皇后传》有魏征的论赞。

　　梁武帝萧衍在位四十八年,梁朝其他三帝在位时间加起来只有八年,所以《梁书》六卷本纪,《武帝纪》占了一半。梁武帝的孙子萧誉[同察],与元帝发生矛盾,逃往北方投降了魏。魏扶植他在江陵建立后梁政权,传袭了三世。这段史实,《梁书》却漏而未载,只好从《周书》《北史》中去查检。

　　《梁书》列传部分,新创了《止足》这篇类传,记述顾宪之等三人。所谓"止足",就是宦成身退的意思,其实是盗名欺世,抬高身价。值得一提的是,《儒林传》记载了杰出的唯物主义者范缜。东晋以来,佛教风靡于世。范缜却"盛称无佛",否定因果报应,大胆提出了"神灭论"的主张,显示了战斗的唯物主义者的思想光芒。对这样一个有胆有识的唯物主义者,《梁书》多所称颂,可见姚思廉是一个颇有见地的史学家。

　　陈朝封建政权只存在了三十三年,在政治、经济、文化方面没有特别的建树。可能与此有关,《陈书》内容比不上《梁书》那样充实,本纪和列传都过于简略。有关封爵、册立、谱系的罗列,繁冗芜杂,而忽视了对当时经济、文化状况的记述。当然,《陈书》仍不失为研究陈朝历史的重要材料。

　　姚氏父子相继编写梁、陈史,花了数十年的心血,对材料的去取和编次下了一番功夫。《梁书》的文笔,在宋、齐、梁、陈四史中是比较好的。它文字精练,叙事简洁。六朝和初唐文人,叙事论议喜欢用骈体文,姚氏父子却用简明的散文记述史事,不蹈六朝以来的恶劣文风,后人交口称誉《梁书》,是有道理的。

太祖张皇后传

【题解】

张皇后，名尚柔（？~471年），梁文帝萧顺之的妻子，生了梁武帝萧衍等人。梁朝建立后被尊为皇后。

【原文】

太祖献皇后张氏讳尚柔，范阳方城人也。祖次惠，宋濮阳太守。后母萧氏，既文帝从姑。后，宋元嘉中嫔於文帝，生长沙宣武王懿、永阳昭王敷，次生高祖。

初，后尝于室内，忽见庭前昌蒲生花，光彩照灼，非世中所有。后惊视，谓侍者曰："汝见不？"对曰："不见。"后曰："尝闻见者当富贵。"因遽取吞之。是月产高祖。将产之夜，后见庭内若有衣冠陪列焉。次生衡阳宣王畅、义兴昭长公主令意。宋泰始七年，殂于秣陵县同夏里舍，葬武进县东城里山。天监元年五月甲辰，追上尊号为皇后，谥曰献。

【译文】

梁太祖献皇后姓张名尚柔，范阳方城人。她的祖父名叫次惠，宋时任濮阳太守。献皇后的母亲萧氏，就是梁文帝萧顺之的堂姑母。献皇后在宋元嘉年间嫁给梁文帝，生了长沙宣武王萧懿、永阳昭王萧敷，后来生了梁高祖萧衍。

当初，献皇后曾在室内，忽然看见庭院前的昌蒲开花，光彩照耀，不是人世间所能有的。献皇后惊奇地看着，对侍者说："你看见没有？"侍者答道；"没有看见。"献皇后说："我曾听说看到这种现象的人会得到富贵。"于是急速摘取花朵吞食了。当月生下了高祖。即将分娩的那天夜晚，献皇后看到庭院中好像有官员排列陪伴。以后又生下衡阳宣王萧畅、义兴昭长公主萧令意。宋泰始七年，她死于秣陵县同夏里的住所，葬于武进区东城里山。天监元年五月甲辰，追加尊号为皇后，谥号为"献"。

高祖郗皇后传

【题解】

郗皇后，名徽（467~499年），梁武帝萧衍的妻子。父亲郗烨，南齐太子舍人。郗氏早卒，梁朝建立后被追尊为皇后。

【原文】

高祖德皇后郗氏讳徽，高平金乡人也。祖绍，国子祭酒，领东海王师。父烨，太子舍人，早卒。

初，后母寻阳公主方娠，梦当生贵子。及生后，有赤光照于室内，器物尽明，家人皆怪之。巫言此女光采异常，将有所妨，乃于水滨被除之。

后幼而明慧，善隶书，读史传。女工之事，无不闲习。宋后废帝将纳为后；齐初，安陆王缅又欲婚：郗氏并辞以女疾，乃止。建元末，高祖始娉焉。生永兴公主玉姚，永世公主玉婉，永康公主玉嬛。

建武五年，高祖为雍州刺史，先之镇，后乃迎后。至州未几，永元元年八月殂于襄阳官舍，时年三十二。其年归葬南徐州南东海武进县东城里山。中兴二年，齐朝进高祖位相国，封十郡，梁公，诏赠后为梁公妃。高祖践阼，追崇为皇后。

【译文】

梁高祖德皇后姓郗名徽，高平金乡人。德皇后的祖父名叫绍，曾任国子祭酒，兼任东海王的老师。她的父亲名叫烨，曾任太子舍人，很早就去世了。

当初，德皇后的母亲寻阳公主在怀孕期间，梦到自己应该生贵子。等到生德皇后时，室内有红光照耀，器物均被照亮，家里人都感到奇怪。巫师说这个女孩的光彩不同于常人，怕将来有不祥之处，于是在水边用被除的巫术为女孩去邪除祟。

德皇后从小聪明灵慧，善写隶书，爱读史书。针线等女工活，没有她不熟练的。宋代的后废帝刘昱准备娶她为皇后，齐朝初年，安陆王萧缅又想和她结婚，郗徽全用女儿患病的借口推辞了，婚事才停下不谈。建元末年，高祖才娶了她。德皇后生了永兴公主萧玉姚、永世公主萧玉婉、永康公主萧玉嬛。

建武五年，高祖任雍州刺史，先到任所，随后就接德皇后。德皇后到了雍州不久，于永元元年八月死在襄阳官舍，当时年仅三十二岁。当年归葬南徐州南东海武进区东城里山。中兴二年，齐朝升任高祖为相国，封给他十郡，称梁公；下诏赠德皇后为梁公妃。高祖称帝，追封她为皇后。

太宗王皇后传

【题解】

王皇后，名灵宾（504～549年），生性温柔聪慧，被纳为皇太子妃，即梁简文帝萧纲的妃子。去世后被追封为皇后。

【原文】

太宗简皇后王氏讳灵宾，琅玡临沂人也。祖俭，太尉，南昌文宪公。

后幼而柔明淑德，叔父暕见之曰："吾家女师也。"天监十一年，拜晋安王妃。生哀太子大器，南郡王大连，长山公主妙契。中大通三年十月，拜皇太子妃。太清三年三月，薨于永福省，时年四十五。其年，太宗即位，追崇为皇后，谥曰简。大宝元年九月，葬庄陵。

先是诏曰:"简皇后窀穸有期。昔西京霸陵,因山为藏;东汉寿陵,流水而已。朕属值时艰,岁饥民弊,方欲以身率下,永示敦朴。今所营庄陵,务存约俭。"又诏金紫光禄大夫萧子范为哀策文。

【译文】

梁太宗简皇后姓王名灵宾,琅玡临沂人。她的祖父名俭,曾任太尉、南昌文宪公。

简皇后年幼时温柔、聪慧、贤淑有德性。她的叔父王暕看见她后称赞道:"这是我家女孩子的榜样啊!"天监十一年(513 年)拜为晋安王的妃子。生有哀太子萧大器、南郡王萧大连、长山公主萧妙瑿。中大通三年十月,拜为皇太子妃。太清三年三月,在永福省逝世,终年四十五岁。同年,太宗即位,追封她为皇后,谥号称作"简"。大宝元年(550 年)九月,葬在庄陵。在此之前太宗曾下诏说:"简皇后的陵墓即将修建。过去的西京霸陵,依着山挖出陵穴,而东汉的寿陵,只是在水边罢了。此时朕正遇上时世艰难的时候,年逢灾荒,百姓穷困。朕正要以身作则,率领下属,永远倡导淳朴之风。如今营建庄陵,务必要节约俭省。"又下诏命令金紫光禄大夫萧子范为简皇后作哀策文。

肖统传

【题解】

肖统(公元 501~531 年)昭明太子,南朝梁武帝长子,字德施。著名文学家,曾邀集当代著名文人学士刘孝威、庚肩吾等人纂集《文选》共六十卷(原作三十卷),也称《昭明文选》,是我国现存最早的诗文总集。

【原文】

昭明太子统字德施,高祖长子也。母曰丁贵嫔。初,高祖未有男,义师起,太子以齐中兴元年九月生于襄阳。高祖既受禅,有司奏立储副,高祖以天下始定,百度多阙,未之许也。群臣固请,天监元年十一月,立为皇太子。时太子年幼,依旧居于内,拜东宫官属,文武皆入直永福省。

太子生而聪叡,三岁受《孝经》《论语》,五岁遍读《五经》,悉能讽诵。五年六月庚戌,始出居东宫。太子性仁孝,自出宫,恒思恋不乐。高祖知之,每五日一朝,多便留永福省,或五日三日乃还宫。八年九月,于寿安殿讲《孝经》,尽通大义。讲毕,亲临释奠于国学。

十四年正月朔旦,高祖临轩,冠太子于太极殿。旧制,太子著远游冠,金蝉翠 绥缨;至是,诏加金博山。

太子美姿貌,善举止。读书数行并下,过目皆忆。每游宴祖道,赋诗至十数韵。或命作剧韵赋之,皆属思便成,无所点易。高祖大弘佛教,亲自讲说;太子亦崇信三宝,遍览众经。乃于宫内别立慧义殿,专为法集之所。招引名僧,谈论不绝。太子自立二谛、法身义,并有新意。普通元年四月,甘露降于慧义殿,咸以为至德所感焉。

三年十一月，始兴王憺薨。旧事，以东宫礼绝傍亲，书翰并依常仪。太子意以为疑，命仆刘孝绰议其事。孝绰议曰："案张镜撰《东宫仪记》，称'三朝发哀者，逾月不举乐；鼓吹寝奏，服限亦然'。寻傍绝之义，义在去服，服虽可夺，情岂无悲，铙歌辍奏，良亦为此。既有悲情，宜称兼慕，卒哭之后，依常举乐，称悲竟，此理例相符。谓犹应称兼慕，至卒哭。"仆射徐勉、左率周舍、家令陆襄并同孝绰议。太子令曰："张镜《仪记》云'依《士礼》，终服月称慕悼'。又云'凡三朝发哀者，逾月不举乐'。刘仆议，云'傍绝之义，义在去服，服虽可夺，情岂无悲，卒哭之后，依常举乐，称悲竟，此理例相符'。寻情悲之说，非止卒哭之后，缘情为论，此自难一也。用张镜之举乐，弃张镜之称悲，一镜之言，取舍有异，此自难二也。陆家令止云'多历年所'，恐非事证；虽复累稔所用，意常未安。近亦常经以此问外，由来立意，谓犹应有慕悼之言。张岂不知举乐为大，称悲事小；所以用小而忽大，良亦有以。至如元正六佾，事为国章；虽情或未安，而礼不可废。铙吹军乐，比之亦然，书疏方之，事则成小，差可缘心。声乐自外，书疏自内，乐自他，书自己。刘仆之议，即情未安。可令诸贤更其详哀。"司农卿明山宾、步兵校尉朱异议，称"慕悼之解，宜终服月"。于是令付典书遵用，以为永准。

七年十一月，贵嫔有疾，太子还永福省，朝夕侍疾，衣不解带。及薨，步从丧还宫，至殡，水浆不入口，每哭辄恸绝。高祖遣中书舍人顾协宣旨曰："毁不灭性，圣人之制。《礼》，不胜丧比于不孝。有我在，那得自毁如此！可即强进饮食。"太子奉敕，乃进数合。自是至葬，日进麦粥一升。高祖又敕曰："闻汝所进过少，转就羸瘵。我比更无余病，正为汝如此，胸中亦妒塞成疾。故应强加饘粥，不使我恒尔悬心。"虽屡奉敕劝逼，日止一溢，不尝菜果之味。体素壮，腰带十围，至是减削过半。每入朝，士庶见者莫不下泣。

太子自加元服，高祖便使省万机，内外百司奏事者填塞于前。太子明于庶事，纤毫必晓，每所奏有谬误及巧妄，皆即就辩析，示其可否，徐令改正，未尝弹纠一人。平断法狱，多所全宥，天下皆称仁。

性宽和容众，喜愠不形于色。引纳才学之士，赏爱无倦。恒自讨论篇籍，或与学士商榷古今；闲则继以文章著述，率以为常。于时东宫有书几三万卷，名才并集，文学之盛，晋、宋以来未之有也。

性爱山水，于玄圃穿筑，更立亭馆，与朝士名素者游其中。尝泛舟后池，番禺侯轨盛称"此中宜奏女乐"。太子不答，咏左思《招隐诗》曰："何必丝与竹，山水有清音。"侯惭而止。出宫二十余年，不畜声乐。少时，敕赐太乐女妓一部，略非所好。

普通中，大军北讨，京师谷贵，太子因命菲衣减膳，改常馔为小食。每霖雨积雪，遣腹心左右，周行闾巷，视贫困家，有流离道路，密加振赐。又出主衣绵帛，多作襦袴，冬月以施贫冻。若死亡无可以敛者，为备棺槽。每闻远近百姓赋役勤苦，辄敛容色。常以户口未实，重于劳扰。

吴兴邵屡以水灾失收，有上言当漕大渎以泻浙江。中大通二年春，诏遣前交州刺史王弁假节，发吴郡、吴兴、义兴三郡民丁就役。太子上疏曰："伏闻当发王弁等上东三郡民丁，开漕沟渠，导泄震泽，使吴兴一境，无复水灾，诚矜恤之至仁，经略之远旨。暂劳永逸，必获后利。未萌难睹，窃有愚怀，所闻吴兴累年失收，民颇流移。吴郡十城，亦不全熟。唯义兴去秋有稔，复非常役之民。即日东境谷稼犹贵，劫盗屡起，在所有司，不皆闻奏。今征戍未归，强丁疏少，此虽小举，窃恐难合，吏一呼门，动为民蠹。又出丁之处，远近不一，比得齐集，已妨蚕农。去年称为丰岁，公私未能足食；如复今兹失业，虑恐为弊更深。且草窃多伺候民间虚实，若善人从役，则抄盗弥增，吴兴未受其益，内地已罹其弊。不审可得权停此功，待优实以不？圣心垂矜黎庶，神量久已有在。臣意见庸浅，不识事宜，苟有愚心，愿得上启。"高祖优诏以喻焉。

太子孝谨天至，每入朝，未五鼓便守城门开。东宫虽燕居内殿，一坐一起，恒向西南面台。宿被召当入，危坐达旦。

三年三月，寝疾。恐贻高祖忧，敕参问，辄自力手书启。及稍笃，左右欲启闻，犹不许，曰"云何令至尊知我如此恶"，因便呜咽。四月乙巳薨，时年三十一。高祖幸东宫，临哭尽哀。诏敛以衮冕。谥曰昭明。五月庚寅，葬安宁陵。诏司徒左长史王筠为哀册，文曰：（略）

太子仁德素著，乃薨，朝野忧愕。京师男女，奔走宫门，号泣满路。四方氓庶，及疆缴之民，闻丧皆恸哭。所著文集二十卷；又撰古今典诰文言，为《正序》十卷；五言诗之善者，为《文章英华》二十卷，《文选》三十卷。

【译文】

昭明太子萧统，字德施，梁高祖萧衍的长子。母亲是丁贵嫔。当初，高祖没有儿子。等起兵之后，太子于齐中兴元年九月出生于襄阳。高祖受禅即帝位后，有关部门奏请立皇太子，高祖以天下刚刚平定，各种制度多有缺失，没有允许。群臣反复请求，天监元年十一月，立萧统为皇太子。当时，太子年纪幼小，依旧居住在宫内，拜东宫官属，文武官员都到永福省入直。

太子天性非常聪明敏捷，三岁时开始学习《孝经》《论语》，五岁时便读遍《五经》，都能背诵。天监五年六月庚戌日，才出居东宫。太子天性仁义孝顺，自出宫之后，总是思恋旧宫而不高兴。高祖知道后，让他每天入宫朝见一次，大多顺便留在永福省，或过了三五天才回东宫。天监八年九月，在寿安殿讲解《孝经》，能将文中大义都讲通。讲完之后，亲自到国学去举行祭祀。

天监十四年正月朔旦，高祖临轩，在太极殿为太子加行冠礼。依照旧制，太子戴远游冠，金蝉翠绥缨；到此时，诏令加上金博山。

太子容貌俊美，举止有仪。读书时数行并下，过目不忘。每次游宴饯别，赋诗可达十几韵。有时命一些较难的韵让他赋诗，他都立时便成，无所改易。高祖萧衍大力弘扬佛教，亲自讲说，太子也崇信三宝，遍读佛教经典。还在宫内别修慧义殿，专门作为讲习佛教法令的场所。招引当时著名僧人，和他们讲论不绝。太子自己还创立二谛、法身意，都很有新意。普通元年四月，甘露降于慧义殿，人们都认为这是太子至德所感。

普通三年十一月，始兴王萧憺去世。按照旧规矩，东宫太子和旁系亲属所享礼节不同，书信来往都依常仪。太子认为不妥，命仆刘孝绰议论这件事。刘孝绰议论说："案张镜撰写《东宫仪记》一书，称'三朝发哀者，超过一月不奏乐；鼓吹乐不奏，服丧之限制也是如此。'按东宫傍绝之义，义在去除丧服。丧服虽然可去，情感难道能没有悲伤？铙歌中止不奏，确实为此之故。既有悲情，应该称为谦慕，哭完之后，依常举乐，悲伤已完结，此理例相符。这是说还应称兼慕之义，到哭完为止。"仆射徐勉、左率周颙、家令陆襄都和刘孝绰的意见相同。太子下令说："张镜《仪记》中说'依照士礼，终丧服之月称为慕悼。'又说'凡三朝发哀者,逾月不举乐'。刘孝绰的议论,认为'傍绝之义,义在去除丧服,丧服虽然可去,情感难道能没有悲伤？哭完之后,依常举乐,悲伤已完结,此理例相符。'按情感悲伤之说,不仅止于哭完之后,缘情为论,这是一难。用张镜举乐之说,弃张镜称悲之言,同样是张镜的话,取舍不同,这是第二难。陆家令只说'多历年所',恐怕没有事证。虽然是累年所用,意常未安。近年也常有此问之外,从来立意,说还应该有爱慕悲悼之言。张镜难道不知道举乐为大,称悲事小吗？所以用小事而忽略大事,已是不应该了。至于说元正六佾,事为国家典章；于情虽然或有不安,而礼不可废。铙吹为军乐,与之相比,道理也是如此。以书疏论之,事则成小,仅可缘心自慰而已。声乐发自外,书疏发自内,乐自他人、书疏由己。刘孝绰之议,于情未为安妥。可令各位贤士再在一起详加议论。"司农卿明山宾、步兵校尉朱异议论此事,认为"慕悼之解除,应终丧服之月。"于是,太子令将此议付典书遵用,以为长远的标准。

普通七年十一月,丁贵嫔生了病,太子还永福省,从早到晚侍候母亲,连衣带都不解。等丁贵嫔去世,太子步行随丧枢还宫。到装敛之日,一直茶饭不食,常常哭得昏厥过去。高祖派中书舍人顾协宣布旨意说："哀毁不丧失本性是圣人之制。《礼》,经不起丧事等于不孝。有我在,你怎能自毁如此！起快强进饮食。"太子奉勅之后,才勉强吃了点东西。从这天起到下葬之日,每天吃一升麦粥。高祖又下勅说："听说你吃得太少,越来越瘦。我本来没什么病,正因为你这样,胸中也圮塞成疾。所以,你要强加饮食,不要让我为你担心。"太子显然屡次奉勅劝逼,但每天只吃一溢（即一镒）,没有尝过疏菜水果的味道。太子本来身体十分强壮胖大,腰带有十围,而到这时减削过半。每次入朝,士庶百姓见到他的莫不掉下眼泪。

太子自加元服之后,高祖便让他处理国家政事,内外百司向太子奏事的人堵塞宫门。太子对治理民众之事十分通晓,连纤毫小事也必然知道。每次臣下所奏有谬误和使巧妄为之事,都立即辨析,示其可否,令其慢慢改正,未曾为此而纠弹一个人。平断法狱,多所保全,天下人都称道太子仁德。

太子天性宽和容众,喜怒不形于色。引纳才学之士,欣赏珍爱他们而不知倦。总是亲自讨论篇籍,或者和学士们商榷古今之事；有空便写文章著述,习以为常。当时,东宫有书近三万卷,当世有名的才子尽集于此,文学之盛,是晋代、宋代以来所不曾有的。

太子性爱山水,在玄圃挖沟修筑,重新修建亭馆,和朝士声名素著之人在里边游乐。一次在后池泛舟,番禺侯萧轨盛称"这里应奏女乐"。太子不回答,咏左思《招隐诗》说："何必丝与竹,山水有清音"。萧轨惭愧而止。出宫二十多年,没有蓄养过声乐艺人。少年时,高祖赐给太子太乐女伎一部,却不是太子所好。

普通年间,梁朝大军北伐,京师粮价变贵,太子因此下令穿菲薄的衣服,减少膳食,改常馔为小食。每次遇到连绵阴雨或下大雪的天气,总要派遣心腹之人到闾巷之中去巡察,见到贫困的百姓有流离于道路的,便暗中加以赈济。又拿出棉布锦帛,做了许多襦袴,冬天送给贫饿冻馁之人。如果人死了没有东西收敛,便为之准备棺材。每次听说远近的百姓赋役勤苦,总是敛容改色。常常以百姓户口未实而为之忧劳不已。

吴兴郡屡次因遭水灾而粮食歉收,有人上言应当开挖大渠以泄浙江的水。中大通二年春天,高祖诏派前交州刺史王弁代行其事节,发吴郡、吴兴、义兴三郡民丁服役。太子上疏说："听说让王弁等发东三郡民丁,开漕沟渠,导泄震泽,使吴兴郡境内不再有水灾,诚然是矜恤之至仁,经略上的远者。暂时劳苦而得永逸,必然获得后利。未萌之事难以预见,臣私地有一种想法。听说吴兴郡累年歉收,百姓颇为流移。吴郡的十个城邑也不全熟,唯义兴郡去年丰收,却又不是常役之民。如今东境州郡粮价仍很贵,盗贼屡起,有关地方官府没有全部上奏。如今征戍未归,强丁很少,此事虽然是小的举动,但私下地担心难以合于民之所需。官吏一叫门,使动辄为百姓的蠹害。另外,出壮丁的地方,远近不一,等到集合在一起,已经妨害了农功。去年可以说是丰收年,公家和私门粮食还不够食用;如果加上现在失于劳作,恐怕为害更深。而且,草窃盗贼大多伺候民间虚实,如果好人都去从役,则抄盗劫略之事必然增加,吴兴郡还未受益,内地已受其弊。不知道能不能暂时停止这个功役,以待以后条件许可不?圣心垂矜黎庶百姓,神量久已有在。臣意见庸浅,不识事宜,苟有愚心,但愿对上启迪。"高祖萧衍专门下诏说明了此事。

太子仁孝恭谨是天性,每次入朝,不到五鼓便等着城门开启。在东宫之中虽然燕居内殿,一起一坐,总是面向西南台宫。晚上得到诏令要入宫,便危坐达旦,不敢稍歇怠慢。

中大通三年三月,太子病重。害怕高祖为自己担忧,每次诏勅参问,总要打起精神亲自写书信回报。等病情加重,左右的人想报告高祖,还不允许,说:"为什么要至尊知道我病成这样?"说着便呜咽感伤。四月乙巳日,太子病逝,时年三十一岁。高祖临幸东宫,哭得非常悲痛。下诏以衮冕敛尸,谥号曰昭明。五月庚寅日,埋葬于安宁陵。诏令司徒左长史王筠作哀册,文中说:(略)

昭明太子仁德平素著于内外,等他去世,朝野无不惊愕惋惜。京城中的男女百姓,都奔走于宫门前,满路都是号哭的人。四方百姓以及边疆吏民,听说太子去世,无不恸哭。昭明太子著有文集二十卷;又撰集古今典诰文言,为《正序》十卷;集五言诗中的佳作,为《文章英华》二十卷;《文选》三十卷。

韦睿传

【题解】

韦睿(442~520),字怀文,京兆杜陵(今陕西西安市西南)人,出身于世家大族。生于宋,长于齐,主要活动在梁。齐末为上庸太守,从萧衍起兵。梁初,任豫州刺史。天监五年(506)率军反攻北魏,攻下小岘(今安徽合肥市东),然后攻克合肥。次年,北魏元英率军十万围攻钟离,梁武帝派韦睿赴援,利用火攻,烧敌在邵阳州的淮河便桥,大败魏军,晋封为侯爵。数年后,任丹阳尹、雍州刺史。天监十五年,拜护军将军。普通元年(520),迁侍中、车骑将军。他体弱不能骑马,乘轿督战,魏人畏惧,称为"韦虎"。为人严谨,处事大度,善抚士卒,军法严明,有谋略,善于制奇出胜,是梁朝的名将。可参见《南史》卷五八本传。

【原文】

韦睿字怀文,京兆杜陵人也。自汉丞相贤以后,世为三辅著姓。祖玄,避吏隐于长安南山。宋武帝入关，以太尉掾征，不至。伯父祖征，宋末为光禄勋。父祖归，宁远长史。睿事继母以孝闻。睿兄纂、阐，并早知名。

韦睿

纂、睿皆好学，阐有清操。祖征累为郡守，每携睿之职，视之如子。时睿内兄王憕、姨弟杜恽，并有乡里盛名。祖征谓睿曰："汝自谓何如憕、恽？"睿谦不敢对。祖征曰："汝文章或小减，学识当过之；然而于国家，成功业，皆莫汝逮也。"外兄杜幼文为梁州刺史，要睿俱行。梁土富饶，往者多以贿败；睿时虽幼，独用廉闻。

宋永光初，袁𫖭为雍州刺史，见而异之，引为主簿。𫖭到州，与邓琬起兵，睿求出为义成郡，故免𫖭之祸。后为晋平王左常侍，迁司空桂阳王行参军，随齐司空柳世隆守郢城，拒荆州刺史沈攸之。攸之平，迁前军中兵参军。久之，为广德令。累迁齐兴太守、本州别驾、长水校尉、右军将军。齐末多故。不欲远乡里，求为上庸太守，加建威将军。俄而太尉陈显达、护军将军崔慧景频逼京师，民心遑骇，未有所定，西土人谋之于睿。睿曰："陈虽旧将，非命世才；崔颇更事，懦而不武。其取赤族也，宜哉。天下真人，殆兴于吾州矣。"乃遣其二子，自结于高祖。

义兵檄至，睿率郡人伐竹为筏，倍道来赴，有众二千，马二百匹。高祖见睿甚悦，拊几曰："他日见君之面，今日见君之心，吾事就矣。"义师克郢、鲁，平加湖，睿多建谋策，皆见纳用。大军发郢，谋留守将，高祖难其人；久之，顾睿曰："齐骐骥而不乘，焉遑遑而更索？"即日以为冠军将军，江夏太守，行郢府事。初，郢城之拒守也，男女口垂十万，闭全经年，疾疫死者十七八，皆积尸于床下，而生者寝处其上，每屋辄盈满。睿料简隐恤，咸为营理，于是死者得埋藏，生者反居业，百姓赖之。

梁台建，征为大理。高祖即位，迁廷尉，封都梁子，邑三百户。天监二年，改封永昌，户邑如先。东宫建，迁太子右卫率，出为辅国将军、豫州刺史、领历阳太守。三年，魏遣众来寇，率州兵击走之。

四年，王师北伐，诏睿都督众军。睿遣长史王超宗、梁郡太守冯道根攻魏小岘城，未能拔。睿巡行围栅，魏城中忽出数百人陈于门外，睿欲击之，诸将皆曰："向本轻来，未有战备，徐还授甲，乃可进耳。"睿曰："不然。魏城中二千余人，闭门坚守，足以自保，无故出人于外，必其骁勇者也，若能挫之，其城自拔。"众犹迟疑，睿指其节曰："朝廷授此，非以为饰，韦睿之法，不可犯也。"乃进兵。士皆殊死战，魏军果败走，因急攻之，中宿而城拔。遂进讨合肥。先是，右军司马胡略等至合肥，久未能下，睿按行山川，曰："吾闻'汾水可以灌平阳，绛水可以灌安邑'，即此是也。"乃堰肥水，亲自表率，顷之，堰成水通，舟舰继至。魏初分筑东西小城夹合肥，睿先攻二城。既而魏援将杨灵胤帅军五万奄至，众惧不敌，请表益兵。睿笑曰："贼已至城下，方复求军，临难铸兵，岂及马腹。且吾求济师，彼亦征众，犹如吴益巴丘，蜀增白帝耳。'师克在和不在众'，古之义也"。因与战，破之，军人少安。

初，肥水堰立，使军主王怀静筑城于岸守之，魏攻陷怀静城，千余人皆没。魏人乘胜至睿堤下，其势甚盛，军监潘灵祐劝睿退还巢湖，诸将又请走保三叉。睿怒曰："宁有此邪！将军死绥。有前无却。"因令取缴扇麾幢，树之堤下，示无动志。睿素羸，每战未尝骑马，以板舆自载，督厉众军。魏兵来凿堤，睿亲与争之，魏军少却，因筑垒于堤以自固。睿起斗舰，高与合肥城等，四面临之。魏人计穷，相与悲哭，睿攻具既成，堰水又满，魏救兵无所用。魏守将杜元伦登城督战，中弩死，城遂溃。俘获万余级，牛马万数，绢满十间屋，悉充军赏。睿每昼接客旅，夜算军书，三更起张灯达曙，抚循其众，常如不及，故投募之士争归之。所至顿舍修立，馆宇藩篱墙壁，皆应准绳。

合肥既平，高祖诏众军进次东陵。东陵去魏甓城二十里，将会战，有诏班师。去贼既近，惧为所蹑，睿悉遣辎重居前，身乘小舆殿后，魏人服睿威名，望之不敢逼，全军而还。至是迁豫州于合肥。

五年，魏中山王元英寇北徐州，围刺史昌义之于钟离，众号百万，连城四十余。高祖遣征北将军曹景宗，都督众军二十万以拒之。次邵阳洲，筑垒相守，高祖诏睿率豫州之众会焉。睿自合肥迳道由阴陵大泽行，值涧谷，辄飞桥以济。师人畏魏军盛，多劝睿缓行。睿曰："钟离今凿穴而处，负户而汲，车驰卒奔，犹恐其后，而况缓乎！魏人已堕吾腹中，卿曹勿忧也。"旬日而至邵阳。初，高祖敕景宗曰："韦睿，卿之乡望，宜善敬之。"景宗见睿，礼甚谨。高祖闻之，曰："二将和，师必济矣。"睿于景宗营前二十里，夜掘长堑，树鹿角，截洲为城，比晓而营立。元英大惊，以杖击地曰："是何神也！"明旦，英自率众来战，睿乘素木舆，执白角如意麾军，一日数合，英甚惮其强。魏军又夜来攻城，飞矢雨集，睿子黯请下城以避箭，睿不许。军中惊，睿于城上厉声呵之，乃定。魏人先于邵阳洲两岸为两桥，树栅数百步，跨淮通道。睿装大舰，使梁郡太守冯道根、庐江太守裴邃、秦郡太守李文钊等为水军。值淮水暴长，睿即遣之，斗舰竞发，皆临敌垒，以小船载草，灌之以膏，从而焚其桥。风怒火盛，烟尘晦冥，敢死之士，拔栅砍桥，水又漂疾，倏忽之间，桥栅尽坏。而道根等皆身自搏战，军人奋勇，呼声动天地，无不一当百，魏人大溃。元英见桥绝，脱身遁去。魏军趋水死者十余万，斩首亦如之。其余释甲稽颡，乞为囚奴，犹数十万。所获军实牛马，不可胜纪。睿遣报昌义之，义之且悲且喜，不暇答语，但叫曰"更生！更生！"高祖遣中书郎周舍劳于淮上，睿积所获于军门，舍观之，谓睿曰："君此获复与熊耳山等。"以功增封七百户，进爵为侯，征通直散骑常侍、右卫将军。

七年，迁左卫将军，俄为安西长史、南郡太守，秩中二千石。会司州刺史马仙琕北伐还军，为魏人所蹑，三关扰动，诏睿督众军援焉。睿至安陆，增筑城二丈余，更开大堑，起高楼，众颇讥其示弱。睿曰："不然，为将当有怯时，不可专勇"。是时元英复追仙琕，将复邵阳之耻，闻睿至，乃退，帝亦诏罢军。明年，迁信武将军、江州刺史。九年，征员外散骑常侍、右卫将军，累迁左卫将军、太子詹事，寻加通直散骑常侍。十三年，迁智武将军、丹阳尹，以公事免。顷之，起为中护军。

十四年，出为平北将军、宁蛮校尉、雍州刺史。初，睿起兵乡中，客阴僬光泣止睿，睿还为州，僬光道候睿，睿笑谓之曰："若从公言，乞食于路矣。"饷耕牛十头。睿于故旧，无所遗惜，士大夫年七十以上，多与假板县令，乡里甚怀之。十五年，拜表致仕，优诏不许。十七年，征散骑常侍、护军将军，寻给鼓吹一部，入直殿省。居朝廷，恂恂未尝忤视，高祖甚礼敬之。性慈爱,抚孤兄子过于己子,历官所得禄赐,皆散之亲故,家无余财。后为护军,居家无事,慕万石、陆贾之为人,因画之于壁以自玩。时虽老,暇日犹课诸儿以学。第三子棱,尤明经史,世称其洽闻,睿每坐棱使说书,其所发挺,棱犹弗之逮也。高祖方锐意释氏、天下咸从风而化;睿自以信受素薄,位居大臣,不欲与俗俯仰,所行略如他日。

普通元年夏,迁侍中、车骑将军,以疾未拜。八月,卒于家,时年七十九。遗令薄葬,敛以时服。高祖即日临哭甚恸。赐钱十万,布二百匹,东园秘器,朝服一具,衣一袭,丧事取给于官,遣中书舍人监护。赠侍中、车骑将军、开府仪同三司。谥曰严。

初,邵阳之役,昌义之甚德睿,请曹景宗与睿会,因设钱二十万官赌之,景宗掷得雉,睿徐掷得卢,遽取一子反之,曰:"异事",遂作塞。景宗时与群帅争先启捷,睿独居后,其不尚胜,率多如是,世尤以此贤之。子放、正、棱、黯,放别有传。

【译文】

韦睿,字怀文,是京兆杜陵人。韦家自汉代丞相韦贤以后世代为三辅地区大姓。祖父韦玄,为逃避做官隐居在长安南山。宋武帝刘裕入关中,请他出任太尉掾,他没有出来。伯父韦祖征,在宋末任光禄勋。父亲韦祖归,任宁远长史。韦睿服侍继母以孝顺闻名。他的哥哥韦纂、韦阐,都很早就有点名声。韦纂、韦睿都好学不倦,而韦阐则有高尚的道德操行。韦祖征接连升官为郡守,每次携带韦睿上任,总把他看作自己的儿子。当时韦睿的妻兄王憕、姨弟杜恽,在乡里都有很高的名声。韦祖征对韦睿说:"你自己以为比起憕、恽来怎么样?"韦睿不敢回答。祖征说:"你文章比起他们来略为逊色,学识则超过他们,而为国家建立功业,他们都比不上你呀。"表兄杜幼文为梁州刺史,要韦睿一起去。梁州土地富饶,过去的官吏大多受贿而身败名裂;韦睿当时虽然还年幼,却以清廉而闻名。

宋前废帝永光初年,袁颛出任雍州刺史,见韦睿后感到惊异,引用为自己的主簿。袁颛到雍州,与邓琬一起起兵反朝廷,韦睿请求外出到义成郡任事,因此而避免了一场灾祸。后被任命为晋平王刘休佑左常侍,晋升为司空桂阳王刘休范行参军,随齐朝司空柳世隆守郢城,抗拒荆州刺史沈攸之。宋末沈攸之的叛乱平定后,升为前军中兵参军。过了一段时期,任广德县令。又接连升迁为齐兴太守、本州别驾、长水校尉、右军将军。齐朝末年社会动乱,韦睿不想远离家乡,要求担任了上庸太守,加建威将军。不久,太尉陈显达、护军将军崔慧景起兵,逼近京师,人心惶惶,不知所措。西部地区的人们请韦睿出谋划策,韦睿说:"陈显达虽然是老将,但不是个有盖世之才的人,崔慧景常更换主子,懦弱而不英武,他们最后遭到灭族之灾,也是活该。天下的真命天子,将要出现在我们的州了。"于是派遣其第二子,去联络和投靠梁武帝。

梁武帝起兵后,檄文到郡,韦睿率领郡中百姓伐竹造筏,加速赶来,共有二千人,二百匹马。梁武帝见到韦睿十分高兴,抚着几案说:"前日只见到你的面,今日才知道你的心,我的事业能够成功了。"梁武帝的义师攻克郢、鲁,平定加湖,韦睿多次出谋划策,都被采纳。大军从郢出发,要留个守将,梁武帝感到难找人选,过了很久,回头对韦睿说:"抛弃眼前千里马而不骑,何必再惶惶然去寻找?"当天就任命韦睿为冠军将军、江夏太守,行郢府事。最初,郢城在抗拒守城时,男女有近十万,关门拒守一年,因疾病而死亡的达十分之七八,都把尸体堆积在床下,而活人则睡在上面,每个房屋都挤满了人。韦睿都一一做了处理抚恤，于是死人得到埋葬，活人能安居乐业，百姓由此得到安宁。

梁朝建国后，韦睿被征召为大理。梁武帝即位，升为廷尉，封爵都梁子，食邑三百户。梁天监二年，改封到永昌，户邑数照旧不变。东宫建立后，升为太子右卫率，又外出为辅国将军，豫州刺史、统领历阳太守。天监三年，北魏派兵来侵犯，韦睿率领州兵击退了他们。

天监四年，梁军北伐，诏命韦睿都督众军。韦睿派长史王超宗、梁郡太守冯道根进攻北魏的小岘城，未能攻克。韦睿在围城的木栅周围巡行，城中忽然有数百人出城，韦睿想攻击他们，各位将领都说："我们都是临时而来，没有作战的准备，让我们回去穿上盔甲后，再向他们进攻。"韦睿说："不对。北魏城中共二千余人，关闭城门固守，足以自保，现在无故出城于外，必然是其中骁勇的人，如果能挫败他们，这城就自然可以攻下。"众将仍犹豫不决，韦睿指着自己的节说："朝廷授给我这节，不是为了装饰，韦睿的法，是不可违反的。"于是向魏军发起进攻，将士们都拼死战斗，魏军果然都败退而逃，趁势急攻，到第二天晚上把小岘城攻下了。于是进讨合肥。早先，右军司马胡略等到了合肥，久攻不能攻下，韦睿考查了地图上的山川，说："我听说'汾水可以灌平阳，绛水可以灌安邑'，这里也是这样。"于是在肥水上修筑堤坝，并亲自带头劳动做表率。不久，堤坝筑成水通了，舟舰相继来到。北魏初曾在合肥东西部分别筑起两小城，韦先攻此两城。不久北魏将领杨灵胤率领五万大军突然前来支援，大家都十分恐惧，请求增兵。韦说："贼军已到了城下，再去求救兵，好像碰到危难再去铸造兵器，哪里还来得及。而且我们去求援军，他们也会这样，好像吴国增兵巴丘，蜀国增兵白帝。'克敌制胜的原因在于人和而不在人多'，这是自古以来的经验。"于是发起了战斗，打败了敌人，军队稍稍安定。

先前，肥水堰建立时，韦睿命军主王怀静在岸上筑城防守它，北魏军队攻下了此城，千余人都成了俘虏。魏军乘胜到达韦睿的堤下，其军势很盛，军监潘灵祐劝韦睿退还巢湖，其他诸将又请求退保三叉。韦睿发怒，说："岂有此理！《司马法》云：'将军因退军而死'。只能前进，不准后退。"于是命令把旌旗仪仗，树立在堤下，表示决心不走。韦睿素来体弱，每次作战不曾骑马，而是坐在木板轿子上指挥，但这次北魏军来破坏堤，韦睿亲自出来与之争战，魏军稍为退却，他就在堤上修筑营垒以加强防御。韦睿造起战船，其高度相当于合肥城，从四面居高临下。北魏军队没有办法，相互对着痛哭起来。韦睿造好了进攻的武器，堰水又满，魏救兵已不起作用。魏守将杜元伦到城上指挥督促战斗，中箭而死，于是合肥城被攻破，俘虏和杀死敌人一万多、牛马上万匹，满屋的绢共十间，所有这些都赏赐给了军队。韦睿每天白天接待客人，夜半起研究军书，从三更开始张灯直到天明。他安抚部下，常恐不够，因而人们争先恐后来投归他。所到之处，建立住所，其藩离墙壁，都有一定标准。

合肥平定后，梁武帝命令众军进到东陵。东陵离开魏甓城二十里，将要会战时，有诏书下来要求回军。离开敌人那么近，怕敌人从后面追来，韦睿把军用物资安排在最前方，自己坐小轿在最后压阵，魏军佩服韦睿的威武，在远远看望他退走而不敢追逼。于是韦睿全军而还。到此，把豫州治所迁到了合肥。

天监五年，北魏中山王元英进攻北徐州，包围了在钟离的刺史昌义之，众号百万，连接城市四十余座。梁武帝派征北将军曹景宗，都督众军二十万去抵抗他。到了邵阳洲，修筑宫垒相守，梁武帝诏命韦睿率领豫州的军队去会师。韦睿从合肥取直道由阴陵大泽北行,碰到河涧就架桥渡过去。军队中人怕魏军强盛,多劝韦睿慢行。韦睿说:"钟离现在挖地洞住人,头顶门板取水,我们尽快奔跑去还怕后到,怎么能缓慢呢!魏人已落到我们的圈套中,你不要担忧。"仅十天时间就到了邵阳。先前,梁武帝对曹景宗说:"韦睿,是你们乡中属名门望族,应该敬重他。"曹景宗见到韦睿后,十分礼敬。梁武帝知道后,说:"两将和好,军队必然能胜利。"韦睿在曹景宗营前二十里,连夜挖掘长沟,树立起木栅,垒土筑城,到第二天拂晓营垒已经建立。元英知道后大惊,用杖击地,说:"这是何处来的神呀!"次日一早,元英亲自率领部众来攻,韦睿乘白色木轿,手拿白角如意指挥军队,一天大战几个回合,元英害怕其强而退走。晚上魏军又来攻城,飞矢像雨点般落下来,韦睿儿子韦黯要求下城避箭,韦睿不许。军队中出现惊乱,韦睿在城上厉声呵喝,总算安定下来。北魏军队早先在邵阳洲两岸设有两座桥,树立木栅数百步,在淮河上造成了通道。韦睿造了大的战船,命令梁郡太守冯道根、庐江太守裴邃、秦郡太守李文钊等率领水军。等到淮河水暴涨时,即令战船迅速出发,都靠近敌我营垒,再用小船装满干草,灌浇了油膏,然后点火烧敌人的桥。狂风怒吼,火势炽盛,浓烟滚滚,尘埃飞扬,挡住了天色。一些敢死的士兵,拔栅砍桥,再加水流冲激,一忽儿功夫,桥和木栅都已毁坏。而冯道根等都身先士卒,与敌人搏斗,士兵们个个奋勇向前,呼杀声震天动地,没有一个不是以一当百。北魏军队彻底溃败。元英见桥已断,单身偷偷溜走。魏军在逃命中落水而死的有十多万,被斩首的也相当此数。其余放下武器叩头求降,成为囚犯和奴隶的,还有数十万。所缴获的军用物资、牛马等,不可胜数。韦睿派人回报昌义之,昌义之又悲又喜,不及回答,只是叫嚷:"我们再生了,我们再生了!"梁武帝派中书郎周舍到淮河上去慰劳军队,韦睿把所有战利品堆在军门外,周舍看了,对韦睿说:"你这次的收获与熊耳山相等了。"因这次功劳增封给韦睿食邑七百户,并进为侯爵,召为通直散骑常侍、右卫将军。

天监七年,韦睿升为左卫将军,不久为安西长史、南郡太守,秩禄年满二千石。刚好司州刺史马仙琕北伐回军,被北魏军所追,三关扰动,梁武帝命韦睿督领众军去支援。韦睿到安陆,加筑城墙二丈多,又开大沟,筑起高楼,大家颇有点讥笑他在敌人面前表示软弱。韦睿说:"不对,做将领应当有胆怯的时候,不可以一意勇猛。"此时元英正在追击马仙琕,想雪刷和报复邵阳洲失败的耻辱,听说韦睿到来,也就退兵。梁武帝也命韦睿回军。第二年,韦睿升为信武将军、江州刺史。天监九年,召为员外散骑常侍、右卫将军,接连加官升到左卫将军、太子詹事,不久加官通直散骑常侍。天监十三年,升为智武将军、丹阳尹,因公家的事免职。不久,又起用为中护军。

天监十四年,外出为平北将军、宁蛮校尉、雍州刺史。早先,韦睿在乡中起兵,宾客阴僙光哭着劝阻韦睿,现韦睿回到家乡任州刺史,阴僙光前来问候,韦睿笑着对他说:"如果当时听从你的话,我要在路上讨饭了。"送给他十头耕牛。韦睿对于乡里的故旧老人,从来是宽厚不吝惜的,士大夫年龄七十以上,多给以假板县令,因此乡里人都很怀念他。天监十五年,上表要求退休,梁武帝下优诏不许。天监十七年,召为散骑常侍、护军将军,不久赐给鼓吹乐队一部,在宫中值班。韦睿在朝廷中,为人厚道从不怒目而视。梁武帝很敬重他。韦睿性格慈祥爱人,抚养已成孤儿的侄子胜过自己的儿子,他历次任官所得的俸禄和赏物,都散给了亲戚故旧,家里没有多余财物。后来被任为护军,在家里没有事,羡慕万石、陆贾的为人,因而把他们的像画在墙上而自我欣赏。当时年虽已老,在空暇日子还是督促帮助诸儿们读书学习。第三子韦棱,对五经史书尤其熟悉,当时人称他通达古今,韦睿经常坐着让韦棱讲述书的内容,有时韦睿解说疑难之义,韦棱往往比不上。梁武帝当时正迷信佛教,全国也都流行这股风气,而韦睿自以为信佛一向较淡薄,而位居大臣,不想与常人一样去拜佛,所以行动仍和平常日子一样。

梁武帝普通元年夏天,升为侍中、车骑将军,因病没有拜受。八月,死于家中,时年七十九岁。遗言薄葬,大敛用平时衣服。梁武帝当日前往看望,哭得非常悲痛。赐钱十万,布二百匹,东园署的棺木,朝服一具,衣一袭。丧事的费用都由官府支给,派中书舍人监护。追赠做侍中、车骑将军、开府仪同三司,谥号为"严"。

早先,邵阳洲之役,昌义之非常感德于韦睿,请曹景宗与睿一起来,拿出二十万钱在徐州府赌博,曹景宗掷得个"雉",睿再掷得个"卢",急忙取一子反过来,说道"怪事",于是得于"塞"。曹景宗当时与其他将帅争先报告战胜捷服,睿独立在后,他的不喜欢争胜的性格,大多是与这次赌博一样。世人因此而更敬重他。儿子韦放、韦正、韦棱、韦黯,韦放另外有传。

沈约传

【题解】

沈约(441~513年),字休文,刘宋吴兴郡武康县(今浙江德清)人,南朝著名的史学家和文学家。他的史学著作有《晋书》《宋书》《齐纪》《高祖(梁武帝)纪》等数种,大部分已散佚,今存者仅《宋书》一百卷。其书包括本纪十卷,志三十卷,列传六十卷,起自晋义熙元年(405年),终于宋升明三年(479年),是一部记述刘宋兴亡的纪传体断代史。一般认为,《宋书》主要以徐爰所修宋史旧本为依据,自撰部分不多;叙事多所忌讳,时有曲笔,晋宋之间为宋讳,宋齐之间为萧道成讳,无所不至。但其纪、传记事颇富,尤其是志,分量几与纪、传部分相等,不仅叙述了刘宋一代制度,还上溯至曹魏,中间包括晋代,无论质、量,都颇为贵重。

【原文】

沈约字休文,吴兴武庸人也。祖林子,宋征虏将军。父璞,淮南太守。璞元嘉末被诛,约幼潜窜,会赦免。既而流寓孤贫,笃志好学,昼夜不倦。母恐其以劳生疾,常遣减油灭火。而昼之所读,夜辄诵之,遂博通群籍,能属文。

起家奉朝请。济阳蔡兴宗闻其才而善之;兴宗为郢州刺史,引为安西外兵参军,兼记室。兴宗尝谓其诸子曰:"沈记室人伦师表,宜善事之。"及为荆州,又为征西记室参军,带厥西令。兴宗卒,始为安西晋安王法曹参军,转外兵,并兼记室。入为尚书度支郎。

齐初为征虏记室,带襄阳令,所奉之王,齐文惠太子也。太子入居东宫,为步兵校尉,管书记,直永寿省,校四部图书。时东宫多士,约特被亲遇,每直入见,影斜方出。当时王侯到宫,或不得进,约每以为言。太子曰:"吾生平懒起,是卿所悉,得卿谈论,然后忘寝。卿欲我夙兴,可恒早入。"迁太子家令,后以本官兼著作郎,迁中书郎,本邑中正,司徒右长史、黄门侍郎。时竟陵王亦招士，约与兰陵萧琛、琅玡王融、陈郡谢朓、南乡范云、乐安任昉等皆游焉，当世号为得人。俄兼尚书左丞，寻为御史中丞，转车骑长史。隆昌元年，除吏部郎，出为宁朔将军、东阳太守。明帝即位，进号辅国将军，征为五兵尚书，迁国子祭酒。明帝崩，政归冢宰，尚书令徐孝嗣使约撰定遗诏。迁左卫将军，寻加通直散骑常侍。永元二年，以母老表求解职，改授冠军将军、司徒左长史，征虏将军、南清河太守。

沈约

高祖在西邸，与约游旧，健康城平，引为骠骑司马，将军如故。时高祖勋业既就，天人允属，约尝扣其端，高祖默而不应。他日又进曰："今与古异，不可以淳风期万物。士大夫攀龙附凤者，皆望有尺寸之功，以保其福禄。今童儿牧竖，悉知齐祚已终，莫不云明公其人也。天文人事，表革运之征，永元以来，尤为彰著。谶云'行中水，作天子'，此又历然在记。天心不可违，人情不可失，苟是历数所至，虽欲谦光，亦不可得已。"高祖曰吾："方思之。"对曰："公初杖兵樊、沔，此时应思，今王业已就，何所复思，昔武王伐纣，始入，民便曰吾君，武王不违民意，亦无所思。公自至京邑，已移气序，比于周武，迟速不同。若不早定大业，穆天人之望，脱有一人立异，便损威德。且人非金石，时事难保。岂可以建安之封，遗之子孙？若天子还都，公卿在位，则君臣分定，无复异心。君明于上，臣忠于下，岂复有人方更同公作贼。"高祖然之。约出，高祖召范云告之，云对略同约旨。高祖曰："智者乃尔暗同，卿明早将休文来。"云出语约，约曰："卿必待我。"云许诺，而约先期入，高祖命草其事。约乃出怀中诏书并诸选置，高祖初无所改。俄而云自外来，至殿门不得入，俳徊寿光阁外，但云"咄咄"。约出，问曰："何以见处？"约举手向左，云笑曰："不乖所望。"有顷，高祖召范云谓曰："生平与沈休文群居，不觉有异人处；今日才智纵横，可谓明识。"云曰："公今知约，不异约今知公。"高祖曰："我起兵于今三年矣，功臣诸将，实有其劳；然成帝业者，乃卿二人也。"

梁台建，为散骑常侍、吏部尚书，兼右仆射。高祖受禅，为尚书仆射，封建昌县侯，邑千户，常侍如故。又拜约母谢为建昌国太夫人。奉策之日，右仆射范云等二十余人咸来致拜，朝野以为荣。俄迁尚书左仆射，常侍如故。寻兼领军，加侍中。天监二年，遭母忧，舆驾亲出临吊，以约年衰，不宜到毁，遣中书舍人断客节哭。起为镇军将军、丹阳尹，置佐史。服阕，迁侍中、右光禄大夫，领太子詹事，扬州大中正，关尚书八条事，迁尚书令，侍中、詹事、中正如故。累表陈让，改授尚书左仆射、领中书令、前将军，置佐史，侍中如故。寻迁尚书令，领太子少傅。九年，转左光禄大夫，侍中、少傅如故，给鼓吹一部。

初，约久处端揆，有志台司，论者咸谓为宜，而帝终不用，乃求外出，又不见许。与徐勉素善，遂以书陈情于勉曰："吾弱年孤苦，傍无期属，往者将坠于地，契阔屯迍，困于朝夕，崎岖薄宦，事非为已，望得小禄，傍此东归。岁逾十稔，方忝襄阳县，公私情计，非所了具,以身资物,不得不任人事。永明末,出守东阳,意在止足;而建武肇运,人世胶加,一去不返,行之未易。及昏猜之始,王政多门,因此谋退,庶几可果,托卿布怀于徐令,想记未忘。圣道聿兴,谬逢嘉运,往志宿心,复成乖爽。今岁开元,礼年云至,悬车之请,事由恩夺,诚不能弘宣风政,光阐朝猷,尚欲讨寻文簿,时议同异。而开年以来,病增虑切,当由生寻有限,劳役过差,总此凋竭,归之暮年,牵策行止,努力祗事。外观傍览,尚似全人,而形骸力用,不相综摄。常须过自束持,方可俯偻。解衣一卧,支沐不复相关。上热下冷,月增日笃,取暖则烦,加寒必利,后差不及前差,后剧必甚前剧。百日数旬,革带常应移孔;以手握臂,率计月小半分。以此推算,岂能支久?若此不休,日复一日,将贻圣主不追之恨。冒欲表闻,乞归老之秩。若天假其年,还得平健,才力所堪,惟恩是策。"勉为言于高祖,请三司之仪,弗许,但加鼓吹而已。

约性不饮酒,少嗜欲,虽时遇隆重,而居处俭素。立宅东田,瞩望效阜。尝为《郊居赋》,其辞曰:(略)

寻加特进,光禄、侍中、少傅如故。十二年,卒官,时年七十三。诏赠本官,赙钱五万、布百匹,谥曰隐。

约左目重瞳子,腰有紫志,聪明过人。好坟籍,聚书至二万卷,京师莫比,少时孤贫,丐于宗党,得米数百斛,为宗人所侮,覆米而去。及贵,不以为憾,用为郡部传。尝侍宴,有妓师是齐文惠宫人。帝问识座中客不?曰:"惟识沈家令。"约伏座流涕,帝亦悲焉,为之罢酒。约历仕三代,该悉旧章,博物洽闻,当世取则。谢玄晖善为诗,任彦升工于文章,约兼而有之,然不能过也。自负高才,昧于荣利,乘时藉势,颇累清谈。及居端揆,稍弘止足,每进一官,辄殷勤请退,而终不能去,论者方之山涛。用事十余年,未尝有所荐达,政之得失,唯唯而已。

初,高祖有憾于张稷,及稷卒,因与约言之。约曰:"尚书左仆射出作边州刺史,已往之事,何足复论。"帝以为婚家相为,大怒曰:"卿言如此,是忠臣邪?"乃辇归内殿。约惧,不觉高祖起,犹坐如初。及还,未至床,而凭空顿于户下,因病,梦齐和帝以剑断其舌。召巫视之,巫言如梦。乃呼道士奏赤章于天,称禅代之事,不由己出。高祖遣上省医徐奘视约疾,还具以状闻。先此,约尝侍宴,值豫州献栗,经寸半,帝奇之,问曰:"栗事多少?"与约各疏所忆,少帝三事。出谓人曰:"此公护前,不让即羞死。"帝以其言不逊,欲抵其罪,徐勉固谏乃止。及闻赤章事,大怒,中使谴责者数焉,约惧遂卒。有司谥曰文,帝曰:"怀情不尽曰隐。"故改为隐云。所著《晋书》百一十卷,《宋书》百卷,《齐纪》二十卷,《高祖纪》十四卷,《迩言》十卷,《谥例》十卷,《宋文章志》三十卷,文集一百卷,皆行于世。又撰《四声谱》,以为在昔词人,累千载而不寤,而独得胸衿,穷其妙旨,自谓入神之作,高祖雅不好焉。帝问周舍曰:"何谓四声?"舍曰:"天子圣哲是也。"然帝竟不遵用。

子旋,及约时已历中书侍郎,永嘉太守,司徒从事中郎,司徒右长史。免约丧,为太子仆,复以母忧去官,而蔬食辟谷。服除,犹绝粳粱。为给事黄门侍郎、中抚军长史。出为招远将军、南康内史,在部以清治称。卒官,谥曰恭侯。子实嗣。

陈史部尚书姚察曰:昔木德将谢。昏嗣流虐艺术堞堞黔黎,命悬昬漏。高祖义拯横溃,志宁区夏,谋谟帷幄,实寄良、平。至于范云、沈约,参预缔构,赞成帝业;加云以机警明胆,济务益时;约高才博洽,名亚迁、董,俱属兴运,盖一代之英伟焉。

沈约，字休文，吴兴武康人。他的祖父沈林子，是刘宋朝的征虏将军。他的父亲沈璞，是梁朝的淮海太守。沈璞在元嘉末年被诛杀了，沈约就四处逃窜潜藏，后来遇上了赦免。这以后沈约在孤独的流浪、贫穷的生活中，笃志好学，昼夜不倦。他的母亲担心他太劳苦而生病，常常减少给他点灯的油或灭掉他的灯。但是沈约把白天所诵读的文章，在夜间进行背诵，于是他博通群书，善于写文章。

（后来，）沈约带上家眷去担任奉朝请的职务。济阳的蔡兴宗听说沈约的文才而与他交好。当时蔡兴宗是郢州刺史，推荐沈约做了安西将军府的外兵参军，兼任记室。蔡兴宗曾经对他的孩子们说："沈记室是道德高尚的老师，你们应当很好地对待他。"（此后，蔡兴宗为荆州刺史、征西将军）沈约跟随到了荆州，又让他担任了征西记室参军，在名义上兼任厥西县令。蔡兴宗去世后，沈约起初担任安西晋安王的法曹参军，后转为外兵参军，并兼任记室。后来，他由此入朝担任了尚书度支郎。

萧齐初年，沈约担任征虏将军府记室，名义上兼任襄阳县令。他所服务的王，是萧齐的文惠太子萧长懋。太子入居东宫时，沈约为太子步兵校尉，管书记，兼管永寿省，校理四部图书。当时东宫士人很多，沈约特别受到文惠太子的宠信，每次他上班时去见太子，到太阳西下了才出来。当时王侯到东宫，有的得不到允许进去，沈约每每把这事提出来向文惠太子进言。太子说："我生平懒得起床，这是您知道的，有您和我谈论，然后我才忘记了睡觉。您想让我早早地起床，可以早些进来。"沈约升职为太子家令，后来又以太子家令的本职兼任著作郎，又升为中书郎、本邑的中正、司徒右长史、黄门侍郎等职。那时竟陵王萧子良也招纳贤士，沈约与兰陵的萧琛、琅玡的王融、陈郡的谢朓、南乡的范云、乐安的任昉等人都在竟陵王门下出入，当时社会上都说竟陵王得到了人才。不久沈约兼任了尚书左丞，旋即担任了御史中丞，又改任车骑长史。隆昌元年，授予沈约吏部郎的职务，出任宁朔将军、东阳太守。齐明帝即位，沈约进号为辅国将军，征招为五兵尚书，升迁为国子祭酒。明帝驾崩，政事归丞相掌管，尚书令徐孝嗣指定沈约撰写遗诏。沈约升为左卫将军，不久又加官通直散骑常侍。永元二年，因母亲年老沈约上表请求解除职务，于是改授他为冠军将军、司徒左长史，后又授为征虏将军、南清河太守。

梁高祖在西邸的时候，与沈约有老交情，所以推举他为骠骑司马，保留了原有的将军封号。那时高祖的勋业已就，天和人都觉得允当，沈约曾试讨高祖（是否有称帝的）心思，高祖默然不应。另一天沈约又进言说："当今与古代不同，不能用淳朴之风期待万物。士大夫当中攀龙附凤的人，都希望有大大小小的功劳，以保全他们的福分与禄位。现在小到儿童贱如牧人，都知道萧齐的气数已尽，没有不说明您是（取代萧齐的）最恰当的人。天文和人事，表现出改朝换代的征候，自从永元年间以来，尤其明显。谶语说'行中水，作天子'，这件事还清楚地记得。天心不可违抗，人情不可失却，假如是朝代更替的时间已经到来了，虽然想谦让，也是不可能的。"高祖说："我全面考虑一下。"沈约说："大人您当初在樊、沔统兵，这时候就应该考虑，现在您已成就了王业，有什么要再考虑的？过去武王伐纣，一进入商都，民众就称他为'我们的君主'，武王不违背民意，也没有什么考虑（就接受了民众的称呼）。大人您自从到了京城，已经改变了气运，比起周武王来，只有时间上迟早的不同。若不早些确定称帝的大业，体察天愿人望，倘或有一个人有不同主张（而立他人为帝),便有损您的威德。而且人非金石(不是没有变化的),现在有利的局面也很难长久保持。您岂可仅把封于建安这一封号,传留给您的子孙?若已经即位于江陵的和帝回到首都,公卿各就其位,君臣的名分就定下来,就没有异心了。在上的君王圣明,在下的臣子尽忠,哪里还有人与您一起作反贼呢?"高祖同意沈约的说法。沈约出宫后,高祖召见范云告诉了他沈约所说的话,范云回答高祖的与沈约所说的大体相同。高祖说:"聪明人的看法如此不约而同!您明天早上与沈约再来见我吧。"范云出宫后把这话告诉了沈约,沈约说:"您一定要等我。"范云答应了,但(第二天早上)沈约比约定的时间提前了进宫。高祖命令他起草有关的文件,沈约就从怀中掏出了(称帝的)诏书和各种委任名单,起初高祖都没有加什么改动。不久范云从外面进来,到了殿门就不能再往里进了,他在寿光阁外徘徊,只是不停地叹气。等沈约走出殿门,范云问他说:"怎么安排我?"沈约举手向左,范云笑着说:"和我的希望没有不同。"过了一会儿,高祖召见范云对他说:"这辈子与沈休文打交道,没有觉察他有什么与一般人不同的地方;今天他才智纵横,可以说见识高明。"范云说:"大人您今天了解了沈约,不异于沈约今天了解了您。"高祖说:"我起兵到现在已经三年了,功臣和诸位将军,确实有他们的功劳;但成就我帝业的,就是您和沈约两个人。"

(萧衍被封为梁王),梁国建立统治机构的时候,沈约为散骑常侍、吏部尚书,兼右仆射。高祖接受禅让后,沈约任尚书仆射,封为建昌县侯,食邑千户,照旧担任散骑常侍。又拜沈约的母亲谢夫人为建昌国太夫人。捧着册命文书的那一天,右仆射范云等二十余人都来拜贺,朝野都认为是荣耀的事。不久沈约升任尚书左仆射,仍担行散骑常侍。不久又让沈约兼任领军,加官侍中。天监二年,沈约母亲去世,皇上乘车驾亲自出来吊唁。皇上认为沈约年老,不宜于过于哀伤,就派遣中书舍人去帮他回绝客人节制哭泣。丧事办完后沈约任镇军将军、丹阳尹,设置了佐史。守丧期满,沈约升任为侍中、右光禄大夫,兼任太子詹事,扬州大中正,关尚书八条事,又升任为尚书令,原任的侍中、太子詹事、中正职务照旧。沈约多次上表谦让,就改授他为尚书左仆射、兼中书令、前将军,设置了佐史,仍任侍中之职。不久又升任为尚书令,兼太子少傅。天监九年,沈约改任为左光禄大夫,侍中、少傅之职照旧,皇上赐给他鼓吹乐队一部。

当初,沈约较久地担任尚书省长官,有心到朝廷其他枢要机构任职。议论的人都说这样做恰当,但皇上最终没有同意。沈约请求到外地任职,又得不到皇上允许。沈约与徐勉一直很好,于是写信给徐勉陈述说:"我小时候孤苦伶仃,没有亲属可以依靠,很久以来就几乎沦落,流离困苦,朝夕纠缠,逐渐走上这崎岖的为官之路,当一个小官并非为了自己,只是希望得到微小的俸禄,依靠它东归家园。经过了十年,才忝为襄阳县令,公私之事,不是我完全了解的,只是用自己的身子换取财物,不得不处理这类的事罢了。永明末年,我出任东阳太守,意思是到此为止了。但是建武皇帝机运刚刚开始,人世的事情如胶一样粘连着我,到他那里之后我就没有脱身,要离开是不容易的。到了东昏侯即位之初,王政多门,因此我计划隐退,几乎达到了目的,这事曾托您向徐令解释过,想来您还记得没有忘记。神圣的梁朝兴起后,我谬逢嘉运,以往的志向和潜藏的(归隐)之心,再一次成为不顺当而难以实现的事了。今年是建立年号的头年,说大礼之年到了,请求告老,事情由皇上裁决。(我想,)我就是不能弘扬德道宣布教化,使朝廷焕发光辉,还想讨寻文簿,时常发表些意见。但是年初以来,我的病有所加重忧虑也迫切了,这原因当是生命有限,劳苦过度,一直这样积累衰耗,到晚年叠加在一起了;拉着车受着鞭子的驱赶行走,努力恭敬地做事。从外表上看,旁人观察我,我好像还是个完整的人,但是我的躯体和精力,已经不能配合了,常常必须过分地勉强自己坚持,才可打起精神。等脱掉衣服躺下,四肢和身体就像不再相连了。我上热下冷,每月都有所加重,每天都在加深,取暖就使我感到烦躁,降低温度就必定使病情更加厉害,降低温度之后体温的差别比取暖时的小,但降温后的痛苦却比取暖时大。过一百天或几旬,我常常要移动皮带的孔眼;用手去握臂,大概每月都要小半分。以此推算,怎么能长期支持? 假若我的病势不停止地发展,日复一日,必将给圣明的皇上留下无法追悔的怨恨。我想冒昧地上表奏闻,乞求给予告老的品秩。假若天假其年,我还可以得到平安、健康,在才力能承受的限度内,也会为皇上考虑策略的。"徐勉将沈约的意思转告了高祖,请求给予沈约三公的仪仗,没得到允许,只是增加了鼓吹乐队而已。

沈约生性不饮酒,少有嗜好,虽然当时给他的待遇优厚,但是他居家仍节俭朴素。他在东田盖的住宅,可以瞭望郊外。他曾写了篇《郊居赋》(略)。

不久加封沈约为特进官,原有的光禄、侍中、少傅诸官不变。天监十二年,沈约在任上去世,享年七十二岁。皇上下诏赠给他原有的官职,赐钱五万、布百匹办丧事,赐谥号称"隐"。

沈约的左眼是双眼仁,腰上有颗紫色的痣,聪明过人。他喜爱古书,藏书达两万卷,京城里没能与他相比的。小时候他孤单贫穷,曾求助于宗族人,得到了数百斛米,被宗族人侮辱,就将米打翻离去了。等到他富贵了,并不把此事放在心上,用这个宗族人做了郡部的传。沈约有一次陪皇上宴饮,参加的人中有一个妓女的师傅是齐文惠太子的宫人。皇上问沈约认不认得来客,沈约回答:"只认识沈家令。"沈约说完伏在桌子上流下了眼泪,皇上也感到悲哀,甚至不得不停止了宴会。沈约历仕三代,对原来的典章制度很熟悉,见闻广博,当时都把他当作榜样。谢玄晖善于写诗,任彦升写文章严谨,沈约兼有他俩的长处,但是都超不过他们。沈约自负才高,对荣华富贵不感兴趣,借助时势,为清谈所累。到他居三公之位时,稍稍有所建树就停止追求,每加一官,就恳切地请求引退,但是始终不能离去,议论的人都把他比作山涛。他主持政务十多年,没有推荐什么人,政治上的得失,只是唯唯诺诺而已。

当初,高祖对张稷的事有些内疚,张稷去世后,高祖就把这个心思告诉了沈约。沈约回答说:"尚书左仆射外出作边州刺史,这已经是过去的事情了,哪里值得再谈论呢?"皇上认为他们是联姻的关系所以这样说,就大怒道:"先生这样说,是忠臣应该说的话吗?"就乘辇回内殿去了。沈约感到恐惧,仿佛失去了知觉,高祖起身时,他还是像原来一样坐着。沈约回家,还没有走到床边,就凭空倒在了窗下,因此而病,梦见了齐和帝用剑割断了他的舌头。沈约叫一个巫人来看病,巫人说的话跟他的梦相合。沈约就叫来了道士向天表奏赤章,说(齐)禅让(梁)的事,不是自己策划的。高祖派御医徐奘给沈约看病,徐奘回去后详细奏明了沈约的情状。在这件事之前,沈约曾陪皇上宴会,遇到豫州进献栗子,直径有一寸半,皇上感到奇怪,问道:"关于献栗子的事有多少件?"皇上与沈约各自梳理记忆,沈约(说出的)比皇上说出的少三件。沈约出宫后对人说:"这个人爱面子,我不让他的话他就会羞死。"皇上认为沈约出言不逊,想治他的罪,经徐勉坚决地进谏才没治罪。这一次皇上听说了沈约向天奏赤章的事,大怒,让宦官去谴责了他好多次,沈约畏惧就去世了。主管部门拟了给沈约的谥号，称为"文"，皇上说："心中的感情没完全表达叫作隐。"因此改变了给沈约的谥号称为"隐"。沈约所著《晋书》一百一十卷，《宋书》一百卷，《齐纪》二十卷，《高祖纪》十四卷，《迩言》十卷，《谥例》十卷，《宋文章志》三十卷，他的《文集》一百卷，都在世上流传。沈约又撰写了《四声谱》，认为过去的词人，千年以来都没有领会，而他独得于心，穷尽了其中的妙旨，自称这是入神之作，高祖认为这书高雅但并不喜欢。皇上问周舍说："什么叫四声?"周舍说："天子圣哲，这就是四声。"但是皇上最终没遵用。

　　沈约的儿子名叫旋，到沈约去世时已经历任过中书侍郎、永嘉太守、司徒从事中郎、司徒右长史。居沈约丧期满后，沈旋为太子仆，又因为母丧而离职，只吃蔬菜不吃谷物。丧服除去以后，还是拒绝吃粳米高粱，担任给事黄门侍郎、中抚军长史。后沈旋出任招远将军、南康内史，所在之处他都以清廉著称。他死于任上，谥号叫恭侯。他的儿子实为继嗣。

　　陈朝的史部尚书姚察说：过去木德将要凋谢，东昏侯即位后虐政横流，民众恐惧，时时刻刻都悬命水火。梁高祖仗义拯救颓溃，立志安宁中国，运筹帷幄，把希望寄托在张良、陈平一样有才干的人身上。遇上了范云和沈约，他们参与计谋，助成了帝业。赞扬范云的机警明达，参加机务对当时做了好事；沈约才高博学，其名仅在司马迁和董狐之下，他们都是兴梁的功臣，是一代英雄、伟人。

萧子显传

【题解】

　　萧子显(489~537年)，字景阳，南兰陵(今江苏武进区)人，南朝史学家。他著作甚丰，有《后汉书》一百卷，《南齐书》六十卷，《普通北伐记》《贵俭传》三十卷，《晋史草》三十卷，《文集》二十卷等数种，但多数亡佚，现存而著名的仅《南齐书》一部。《南齐书》原为六十卷，今本五十九卷，计本纪八卷，志十一卷，列传四十卷，佚亡的一卷可能是《序录》。萧子显是齐高帝萧道成之孙，因此《南齐书》叙述其先祖之事多扬长避短，美恩泄怨，成为后人诟病的主要缺点。但是，此书记载了南齐二十四年间的大事，当代人写当代史，保留了一些可贵的资料，为后来《南史》的修撰准备了大量材料；在叙述方法上以类为序，文字简洁，仍有其可取之处。

【原文】

　　子显字景阳，子恪第八弟也。幼聪慧，文献王异之，爱过诸子。七岁，封宁都县侯。永元末，以王子例拜给事中。天监初，降爵为子。累迁安西外兵，仁威记室参军，司徒主簿，太尉录事。

　　子显伟容貌，身长八尺。好学，工属文。尝著《鸿序赋》，尚书令沈约见而称曰："可谓得明道之高致，盖《幽通》之流也。"又采众家《后汉》，考正同异，为一家之书。又启撰《齐史》，书成，表奏之，诏付秘阁。累迁太子中舍人，建康令，邵陵王友，丹阳尹丞，中书郎，守宗正卿。出为临川内史，还除黄门郎。中大通二年，迁长兼侍中。高祖雅爱子显才，又嘉其容止吐纳，每御宴侍坐，偏顾访焉。尝从容谓子显曰："我造《通史》，此书若成，众史可废。"子显对曰："仲尼赞《易》道，黜《八索》，述职方，除《九丘》，圣制符同，复在兹日。"时以为名对。三年，以本官领国子博士。高祖所制经义，未列学官，子显在职，表置助教一人，生十人。又启撰高祖集，并《普通北伐记》。其年迁国子祭酒，又加侍中，于学递述高祖《五经义》。五年，选吏部尚书，侍中如故。

子显性凝简，颇负其才气。及掌选，见九流宾客，不与交言，但举扇一扬而已，衣冠窃恨之。然太宗素重其为人，在东宫时，每引与促宴。子显尝起更衣，太宗谓坐客曰："尝闻异人间出，今日始知是萧尚书。"其见重如此。大同三年，出为仁威将军、吴兴太守，至郡未几，卒，时年四十九。诏曰："仁威将军、吴兴太守子显。神韵峻举，宗中佳器。分竹未久，奄到丧殒，恻怆于怀。可赠侍中、中书令。今便举哀。"及葬请谥，手诏"恃才傲物，宜谥曰骄。"

子显尝为《自序》，其略云："余为邵陵王友，幸还京师，远思前比，即楚之唐、宋，梁之严、邹。追寻平生，颇好辞藻，虽在名无成，求心已足。若乃登高目极，临水送归，风动春朝，月明秋夜，早雁初莺，开花落叶，有来斯应，每不能已也。前世贾、傅、崔、马、邯郸、缪、路之徒，并以文章显，所以屡上歌颂，自比古人。天监十六年，始预九日朝宴，稠人广坐，独受旨云：'今云榜甚美，卿得不斐然赋诗。'诗既成，又降帝旨曰：'可谓才子。'余退谓人曰：'一顾之恩，非望而至。遂方贾谊何如哉？未易当也。'每有制作，特寡思功，须其自来，不以力构。少来所为诗赋，则《鸿序》一作，体兼众制，文备多方，颇为好事所传，故虚声易远。"

子显所著《后汉书》一百卷，《齐书》六十卷，《普通北伐记》五卷，《贵俭传》三十卷，文集二十卷。

【译文】

萧子显，字景阳，是萧子恪的第八个弟弟。萧子显自幼聪慧，使文献王深感诧异，对他的喜爱超过了其他几个儿子。萧子显七岁时，被封为宁都县侯。永元末年，按照王子例，萧子显被授予事中的官职。天监初年，他的爵位被降为子爵。他担任过安西外兵，仁威记事参军，司徒主簿，太尉录事等官职。

萧子显容貌伟岸，身高八尺，他勤奋好学，擅长写文章。曾创作了《鸿序赋》，尚书令沈约见到后称赞说："这篇赋可以说在申明道理上达到了最高境界，是对《幽通赋》的继承。"萧子显又采集众家《后汉书》，考正同异，著成了独具特色的《后汉书》。他又着手撰写《齐史》，写成之后，上表奏予皇上，梁武帝下诏交付秘阁收藏。萧子显因而累迁太子中舍人，建康令，邵陵王友，丹阳尹丞，中书郎，守宗正卿等官职。又出京城为临川内史，不久又回到京城，被任命为黄门郎。中大通二年，升为黄门长官，并兼任侍中。高祖非常欣赏萧子显的才干，又赞赏他的仪表言谈，每次他在皇帝的宴席上就座时，皇上都总要去看他，并询问他。高祖曾信心十足地对萧子显说："我编纂的《通史》，如果完成了，所有史籍都可以废弃。"萧子显回答道："孔仲尼赞扬《易经》的大道，《八索》便废黜了，讲述职方氏掌管的档案材料，《九丘》便被清除了。今天皇上创作通史，正与这个意义符合，孔子时代的光景,就要在今天重现了。"当时这一问一答被认为是名对。中大通三年,萧子显以侍中领国子博士。当时,高祖创制的五经义理,没有列入学官,派专人讲解,萧子显成为国子博士后,就上表请求设置助教一人,生徒十人,(专门讲习高祖所创五经义理)。萧子显又得到高祖的允许,编撰《高祖集》,以及《普通北伐记》。这一年,他被提升为国子祭酒,兼领侍中,在学官中顺次讲述高祖的《五经义》。中大通五年,萧子显选为吏部尚书,仍为侍中。

萧子显性情庄重自大,很为自己的才气而自负。他掌握了选任官吏的大权之后,每次会见各种经九品中正制选上来的宾客,都不和人家交谈,仅仅举扇做出谦让的表示而已,因此士大夫们私下都很恨他。但是太宗一直很看重他的为人,当太宗还是太子时,常常把他叫来与自己促膝饮酒。在饮酒过程中,萧子显曾起身入厕,太宗就对周围地坐客讲,"我曾听说特殊的人物总是隔世才出,今日才知道(我们这一世出现了特殊人物)就是萧尚书。"太宗对他的器重由此可见。大同三年,萧子显被调出去为仁威将军,吴兴太守,到吴兴郡任所不久,即去世了,时年四十九岁。朝廷下诏书说:"仁威将军,吴兴太守子显,神韵飞扬,英俊伟岸,是我们宗族中的优秀人才。刚授大任不久,就不幸陨落了,皇上心中凄恻悲怆。可追赠为侍中、中书令。今天便开始哀悼。"等到安葬萧子显时,家人为他请赐谥号,高祖亲写诏令说:"恃才傲物,应该谥为'骄'。"

萧子显曾写过《自序》,大概意思是说:"我作为邵陵王府中官属,幸能回到京城,遥想前人,与之相比,就是楚国的唐勒、宋玉,汉朝梁国的严忌、邹阳。追忆平生,很爱好文章辞藻,虽然没有功名成就,但我的内心已经得到满足了。诸如登上高山,极目眺望,驻足河岸,看水流逝,春朝丽日,晓风拂动,秋夜郎朗,明月清清,早晨的小雁,初次啼莺,花开娇艳,落叶无声,遇此情景我就有所反应,每每不能自已。前世的贾逵、傅毅、崔寔、马融、邯郸淳、缪袭、路粹之流,都以文章显名,所以屡次上书歌功颂德,把自己比作古人。天监十六年,我开始参加朝廷的重阳节宴会,在大庭广众之间,只有我接到皇上的圣旨说:'今天天气晴和,风景很美,你何不乘兴赋诗。'诗写成之后,皇上又降旨说:'可以说是才子。'我后来对别人说:'皇上的这次恩顾,是我从来想都没想到的,将此次受宠比一比贾谊如何?他很难比得上我的。'每次要写作时,很少有思考的工夫,必须是文思自然而来,不是竭尽心力才能写就。自少年以来所作的诗赋,《鸿序》一篇,体裁兼具很多种特点,文辞具备多种流派的优点,很受好事者的传播,所以徒有的虚名容易远扬。"

萧子显著述的《后汉书》有一百卷,《齐书》有六十卷,《普通北伐记》五卷,《贵俭传》三十卷,文集共二十卷。

萧子云传

【题解】

萧子云(公元487~549年),字景乔,南兰陵(郡治在今江苏武进县西北)人。他是南齐宗室,在梁朝官至侍中、国子祭酒。擅长草隶书,初学王献之,后学王羲之,钟繇,笔力遒劲。他的书法颇受梁武帝萧衍的赏识，在当时负重名。著有《晋书》《东宫新记》已佚。他的儿子萧特，也擅长草隶。

【原文】

子云字景乔，子恪第九弟也。年十二，齐建武四年，封新浦县侯，自制拜章，便有文采。天监初，降爵为子。既长勤学，以晋代竟无全书，弱冠便留心撰著，至年二十六，书成，表奏之，诏付秘阁。

子云性沉静，不乐仕进。年三十，方起家为秘书郎。迁太子舍人，撰《东宫新记》奏之，敕赐束帛。累迁北中郎外兵参军、晋安王文学、司徒主簿、丹阳尹丞。时湘东王为京尹，深相赏好，发布衣之交。迁北中郎庐陵王谘议参军，兼尚书左丞。大通元年，除黄门郎，俄迁轻车将军，兼司徒左长史。二年，入为吏部。三年，迁长兼侍中。中大通元年，转太府卿。三年，出为贞威将军、临川内史。在郡以和理称，民吏悦之。还除散骑常侍，俄复为侍中。大同二年，迁员外散骑常侍、国子祭酒，领南徐州大中正。顷之，复为侍中，祭酒、中正如故。

梁初，郊庙未革牲拴，乐词皆沈约撰，至是承用，子云始建言宜改。启曰："伏惟圣敬率由，尊严郊庙，得西邻之心，知周、孔之迹，载革牢祖，德通神明，忝稷苹藻，竭诚严配，经国制度，方悬日月，垂训百王，于是乎在。臣比兼职斋官，见伶人听歌，犹用未革牲前曲。圜丘脈燎，尚言'式备牲牷'；北郊《诫雅》，亦奏'牲玉孔备'；清庙登歌，而称'我牲以洁'；三朝食举，犹咏'朱尾碧鳞'。声被鼓钟，未符盛制。臣职司儒训，意以为疑，未审应改定乐词以不？"敕答曰："此是主者守株，宜急改也。"仍使子云撰定。敕曰："郊庙歌词，应须典诰大语，不得杂用子史文章浅言；而沈约所撰，亦多舛谬。"子云答敕曰："殷荐朝享，乐以雅名，理应正采《五经》，圣人成教。而汉来此制，不全用经典；约之所撰，弥复浅杂。臣前所易约十曲，唯知牲既革，宜改歌词，而犹承例，不嫌流俗乖体。既奉令旨，始得发朦。臣凤本庸滞，昭然忽朗，谨依成旨，悉改约制。唯用《五经》为术，其次《尔雅》《周易》《尚书》《大戴礼》，即是经诰之流，愚意亦取兼用。臣又寻唐、虞诸书，殷《颂》周《雅》，称美是一，而复各述时事。大梁革服，偃武修文，制礼作乐，义高三正；而约撰歌词，唯浸称圣德之美，了不序皇朝制作事。《雅》《颂》前例，于体为违。伏以圣旨所定乐论钟律纬绪，文思深征，命世一出，方悬日月，不刊之典，礼乐之教，致治所成。谨一二采缀，各随事显义，以明制作之美。覃思累日，今始克就，谨以上呈。"敕并施用。

子云善草隶书，为世楷法，自云善效钟元常、王逸少，而微变字体。答敕云："臣昔不能拨赏，随世所贵，规摹子敬，多历年所。年二十六，著《晋史》，至《二王列传》，欲作论语草隶法，言不尽意，遂不能成，略指论飞白一势而已。十许年来，始见敕旨《论书》一卷，商略笔势，洞彻字体；又以逸少之不及元常，犹子敬之不及逸少。自此研思，方悟隶式，始变子敬，全范元常。逮尔以来，自觉功进。"其书迹雅为高祖所重，尝论子云书曰："笔力劲骏，心手相应，巧逾杜度，美过崔寔，当与元常并驱争先。"其见赏如此。

七年，出为仁威将军、东阳太守。中大同元年，还拜宗正卿。太清元年，复为侍中、国子祭酒，领事徐州大中正。二年，侯景冠逼，子云逃民间。三年三月，宫城失守，东奔晋陵，馁卒于显灵寺僧房，年六十三。所著《晋书》一百一十卷，《东宫新记》二十卷。

第二子特字世达。早知名，亦善草隶。高祖尝谓子云曰："子敬之书，不及逸少。近见特迹，遂逼于卿。"历官著作法郎、太子舍人、宣惠主簿、中军记室。出为海监令，出事免。年二十五，先子云卒。

【译文】

萧子云。字景乔，他是萧子恪的九弟。在他十二岁时，是南齐建武四年，被封为新浦县侯，他自己撰写的谢表，就很有文采。梁天监初年，侯爵降为子爵。成人以后，更加勤于学问，他因晋朝还没有一部完整的史书，二十岁左右时便留心撰写，到他二十六岁时，此书写成，表奏呈给朝廷，皇帝下令收藏于史馆。

萧子云生性沉静，没有当官的兴致。到他三十岁时，才初次任官秘书郎。后升为太子舍人，著《东宫新记》，呈给朝廷，皇帝赏赐他一束丝帛。历次提升为北中郎外兵参军、晋安王文学、司徒主簿，丹阳尹丞等。当时湘东王任京兆尹，二人彼此互相欣赏，像平民百姓那样交往。又升任北中郎卢陵王的谘议参军，兼尚书左丞。大通元年，任黄门郎，不久又升为轻车将军，兼司徒左长史。二年，调进吏部。三年，升为吏部长兼侍中。中大通元年，转任太府卿。三年，外任为贞威将军、临川内史。他在郡内史任上，行政平和，政事治理得井然有序，官吏和百姓都很满意。调入京城任散骑常侍，不久再任侍中。大同二年，升任员外散骑常侍、国子祭酒，兼任南徐州大中正。不久，再任侍中，仍兼任国子祭酒，大中正。

梁代初年，行祭天祭祖礼时还没有革去供祭祀的牲畜，当时祭祀时歌唱的歌词，是沈约撰写的，到这时仍然沿用，萧子云建议，应当加以修改。于是他上书说："我想礼敬圣人，就应按原来的制度行礼，祭天祭祖，所贵在于尊严，这样才算领会了周礼的精神，才算对周公、孔子制礼作乐的主旨弄清楚了，祭祀时革去牲畜，德意可与神祖相通，改用忝稷频藻来作为祭品，这样可以表现祭祀者的诚恳严肃态度，这实在是治国的美好制度，它能与日月同辉，传至百世，原因就在于此。我近来兼任祭祀官，看到乐手所唱的歌曲，仍沿用未革除牲畜以前的乐曲。在举行祭天礼时，乐师仍唱'式备牲牷'，举行祭土神礼时，乐师奏《诚雅》乐曲，仍唱'牲玉孔备'；在祭祖时，仍唱'我牲以洁'；在岁初食祭时，仍唱'朱尾碧鳞'。用这种歌词，配上钟鼓乐器，实在是不符合现行的制度。我的职务是教授儒家经典，因而提出我的疑问，不知是否应该修改歌词？"皇帝批示说："这是由于主持祭祀的官员墨守成规，应该赶快修改。"于是派萧子云改写。皇帝指示说："祭天地祖宗的歌词，应采用经典上的高雅词语，不可杂用诸子百家和史书里的庸浅语言；但沈约撰写的歌词，也多有谬误。"萧子云回答说："盛大的祭祀活动，所奏的乐曲用雅乐来命名，理应采用《五经》中圣人的训示之词，但从汉朝以来撰写的乐词，不完全用经典语言，沈约所写的歌词，更是浅显糅杂。我以前改定的沈约所撰的十种乐曲歌词，当时只考虑到已经革除牲畜这一点，应该修改歌词，其他方面仍然沿用，并没有嫌弃他的浅显不成体统。现在得到陛下的指示，才豁然省悟。我本来稀里糊涂，现在忽然明白了。现在严格按照陛下的指示，全面修改沈约的词曲。修改时只以《五经》为根据，其次《尔雅》《周易》《尚书》《大戴礼》也是经典著作，我想也予采用。我又想，唐、虞各书篇，以及商《颂》周《雅》，都是经典中的名篇，但各自记述各自时代的史事。大梁朝建立，平定战乱，修举文事，制礼作乐，意义重大,可以和夏、商、周相比;但沈约所撰写的歌词,只是称颂梁朝的德政之美,而一言也没有涉及制礼作乐的盛举。和周《雅》商《颂》的成例相比,显然是不合体例的。我以为,圣人所定的乐论钟律规制,文义很深奥,只有命世大才出世,才能使之与日月同辉,成为永不磨灭的盛典,礼乐的教化力量,是达到清平盛世的原因。现酌采一二,随着叙事内容,表现它的重要意义,来说明制礼作乐的盛举。我苦苦思索了好多天,现在才完成任务,恭敬地呈给皇帝。"皇帝下令萧子云改定的乐曲都加采用。

萧子云擅长草书隶书,他的作品成为世人学习书法的标准,他自称善于模仿钟繇、王羲之,稍有变化。他在回答皇帝的询问时说:"我过去没有自己的定见,随着世人的时尚,模仿王献之的书体,练了好几年。到二十六岁时,撰著《晋史》,在写《二王列传》时,想论述一下草书隶书的笔法,但言不尽意,不能成篇,只是粗略地论述了飞白一种笔法罢了。十多年以后,看到皇帝陛下的《论书》一卷,其中论述笔势,字体论述得十分透辟;又认为王羲之赶不上钟繇,象王献之赶不上王羲之一样。从此我深入研究,才悟出了隶书规律,于是变模仿王献之改为全学钟繇。近年以来,自己觉得书艺有所进步。"他的书法作品很受梁高祖的赏识,高祖论述萧子云的书法时说:"笔力遒劲,能做到心手相应,精巧超过了杜度,漂亮超过了崔寔,可和钟繇并驾齐驱,不分先后。"他的书法是这样受高祖的欣赏。

大同七年,萧子云外任为仁威将军、东阳太守。中大同元年,回京任宗正卿。太清元年,再任侍中、国子祭酒,兼南徐州大中正。太清二年,侯景叛兵进逼京师,萧子云逃往民间藏身。太清三年三月,宫城沦陷,萧子云东逃晋陵,在显灵寺僧舍饥饿而死,终年六十三岁。他著有《晋书》一百一十卷、《东宫新记》二十卷。

他的第二个儿子萧特,字世达。很早就著名,他擅长草书隶书。梁高祖曾对萧子云说:"王献之的书法,赶不上他父亲王羲之。近来看到萧特的书法作品,成就和你相近。"萧特历官著作佐郎、太子舍人、宣惠主簿、中军记室。又外任为海盐县令,因事被免官,二十五岁时去世,比萧子云先死。

羊侃传

【题解】

羊侃(495～548),字祖忻,泰山梁父(今山东泰安县东南)人,是南朝梁末的著名大将。年轻时在北魏,曾作为偏将射杀关陇羌族人民起义领袖莫遮天生。后按其父遗志,率领部众南归梁朝,大通三年(531)到达建康,被授予徐州刺史,封高昌县侯。太清元年(547)监造寒山堰(今江苏铜山区),由于元帅萧渊明没有听从他的正确建议,以至在与北魏战争中失败。侯景之乱发生后,羊侃受命御敌,用各种方法打退侯景进攻,后城破,在战斗中病死。羊侃忠于梁王朝,在保卫建康的战斗中表现出卓越的军事才能,起了重要的作用。

羊侃字祖忻，泰山梁甫人，汉南阳太守续之裔也。祖规，宋武帝之临徐州，辟祭酒从事、大中正。会薛安都举彭城降北，规由是陷魏，魏授卫将军、营州刺史。父祉，魏侍中、金紫光禄大夫。

侃少而魁伟，身长七尺八寸，雅爱文史，博涉书记，尤好《左氏春秋》及《孙吴兵法》。弱冠随父在梁州立功。魏正光中，稍为别将。时秦洲羌有莫遮念生者，据州反，称帝，仍遣其弟天生率众攻陷岐州，遂寇雍州。侃为偏将，隶萧宝夤往讨之，潜身巡堑，伺射天生，应弦即倒，其众遂溃。以功迁使持节、征东大将军、东道行台，领泰山太守，进爵钜平侯。

初，其父每有南归之志，常谓诸子曰："人生安可久淹异域，汝等可归奉东朝。"侃至是将举河济以成先志，兖州刺史羊敦，侃从兄也，密知之，据州拒侃。佩乃率精兵三万袭之，弗克，仍筑十余城以守之。朝廷赏授，一与元法僧同。遣羊鸦仁、王弁率军应接，李元履运给粮仗。魏帝闻之，使授侃骠骑大将军、司徒、泰山郡公，长为兖州刺史，侃斩其使者以徇。魏人大骇，令仆射于晖率众数十万，及高欢、尔朱阳都等相继而至，围侃十余重，伤杀甚众。栅中矢尽，南军不进，乃夜溃围而出，且战且行，一日一夜乃出魏境。至渣口，众尚万余人，马二千匹，将入南，士卒并竟夜悲歌。侃乃谢曰："卿等怀土，理不能见随，幸适去留，于此别异。"因各拜辞而去。

佩以大通三年至京师，诏授使持节、散骑常侍、都督瑕丘征讨诸军事、安北将军、徐州刺史，并其兄默及三弟忱、给、元，皆拜为刺史。寻以侃为都督北讨诸军事，出顿日城，会陈庆之失律，停进。其年，诏以为持节、云麾将军、青冀二州刺史。

中大通四年，诏为使持节、都督瑕丘诸军事、安北将军、兖州刺史，随太尉元法僧北讨，法僧先启云："与侃有旧，愿得同行。"高祖乃召侃问方略，侃具陈进取之计。高祖因曰："知卿愿与太尉同行。"侃曰："臣拔迹还朝，常思效命，然实未曾愿与法僧同行。北人虽谓臣为吴，南人已呼臣为虏，今与法僧同行，还是群类相逐，非止有乖素心，亦使匈奴轻汉。"高祖曰："朝廷今者要须卿行。"乃诏以为大军司马。高祖谓侃曰："军司马废来已久，此段为卿置之。"行次官竹，元树又于谯城丧师。军罢，入为侍中。五年，封高昌县侯，邑千户。六年，出为云麾将军、晋安太守。闽越俗好反乱，前后太守莫能止息，侃至讨击，斩其渠帅陈称、吴满等，于是郡内肃清，莫敢犯者。顷之，征太子左卫率。

大同三年，车驾幸乐游苑，侃预宴。时少府奏新造两刃稍成，长二丈四尺，围一尺三寸，高祖因赐侃马，令试之。侃执上马，左右击刺，特尽其妙，高祖善之。又制武宴诗三十韵以示侃，侃即席应诏，高祖览曰："吾闻仁者有勇，今见勇者有仁，可谓邹、鲁遗风，英贤不绝。"六年，迁司徒左长史。八年，迁都官尚书。时尚书令何敬容用事，与之并省，未尝游造。有宦者张僧胤候侃，侃曰："我床非阉人所坐。"竟不前之，时论美其贞正。九年，出为使持节、壮武将军、衡州刺史。

太清元年，征为侍中。会大举北伐，仍以侃为持节、冠军，监作韩出堰事，两旬堰立。侃劝元帅贞阳侯乘水攻彭城，不纳；既而魏援大至，侃频劝乘其远来可击，旦日又劝出战，并不从，侃乃率所领出顿堰上。及众军败，侃结阵徐还。

二年，复为都官尚书。侯景反，攻陷历阳，高祖问侃讨景之策。侃曰："景反迹久见，或容豕突，宜急据采石，令邵陵王袭取寿春。景进不得前，退失巢窟，乌合之众，自然瓦解。"议者谓景未敢便逼京师，遂寝其策，令侃率千余骑顿望国门。景至新林，追侃入副宣城王都督城内诸军事。时景既卒至，百姓竞入，公私混乱，无复次第。侃乃区分防拟，皆以宗室间之。军人争入武库，自取器甲，所司不能禁，侃命斩数人，方得止。乃贼逼城，众皆汹惧，侃伪称得射书，云"邵陵王、西昌侯已至近路。"众乃少安。贼攻东掖门，纵火甚盛，侃亲自拒抗，以水沃火，火灭，引弓射杀数人，贼乃退。加侍中、军师将军。有诏送金五千两，银万两，绢万匹，以赐战士，侃辞不受。部曲千余人，并私加赏赉。

贼为尖顶木驴攻城，矢石所不能制，侃作雉尾炬，施铁镞，以油灌之，掷驴上焚之。俄尽。贼又东西两面起土山，以临城，城中震骇，侃命为地道，潜引其土，山不能立。贼又作登城楼车，高十余丈，欲临射城内，侃曰："车高堑虚，彼来必倒，可卧而观之，不劳设备。"及车动果倒，众皆服焉。贼既频攻不捷，乃筑长围。朱异、张绾议欲出击之，高祖以问侃，侃曰："不可。贼多日攻城，既不能下，故立长围，欲引城中降者耳。今击之，出人若少，不足破贼，若多，则一旦失利，自相腾践，门隘桥小，必大致挫衄，此乃示弱，非骋王威也。"不从，遂使千余人出战，未及交锋，望风退走，果以争桥赴水，死者大半。

初，侃长子鹭为景所获，执来城下示侃，侃谓曰："我倾宗报主，犹恨不足，岂复计此一子，幸汝早能杀之。"数日复持来，侃谓鹭曰："久以汝为死，犹复在邪？吾以身许国，誓死行阵，终不以尔而生进退。"因引弓射之。贼感其忠义，亦不害之也。景遣仪同傅士哲呼侃与语曰："侯王远来问讯天子，何为闭距，不时进纳？尚书国家大臣，宜启朝廷。"侃曰："侯将军奔亡之后，归命国家，重镇方城，悬相任寄，何所患苦，忽致称兵？今驱乌合之卒，至王城之下，虏马饮淮，矢集帝室，岂有人臣而至于此？吾荷国重恩，当禀承庙算，以扫大逆耳，不能妄受浮说，开门揖盗。幸谢侯王，早自为所。"士哲又曰："侯王事君尽节，不为朝廷所知，正欲面启至尊，以除奸佞。既居戎旅，故带甲来朝，何谓作逆？"侃曰："圣上临四海将五十年，聪明浚哲，无幽不照，有何奸佞而得在朝？欲饰其非，宁无诡说。且侯王亲举白刃，以向城阙，事君尽节，正若是邪！"士哲无以应，乃曰："在北之日，久挹风猷，每恨平生，未获披叙，愿去戎服，得一相见。"侃为之免胄，士哲瞻望久之而去。其为北人所钦慕如此。

后大雨，城内土山崩，贼乘之垂入，苦战不能禁，侃乃令多掷火，为火城以断其路，徐于里筑城，贼不能进。十二月，侃疾卒于台内，时年五十四。诏给东园秘器，布绢各五百匹，钱三百万，赠侍中、护军将军，鼓吹一部。

侃少而雄勇，膂力绝人，所用弓至十余石。尝于兖州尧庙蹋壁，直上至五寻，横行得七迹。泗桥有数石人，长八尺，大十围，侃执以相击，悉皆破碎。

侃性豪侈，善音律，自造采莲、棹歌两曲，甚有新致。姬姜侍列，穷极奢靡。有弹筝人陆太喜，著鹿角爪长七寸。舞人张净琬，腰围一尺六寸，时人咸推能掌中舞。又有孙荆玉，能反腰贴地，衔得席上玉簪。敕赉歌人王娥儿，东宫亦赉歌者屈偶之，并妙尽奇曲，一时无对。初赴衡州，于两艒艒起三间通梁水斋，饰以珠玉，加之锦缋，盛设帷屏，阵列女乐，乘潮解缆，临波置酒，缘塘傍水，观者填咽。大同中，魏使阳斐，与侃在北尝同学，有诏令侃延斐同宴。宾客三百余人，器皆金玉杂宝，奏三部女乐，至夕，侍婢百余人，俱执金花烛。侃不能饮酒，而好宾客交游，终日献酬，同其醉醒。性宽厚，有器局，尝南还至湓口，置酒,有客张孺才者,醉于船中失火,延烧七十余艘,所燔金帛不可胜数。侃闻之,都不挂意,命酒不辍。孺才渐惧,自逃匿,侃慰喻使还,待之加旧。第三子鹍。

【译文】

羊侃,字祖忻,泰山梁甫人,汉代南阳太守羊续的后代。祖父羊规,宋武帝刘裕任徐州刺史时,任他为祭酒从事、大中正。当时薛安都以彭城投降北魏,羊规也随之到北魏,被授官卫将军、营州刺史。父亲羊祉,北魏时任侍中,金紫光禄大夫。

羊侃少年时有奇才,身高七尺八寸,爱好文史,广泛阅读书籍,尤其爱好《左氏春秋》和《孙吴兵法》。刚成年时随父亲在梁州讨伐氐族立功。北魏正光年间,任别将。当时在秦州有羌人莫遮念生占据州城造反,自称帝,派遣他的弟弟莫遮天生率部众攻克岐州,接着进攻雍州。羊侃被任为偏将,隶属肖宝夤前往讨伐,他藏身在坑壕中,伺机射天生,一箭射死,天生部众也随即溃散。因功升为使持节、征东大将军、东道行台,兼领泰山太守,晋爵为钜平侯。

起初,他的父亲有南归的志向,常对他几个儿子说:"人生哪里可以长久留在异乡,你等可以回到南方去。"到此时羊侃想以河济地区投降南朝以实现父亲的志向。但是羊侃的堂兄,兖州刺史羊敦知道后,在兖州阻挡抗拒羊侃。羊侃率领三万精兵袭击他,没有成功,于是筑十余城守着,并派使者到梁朝。梁朝宣布,对羊侃的奖赏与元法僧相同,派遣羊鸦仁、王弇率领军队去接应,李元履运送粮食和武器。北魏皇帝听说后,派使者去授予羊侃骠骑大将军、司徒、泰山郡公,长为兖州刺史。羊侃斩了使者,北魏大惊,命令行台尚书左仆射于晖率领数十万军队,还有高欢、尔朱阳都等部队相继而至,包围羊侃十余圈,羊侃城栅中矢已用完,被杀伤的人很多,而南朝梁的军队还没有来到,于是在夜晚突围而出,边战边行,跑了一天一夜才出北魏的境界。到了渣口,还剩有一万多人,两千匹马。快进入南朝境内,士兵们都整夜悲伤地唱家乡的歌,羊侃对他们说:"你等怀念故土,按理就不能随我来南朝,现在去留就由你们,可在这里分别。"各人拜谢辞别而去。

大通三年,羊侃到了梁的都城建康,梁武帝下诏授给他使持节、散骑常侍、都督瑕丘征讨诸军事、安北将军、徐州刺史,他的哥哥羊默和三个弟弟羊忱、羊给、羊元都拜为刺史。不久任命羊侃为都督北讨诸军事,外出屯兵日城,刚好陈庆之行军失利,停止了前进。这一年,下诏任他为持节、云麾将军、青冀二州刺史。

中大通四年,下诏任使持节,都督瑕丘诸军事,安北将军、兖州刺史,随从太尉元法僧北伐。元法僧先启奏说:"我与羊侃有老交情,愿意与他同行。"梁武帝于是召见羊侃问他作战计划谋略,羊侃详细陈述了进攻的计划。梁武帝听了后说:"知道你愿意与太尉同行。"羊侃说:"臣离开北土回到朝廷,常常想为国效命,然而实在未曾愿与元法僧同行。北人虽然认为臣是吴人,而南人已经称臣为北虏。今与法僧同行,还是北虏之间同类相角逐,非但违背我一向的心愿,也使北方少数民族轻视汉人。"梁武帝说:"现在朝廷需要你同行。"就下诏任命他为大军司马。梁武帝对羊侃说:"军司马这官位废置已久,现在为你才设置。"行军到官竹,同行的元树在谯城作战失利,丧失了军队。回军后,授官为侍中。中大通五年,封高昌县侯,食邑千户。六年,离京出任为云麾将军、晋安太守。闽越地区有反上作乱的风气,前后太守都不能阻止平息,羊侃来到后讨伐出击,斩了他们的首领陈称、吴满等，子是郡内安定清静，没有人敢再反乱。不久，征召为太子左卫率。

大同三年，皇帝到乐游苑去玩，羊侃也参加了宴会。当时少府上奏说新造成了一种两刃长矛，长二丈四尺，刃宽一尺三寸，梁武帝赐给羊侃一匹马，命他试舞。羊侃拿矛上马，左右击刺，十分英武美妙，梁武帝连连称赞。梁武帝又赋了《武宴诗》三十韵给羊侃看，羊侃立即应诏随韵作诗。梁武帝看了后说："我听说有仁的人一定有勇，今天见到有勇的人有仁，可以说是邹、鲁的遗风，孔孟英贤不绝。"大同六年，升迁为司徒左长史。八年，升为都官尚书。当时尚书令何敬容掌权，羊侃与他同在尚书省，但却没有去拜访他。有宦官张僧胤去拜访羊侃，羊侃说："我的椅子不是阉人坐的。"竟不接见。当时人认为他正派有气节，十分赞赏。九年，离京出任使持节，壮武将军、衡州刺史。

太清元年，征召为侍中。刚好大举北伐，就任命羊侃为持节、冠军，负责监督建造寒山堰的事。经过二十天，堰建造成。羊侃劝元帅贞阳侯萧渊明乘着水势进攻彭城，未被采纳，后来北魏援兵大量到来，羊侃又反复劝萧渊明趁他们远道而来加以袭击，第二天又劝出战，都不被采纳。羊侃就率领自己的军队驻扎到堰上。后来萧渊明大军失败，羊侃摆好了战阵徐徐退回。

太清二年，重新任命羊侃为都官尚书。侯景反叛，攻陷历阳，梁武帝问羊侃讨伐侯景的计策。羊侃说："侯景反叛的迹象早已显现，他或许会侵扰南下，应该马上占据采石，命邵陵王纶袭取寿春。侯景进不得前，退失去巢窟，他的乌合之众，自然会很快瓦解。"有些人认为侯景不敢马上进逼京师，因此，这个计划也就暂时搁下了，命令羊侃率领千余骑兵驻屯在望国门。侯景到了新林，朝廷马上调羊侃入京师，成为台内大都督宣城王萧大器的副手，任都督城内诸军事。当时候景突然到来，百姓竞相逃入城内，社会秩序一片混乱。羊侃就布置分配防卫力量，以宗室人员掺杂其间。军人们争先恐后进入武库，自己取武器装备，有关官员不能阻挡，羊侃下令斩杀数人，方才阻止。不久侯景贼军逼近京城，人心汹汹，恐慌不安，羊侃假称得到了城外射入的书信，内说"邵陵王萧纶、西昌侯萧渊藻的援兵已经到了附近的路上。"大家才稍稍安定。贼军进攻东掖门，纵火焚烧，火势很盛，羊侃亲自领兵抵抗，他在门上凿空，往下浇水，火终于扑灭。他又引弓射杀数人，贼军才退走。诏加羊侃侍中、军师将军。有诏书命令送金五千两，银万两，绢万匹，赏赐给战士，羊侃辞谢不受。他自己带来的部队千余人，都用私产加以奖赏。

侯景军用尖顶木驴攻城，因上蒙湿牛皮，木石铁火都难破坏，羊侃作雉尾炬，除用枯草缚扎处，上还装铁箭头，用油浇浸，烧着后掷到木驴上，凿穿牛皮，就烧毁了木驴。贼军又在东西两面垒起土山，比城高，城中人惊骇万分，羊侃命挖地道直到土山下，把土挖空，山就塌下了。贼军又制造了登城楼车，高十多丈，想在车上对城内射箭，羊侃说："车太高而城外沟虚，它来必然倒下，可躺着看它倒，不必防备。"等车一移动后果然倒下，大家都佩服羊侃的预见。贼军多次进攻不能胜利，就把京城团团包围起来。朱异、张绾主张开城出击，梁武帝问羊侃，羊侃答道："不可以。贼军多日攻城。因攻不下，所以团团包围，目的是想诱降城中的人。现在出击，如果出去人少，不足以打败他们；如果人多，一旦失利，自相践踏。城门狭，桥小，必然伤亡惨重，这是向敌人示弱，不是宣扬王威呀。"但这意见没有被采纳，梁朝派出千余士兵出城作战，还未及交锋，就望风逃回，果然存争上桥时纷纷落水，死了一大半。

在此前，羊侃长子羊鹭被侯景所抓获，侯景把他带到城下给羊侃看，羊侃说："我把全宗族的人都用来报答圣上的大恩，还恨不够，哪里还计较这一儿子，希望你早点把他杀了。"过几天侯景又抓他到城下，羊侃对羊鹭说："我以为你早已死了，你还在呀，我以身许国，誓死与敌作战，终归不会因为你而动摇我的进退。"说完拿起弓来射。贼军都被羊侃的忠义所感动，也不加害于羊鹭。侯景派遣仪同傅士哲呼羊侃说话，他说："侯王远道而来问候天子，为何闭门拒绝，不及时进纳？尚书是国家大臣，应该启奏朝廷。"羊侃说："侯将军在奔走逃亡之后，归顺我们国家，朝廷把重要的城市方镇委任给他管理，是什么忧患苦楚，使他忽然起兵？今天他驱使一些乌合之众，来到王城之下，掳掠马匹饮淮河水，向王城中射箭，岂有作为臣下而这样做的？我受国家的大恩，应当秉承皇帝的决策，扫荡反叛的逆贼，不能够轻易听你的花言巧语，开门迎接盗贼。请你回告侯王，望他及早好自为之。"士哲又说："侯王侍奉天子尽心尽力，不被朝廷所知道，正想当面启奏天子，以清除奸臣。既然在军中任职，故而带兵来到京师，怎么能说是造反呢？"羊侃说："圣上君临四海近五十年，聪明而有智慧，没有一件事能瞒得过他，有哪一个奸臣可以在朝廷上？要想掩饰错误，希望你不要用讲假话的办法。而且侯王亲自高举大刀，进攻城门宫殿，侍奉君王尽臣下之节，有这样做的吗？"士哲无言可答，于是说："在北方的日子里，久仰你的风采和谋略，每恨平生不能和你相叙，请你脱去战袍，让我好好看你的风采。"羊侃就脱去了盔甲，傅士哲瞻仰了很久才离去。羊侃就是这样被北方人所钦佩和羡慕。

后来下起大雨，建康城内土山崩坏，贼军乘虚而入，战士们苦战但不能击退敌人，羊侃下令多掷火，使城成为火城用来阻断贼军的路，与此同时，在城里再筑城，贼军无法前进。十二月，羊侃遇病死于合城中，年五十四岁。下诏给东园的棺材，布和绢各五百匹，钱三百万，赠官侍中、护军将军，又赐给一部鼓吹乐队。

羊侃少年时勇猛非凡，臂力惊人，所用的弓达到十余石。曾经在兖州的尧庙的壁上行走，上到四丈高，横行了七步。泗桥上有几个石人，长八尺，大十围即五尺，羊侃抓住它们互相击撞，都被撞碎了。

羊侃生活豪华奢侈，懂音乐，曾自己创作《采莲》《棹歌》两首歌曲，很有新意。姬妾在一旁侍候，十分奢靡。有个弹筝人陆太喜，其弹筝的鹿爪长七寸。跳舞人张净琬，腰围只有一尺六寸，当时人都说他能站在人手掌上跳舞。又有一个孙荆玉，能反腰贴近地面，咬到席子上的玉簪。皇帝赏赐的歌手王姚儿，东宫也赏赐歌手屈偶之，都是能唱美妙动听的歌曲，一时无人可比。最初到衡州，在两只小船上造起三间通梁水斋，上面装饰了珠玉、有彩图的锦，和华丽的屏风，还有歌女和舞女，船解缆后趁潮前进，面对着水波饮酒作乐，两岸的观看者拥挤不堪。大同年间，北魏使者阳斐，与羊侃在北方时曾是同学，有诏书命羊侃请阳斐宴会，参加的还有宾客三百余人，宴会上的饮器都是金玉等所制作，有三部女乐队奏乐，侍候的婢女达百余人，都手拿着金花烛。羊侃不能饮酒，而善于与宾客应酬，他整天陪伴着宾客，与他们一样时醉时醒。羊侃性格宽厚，有气量，曾经从南方回到涟口，设酒宴，有一个叫张孺才的宾客，醉后在船中引起火灾，连带烧了七十余艘船，被烧金银和帛不可计数。羊侃听说后，都不介意，命令酒宴不要停止。张孺才既惭愧又害怕，逃走了，羊侃派人安慰他并叫他回来，对待他像起初一样。第三个儿子是羊鹃。

崔灵恩传

【题解】

崔灵恩，清河东武城（今山东省武城县西北）人。生卒年不详。少笃学，博通《诗》《书》《易》《礼》《春秋》五经，尤其精通《三礼》（《周礼》《仪礼》《礼记》）及《三传》（《春秋左氏传》《春秋公羊传》《春秋谷梁传》）。他还精通天文，认为盖天说与浑天说实为同一学说。崔灵恩初仕北魏，为太常博士。天监十三年（公元514年）归梁。累迁步兵校尉兼国子博士。他聚徒讲学授业，听者常有数百人。后出任桂州刺史，卒于官。崔灵恩著述甚丰，有《集注毛诗》《集注周礼》《三礼义宗》等百余卷之众，其中部分收入清人马国翰《玉函山房辑佚书》。

【原文】

崔灵恩，清河东武城人也。少笃学，从师遍通《五经》，尤精《三礼》《三传》。先在北仕为太常博士，天监十三年归国。高祖以其儒术，擢拜员外散骑侍郎，累迁步兵校尉，兼国子博士。灵恩聚徒讲授，听者常数百人。性拙朴无风采，及解经析理，甚有精致，京师旧儒咸称重之，助教孔金尤好其学。灵恩先习《左传》服解，不为江东所行，及改说杜义，每文句常申服以难杜，遂著《左氏条义》以明之。时有助教虞僧诞又精杜学，因作《申杜难服》，以答灵恩，世并行焉。僧诞，会稽余姚人，以《左氏》教授，听者亦数百人。其该通义例，当时莫及。

先是儒者论天，互执浑、盖二义，论盖不合于浑，论浑不合于盖。灵恩立义，以浑、盖为一焉。

出为长沙内史，还除国子博士，讲众尤盛。出为明威将军、桂州刺史，卒官。灵恩《集注毛诗》二十二卷，《集注周礼》四十卷，制《三礼义宗》四十七卷，《左氏经传义》二十二卷，《左氏条例》十卷，《公羊·谷梁文句义》十卷。

【译文】

崔灵恩，清河东武城人。他少年时代即酷爱学习，从师学习儒家的经典，博通《五经》，尤其精通《三礼》和《三传》。他最初曾在北魏做官，任太常博士，到梁天监十三年（公元514年）时才返回梁国。梁高祖萧衍因他精通儒家学说，升其为员外散骑侍郎，接着又晋升为步兵校尉，兼任国子博士。崔灵恩曾招收弟子，讲学授业，前来听讲的常有数百人，他的性格朴实无华，但是他讲解经文分析义理极为精辟细致，当时京城中年长的学者都很赏识他，器重他，他的助手孔金则特别喜爱他的学说。崔灵恩最初讲习服虔对《春秋左氏传》的注解释义，但在江东地区没有能够流传，后来他立即改为讲解杜预对《左氏传》的释义，对每章每句的训释常常申述服虔的说法而驳难杜预，为说明这些见解，于是他撰写了《左氏条义》一书。当时，有一位名叫虞僧诞的助手，不仅精通服虔的学说，而且也很精通杜预的学说，继崔灵恩之后写成了《申杜难服》一书，用来答对崔灵恩，两书在当时并行于世。虞僧诞是会稽余姚人，当他讲授《春秋左氏传》的时候，前去听讲的也有数百人。僧诞对《左氏传》的时没有人可与他相比。

过去学者们谈论天文，有些人主张浑天说，有些人则主张盖天说，主张浑天说的人就论证盖天说不符合浑天说，主张盖天说的人则论证浑天说不能符合盖天说。崔灵恩提出了自己的见解，他认为浑天说与盖天说实为同一种学说。

后来，崔灵恩受朝廷的委任作了长沙内史，归朝后被授官为国子博士，从此以后，他的讲学授业的事业更加兴盛了。其后他又离开京城出任明威将军、桂州刺史，在任职期间去世了。崔灵恩著有《集注毛诗》二十二卷，《集注周礼》四十卷，还撰写了《三礼义宗》四十七卷，《左氏经传义》二十二卷，《左氏条例》十卷，《公羊、谷梁文句义》十卷。

处士传

【题解】

隐士的行为在普通人看来是不同一般的。他们必然是有难言之隐，或天然缺陷，或无能，或逃难，遁迹山林。但这不过是世人的尘俗念头。

从本传所记述的九位隐士中可以看出，作者在掌握大量史实的基础上，将隐士们的心灵活动和隐遁事迹叙述得那么丰富、动人。他们不是无力攀龙附凤，无法趋进于仕途，也不是无学识，无才气。象何点曾被召为太子洗马，何胤也被高祖任命右光禄大夫，阮孝绪十三岁便读完了《五经》、并著有《七录》，诸葛璩著有文章二十篇……可见正如文末所载陈朝史部尚书姚察所说："社会上诬蔑、蔑视处士的人，多说他们纯粹是盗窃虚名，没有切实的用处，大都是名不副实之人。而像诸葛璩的学术、阮孝绪的目录之学，他们要想用这些来图进取，还有什么难的呢？可他们一生都隐居不仕，本来就是性情所致而已。"

正因为作者对隐士抱有这样的认识，才能将隐士们写得既崇高又神灵。如说何胤禁止杀生，虞地有人追赶小鹿，小鹿便跑到何胤跟前来，伏在面前一动不动；又如说阮孝绪母亲得病需药草，非常难找，小鹿为他带路找到了。如此等等，固属神话，但也正反映了作者对隐士的崇高情绪。同时也增加了传记的文学趣味。

【原文】

《易》曰："君子遁世无闷，独立不惧。"孔子称长沮、桀溺隐者也。古之隐者，或耻闻禅代，高让帝王，以万乘为垢辱，至死亡而无悔。此则轻生重道，希世间出，隐之上者也。或托仕监门，寄臣柱下，居易而以求其志，处污而不愧其色。此所谓大隐隐于市朝，又其次也。或裸体佯狂，盲暗绝世，弃礼乐以反道，忍孝慈而不恤。此全身远害，得大雅之道，又其次也。然同不失语默之致，有幽人贞吉矣。与夫没身乱世，争利干时者，岂同年而语哉！孟子曰："今人之于爵禄，得之若其生，失之若其死。"《淮南子》曰："人皆鉴于止水，不鉴于流潦。"夫可以扬清激浊，抑贪止竞，其惟隐者乎！自古帝王，莫不崇尚其道。虽唐

尧不屈巢、许，周武不降夷、齐，以汉高肆慢而长揖黄、绮，光武按法而折意严、周，自兹以来，世有人矣。有梁之盛，继绍风猷，斯乃道德可宗，学艺可范，故以备《处士篇》云。

何点字子晰，庐江灊人也。祖尚之，宋司空。父铄，宜都太守。铄素有风疾，无故害妻，坐法死。点年十一，几至灭性，及长，感家祸，欲绝婚宦，尚之强为之娶琅琊王氏。礼毕，将亲迎，点累涕泣，求执本志，遂得罢。

容貌方雅，博通群书，善谈论。家本甲族，亲姻多贵仕。点虽不入城府，而邀游人世，不簪不带，或驾柴车，蹑草履，恣心所适，致醉而归，士大夫多慕从之，时人号为"通隐"。兄求，亦隐居吴郡虎丘山。求卒，点菜食不饮酒，讫于三年，腰带减半。

宋泰始末，徵太子洗马；齐初，累徵中书郎、太子中庶子，并不就。与陈郡谢瀹、吴国张融、会稽孔稚珪为莫逆友。从弟遁，以东篱门园居之，稚珪为筑室焉。园内有卞忠贞冢，点植花卉于冢侧，每饮必举酒酹之。初，褚渊、王俭为宰相，点谓人曰："我作《齐书赞》，云'渊既世族，俭亦国华；不赖舅氏，遑恤国家'。"王俭闻之，欲候点，知不可见，乃止。豫章王嶷命驾造点，点从后门遁去。司徒竟陵王子良欲就见之，点时在法轮寺，子良乃往请，点角巾登席，子良欣悦无已，遗点嵇叔夜酒杯，徐景山酒铛。

点少时尝患渴痢，积岁不愈，后在吴中石佛寺建讲，于讲所昼寝，梦一道人形貌非常，授丸一掬，梦中服之，自此而差，时人以为淳德所感。

性通脱，好施与，远近致遗，一无所逆，随复散焉。尝行经朱雀门街，有自车后盗点衣者，见而不言，傍有人擒盗与之，点乃以衣施盗，盗不敢受，点命告有司，盗惧，乃受之，催令急去。

点雅有人伦识鉴，多所甄拔。知吴兴丘迟于幼童；称济阳江淹于寒素，悉如其言。

点既老，又娶鲁国孔嗣女，嗣亦隐者也。点虽婚，亦不与妻相见，筑别室以处之，人莫谕其意也。吴国张融少时免官，而为诗有高尚之言，点答诗曰："昔闻东都日，不在简书前。"虽戏也，而融久病之。及点后婚，融始为诗赠点曰："惜哉何居士，薄暮遘荒淫。"点亦病之，而无以释也。

高祖与点有旧，及践阼，手诏曰："昔因多暇，得访逸轨，坐修竹，临清池，忘今语古，何其乐也。暂别丘园，十有四载，人事艰阻，亦何可言。自应运在天，每思相见，密迩物色，劳甚山阿。严光排九重，践九等，谈天人，叙故旧，有所不臣，何伤于高？文先以皮弁谒子桓，伯况以斛绡见文叔，求之往策，不无前例。今赐卿鹿皮巾等。后数日，望能人也。"点以巾褐引入华林园，高祖甚悦，赋诗置酒，恩礼如旧。仍下诏曰："前徵士何点，高尚其道，志安容膝，脱落形骸，栖志穷冥。朕日昃思治，尚想前哲；况亲得同时，而不与为政。喉唇任切，必俟邦良，诚望惠然，屈居献替。可徵为侍中。"辞疾不赴。乃复诏曰："徵士何点，居贞物表，纵心尘外，夷坦之风，率由自远。往因素志，颇申宴言，眷彼子陵，情兼惟旧。昔仲虞迈俗，受俸汉朝；安道逸志，不辞晋禄。此盖前代盛轨，往贤所同。可议加资给，并出在所，日费所须，太官别给。既人高曜卿，故事同垣下。"

天监三年，卒，时年六十八。诏曰："新除侍中何点，栖迟衡泌，白首不渝。奄到殒丧，倍怀伤恻。可给第一品材一具，赙钱二万，布五十匹。丧事所须，内监经理。"又敕点弟胤曰："贤兄徵君，弱冠拂衣，华首一操。心游物表，不滞近迹；脱落形骸，寄之远理。性情胜致，遇兴弥高；文会酒德，抚际逾远。朕膺录受图，思长声教。朝多君子，既贵成雅俗；野有外臣,宜弘此难进。方赖清徽,式隆大业。昔在布衣,情期早著,资以仲虞之秩,待以子陵之礼,听览暇日,角巾引见,眷然汾射,兹焉有托。一旦万古,良怀震悼。卿友于纯至,亲从凋亡,偕老之愿,致使反夺,缠绵永恨,伊何可任。永矣奈何!"点无子,宗人以其从弟耿子迟任为嗣。

胤字子季,点之弟也。年八岁居忧,哀毁若成人。既长好学。师事沛国刘瓛,受《易》及《礼记》《毛诗》;又入钟山定林寺听内典,其业皆通。而纵情诞节,时人未之知也;唯瓛与汝南周颙颙齐秘书郎,迁太子舍人。出为建安太守,为政有恩信,民不忍欺。每伏腊放囚还家,依期而返。入为尚书三公郎,不拜,迁司徒主簿。注《易》,又解《礼记》,于卷背书之,谓为《隐义》。累迁中书郎,员外散骑常侍,太尉从事中郎,司徒右长史,给事黄门侍郎,太子中庶子,领国子博士,丹阳邑中正。尚书令王俭受诏撰新礼,未就而卒,又使特进张绪续成之,绪又卒,属在司徒竟陵王子良,子良以让胤;乃置学士二十人,佐胤撰录。永明十年,迁侍中,领步兵校尉,转为国子祭酒。郁林嗣位,胤为后族,甚见亲待。累迁左民尚书,令骁骑,中书令,领临海、巴陵王师。

胤虽贵显,常怀止足。建武初,已筑室郊外,号曰小山,恒与学徒游处其内。至是,遂卖园宅,欲入东山,未及发,闻谢朏罢吴兴郡不还,胤恐后之,乃拜表辞职,不待报辄去。明帝大怒,使御史中丞袁昂奏收胤,寻有诏许之。胤以会稽山多灵异,往游焉,居若邪山云门寺。初,胤二兄求、点并栖遁,求先卒,至是胤又隐,世号点为大山;胤为小山,亦曰东山。永元中,徵太常,太子詹事,并不就。高祖霸府建,引胤为军谋祭酒,与书曰:"想恒清豫,纵情林壑,致足欢也。既内绝心战,外劳物役,以道养和,履候无爽。若邪擅美东区,山川相属,前世嘉赏,是为乐土。仆推迁簿官,自东徂西,悟言素对,用成暌阔,倾首东顾,曷日无怀。畴昔欢遇,曳裾儒肆,实欲卧游千载,畋渔百氏,一行为吏,此事遂乖。属以世道威夷,仍离屯故,投袂数千,克黜衅祸。思得瞩卷咨款,寓情古昔,夫岂不怀,事与愿谢。君清襟素托,栖寄不近,中居人世,殆同隐沦。既俯拾青组,又脱屣朱黻,但理存用舍,义贵随时,往识祸萌,实为先觉,超然独善,有识钦嗟。今者为邦,贫贱咸耻,好仁由己,幸无凝滞。比别具白,此未尽言。今遣候承音息,矫首还翰,慰其引领。"胤不至。

高祖践阼,诏为特进,右光禄大夫。手敕曰:"吾猥当期运,膺此乐推,而顾已蒙蔽,昧于治道。虽复勤劳日昃,思至隆平,而先王遗范,尚蕴方策,息举之用,存乎其人。兼以世道浇暮,争诈繁起,改俗迁风,良有未易。自非以儒雅弘朝,高尚轨物,则泪流所至,莫知其限。治人之与治身,独善之与兼济,得失去取,为用孰多。吾虽不学,颇好博古,尚想高尘,每怀击节。今世务纷乱,忧责是当,不得不屈道严阿,共成世美。必望深达往怀,不吝濡足。今遣领军司为王果宣旨谕意。迟面在近。"果至,胤单衣鹿巾,执经卷,下休跪受诏书,就席伏读。胤因谓果曰:"吾昔于齐朝欲陈两三条事,一者欲正郊丘,二者欲更铸九鼎,三者欲树双阙。世传晋室欲立阙,王丞相指牛头山云:'此天阙也',是则未明立阙之意。阙者,谓之象魏。县象法于其上,浃日而收之。象者,法也;魏者,当涂而高大貌也。鼎者神器,有国所先,故王孙满斥言,楚子顿尽。圆丘国郊,旧典不同。南郊祠五帝灵威仰之类,圆丘祠天皇大帝、北极大星是也。往代合之郊丘,先儒之巨失。今梁德告始,不宜遂因前谬。卿宜诣阙陈之。"果曰;"仆之鄙劣,岂敢轻议国共,此当敬俟叔孙生耳。"胤曰:"卿讵不遣传诏还朝拜表,留与我同游邪?"果愕然曰:"古今不闻比例。"胤曰:"《檀弓》两卷,皆言物始。自卿而始,何必有例。"果曰:"今君遂当邈然绝世,犹有致身理不?"胤曰:"卿但以事见推,吾年已五十七,月食四斗米不尽,何容得有宦情。昔荷圣王昕识,今又蒙旌贲,甚愿诣阙谢恩;但比腰脚大恶,此心不遂耳。"

果还,以胤意奏闻,有敕给白衣尚书禄,胤固辞。又敕山阴库钱月给五万,胤又不受。乃敕胤曰:"顷者学业沦废,儒术将尽,闾阎搢绅,鲜闻好事。吾每思弘奖,其风未移,当宸兴言为叹。本欲屈卿暂出,开导后生,既属废业,此怀未遂,延伫之劳,载盈梦想。理舟虚席,须俟来秋,所望惠然申其宿抱耳。卿门徒中经明行修,厥数有几?且欲瞻彼堂堂,置此周行。便可具以名闻,副其劳望。"又曰:"比岁学者殊为寡少,良由无复聚徒,故明经斯废。每一念此,为之慨然。卿居儒宗,加以德素,当敕后进有意向者,就卿受业。想深思诲诱,使斯文载兴。"于是遣何子朗、孔寿等六人于东山受学。

太守衡阳王元简深加礼敬,月中常命驾式闾,谈论终日。胤以若邪处势迫隘,不容生徒,乃迁秦望山。山有飞泉,西起学舍,即林成援,因岩为堵。别为小合室,寝处其中,躬自启闭,僮仆无得至者。山侧营田二顷,讲隙从生徒游之。胤初迁,将筑室,忽见二人著玄冠,容貌甚伟,问胤曰:"君欲居此邪?"乃指一处云:"此中殊吉。"忽不复见,胤依其言而止焉。寻而山发洪水,树石皆倒拔,唯胤所居室岿然独存。元简乃命记室参军钟嵘作《瑞室颂》,刻石以旌之。及元简去郡,入山与胤别,送至都赐埭,去郡三里,因曰:"仆自弃人事,交游路断,自非降贵山薮,岂容复望城邑?此埭之游,于今绝矣。"执手涕零。

何氏过江,自晋司空充并葬吴西山。胤家世年皆不永,唯祖尚之至七十二。胤年登祖寿,乃移还吴,作《别山诗》一首,言甚凄怆。至吴,居虎丘西寺讲经论,学徒复随之,东境守宰经途者,莫不毕至。胤常禁杀,有虞人逐鹿,鹿径来趋胤,伏而不动,又有异鸟如鹤,红色,集讲堂,驯狎如家禽焉。

初,开善寺藏法师与胤遇于秦望,后还都,卒于钟山。其死日,胤在般若寺,见一僧授胤香炉奁并函书,云:"呈何居士"。言讫失所在。胤开函,乃是《太庄严论》,世中未有。又于寺内立明珠柱,乃七日七夜放光,太宗何远以状启。昭明太子钦其德,遣舍人何思澄致手令以褒美之。

中大通三年,卒,年八十六。先是胤疾,妻江氏梦神人告之曰:"汝夫寿尽;既有至德,应获延期,尔当代之。"妻觉说焉,俄得患而卒,胤疾乃瘳。至是胤梦一神女,并八十许人,并衣帕,行列至前,俱拜床下,觉又见之,便命营凶具。既而疾动,因不自治。

胤注《百法论》《十二门论》各一卷,注《周易》十卷,《毛诗总集》六卷,《毛诗隐义》十卷,《礼记隐义》二十卷,《礼答问》五十五卷。

子撰,亦不仕,庐陵王辟为主簿,不就。

阮孝绪字士宗,陈留尉氏人也。父彦之,宋太尉从事中郎。

孝绪七岁,出后从伯胤之。胤之母周氏卒,有遗财百余万,应归孝绪,孝绪一无所纳,尽以归胤之姐琅琊王晏之母,闻者咸叹异之。

幼至孝,性沉静,虽与儿童游戏,恒以穿池筑山为乐。年十三,遍通《五经》。十五,冠而见其父,彦之诫曰:"三加弥尊,人伦之始。宜思自勖,以庇尔躬。"答曰:"愿迹松子于瀛海,追许由于穹谷,庶保促生,以免尘累。"自是屏居一室,非定省未尝出户,家人莫见其面,亲友因呼为"居士。"

外兄王晏贵显，屡至其门，孝绪度之必至颠覆，常逃匿不与相见。曾食酱美，问之，云是王家所得，便吐飧覆醢，及晏诛，其亲戚咸为之惧。孝绪曰："亲而不党，何坐之及？"竟获免。

义师围京城，家贫无以爨，僮妾窃邻人樵以继火，孝绪知之，乃不食，更令撤屋而炊。所居室唯有一鹿床，竹树环绕。天监初，御史中丞任昉寻其兄履之，欲造而不敢，望而叹曰："其室虽迩，其人甚远。"为名流所钦尚如此。

十二年，与吴郡范元琰俱徵，并不到。陈郡袁峻谓之曰："往者，天地闭，贤人隐；今世路已清，而子犹遁，可乎？"答曰："昔周德虽兴，夷、齐不厌薇蕨；汉道方盛，黄、绮无闷山林。为仁由己，何关人世！况仆非往贤之类邪？"

后于钟山听讲，母王氏忽有疾，兄弟欲召之。母曰："孝绪至性冥通，必当自到。"果心惊而返，邻里嗟异之。合药须得生人参，旧传钟山所出，孝绪躬历幽险，累日不值，忽见一鹿前行，孝绪感而随后，至一所遂灭，就视，果获此草。母得服之，遂愈。时皆叹其孝感所致。

时有善筮者张有道谓孝绪曰："见子隐迹而心难明，自非考之龟蓍，无以验也。"及布卦，既揲五爻，曰："此将为《咸》，应感之法，非嘉遁之兆。"孝绪曰："安知后爻不为上九？"果成《遁卦》。有道叹曰："此谓'肥遁无不利。'象实应德，心迹并也。"孝绪曰："虽获《遁卦》，而上九爻不发，升退之道，便当高谢许生。"乃著《高隐传》，上自炎、黄，终于天监之末，斟酌分为三品，凡若干卷。又著论云："夫至道之本，贵在无为；圣人之迹，存乎拯弊。弊拯由迹，迹用有乖于本，本既无为，为非道之至。然不垂其迹，则世无以平；不究其本，则道实交丧。丘、旦将存其迹，故宜权晦其本；老、庄但明其本，亦宜深抑其迹。迹既可抑，数子所以有余；本方见晦，尼丘是故不足。非得一之士，阙彼明智；体二之徒，独怀鉴识。然圣已极照，反创其迹；贤未居宗，更言其本。良由迹须拯世，非圣不能；本实明理，在贤可照。若能体兹本迹，悟彼抑扬，则孔、庄之意，其过半矣。"

南平元襄王闻其名，致书要之，不赴。孝绪曰："非志骄富贵，但性畏庙堂。若使麋加可骖，何以异夫骥骜。"

初，建武末，青溪宫东门无故自崩，大风拔东宫门外杨树。或以问孝绪，孝绪曰："青溪皇家旧宅，齐为木行，东者木位，今东门自坏，木其衰矣。"

鄱阳忠烈王妃，孝绪之姐。王尝命驾，欲就之游，孝绪凿垣而逃，卒不肯见。诸甥岁时馈遗，一无所纳，人或怪之，答云："非我始愿，故不受也。"

其恒所供养石像，先有损坏，心欲治补，经一夜忽然完复，众并异之。

大同二年，卒，时年五十八。门徒谥其德行，谥曰文贞处士。所著《七录》等书二百五十卷，行于世。

诸葛璩字幼玟，琅邪阳都人，世居京口。璩幼事徵士关康之，博涉经史。复师徵士臧荣绪，荣绪著《晋书》，称璩有发摘之功，方之壶遂。

齐建武初，南徐州行事江祀荐璩于明帝曰："璩安贫守道，悦礼敦诗，未曾投刺邦宰，曳裾府寺，如其简退，可以扬清厉俗。请辟为议曹从事。"帝许之，璩辞不去。陈郡谢朓为东海太守，教曰："昔长孙东组，降龙丘之节；文举北辕，高通德之称。所以激贪立懦，式扬风范。处士诸葛璩，高风所渐，结辙前修。岂怀珠披褐，韬玉待价？将幽贞独住，不事王侯者邪？闻事亲有啜菽之窭，就养寡藜蒸之给，岂得独享万钟，而忘兹五秉。可饷谷百斛。"天监中，太守萧琛、刺史安成王秀、鄱阳王恢并礼异焉。璩丁母忧毁瘠，恢累加存问，服阕，举秀才，不就。

璩性勤于诲诱，后生就学者日至，居宅狭陋，无以容之，太宗张友为起讲舍。璩处身清正，妻子不见喜愠之色。旦夕孜孜，讲诵不辍，时人益以此宗之。

七年，高祖敕问太守王份，份即具以实对，未及徵用，是年卒于家。璩所著文章二十卷，门人刘曒集而录之。

沈颙字处默，吴兴武康人也。父坦之，齐都官郎。

颙幼清静有至行，慕黄叔度、徐孺子之为人。读书不为章句，著述不尚浮华。常独处一室，人罕见其面。颙从叔勃，贵显齐世，每还吴兴，宾客填咽，颙不至其门，勃就见，颙送迎不越于门。勃叹息曰："吾乃今知贵不知贱。"

俄徵为南郡王左常侍，不就。颙内行甚攸，事母兄弟孝友，为乡里所称慕。永明三年，徵著作郎；建武二年，徵太子舍人，俱不赴。永元二年，又徵通直郎，亦不赴。

颙素不治家产，值齐末兵荒，与家人并日而食。或有馈其粱肉者，闭门不受。唯以樵采自资，怡怡然恒不改其乐。

天监四年，大举北伐，订民丁，吴兴太守柳恽以颙从役，扬州别驾陆任以书责之，恽大惭，厚礼而遣之。其年卒于家。所著文章数十篇。

刘慧斐字文宣，彭城人也。少博学，能属文，起家安成王法曹行参军。尝还都，途经寻阳，游于匡山，过处士张孝秀，相得甚欢，遂有终焉之志，因不仕，居于东林寺。又于山北构园一所，号曰离垢园，时人乃谓为离垢先生。

慧斐尤明释典，工篆隶，在山手写佛经二千余卷，常所诵者百余卷。昼夜行道，孜孜不息，远近钦慕之。太宗临江州，遗以几杖。论者云，自远法师没后，将二百年，始有张、刘之盛矣。世祖及武陵王寺书问不绝。大同二年，卒，时年五十九。

范元琰字伯珪，吴郡钱唐人也。祖悦之，太学博士徵，不至。父灵瑜，居父忧，以毁卒。元琰时童孺，哀慕尽礼，亲党异之。及长好学，博通经史，兼精佛义。然性谦敬，不以所长骄人。家贫，唯以园蔬为业。尝出行，见人盗其菜，元琰遽退走，母问其故，具以实答。母问盗者为谁，答曰："向所以退，畏其愧耻，今启其名，愿不泄也。"于是母子秘之。或有涉沟盗其笋者，元琰因伐木为桥以渡之。自是盗者大惭，一乡无复草窃。居常不出城市，独坐如对严宾，见之者莫不改容正色。沛国刘献深加器异，尝表称之。

齐建武二年，始徵为安北参军事，不赴。天监九年，县令管慧辨上言义行，扬州刺史临川王宏辟命，不至。十年，王拜表荐焉，竟未徵。其年卒于家，时年七十。

刘汗字彦度，平原人也。父灵真，齐武昌太守。汗幼称纯孝，数岁，父母继卒，汗居丧，哭泣孺慕，几至灭性，赴吊者莫不伤焉。后为伯父所养，事伯母及昆姊，孝友笃至，为宗族所称。自伤早孤，人有误触其讳者，未尝不感结流涕。长兄絜为之娉妻，克日成婚，汗闻而逃匿，事息乃还。本州刺史张稷辟为主簿，不就，主者檄召，汗乃挂檄于树而逃。

汗善玄言，尤精释典。曾与族兄刘歊听讲于钟山诸寺，因共卜筑宋熙寺东涧，有终焉之志。天监十七年，卒于歊舍，时年三十一。临终，执歊手曰："气绝便敛，敛毕即埋，灵节一不须立，勿设飨祀，无求继嗣。"歊从而行之。宗人至友相与刊石立铭，谥曰玄贞处士。

庾诜字彦宝，新野人也。幼聪警笃学，经史百家无不该综，纬候书射，棋算机巧，并一时之绝。而性托夷简，特爱林泉。十亩之宅，山池居半。蔬食弊衣，不治产业。尝乘舟从田舍还，载米一百五十石，有人寄载三十石，既至宅，寄载者曰："君三十斛，我百五十石。"诜默然不言，恣其取足。邻人有被诬为盗者，被治劾，妄款，诜矜之，乃以书质钱二万，令门生诈为其亲，代之酬备。邻人获免，谢诜，诜曰："吾矜天下无辜，岂期谢也。"其行多如此类。

高祖少与诜善，雅推重之。及起义，署为平西府记室参军，诜不屈。平生少所游狎，河东柳恽欲与之支，诜距而不纳。后湘东王临荆州，板为镇西府记室参军，不就。普通中，诏曰："明扬振滞，为政所先；旌贤求士，梦仁斯急。亲野瘲诜止足栖退，自事却扫，经史文艺，多所贯习；颍川庾承先学通黄、老，该涉释教；并不竞不营，安兹枯槁，可以镇躁敦俗。诜可黄门侍郎，承先可中书侍郎。勒州县时加敦遣，庶能屈志，方冀盐梅。"诜称疾不赴。

晚年以后，尤遵释教，宅内立道场，环绕礼忏，六时不辍。诵《法华经》，每日一遍。后夜中忽见一道人，自称愿公，容止甚异，呼诜为上行先生，授香而去。中大通四年，因昼寝，忽惊觉曰："愿公复来，不可久住。"颜色不变，言终而卒，时年七十八。举室咸闻空中唱"上行先生已生弥净域矣。"高祖闻而下诏曰："旌善表行，前王所敦。新野庾诜，荆山珠玉，江陵杞梓，静侯南度，固有名德，独贞苦节，孤芳素履。奄随运往，恻怆于怀。宜谥贞节处士，以显高烈。"诜所撰《帝历》二十卷，《易林》二十卷，续伍端休《江陵记》一卷，《晋朝杂事》五卷，《总抄》八十卷，行于世。

子曼倩，字世华，亦上有令誉。世祖在荆州，辟为主簿，迁中录事。每出，世祖常目送之，谓刘之遴曰："荆南信多君子，虽美归田凤，清属桓阶，赏德标奇，未过此子。"后转咨议参军。所著《丧服仪》《文字体例》《庄老义疏》，注《算经》及《七曜历术》，并所制文章：凡九十五卷。

子季才，有学行，承圣中，仕至中书侍郎。江陵陷，随例入关。

张孝秀字文逸，南阳宛人也。少仕州为治中从事史；遭母忧，服阕，为建安王别驾，顷之，遂去职归山，居于东林寺。有田数十顷，部曲数百人，率以力田，尽供山众，远近归慕，赴之如市。

孝秀性通率，不好浮华，常冠谷皮巾，蹑蒲履，手执并麈皮尾。服寒食散，盛冬能卧于石。博涉群书，专精释典。善谈论，工隶书，凡诸艺能，莫不明习。普通三年，卒，时年四十二，室中皆闻有非常香气。太宗闻甚伤悼焉，与刘慧斐书，述其贞白云。

庾承先字子通，颍川鄢陵人也。少沈静有志操，是非不涉于言，喜愠不形于色，人莫能窥也。弱岁受学于南阳刘虬，强记敏识，出于群辈，玄经释典，靡不该悉；九流《七略》，咸所精练。郡辟功曹不就，乃与道士王僧镇同游衡岳。晚以弟疾还乡里，遂居于土台山。鄱阳忠烈王在州，钦其风味，要与游处。又令讲《老子》。远近名僧，咸来赴集，论难锋起，异端竞至，承先徐相酬答，皆得所未闻。忠烈王尤加钦重，徵州主簿，湘东王闻之，亦板为法曹参军，并不赴。

中大通三年，庐山刘慧斐至荆州，承先与之有旧，往从之。荆陕学徒，因请承先讲老子。湘东王亲命驾临听，论议终日，深相赏接。留连月余日，乃还山。王亲祖道，并赠篇什，隐者美之。其年卒，时年六十。

陈吏部尚书姚察曰：世之诬处士者，多云纯盗虚名，而无适用，盖有负其实者。若诸葛璩之学术，阮孝绪之簿阅，其取进也岂难哉？终于隐居，固亦性而已矣。

【译文】

《周易》上说："君子隐居避世没有忧虑，遗世独立也不畏惧。"孔子称长沮、桀溺为隐者。古代的隐者，有的听到帝王禅位给他而觉得可耻，把王位谦让给别人，以居帝王之位为耻辱，为此就是赴汤蹈火，也不后悔。这些人是轻视生命看重道义的，很多世代才偶有出现，是隐士中的最上一等。有的假托做官，寄住朝廷官府之中，生活简朴以追求自己的志向，处于污浊社会而保持其质朴纯正的本色。这是人们常说的大隐之人隐居在集市和朝廷官府。比起前面一类，稍次一等。有的赤裸着身体，假装发狂，装聋作哑，与世隔绝，抛弃了礼义以反抗正统，忍住了对父母的慈孝之心，对他们不再赡养同情。这种人保全自己，避免祸害他人，悟得一定道理，比起上面一类，又次一等。然而他们和前两类人一样沉静安详，有着隐者的贞洁美好。和那些投身乱世、争利夺权的人相比，那能够同日而语呢！《孟子》说："现在的人对于官位俸禄，得到它好像才能活着，失去它好像就会死掉。"《淮南子》说："人们都以静止的水面为镜子审视自己，不会去奔腾的浊水边照镜子。可以振奋清廉激励污浊，抑制贪婪阻止竞争，这样的事情只有隐士才能做到吧。从古帝王开始到现代，没有不崇尚隐居之道的。唐尧不使巢父、许由屈服，周武王不使伯夷、叔齐归降自己，汉高祖傲慢无礼，却深深地向夏黄公和绮里季先生作揖，光武帝手握国家大权而屈服于严光、周党，从那时起，每个朝代都有这样的人。梁朝兴旺发达，继承了前代的良好的传统，于是道德有所宗法，学艺有所规范，所以写成这《处士篇》。

何点，字子晳，庐江郡灊县人。祖父何尚之，是刘宋时的司空。父亲何铄，任宜都太守。何铄一直有疯癫的毛病，无缘无故地害死了妻子，犯法被判死刑。当时何点才十一岁，几乎痛不欲生。成年后，有感于家庭的不幸，打算不结婚不做官。其祖父强迫他娶了琅玡王氏的姑娘。聘礼完毕将迎娶时，何点多次哭求，希望能够顺从自己不结婚的心愿，于是其祖父只好作罢。

何点容貌大方儒雅，博览通晓群书典籍，善于言谈。家里本是望族，亲戚朋友很多人都做了大官。何点虽不做官，却遨游在嘈杂纷乱的尘世，不修边幅，有时驾驶着砍柴用的小车，穿着草鞋，漫无目的地驰骋，喝醉了酒就回来。士大夫们很多人都仰慕跟随他，当时的人叫他是"通隐"。哥哥何求，也隐居在吴郡的虎丘山中。何求死后，何点只吃素食，不喝酒，这样有三年，腰围瘦了一半。

宋泰始末年，皇帝征召他为太子洗马。齐初，多次征召他为中书郎和太子中庶子，他都没有就任。和陈郡人谢沦、吴国人张融、会稽人孔稚珪为莫逆之交。跟着弟弟何遁，住在东篱门的园子里，孔稚珪给他盖了房子。园内有卞忠贞的坟墓，何点在墓旁边种上花卉，每次喝酒都要洒酒纪念他。早先，褚渊、王俭任宰相，何点对别人说："我写了《齐书赞》一文，说'褚渊既是名门望族，王俭也是国家的精华；他们不依靠舅舅，不依赖母亲家族的力量。'"王俭听说后，想要拜访何点，知道不可能见到他，于是作罢。豫章王归命令驾车拜访何点，何点从后门逃出。司徒、竟陵王子良想去拜访何点，何点当时在法轮寺，子良前去邀请他，何点戴着头巾登席，子良高兴无比，赠给何点嵇康用过的酒杯和徐景山用过的酒壶。

何点年轻时曾患渴痢病，多年不愈，后来在吴中石佛寺讲经，在讲经的地方白天睡了一觉，梦见一个道人外貌不同寻常，给了他一捧药丸，他睡梦中把药吃了，从此后病就好了，当时的人都认为是他高尚的道德情操感动了神灵。

他性格开通豁达，好施舍，远近的人送东西给他，他都收下，随即又分送给别人。曾经路过朱雀门街，有一个人从车子的后面偷何点的衣物，何点看见了，却不言语，旁边有人看见了，把小偷抓住交给他，他把衣服施舍给了小偷，小偷不敢要，何点便要让手下人告诉官府。小偷害怕了，这才收下，何点催着让他赶快离开。

何点很有识别人的能力，甄别提拔过很多人。吴兴人丘迟还在孩童时何点就已了解他，济阳人江淹还是布衣寒士时就受到何点的称赞，他们后来的发展都如同何点当时预言的一样。

何点老年后，又娶了鲁国孔嗣的女儿，孔嗣也是一位隐士。何点虽已结婚，也不肯和妻子见面，另外盖了房子给她住，众人都不知道他的用意。吴国人张融年轻时被罢官，所作诗歌却有高尚的言论，何点用诗赠他说："昔闻东都日，不在简书前。"虽然是开玩笑的话，然而张融却长期耿耿于怀。到了何点结婚后，张融才写诗赠何点，说："可惜呀何居士，到了晚年还荒淫不检点。"何点也耿耿于怀，然而没有办法去掉这块心病。

高祖和何点是旧交，即位后，亲自写诏书，说："过去因为空闲时间多，能够拜访隐士贤人，坐在竹林中，面对清澈的池水，忘记了今天，老说着从前，这是多么快乐啊。告别山丘园林，已经有十四年了，人世艰难，无法形容。自从我继承国家大权，每每想要和你们相见，私下里寻访你们，费了很大劲。严光推开朝廷大门，站在王公贵族中间，谈天论人，叙故怀旧，不向光武帝称臣。他这样做对于清高又有何妨？文先戴着皮帽子拜见子桓，伯况穿着粗丝做的衣服去见文叔，考察以往的历史，不是没有先例。现在赐给你鹿皮巾等物。以后几天，希望你能来。"何点穿着粗布衣、戴着头巾被请入华林园，高祖很高兴，为此事置酒赋诗，尊敬他一如从前。于是下诏书说："前征士何点，道德高尚，安于贫困，不讲究外表，不拘小节，有志于深居独处。我日夜想着要社会安定，向往想念前代的贤人，何况能够亲自和他同时，然而他不参与为政。唇齿相依，一定是国之忠良，衷心希望你能给我们出谋划策。可以征聘他为侍中。"何点以有病为借口，没有就任。于是皇帝又下诏书说："征士何点，隐居尘世之外，行为超凡脱俗，平静坦荡的风范，均来自幽深的思想。很早就有大志，一再强调这美好的主张，向往着过去的严子陵，一心想着要向古人看齐。过去仲虞脱俗不凡，还接受汉朝的俸禄；安道志向远大，也不推辞晋朝的供给。这是前面几个朝代的范例，以往的贤人也都如此。可以商议增加他的供给，让所在地方提供他每日的生活费，由朝内分管官员另外供给。他人既比曜卿高出一等，应该依据这样的例子去办。"

天监三年，何点去世，时年六十八岁。皇帝下诏说："新任侍中何点，避世隐居，白头不渝，一直到去世，使我们倍感伤痛。可以赐给他最高质量的棺材一具，安葬费二万，布五十匹。丧事所需费用，朝廷经管解决。"又下诏给何点的弟弟何胤说："你的好哥哥年纪很轻就隐居山林，到死保持着始终如一的节操。内心畅游于尘世之外，不为左右俗务所羁绊。放荡形骸，不拘小节，内心探索着远大的真理。性情雅致，识见和兴致更加高尚，善作文，德行好，豪迈超远。我继承皇位，掌握国家大权，想要纯正风俗教化。朝廷中已有很多君子，已经形成了良好的风气；民间也有很多不在位的臣子，应该发扬光大这一事业。正依赖着清明的政治，以使国家大业兴盛。你哥哥过去还是布衣寒士时，很早就已出名，比方着仲虞的地位，以光武帝对待严光的态度对待他，听他终日闲谈，允许他包着头巾进见，思想深邃，言之有据。一旦逝世，的确感到非常震惊。他的兄弟情谊最为纯朴，父母亲戚很多都已去世，和他们白头偕老的愿望反不能实现。这种种遗憾，谁可以承受。真是天长地久，有什么办法呢？"何点没有儿子，同族人把他的堂弟何耿的儿子迟过继给他作为后代。

何胤，字子季，何点的弟弟。八岁时为父亲守丧，悲痛憔悴和成人一样。成年后喜欢学习。拜沛国人刘瓛为师，跟着他学习《周易》《礼记》和《毛诗》。又到钟山定林寺内听讲佛典，对于佛学很精通。然而放纵自己，有一些很怪僻的行为，当时的人们不了解他。只有刘瓛和汝南人周颙很器重他。

从做齐朝的秘书郎步入仕途，后升任太子舍人。出任地方官为建安太守，执政讲信用，对老百姓有恩惠。人民不忍心欺骗他。每年冬夏释放囚犯回家避寒避暑，他们都按时返回监狱。调入京城任尚书三公郎，没有上任，又升任司徒主簿。给《周易》作注，又对《礼记》进行了解释，记录在每卷的后面，叫作《隐义》。多次升任中书郎、员外散骑常侍、太尉从事中郎、司徒右长史、给事黄门侍郎、太子中庶子，领国子博士、丹阳邑中正。尚书令王俭受诏撰写新的礼仪、典章制度，没有写成就死了，又使特进张绪接着写，张绪没有写成又死了，这件事情属司徒竟陵王子良负责，子良让给何胤来完成，于是设置学士二十人，帮助何胤进行撰录。永明十年，升任他为侍中，兼步兵校尉，转而又任国子祭酒。郁林继位后，何胤为皇后同族，很被亲近优待。多次升任左民尚书、兼骁骑将军、中书令、兼临海王、巴陵王的老师。

何胤虽然显贵，但常有自足之感。建武初年，已在郊区建造房子，叫作"小山"，总是和学生去游玩，住在里面。到这时候，就卖了家里的住宅、园子，想去"小山"居住。还没去，就听说谢朏辞了吴兴郡令，不再回家。何胤怕自己落在了他的后面，于是马上递上辞职书，不等批复就离开了。明帝非常生气，让御史中丞袁昂上书启奏逮捕何胤，不久又下诏同意他那样做。何胤以为会稽山上多灵异之物，去那儿游玩，住在若邪山云门寺。早先，何胤的两位哥哥何求和何点都避世隐居，何求先死，到这时何胤又隐居，社会上称何点是"大山"，何胤是"小山"，也叫"东山"。

永元年间，征召他任太常、太子詹事，都没有就任。高祖的霸府建成，请何胤任军谋祭酒，给他写信说："我想你一直清静平安，纵情自然山水，寻求最大快乐。既然内心不再犹豫，身体又被琐事役使，以道义来调养性情，不违背时令节气的变化。若邪山是东土最美的地区，山川相连，前朝的奖赏，世上之人都很欣赏，是个好地方。我提任一些小官，从东到西，有一些心得体会，写成了一些篇章。伸着脖子向东眺望，那一天不怀念东土的山水。过去高兴地相逢，在儒林中遨游，躺在那儿纵观了千年历史，涉猎了诸子百家，一旦做官，这些事情就全不可能了。上天将世道兴灭的大权交给我，所以离开了故土家乡，很想多次辛劳，才平息了挑衅，消除了祸患。想要读书，寓情往古只是往往事与愿违。您襟怀坦白,有所寄托,避人避世,虽然住在人群当中,但和隐居消失却是一样。既已解下绶印,又脱掉官服。然而保持真理,适时应变,识别灾祸的征兆,实在是先知先觉,超然飘逸,独善其身。知道的人都很佩服赞叹。现在治理国家,贫贱之人都会感到可耻,其实行不行仁义由自己决定,希望您不要迟疑。这件事情以后再说,这里没有把话说完。现在派人听候您的消息,翘首盼望,希望您能满足我这引领盼望的人。"何胤没有去。

高祖登位,下诏任他为特进、右光禄大夫。亲手取书说:"命运让我统治,然而想到自己在很多方面并不清楚,尤其在治理国家方面十分愚昧。虽然终日辛劳,老想着要让社会发展安定。而死去的皇帝遗留下来的规章制度中,还保留着方针政策。衰亡和兴旺的关键,全在于人。再加上社会的状况很恶劣,争斗和诈骗频繁发生,要想改变这种习俗和风气,确实是不容易的。如果不是用儒雅之士来弘扬朝廷,不是用高尚之人来规范事物,那么恶劣的风气和习俗如浊流流淌,不知何时才能停止。治理众人和治理自身,一个人独自为善和使天下人都得到援助,这其中的所得和所失,哪一种更多呢?我虽然不学习,却很喜欢通晓古代之事,想象古人的高风亮节,常常拍案赞叹。而今世上的事情纷纷乱乱,内心忧虑,不得不诏令隐居在山岩边的隐士,来共同将这个世道改造得美好。我十分希望通达的哲人隐士,不吝惜自己涉足世事中来。现在我派遣领军司马王果来宣布和通告我的旨意。"王果到了以后,何胤穿着单衣,披着鹿巾,手拿着经书的卷子,下床跪着接受诏书,靠着席子趴着身子读。何胤因而对王果说:"我以前在齐朝,想要陈述两三条意见,一是要使丘与郊的祭祀有所区别,二是要重新铸九鼎,三是要树立双阙。传说晋室打算立阙,王丞相指着牛头山说:'这就是天为晋朝立的阙。'这就是没有明白立阙的意义。所谓阙,又叫作象魏。把象法悬挂在上面,过了十天才收下来。象,就是法;魏,意思是立在路中间而又很高大的样子。鼎是神明的器物,一个国家最重视的东西。圆丘与国郊这两个国家祭祀的场所,古代的典礼各有不同。比如南郊是祭祀五帝灵威仰,圆丘是祭祀天皇大帝北极大星的。以前几代都是把丘与郊合在一起,这是古代儒士最大的失误。现在梁朝的国运刚刚开始,不应该因袭前代的错误。您应该到皇帝面前去陈述清楚。"王果说:"我很微不足道,哪里敢轻易地议论国家的典章制度?这件事应当敬等叔孙生来办才行。"何胤说:"您为什么不派人回朝廷去汇报,留在这里同我一起游玩呢?"王果惊讶地说:"从古代到今天都没听说有这种事。"何胤说:"《檀弓》有两卷,都是说的事物的起源。这件事从你开始,何必要有先例呢?"王果说:"现在您只是超脱地与现实社会隔绝开,还讲不讲献出自己的身体来做官的道理呢?"何胤说:"你只要根据事理来推断就可以知道了。我年纪已五十七岁,一个月连四斗米都吃不完,哪里还容许我有做官的欲望呢?往日承蒙圣明的君王赏识,今天又承蒙表彰奖励。我很愿意到朝廷去感谢恩情。可是近来腰与脚都很不便利,这种心愿就无法实现了。"

王果回到朝廷,将何胤的意思汇报给皇上知道。皇上下令按不在位的尚书的俸禄给他。何胤坚决推辞。皇上又命令山阴库的钱,每月给他五万。何胤又不接受。皇上于是诏告何胤说:"近来学业荒废,儒家的道术将要完结,民间的大户人家,很少听说他们做什么好事的。我常常考虑弘扬奖励,可是这种风气无法改变。只能坐在椅上空说一通,真可叹息。本来想委屈你暂时出来,开导后辈的年轻人。这种愿望既然不能实现,我久立等待的劳苦,只能留在梦想之中。整理好舟船,虚着席位,等到来年的秋天,所盼望的就是您能慷慨地使我实现我的长久的愿望罢了。您的门下通晓经书,行为有修养的人有多少？很愿意拜观他们庄严大方的形象,将他们提拔到显要的地位。您是否可以将他们的姓名通报给我,满足我很急切的心愿呢？"又说:"这近几年以来学者特别的稀少,这的确是由于不再聚集学生开办学业,所以通晓经书的学业都荒废了。每当想到这一点,都为此而感慨。您身处儒家宗师的位置,加上品德十分素洁,应当号召后来的人中在这方面有所追求的人,来跟着您学习。我想你深刻的思想和教诲指导,会使儒学重新振兴的。"于是就派遣何子朗、孔寿等六人在东山跟着何胤学习。

太守衡阳王元简对何胤非常尊敬,每月中旬经常命驾车马来到他居住的地方,与他从早到晚谈论一天。何胤因为若邪此地地势太狭窄,容不下学生居住,便迁到了秦望山,秦望山有飞动的山泉,在山泉西边盖起校舍,靠着树林当屋柱,依着岩壁当墙壁。又另外划出个小屋子,何胤就睡在屋内。亲自开门关门,仆人都没有到这屋内的。山的旁边开垦了两顷田,讲课的空闲时间随着众人去游玩。何胤刚搬家的时候,正要盖房子,忽然看见两个人戴着黑帽子,长相很英俊,问何胤道:"你想住在这吗？"指着一个地方说:"这里特别好。"突然不见了。何根据他们指示的地点盖了房屋。不久山洪暴发,树木与石块都倾转倒拔起来,只有何胤所住的地方岿然不动,保存下来。元简于是让记室参军钟嵘写了一篇《瑞室颂》,刻在石头上,用以表彰这件事。等到元简离开州郡的时候,进到山中与何胤告别。送到都赐埭,离郡已有三里路,何胤说:"我自从弃绝尘俗之事以来,交游都断绝了。如果不是劳您尊驾来到这穷乡僻壤,我哪里会再到城市里去？都赐埭这一游之后,从此我们就永别了。"抓着元简的手,眼泪落了下来。

何家这一族渡过长江以来,从晋代司空何充开始都是葬在吴西山的。何胤家族世世代代的人活的年岁都不大,只有他的祖父何尚之活到七十二岁。何胤活到他祖父的岁数时,移居回到吴。他写了《别山诗》一首,词句很凄凉悲切。到了吴,住在虎丘西面的寺庙里讲授经论。学生们仍然跟随着他,这一带州县的长官,没有不来看他的。何胤一直禁止杀生,虞地有人追赶小鹿,小鹿直接跑到何胤跟前来,伏在他面前一动不动。又有很奇异的小鸟,就像鹤一般,红颜色,停落在讲堂上,驯服嬉戏,就像家里喂的动物一样。

以前,开善寺的藏法师与何胤曾在秦望会过面,后来藏法师回到都城,死在钟山。他死的那天,何胤在般若寺,看到一个僧人递给自己一个香炉盒和套子套起来的书信,并说:"这是给何居士的。"说完就不知到哪里去了。何胤打开套子,里面装的是《大庄严论》,世上是没有的。又在寺内树了一根明珠柱,七天七夜都放射光芒。太宗何远写了一个状子告知此事。昭明太子钦佩他的品德,派遣舍人何思澄送去信件,嘉奖、表彰他。

中大通三年,何胤去世,终年八十六岁。这之前,何胤生病的时候,他的妻子江氏梦见一个神人告诉她:"你丈夫的年寿已尽,既然他有很高的道德,应该延长一段时间的寿命。你应当代他去死。"妻子醒来,说出这件事,不久就患病死去,何胤的病才好了。到了何胤死的时候,梦见一个神女,同八十人左右,都戴着便帽,排成一行队走到床前,拜倒在床下。何胤醒来,又看到这些,便让人准备葬具,随后病发,便不再治疗。

何胤注有《百法论》《十二门论》各一卷,注有《周易》十卷,《毛诗总集》六卷,《毛诗隐义》十卷,《礼记隐义》二十卷,《礼答问》五十五卷。

何胤的儿子叫何撰,也不出来做官。庐陵王想征他为主簿,他不去上任。

阮孝绪，字士宗，陈留尉氏人。他的父亲阮彦之，是宋太尉从事中郎。

孝绪七岁时，过继给堂伯阮胤之。胤之的母亲周氏死，存遗产一百多万，应该属于孝绪。孝绪一点也没有要，全部给了胤之姐姐琅玡王晏的母亲。听说此事的人，都对孝绪既叹服又惊异。

孝绪非常孝顺，性格沉静。虽然也与小孩游耍，经常以穿水池、修筑山为乐。十三岁的时候就读完了《五经》。十五岁时带着举行成年礼仪的帽去见父亲，彦之告诫他说："举行成年的仪式，先加黑布帽，再加皮帽，第三加爵帽，这三次加帽是最尊贵的，做人的伦理之道从此就开始了。你应该想着自我勉励，来保护你自己。"孝绪回答道："我愿意效法赤松子隐遁到瀛海里，追仿许由幽居在山谷中。这样或许才能保全性命，免除世俗的拖累。"从此独居一年，不是向父母问安，就不曾出门，家里的人也见不到他的面。亲戚和朋友因此把他叫作"居士"。

表哥王晏富贵显赫，常常到他房内去。孝绪估计他必然会闯祸倒霉的，总是避开或躲起来不跟他见面。他曾吃酱，觉得很好吃，问酱从哪儿来，说是从王家弄来的，他便呕吐出来。等到王晏被杀死，他的亲戚都因此很害怕。孝绪说："虽是亲戚，但不结党，有什么牵连到我们呢？"终于获得赦免。

起义军包围了京城，孝绪家中穷困，没有烧饭的柴，仆人偷了邻居的来点火，孝绪知道后不吃饭，还命令拆除房屋来烧饭。所住的屋子里只有一张粗陋的坐卧之具，竹子和树木环绕房屋四周。天监初年，御史中丞任昉寻找他的哥哥履之，想要造访他而不敢，看着他居住的离我们尘世中的人太遥远了。孝绪为当时的名流所钦佩和崇尚。

天监十二年，孝绪与吴郡范元琰一起被征召，都不应召。陈郡袁峻对他说："古时候，天地闭合，贤良的人隐藏不露。现在世道清明，而你还躲避起来，可以这样吗？"孝绪回答说："古时候周代的朝政虽然清明，伯夷、叔齐还是不厌弃采摘野菜，汉代的世道虽然兴盛，黄石公与绮里季也不以在山林中生活而苦闷。做符合仁的事全靠自己，哪里在乎什么人世？何况我也不是往古的贤哲一类的人呢？"

后来在钟山听人讲学，母亲王氏忽然生病，哥哥、弟弟都想召回他。母亲说："孝绪深至的性情与我是相通的，他一定会自己到来。"孝绪果然心里惊惧而折回来。邻居的都感叹惊异。配药需要一种药草叫生人薯，旧时传说是钟山中生长的。孝绪亲自跑遍了幽暗险绝之地，多少天也碰不到。忽然见到一只小鹿在前面行走。孝绪有所感悟，跟在它后面，到了一个地方鹿不见了，靠拢一看，果然有这种草。母亲服用了这种药草，病便好了。当时人都赞叹这是孝绪孝心感动所致。

当时有一个善于占卜的人张有道，对孝绪说："看你行迹幽隐，心中意思却难以明了，如果不用龟、草占卜，无法验明。"等到设好了卦，占得五爻，张有道说："这是《咸》卦，不是很好的隐居的先兆。"孝绪说："你怎么知道后面一爻不是上九呢？"结果果然卜成《遁卦》。有道感叹道："这就叫作'隐居避世没有不好的'。现象其实质是对应了品德，孝绪的心意与行为是一致的。"孝绪说："虽然获得了《遁卦》，但上九爻不发，超脱之道，便会比许由差得远的。"于是撰写了《高隐传》，上自炎、黄时代，下到天监末年为止，反复考虑，分为三品，共有若干卷。又在文章中写道："至道的根本，其可贵处在于无为。圣人的行为，在于挽救弊端。要想挽救弊端，就要由行动来实现，行动却与无为这一根本相违背。

道的根本既然是无为,有为就不是真正的道。但是不用行动,社会就没法平定;不探究道的根本,道的实质就会全部丧失。孔丘、周公旦想要体现他们的行迹,所以应该姑且隐藏起他们的道;老子、庄子只是要表明他们的道,也应该深深地隐藏起他们的行迹。行迹既然可以隐藏,这就是老庄为什么绰绰有余;道的根本隐晦,而孔子也正是因此而不足。不是得到道的宗旨的人,缺乏聪明的智慧;领会两面的人,独独具有鉴别的能力。然而圣人已经洞察得达到极致,再体现在行为当中;贤人未能居于宗师的位置,更要谈论道的根本。这的确是由于行为必须能够拯救世事,不是圣人无法做到;道的根本是要明白事理,贤人都能明了这一点。如果能体会这道的根本和行为的踪迹,领悟那或隐抑或显露的道理何在,就能明白一大半的道理了。"

南平元襄王听说了他的名声,写信去邀请他,他不去,说:"并不是我志向高傲,而是我本性畏惧官场。如果麋加这些动物都能拉的话,它们和好马不就没有区别了吗?"

当初,建武末年,青溪宫的东门无缘无故地崩塌了。大风又把东宫门外的杨树连根拔起。有人问孝绪这件事,孝绪说:"青溪是皇家的旧址,齐朝属五行中的木,东方是木的位置。现在东门自己崩塌了,这表明木衰落了。"

鄱阳忠烈王的妃子,是孝绪的姐姐。忠烈王曾经命令驾车,想到他那儿去与他一块游玩。孝绪打通墙壁逃走,最终也不肯与他见面。他的几个外甥逢年过节送他一些东西,他什么也不要。有人对他的这种做法不理解。他说:"这不是我的意愿,所以我不要。"

他常年供着的一尊石像,曾经有了损坏。他心里打算将它修补好。过了一晚上,忽然完好如初。众人都感到很惊讶。

大同二年,阮孝绪去世,终年五十八岁。他的学生们哀悼他的品德操行,给他加谥号叫"文贞处士"。他所撰写的《七录》等书,二百五十卷,流传在社会上。

诸葛璩,字幼玫,琅玡阳都人,世世代代居住在京口,诸葛璩小的时候跟着处士关康之,广泛地涉猎了经史典籍。后来又跟着处士戚荣绪学习,荣绪著有《晋书》,称赞诸葛璩有解说疑难的功力,把他比做壶遂。

齐朝建武初年,南徐州行事江祀向明帝推荐诸葛璩说:"诸葛璩安于贫困,谨守道义。喜爱《礼记》,勤于《诗经》,不曾到州郡官吏那儿结交名贵。像他这样的淡泊恬退,可以使风俗整饬清明。请商议将他提为议曹从事。"皇帝同意了,诸葛璩推辞不去上任。陈郡谢朓为东海太守,说:"处士诸葛璩,受到高尚风范的熏陶,追仿古代贤哲的行迹。哪里是穿着简陋的衣服,揣着明亮的珠宝,把珠玉藏起来等着一个好价钱再卖呢?他恐怕是幽清脱俗,独往独来,不侍奉王侯贵族的人吧?我听说侍奉父母、赡养亲人,而使他们缺乏粮食,只能吃野菜,过贫穷的日子,哪里能自己独自享受荣华富贵的生活呢?应该给他一百斛粮食。"天监年中,太守萧琛、刺史安成王秀、鄱阳王恢都对他非常优待。诸葛璩遭母亲去世,形体消瘦,恢多次加以慰问,服丧完后,推举他为秀才,他不去。

诸葛璩性格勤于教诲别人,年轻人爱读书的天天都有到他那儿来的。他住的房屋狭窄简陋,没法容下那么多学生。太守张友为他修盖了一座学校。诸葛璩为人处世清廉正直,他的妻子没有看见过他有高兴或恼怒的脸色。从早到晚,辛勤地讲学诵读,从不停止。当时的人因此更尊敬他。

天监七年，高祖向太守王份询问诸葛璩，王份立刻将事实告诉了高祖。还没来得及提拔任用，诸葛璩便死于家中，他所著文章二十卷，学生刘曒把它们记录汇集起来。

沈颙，字处默，吴兴武康人。他的父亲坦之，在齐朝都城任职。

沈颙少年时清静，有很高的品行。他羡慕黄叔度、徐孺子的为人。读书不仅仅重视标点断句，写作不尚华丽浮靡。常常一人呆在屋内，其他人很少能见到他的面，沈颙的堂叔沈勃，在齐朝当大官。每次回到吴兴，宾客挤满房屋，沈颙连他的门也不进。沈勃去看他，他送客也不送到门坎外。沈勃叹息说："我今天才知道富贵的人还比不上贫贱的。"

不久，沈颙被征为南郡王的左常侍，不去上任。沈颙内心品行很高尚，事奉母亲、兄弟很孝顺、友善，为乡亲邻居所称赞。永明三年，招为著作郎，建武二年，招为太子舍人，都不上任。永元二年，又招为通直郎，也不到任。

沈颙平时一贯不治家产，当时正遇到齐末兵荒之时，他与家人两天吃一天的粮。有人送他米、肉，他关起门来不予接受。只打柴采药作为生活之资，悠然自得，一直不改变自己的快乐。

天监四年，国家大举向北讨伐，征集百姓参军。吴兴州太守柳排恽使沈颙从军，扬州别驾陆伍写信责怪他，他十分惭愧，给沈颙很多礼物，送他返回家中。当年，沈颙死在家里。著有文章几十篇。

刘慧斐，字文宣，彭城人。小时候很博学，能写文章。曾任安成王法曹行参军。有一次回都城，路过寻阳，在匡山游玩，访问处士张孝秀，相处得十分融洽欢畅，于是他产生了在那里定居的念头。他因此而不再做官，住在东林寺。又在山的北面修建一所园林，起名叫离垢园。当时人于是把慧斐称作离垢先生。

慧斐特别精通佛典，善于写篆书与隶书。在山中手写了佛经两千多卷，经常诵读的有一百多卷。白天黑夜走路，他也勤奋不懈怠，远近的人都钦佩羡慕他。太宗来到江州时，送了一根拐杖给他。人们议论说，自从慧远法师逝世后，到现在将近二百年，才有张孝秀、刘慧斐二人这样的鼎盛时期。世祖和武陵王等人都不断地有书信问候他。大同二年逝世，终年五十九岁。

范元琰，字伯珪，吴郡钱塘人。祖父范悦之，征为太学博士，不就任。父亲范灵瑜，为父亲吊丧，悲伤过度而去世。元琰当时还是小孩，悲痛哀伤，竭尽礼数，亲朋好友都很感诧异。长大以后，爱好学习。博通经史，也精通佛教教义。然而性情谦逊恭敬，不以自己的长处向别人夸耀。家中贫穷，只有以种植园中蔬菜为生计。有一次出门，看到别人偷自己的菜，赶紧返回去。母亲问他原因，他详细地告诉了实情。母亲问偷菜的人是谁，他说："刚才之所以躲开，就是怕小偷惭愧羞耻。现在告诉你他的姓名，希望不泄露出去。"因而母子二人都不告诉别人。有人跨过水沟来偷他的笋子，他便砍了木头搭成一座桥以便小偷行走。从此小偷非常惭愧，整个乡里再没有偷盗的人。基本上居住在乡下，一人独坐，也像对着严厉的宾客。看见他的人，无不肃然起敬。沛国刘献对他十分器重赏识，曾上表赞誉他。

齐建武二年，征招为安北参军事，不去上任。天监九年，县令管慧辨向上汇报他的美好品行，扬州刺史临川王宏任他为官吏，他不去。天监十年，临川王上表推荐他，竟然没有征招他。当年他逝于家中，终年七十岁。

刘讦，字彦度，平原人。父亲灵真，齐武昌太守。刘讦年幼时以孝顺著称，几年之间，父母相继去世，刘讦守丧，痛哭悲伤，几乎死去，去吊唁的人无不悲哀。后来被伯父抚养，侍奉伯母和哥哥姐姐非常孝顺友善，为宗族中的人所称赞。因早年失去父母，非常伤愁，有人不小心提到这件事，从没有不伤心流泪的。大哥刘絜为他择定日期完婚，他听说后逃跑躲藏起来，事情作罢后才回来。他那个州的刺史张稷提拔他为主簿，他不做。官长用檄文征招他，他便把檄书挂在树上逃走。

刘讦善于谈玄，尤其精通佛教典籍。曾经与同族兄长刘歆在钟山诸寺中听课，因而一起在宋熙寺东面的水涧边盖屋，有在那里终其一生的打算。天监十七年，死于刘讦家中，时年三十一岁。临死之时，拉着刘讦的手说："我气断后马上收敛入棺，入棺后立即埋掉，不须设灵堂祭祀，也不要为我找继嗣的人。"刘讦遵从他的意见办事。宗族中人和好友一起为他立石刻碑，谥号是玄贞处士。

庾诜，字彦宝，新野人。小时候聪明好学，经史子籍无不通晓，纬书、射击、下棋、计算，都是当时最好的。可是性情恬淡质朴，特别喜爱山林泉水。十亩之大的住宅，山和池就占了一半。吃着简单的饮食，穿着简陋的衣服，不去营治产业。有一次坐船从田里回来，载了一百五十石米。有一个人托他带三十石米。到家以后，托他带米的人说："你是三十石米，我是一百五十石米。"庾诜默不作声，让他任意拿个够。有个邻居被错诬为窃贼，处以罚款。庾诜可怜他，用书换了二万钱，让学生装做邻居的亲戚，代他交了钱。邻居获得释放后，感谢庾诜。庾诜说："我是同情普天下没有罪的人，哪里是期望别人感谢呢？"他的行为大多像这一类。

高祖年轻时与庾诜关系好，很推崇他。起义之后，任命他为平西府记室参军，他不愿干。平生很少与别人游耍，河东柳恽想和他结交，他离他远远的，不与他来往。后来湘东王到荆州，任他为镇西府记室参军，他不去上任。普通年中，皇帝下诏说："发扬优点、振奋后进，是为政所应先做之事；表彰贤士，招纳人才，是梦中也应精心之事。新野人庾诜悠然自得于隐居生活，独善其身。经史文艺，都很精通。颍川庾承先精通道家思想，还兼通佛教。这两个人都没有竞争经营之心，安于贫困的生活，可以使那些浮躁的人静心，使风俗淳厚。庾诜可以任黄门侍郎，庾承先可以任中书侍郎。希望州县长官时常加以催促，这样或许能改变他们不做官的志向，有希望得到整治社会的人才。"庾诜宣称有病不去上任。

晚年以后，庾诜尤其遵守佛教，在住宅内设立道场，举行佛教仪式，从早到晚都不停止。诵读《法华经》，每天读一遍。忽然夜晚梦见一个道人，自称是愿公，容貌动作都很奇怪，喊庾诜为上行先生，给他一炷香，然后离开。中大通四年，一天白天睡觉，忽然惊醒，说："愿公又来了，不可在这里长久居住。"面色没有变化，话说完就死去了。终年七十八岁，整个房间内都听到空中唱"上行先生已经在弥陀净土降生了"。高祖听说此事后下诏："表彰善事，奖励善行，是以前的君主所致力的事。新野人庾诜，是荆州的宝贵人才，名声和节气贤贞高尚，品行和道德芳馨素洁。随着时运之去而逝世，胸中非常悲哀凄怆。应该谥他为贞节处士，以表彰高尚贞烈之人。"庾诜撰有《帝历》二十卷，《易林》二十卷，续伍端休《江陵记》一卷，《晋朝杂事》五卷，《总抄》八十卷，都流传在世上。

庾诜的儿子庾曼倩，字世华，也早就有美好的名声。世祖在荆州时，招他为主簿，又

提到中录事。每次出来，世祖经常目送他，对刘之遴说："荆南确实很多君子。虽然都把美好归于田风，把清高归于桓阶，但欣赏其品德，标举其奇异，都赶不上庾曼倩这个人。"后来又提任咨议参军。所著的书《丧服仪》《文字体例》《庄老义疏》，所注的《算经》和《七曜历史》，以及所写的文章，共九十五卷。

庾诜的另一个儿子庾季才，有学问，有品行，承圣年中，官当到中书侍郎。江陵失陷后，随着惯例进入关内。

张孝秀，字文逸，南阳宛人。年轻时在州中做官，任治中从事史。母亲去世后，服丧期满，任建安王别驾。不久，辞职回到山中，住在东林寺。有田几十顷，军队几百人，都尽力种田，全部供养山民，远近的人都来投靠他，就像赶集市一样。

孝秀性情通达直率，不喜爱浮华，常常戴着谷皮巾，穿着蒲草做成的鞋，手拿着棕榈皮做成的麈尾。吃寒食散，大冬天能在石头上睡觉。广泛地涉猎各种典籍，精通佛典。善于言谈，长于隶书，各种艺术技能，没有不熟练的。普通三年去世，时年四十二岁。房屋中都闻得见有奇特的香味。太宗听说后，很感悲哀，给刘慧斐写信，叙述他的贞洁洁白。

庾承先，字子通，颍川鄢陵人。少年时沉静有志向操守，言语中不涉及别人的对错，脸上不表现上喜怒的神色，别人都不能看透他的心思。幼年时跟随南阳刘虬学习，记性很好，识鉴敏捷，超出同辈人之上。道经佛典，无不精通。九流《七略》，都很熟悉。郡里提他为功曹，他不就任。与道士王僧镇同游衡山。晚年因为弟弟生病，回到乡里，便住在土台山。鄱阳忠烈王在州里，钦慕他的风度，邀请他一起游玩相处。又让他讲授《老子》。远近有名的僧人，都来与他聚会，辩论诘难一涌而起，不正统的说法竞相而至，承先慢慢地作答，都是不曾听说过的。忠烈王愈加钦佩尊重他，招他为主簿。湘东王听说后，又提他为法曹参军，他都不赴任。

中大通三年，庐山刘慧斐来到荆州，承先和他有旧交情。去与他相交游。荆州的学生们因而请承先讲《老子》。湘东王亲自让驾着车到那儿去听讲，与他谈论终日，深相欣赏交接。流连了一个月多，才回到山中。湘东王亲自为他饯行，并赠送他诗篇，隐士们都很赞赏他。当年去世，时年六十岁。

陈朝吏部尚书姚察说：社会上诬蔑处士的人，多说他们纯粹是盗窃虚名，而没有切实的用处，大都是名不副实之人。而像诸葛璩的学术，阮孝绪的目录之学，他们要想用这些来图进取，还有什么难的呢？可他们一生都隐居不仕，本来就是性情所致而已。

陶弘景传

【题解】

陶弘景（456～536年）南朝丹阳秣陵人，字通明。著名文学家、医学家、道教学者。早年博学多才，为齐诸王侍读，后来隐居句容句曲山，自号华阳隐居。世有"山中宰相"之称，著有《真诰》《真灵仙业图》《本草集注》《时后百一方》等，在文化史上极具影响。

【原文】

陶弘景字通明，丹阳秣陵人也。初，母梦青龙自怀而出，并见两天人执香炉来至其所，已而有娠，遂产弘景。幼有异操，年十岁，得葛洪《神仙传》，昼夜研寻，便有养生之志。谓人曰："仰青云，睹白日，不觉为远矣。"及长，身长七尺四寸，神仪明秀，朗目疏眉，细形长耳。读书万余卷。善琴棋，工草隶。未弱冠，齐高帝作相，引为诸王侍读，除奉朝请。虽在朱门，闭影不交外物，唯以披阅为务，朝仪故事，多取决焉。永明十年，上表辞禄，诏许之，赐以束帛。及废，公卿祖之于征卢亭，供帐甚盛，车马填咽，咸云宋齐已来，未有斯事。朝野荣之。

于是止于句容之句曲山。恒曰："此山下是第八洞宫，名金坛华阳之天，周回一百五十里。昔汉有咸阳三茅君得道，来掌此山，故谓之茅山。"乃中山立馆，自号华阳隐君。始从东阳孙游岳受符图经法。偏历名山，寻访仙药。每经涧谷，必坐卧其间，吟咏盘桓，不能已已。时沈约为东阳郡守，高其志节，累书要之，不至。

陶弘景

弘景为人，圆通谦谨，出处冥会，心如明镜，遇物便了，言无烦舛，有亦辄觉。建武中，齐宜都王铿为明帝所害，其夜，弘景梦铿告别，因访其幽冥中事，多说神异，因著《梦记》焉。

永元初，更筑三层楼，弘景处其上，弟子居其中，宾客至其下，与物遂绝，唯一家童得侍其旁。特爱松风，每承其响，欣然为乐。有时独游泉石，望见者以为仙人。

性好著述，尚奇异，顾惜光景，老而弥笃。尤明阴阳五行，风角星算，山川地理，方图产物，医术本草。著《帝代年历》，又尝造浑天仪，云"修道所须，非止史官是用。"

义师平建康，闻议禅代，弘景援引图谶，数处皆成'梁'字，令弟子进之。高祖既早与之游，及即位后，恩礼逾笃，书问不绝，冠盖相望。

天监四年，移居积金东涧，善辟谷导引之法，年逾八十而有壮容，深慕张良之为人，云"古贤莫比"。会梦佛授其菩提记，名为胜力菩萨。乃诣鄮县阿育王塔自誓，受五大戒。后太宗临南徐州，钦其风素，召至后堂，与谈论数日而去，太宗甚敬异之。大通初，令献二刀于高祖，其一名善胜，一名威胜，并为佳宝。

太同二年，卒，时年八十五。颜色不变，屈申如恒。诏赠中散大夫，谥曰贞白先生，仍遣舍人监护丧事。弘景遗令薄葬，弟子遵而行之。

【译文】

陶弘景字通明，丹阳秣陵地方人。开始，母亲做梦梦见青龙从怀中出来，并且还看见两位天人手拿着香炉来到他们的房里，不久就怀孕了，于是生下了陶弘景，他小时候有奇异之行，十岁年纪，得到葛洪《神仙传》，白天黑夜的研读，于是有了养生的志向。对人家说："仰视青云，观看太阳，不觉得是很遥远的事了。"等到长大了，身高有七尺四寸，神态仪表出众，眼睛明亮有神，眉毛宽广，身材修长，耳朵肥大，读书超过万卷，善于抚琴下棋，工于草书隶书，还不到二十岁，齐高帝任相，把他封为诸王的伴读，并官拜奉朝请，虽然生活在贵族群中，但关起门来不与其他人相来往，只以看书为要事，朝廷规仪礼章等事，一般都向他请教决断。永明十年，上表辞去俸禄，皇帝下诏同意，并赏赐丝帛。等到他动身离开朝廷的时候，公卿大夫设宴于征虏亭与之饯别，因设账太多车马把道路都填满了，都说宋、齐以来，还没有出现过这种事情，朝廷和民间都认为是件有面子的事情。

从这以后，陶弘景居住在句容的句曲山，常说："这座山下面是道教第八洞宫，名叫金坛华阳之天，周围有一百五十里，从前汉代有咸阳三茅君修炼得道，来掌管这座山，所以称之为茅山。"于是在山中建了座道馆，自名为华阳隐君。开始跟随东阳孙游岳学习传授道符图经书道法，登访经历了许多名山，寻找访求仙药，每次经过山涧溪谷，一定端坐仰卧其间，吟咏徘徊，不能停止。当时沈约担任东阳郡太守，认为陶弘景志节高尚，多次写信邀请他，不去。

陶弘景为人圆通谦虚，小心谨慎，事情的变化曲直，心中如镜子一样十分明白，遇到什么事情从不挂在心上，讲话也没什么矛盾，即使有也马上发觉。建武年间，齐宜都王铿为齐明帝所杀害，那天夜里，陶弘景梦见铿来告别，因此搜访宜都王幽冥之间的事迹，大多讲的是神秘怪异之事，因此写下了《梦记》一书。

永元初年，又筑三层楼，陶弘景住在上面一层，弟子住中间一层，来访宾客则在下层，于是和外人都隔绝，只有一个家僮在身边侍候。特别喜欢松风，每次听到松风声，就感到十分高兴愉快。有时他一个人游览泉石之间，看见的人认为是神仙。

陶弘景本性喜欢著述，更追求奇异，爱惜时间，越老越勤奋，尤其了解阴阳五行、风角星算、山川地理、方图产物、医术本草。著有《帝代年历》，又曾经制造浑天象，说是"修炼道法所需要，不仅仅是史官才用"。

义师平定建康，听说议论禅让帝位，陶弘景援引图书谶文，多处都成"梁"字，让弟子进上，梁高祖既早就与他有交情，等到继了帝位，恩情礼谊更加敦厚，写信问候没有间断，总有达官贵人不断地到他家去。

天监四年，移居到茅山积金东边的水溪边。擅长于辟谷气功等养生方法，过了八十岁仍然显得青春年少，十分爱慕汉代张良的为人处世，称赞他"古代的贤人没有谁能比拟"。曾经做梦梦见佛传授给他菩提记，并称他为胜力菩萨。于是到鄮县阿育王塔去发誓表愿，接受五大戒。后来太宗来到南徐州，钦佩他的高风清名，召他到后堂之中，和他谈论了多日才离开，太宗十分敬佩叹异他。大通初年，派人送两把宝刀给梁高祖，一把名叫"善胜"，一把称"威胜"，都是难得的好宝物。

大同二年逝去，卒年八十五，死时颜色不变，弯曲伸直如平常一样，皇帝下诏赠号为中散大夫，谥称贞白先生，并派皇宫中的官吏监督照料丧事。陶弘景留下遗书要薄葬，弟子们遵照予以办理。

孙谦传

【题解】

孙谦(425~516),字长逊,东莞莒县人。他任巴东、建平二郡太守时,不用武力镇压境内的蛮人与獠人,而以恩惠进行感化,不接受他们送来的黄金珍宝,并放还先前抢掠来的蛮人,使得郡中安定。历任二县、五郡长官,皆廉洁奉公,不受礼物,每次离职从官府搬出后,因没有私宅,就只得借官府的空车棚居住。他身体强壮,直到八、九十岁,仍请求担任繁重的职务,以为国家效力,最后,死于光禄大夫任上。

【原文】

孙谦,字长逊,东莞莒人也。少为亲人赵伯符所知。谦年十七,伯符为豫州刺史,引为左军行参军,以治干称。父忧去职,客居历阳,躬耕以养弟妹,乡里称其敦睦。宋江夏王义恭闻之,引为参军,历仕大司马、太宰二府。出为句容令,清慎强记,县人号为神明。

泰始初,事建安王休仁,休仁以为司徒参军,言之明帝,擢为明威将军、巴东建平二郡太守。郡居三峡,恒以威力镇之。谦将述职,教募千人自随。谦曰:"蛮夷不宾,盖待之失节耳,何烦兵役,以为国费。"固辞不受。至郡,布恩惠之化,蛮獠怀之,竞饷金宝,谦慰喻而遣,一无所纳。及掠得生口,皆放还家。俸秩出吏民者,悉原除之。郡境翕然,威信大著。视事三年,征还为抚军中兵参军。

元徽初,迁梁州刺史,辞不赴职,迁越骑校尉、征北司马府主簿。建平王将称兵,患谦强直,托事遣使京师,然后作乱。及建平诛,迁左军将军。

齐初,为宁朔将军、钱唐令,治烦以简,狱无系囚。及去官,百姓以谦在职不受饷遗,追载缣帛以送之,谦却不受。每去官,辄无私宅,常借官空车厩居焉。永明初,为冠军长史、江夏太守,坐被代辄去郡,系尚方,顷之,免为中散大夫。明帝将废立,欲引谦为心膂,使兼卫尉,给甲杖百人,谦不愿处际会,辄散甲士,帝虽不罪,而弗复任焉。出为南中郎司马。东昏永元元年,迁口口大夫。

天监六年,出为辅国将军、零陵太守,已衰老,犹强力为政,吏民安之。先是,郡多虎暴,谦至绝迹。及去官之夜,虎即害居民。谦为郡县,常勤劝课农桑,务尽地利,收入常多于邻境。九年,以年老,征为光禄大夫。既至,高祖嘉其清洁,甚礼异焉。每朝见,犹请剧职自效。高祖笑曰:"朕使卿智,不使卿力。"十四年,诏曰:"光禄大夫孙谦,清慎有闻,白首不怠,高年旧齿,宜加优秩。可给亲信二十人,并给扶。"

谦自少及老,历二县五郡,所在廉洁。居身俭素,床施蓬篠屏风,冬则布被莞席。夏日无帱帐,而夜卧太尝有蚊蚋,人多异焉。年逾九十,强壮如五十者,每朝会,辄先众到公门。力于仁义,行己过人甚远。从兄灵庆常病寄于谦,谦出行还问起居。灵庆曰:"向饮冷热不调,即时犹渴。"谦退遣其妻。有彭城刘融者,行乞疾笃无所归,友人舆送谦舍,谦开厅事以待之。及融死,以礼殡葬之。众咸服其行义。十五年,卒官,时年九十二。诏赗钱三万,布五十匹。高祖为举哀,甚悼惜之。

【译文】

孙谦,字长逊,是东莞莒县人。他自小就被亲戚赵伯符所赏识,在他十七岁时,赵伯符出任豫州刺史,委任他为左军行参军,他以处理事务得当见称。他因父亲去世而离职,就暂时寄居在历阳,从事耕作以养活弟妹,乡里父老都称赞他敦厚和睦。宋江夏王刘义恭听说后,任用他为行参军,以后,孙谦又连续在大司马、太宰二府中任僚佐。他又出任句容令,清廉谨慎,博闻强记,县里百姓把他称为神明。

宋明帝泰始初,他事奉建安王刘休仁,刘休仁任用他为司徒参军,并向宋明帝提到他。明帝提升他为明威将军、巴东与建平二郡太守。这二郡在长江三峡地区,主要居住着蛮、獠等少数民族,地方官一直是以武力来进行镇压。孙谦将要上任,明帝命令他招募一千人为兵,统兵赴任。孙谦说:"蛮獠不服从命令,是由于对待他们失去节制,不必麻烦役使兵卒,以耗费国家资财。"他坚决推辞不受。到郡后,他广施恩惠,推行教化,蛮人与獠人十分感动,争相献上黄金与珍宝,孙谦加以抚慰劝喻,让他们回去安居乐业,所献的东西一无所受。对于原先抢掠的蛮人,孙谦也都将他们释放回家。自己俸禄中出于本郡官吏百姓的部分,他都免除不收。在他治理下,郡中安定,他的威信大增。他在任三年,被征召入朝为抚军将军中兵参军。

宋后废帝元徽初,他被任命为梁州刺史,他推辞没有赴职,又被任命为越骑校尉、征北司马府主簿。建平王刘景素将要举兵造反,顾虑孙谦为人刚强正直,先找借口派他出使到京都,然后再起兵作乱。刘景素被杀后,孙谦迁任左军将军。

齐高帝建元初,他担任宁朔将军、钱唐令,他以简便的方法处理繁杂的事务,以至狱中没有等待判决的囚犯。到他离职时,百姓以他在职时不受百姓的礼物,装载缣帛等物追着要送给他,但他一无所受。每次离职时,因为自己没有私宅,就借官府空着的车棚居住。齐武帝永明初,他出任冠军将军长史、江夏太守,由于在被接替时擅自离开江夏郡,被关押到尚方中,不久,被赦免为中散大夫。齐明帝在密谋废立时,想用孙谦为亲信。以他兼卫尉,给他甲士百人,他不愿参与宗室内乱,就擅自遣散甲士,明帝虽然没有怪罪他,但不再重用他。派他出任南中郎将司马。东昏侯永元元年,孙谦迁任□□大夫。

梁武帝天监六年,孙谦出任辅国将军、零陵太守,虽然年龄已衰老,但他还是勉力处理政务,官吏百姓都能安居乐业。起先,郡中经常有老虎伤人,他来到后,遂不见老虎的痕迹。到他离职的那天夜里,老虎又出来伤害居民。孙谦担任郡县官时,经常勤于劝说百姓进行耕作养蚕,务于使地尽其利,因此,收入常比邻境为多。天监九年,因他年老,征召为光禄大夫。入朝后,梁武帝赞赏他的清白廉洁,对他十分礼遇。每次朝见时,孙谦还请求担任繁重的职务以效力,梁武帝笑着说:"朕使用卿的智慧,而不再使用卿的气力。"天监十四年,梁武帝下诏说:"光禄大夫孙谦,清廉谨慎,名声卓著,始终不息,是高年老臣,应加以优待。可给他亲信二十人,并允许在入朝时由专人加以挽扶。"

孙谦自少至老,历任二县、五郡的长官,所到之处,廉洁奉公。他生活俭素,床边使用苇或竹编的粗席作屏风,冬天则使用布被与莞草编制的席子。夏天没有蚊帐,但晚上睡觉却没有蚊虫来骚扰,别人都很惊奇。他年过九十,但身体强壮,与五十岁的人相仿,每次朝会，他都比众人先到公门。他努力实行仁义，自己所做的超过一般人很多。他的从兄孙灵庆曾在他家养病，他外出前及归来后都要去探问孙灵庆的起居情况。一次，孙灵庆说："先前喝的水冷热不调，现在还口渴。"孙谦退出后，便将妻子送回娘家。彭城人刘融乞讨要饭，病重后无处收留，他的朋友用车把他送到孙谦家，孙谦打开厅堂以接待刘融。刘融去世后，孙谦又以礼进行殡葬。众人都佩服孙谦的仁义作风。天监十五年，他死于任上，当时已九十二岁。梁武帝下诏赐给钱三万，布五十匹。梁武帝亲自为孙谦举哀，十分悲痛可惜。

何远传

【题解】

何远(470～521)，字义方，东海郯县(今山东郯城西北)人。何远初仕于南朝齐，为江夏王国侍郎，后参与崔慧景与江夏王萧宝玄围攻宫城之事。事败后他逃亡在外，曾投降北魏。后由北魏返回，迎接梁萧衍的义军，为梁朝的建立立下功勋。以后他出任武昌太守，改变先前倜傥风流的行为，折节为吏。杜绝交游，不受请托。以后历任郡、县官员，生活极为俭朴，将俸禄代贫民交纳租调。他对人从不低声下气，也不向上官送礼。在处理政务时，打击豪强富户，扶助贫弱百姓，因此屡次受到豪强的诬告陷害，两次受到免官的处分，但他仍不改初衷。他所到之处，都受到当地百姓的爱戴，在他活着的时候就为他建立祠堂，足见他在百姓心目中的地位。

【原文】

何远字义方，东海郯人也。父慧炬，齐尚书郎。远释褐江夏王国侍郎，转奉朝请。永元中，江夏王宝玄于京口为护军将军崔慧景所奉，入围宫城，远豫其事。事败，乃亡抵长沙宣武王，王深保匿焉。远求得桂阳王融保藏之，既而发觉，收捕者至，远逾垣而免；融及远家人皆见执，融遂遇祸，远家属系尚方。远亡渡江，使其故人高江产共聚众，欲迎高祖义师，东昏党闻之，使捕远等，众复溃散。远因降魏，入寿阳，见刺史王肃，欲同义举，肃不能用，乃求迎高祖，肃许之。遣兵援送，得达高祖。高祖见远，谓张弘策曰："何远美丈夫，而能破家报旧德，未易及也。"板辅国将军，随军东下。既破朱雀军，以为建康令。高祖践阼，为步兵校尉，以奉迎勋封广兴男，邑三百户。迁建武将军、后军鄱阳王恢录事参军。远与恢素善，在府尽其志力，知无不为，恢亦推心仗之，恩寄甚密。

顷之，迁武昌太守。远本倜傥，尚轻侠，至是乃折节为吏，杜绝交游，馈遗秋毫无所受。武昌俗皆汲江水，盛夏远患水温，每以钱买民井寒水，不取钱者，则挢水还之。其他事率多如此。迹虽似伪，而能委曲用意焉。车服尤弊素，器物无铜漆。江左多水族，甚贱，远每食不过干鱼数片而已。然性刚严，吏民多以细事受鞭罚者，遂为人所讼，征下廷尉，被劾数十条。当时士大夫坐法，皆不受立，远度已无赃，就立三七日不款，犹以私藏禁仗除名。

后起为镇南将军、武康令。愈厉廉节，除淫祀，正身率职，民甚称之。太守王彬巡属县，诸县盛供帐以待焉，至武康，远独设糗水而已。彬去，远送至境，进斗酒支鹅为别。彬戏曰："卿礼有过陆纳，将不为古人所笑乎。"高祖闻其能，擢为宣城太守。自县为近畿大郡，近代未之有也。郡经寇抄，远尽心绥理，复著名迹。期年，迁树功将军、始兴内史。时泉陵侯渊朗为桂州，缘道剽掠，入始兴界，草木无所犯。

远在官，好开途巷，修葺墙屋，民居市里，城隍厩库，所过若营家焉。田秩俸钱，并无所取，岁暮，择民尤穷者，充其租调，以此为常。然其听讼犹人，不能过绝，而性果断，民不敢非，畏而惜之。所至皆生为立祠，表言治状，高祖每优诏答焉。天监十六年，诏曰："何远前在武康，已著廉平；复莅二邦，弥尽清白。政先治道，惠留民爱，虽古之良二千石，无以过也。宜升内荣，以显外绩。可给事黄门侍郎。"远即还，仍为仁威长史。顷之，出为信武将军，监吴郡。在吴颇有酒失，迁东阳太守。远处职，疾强富如仇雠，视贫细如子弟，特为豪右所畏惮。在东阳岁余，复为受罚者所谤，坐免归。

远耿介无私曲，居人间，绝请谒，不造诣。与贵贱书疏，抗礼如一。其所会遇，未尝以颜色下人，以此多为俗士所恶。其清公实为天下第一。居数郡，见可欲终不变其心。妻子饥寒，如下贫者。及去东阳归家，经年岁口不言荣辱，士类益以此多之。其轻财好义，周人之急，言不虚妄，盖天性也。每戏语人云："卿能得我一妄语，则谢卿一缣。"众共伺之，不能记也。

后复起为征西咨议参军、中抚司马。普通二年，卒，时年五十二。高祖厚赐之。

【译文】

何远，字义方，是东海郯县人。他父亲何慧炬，在南朝齐曾任尚书郎。何远初次任官为江夏王国侍郎，转任奉朝请。齐东昏侯萧宝卷永元中，江夏王萧宝玄在京口被护军将军崔慧景所拥戴，入围宫城，何远参与此事。事情失败后，何远便逃到长沙宣武王萧懿处，萧懿给予他妥善保护，将他藏匿起来。何远又求得桂阳王萧融的保护，不久被发觉，收捕的军兵来到时，何远越墙而逃，得以幸免，萧融及何远的家属都被捉到，萧融被杀死，何远的家属被关押到尚方。何远逃到长江，让他的朋友高江产共同聚集人众，打算迎接梁武帝萧衍的义军。东昏侯的党羽听到消息，派兵逮捕何远等，他已聚集的人众又溃散四逃。于是何远就投降北魏，进入寿阳，拜见刺史王肃，打算与王肃同倡义举，王肃不能采用何远的建议，于是何远就请求迎接梁武帝，王肃同意，派遣兵士护送何远到梁武帝的军营。梁武帝见到他时，对张弘策说："何远美丈夫，而能不惜破家以报答旧德，是常人所难于做到的。"临时委任他为辅国将军，随大军东下。梁武帝攻破朱雀航的敌军后，以何远为建康令。梁武帝即位成为皇帝后，以何远为步兵校尉，并由于奉迎的功勋封他为广兴男，封邑有三百户。又迁任建武将军、后军将军鄱阳王萧恢的录事参军。何远与萧恢的关系一向很好，在府中竭尽心力，知无不为，萧恢也推心置腹，倚仗他处理事务，关系亲密，十分信赖。

不久，他迁任武昌太守。何远本来风流倜傥，喜好行侠仗义，到这时才改变原来的志节行为，努力尽到自己的职责，杜绝交游，对亲朋的馈赠，丝毫不受。武昌民间都饮用长江水，盛夏时节，何远嫌江水热，经常用钱买百姓井中的凉水，如有人不收钱，则将水还给他。其他事情也多是如此。这种做法虽然像是假装的，但表现出何远的委曲用意。他的车辆与服饰尤为简陋，所用器物没有铜制或漆器。江南盛产水产品，十分便宜，但何远每顿饭不过吃干鱼数片而已。然而他的性情刚正严厉，官吏及百姓多因小事受到鞭罚，于是被人所控告，他被征召到廷尉受审，被弹劾有数十条罪状。当时士大夫犯法后，都不接受测立等拷问，何远知道自己并未犯有赃罪，就接受册立，二十一天没有招供，但还是以私藏违禁甲仗罪被除名。

后来，何远又被起用为镇南将军、武康令。他更加坚持清廉的节操，除去淫祀，以身作则，百姓十分称赞。太守王彬巡察属县，诸县都以盛宴款待王彬。到武康后，何远只为王彬准备下干粮、饮水而已。王彬离去时，何远送他到县境，送上一斗酒、一只鹅作为临别赠礼。王彬与何远开玩笑说："你的礼物超过东晋时的陆纳，恐怕会被古人所讥笑吧！"梁武帝听到何远的才干，擢升他为宣城太守。自县令升为靠近京都的大郡长官，是近代从未有过的事。宣城郡受到过盗匪抢掠，何远尽心治理，又使声名远闻。过了一年，何远迁任树功将军、始兴内史。当时泉陵侯萧渊朗出任桂州刺史，一路上抢掠骚扰，但进入始兴境内，一草一木都不敢侵犯。

何远在任时，喜欢开辟街巷，修整墙屋，小至百姓住宅、交易市场，大至城墙堑壕、马厩仓库等，他都像经营自己家业那样来加以修治。他应得的田秩俸钱，一概不取，到年底时，选择最穷困的百姓，作为他们的税款，长期坚持这样。然而他听理诉讼也像一般人一样，不能以教化使百姓不发生诉讼，而他性情果断，百姓不敢非议，只是心中畏惧而感到可惜。何远所到之处，百姓都为他建立生祠，并上表报告治理的情况，梁武帝经常下诏予以表彰。天监十六年，梁武帝下诏说："何远先前在武康，已因清廉公平而著名，又治理二郡，更显出他的清白。治理郡务，以道义为先，惠留民间，百姓爱戴，即使是古代的贤良太守，也无法超过他了。应当将他擢升为朝内的荣耀职务，以表彰他在外的政绩。可任用他为给事黄门侍郎。"何远即被调入朝，又担任仁威将军长史。不久，他出任信武将军，监吴郡事。他在吴郡因饮酒过量，颇有失误，调任东阳太守。何远处理政务时，对豪强富户恨如仇敌，对平民百姓视如子弟，因此，特别为豪强所畏惧。他在东阳任职一年多，又被受罚者所诬告，因此被免职还家。

何远为人耿直清高，不徇私情，在人世之间，杜绝请谒，也不拜访别人。与别人写信，无论贵贱，所用的称谓礼节都一样。在与人交往时，从不低声下气，因此多受到俗士的忌恨。他的清廉公正，确实是天下第一。他先后出任数郡太守，见到可产生贪欲的东西，始终不改变自己的廉洁之心。他的妻子儿女饥寒交迫，如同最贫穷的人。当他离开东阳归家，数年间口不谈荣辱，士大夫们更以此赞赏他，他轻财好义，周济别人的窘急，而且说话从无虚妄，都是出于他的天性。他经常与别人开玩笑说："你能抓到我一句假话，我就给你一匹缣作为酬谢。"大家都注意他，但未能找到。

以后，他又被起用为征西将军咨议参军，中抚将军司马。他于梁武帝普通二年去世，时年五十二岁。梁武帝给予优厚的赠官及赏赐。

后主本纪

【题解】

陈后主名叔宝，字元秀，小字黄奴，陈宣帝的长子。生于承圣二年(553)，卒于仁寿四年(604)。天嘉三年(562)，被立为安成王世子。天康元年授为宁远将军。光大二年(568)授为太子中庶子，不久迁位侍中。太建元年(569)正月，父亲陈顼登基称帝，叔宝被立为皇太子。太建十四年(582)春正月，陈高宗病逝，叔宝在平定了其弟陈叔陵的叛乱之后，择日登基，改元至德。陈后主在位期间，大建宫室，生活奢侈、荒淫无度，将朝政国事授予施文庆、沈客卿等人，日与妃嫔、文臣游宴，制作艳词，其中乐曲尤以陈叔宝所谱的《玉树后庭花》《临春乐》最为著名。隋兵南下时，恃长江天险，不以为意。祯明三年(589)，隋军攻入京城，陈叔宝闻讯纵身跳入井中，后被隋军俘虏，病死在隋都洛阳。死后追赠为长城县公，追谥曰"炀"，历史上称陈叔宝为陈后主或长城公。

【原文】

后主讳叔宝，字元秀，小字黄奴，高宗嫡长子也。梁承圣二年十一月戊寅生于江陵。明年，江陵陷，高宗迁关右，留后主于穰城。天嘉三年，归京师，立为安成王世子。天康元年，授宁远将军，置佐史。光大二年，为太子中庶子，寻迁侍中，余如故。太建元年正月甲午，立为皇太子。

十四年正月甲寅，高宗崩。乙卯，始兴王叔陵作逆，伏诛。丁巳，太子即皇帝位于太极前殿。诏曰："上天降祸，大行皇帝奄弃万国，攀号擗踊，无所逮及。朕以哀茕，嗣膺宝历。若涉巨川，罔知攸济，方赖群公，用匡寡薄。思播遗德，覃被亿兆，凡厥遐迩，咸与惟新。可大赦天下。在位文武及孝悌力田为父后者，并赐爵一级。孤老鳏寡不能自存者，赐谷人五斛、帛二匹。"癸亥，以侍中、翊前将军、丹阳尹长沙王叔坚为骠骑将军、开府仪同三司、扬州刺史，右卫将军萧摩诃为车骑将军、南徐州刺史，镇西将军、荆州刺史樊毅进号征西将军，平南将军、豫州刺史任忠进号镇南将军，护军将军沈恪为特进、金紫光禄大夫，平西将军鲁广达进号安西将军，仁武将军、丰州刺史章大宝为中护军。乙丑，尊皇后为皇太后，宫曰弘范。景寅，以冠军将军晋熙王叔文为宣惠将军、丹阳尹。丁卯，立弟叔重为始兴王，奉昭烈王祀。己巳，立妃沈氏为皇后。辛未，立皇弟叔俨为寻阳王，皇弟叔慎为岳阳王，皇弟叔达为义阳王，皇弟叔熊为巴山王，皇弟叔虞为武昌

陈后主

王。壬申，待中、中权将军、开府仪同三司鄱阳王伯山进号中权大将军，军师将军、尚书左仆射晋安王伯恭进号翊前将军、侍中，翊右将军、中领军庐陵王伯仁进号安前将军，镇南将军、江州刺史豫章王叔英进号征南将军，平南将军、湘州刺史建安王叔卿进号安南将军。以侍中、中书监、安右将军徐陵为左光禄大夫，领太子少傅。甲戌，设无导大会于太极前殿。

三月辛亥，诏曰："躬推为劝，义显前经，力农见赏，事昭往诰。斯乃国储是资，民命攸属，丰俭隆替，靡不由之。夫入赋自古，输藁惟旧，沃饶贵于十金，硗确至于三易，腴埆既异，盈缩不同。诈伪日兴，簿书岁改。稻田使者，著自西京，不实峻刑，闻诸东汉。老农惧于祇应，俗吏因以侮文。辍耒成群，游手为伍，永言妨蠹，良可太息。今阳和在节，膏泽润下，宜展春耨，以望秋坻。其有新辟塍畎，进垦蒿莱，广袤勿得度量，征租悉皆停免。私业久废，咸许占作，公田荒纵，亦随肆勤。倘良守教耕，淳民载酒，有兹督课，议以赏擢。外可为格班下，称朕意焉。"癸亥，诏曰："夫体国经野，长世字氓，虽因革倘殊，弛张或异，至于旁求俊乂，爰逮侧微，用适和羹，是隆大夏，上智中主，咸由此术。朕以寡薄，嗣膺景祚，虽哀疚在躬，情虑惸舛，而宗社任重，黎庶务殷，无由自安拱默，敢忘康济，思所以登显髦彦，式备周行。但空劳宵梦，屡勤史卜，五就莫来，八能不至。是用申旦凝虑，景夜损怀。岂以食玉炊桂，无因自达？将怀宝迷邦，咸思独善？应内外众官九品已上，可各荐一人，以会汇征之旨。且取备实难，举长或易，小大之用，明言所施，勿得南箕北斗，名而非实。其有负能仗气，摈压当时，著《宾戏》以自怜，草《客嘲》以慰志，人生一世，逢遇诚难，亦宜去此幽谷，翔兹天路，趋铜驰以观国，望金马而来庭，便当随彼方圆，饬之矩矱。"又诏曰："昔睿后宰民，哲王御寓，虽德称汪涉，明能普烛，犹复纡己乞言，降情访道，高咨岳牧，下听舆台，故能政若神明，事无悔吝。朕纂承丕绪，思隆大业，常惧九重已邃，四聪未广，欲听昌言，不疲痹足，若逢廷折，无惮批鳞。而口柔之辞，倘闻于在位，腹诽之意，或隐于具僚，非所以弘理至公，缉熙帝载者也。内外卿士文武众司，若有智周政术，心练治体，救民俗之疾苦，辩禁网之疏密者，各进忠谠，无所隐讳。朕将虚己听受，择善而行，庶深鉴物情，匡我王度。"己巳，以侍中、尚书左仆射，新除翊前将军晋安王伯恭为安南将军、湘州刺史，新除翊左将军、永阳王伯智为尚书仆射，中护军章大宝为丰州刺史。

夏四月景申，立皇子永康公胤为皇太子，赐天下为父后者爵一级，王公已下赉帛各有差。庚子，诏曰："朕临御区宇，抚育黔黎，方欲康济浇薄，蠲省繁费，奢僭乖衷，实宜防断。应镂金银薄及庶物化生土木人綵花之蜀，及布帛幅尺短狭轻疏者，并伤财废业，尤成蠹患。又僧尼道士，挟邪左道，不依经律，民间淫祀妖书诸珍怪事，详为条制，并皆禁绝。"癸卯，诏曰："中岁克定淮、泗，爰涉青、徐，彼土酋豪，并输罄诚款，分遣亲戚，以为质任。今旧土沦陷，复成异域，南北但远，未得会同，念其分乖，殊有爱恋。夷狄吾民，斯事一也。何独讥禁，使彼离析？外可即检任子馆及东馆并带保任在外者，并赐衣粮，颁之酒食，遂其乡路，所之阻远，便发遣船仗卫送，必令安达。若已预仕宦及别有事义不欲去者，亦随其意。"

六月癸酉朔，以明威将军、通直散骑常侍孙瑒为中护军。

秋七月辛未，大赦天下。是月，江水色赤如血，自京师至于荆州。

八月癸未夜，天有声如风水相击。乙酉夜亦如之。景戌，以使持节、都督缘江诸军事、安西将军鲁广达为安左将军。

九月景午，设无旱大会于太极殿，舍身及乘舆御服，大赦天下。辛亥夜，天东北有声如虫飞，渐移西北。乙卯，太白昼见。景寅，以骠骑将军、开府仪同三司、扬州刺史长沙王叔坚为司空，征南将军、江州刺史豫章王叔英即本号开府仪同三司。

至德元年春正月壬寅，诏曰："朕以寡薄，嗣守鸿基，哀茕切虑，疹恙缠织，训俗少方，临下靡笄，惧甚践冰，栗同驭朽。而四气易流，三光遄至，缨绂列陛，玉帛充庭，具物匪新，节序疑旧，缅思前德，永慕昔辰，对轩闼而哽心，顾筵而慄气。思所以仰遵遗构，俯励薄躬，陶铸九流，休息百姓，同弘宽简，取叶阳和。可大赦天下，改太建十五年为至德元年。"以征南将军、江州刺史、新除开府仪同三司豫章王叔英为中卫大将军，骠骑将军、开府仪同三司、扬州刺史长沙王叔坚为江州刺史，征东将军、开府仪同三司、东扬州刺史司马消难进号车骑将军，宣惠将军、丹阳尹晋熙王叔文为扬州刺史，镇南将军、南豫州刺史任忠为领军将军，安左将军鲁广达为平南将军、南豫州刺史，祠部尚书江总为吏部尚书。癸卯，立皇子深为始安王。

二月丁丑，以始兴王叔重为扬州刺史。

夏四月戊辰，交州刺史李幼荣献驯象。己丑，以前轻车将军、扬州刺史晋熙王叔文为江州刺史。

秋八月丁卯，以骠骑将军、开府仪同三司长沙王叔坚为司空。

九月丁巳，天东南有声如虫飞。

冬十月丁酉，立皇弟叔平为湘东王，叔敖为临贺王，叔宣为阳山王，叔穆为西阳王。戊戌，侍中、安右将军、左光禄大夫、太子少傅徐陵卒。癸丑，立皇弟叔俭为南安王，叔澄为南郡王，叔兴为沅陵王。叔韶为岳山王，叔纯为新兴王。

十二月景辰，头和国遣使献方物。司空长沙王叔坚有罪免。戊午夜，天开自西北至东南，其内有青黄色，隆隆若雷声。

二年春正月丁卯，分遣大使巡省风俗。平南将军、豫州刺史鲁广达进号安南将军。癸巳，大赦天下。

夏五月戊子，以尚书仆射永阳王伯智为平东将军、东扬州刺史，轻车将军、江州刺史晋熙王叔文为信威将军、湘州刺史，仁威将军、扬州刺史始兴王叔重为江州刺史，信武将军、南琅琊彭城二郡太守南平王嶷为扬州刺史，吏部尚书江总为尚书仆射。

秋七月戊辰，以长沙王叔坚为侍中、镇左将军。壬午，太子加元服，在位文武赐帛各有差，孝悌力田为父后者各赐一级，鳏寡癃老不能自存者人谷五斛。

九月癸未，太白昼见。

冬十月己酉，诏曰："耕凿自足，乃曰淳风，贡赋之兴，其来尚矣。盖《由庚》极务，不获已而行焉。但法令滋章，奸盗多有，俗尚浇诈，政鲜惟良。朕日旰夜分，矜一物之失所，泣辜罪己，愧三千之未措。望订初下，使强荫兼出，如闻贫富均起，单弱重弊，斯岂振穷扇暍之意欤？是乃下吏箕敛之苛也。故云'百姓不足，君孰与足'。自太建十四年望订稍调逋未入者，并悉原除。在事百僚，辩断庶务，必去取平允，无得便公害民，为己声绩，妨紊政道。"

十一月景寅，大赦天下。壬申，盘盘国遣使献方物。戊寅，百济国遣使献方物。

三年春正月戊午朔,日有蚀之。庚午,以镇左将军长沙王叔坚即本号开府仪同三司司,征西将军、荆州刺史樊毅为护军将军,守吏部尚书、领著作陆琼为吏部尚书,金紫光禄大夫袁敬加特进。

三月辛酉,前丰州刺史章大宝举兵反。

夏四月庚戌,丰州义军主陈景详斩大宝,传首京师。

秋八月戊子夜,老人星见。己酉,以左民尚书谢伷为吏部尚书。

九月甲戌,特进、金紫光禄大夫袁敬卒。

冬十月己丑,丹丹国遣使献方物。

十一月己未,诏曰:"宣尼诞膺上哲,体资至圣,祖述宪章之典,并天地而合德,乐正《雅》《颂》之奥,与日月而偕明,垂后昆之训范,开生民之耳目。梁季湮微,灵寝忘处,鞠为茂草,三十余年,敬仰如在,永惟忾息。今《雅》道雍熙,《由庚》得所,断琴故履,零落不追,阅笥开书,无因循循。外可详之礼典,改筑旧庙,葱房桂栋,咸使惟新,芳藜洁潦,以时缩奠。"辛巳,舆驾幸长干寺,大赦天下。

十二月丙戌,太白昼见。辛卯,皇太子出太学,讲《孝经》,戊戌,讲毕。辛丑,释奠于先师,礼毕,设金石之乐,会宴王公卿士。癸卯,高丽国遣使献方物。是岁,萧岿死,子琮代立。

四年春正月甲寅,诏曰:"尧施谏鼓,禹拜昌言,求之异等,久著前无,举以淹滞,复闻昔典,斯乃治道之深规,帝王之切务。朕以寡昧,丕承鸿绪,未明虚己,日旰兴怀,万机多紊,四聪弗达,思闻謇谔,采其谋计。王公已下,各荐所知,旁询管库,爰及舆皂,一介有能,片言可用,朕亲加听览,伫于启沃。"中权大将军、开府仪同三司鄱阳王伯山进号镇卫将军,中卫大将军、开府仪同三司豫章王叔英进号骠骑大将军、镇左将军、开府仪同三司长沙王叔坚进号中军大将军,安南将军晋安王伯恭进号镇右将军,翊右将军宜都王叔明进号安右将军。

二月景戌,以镇右将军晋安王伯恭为特进。景申,立皇弟谟为巴东王,叔显为临江王,叔坦为新会王,叔隆为新宁王。

夏五月丁巳,立皇子庄为会稽王。

秋九月甲午,舆驾幸玄武湖,肆舻舰阅武,宴群臣赋诗。戊戌,以镇卫将军,开府仪同三司鄱阳王伯山为东扬州刺史,智武将军岳阳王叔慎为丹阳尹。丁未,百济国遣使献方物。

冬十月癸亥,尚书仆射江总为尚书令,吏部尚书谢伷为尚书仆射。

十一月己卯,诏曰:"惟刑止暴,惟德成物,三才是资,百王不改。而世无抵角,时鲜犯鳞,渭桥惊马,弗闻廷争,桃林逸牛,未见其旨。虽剽悍轻侮,理从钳钛,蠢愚杜默,宜肆矜弘,政乏良哉,明惭则哲,求诸刑措,安可得乎?是同属瘝寐以轸怀,负痛峻而之邑。复兹合璧轮缺,连珠纬舛,黄钟献吕,和气始萌,玄英告中,履长在御,因时宥过,抑乃斯得。可大赦天下。"

祯明元年春正月景子,以安前将军衡阳王伯信进号镇前将军,安东将军、吴兴太守卢陵王伯仁为特进,智武将军、丹阳尹岳阳王叔慎为湘州刺史,仁武将军义阳王叔达为丹阳尹。戊寅,诏曰:"柏皇、大庭,鼓淳和于曩叶,姬王、嬴后,被浇风于末载,刑书已铸,善化匪融,礼义既乖,奸宄斯作。何其淳朴不反,浮华竟扇者欤?朕居中御物,纳隍在眷,频恢天网,屡绝三边,元元黔庶,终罹五辟。盖乃康哉寡薄,抑焉法令滋章。是用当宁弗怡,矜此向隅之意。今三元具序,万国朝辰,灵芝献于始阳,膏露凝于聿岁,从春施令,仰乾布德,思与九有,惟新七政。可大赦天下,改至德五年为祯明元年。"乙未,地震。癸卯,以镇前将军衡阳王伯信为镇南将军、西衡州刺史。

二月丁未,以特进、镇右将军晋安王伯恭进号中卫将军,中书令建安王叔卿为中书监。丁卯,诏至德元年望订租调逋未入者,并原之。

秋八月癸卯,老人星见。丁未,以车骑将军萧摩诃为骠骑将军。

九月乙亥,以骠骑将军、开府仪同三司豫章王叔英为骠骑大将军。庚寅,萧琮所署尚书令、太傅安平王萧岩,中军将军、荆州刺史义兴王萧瓛,遣其都官尚书沈君公,诣荆州刺史陈纪请降。辛卯,岩等率文武男女十万余口济江。甲午,大赦天下。

冬十一月乙亥,割扬州吴郡置吴州,割钱塘县为郡,属焉。景子,以萧岩为平东将军、开府仪同三司、东扬州刺史,萧瓛为安东将军、吴州刺史。丁亥,以骠骑大将军、开府仪同三司豫章王叔英兼司徒。

十二月景辰,以前镇卫将军、开府仪同三司、东扬州刺史鄱阳王伯山为镇卫大将军、开府仪同三司,前中卫将军晋安王伯恭为中为将军、右光禄大夫。

二年春正月辛巳,立皇子铨为东阳王,恬为钱塘王。是月,遣散骑常侍周罗睺帅兵屯峡口。

夏四月戊申,有群鼠无数,自蔡洲岸入石头渡淮,至于青塘两岸,数日死,隋流出江。戊午,以左民尚书蔡徵为吏部尚书。是月,郢州南浦水黑如墨。

五月壬午,以安前将军卢陵王伯仁为特进。甲午,东冶铸铁,有物赤色如数斗,自天坠熔所,有声隆隆如雷,铁飞出墙外烧民家。

六月戊戌,扶南国遣使献方物。庚子,废皇太子胤为吴兴王,立军师将军、扬州刺史始安王深为皇太子。辛丑,平南将军、江州刺史南平王嶷进号镇南将军;忠武将军、南徐州刺史永嘉王彦进号安北将军;会稽王庄为翊前将军、扬州刺史;宣惠将军、尚书令江总进号中权将军;云麾将军、太子詹事袁宪为尚书仆射;尚书仆射谢伷为特进;宁远将军、新除吏部尚书蔡徵进号安右将军。甲辰,以安右将军鲁广达为中领军。丁巳,大风至自西北激涛水入石头城,淮渚暴溢,漂没舟乘。

冬十月己亥,立皇子蕃为吴郡王。辛丑,以度支尚书、领大著作姚察为吏部尚书。己酉,舆驾幸莫府山,大校猎。

十一月丁卯,语曰:"夫议狱缓刑,皇王之所垂范,胜残去杀,仁人之所用心。自画冠既息,刻吏斯起,法令滋章,手足无措。朕君临区宇,属当浇末,轻重之典,在政未康,小大之情,兴言多愧。眷兹狴犴,有轸哀矜,可克日于大政殿讯狱。"壬申,以镇南将军、江州刺史南平王嶷为征西将军、郢州刺史,安北将军、南徐州刺史永嘉王彦为安南将军、江州刺史,军师将军南海王虔为安北将军、南徐州刺史。景子,立皇弟叔荣为新昌王,叔匡为太原王。是月,隋遣晋王广众军来伐,自巴、蜀、沔、汉下流至广陵,数十道俱人,缘江镇戍,相继奏闻。时新除湘州刺史施文庆、中书舍人沈客卿掌机密用事,并抑而不言,故无备御。

三年春正月乙丑朔，雾气四塞。是日，隋总管贺若弼自北道广陵济京口，总管韩擒虎趋横江，济采石，自南道将会弼军。景寅，采石戍主徐子建驰启告变。丁卯，召公卿入议军旅。戊辰，内外戒严，以骠骑将军萧摩诃、护军将军樊毅、中领军鲁广达并为都督，遣南豫州刺史樊猛帅舟师出白下，散骑常侍皋文奏将兵镇南豫州。庚午，贺若弼攻陷南徐州。辛未，韩擒虎又陷南豫州，文奏败还。至是隋军南北道并进。后主遣骠骑大将军、司徒豫章王叔英屯朝堂，萧摩诃屯乐游苑，樊毅屯耆阇寺，鲁广达屯白土冈，忠武将军孔范屯宝田寺。己卯，镇东大将军任忠自吴兴入赴，仍屯朱雀门。辛巳，贺若弼进拒钟山，顿白土冈之东南。甲申，后主遣众军与弼合战，众军败绩。弼乘胜至乐游苑，鲁广达犹督散兵力战，不能拒。弼进攻宫城，烧北掖门。是时，韩擒虎率众自新林至于石子冈，任忠出降于擒虎，仍引擒虎经朱雀门趣宫城，自南掖门而入。于是城内文武百司皆遁出，唯尚书仆射袁宪在殿内。尚书令江总、吏部尚书姚察、度支尚书袁权、前度支尚书王瑳、侍中王宽居省中。后主闻兵至，从宫人十余出后堂景阳殿，将自投于井，袁宪侍侧，苦谏不从，后阁舍人夏侯公韵又以身蔽井，后主与争久之，方得入焉。及夜，为隋军所执。景戌，晋王广入据京城。

三月己巳，后主与王公百司发自建邺，入于长安。隋仁寿四年十一月壬子，薨于洛阳，时年五十二。追赠大将军，封长城县公，谥曰炀，葬河南洛阳之芒山。

史臣侍中郑国公魏徵曰：

高祖拔起垄亩，有雄桀之姿。始佐下藩，奋英奇之略，弭节南海，职思静乱。援旗北迈，义在勤王，扫侯景于既成，拯梁室于已坠。天网绝而复续，国步屯而更康，百神有主，不失旧物。魏王之廷汉鼎祚，宋武之反晋乘舆，懋绩鸿勋，无以尚也。于时内难未弭，外邻勍敌。王琳作梗于上流，周、齐摇荡于江、汉，畏首畏尾，若存若亡，此之不图，遽移天历，虽皇灵有眷，何其速也！然志度弘远，怀抱豁如，或取士于仇雠，或擢才于亡命，掩其受金之过，有其吠尧之罪，委以心腹爪牙，咸能得其死力，故乃决机百胜，成此三分，方诸鼎峙之雄，足以无惭权、备矣。

世祖天资睿哲，清明在躬，早预经纶，知民疾苦，思择令典，庶几至治。德刑并用，戡济艰虞，群凶授首，强邻震慑。虽忠厚之化未能及远，恭俭之风足以垂训，若不尚明察，则守文之良主也。

临川年长于成王，过微于太甲。宣帝有周公之亲，无伊尹之志，明辟不复，桐宫遂往，欲加之罪，其无辞乎！

高宗爱自在田，雅量宏廓，登庸御极，民归其厚。惠以使下，宽以容众。智勇争奋，师出有名，扬旆分麾，风行电扫，辟土千里，奄有淮、泗，战胜攻取之势，近古未之有也。既而君侈民劳，将骄卒堕，帑藏空竭，折衄师徒，于是秦人方强，遂窥兵于江上矣。李克以为吴之先亡。由乎数战数胜，数战则民疲，数胜则生骄，以骄主御疲民，未有不亡者也。信哉言乎！高宗始以宽大得人，终以骄侈致败，文、武之业，坠于兹矣。

后主生深宫之中，长妇人之手，既属邦国殄瘁，不知稼穑艰难。初惧阽危，屡有哀矜之诏，后稍安集，复扇淫侈之风。宾礼诸公，唯寄情于文酒，昵近群小，皆委之以衡轴。谋谟所及，遂无骨鲠之臣，权要所在，莫匪侵渔之吏。政刑日紊，尸素盈朝，耽荒为长夜之饮，嬖宠同艳妻之孽，危亡弗恤，上下相蒙，众叛亲离，临机不寤，自投于井，冀以苟生，视其以此求全，抑亦民斯下矣。

迥观列辟，篡武嗣兴，其始也皆欲齐明日月，合德天地，高视五帝，俯协三王，然而靡不有初，克终盖寡，其故何哉？并以中庸之才，怀可移之性，口存于仁义，心怵于嗜欲。仁义利物而道远，嗜俗遂性而便身。便身不可久违，道远难以固志。佞谄之伦，承颜候色，因其所好，以悦导之，若下坂以走丸，譬顺流而决壅。非夫感灵辰象，降生明德，孰能遗其所乐，而以百姓为心哉？此所以成、康、文、景千载而罕遇，癸、辛、幽、厉靡代而不有，毒被宗社，身婴戮辱，为天下笑，可不痛乎！古人有言，亡国之主，多有才艺，考之梁、陈及隋，信非虚论。然则不崇教义之本，偏尚淫丽之文，徒长浇伪之风，无救乱亡之祸矣。

【译文】

陈后主，名叔宝，字元秀，小字黄奴，陈宣帝的嫡长子。陈叔宝于梁承圣二年十一月戊寅日在江陵降生。第二年，江陵失陷，其父高宗迁移到关右，将后主留在穰城。至天嘉三年，接叔宝回京城建康，并立他为安城王太子。天康元年，任命叔宝为宁远将军，并为他设置佐史。光大二年，又授为太子中庶子，不久升为侍中，其他官职依旧保留。到太建元年正月甲午日，父亲陈顼登基称帝，叔宝被立为皇太子。

太建十四年正月甲寅日，陈高宗病逝。乙卯日，高宗次子始兴郡王陈叔陵发动叛乱，被处死。丁巳日，太子叔宝在太极前殿继皇帝位。颁布诏书说："上天降下大祸，大行皇帝忽然故去，举国上下，无不悲痛至极。我以忧伤悲痛的心情登基继承皇位。如同渡大江，不知凭借什么，今后就要依靠诸公辅佐我。要把先王的遗德，广泛普及到亿万百姓，使远近地方都变化革新。可大赦全国的犯人。在位的文武大臣及推荐出的孝悌力田者，他们的继承人可赐爵一级。孤老鳏寡生活不能自理者每人赏赐五斛谷，二匹帛。"癸亥日，任命侍中、翊前将军、丹阳尹长沙王叔坚为骠骑将军、开府仪同三司、扬州刺史，右卫将军萧摩诃为车骑将军、南徐州刺史，镇西将军，荆州刺史樊毅进称征西将军，平南将军、豫州刺史任忠进称镇南将军，护军将军沈恪为特进、金紫光禄大夫，平西鲁广达进称安西将军，仁武将军、丰州刺史章大宝为中护军。乙丑日，尊封皇后为皇太后，其宫名为弘范。丙寅日，任命冠军将军晋熙王叔文为宣惠将军、丹阳尹。丁卯日，立弟弟叔重为始兴王，祭礼昭烈王。己巳日，立皇妃沈氏为皇后，辛未日，立皇弟叔俨为寻阳王，皇弟叔慎为岳阳王，皇弟叔达义阳王，皇弟叔熊为巴山王，皇弟叔虞为武昌王。壬申日，侍中、中权将军、开府仪同三司鄱阳王伯山进称中权大将军、军师将军、尚书左仆射晋安王伯恭进称翊前将军、侍中、右将军、中领军庐陵王伯仁进称安前将军，镇南将军、江州刺史豫章王叔英进称征南将军，平南将军、湘州刺史过安王叔卿进称安南将军。任命侍中、中书监、安右将军徐陵为左光禄大夫，兼太子少傅。甲戌日，在太极殿前举行无遮大会。

三月辛亥日，颁布诏书说："用身体力行，作为劝导，其道理前代的经典已经写明，努力耕种的人就受重赏，这样的事以往书中也有记载。国家的储蓄依赖于此，百姓的生命也与此相关，丰收还是歉收，兴旺还是衰败，无不由此决定。自古人们就交纳赋税，旧时人们又输纳藁草，富饶的土地缴的超过十金，贫瘠的土地则一减再减，变化再三。肥沃的土地与贫瘠的土地既然有差别。其收成当然也不相同。于是弄虚作假的风气日益兴盛，上计簿年年改动。西汉时有稻田使者监督，东汉时用严刑峻法惩治。农民惧怕赋敛，俗吏因此歪曲法令。于是弃农不耕者成帮结伙，游手好闲者成群结队，总是讲防止害农，却总也没有能防止，实在让人叹息！现在节气适宜，风调雨顺，正是开展春耕、秋收有望的好时节。有些人开辟荒田，斩除藁草，其新开垦的土地不用丈量，租税全部免收。私人田地长期废置的，都允许占有耕种，荒废了公田，也随意让人开垦。假若有清廉贤良的官吏教人耕种，使民风敦厚，民生富裕，有此成绩，要论功提升。另外可作为条例规定颁布下去，以符合我的心意。"癸亥日，颁诏书说："治理国家，繁衍百姓，虽然因情况变化不一，会有松弛紧张的不同，但寻求德高望重的贤德之人，以至于到平民百姓中搜寻，以便辅助君王，调和阴阳，兴盛牟拍，登基继位，虽然悲痛哀伤，神情昏乱，但国家的重任，百姓的繁杂事务，使我不能贪图安逸，无所事事，不敢忘怀治理国家，所以要选取有才德的人，充任朝廷官员。但尽管昼思夜想，不断占卜，却贤臣不来，能人不至，为此我早晚劳神，昼夜忧心。难道是因为帝王难见，无人引荐？还是身怀宝玉不想贡献，而想洁身自好？朝廷内外的众官员，凡九品以上的均可举一人，以符合征召贤人的旨意。况且，选取人才，求全责备很难，推荐一技之长容易，大才小才，都要讲清其实用价值，不要像南箕北斗星辰，有箕斗之名而无实际用途。或有人恃才傲物，气压当时，象班固那样著《宾戏》而自怜，象扬雄那样写《客嘲》而自慰，人生在世，得遇识才的明主确实很难，但也应离开幽居之处，走上光明大道，奔赴宫门外的铜驼夹路，投奔金马门而上朝廷。朝廷便应量才录用，用相应的规则约束。"又颁布诏书说："以前明智的君主管理人民，贤圣的帝王治理国家，虽说已是恩德深广，智能遍及四方，仍要屈己去采纳谏言，四处察访了解民情，向上咨询管理各方政务的百官及封疆大吏，向下听取地位低微的平民百姓的意见。所以才能政治清明，无往而不利。我继承先王的大业，并要使其兴盛，常常惧怕自己身居九重之深，听视不能广达四方，所以要听取好的建议，不惜足力，四处采纳。若遇到不怕触怒帝王，在朝廷上当众辩驳的言论，要能够接受。而对于奉承献媚的言辞，我在位时听到，官吏们口虽不言，内心实不同意，那就不是治理公正光辉帝业的道理了。内外卿士文武各大臣，若有人周密地考虑施政方针，用心地研究治国大计，能解救百姓的疾苦，分辨禁令的宽严，望各进忠直之言，无所隐藏忌讳。我将虚心听取，择善而行，希望能够透彻体察物理人情，辅佐帝王大业。"己巳日，任命侍中、尚书佐仆射、新任的翊前将军晋安王伯恭为安南将军，湘州刺史，新任翊左将军、永阳王伯智为尚书仆射，中护军章大宝为丰州刺史。

夏四月丙申日，立皇子永康公陈胤为皇太子，赏赐全国继承父亲爵位者爵一级，王公以下的都按不同等级赏给布帛。庚子日，颁布诏书说："我登基继位，抚育人民，正要振兴国家，富足百姓，免除繁重的杂税。奢侈腐化违背我的心意，的确应当防止。那些镂金银薄及庶物化生土木人彩花之类，以及布帛尺幅过短过窄，轻飘不合实用的，都是劳民伤财，成为祸害。还有僧尼道士，依仗邪道歪教，不遵守例律法令，及民间泛滥的祭祀、妖书等诸种怪事，都应依照条例，予以杜绝禁止。"癸卯日，颁布诏书说："中年曾平定了淮、泗一带，又渡过青、徐，那些地方的部族首领，都前来贡献物品表达诚意，并分别遣送来他们的亲族做人质。现在这些旧有国土沦陷了，又成了异国土地，南北阻隔相距甚远，亲人不能会合，考虑到分离之苦，实在让人同情。夷狄的百姓也是我国的人民，应一视同仁，为何要歧视他们，使他们离析？应立即检查任子馆和东馆及携带保任人员在外的，一并赐给他们衣服、粮食、美酒，送他们踏上回乡之路。若路远险阻。便派遣车船护卫，一定要他们安全到达。若已经做官或有其他的打算不愿回去的,也应遵从他们的意愿。"

六月癸酉初一日,任命明威将军、通直散骑常侍孙玚为中护军。

秋七月辛未日,大赦全国犯人。这个月,自京师至荆州一段的江水呈血红色。

八月癸未日夜,天空有声音如风水相击一般。乙酉日夜又出现同样的声音。丙戌日,任命以使臣身份持符节、都督缘江诸军事、安西将军鲁广达为安左将军。

九月丙午日,在太极殿举行无遮大会,布施车轿、衣服并舍身,大赦全国犯人。辛亥日夜,天空东北方有响声如虫飞一般,渐渐移至西北。乙卯日,白天太白星出现。丙寅日,任命骠骑将军、开府仪同三司、扬州刺史长沙王叔坚为司空,让征南将军、江州刺史豫章王叔英具有开府仪同三司的称号。

至德元年春正月壬寅日,颁布诏书说:"我以寡薄之才,登基继位,哀伤深切,悲痛缠绕,移风易俗缺少方法,治理国家束手无策,内心惧怕,如履薄冰,如以朽绳驾车。而四时变化如流水,日、月、星三光流失迅速,朝廷官员排列阶下,金玉布帛充满官庭,品物不新,节令依旧,缅怀先帝恩德,常常追慕以往的时光,面对宫门而哭泣,顾盼庲屏几筵而伤心。想遵奉先人留下的大政方针,勉励自己,整治天下,休养百姓,宽松政治,调和阴阳。可大赦全国犯人,改年号太建十五平为至德元年。"任命征南将军、江州刺史、新任开府仪同三司豫章王英为中卫大将军,骠骑将军、开府仪同三司、扬州刺史长沙王叔、开府仪同三司、东扬州刺史司马消难进称为车骑将军,宣惠将军、丹阳尹晋熙王叔文为扬州刺史,镇南将军、南豫州刺史任忠为领军将军,安左将军鲁广达为平南将军,南豫州刺史,祠部尚书江总为吏部尚书。癸卯日,立皇予陈深为始安王。

二月丁丑日,任命始兴王叔重为扬州刺史。

夏四月戊辰日,交州刺史李幼劳献给朝廷驯象。己丑日,任命前轻车将军、扬州刺史晋熙王叔文为江州刺史。

秋八月丁卯日,任命骠骑将军,开府义同三司长沙王叔坚为司空。

九月丁巳日,天空东南方有声音如飞虫一般。

冬十月丁酉日,立皇弟叔平为湘东王,叔敖为临贺王,叔宣为阳山王,叔穆为西阳王。戊戌日,侍中、安右将军、左光禄大夫,太子少傅徐陵去世。癸丑日,立皇弟叔俭为南安王,叔澄为南郡王,叔兴为沅陵王,叔韶为岳山王,叔纯为新兴王。

十二月丙辰日,头和国派遣使臣来献地方特产。司空长沙玉叔坚因有罪被免职。戊午日夜,天空从西北到东南裂开,其中有青黄色光,响声隆隆如雷鸣。

至德二年春季正月丁卯日,分别派遣使臣到各省巡视民间风俗。平南将军、豫州刺史鲁广达进称安南将军。癸巳日,大赦全国犯人。

夏五月戊子日,任命尚书仆射永阳王伯智为平东将军、东扬州刺史,轻车将军、江州刺史晋熙王叔文为信威将军、湘州刺史,仁威将军、扬州刺史始兴王叔重为江州刺史,信武将军、南琅玡彭城二郡太守南平王嶷为扬州刺史,吏部尚书江总为尚书仆射。

秋七月戊辰日,任命长沙王叔坚为侍中、镇左将军。壬年日,太子加冕,在位的文武百官按不同等级赏赐布帛。继承父位的孝悌力田者分别赐爵一级,老弱病残及鳏夫寡妇生活不能自理者每人赐五斛谷。

九月癸未日,白天太白星出现。

冬十月己酉日,颁布诏书说:"自己耕种自己富足,可谓风俗质朴淳厚,贡奉租赋由来已久。这就是《诗·由庚》所说的万物都循此道,身不由己而行。但法令日益增加,奸诈强取的事不少,风俗日益浇薄虚伪,政治很少贤明。我日夜操劳,每一件事处置不当,都为自己的罪过哭泣伤心,惭愧众多的事情都没办好。望订租调刚实行时,使那些豪强及荫封之人都交租赋,听说贫富都起来作乱,贫弱之人受害重,这难道是救济穷困、解人寒热的用意吗?这是那些小官吏强征暴敛的结果。所以说:'百姓不富足,君王谁又能富足。'建安十四年以来,望订租调拖欠未交者,一律免除。在职的官吏,处理事务要分析判断,秉公办理,不得为公害民。为了自己的政绩声誉,干扰治国的大政方针。"

十一月丙寅日,大赦全国犯人。壬申日,盘盘国派使臣献上地方特产。戊寅日,百济国派遣使臣献上地方特产。

至德三年春正月戊午初一日,有日食出现。庚午日,让镇左将军长沙王叔坚具有开府仪同三司称号,任命征西将军、荆州刺史樊毅为护军将军,守吏部尚书,领著作陆琼为吏部尚书,金紫光禄大夫袁敬加特进头衔。

三月辛酉日,前丰州刺史章大宝举兵反叛。

夏四月庚戌日,丰州义军首领陈景详将章大宝斩首,传送首级入京师。

秋八月戊子日夜,老人星出现。己酉日,任命左民尚书谢伷为吏部尚书。

九月甲戌日,特进、金紫光禄大夫袁敬去世。

冬十月己丑日,丹丹国派遣使者献地方特产。

十一月己未日,颁布诏书说:"孔子为一至贤至圣的哲人,遵奉古代的宪法典章,与天地同德,考定《雅》《颂》音乐中深奥的道理,与日月同辉,后世树了榜样,对百姓起了开导启迪的作用。梁代湮没了孔子,坟墓都找不到了,长满了繁茂的野草,三十余年了,缅怀思念,敬仰不已,实在令人叹息感伤。现在《雅》道光明,《由庚》所指示的途径得到承认,而断弦的琴、过去的鞋,这些令人怀念的旧物,却零落得无处可寻。看看书箱,打开书卷,都无法因循恢复。外臣可详察记载礼仪的典籍,修建旧庙,蕙房桂栋的庙宇,都重新修建,用芳蘩洁潦这些香草,按时祭奠。"辛巳日,皇帝到长干寺,大赦全国犯人。

十二月丙戌日,白天太白星出现。辛卯日,皇太子到太学,讲《孝经》,戊戌日,讲完。己丑日,祭奠先师孔子,祭礼结束后,奏金石之乐,设宴款待王公卿遣使者献地方特产。这一年,萧岿死,儿子萧琮继位。

至德四年春正月甲寅日,颁布诏书说:"相传尧时曾设鼓于庭上,使民击之以进谏,禹设倡言官以鼓励百姓进善言,向各色人等征求意见,谏鼓长期放置堂前,询问隐逸、查阅典籍,这事是治国的根本,帝王的当务之急。我寡德无才,登基继位,不懂得如何谦虚,日夜挂怀,事务众多,听闻不够广达。现欲听取正直敢言之人的谏言,并采纳他们所提供的计谋。王公以下的诸官吏,每个人都尽他们所知提出建议。并向那些管理仓库之人,以至舆皂小吏征询谏言,有一技之长的人,片言只语可用的,我都将亲自听取,留意观察,恭候具有开启作用的治国之言。"中权大将军、开府仪同三司鄱阳王伯山进称为镇卫将军,中卫大将军、开府仪同三司豫章王叔英进称为骠骑大将军,镇左将军、开府仪同三司长沙王叔坚进称为中军大将军,安南将军晋安王伯恭进称为镇右将军,翊右将军宜都王叔明进称为安右将军。

二月丙戌日，授镇右将军晋安王伯恭特进头衔。丙申日，立皇弟叔谟为巴东王，叔显为临江王，叔坦为新会王，叔隆为新宁王。

夏五月丁巳日，立皇子陈庄为会稽王。

秋九日甲午日，皇帝驾临玄武湖，检阅陈列的战舰船只，并设宴款待群臣，即兴赋诗。戊戌日，任命镇卫将军、开府仪同三司鄱阳王伯山为东扬州刺史，智武将军岳阳王叔慎为丹阳尹。丁未日，百济国派遣使臣献上地方特产。

冬十月癸亥日，尚书仆射江总升为尚书令，吏部尚书谢仙升为尚书仆射。

十一月己卯日，颁布诏书说："只有刑法才能制止暴行，只有品德高尚才能干成事业，天、地、人三才是国家的依靠，任何君王无法更改。然而世界上很少人敢于顶撞君王直言劝谏，渭桥惊马，听不到在朝廷上和皇帝力争的议论，桃林放牛，看不到提出此种意见的人。虽然剽悍轻侮的人，应受到刑法制裁，愚蠢笨拙的人，应该宽免，但政治不贤明，官吏不睿智，想不用刑罚，又怎能做到？为此我日夜忧心，背靠着绣花屏风叹息。如今日月合璧、五星连珠，律当黄锺大吕，和气萌生，冬季恰过了一半，正是献履迎福之时，借此时机宽恕罪过，也许就得到大治。可以大赦全国犯人。"

祯明元年春正月丙子日，安前将军衡阳王伯信进称为镇前将军，授以安东将军、吴兴太守庐陵王伯仁特进头衔，任命智武将军、丹阳尹岳阳王叔慎为湘州刺史，仁武将军仪阳王叔达为丹阳尹。戊寅日，颁布诏书说："柏皇与大庭皇帝，在往日使质朴敦厚之风兴盛，而姬王、嬴后，生于浮薄风俗兴盛的末世，法令依然铸于刑鼎，教化就行不通，礼义一经违背，奸宄祸乱就猖狂。为什么那种质朴敦厚之风一去不复返，而浮华轻薄之风却日益兴盛呢？我统治这个国家，时刻关心着救民于水火之中，屡次试图恢复天纲，阻止幽、并、凉三州的侵扰，但黎民百姓，终于遭受各种刑罚。这是因为才能寡薄，还是因为法令增加？为此应安慰我忧郁之心，同情我悲伤之意。现在三元各都就序，万国前来朝拜，初春献来灵芝，岁末凝成玉露，从春天开始发布命令，依靠上天布施恩德，想在全国更新政治。可大赦全国犯人，改年号至德五年为祯明元年。"乙未日，发生地震。癸卯日，任命镇前将军衡阳王伯信为镇南将军、西衡州刺史。

二月丁未日，特进、镇右将军晋安王伯恭进称中卫将军，中书令建安王叔卿升为中书监。丁卯日，颁布诏书，命令从至德元年以来拖久望订租调未交的，一律免改。

秋八月癸卯日，老人星出现。丁未日，任命车骑将军萧摩诃为骠骑将军。

九月乙亥日，任命骠骑将军、开府仪同三司豫章王叔英为骠骑大将军。庚寅日，萧琮所任命的尚书令、太傅安平王萧严，中军将军、荆州刺史义兴王萧瓛，派遣他们的都官尚书沈君公，前去向荆州刺史陈纪请求投降。辛卯日，萧严等率领文武百官，男女百姓十万余口渡江。甲午日，大赦全国犯人。

冬十一月乙亥日，将扬州的吴郡改设为吴州，将钱塘县改设为钱塘郡，钱塘郡归属吴州管辖。丙子日，任命萧严为平东将军、开府仪同三司、东扬州刺史，萧瓛为安东将军、吴州刺史。丁亥日，任命骠骑大将军，开府仪同三司豫章王叔英兼任司徒。

十二月丙辰日，任命前镇卫将军、开府仪同三司、东扬州刺史鄱阳王伯山为晋安王伯恭为中卫将军、右光禄大夫。

祯明二年春正月辛巳日，立皇子陈恮为东阳王，陈恬为钱塘王。这一月，派遣散骑常侍周罗睺率兵屯驻峡口。

夏四月戊申日，无数成群的老鼠，自蔡洲江岸入石头城，又渡过淮河，到了青塘两岸，数日后死了，随着水流冲走。戊午日，任命左民尚书蔡徵为吏部尚书。这一月，郢州南浦水黑如墨色。

五月壬午日，授安前将军庐陵王伯仁特进头衔。甲午日，东冶铸铁，有物呈赤红色，如数斗般大，从天降下，落到冶铁处，伴有隆隆如雷的声音，飞出墙外的铁燃烧了民房。

六月戊戌日，扶南国派遣使臣献上地方土产。庚子日，废皇太子陈胤，改为吴兴王，立军师将军、扬州刺史始安王陈深为皇太子。辛丑日，平南将军、江州刺史南平王嶷进称镇南将军；忠武将军、南徐州刺史永嘉王彦进称安北将军；会稽王陈庄升为翊前将军、扬州刺史；宣惠将军、尚书令江总进称中权将军；云麾将军、太子詹事袁宪升为尚书仆射；授尚书仆射谢伷特进头衔。宁远将军、新任吏部尚书蔡徵进称安右将军。甲辰日，任命安右将军鲁广达为中领军。丁巳日，大风刮起，激起浪涛，从西北涌入石头城，淮渚泛滥。吞没了舟船。

冬十月已亥日，立皇子东蕃为吴郡王。辛丑日，任命度支尚书、领大著作姚察为吏部尚书。己酉日，皇帝到莫府山，进行大规模地阅兵。

十一月丁卯日，颁布诏书说："议论案件放宽刑罚，这是帝王树立的榜样，使凶暴的人改恶从善以废除死刑，这是仁爱之心的表现。自从画冠象刑这种宽容的刑罚停止以后，苛刻的官吏兴起，法令日益增多，使百姓手足无措。我治理国家，正当风俗浮薄之时，法律轻重不一，政治不健康，案件有大有小，说起来我很惭愧。我十分关心牢狱案件。同情受刑的人，可以约定时间在大政殿审讯案件。"壬申日，任命镇南将军、江州刺史南平王嶷为征西将军、郢州刺史，安北将军、南徐州刺史永嘉王彦为南西将军、江州刺史，军师将军南海王虔为安北将军、南徐州刺史。丙子日，立皇弟叔荣为新昌王，叔匡为太原王。这一月，隋派遣晋王杨广率部队前来讨伐，从巴、蜀、沔、汉顺水而下到广陵，数十条路一齐攻入，沿江镇守部队，陆续奏报得知。这时新任湘州刺史施文庆、中书舍人沈客卿掌管机密，压住不讲，所以没有防备。

祯明三年春季正月乙丑初一日，到处弥漫着大雾。这一日，隋总管贺若弼从北道广陵渡水到京口，总管韩擒虎奔向横江，渡水到采石，从南道将与贺若弼的军队汇合。丙寅日，采石守卫将领徐子建飞马奏报紧急变故。丁卯日，召集公卿来讨论军事。戊辰日，朝廷内外都戒严，骠骑将军萧摩诃，护军将军樊毅，中领军鲁广达一并升为都督，派遣南豫州刺史樊猛率领水师从白下出发，散骑常侍皋文奏率领军队镇守南豫州。庚午日，贺若弼攻陷南徐州。辛未日，韩擒虎又攻陷南豫章，皋文奏大败逃回。至此隋军从南北两道同时并进。后主派遣骠骑大将军、司徒豫章王叔英屯兵朝堂，萧摩诃屯兵乐游苑，樊毅屯兵耆阇寺，鲁广达屯兵白土冈，忠武将军孔范屯兵宝田寺。已卯日，镇东大将军任忠从吴兴奔入京城，命令他屯兵朱雀门。辛巳日，贺若弼占据钟山，屯兵在白土冈的东南。甲申日，陈后主派遣众军与弼合战，众军大败。贺若弼乘胜追赶到乐游苑，鲁广达仍督促散兵拼力相战，不能抵抗。贺若弼又进攻宫城，火烧北掖门。这时韩擒虎率领众人从摩擦林到石子冈，任忠向韩擒虎投降，并为韩擒虎带路经朱雀门奔往宫城，从南掖门入宫。于是城内文武百官都仓皇出逃，只有尚书仆射袁宪仍留在殿内。尚书令江总、吏部尚书姚察、度支尚书袁权、前度支尚书王瑗、侍中王宽仍留在宫内。陈后主听说敌兵已到,带着十几个宫人从后堂景阳殿逃出,想投井自尽。袁宪侍奉左右,苦苦相劝,后主不听。后阁舍人夏侯公韵又用身体遮蔽井口,后主与他们争持许久,才跳进井里。到了夜晚,后主被隋军捕获。丙戌日,隋晋王杨广攻占京城。

三月己巳日,后主与王公百官从建邺出发,进入长安。隋仁寿四年十一月壬子日,陈后主死在洛阳,死时五十二岁。死后追赠大将军,封为长城县公,谥号为炀,埋葬在河南洛阳邙山。

史臣侍中郎郑国公魏徵说:

主高祖从田埂间兴起,有杰出非凡的雄姿。当初辅佐藩国时,就显示出英才奇略,驻屯南海,平定叛乱。高举旗帜向北挺进,目的在于辅佐王室。扫除已获成功的侯景,拯救摇摇欲坠的梁朝,使断色的天纲得以继续,艰难的国运转为昌盛,百神都有主,旧的典章制度不至废除。魏武帝使汉朝国运得以延续,宗武帝让晋朝恢复,其功劳之大,也没有超过陈高祖。这时内乱尚未平息,外邻强敌又兴起。王琳在上游作梗,周、齐在江、汉制造动乱,朝廷畏首畏尾,国家若存若亡,这时如不图谋,迅速改变天命,虽说是上苍有心照顾,也确实非常迅速!然而高祖志向远大,胸襟豁达,或是以对手中间录用贤士,或是从逃亡的人中提升能人,掩盖他们接受贿赂的过错,宽恕他们各为其主所犯的罪行,委任为心腹,使他们都能拼死出力,所以才能判断各种情况取得胜利,形成现在三分天下的局势,鼎足而立的雄才大略,无愧于孙权、刘备。

世祖天资聪明,神思清朗,早年遍读经书典籍,懂得百姓的疾苦,想选定法令典章,差不多达到完美政治的境地,恩德与刑法并用,平定叛乱,战胜艰难,使群凶投降归顺,使强邻震动惊惧。虽然帝主忠厚的教化不能到达边远地方,但其恭俭的作风足以成为后人的榜样,即使算不上是明察之君,也够得是遵守成法的良主。

临川王即位时比周成王年长,其过错比太甲要小。宣帝有周公的和善,却无伊尹的志向,遂使明主不能复辟,放逐却告实现,真是欲加之罪,何患无辞!

高宗原本也是在田间长起,心胸豁达开朗,登基继位,因为宽厚,民心归向。仁爱下人,宽厚百姓。具有非凡的智谋勇气,以武略闻名,扬旗布阵,如风行电扫般迅速,开辟土地千余里,于是有了淮、泗的疆土,其战胜攻取之猛,近古未曾出现。于是君主奢侈,百姓疲劳,将领骄傲,士卒堕落,钱财空竭,将士开始打败仗,于是秦人强盛起来,陈兵江上窥视等待机会。李克认为吴先灭亡的原因,是由于数战数胜。打仗多了则百姓疲惫,胜仗多了则君王骄傲,用骄傲的君主统治疲惫的人民,没有不灭亡的。的确如此!高宗开始用其宽宏大度得人心,最终却因骄奢淫逸导致失败,文帝、武帝的大业,毁在他手里。

后主生在深宫之中,成长在妇人之手,虽国家在困苦之中,仍不知耕种的艰难。初登基之时,惧怕临近危险,多次颁布一些同情百姓的诏书,而后稍微安定,又鼓动淫侈之风。宴请诸公,寄情于诗文酒色之中,亲近小人,并委任以中枢要职。谋划策略,也就没能正直忠臣参与,权力要职,无不是些巧取豪夺的官吏充任。政治法律日益混成,居位食禄而不理事之人充满朝廷,通宵狂饮,纵欲美色,耽误荒废朝政,国家危亡无人怜悯,上下相欺,众叛亲离,临近危机而不醒悟,只能自己跳入井中,希望苟且偷生。他用这种方法保全自己,也算等而下之了。

纵观诸位君主,登基称帝,在建国伊始,都想使他的国家与日月同辉,与天地共存,仰视五帝、俯瞰三王,然而有好的开头,却很少能善始善终。什么缘故呢?他们都是中庸之才,心内无长久之性,口里讲着仁义,又为嗜好与欲望而动心。仁义有利于事业但取得它们的路途遥远,嗜好与欲望依随性情而方便身体。便利身体就难以长期脱离,道路长远就难以树立取得它的坚定志向。阿谀奉承之徒,察言观色,投其所好,引导君主嗜好欲望,如顺坡滚圆丸,顺流决堤坝。若不是上应星宿、天生明德的圣人,谁能抛弃所喜好,而时刻挂心百姓呢?这就是为什么成王、康王、文帝、景帝千载而不遇,桀、纣、幽王、厉王没有一代没有,国家社稷遭害,自己身体受辱,于是被天下人耻笑,怎能不让人痛心!古人有言,亡国的君王,大都有才有艺,观察梁、陈及隋,这话一点不错。不尊崇教义的根本,偏偏崇尚浮华的诗文,助长浅薄虚假风气,无不导致国家混乱灭亡的灾祸。

高祖章皇后传

【题解】

章皇后,名要儿(503~568 年),陈武帝陈霸先的皇后,有才识,容貌美丽。父亲章景明,梁散骑侍郎。传中记述了章氏的政治手腕及其在陈王朝中所起的作用。

【原文】

高祖宣皇后章氏,讳要儿,吴兴乌程人也。本姓钮,父景明为章氏所养,因改焉。景明,梁代官至散骑侍郎。后母苏,尝遇道士以小龟遗己,光采五色,曰:"三年有征。"及期,后生而紫光照室,因失龟所在。少聪慧,美容仪,手爪长五寸,色并红白,每有期功之服,则一爪先折。高祖先婚同郡钱仲方女,早卒,后乃聘后。后善书计,能诵《诗》及《楚辞》。

高祖自广州南征交阯,命后与衡阳王昌随世祖由海道归于长城。侯景之乱,高祖下至豫章,后为景所囚。景平,而高祖为长城县公,后拜夫人。及高祖践祚,永定元年立为皇后。追赠后父景明特进、金紫光禄大夫,加金章紫绶,拜后母苏安吉县君。二年,安吉君卒,与后父合葬吴兴。明年,追封后父为广德县侯,邑五百户,谥曰温。高祖崩,后与中书舍人蔡景历定计,秘不发丧,召世祖入纂,事在蔡景历及侯安都传。世祖即位,尊后为皇太后,宫曰慈训。废帝即位,尊后为皇太后。光大二年,后下令黜废帝为临海王,命高宗嗣位。太建元年,尊后为皇太后。二年三月景申,崩于紫极殿,时年六十五,遗令丧事所须,并从俭约,

陈武帝陈霸先

【译文】

高祖宣皇后姓章,名要儿,吴兴乌程人。章皇后本姓钮,她的父亲钮景明曾被姓章的人收养,因而改姓章。钮景明,在梁代官职做到散骑侍郎。皇后的母亲姓苏,曾经遇到一位道士送给自己一只小龟,小龟发出五色光彩,道士说:"三年有所验证。"到了那个时候,章皇后出生,有紫色光芒照耀房室,于是小龟就不知哪里去了。皇后年少时聪明智慧,仪容俊美,手指甲长五寸,颜色红中透白,每逢遇到丧事,就会有一个手指甲先折断。高祖先娶了同郡钱仲方的女儿,早亡,后来又娶了章皇后。皇后善于文字与筹算,能背诵《诗经》及《楚辞》。

高祖自广州南征交阯,命章皇后和衡阳王陈昌随世祖从海上回到长城。侯景之乱时,高祖退至豫章,章皇后被侯景囚禁。侯景之乱平定后,高祖出任长城县公,皇后被拜为夫人。等到高祖称帝,永定元年被立为皇后。追赠皇后父亲景明特进、金紫光禄大夫,加金章紫绶;拜皇后的母苏氏为安吉县君。永定二年,安吉君逝世,与皇后父亲合葬在吴兴。又过了一年,追封皇后父亲为广德县侯,封地五百户,谥号称温。高祖死后,皇后和中书舍人蔡景历定计,秘不发丧,召世祖篡位称帝,这件事记载在蔡景历及侯安都传中。世祖即位,尊章皇后为皇太后,所住宫殿称慈训。废帝即位后,尊皇后为太皇太后。光大二年,皇后下令将废帝废黜为临海王,命高宗称帝。太建元年,尊皇后为皇太后。二年三月景申,皇后死于紫极殿,时年六十五岁。皇后遗令命丧事所需的一律从俭,各种祭奠礼仪,均不准用牲畜祭奠。该年四月,群臣上书高祖谥号称宣太后,祔葬在万安陵。

世祖沈皇后传

【题解】

沈皇后,名妙容,生卒年不详,陈文帝陈倩的皇后。父亲沈法深,梁安前中录事参军。传中谈及陈宫廷争斗,揭露了沈氏为保全自身将近侍全部杀害的凶残面目。

【原文】

世祖沈皇后讳妙容,吴兴武康人也。父法深,梁安前中录事参军。后年十余岁,以梁大同中归于世祖。高祖之讨侯景,世祖时在吴兴,景遣使收世祖及后。景平,乃获免。高祖践祚,永定元年,后为临川王妃。世祖即位为皇后。追赠后父法深光禄大夫。加金章紫绶,封建城县侯,邑五百户,谥曰恭。追赠后母高绥安县君,谥曰定。废帝即位,尊后为皇太后,宫曰安德。

时高宗与仆射到仲举,舍人刘师知等并受遗辅政,师知与仲举恒居禁中参决众事,而高宗为扬州刺史,与左右三百人入居尚书省。师知见高宗权重,阴忌之,乃矫敕谓高宗曰:"今四方无事,王可还东府,经理州务。"高宗将出,而谘议毛喜止之曰:"今若出外,便受制于人,譬如曹爽,愿作富家翁不可得也。"高宗乃称疾,召师知留之与语,使毛喜先入言之于后。后曰:"今伯宗年幼,政事并委二郎,此非我意。"喜又言于废帝,帝曰:"此自师知等所为,非朕意也。"喜出以报高宗,高宗因囚师知,自入见后及帝,极陈师知之短,仍自草敕请划,以师知付廷尉治罪。其夜,于狱中赐死。自是政无大小,尽归高宗。后忧闷计无所出,及密赂宦者蒋裕,令诱建安人张安国,使据郡反,冀因此以图高宗。安国事觉,并为高宗所诛。时后左右近侍颇知其事,后恐连逮党与,并杀之。高宗即位,以后为文皇后。陈亡入隋,大业初,自长安归于江南,顷之,卒。

【译文】

世祖沈皇后名妙容,吴兴武康人。沈皇后父亲名法深,梁时任安前中录事参军之职。沈皇后十余岁的时候,梁时在大同嫁与世祖。高祖讨伐侯景的时候,世祖正在吴兴,侯景派人抓走了世祖及沈皇后,侯景之乱平定后,才获释。高祖称帝后,永定元年,皇后为临川王妃。世祖即位后,为皇后。追赠皇后父亲法深为光禄大夫,加金章紫绶,封为建城县侯,封地五百户,谥号称恭;追赠皇后母高氏为绥安县君,谥号称定。废帝即位,尊皇后为皇太后,所住宫殿称安德。

当时,高宗与仆射到仲举、舍人刘师知等一起受遗诏辅佐政事,刘师知和到仲举长期住在宫中决定朝廷政事。而高宗任扬州刺史,与手下三百人主管尚书省。刘师知看到高宗大权在握,暗地里忌恨高宗,于是假传圣谕对高宗说:"如今四方无事,王应回归东府,管理扬州事务。"高宗即将出行,而谘议毛喜阻止说:"如今您若出任在外,便受到他人管制,就好像三国时的曹爽,想做个富翁也不可能了。"高宗于是假称自己有病,请刘师知来和他谈话,派毛喜到宫内把此事告诉沈皇后。皇后说:"如今皇帝年幼,朝廷政事都委托刘、到二人主管,这不是我的意思。"毛喜又向废帝去说,废帝说:"这件事是刘师知等人私自干的,不是我的意思。"毛喜出宫把事情汇报给高宗,高宗于是囚禁刘师知,自己入宫去见沈皇后和废帝,极度陈述刘师知的罪过,仍旧自己起草诏书请求代皇帝谋划此事,将刘师知交付廷尉治罪。当天夜里,将刘师知赐死在狱中。从此无论大小政事,全归高宗主管。沈皇后忧愁烦闷无计可施,于是秘密贿赂宦官蒋裕,命他诱使建安人张安国,在他所掌管的郡造反,希望用这件事谋取高宗。张安国的阴谋败露,被高宗所杀。当时沈皇后左右的贴身侍从大多知道这件事。皇后恐怕事情泄露株连自身,将左右侍从一并杀死。高宗即位后,尊皇后为文皇后。陈国亡后入隋朝,大业初年,皇后从长安回归江南,没过多久就死了。

高宗柳皇后传

【题解】

柳皇后,名敬言(532~615),陈宣帝陈顼的皇后。父亲柳偃,为梁驸马都尉。柳氏自幼美貌能干,曾在战乱中救护了陈后主陈叔宝,并协助陈后主处理政务。陈灭亡后被隋军虏至长安,卒于洛阳。

高宗柳皇后讳敬言,河东解人也。曾祖世隆,齐侍中、司空、尚书令、贞阳忠武公。祖恽,有重名于梁代,官至秘书监,赠侍中、中护军。父偃,尚梁武帝女长城公主,拜驸马都尉,大宝中,为鄱阳太守,卒官。后时年九岁,斡理家事,有若成人。侯景之乱,后与弟盼往江陵依梁元帝,元帝以长城公主之故,待遇甚厚。及高宗赴江陵,元帝以后配焉。承圣二年,后生后主于江陵。明年,江陵陷,高宗迁于关右,后与后主俱留穰城。天嘉二年,与后主还朝,后为安成王妃。高宗即位,立为皇后。

后美姿容,身长七尺二寸,手垂过膝。初,高宗居乡里,先娶吴兴钱氏女,及即位,拜为贵妃,甚有宠,后倾心下之。每尚方供奉之物,其上者皆推于贵妃,而已御其次焉。高宗崩,始兴王叔陵为乱,后主赖后与乐安君吴氏救而获免,事在叔陵传。后主即位,尊后为皇太后,宫曰弘范。当是之时,新失淮南之地,隋师临江,又国遭大丧,后主病疮不能听政,其诛叔陵、供大行丧事、边境防守及百司众务,虽假以后主之命,实皆决之于后。后主疮愈,乃归政焉。陈亡入长安。大业十一年薨于东都,年八十三,葬洛阳之邙山。

后性谦谨,未尝以宗族为请,虽衣食亦无所分遗。

【译文】

高宗柳皇后名敬言,河东解人。皇后的曾祖父柳世隆,在齐时任侍中、司空、尚书令、贞阳忠武公。祖父柳恽,在梁代名声显赫,官职做到了秘书监,赠侍中、中护军。父亲柳偃、娶梁武帝之女长城公主,拜为驸马都尉,大宝年间,任鄱阳太守,死于官任上。皇后当时才九岁,料理家事,与成年人相仿。侯景之乱的时候,皇后和她的弟弟柳盼赴江陵投奔梁元帝,元帝因为长城公主的缘故,待他们十分优厚。等到高宗到了江陵,元帝将皇后许配给他。承圣二年,皇后在江陵生下了后主。又过了一年,江陵沦陷,高宗迁到关右,皇后与后主都留在穰城。天嘉二年,皇后与后主回返朝廷,皇后当上了安成王妃。高帝即位,被立为皇后。

柳皇后仪容俊美,身高七尺二寸,手垂过膝。早先,高宗在乡里居住,先娶了吴兴姓钱的女子,等到当了皇帝,拜姓钱的女子为贵妃,十分宠爱,皇后甘心居于其下。每逢供奉皇家物品的官员送上供奉之物,皇后将其中最好的推让给贵妃,而自己用差一些的。高宗死后,始兴王陈叔陵作乱,陈后主依赖皇后和乐安君吴氏相救才免于遭难。这件事记载在叔陵传中。陈后主即位,尊皇后为皇太后,居住的宫殿称弘范。就在这时,新失去了淮南地区,隋朝军队逼近长江,国家又遇到大丧之事,后主染病不能料理政事,这其间诛杀陈叔陵、料理高宗的丧事、主管边境防务以及各司的繁杂事务,虽然都是借后主的名义发布政令,实际上全部由皇后决断。后主病愈后,即请后主听政。陈灭亡后皇后到了长安,大业十一年在东都逝世,时年八十三岁,葬在洛阳的邙山。

皇后性情谦和谨慎,从来未为自己家族中人请求官禄,就连衣裳、食物之类也没有给过。

后主沈皇后传

【题解】

沈皇后,名婺华,生卒年不详,陈后主陈叔宝的皇后。父亲沈君理,陈望蔡侯,沈氏有才学,清静寡俗,在奢华成风的陈后主宫中却衣无锦绣之饰。陈亡,陈被掳入隋宫,曾伴随炀帝,后下落不明。

【原文】

后主沈皇后讳婺华,仪同三司望蔡贞宪侯君理女也。母即高祖会女稽穆公主。主早亡,时后尚幼,而毁瘠过甚。及服毕,每至岁时朔望,恒独坐涕泣,哀动左右,内外咸敬异焉。太建三年纳为皇太子妃。后主即位,立为皇后。

后性端静,寡嗜欲,聪敏强记,涉猎经史,工书翰。初,后主在东宫,而后父君理卒,后居忧,处于别殿,哀毁逾礼。后主遇后既薄,而张贵妃宠倾后宫,后宫之政并归之。后澹然未尝有所忌怨。而居处俭约,衣服无锦绣之饰,左右近侍才百许人。唯寻阅图史、诵佛经为事。陈亡,与后主俱入长安。及后主薨,后自为哀辞,文甚酸切。隋炀帝每所巡幸,恒令从驾。及炀帝为宇文化及所害,后自广陵过江还乡里,不知所终。

后无子,养孙姬子胤为己子。后宗族多有显官。

【译文】

后主沈皇后名婺华,仪同三司望蔡贞宪侯沈君理的女儿,母亲就是高祖的女儿会稽穆公主。会稽穆公主死得早,当时皇后还小,而她由于哀伤过度消瘦得很厉害。等到丧期过后,每逢过年及每月的初一和十五,皇后总是独坐哭泣,哀痛之声打动周围的人,内外无不为之敬重而惊叹。太建三年被纳为皇太子妃。后主即位后,被立为皇后。

皇后性端庄恬静,嗜欲淡泊,聪明机敏,记忆力强,常读经书史籍,精通书法。当初,后主在东宫,而皇后父亲君理去世,皇后为父亲服丧,独居于其他宫殿,哀伤悲痛超过礼仪所要求的。后主与皇后相处极少,于是张贵妃在后宫得宠,后宫的权力都归于张贵妃,皇后淡然处之从不曾有所嫉妒和怨恨。而且居所、生活俭朴节约,所穿衣服没有锦绣的装饰,身边的侍从才一百人左右,只是以翻阅图书史籍、念诵佛经度日。陈灭亡后,和后主一同到了长安。等到后主死后,皇后自己做哀悼之词,内容辛酸动人。隋炀帝每逢出行游玩,常命皇后随行。等到炀帝被宇文化及杀害,皇后从广陵过江回到乡里,后来不知其结果。

沈皇后没有儿子,抱养孔姬的儿子胤为自己的孩子。皇后宗族中人有很多做大官的。

张贵妃传

【题解】

张贵妃,名丽华,生卒年不详。出身贫家,选入宫后,被陈后主纳为贵妃。生陈太子陈深。张氏聪慧美丽,专宠后宫。陈后主沉溺酒色,致使陈朝灭亡。后人也归罪于张丽华。陈灭后,被隋军斩杀。传后附有魏征对张丽华与陈后主的奢华荒淫生活及败坏政事的揭露,以及对张丽华美貌的描写,可做参考。

【原文】

后主张贵妃丽华,兵家女也。家贫,父兄以织席为事。后主为太子,以选入宫。是时龚贵嫔为良娣,贵妃年十岁,为之给使,后主见而悦焉,因得幸,遂有娠,生太子深。后主即位,拜为贵妃。性聪慧,甚被宠遇。后主每引贵妃与宾客游宴,贵妃荐诸宫女预焉,后宫等咸德之,竟言贵妃之善,由是爱倾后宫。又好厌魅之术,假鬼道以惑后主,置淫祀于宫中,聚诸妖巫使之鼓舞,因参访外事,人间有一言一事,妃必先知之,以白后主,由是益重妃,内外宗族,多被引用。及隋军陷台城,妃与后主俱入于井,隋军出之,晋王广命斩贵妃,榜于青溪中桥。

史臣侍中郑国公魏征考览记书,参详故老,云后主初即位,以始兴王叔陵之乱,被伤卧于承香阁下,时诸姬并不得进,唯张贵妃侍焉。而柳太后犹居柏梁殿,即皇后之正殿也。后主沈皇后素无宠,不得侍疾,别居求贤殿,至德二年,乃于光照殿前起临春、结绮、望仙三阁。阁高数丈,并数十间,其窗牖、壁带、悬楣、栏槛之类,并以沈檀香木为之。又饰以金玉,间以珠翠,外施珠帘,内有宝床、宝帐,其服玩之属,瑰奇珍丽,近古所未有。每微风暂至,香闻数里,朝日初照,光映后庭。其下积石为山,引水为池,植以奇树,杂以花药。后主自居临香阁,张贵妃居结绮阁,龚、孔二贵嫔居望仙阁,并复道交相往来。又有王、李二美人,张、薛二淑媛、袁昭仪、何婕妤、江修容等七人,并有宠,递代以游其上。以宫人有文学者袁大舍等为女学士。后主每引宾客对贵妃等游宴,则使诸贵人及女学士与狎客共赋新诗,互相赠答,采其尤艳丽者以为曲词,被以新声,选宫女有容色者以千百数,令习而歌之,分部迭进,持以相乐。其曲有《玉树后庭花》《临春乐》等,大指所归,皆美张贵妃、孔贵嫔之容色也。其略曰:"璧月夜夜满,琼树朝朝新。"而张贵妃发长七尺,鬒黑如漆,其光可鉴。特聪慧,有神采,进止闲暇,容色端丽。每瞻视眄睐,光采溢目,照映左右。常于阁上靓妆,临于轩槛,宫中遥望,飘若神仙。才辩强记,善候人主颜色。是时,后主怠于政事,百司启奏,并因宦者蔡脱儿、李善度进请。后主置张贵妃于膝上共决之。李、蔡所不能记者,贵妃并为条疏,无所遗脱。由是益加宠异,冠绝后庭。而后宫之家,不遵法度,有挂于理者,但求哀于贵妃,贵妃则令李、蔡先启其事,而后从容为言之。大臣有不从者,亦因而谮之,所言无不听。于是张、孔之势,薰灼四方,大臣执政,亦从风而靡。阉宦邪佞之徒,内外交结,转相引进,贿赂公行,赏罚无常,纲纪瞀乱矣。

【译文】

后主张贵妃名丽华,是研究军事的学者家的女儿。她的家里很穷,父亲和兄长靠编织草席为生。后主当太子时,被选中入宫,那时龚贵嫔任良娣(太子之妾),贵妃当时十岁,被龚贵嫔使唤,后主看见她很喜欢,于是她得到宠幸,便有了身孕,生下了太子深。后主即位,拜张丽华为贵妃。张贵妃性情聪明灵慧,很受后主宠爱。每逢后主带贵妃和宾客游玩饮宴,贵妃便推荐诸位宫女同去,后宫中的人都感激她,争着说贵妃的好话,于是她得到的宠爱压倒了后宫。贵妃又喜好厌魅巫术,假借鬼神邪说来迷惑后主,在宫内设置不合礼制的祭祀,聚集众多妖邪巫师命他们奏乐跳巫舞,同时打探宫外的事,社会上的一句话一件事,张贵妃必然会先知道,并以此告诉后主,于是后主更敬重贵妃,贵妃的内外宗族中人多被引见重用。等到隋军攻陷台城,张贵妃和后主一起躲入井中,隋军抓住了他们,晋王杨广命令将贵妃斩首,并在青溪中桥张贴布告公诸于众。

史臣侍中郑国公魏徵考察通览史籍,参照补充元老旧臣的回忆,说后主刚即位的时候,遇到始兴王陈叔陵之乱,受伤在承香阁卧床休养,当时诸嫔妃均不准入内,只有张贵妃侍奉后主。当时柳太后还住在柏梁殿,也就是皇后的正殿。后主沈皇后一直不受宠爱,无权侍奉后主养病,另外住在求贤殿。至德二年,即在光照殿前建起了临春、结绮、望仙三阁,阁高达数丈,共有数十间,其窗户、壁带、悬楣、栏槛等均用沈檀香木制作,又用金玉装饰,其间嵌以珍珠翡翠,外面装有珠帘,里面有宝床、宝帐,其中服用和玩赏的物品一类,瑰奇珍丽,是古今所没有的。每逢微风刮过,香气传出数里之外,清晨旭日初照,光芒映至后庭。楼阁下堆积奇石为山,引水作池塘,种植珍奇树木,杂种鲜花药草。后主自己住在临香阁,张贵妃住结绮阁,龚、孔两位贵嫔住居望仙阁,各阁间设并行的走廊,可以往来行走。还有王、李两位美人,张、薛两位淑媛,袁昭仪、何婕妤、江修容等七人,均受宠爱,交递到阁上游玩。又任宫女中通识文学的袁大舍等人为女学士。后主每逢召请宾客和贵妃等人游玩饮宴,便命诸位贵人以及女学士和游玩的客人共同吟赋新诗,互相赠给应答,选取其中最艳丽者作为歌词,配上新曲,从宫女中选长得漂亮的达千百人,命其学习而歌唱,分部依次进入,以此相乐。其中的曲子有《玉树后庭花》《临春乐》等,乐曲内容大意,全是赞美张贵妃、孔贵嫔娇容美色的。其大略说:"璧月夜夜满,琼树朝朝新。"而张贵妃的头发有七尺长,秀发黑得像漆一样,其光洁可以照人。她特别聪明灵慧,富有神采,行动坐卧悠闲自然,容貌端庄艳丽。每逢顾盼斜视,眼里流露出光彩,照映周围的人。她常在阁上梳妆,靠近轩阁栏杆,宫中的人远远望去,飘逸如神仙一般。她富有才华,能言善辩,记忆力强,善于观察皇帝的脸色。当时,后主懒于管理政事,各司上奏,全由宦官蔡脱儿、李善度入内请示,后主把张贵妃放在膝上共同决策。李、蔡两人记不住的事,贵妃均为其逐条讲述,没有遗漏的。于是后主更加宠爱敬佩贵妃,在后宫堪称第一。后宫嫔妃的家里,不遵守法度,有做了没理的事,只要向贵妃求情,贵妃便命李、蔡二人先启奏他们的事,然后从容地为他们讲情。大臣中有不服从她的,也由此诋毁他,贵妃所说后主没有不听从的。于是张、孔二人的势力,在四方气焰逼人,大臣们执政,也随风而倒。宦官邪佞之人,内外勾结,辗转相互提携引进,贿赂官员,赏罚不合规矩,朝廷法度黑暗混乱了。

【二十五史】

魏书

[北齐] 魏收 ⊙ 原著

导　读

　　《魏书》为北齐魏收所撰，是一本纪传体史书，全书共一百三十卷，包括纪十二卷，列传九十八卷，志二十卷，主要记载了魏王拓跋珪登国元年(386年)至东魏孝静帝武定八年(550年)鲜卑贵族政权的兴衰史。

　　作者魏收，字伯起，钜鹿(今河北平乡县)人。生于魏宣武帝永平三年(510年)，卒于北齐后主武平三年(572年)。在魏收做过太子博士，北齐时历官中书令兼著作郎、尚书右仆射等。北齐天保二年(551年)，文宣帝高洋命魏收编写魏史。由高隆之监修，房延祐等六人先后参与其事。但《魏书》主要出自魏收之手。

　　《魏书》在本纪之前，别立一篇《序纪》，系统地追溯拓跋珪的先世，这是以前各史所没有的。魏孝武帝时，高欢控制了军政实权，永熙二年(534年)七月，孝武帝逃往关西依靠宇文泰。十月，高欢拥立孝静帝，建立东魏。闰十二月，宇文泰杀死孝武帝，明年一月，拥立文帝，建立西魏政权。后来高洋夺取东魏政权，建立北齐，宇文觉夺取西魏政权，建立北周。魏收在北齐政府跻位高官，所以撰写《魏书》时，为了给北齐争"正统"地位，不给西魏皇帝写本纪，并有意贬斥西魏君臣。可见《魏书》本纪的内容，与当时的政治斗争息息相关。

　　在《二十五史》中，《魏书》的列传比较烦琐芜杂，一人立传，他的子孙不管有无记述的必要，都附缀在后面，多的竟达数十人。如《李顺传》附载子孙和同宗族的人有二十人之多，简直成了李氏家谱。卢元、李灵、崔逞等传，情况与此相同，原来附载的这些人，多与魏收同时，他用扬名史册来取得他们的支持和好感，《魏书》成了地主阶级徇私的工具。

　　魏晋以后，佛教逐渐盛行，拓跋魏政权极力宣扬佛教和道教，麻痹人民。《魏书》首创《释老志》，记载佛教和道教的盛衰，是一篇重要史料。它还把《后汉书》的《职官志》改为《官氏志》，先记官，后述氏，重点仍在记官。《食货志》有较高的史料价值，研究拓跋魏的均田制是离不开这篇志的。

　　从史料价值着眼，《魏书》值得重视。魏收以前，曾有人写过魏史，隋、唐时代也出现过几种《魏书》，但都没有流传下来。《北史》中有关北魏部分，基本上是《魏书》的节录。因此《魏书》是记载北魏历史的最原始的材料。

　　《魏书》很早就已残缺不全，据统计，全缺的有二十六卷，缺少一部分的有三卷。后人根据其他书作了增补。宋刘攽、刘恕等校过《魏书》，把补缺各卷的来源在卷末一一注明，目录中也相应地做了说明。后来传世的各种刻本都是在这一基础上形成的。

献明皇后贺氏传

【题解】

献明皇后贺氏(451~496年),鲜卑贺兰部大人贺野干之女,后嫁代王什翼犍之子拓跋实。代建国三十四年(371),贺氏始孕子拓跋珪,拓跋实因事去世,及生珪,改嫁夫弟拓跋翰,生子拓跋觚。建国三十九年,苻坚灭代国,什翼犍死,贺氏护幼子奔还本部落。其后,贺氏之兄贺兰部大人贺讷等推跋珪为代王,复兴鲜卑代国,贺氏尽力尤多。拓跋珪称帝,谥其生父为"献明皇帝",追谥贺氏为"献明皇后"。

【原文】

献明皇后贺氏,父野干,东部大人。后少以容仪选入东宫,生太祖。苻洛之内侮也,后与太祖及故臣吏避难北徙。俄而,高车奄来抄掠,后乘车与太祖避贼而南。中路失辖,后惧,仰天而告曰:"国家胤胄,岂止尔绝灭也!惟神灵扶助。"遂驰,轮正不倾。行百许里,至七介山南而得免难。

后刘显使人将害太祖,帝姑为显弟亢泥妻,知之,密以告后,梁眷亦来告难。后乃令太祖去之。后夜饮显使醉。向晨,故惊厩中群马,显使起视马。后泣而谓曰:"吾诸子始皆在此,今尽亡失。汝等谁杀之?"故显不使急追。太祖得至贺兰部,群情未甚归附,后从弟外朝大人悦,举部随从,供奉尽礼。显怒,将害后,后夜奔亢泥家,匿神车中三日,亢泥举室请救,乃得免。会刘显部乱,始得亡归。

后后弟染干忌太祖之得人心,举兵围逼行宫,后出谓染干曰:"汝等今安所置我,而欲杀吾子也?"染干惭而去。

后后少子秦王觚使于燕,慕容垂止之。后以觚不返,忧念寝疾,皇始元年崩,时年四十六,祔葬于盛乐金陵。后追加尊谥,配飨焉。

【译文】

献明皇帝拓跋实皇后贺氏,父亲是贺野干,为东部大人。贺皇后小时候因容貌美丽被选为太子妃,生下太祖拓跋珪。前秦将领苻洛率军来侵犯代国时,贺皇后与太祖及原贺兰部随他出嫁到拓跋部的扈从,向北方迁徙避难。不久,高车部落突然来抢夺财物,贺皇后乘马车与太祖为逃避强盗,向南奔走。途中车辖掉了,贺皇后害怕,向着上天祷告说:"国家的继承人,怎能就这样灭绝啊!希望神灵保佑。"于是赶车急驰,车轮端端正正,一点也不倾斜。跑了一百多里,到达七介山南边,因此得以免遭祸难。

后来刘显派人准备杀害太祖,太祖的姑姑是刘显的弟弟刘亢泥的妻子,知道这事,将它暗中告诉了贺皇后,梁眷也来报告这即将临头的大难。贺皇后于是让太祖离开。贺皇后晚上让刘显喝酒,把他灌醉。快到凌晨时,故意惊动马厩中的马群,刘显让人起来察看马群。贺皇后哭着对他说:"我几个儿子开始都在这儿,现在全都没有了。你们是谁把他们杀了？"所以刘显没派人急着去追赶。太祖终于到了贺兰部，人心不怎么归附他，贺皇后的同祖弟外朝大人贺悦，率全部落的人跟从太祖，奉献衣服食品，恪守臣节。刘显发怒，将杀贺皇后，贺皇后夜间逃奔到刘亢埿家，躲进神车呆了三天，刘亢埿全家的人都乞求神灵救她，于是才得以免遭杀害。刚好刘显的部落发生内乱，贺皇后才得以逃回贺兰部。

后来，贺皇后的同祖弟贺染干忌妒太祖能得人心，起兵围困太祖临时住所，贺皇后走出去对贺染干说："你们现在想把我怎样，却想杀我的儿子呢？"贺染干惭愧地率兵离开了。

后来贺皇后的小儿子秦王拓跋觚出使后燕，后燕皇帝慕容垂不让他回来。贺皇后因拓跋觚没有回来，忧惧思念，因而患病，于皇始元年逝世，终年四十六岁，在盛乐金陵同祖先们安葬在一起。后来追尊为皇号，谥为"献明"，配祭于宗庙。

文成文明皇后冯氏传

【题解】

文明皇后冯氏(442～490年)长乐信都(今河北冀县)人。初因家祸入平城宫中为奴婢，受其姑母太武帝拓跋焘左照仪提携，十四岁时，选为北魏文成帝拓跋濬贵人。后皇太子母李氏因子贵母死"故事"被杀，遂册立冯氏为皇后。465年，文成帝去世，献文帝拓跋弘年少即位，丞相乙浑专擅朝政，次年冯氏密谋诛之，遂临朝听政，467年还政于拓跋弘。471年，逼拓跋弘传位于年仅四岁的太子拓跋宏，是为北魏孝文帝。476年，冯氏毒杀太上皇拓跋弘，以太皇太后身份再次临朝听政，直至去世，一直控制朝政。她利用宦官恩幸控制百官、排抑鲜卑贵族，又引用汉族士人，推行儒教，制定或参与了诸如三长制、均田制、俸禄制等一系列改革，推动了拓跋鲜卑的汉化进程。死后谥为"文明太皇太后"。

【原文】

文成文明皇后冯氏，长乐信都人也。父朗，秦雍二州刺史、西城郡公，母乐浪王氏。后生于长安，有神光之异。朗坐事诛，后遂入宫。世祖左昭仪，后之姑也，雅有母德，抚养教训。年十四，高宗践极，以选为贵人，后立为皇后。高宗崩，故事：国有大丧，三日之后，御服器物一以烧焚，百官及中宫皆号泣而临之。后悲叫自投火中，左右救之，良久乃苏。

显祖即位，尊为皇太后。丞相乙浑谋逆，显祖年十二，居于谅闇，太后密定大策，诛浑，遂临朝听政。及高祖生，太后躬亲抚养。是后罢令，不听政事。太后行不正，内宠李弈，显祖因事诛之，太后不得意。显祖暴崩，时言太后为之也。

承明元年，尊曰太皇太后，复临朝听政。太后性聪达，自入宫掖，粗学书计。及登尊极，省决万机。高祖诏曰："朕以虚寡，幼纂宝历，仰恃慈明，缉宁四海，欲报之德，正觉是凭，诸鸷鸟伤生之类，宜放出山林。其以此地为太皇太后经始灵塔。"于是罢鹰师曹，以其地为报德佛寺。太后与高祖游于方山，顾瞻川阜，有终焉之志，因谓群臣曰："舜葬苍梧，二妃不从。岂必远祔山陵，然后为贵哉！吾百年之后，神其安此。"高祖乃诏有司营建寿陵于方山，又起永固石室，将终为清庙焉。太和五年起作，八年而成，刊石立碑，颂太后功德。太后以高祖富于春秋，乃作《劝戒歌》三百余章。又作《皇诰》十八篇，文多不载。太后立文宣王庙于长安，又立思燕佛图于龙城，皆刊石立碑。太后又制，内属五庙之孙，外戚六亲缌麻，皆受复除。性俭素，不好华饰，躬御缦缯而已，宰人上膳，案裁径尺。羞膳滋味减于故事十分之八。太后尝以体不安，服菴䕡子。宰人昏而进粥，有蝘蜓在焉，后举匕得之。高祖侍侧，大怒，将加极罚，太后笑而释之。

自太后临朝专政，高祖雅性孝谨，不欲参决，事无巨细，一禀于太后。太后多智略，猜忍，能行大事，生杀赏罚，决之俄倾，多有不关高祖者。是以威福兼作，震动内外。故杞道德、王遇、张祐、苻承祖等拔自微阉，岁中而至王公；王叡出入卧内，数年便为宰辅，赏赉财帛以千万亿计，金书铁券，许以不死之诏。李冲虽以器能受任，亦由见宠帷幄，密加锡赉，不可胜数。后性严明，假有宠待，亦无所纵。左右纤介之愆，动加捶楚，多至百余，少亦数十。然性不宿憾，寻亦待之如初，或因此更加富贵。是以人人怀于利欲，至死而不思退。

太后曾与高祖幸灵泉池，燕群臣及藩国使人、诸方渠帅，各令为其方舞。高祖帅群臣上寿，太后忻然作歌，帝亦和歌，遂命群臣各言其志，于是和歌者九十人。

太后外礼民望元丕、游明根等，颁赐金帛舆马，每至褒美叡等，皆引丕等参之，以示无私。又自以过失，惧人议己，小有疑忌，便见诛戮。迄后之崩，高祖不知所生。至如李䜣、李惠之徒，猜嫌覆灭者十余家，死者数百人，率多枉滥，天下冤之。

十四年，崩于太和殿，时年四十九。其日，有雄雉集于太华殿。高祖酌饮不入口五日，毁慕过礼。谥曰文明太皇太后。葬于永固陵，日中而反，虞于鉴玄殿。诏曰："尊旨从俭，不申罔极之痛；称情允礼，仰损俭训之德。进退思惟，倍用崩感。又山陵之节，亦有成命：'内则方丈，外裁掩坎，脱于孝子之心有所不尽者，室中可二丈，坟不得过三十余步。'今以山陵万世所仰，复广为六十步。辜负遗旨，益以痛绝。其幽房大小，棺椁质约，不设明器。至于素帐、缦茵、瓷瓦之物，亦皆不置。此则遵先志，从册令，俱奉遗事。而有从有违，未达者或以致怪。梓宫之里，玄堂之内，圣灵所凭，是以一一奉遵，仰昭俭德。其余外事，有所不从，以尽痛慕之情。其宣示远近，著告群司，上明俭诲之善，下彰违命之失。"及卒哭，孝文服衰，近臣从服，三司已下外臣衰服者，变服就练，七品已下尽除即吉。设祔祭于太和殿，公卿已下始亲公事。高祖毁瘠，绝酒肉，不内御者三年。

初，高祖孝于太后，乃于永固陵东北里余，预营寿宫，有终焉瞻望之志。及迁洛阳，乃自表瀍西以为山园之所，而方山虚宫至今犹存，号曰"万年堂"云。

【译文】

文成帝文明皇后冯氏，是长乐信都人。她的父亲冯朗，北魏时官至秦、雍二州刺史，封西郡公。母亲是乐浪人，姓王。冯后出生于长安，诞生时有神秘光辉出现的奇特现象。冯朗因犯罪被杀，冯后便被充后宫为奴婢。世祖拓跋焘的左昭仪，是冯后的姑姑，平素有做母亲的品行，对冯后进行托养教育。冯后十四岁的时候，高宗文成帝拓跋濬登上帝位，通过选择，冯后被封为贵人，后又被立为皇后。高宗逝世，按照北魏前代惯例：皇帝逝世，三天后，皇帝所穿过的衣服及用过的物品，全都烧掉，朝廷百官及后宫皇后妃嫔都到场号

哭。冯后悲痛地哭叫着，扑进焚烧高宗衣服器物的大火中，身边的人把她救出来，过了很久才苏醒。

显祖献文帝拓跋弘当皇帝后，冯后被尊为皇太后。丞相乙浑密谋夺取帝位，显祖当时才十二岁，正在为高宗守孝，冯太后暗中制定重大计策，处死乙浑，于是到朝廷处理国家大政。高祖孝文帝元宏诞生后，冯太后亲自抚养他。从此以后停止用太后的名义发布政令，不再处理朝廷政事。冯太后行为不正当，宠爱李弈，显祖借故将李弈杀了，冯太后不能如愿以偿。显祖突然逝世，当时人说是冯太后杀了他。

承明元年，冯太后被尊为太皇太后，再次亲临朝堂处理政事。冯太后生性聪

显祖献文帝

明，通达事理，自从进入后宫后，粗略地学了些字和算术。她总掌朝政后，对繁杂的政务都能加以审察并做出裁决。高祖下令说："我空虚少识，幼年继承大业，仰仗仁慈英明的太皇太后，使全国得以安宁，我希望能报答她的恩德，只好借助于佛祖，所有豢养的伤害生灵的猛禽，都应该放归山林中去。利用饲养它们的地方为太皇太后建造佛塔。"因此废除鹰师曹，在原鹰师曹所在地修建报德寺。冯太后和高祖一起到方山游览，她观望原野山岗，想死后安葬在那儿，于是对群臣说："舜葬在苍梧，他的两个妃子并没有和他葬在一起。我何必到遥远的云中金陵和高宗葬在一起，才能表明我的尊贵呢！我老了以后，神灵就安息在这儿吧。"高祖于是命令有关机构在方山为冯太后修建陵墓，并修建永固石室，准备将来作为祭礼冯太后的庙宇。陵墓等建筑从太和五年开始修建，太和八年建成，树立石碑，刻写文字，称颂冯太后的功绩和德行。冯太后因为高祖年龄还小，便撰写《劝戒歌》三百多首，又撰写了《皇诰》，共十八篇，因为文字太长，本书不加转录。冯太后在长安为父亲文宣王冯朗修建庙宇，又在龙城建造思燕佛塔，都立有石碑，刻写文字。冯太后又下令，皇室祖宗五庙的孙子、外戚五代以内的亲属，都享受不交纳赋税及不承担徭役的恩典。她生性节俭朴素，不喜欢华丽的服饰，自己只穿没有花纹的丝织品。厨夫给她送食物，食案只有一尺宽大，各种食品按进奉太皇太后的惯例减去十分之八。冯太后曾经因身体不舒服，喝青蒿子煮的粥，厨夫在黄昏时将粥送来，粥里有只蜥蜴，冯太后用勺子把它舀了起来。高祖当时在她旁边服侍，极为愤怒，将对那个厨夫进行严厉惩罚，冯太后笑着将厨夫放了。

自从冯太后亲临朝堂总掌大政后，高祖平素性格就孝顺谨慎，不想参与裁决政事，事情无论大小，全都遵照冯太后的意见办理。冯太后富于智谋，残暴无情，能够关心裁定重大事情，对臣下是生是杀，是赏是罚，她都能立即做出决断，许多事都不经过高祖。因此作威作福，朝廷内外都为之震恐。所以杞道德、王遇、张祐、苻承祖等人从低贱的宦官中得到提拔，一年中便得以封为王或公；王叡由于受到宠爱，几年后便当上宰相，赏赐给他

的财物达千万亿钱,并赐以金书铁券,许诺即使他犯死罪也不杀他。李冲虽因为才干而受到重用,也由于他和冯太后有两性关系而得到宠爱,暗中赏赐财物给他,不知其数。冯太后生性严明,即使对她宠信的人,也不加放纵。身边亲近的人有些小过失,她动不动就加以鞭笞,多者打一百多下,少者也要打几十下。但她生性对人不怀恨在心,不久又像先前一样宠信他们,有的还因此更加富贵。所以每个人都贪图利益,即使会死也不想退却。

冯太后曾经和高祖一道到灵泉池,宴聚群臣及各国使节,各地部落首领,让他们分别跳自己的地方舞蹈。高祖带领群臣向冯太后祝寿,冯太后欢快地唱起歌来,高祖也跟着她唱了起来,于是命令群臣分别说说自己的志向,因此随冯太后、孝文帝一起唱歌的有九十人。

冯太后对朝廷官员中为百姓所推崇的元丕、游明根人等以礼相待,赏赐黄金丝帛及车马给他们,每当要褒奖王叡等人时,都对元丕等人一起褒奖,以此表明自己没有私心。又自以为做过一些不正当的事,怕别人评论自己的是非,对某人稍有猜疑,便将他杀掉。直到冯太后逝世,高祖都不知道自己母亲是谁。至于像李䜣、李惠等人,因被冯太后猜忌而全家遇祸的有十多家,几百人被杀,大都是枉杀滥杀,全国的百姓都为他们感到冤枉。

太和十四年,冯太后在太和殿逝世,当时她四十九岁。她逝世那天,一些雄野鸡群飞到太华殿上。高祖五天内连水都不喝一杯,哀伤思念超过了礼制规定。谥冯太后为文明太皇太后。将她安葬在永固陵,到正午才返回宫中,在鉴玄殿举行葬毕祭奠活动。高祖下令说:"如果遵从文明太皇太后的遗愿,丧事从俭,不能表达我无尽的悲痛;如果按照我的心情根据礼制从事,又有损于太后教导我们节俭的美德。我反复思索,心中加倍地感到哀痛。而且陵墓制度,文明太后已有规定:'里边墓室一丈宽大,外面土堆能把墓穴盖住就行,假如这不能表达孝子的心情,墓室可建两丈宽大,坟堆方圆不得超过三十多步。'现在我因为文明太后的陵墓是子孙万代瞻仰的地方,再扩大到方圆六十步。这违背了太后的遗愿,更使我悲痛欲绝。至于墓室大小,棺材简易,不用陪葬器物,以及白色帷帐,无花纹丝织品制成的垫褥、瓷瓦等保护灵柩的物品,也都不设置。这是为了遵从文明太后的遗愿,按照金册遗令作的。但有的遵从,有的与遗令相违背,不明白的人有可能因此感到奇怪。棺柩里边,墓室以内,是文明太后神灵安息的地方,因此完全遵奉她的遗令,以昭示她俭朴的德行。其他墓室以外的设施,有些没有遵照她的遗令,以此表达我哀痛思念的心情。此下令布告全国各地百姓,明白地告诉各位官员,以显示文明太后教导我们节俭的美德,表明我违反她遗愿的错误。"葬后百日举行卒哭仪式后,孝文帝穿未经整治的麻布孝服,近臣穿经过整治的麻布孝服,三公以下的朝廷官员先穿麻布孝服的,改穿白色丝绸制的孝服,七品以下的官员全部除掉孝服,穿平常的衣服。在太和殿将文明太后的神位与祖宗神位放在一起祭奠,公卿以下各级官员才开始处理政务。孝文帝由于哀伤而瘦削不堪,他三年中不喝酒,不吃肉,不过性生活。

先前,高祖对文明太后孝顺,于是在永固陵东北一里多地以外的地方,预先修建自己死后的坟墓,有死后安葬在那里以便于瞻望文明太后的想法。后来迁都于洛阳,才又亲自在瀍河西边规划出修建陵墓的地方,而方山虚置的坟墓到现在还存在,被称为"万年堂"。

文成元皇后李氏传

【题解】

文成元皇后李氏（？～456年），梁国蒙县（今河南商丘）人。北魏太平真君十一年（450）侵刘宋，李氏为魏永昌王拓跋仁掠得，及拓跋仁于文成帝兴安二年（453）以谋反被诛，李氏与其家人并充入后宫为奴，遂为文成帝拓跋浚所爱而怀孕，太安元年生皇子拓跋弘，拜为贵人。次年，按照魏立太子则杀太子母之"故事"被赐死，后谥为"元皇后"。

【原文】

文成元皇后李氏，梁国蒙县人，顿丘王峻之妹也。后之生也，有异于常，父方叔恒言此女当大贵。及长，姿质美丽。世祖南征，永昌王仁出寿春，军至后宅，因得后。及仁镇长安，遇事诛，后与其家人送平城宫。高宗登白楼望见，美之，谓左右曰："此妇人佳乎？"左右咸曰："然"。乃下台，后得幸于斋库中，遂有娠。常太后后问后，后云："为帝所幸，乃有娠。"时守库者亦私书壁记之，别加验问，皆相符同。及生显祖，拜贵人。太安二年，太后令依故事，令后具条记在南兄弟及引所结宗兄洪之，悉以付托。临诀，每一称兄弟，辄拊胸恸泣，遂薨。后谥曰元皇后，葬金陵，配飨太庙。

【译文】

文成帝拓跋濬元皇后李氏，梁国蒙县人，是顿丘王李峻的妹妹。李皇后诞生的时候，和其他孩子出生时不一样，她的父亲李方叔一直说这个女儿将极尊贵。长大成人后，仪容美丽。世祖拓跋焘率军进攻江南宋朝，永昌王拓跋仁率军向寿春出发，大军到达李皇后家，因此俘获了她。后来拓跋仁镇守长安，犯罪被杀，李皇后及她一家人被送进平城宫中为奴婢。高宗文成帝登上白楼远远地看见了她，认为她很美丽，对身边的人说："这个妇女漂不漂亮？"身边的人都说："漂亮。"高宗于是走下白楼，李皇后在斋库中与高宗同居了一次，因此怀孕。常太后询问李皇后怀孕的缘故，李皇后说："被皇帝爱过一次，后来便怀上了孩子。"当时看守斋库的官吏也私下在墙壁上写下文字记下了此事，分别加以查问，说法都一样。后来生下显祖拓跋弘，李皇后被册封为贵人。太安二年，常太后命令按照立太子则杀太子母亲的惯例，让李皇后详细逐条记下住在南方家中的兄弟姓名，并招来李皇后结拜为同宗兄长的李洪之，把后事托付给他。临到诀别时，李皇后每叫一声兄弟，便抚胸痛哭，于是去世。后来谥为元皇后，安葬于金陵，配祭于太庙。

孝文幽皇后冯氏传

【题解】

孝文幽皇后冯氏（？～499年），文明太皇太后冯氏侄女。文明太后执政时，为使冯家长保富贵，遂让孝文帝娶其兄冯熙二女。幽后时十四岁，以姿质美丽，受宠于孝文帝，后因患皮疹出宫为尼。孝文帝为冯太后服丧三年后，又迎幽后回宫，倍加宠爱，拜为左昭仪，册封为皇后。幽后出家为尼时，曾与人私通，后为皇后，孝文帝经常率军出征，遂与宦官淫乱，事为孝文帝知晓，又因妖术咒孝文帝早死，希图如姑母文明太后一样执政。孝文帝遂将其打入冷宫，临死，又令弟彭城王元勰等杀之，勿使扰乱朝政。

【原文】

孝文幽皇后，亦冯熙女。母曰常氏，本微贱，得幸于熙，熙元妃公主薨后，遂主家事。生后与北平公夙。文明太皇太后欲家世贵宠，乃简熙二女俱八掖庭，时年十四。其一早卒。后有姿媚，偏见爱幸。未几疾病，文明太后乃遣还家为尼，高祖犹留念焉。岁余而太后崩。高祖服终，颇存访之，又闻后素疹痤除，遣阉官双三念玺书劳问，遂迎赴洛阳。及至，宠爱过初，专寝当夕，宫人稀复进见。拜为左昭仪，后立为皇后。

始以疾归，颇有失德之闻，高祖频岁南征，后遂与中官高菩萨私乱。及高祖在汝南不豫，后便公然丑恣，中常侍双蒙等为其心腹。中常侍剧鹏谏而不从，愤惧致死。是时，彭城公主，宋王刘昶子妇也，年少嫠居。北平公冯夙，后之同母弟也，后求婚于高祖，高祖许之。公主志不愿，后欲强之。婚有日矣，公主密与侍婢及家僮十余人，乘轻车，冒霖雨，赴悬瓠奉谒高祖，自陈本意，因言后与菩萨乱状。高祖闻而骇愕，未之全信而秘匿之，惟彭城王待疾左右，具知其事。

此后，后渐忧惧，与母常氏求托女巫，祷厌无所不至，愿高祖疾不起，一旦得如文明太后辅少主称命者，赏报不赀。又取三牲宫中妖祠，假言祈福，多为左道。母常或自诣宫中，或遣侍婢与相报答。高祖自豫州北幸邺，后虑还见治检，弥怀危怖，聚令阉人托参起居，皆赐之衣裳，殷勤托寄，勿使漏泄。亦令双蒙充行，省其信不。然惟小黄门苏兴寿密陈委曲，高祖问其本末，敕以勿泄。至洛，执问菩萨、双蒙等六人，迭相证举，具得情状。

高祖以疾卧含温室，夜引后，并列菩萨等于户外。后临入，令阉人搜衣中，稍有寸刃便斩。后顿首泣谢，乃赐坐东楹，去御筵二丈余。高祖令菩萨等陈状，又让后曰："汝母有妖术，可具言之"。后乞屏左右，有所密启。高祖敕中侍悉出，唯令长秋卿白整在侧，取卫直刀柱之，后犹不言。高祖乃以绵坚塞整耳，自小语呼整再三，无所应，乃令后言。事隐，人莫知之。高祖乃唤彭城、北海二王令入坐，言："昔是汝嫂，今乃他人，但入勿避。"二王固辞，不获命。及入，高祖云："此老姬乃欲白刃插我肋上，可究问本末，勿有所难。"高祖深自引过，致愧二王。又云："冯家女不能复相废逐，且使在宫中空坐，有心乃能自死，汝等勿谓吾犹有情也。"高祖素至孝，犹以文明太后故，未便行废。良久，二王出，乃赐后辞死诀。再拜稽首,涕泣歔欷。令入东房。及入宫后,帝命阉人有所问于后,后骂曰:"天子妇,亲面对,岂令汝传也!"高祖怒,敕后母常入,与后杖,常挞之百余乃止。高祖寻南伐,后留京师,虽以罪失宠,而夫人嫔妾奉之如法,惟令世宗在东宫,无朝谒之事。

高祖疾甚,谓彭城王勰曰:"后宫久乖阴德,自绝于天,若不早为之所,恐成汉末故事。吾死之后,可赐自尽别宫,葬以后礼,庶掩冯门之大过。"高祖崩,梓宫达鲁阳,乃行遗诏。北海王详奉宣遗旨,长秋卿白整等入授后药,后走呼不肯引决,曰:"官岂有此也,是诸王辈杀我耳!"整等执持,强之,乃含椒而尽。殡以后礼。梓宫次洛南,咸阳王禧等知审死,相视曰:"若无遗诏,我兄弟亦当作计去之,岂可令失行妇人宰制天下,杀我辈也。"谥曰幽皇后,葬长陵茔内。

【译文】

孝文帝幽皇后,也是冯熙的女儿。她的母亲常氏,本来身份很低贱,后来受到冯熙的宠爱,冯熙的原配妻子恭宗拓跋晃博陵长公主去世后,常氏便掌管家中的事。生下幽皇后和北平公冯凤。文明太皇太后希望冯家代代都显贵受宠,于是在哥哥冯熙的女儿中选了两人,一起给孝文帝作嫔妃,当时她十四岁。其中一人很早就死了。幽皇后有姿色,很迷人,特别受到孝文帝的宠幸。不久得了重病,文明太后便让她回家当尼姑,孝文帝仍怀恋她。过了一年多后,文明太后逝世。孝文帝服孝完了后,很想念她,打听她的情况,又听说幽皇后长期所患皮疹已彻底痊愈,便派宦官双三念带着自己的信去慰问她,于是将她迎接到洛阳。幽皇后到达后,孝文帝比先前更宠爱她,每晚和她住在一起,其他嫔妃很少再和孝文帝一起生活。将她封为左昭仪,后来又将她立为皇后。

当初幽皇后因病回家后,人们传说她个人生活作风很不检点,孝文帝常年率军攻打齐朝,幽皇后于是同内朝官员高菩萨私通。当孝文帝在汝南生病以后,幽皇后公然任意和高菩萨淫乱,中常侍双蒙等人充当她的心腹。中常侍剧鹏劝阻,可是幽皇后不听从,尉鹏愤恨恐惧而死。这时,彭城公主原是宋王刘昶的媳妇,很年轻就守寡在家。北平公冯凤,是幽皇后同一母亲生的弟弟,幽皇后请求孝文帝将彭城公主嫁给冯凤,孝文帝答应了。彭城公主心里不愿意,幽皇后想强迫她。婚期已定,彭城公主暗中和服侍自己的婢女及家奴一共十多个人,乘坐轻便的马车,顶着连绵大雨,奔赴悬瓠城求见孝文帝,告诉孝文帝自己的心愿,并趁机说了幽皇后和高菩萨淫乱的情况。孝文帝听说后,惊吓得了不得,但不完全相信彭城公主的话,把消息掩盖起来,只有彭城王元勰在孝文帝身边服侍他的病,详细知道了这件事。

这以后,幽皇后逐渐担心害怕,同母亲常氏求请女巫,祷告诅咒,什么事都干得出来,希望孝文帝一病不起,有朝一日自己能像文明太后那样辅佐小皇帝行使权力时,将给她们以数不清的财物报答她们。又用牛、羊、猪等三种牲畜在宫中祭祀杂神,假称为了祈求福庆,却专门搞歪门邪道。她的母亲常氏或自己亲自到宫中,或者派婢女和幽皇后互通消息。孝文帝从豫州向北到达邺城,幽皇后担心孝文帝回到洛阳后将查问处理自己的事,心中更加恐惧,屡次命令宦官到邺城,请求他们查实孝文帝的身体状况,赏赐衣服给他们,恳切地委任他们,让他们不要暴露秘密。还让双蒙也到邺城去,以检查那些宦官是不是值得信任。但只有小黄门苏兴寿暗中将事情的原委向孝文帝讲了,孝文帝向他询问事情的经过,命令他不要泄露。孝文帝到洛阳后,抓来高菩萨、双蒙等六人加以审问,他们轮流提供证词,于是将情况完全弄清楚了。

孝文帝因病躺在含温室中,于晚上召见幽皇后,并将高菩萨等人安置在门外。幽皇后将进入含温室时,孝文帝命令宦官搜查她的衣服,如身上藏有一把小刀就立即杀了她。幽皇后叩头哭泣着认错,孝文帝便让她在柱子东边坐下,离孝文帝的案桌两丈多远。孝文帝命令高菩萨等人讲述事情的经过,并指责幽皇后说:"你母亲有妖术,都讲出来听听吧。"幽皇后乞求孝文帝让身边的人离开,她有秘密的话要说。孝文帝让服侍的宦官全部出去,只留长秋卿白整在旁边,拿着宿卫的刀抵住幽皇后,幽皇后还是不肯说。孝文帝于是用绵团将白整的双耳紧紧塞住,自己小声叫了白整两三遍,白整都没有反应,于是让幽皇说。事情很隐秘,没有谁知道说了些什么话。孝文帝便将彭城王元勰、北海王元详两人叫来,让他们到含温室中坐下,说:"她以前是你们的嫂子,现在只不过是个旁人,你们只管进来,不要回避。"彭城、北海二王坚决推辞,没有得到孝文帝的许可。当他们进来后,孝文帝说:"这老婆子竟然想用白刀子插在我的肋上!你们应将事情原原本本追问清楚,不要有什么为难。"孝文帝深深地责怪自己,向二王表明自己负疚的心情。又说:"不能再将冯家的女儿废掉逐出宫去,暂时让她在宫中闲呆着,她如还有良知会自个儿去死,你们不要以为我对她还有感情。"孝文帝平常极其孝顺,仍因文明太后的缘故,未能立即把幽皇后废掉。过了很久,二王离开含温室,孝文帝便向幽皇发誓至死不再见她,向她拜了两拜以示礼敬,哭泣哽咽。命令幽皇后到含温室东屋中。幽皇后回到皇后宫中后,孝文帝命令宦官去向她询问一些事,幽皇后骂宦官说:"我是天子的老婆,应当面给他说,怎能让你传话!"孝文帝发怒,令幽皇后的母亲常氏入宫,让她用棍子责打幽皇后,常氏打了她一百多棍才停手。孝文帝不久率军南征,幽皇后留在京城,虽然她因有罪不再受孝文帝宠爱,但后宫嫔妃仍按侍奉皇后的规矩侍奉她,只是命令世宗宣武帝元恪住在自己的太子宫中,不要朝觐皇后。

孝文帝病重,对彭城王元勰说:"皇后很久就违犯了皇后的品德,自己断绝了上天赐予的福分。如果不趁早对她做出安排,恐怕会出现汉末女主执政,外戚专权那样的事。我去世以后,你们让她在其他宫殿中自杀,按皇后的礼仪安葬她,希望能遮掩冯家的严重罪责。"孝文帝逝世后,灵柩运送到鲁阳城,才执行他的遗令。北海王元详捧读孝文帝遗令,长秋卿白整等人进宫将毒药给幽皇后,幽皇后边跑边叫,不肯自行了断,说:"皇上怎么会发此诏令,这是亲王想杀我罢了!"白整等将她挟持住,强迫她,于是服下毒药便死了。按皇后的礼仪加以殡敛。孝文帝的灵柩送到洛阳南边时,咸阳王元禧等人才知道幽皇后确实已死,他们互相对望着说:"如果没有遗令,我们兄弟也应当商量一条计策将她杀掉,怎能让一个品行不端正的女人主宰天下,来杀我们呢。"谥为幽皇后,安葬在长陵坟区内。

宣武灵皇后胡氏传

【题解】

宣武灵皇后胡氏(?~528年),安定临泾(今甘肃泾川北)人。北朝宣武帝时以姿色入宫为承华世妇，后生皇长子元诩，进位为充华嫔。515 年，年仅四岁的元诩继皇帝位，尊胡氏为皇太妃，原皇太后高氏出家为尼，胡氏遂被尊为皇太后，并临朝听政，自称为"朕"，臣下呼之为"陛下"，并主持祭仪。520 年，侍中元叉、宦官刘腾奉元诩总执朝臣，将胡氏软禁于北宫。525 年，胡氏再次临朝听政。胡氏执政期间，宠信恩幸，赏罚混乱，政纲不张，天下官吏均以贪残为务，遂使乱事遍起。胡氏为控制朝政，又与皇帝元诩发生冲突，后元诩暴卒，契胡酋长尔朱荣借机起兵，南下攻陷洛阳，将胡氏及朝廷公卿大臣近二千人沉杀于黄河，北魏名存实亡。

【原文】

宣武灵皇后胡氏，安定临泾人，司徒国珍女也。母皇甫氏，产后之日，赤光四照。京兆山北县有赵胡者，善于卜相，国珍问之。胡云："贤女有大贵之表，方为天地母，生天地主。勿过三人知也。"后姑为尼，颇能讲道，世宗初，入讲禁中。积数岁，讽左右称后姿行，世宗闻之，乃召入掖庭为承华世妇。而椒掖之中，以国旧制，相与祈祝，皆愿生诸王、公主，不愿生太子。唯后每谓夫人等言："天子岂可独无儿子，何缘畏一身乏死而令皇家不育冢嫡乎？"及肃宗在孕，同列犹以故事相恐，劝为诸计。后固意确然，幽夜独誓云："但使所怀是男，次第当长子，子生身死，所不辞也。"既诞肃宗，进为充华嫔。先是，世宗频丧皇子，自以春秋长矣，深加慎护。为择乳保，皆取良家宜子者。养于别宫，皇后及充华嫔皆莫得而抚视焉。

及肃宗践阼，尊后为皇太妃，后尊为皇太后。临朝听政，犹称殿下，下令行事。后改令称诏，群臣上书曰陛下，自称曰朕。太后以肃宗冲幼，未堪亲祭，欲傍《周礼》夫人与君交献之义，代行祭礼，访寻故式。门下召礼官、博士议，以为不可。而太后欲以帏幔自鄣，观三公行事，重问侍中崔光。光便据汉和熹邓后荐祭故事，太后大悦，遂摄行初祀。

太后性聪悟，多才艺，姑既为尼，幼相依托，略得佛经大义。亲览万机，手笔断决。幸西林园法流堂，命侍臣射，不能者罚之。又自射针孔，中之，大悦，赐左右布帛有差。先是，太后敕造申讼车，时御焉，出自云龙大司马门，从宫西北，入自千秋门，以纳冤讼。又亲策孝秀、州郡计吏于朝堂。

太后与肃宗幸华林园，宴群臣于都亭曲水，令王公已下各赋七言诗。太后诗曰："化光造物含气贞。"帝诗曰："恭己无为赖慈英。"王公已下赐帛有差。

太后父薨，百僚表请公除，太后不许，寻幸永宁寺，亲建刹于九级之基，僧尼士女赴者数万人。及改葬文昭高后，太后不欲令肃宗主事，乃自为丧主，出于终宁陵，亲奠遣事，还哭于太极殿，至于讫事，皆自主焉。

后幸嵩高山，夫人、九嫔、公主下从者数百人，升于顶中。废诸淫祀，而胡天神不在其列。后幸左藏，王公、嫔、主以下从者百余人，皆令任力负布绢，即以赐之，多者过二百匹，少者百余匹。唯长乐公主手持绢二十匹而出，示不异众而无劳也。世称其廉。仪同、陈留公李崇，章武王融并以所负过多，颠仆于地，崇乃伤腰，融至损脚。时人为之语曰："陈留、章武，伤腰折股。贪人败类，秽我明主。"寻幸阙口温水，登鸡头山，自射象牙簪，一发中之，敕示文武。

时太后得志，逼幸清河王怿，淫乱肆情，为天下所恶。领军元叉、长秋刘腾等奉肃宗于显阳殿,幽太后于北宫,于禁中杀怿。其后太后从子都统僧敬与备身左右张车渠等数十人,谋杀叉,复奉太后临朝,事不克,僧敬坐徙边,车渠等死,胡氏多免黜。后肃宗朝太后于西林园,宴文武侍臣,饮至日夕。叉乃起至太后前,自陈外云太后欲害己及腾。太后答云:"无此语"。遂至于极昏。太后乃起执肃宗手下堂,言:"母子不聚久,今暮共一宿,诸大臣送我入。"太后与肃宗向东北小阁,左卫将军奚康生谋欲杀叉,不果。

自刘腾死,叉又宽缓。太后与肃宗及高阳王雍为计,解叉领军。太后复临朝,大赦改元。自是朝政疏缓,威恩不立,天下牧守,所在贪婪。郑俨汙乱宫掖,势倾海内;李神轨,徐纥并见亲待。一二年中,位总禁要,手握王爵,轻重在心,宣淫于朝,为四方之所厌秽。文武解体,所在乱逆,土崩鱼烂,由于此矣。僧敬又因聚集亲族,遂涕泣谏曰:"陛下母仪海内,岂宜轻脱如此!"后大怒,自是不召僧敬。

太后自以行不修,惧宗室所嫌,于是内为朋党,防蔽耳目,肃宗所亲幸者,太后多以事害焉。有密多道人,能胡语,肃宗置于左右。大后虑其传致消息,三月三日于城南大巷中杀之。方悬赏募贼,又于禁中杀领左右、鸿胪少卿谷会、绍达,并帝所亲也。母子之间,嫌隙屡起。郑俨虑祸,乃与太后计,因潘充华生女,太后诈以为男,便大赦改年。肃宗之崩,事出仓卒,时论咸言郑俨,徐纥之计。于是朝野愤叹。太后乃奉潘嫔女言太子即位。经数日,见人心已安,始言潘嫔本实生女,今宜更择嗣君。遂立临洮王子钊为主,年始三岁,天下愕然。

及武泰元年,尔朱荣称兵渡河,太后尽召肃宗六宫皆令入道,大后亦自落发。荣遣骑拘送太后及幼主于河阴。太后对荣多所陈说,荣拂衣而起。太后及幼主并沉于河。太后妹冯翊君收瘗于双灵佛寺。出帝时,始葬以后礼而追加谥。

【译文】

宣武帝灵皇后胡氏,安定郡临泾县人,是司徒胡国珍的女儿。她的母亲是皇甫氏,生胡后那天,红色的光辉照遍四方。京兆山北县有个名叫赵胡的人,善于相面,胡国珍向他询问女儿的前程。赵胡说:"贤女有大贵之相,将为天地母,生天地主。不要让三个以上的人知道这事啊。"胡后的姑姑是个尼姑,很善于讲述佛经,世宗宣武帝当皇帝之初,到宫中讲佛经。过了几年后,婉言劝说身边的人称赞冯后的姿色和品行,世宗听说后,于是把胡后召进后宫,封他为承华世妇。当时后宫中因为国家有将太子母亲处死的旧制,相互间祈祷,都愿意生亲王、公主,不愿意生下个太子。只有冯后对拜为夫人的嫔妃们说:"天子岂能没有儿子,为什么因自己一个人怕死却让皇帝没有太子呢?"后来她怀上肃宗时,与她同身份的妃嫔还因国家惯例而为她害怕,劝她早点想个办法。胡后态度坚决,毫不动摇。在黑夜中她独自发誓说:"只要我怀的是个男孩,在他的兄弟中排行老大,儿子生下来我自己就是死了,也在所不辞。"她生下肃宗元诩后,晋封为充华嫔。在此以前,世宗的儿子屡次夭折,自以年纪已经很大了,于是对肃宗格外地小心爱护。给肃宗找乳母及保姆,都取平民百姓中生育能力强的妇女。在别的宫殿中抚养,皇后及充华嫔本人都不能抱一抱、看一眼。

肃宗登上皇帝位后,尊胡后为皇太妃,后来又尊她为皇太后,亲临朝堂处理政事,仍以殿下的名义,下令颁布政令。后改令为"诏",群臣上表章给她时称她为"陛下",她自称为"朕"。胡太后因肃宗幼小,不能亲自主持祭祀活动,想仿效《周礼》中关于夫人与君主一起从事祭祀的礼仪,代肃宗主持祭礼,询问古代成例。门下省召集主管礼仪的官员、博士们进行商议,大家认为不能这样做。但胡太后想用帏帐把自己遮着,观看朝廷三公的祭祀活动,再以此询问侍中崔光的意见。崔光便根据东汉和熹邓后主持祭祀上帝活动的旧制表示胡太后可以照此行事,胡太后大为高兴,于是代肃宗主持祭祀。

胡太后生性聪明颖悟,多才多艺,她的姑姑又是尼姑,胡太后小时候跟随她,粗略地知道佛经的主要意思。她管理国家大政后,亲自用笔对各项政务做出裁决。曾到西林园法流堂,命令侍从们射箭,如射不中便加以处罚。胡太后自己又射针孔,一下子就射中了,她很是高兴,赏赐布帛给身边的人,多少不等。在此以前,胡太后下令制造申讼车,时时乘坐此车,从宫城西北的云龙大司马门出宫,从千秋门返回宫中,以便接受百姓申诉冤枉的呈辞。又亲自在朝堂上对孝廉、秀才及各州郡派到朝廷的计吏进行考核。

胡太后和肃宗一起到华林同,在都亭曲水旁宴聚群臣,让王公以下各位官员分别作七言诗。胡太后的诗中说:"化光造物含气贞。"肃宗所作的诗中说:"恭已无为赖慈英。"赏赐王公以下各位官员丝帛,多少不等。

胡太后的父亲去世,百官上表文请求她因公事脱下孝服,胡太后不答应。不久到永宁寺,亲自指挥在九层高的台基上修建佛塔,僧侣尼姑及百姓男女来参与建造的有几万人。后改葬孝文帝皇后文昭高后,胡太后不愿让肃宗主管大事,便自己充当丧事的主持人,出宫到终宁陵,亲自为文昭高后的新墓奠基,回宫后在太极殿进行哭悼,一直到丧事完毕,都由她主持。

后来胡太后到嵩山游览,夫人、九嫔、公主以下妇女随从的有几百人,并登上嵩山顶。下诏废除对各种杂神的祭祀,但胡天神不在废除之列。后来胡太后到左藏曹,王公、嫔妃、公主以下人员同去的有一百多人,胡太后让他们全力拿布匹丝绢,并将各人所能拿起的赏赐给他们,拿得多的超过两百匹,拿得少的有一百多匹。只有长乐公主用手抱了二十匹绢布出来,表明自己不标新立异,但无功劳只该得那么多。当时的人都称她廉洁。仪同、陈留公李崇及章武王元融都因为背得太多,翻倒在地,李崇竟伤了腰,元融以至于把脚弄折了。当时人为他们编了一段顺口溜说:"陈留、章武,伤腰折股。贪人败类,秽我明主。"胡太后不久到阙口温水游览,登鸡头山,自己射象牙簪,一箭射中,下令拿给文武百官看。

当时胡太后随心所欲,威胁清河王元怿同她发生性关系,任意淫乱,被全国的百姓痛恨。领军元叉、长秋卿刘腾等人在显阳殿推奉肃宗,将胡太后囚禁在北宫,并在宫省中将元怿杀了。随后胡太后的侄儿都统胡僧敬和备身左右张车渠等几十个人,密谋杀死元叉,再推举胡太后掌管朝政,事情没有成功,胡僧敬因此获罪,被流放到边地,张车渠等人被杀,胡家当官的人许多受到免官降职的处分。后来肃宗到西林园拜见胡太后,宴聚文武百官及侍从,一直喝到日落时分。元叉于是起身走到胡太后面前,自己向她讲外面有人说胡太后想杀害他与刘腾。胡太后回答说:"没有这种话。"于是大家又喝到天完全黑了下来。胡太后于是起身抓着肃宗的手走下殿堂,说:"我们母子俩有很久没聚到一块了,现在天晚了,我们一起呆一晚上,各位大臣送我进去。"胡太后和肃宗走向殿堂东北的小房子,左卫将军奚康生想就此杀了元叉,没有成功。

自从刘腾死后，元叉又疏忽大意。胡太后同肃宗及高阳王元雍定下计策，解除元叉领军将军的职务。胡太后再次到朝堂处理大政，对全国进行大赦，改换年号。从此以后朝廷政事宽弛，既无威信，也不能施加恩德，全国各地的刺史太守等地方官吏，都贪婪残暴。郑俨与太后淫乱，权势倾动全国；李神轨、徐纥都受到胡太后的宠信，一两年间，当上主管朝廷机密大政的要职。他们掌握着帝王的权柄，随心所欲地处理政事，公开在朝廷胡作非为，受到全国百姓的憎恨。文武百官离心离德，到处发生叛乱，国家土崩瓦解，像一条烹烂了的鱼，都是因为这一原因啊。胡僧敬又趁胡太后召聚亲属，哭泣着向胡太后进谏说："陛下为天下之母，是百姓的榜样，怎能如此轻佻呢？"胡太后大怒，从此以后再也不召见胡僧敬。

胡太后因为自己行为不检点，害怕受到皇室人物的嫌弃，因此在朝廷内勾结同党，以掩盖别人的耳目，受到肃宗亲信的人，胡太后大都借机将他们杀害。有个叫密多的和尚，能够讲胡人的话，肃宗将他留在自己身边。胡太后担心他给肃宗传递消息，于三片三日在洛阳城南部的一条大巷中将他杀死。正在悬赏缉拿杀死密多的强盗时，胡太后又在宫省中将领左右、鸿胪少卿谷会、绍达杀死，他们都是肃宗孝明帝亲信的人。胡太后与肃宗母子之间，经常发生摩擦。郑俨担心大难临头，于是和胡太后商定计策，利用肃宗潘充华生下一个女儿的时机，胡太后谎称生的是个儿子，于是在全国进行大赦，改年号"孝昌"为"武泰"。肃宗逝世，事情突然发生，当时人们谈说起来都说是郑俨、徐纥的阴谋诡计。因此朝廷官员和民间百姓都怀愤叹息。胡太后于是推举潘充华生的那个女婴，称为太子，继承帝位。过了几天，见人心已经平息下来，才又称潘充华本来生的是个女孩，现在应该再选择继承帝位的人。于是将临洮王元钊的儿子元钊立为皇帝，当时元钊只有三岁，全国的人都为此惊愕不已。

到武泰元年，尔朱荣举兵渡过黄河，胡太后把肃宗的嫔妃们全都找来，命令她们都去当尼姑，胡太后本人自己也削发为尼。尔朱荣派骑兵将太后及小皇帝抓获，送到河阴。胡太后对尔朱荣说了许多话，尔朱荣甩袖而起。胡太后和小皇帝都被投进黄河淹死。胡太后的妹妹冯翊君将她的尸体收来，掩埋在双灵佛寺中。出帝元修在位时，才按皇后的礼仪加以改葬，并追谥她为"灵"。

高允传

【题解】

高允（390～487），字伯恭，渤海蓚（今河北郏县）人。高允出身于官宦世家，高允少年好学，常担笈负书，千里就学。他博通经史天文术数之学，尤好《春秋公羊传》。初为郡功曹。太武帝神䴥四年（公元431），征为中书博士，他曾奉诏与崔浩同撰国史，与公孙质、游雅等共同议定律令，并为师以经籍教授太子。崔浩因国史案被杀后，他由于太子的保护，未受株连。高允主张重农积粟，他劝说太武帝拓跋焘解除田禁，把田地分给人民。文成帝拓跋珪时，位至中书令。文明太后临朝，引他参与大政，并采纳他的建议，开始在郡国立学。高允前后历经五帝，出入三省，身居要职五十余年。享年九十八岁。

高允深通天文历算，但很少推步，他认为对天文术数之学不可空论，必须言之有物，谨慎推算。崔浩曾聚诸儒考校自汉以后的日月交食和五星行度，并讥笑旧史中的谬误，另为新历。高允阅后，指出新历所据西汉元年冬十月五星聚于东井的天象是错误的，如不能辨别此误，则今天我们讥笑古人，待将来我们的后人就要讥笑我们了。后崔浩更细致详考，果如高允所言，五星聚于东井的天象应提前三个月，而不在冬十月。与现代天文学研究相等。

高允一生著述甚丰，有《左氏释》《公羊释》《毛诗拾遗》《议何郑膏肓事》等，又著有算术方面的著作三卷，今皆散佚。明人辑有《高令公集》。

【原文】

高允，字伯恭，渤海蓚人也。祖泰，在叔父湖《传》。父韬，少以英朗知名，同郡封懿雅相敬慕。为慕容垂太尉从事中郎。太祖平中山，以韬为丞相参军。早卒。

允少孤凤成，有奇度，清河崔玄伯见而异之，叹曰："高子黄中内润，文明外照，必为一代伟器，但恐吾不见耳。"年十余，奉祖父丧还本郡。推财与二弟而为沙门，名法净。未久而罢。性好文学，担笈负书，千里就业。博通经史天文术数，尤好《春秋公羊》。郡召功曹。

神麚三年，世祖舅阳平王杜超行征南大将军，镇邺，以允为从事中郎，年四十余矣。超以方春而诸州囚多不决，乃表允与中郎吕熙等分诣诸州，共评狱事。熙等皆以贪秽得罪，唯允以清平获赏。府解，还家教授，受业者千余人。四年，与卢玄等俱被征，拜中书博士。迁侍郎，与太原张伟并以本官领卫大将军、乐安王范从事中郎。范，世祖之宠弟，西镇长安，允甚有匡益，秦人称之。寻被征还。允曾作《塞上翁诗》，有混欣戚，遗得丧之致。骠骑大将军，乐平王丕西讨上邽，复以本官参丕军事。语在《丕传》。凉州平，以参谋之勋，赐爵汶阳子，加建武将军。

高允

后诏允与司徒崔浩述成《国记》，以本官领著作郎。时浩集诸术士，考校汉元以来，日月薄蚀、五星行度，并识前史之失，别为魏历，以示允。允曰："天文历数不可空论。夫善言远者必先验于近。且汉元年冬十月，五星聚于东井，此因历术之浅。今讥汉史，而不觉此谬，恐后人讥今犹今之讥古。"浩曰："所谬云何？"允曰："案《星传》，金水二星常附日而行。冬十月，日在尾箕，昏没于申南，而东井方出于寅北。二星何因背日而行？是史官欲神其事，不复推之于理。"浩曰："欲为变者何所不可，君独不疑三星之聚，而怪二星之来？"允曰："此不可以空言争，宜更审之。"时坐者咸怪，唯东宫少傅游雅曰："高君长于历数，当不虚也。"后岁余，浩谓允曰："先所论者，本不注心，及更考究，果如君语，以前三月聚于东井，非十月也。"又谓雅曰："高允之术，阳元之射也。"众乃叹服。允虽明于历数，初不推步，有所论说。唯游雅数以灾异问允。允曰："昔人有言，知之甚难，即知复恐漏泄，不如不知也。天下妙理至多，何遽问此。"雅乃止。

寻以本官为秦王翰傅。后敕以经授恭宗，甚见礼待。又诏允与侍郎公孙质、李虚、胡方回共定律令。世祖引允与论刑政，言甚称旨。因问允曰："万机之务，何者为先？"是时多禁封良田，又京师游食者众。允因言曰："臣少也贱，所知唯田，请言农事。古人云：方一里则为田三顷七十亩，百里则田三万七千顷。若勤之，则亩益三斗，不勤则亩损三斗。方百里损益之率，为粟二百二十二万斛，况以天下之广乎？若公私有储，虽遇饥年，复何忧哉？"世祖善之。遂除田禁，悉以授民。

初，崔浩荐冀、定、相、幽、并五州之士数十人，各起家郡守。恭宗谓浩曰："先召之人，亦州郡选也，在职已久，勤劳未答。今可先补前召外任郡县，以新召者代为郎吏。又守令宰民，宜使更事者。"浩固争而遣之。允闻之，谓东宫博士管恬曰："崔公其不免乎！苟逞其非，而校胜于上，何以胜济。"

辽东公翟黑子有宠于世祖。奉使并州，受布千匹，事寻发觉。黑子请计于允曰："主上问我，为首为讳乎？"允曰："公帷幄宠臣，答诏宜实。又自告忠诚，罪必无虑。"中书侍郎崔览、公孙质等咸言首实罪不可测，宜讳之。黑子以览等为亲己，而反怒允曰："如君言，诱我死，何其不直！"遂与允绝。黑子以不实对，竟为世祖所疏，终获罪戮。

是时，著作令史闵湛、郄标性巧佞，为浩信待。见浩所注《诗》《论语》《尚书》《易》，遂上疏，言马、郑、王、贾虽注述《六经》，并多疏谬，不如浩之精微。乞收境内诸书，藏之秘府。班浩所注，命天下习业。并求敕浩注《礼传》，令后生得观正义。浩亦表荐湛有著述之才。既而劝浩刊所撰国史于石，用垂不朽，欲以彰浩直笔之迹。允闻之，谓著作郎宗钦曰："闵湛所营，分寸之间，恐为崔门万世之祸。吾徒无类矣。"未几而难作。

初，浩之被收也，允直中书省。恭宗使东宫侍郎吴延召允，仍留宿宫内。翌日，恭宗入奏世祖，命允骖乘。至宫门，谓曰："入当见至尊，吾自导卿。设或至尊有问，但依吾语。"允请曰："为何等事也？"恭宗曰："入自知之。"即入见帝。恭宗曰："中书侍郎高允自在臣宫，同处累年，小心密慎，臣所委悉。虽与浩同事，然允微贱，制由于浩。请赦其命。"世祖召允，谓曰："《国书》皆崔浩作不？"允对曰："《太祖记》，前著作郎邓渊所撰。《先帝记》及《今记》，臣与浩同作。然浩综务处多，总裁而已。至于注疏，臣多于浩。"世祖大怒曰："此甚于浩，安有生路！"恭宗曰："天威严重，允是小臣，迷乱失次耳。臣向备向，皆云浩作。"世祖问："如东宫言不？"允曰："臣以下才，谬参著作，犯逆灭威，罪应天族，今已分死，不敢虚妄。殿下以臣侍讲日久，哀臣乞命耳。实不问臣，臣无此言。臣以实对，不敢迷乱。"世祖谓恭宗曰："直哉！此亦人情所难，而能临死不移，不亦难乎！且对君以实，贞臣也。如此言，宁失一有罪，宜宥之。"允竟得免。于是召浩前，使人诘浩。浩惶惑不能对。允事事申明，皆有条理。时世祖怒甚，敕允为诏，自浩已下，僮吏已上百二十八人皆夷五族。允持疑不为，频诏催切。允乞更一见，然后为诏。诏引前，曰："浩之所坐，若更有余衅，非臣敢知。直以犯触，罪不至死。"世祖怒，命介士执允。恭宗拜请。世祖曰："无此人忿朕，当有数千口死矣。"浩竟族灭，余皆身死。宗钦临刑，叹曰："高允其殆圣乎！"

恭宗后让允曰："人当知机，不知机，学复何益？当尔之时，吾导卿端绪，何故不从人言,怒帝如此。每一念之,使人心悸。"允曰:"臣东野凡生,本无宦意。属休延之会,应旌弓之举,释褐凤池,仍参麟阁,尸素官荣,妨贤已久。夫史籍者,帝王之实录,将来之炯戒,今之所以观往,后之所以知今。是以言行举动,莫不备载,故人君慎焉。然浩世受殊遇,荣曜当时,孤负圣恩,自贻灰灭。即浩之迹,时有可论。浩以蓬蒿之才,荷栋梁之重,在朝无謇谔之节,退私无委蛇之称,私欲没其公廉,爱憎蔽其直理,此浩之责也。至于书朝廷起居之迹,言国家得失之事,此亦为史之大体,未为多违。然臣与浩实同其事,死生荣辱,义无独殊。诚荷殿下大造之慈,违心苟免,非臣之意。"恭宗动容称叹。允后与人言,我不奉东宫导旨者,恐负翟黑子。

恭宗季年,颇亲近左右,营立田园,以取其利。允谏曰:"天地无私,故能覆载;王者无私,故能包养。昔之明王,以至公宰物,故藏金于山,藏珠于渊,示天下以无私,训天下以至俭。故美声盈溢,千载不衰。今殿下国之储贰,四海属心,言行举动,万方所则,而营立私田,畜养鸡犬,乃至贩酤市廛,与民争利,议声流布,不可追掩。夫天下者,殿下之天下,富有四海,何求而不获,何欲而弗从,而与贩夫贩妇竞此尺寸。昔虢之将亡,神乃下降,赐之土田,卒丧其国。汉之灵帝,不修人君之重,好与宫人列肆贩卖,私立府藏,以营小利,卒有颠覆倾乱之祸。前鉴若此,甚可畏惧。夫为人君者,必审于择人。故称知人则哲,惟帝难之。《商书》云'无迩小人',孔父有云,小人近之则不逊,远之则怨矣。武王爱周、邵、齐、毕,所以王天下。殷纣爱飞廉、恶来,所以丧其国。历观古今存亡之际,莫不由之。念东宫诚曰乏人,俊义不少。顷来侍御左右者,恐非在朝之选。故愿殿下少察愚言,斥出佞邪,亲近忠良,所在田园,分给贫下,畜产贩卖,以时收散。如此则休声日至,谤议可除。"恭宗不纳。

恭宗之崩也,允久不进见。后世祖召,允升阶歔欷,悲不能止。世祖流泪,命允使出。左右莫知其故,相谓曰:"高允无何悲泣,令至尊哀伤,何也?"世祖闻之,召而谓曰:"汝不知高允悲乎?"左右曰:"臣等见允无言而泣,陛下为之悲伤,是以窃言耳。"世祖曰:"崔浩诛时,允亦应死,东宫苦谏,是以得免。今无东宫,允见朕因悲耳。"

允表曰:"往年被敕,令臣集天文灾异,使事类相从,约而可观。臣闻箕子陈谟而《洪范》作,宣尼述史而《春秋》著,皆所以章明列辟,景测皇天者也。故先其善恶而验以灾异,随其失得而效以祸福,天人诚远,而报速如响,甚可惧也。自古帝王莫不尊崇其道而稽其法数,以自修饬。厥后史官并载其事,以为鉴诫。汉成帝时,光禄大夫刘向见汉祚将危,权归外戚,屡陈妖眚而不见纳。遂因《洪范》《春秋》灾异报应者而为其传。觊以感悟人主,而终不听察,卒以危亡。岂不哀哉!伏惟陛下神武则天,睿鉴自远,钦若稽古,率由旧章,前言往行,靡不究鉴,前皇所不逮也。臣学不洽闻,识见寡薄,惧无以裨广圣听,仰酬明旨。今谨依《洪范传》《天文志》撮其事要,略其文辞,凡为八篇。"世祖览而善之,曰:"高允之明灾异,亦岂减崔浩乎?"及高宗即位,允颇有谋焉。司徒陆丽等皆受重赏,允既不蒙褒异,又终身不言。其忠而不伐,皆此类也。

给事中郭善明,性多机巧,欲逞其能,劝高宗大起宫室。允谏曰:"臣闻太祖道武皇帝既定天下,始建都邑。其所营立,非因农隙,不有所兴。今建国已久,宫室已备,永安前殿足以朝会万国,西堂温室足以安御圣躬,紫楼临望可以观望远近。若广修壮丽为异观者,宜渐致之,不可仓卒。计斫材运土及诸杂役须二万人,丁夫充作,老小供馈,合四万人,半年可讫。古人有言："一夫不耕，或受其饥；一妇不织，或受其寒。况数万之众，其所损废，亦以多矣。推之于古，验之于今，必然之效也。诚圣主所宜思量。"高宗纳之。

允以高宗纂承平之业。而风俗仍旧，婚娶丧葬，不依古式，允乃谏曰：

"前朝之世，屡发明诏，禁诸婚娶不得作乐，及葬送之日歌谣、鼓舞、杀牲、烧葬，一切禁断。虽条旨久颁，而俗不革变。将由居上者未能悛改，为下者习以成俗，教化陵迟，一至于斯。昔周文以百里之地，修德布政，先于寡妻，及于兄弟，以至家邦，三分天下而有其二。明为政者先自近始。《诗》云："尔之教矣，民胥效矣。"人君举动，不可不慎。

《礼》云："嫁女之家，三日不息烛；娶妇之家，三日不举乐。今诸王纳室，皆乐部给伎以为嬉戏，而独禁细民，不得作乐，此一异也。

古之婚者，皆拣择德义之门，妙选贞闲之女，先之以谋娉，继之以礼物，集僚友以重其别，亲御轮以崇其敬，婚姻之际，如此之难。今诸王十五，便赐妻别居。然所配者，或长少差舛，或罪入掖庭，而作合宗王，妃嫔藩懿。失礼之甚，无复此过。往年及今，频有检劾。诚是诸王过酒致责，迹其元起，亦由色衰相弃，致此纷纭。今皇子娶妻，多出宫掖，令天下小民，必依礼限，此二异也。

万物之生，靡不有死，古先哲王，作为礼制，所以养生送死，折诸人情。若毁生以奉死，则圣人所禁也。然葬者藏也，死者不可再见，故深藏之。昔尧葬谷林，农不易亩；舜葬苍梧，市不改肆。秦始皇作为地市，下固三泉，金玉宝货不可计数，死不旋踵，尸焚墓掘。由此推之，尧舜之俭，始皇之奢，是非可见。今国家营葬，费损巨亿，一旦焚之，以为灰烬。苟靡费有益于亡者，古之臣奚独不然。今上为之不辍，而禁下民之必止，此三异也。

古者祭必立尸，序其昭穆，使亡者有凭，致食飨之礼。今已葬之魂，人直求貌类者事之如父母，燕好如夫妻，损败风化，渎乱情礼，莫此之甚。上未禁之，下不改绝，此四异也。

夫飨者，所以定礼仪，训万国，故圣王重之。至乃爵盈而不饮，肴干而不食，乐非雅声则不奏，物非正色则不列。今之大会，内外相混，酒醉喧诮，罔有仪式。又俳优鄙艺，污辱视听。朝庭积习以为美，而责风俗之清纯，此五异也。

今陛下当百王之末，踵晋乱之弊，而不矫然厘改，以厉颓俗，臣恐天下苍生，永不闻见礼教矣。"

允言如此非一，高宗从容听之。或有触迕，帝所不忍闻者，命左右扶出。事有不便，允辄求见，高宗知允意，逆屏左右以待之。礼敬甚重，晨入暮出，或积日居中，朝臣莫知所论。

或有上事陈得失者，高宗省而谓群臣曰："君父一也，父有是非，子何为不作书于人中谏之，使人知恶，而于家内隐处也。岂不以父亲，恐恶彰于外也。今国家善恶，不能面陈而上表显谏，此岂不彰君之短，明己之美。至如高允者，真忠臣矣。朕有是非，常正言面论，至朕所不乐闻者，皆侃侃言说，无所避就。朕闻其过，而天下不知其谏，岂不忠乎！汝等在左右，曾不闻一正言，但伺朕喜时求官乞职。汝等把弓刀侍朕左右，徒立劳耳，皆至公王。此人把笔匡我国家，不过作郎。汝等不自愧乎？"于是拜允中书令，著作如故。司徒陆丽曰："高允虽蒙宠待，而家贫布衣，妻子不立。"高宗怒曰："何不先言！今见朕用之，方言其贫。"是日幸允第，惟草屋数间，布被缊袍，厨中盐菜而已。高宗叹息曰："古人之清贫岂有此乎！"即赐帛五百匹、粟千斛，拜长子忱为绥远将军、长乐太守。允频表固让，高宗不许。初与允同征游雅等多至通官封侯，及允部下吏百数十人亦至刺史二千石，而允为郎二十七年不徙官。时百官无禄，允常使诸子樵采自给。

初，尚书窦瑾坐事诛，瑾子遵亡在山泽，遵母焦没入县官。后焦以老得免，瑾之亲故，莫有恤者。允愍焦年老，保护在家。积六年，遵始蒙赦。其笃行如此。转太常卿，本官如故。允上《代都赋》，因以规讽，亦《二京》之流也。文多不载。时中书博士索敞与侍郎傅默、梁祚论名字贵贱，著议纷纭。允遂著《名字论》以释其惑，甚有典证。复以本官领秘书监，解太常卿，进爵梁城侯，加左将军。

初，允与游雅及太原张伟同业相友，雅尝论允曰："夫喜怒者，有生所不能无也。而前史载卓公宽中，文饶洪量，褊心者或之弗信。余与高子游处四十年矣，未尝见其是非愠喜之色，不亦信哉。高子内文明而外柔弱，其言呐呐不能出口，余常呼为'文子'。崔公谓余云：'高生丰才博学，一代佳士，所乏者矫矫风节耳。'余亦然之。司徒之谴，起于纤微，及于诏责，崔公声嘶股战不能言，宗钦已下伏地流汗，都无人色。高子敷陈事理，申释是非，辞义清辩，音韵高亮。明主为之动容，听者无不称善。仁及僚友，保兹元吉，向之所谓矫矫者，更在斯乎？宗爱之任势也，威振四海。尝召百司于都坐，王公以下，望庭毕拜，高子独升阶长揖。由此观之，汲长儒可卧见卫青，何抗礼之有！向之所谓风节者，得不谓此乎？知人固不易，人亦不易知。吾既失之于心内，崔亦漏之于形外。钟期止听于伯牙，夷吾见明于鲍叔，良有以也。"其为人物所推如此。

高宗重允，常不名之，恒呼为"令公"。"令公"之号，播于四远矣。高宗崩，显祖居谅阁，乙浑专擅朝命，谋危社稷。文明太后诛之，引允禁中，参决大政。又诏允曰："自顷以来，庠序不建，为日久矣。道肆陵迟，学业遂废，子衿之叹，复见于今。朕既篡统大业，八表晏要，稽之旧典，欲置学官于郡国，使进修之业，有所津寄。卿儒宗元老，朝望旧德，宜与中、秘二省参议以闻。"允表曰："臣闻经纶大业，必以教养为先；咸秩九畴，亦由文德成务。故辟雍光于周诗，泮宫显于《鲁颂》。自永嘉以来，旧章殄灭。乡闾芜没《雅》《颂》之声，京邑杜绝释奠之礼。道业陵夷，百五十载。仰惟先朝每欲宪章昔典，经阐素风，方事尚殷，弗遑克复。陛下钦明文思，篡成洪烈，万国咸宁，百揆时叙。申祖宗之遗志，兴周礼之绝业，爰发德音，惟新文教。搢绅黎献，莫不幸甚。臣承旨敕，并集二省，披览史籍，备究典纪，靡不敦儒以劝其业，贵学以笃其道。伏思明诏，玄同古义。宜如圣旨，崇建学校以厉风俗。使先王之道，光演于明时；郁郁之音，流闻于四海。请制大郡立博士二人、助教四人、学生一百人，次郡立博士二人、助教二人、学生八十人，中郡主博士一人、助教二人、学生六十人，下郡立博士一人、助教一人、学生四十人。其博士取博关经典、世履忠清、堪为人师者，年限四十以上。助教亦与博士同，年限三十以上。若道业夙成，才任教授，不拘年齿。学生取郡中清望，人行修谨，堪循名教者，先尽高门，次及中第。"显祖从之。郡国立学，自此始也。

后允以老疾，频上表乞骸骨，诏下许。于是乃著《告老诗》。又以昔岁同征，零落将尽，感逝怀人，作《征士颂》，盖止于应命者，其有命而不至，则阙焉。群贤之行，举其梗概矣。今著之于左：

中书侍郎、固安伯范阳卢玄子真

行司隶校尉、中都侯西河宋宣道茂

郡功曹史博陵崔绰茂祖

中书郎燕郡刘遐彦鉴

河内太守、下乐侯广宁燕崇玄略

中书郎、武恒子河间邢颖宗敬

上党太守、高邑侯广宁常陟公山

沧水太守、浮阳侯渤海高济叔民

征南大将军从事中郎渤海高毗子翼

太平太守、平原子雁门李熙士元

征南大将军从事中郎渤海李钦道赐

秘书监、梁郡公广平游雅伯度

河西太守、饶阳子博陵许堪祖根

廷尉正、安平子博陵崔建兴祖

中书郎、新丰侯京兆杜铨士衡

广平太守、列人侯西河宋愔

征西大将军从事中郎京兆韦阆友规

州主簿长乐潘天符

京兆太守赵郡李诜令孙

郡功曹长乐杜熙

太常博士、钜鹿公赵郡李灵虎符

征东大将军从事中郎中山张纲

中书郎中、即丘子赵郡李遐仲熙

中书郎上谷张诞叔术

营州刺史、建安公太原张伟仲业

秘书郎雁门王道雅

辅国大将军从事中郎范阳祖迈

秘书郎雁门闵弼

征东大将军从事中郎范阳祖侃士伦

卫大将军从事中郎中山郎苗

东郡太守、蒲县子中山刘策

大司马从事中郎上谷侯辩

濮阳太守、真定子常山许琛

陈留郡太守、高邑子赵郡吕季才

夫百王之御士也,莫不资伏群才,以隆治道。故周文以多士克宁,汉武以得贤为盛。此载籍之所记,由来之堂义。魏自神麚已后,宇内平定,诛赫连积世之僭,扫穷发不羁之寇,南摧江楚,西荡凉域,殊方之外,慕义而至。于是偃兵息甲,修立文学,登延俊造,酬谘政事。梦想贤哲,思遇其人,访诸有司,以求名士。咸称范阳卢玄等四十二人,皆冠冕之胄,著问州邦,有羽仪之用。亲发明诏,以征玄等。乃旷官以待之,悬爵以縻之。其就命三十五人,自余依例州郡所遣者不可称记。尔乃髦士盈朝,而济济之美兴焉。昔与之俱蒙斯举,或从容廊庙,或游集私门,上谈公务,下尽忻娱,以为千载一时,始于此矣。日月推移,吉凶代谢,同征之人,凋歼殆尽。在者数子,然复分张。往昔之忻,变为悲戚。张仲业东临营州,迟其还返,一叙于怀,齐衿于垂殁之年,写情于桑榆之末。其人不幸,复至殒殁。在朝者皆后进之士,居里者非畴昔之人,进涉无寄心之所,出入无解颜之地。顾省形骸,所以永叹而不已。夫颂者美盛德之形容,亦可以长言寄意。不为文二十年矣,然事切于心,岂可默乎?遂为之颂,词曰:

紫气干霄,群雄乱夏,王龚徂征,戎车屡驾。扫荡游氛,克剪妖霸,四海从风,八垠渐化。政教无外,既宁且一,偃武囊兵,唯文是恤。帝乃旁求,搜贤举逸,岩隐投竿,异人并出。

亹亹卢生,量远思纯,钻道据德,游艺依仁。旌弓既招,释褐投巾,摄齐升堂,嘉谋日陈。自东徂南,跃马驰轮,僭冯影附,刘以和亲。

茂祖茕单,凤离不造,克己勉躬,聿隆家道。敦心《六经》,游思文藻,终辞宠命,以之自保。

燕、常笃信,百行靡遗,位不苟进,任理栖迟。居冲守约,好让善推,思贤乐古,如渴如饥。

子翼致远,道赐悟深,相期以义,相和若琴。并参幕府,俱发德音,优游卒岁,聊以寄心。

祖根运会,克光厥猷,仰缘朝恩,府因德友。功虽后建,禄实先受,班同旧臣,位并群后。

士衡孤立,内省靡疚,言不崇华,交不遗旧。以产则贫,论道则富,所谓伊人,实邦之秀。

卓矣友规,禀兹淑亮,存彼大方,摈此细让。神与理冥,形随流浪,虽屈王侯,莫废其尚。

赵实名区,世多奇士,山岳所钟,挺生三李。矫矫清风,抑抑容止,初九而潜,望云而起。诜尹西都,灵惟作传,垂训皇宫,载理云雾。熙虽中夭,迹阶郎署,余尘可挹,终亦显著。

仲业渊长,雅性清到,宪章古式,绸缪典诰。时值险难,常一其操。纳众以仁,训下以孝,化被龙川,民归其教。

迈则英贤,侃亦称选,闻达邦家,名行素显。志在兼济,岂伊独善,绳匠弗顾,功不获展。

刘、许履忠,竭力致躬,出能聘说,入献其功。辂轩一举,挠燕下崇,名彰魏世,享业亦隆。

道茂凤成,弱冠播名,与朋以信,行物以诚。怡怡昆弟,穆穆家庭,发响九皋,翰飞紫冥。频在省闼,亦司于京,刑之中,政以之平。

猗欤彦鉴,思参文雅,率性任真,器成非假。靡矜于高,莫耻于下,乃谢朱门,归迹林野。

宗敬延誉,号为四俊,华藻云飞,金声凤振。中遇沈疴,赋诗以讯,忠显于辞,理出于韵。

高沧朗达，默识渊通，领新悟异，发自心胸，质侔和璧，文炳雕龙，耀姿天邑，衣锦旧邦。

士元先觉，介焉不惑，振袂来庭，始宾王国。蹈方履正，好是绳墨，淑人君子，其仪不忒。

孔称游夏，汉美渊云，越哉伯度，出类逾群。司言秘阁，作牧河汾，移风易俗，理乱解纷。融彼滞义，涣此潜文，儒道以析，九流以分。

崔、宋二贤，诞性英伟，擢颖闾阎，闻名象魏。謇謇仪形，邈邈风气，达而不矜，素而能贵。

潘符摽尚，杜熙好和，清不洁流，浑不同波。绝希龙津，止分常科，幽而逾显，损而逾多。

张纲柔谦，叔术正直，道雅洽闻，弼为兼识。拔萃衡门，俱渐鸿翼，发愤忘餐，岂要斗食。率礼从仁，罔愆于式，失不系心，得不形色。

郎苗始举，用均已试，智足周身，言足为治。性协于时，情敏于事，与今而同，与古曷异。

物以利移，人以酒昏，侯生洁己，唯义是敦。日纵醇醪，逾敬逾温，其在私室，如涉公门。

季才之性，柔而执竞，届彼南秦，申威致命。诱之以权，矫之以正，帝道用光，边土纳庆。

群贤遭世，显名有代，志竭其忠，才尽其概。体袭朱裳，腰纽双佩，荣曜当时，风高千载。君臣相遇，理实难偕，昔因朝命，举之克谐。披衿散想，解带舒怀，此忻如昨，存亡奄乖。静言思之，中心九摧，挥毫颂德，潸尔增哀。

皇兴中，诏允兼太常，至兖州祭孔子庙，谓允曰："此简德而行，勿有辞也。"后允从显祖北伐，大捷而还，至武川镇，上《北伐颂》，其词曰："皇矣上天，降鉴惟德，眷命有魏，照临万国。礼化丕融，王猷允塞，静乱以威，穆民以则。北虏旧隶，禀政在蕃，往因时口，逃命北辕。世袭凶轨，背忠食言，招亡聚资，丑类实繁。敢率犬羊，图纵猖蹶，乃诏训师，兴戈北伐。跃马裹粮，星驰电发，扑讨虔刘，肆陈斧钺。斧钺暂陈，臧莩厥旅，积骸填谷，流血成浦。元凶狐奔，假息穷墅，爪牙既摧，腹心亦阻。周之忠厚，存及行苇，翼翼圣明，有兼斯美。泽被京观，垂此仁旨，封尸野获，惠加生死。生死蒙惠，人欣覆育，理贯幽冥，泽渐殊域。物归其诚，神献其福，遐迩斯怀，无思不服。古称善兵，历时始捷，今也用师，辰不及浃，六军克合，万邦以协，义著春秋，功铭玉牒，载兴颂声，播之来叶。"显祖览而善之。

又显祖时有不豫，以高祖冲幼，欲立京兆王子推，集诸大臣以次召问。允进跪上前，涕泣曰："臣不敢多言，以劳神听，愿陛下上思宗庙托付之重，追念周公抱成王之事。"显祖于是传位于高祖，赐帛千匹，以标忠亮。又迁中书监，加散骑常侍。虽久典史事，然而不能专勤属述，时与校书郎刘模有所缉缀，大较续崔浩故事，准《春秋》之体，而时有刊正。自高宗迄于显祖，军国书檄，多允文也。末年乃荐高闾以自代。以定议之勋，进爵咸阳公，加镇东将军。

寻授使持节、散骑常侍、征西将军、怀州刺史。允秋月巡境，问民疾苦。至邵县，见邵公庙废毁不立，乃曰："邵公之德，阙而不礼，为善者何望。"乃表闻修葺之。允于时年将九十矣，劝民学业，风化颇行，然儒者优游，不以断决为事。后正光中，中散大夫、中书舍人河内常景追思允，帅郡中故老，为允立祠于野王之南，树碑纪德焉。

太和二年，又以老乞还乡里，十余章，上卒不听许，遂以疾告归。其年，诏以安车征允，敕州郡发遣。至都，拜镇军大将军，领中书监。固辞不许。又扶引就内，改定《皇诰》。允上《酒训》曰：

臣被敕论集往世酒之败德，以为《酒训》。臣以朽迈，人伦所弃，而殊恩过隆，录臣于将殁之年，勖臣于已坠之地。奉命惊惶，喜惧兼甚，不知何事可以上答。伏惟陛下以睿哲之姿，抚临万国，太皇太后以圣德之广，济育群生。普天之下，罔不称赖。然日昃忧勤，虚求不已，思监往事，以为敬式。此之至诚，悟通百灵，而况于百官士民。不胜踊跃，谨竭其所见，作《酒训》一篇。但臣愚短，加以荒废，辞义鄙拙，不足观采。伏愿圣慈，体臣悾悾之情，恕臣狂瞽之意。其词曰：

自古圣王，其为飨也，玄酒在堂而醴酒在下，所以崇本重原，降于滋味。虽汎爵旅行，不及于乱。故能礼章而敬不亏，事毕而仪不忒。非由斯致，是失其道。将何以范时轨物，垂之于世？历观往代成败之效，吉凶由人，不在数也。商辛耽酒，殷道以之亡；公旦陈诰，周德以之昌。子反昏醉而致毙，穆生不饮而身光。或长世而为戒，或百代而流芳。酒之为状，变惑情性，虽曰哲人，孰能自竞。在官者殆于政也，为下者慢于令也，聪达之士荒于听也，柔顺之伦兴于诤也，久而不悛，致于病也。岂止于病，乃损其命。谚亦有云：其益如毫，其损弥乎。无以酒荒而陷其身，无以酒狂而丧其伦。迷邦失道，流浪漂津。不师不遵，反将何因。《诗》不言乎，"如切如瑳，如琢如磨"，朋友之义也。作官以箴之，申谟以禁之，君臣之道也。其言也善，则三覆而佩之；言之不善，则哀矜而贷之。此实先王纳规之意。往者有晋，士多失度，肆散诞以为不羁，纵长醉以为高达，调酒之颂，以相眩曜。称尧舜有千钟百觚之饮，著非法之言，引大圣为譬，以则天之明，岂其然乎？且子思有云，夫子之饮，不能一升。以此推之，千钟百觚皆为妄也。

今大魏应图，重明御世。化之所暨，无思不服，仁风敦洽于四海。太皇太后以至德之隆，诲而不倦，忧勤备于皇情，诰训行于无外。故能道协两仪，功同覆载。仁恩下逮，罔有不遵，普天率土，靡不蒙赖。在朝之士，有志之人，宜克己从善，履正存贞。节酒以为度，顺德以为经。悟昏饮之美疾，审敬慎之弥荣。遵孝道以致养，显父母而扬名。蹈闵曾之前轨，遗仁风于后生。仰以答所授，俯以保其成。可不勉欤！可不勉欤！

高祖悦之，常置左右。

诏允乘车入殿，朝贺不拜。明年，诏允议定律令。虽年渐期颐，而志识无损，犹心存旧职，披考史书。又诏曰："允年涉危境，而家贫养薄。可令乐部丝竹十人，五日一诣允，以娱其志。"特赐允蜀牛一头，四望蜀车一乘，素几杖各一，蜀刀一口。又赐珍味，每春秋常致之。寻诏朝晡给膳，朔望致牛酒，衣服绵绢，每月送给。允皆分之亲故。是时贵臣之门，皆罗列显官，而允子弟皆无官爵。其廉退若此。迁尚书、散骑常侍，时延入，备几杖，问以政治。十年，加光禄大夫、金章紫绶。朝之大议，皆咨访焉。

魏初法严，朝士多见杖罚。允历事五帝，出入三省，五十余年，初无遣咎。初，真君中以狱讼留滞，始令中书以经义断诸疑事。允据律评刑，三十余载，内外称平。允以狱者民之命也，常叹曰："皋陶至德也，其后英蓼先亡，刘项之际，英布黥而王。经世虽久，犹有刑之余衅。况凡人能无咎乎?"

其年四月,有事西郊,诏以御马车迎允就郊所板殿观瞩。马忽惊奔,车覆,伤眉三处。高祖、文明太后遣医药护治,存问相望。司驾将处重坐,允启陈无恙,乞免其罪。先是,命中黄门苏兴寿扶持允,曾雪中遇犬惊倒,扶者大惧。允慰勉之,不令闻彻。兴寿称共允接事三年,未尝见其忿色。恂恂善诱,诲人不倦。昼夜手常执书,吟咏寻览。笃亲念故,虚己存纳。虽处贵重,志同贫素。性好音乐,每至伶人弦歌鼓舞,常击节称善。又雅信佛道,时设斋讲,好生恶杀。性又简至,不妄交游。显祖平青齐,徙其族望于代。时诸士人流移运至,率皆饥寒。徙人之中,多允姻媾,皆徒步造门。允散财竭产,以相瞻赈,慰问周至。无不感其仁厚。收其才能,表奏申用。时议者皆以新附致异,允谓取材任能,无宜抑屈。先是,允被召在方山作颂,志气犹不多损,谈说旧事,了无所遗。十一年正月卒,年九十八。

初,允每谓人曰:"吾在中书时有阴德,济救民命。若阳报不差,吾寿应享百年矣。"先卒旬外,微有不适。犹不寝卧,呼医请药,出入行止,吟咏如常。高祖、文明太后闻而遣医李修往脉视之,告以无恙。修入,密陈允荣卫有异,惧其不久。于是遣使备赐御膳珍羞,自酒米至于盐醯百有余品,皆尽时味,及床帐、衣服、茵被、几杖,罗列于庭。王官往还,慰问相属。允喜形于色,语人曰:"天恩以我笃老,大有所赉,得以赡客矣。"表谢而已,不有他虑。如是数日,夜中卒,家人莫觉。诏给绢一千匹、布二千匹、绵五百斤、锦五十匹、杂采百匹、谷千斛以周丧用。魏初以来,存亡蒙赉者莫及焉,朝庭荣之。将葬,赠侍中、司空公、冀州刺史,将军、公如故,谥曰文,赐命服一袭。允所制诗赋诔颂箴论表赞,《左氏》《公羊释》《毛诗拾遗》,《论杂解》《议何郑膏肓事》,凡百余篇,别有集行于世。允明算法,为算术三卷。子忱袭。

【译文】

高允,字伯恭,渤海人。祖父高泰,事迹收入高允叔父高湖的传记中。父亲高韬,少年时代即以见识高明、才智过人而闻名,颇受同乡封懿的敬慕。高韬曾在后燕任慕容垂的太尉从事中郎。北魏太祖拓跋珪攻破后燕都城中山后,封韬为丞相参军。但英年早逝。

高允幼年时就成了孤儿,人很早熟,有着非凡的气度,清河人崔玄伯见他后极为惊异,赞叹说:"高子内心德行高尚美好,神情文雅明朗,如镜子能够外照一样,将来必能成大器,而为一代人杰,只可惜我恐怕不能亲眼看到了。"在高允十几岁的时候,祖父去世,他为奔丧回到家乡,把家产交给两个兄弟管理,自己出家作了僧徒,释名法净。不久后还俗。高允生性喜爱文史典籍,身背书籍,不远千里拜师求学。他知识广博,对历史和儒家的经典,以及天文、历法、占卜等学问都很精通,尤其喜爱《春秋公羊传》一书。曾被郡守征聘为功曹。

北魏神䴥三年,世祖太武帝的舅舅阳平王杜超临时代行征南大将军,镇守邺城,任高允为从事中郎,这时他已四十多岁了。当时正值春天,但很多州郡中的囚徒还不能处置,杜超于是命高允与中郎吕熙等人分别前往这些州郡,评议刑罚事务。吕熙等人贪污受贿,都因此而犯了罪,只有高允一人为官清廉,获得了奖赏。卸官后他回到家乡,以教书为生,学生有千余人。神麚四年,高允与卢玄等人一起被朝廷征聘,封为中书博士。后来升任为侍郎,与太原人张伟一起以侍郎兼领卫大将军及乐安王拓跋范的人事中郎。世祖太武帝的弟弟拓跋范,备受宠爱,他在陇西镇守长安时,曾得到高允多方面的扶正和帮助,大受裨益,深得秦地人民的拥戴。不久,高允被征召回朝。高允曾作过一首《塞上翁诗》,诗中饱含了心酸和喜悦,抒发了他离开秦地时的得意与失落的心情。骠骑大将军,乐平王拓跋丕西征上邽时,高允又以侍郎的身份参议拓跋丕军中的作战事务。有关的事迹收在《乐平王丕传》中。魏军平定凉州后,高允因参议谋划有功,被赐汶阳子的爵位,并兼领建武将军。

此后,魏帝颁诏令高允与司徒崔浩共同著述国史,写成《国记》,兼任著作郎。当时,崔浩召集了很多通晓天文历法的人,考证校定自汉代建国以来日食月食和金木水火土五星的运行行度,并检查旧史中的失谬,另外制定了魏国的历法,然后拿给高允看。高允说:"天文历法不可以作没有证据的空谈,要想将距今很远时代的天象推算准确,必须首先检验对距今较近的时代的天象的推算结果。况且汉代元年仲冬十月,金、木、水、火、土五星汇聚在东井宿的说法,实际是对历法的浅薄不识之论。今天我们讥笑汉代的史官,反而却不能察觉这种说法的错误,恐怕将来我们的后人会像我们现在讥笑古人一样地讥笑我们了。"崔浩说:"你所说的谬误指的是什么?"高允道:"考查《星传》,金、水二星常常在距太阳很近的地方运行。仲冬十月的凌晨,太阳运行到尾宿和箕宿附近,黄昏时从西南方落下,而东井宿此时正从东北方升起。有什么理由说金、水二星会跑到正对着太阳的最远的地方运行呢?这是因为史官想要把事情神化,所以不再依据天象运动的规律来推算的结果。"崔浩说:"想要改变天象并没什么不可以,您难道不怀疑木、火、土三星能汇聚在一起吗?为什么只对金、水二星的往来运行感到奇怪呢?"高允道:"这些事不可以作没有根据的争论,最好还是深入地研究一下为好。"当时在座的人都感到奇怪,只有东宫少傅游雅说:"高君擅长历法,他的说法应当是有根据的。"一年多以后,崔浩对高允说:"过去我们所争论的问题,我本来并没有认真的思考,后来经过进一步的考证研究,果然像你说的一样,五星应提前三个月汇聚在东井宿,而不是在十月。"他又对游雅说:"高允的学问如此精深,我却不知道,就像钟阳元不知魏舒的箭法高明一样。"于是大家对高允都很叹服钦佩。高允虽然精通历法,但最初并不做推算,而且对于自己的这种谨慎做法很有说辞。只是游雅屡次向他请教有关灾害和奇异天象的问题。高允说:"古人说过,真正了解一件事是很难的,已经了解了又怕了解得不全面,因此还不如不了解。天下玄妙的道理极多,怎么能问这些事呢?"游雅从此便不再提问了。

不久,高允在做本官的同时兼作了秦王拓跋翰的老师。其后,世祖让他教授恭宗学习儒家经典,受到了很高的礼遇。同时又令高允与侍郎公孙质、李虚、胡方回共同议定法令条文。世祖推荐高允参与论刑罚和治国之策,他的见解非常符合世祖的主张。于是世祖向他征询道:"国家政务繁多,什么事应该最先处理呢?"当时全国的土地多遭封禁,而且京城中不靠务农而吃饭的人非常多。因此高允说:"臣小时候穷苦,只懂得种地,请允许我谈论农业的事情吧。古人说:一平方里的土地可开垦良田三顷七十亩,一百平方里的土地则可开垦良田三万七千顷。如果辛勤地耕耘,每亩就可以增产三斗粟米,如果懒惰则会减少三斗。这样一来,一百平方里的良田,增产或减产粟米的总数就可以达到二百二十二万斛,况且天下的良田如此广大,增产或减少的粟米又该有多少呢? 如果官府和农户都有积蓄的粮食,那么即使遇上饥荒的年景,又有什么可忧虑的呢?"世祖认为这个设想非常好。于是解除对土地的封禁,把良田都授给了农民。

当初,崔浩举荐提拔了冀、定、相、幽、并五洲的数十人,初做官就当了郡守。恭宗对崔浩说:"在他们之前已经征聘了很多人,也是从各个州郡中选拔的。这些人在职的时间已经很长,勤勤恳恳地工作,但未能得到任何报答。现在可以先把过去征聘的人补充到其他郡县任职,然后以新征聘的人代行郎吏一级的官职。而且郡守县令要管理民众,所以最好任用那些经历丰富的人。"崔浩固执地与太子恭宗争辩,并派遣了他自己选拔的那些人。高允听说此事后,对东宫博士管恬说:"崔公不能幸免了! 如果他非要以他的这种错误做法来和殿下较量,并要争个胜负,怎么还能平安度日呢?"

辽东公翟黑子深受世祖的恩宠,他奉公出使并州时,竟收受上千匹布的贿赂,事情很快就被发现了。于是黑子来向高允请教对策,他说:"如果圣上向我问及此事,我是自首伏罪呢,还是避而不答?"高允道:"公是朝廷中的宠臣,回答圣上的提问时最好说实话。并且要告诉圣上你对朝廷的忠诚,这样你的罪也就不会太大了。"而中书侍郎崔览和公孙质等人却不这样认为,他们都说,一旦自首从实招认,获罪是大是小实在无法测度,因此最好回避不说。黑子认为崔览等人更关心自己,反怒气冲冲地对高允说:"按您说的去做,简直就是引诱我去送死,如果真是这样,为什么不直说呢!"于是就这样与高允绝交了。后来,黑子在回复世祖的提问时没能说实话,终于被世祖疏远,最后获罪而遭杀戮。

当时,著作令史闵湛和郗标因性格奸佞,巧言奉迎,深为崔浩所信任。他们看到崔浩注的《诗经》《论语》《尚书》和《易经》后,立即上书魏帝,声称马融、郑玄、王肃和贾逵等人,虽然都注释讲述过《六经》,但都存在疏漏和错误,不如崔浩的注解精辟。建议广泛搜集国内的各种书籍,藏入官府。然后颁行崔浩对儒家经典的注解,让天下人学习。并请求魏帝降旨,让崔浩注解《礼传》,使后人能够了解正确的经义。崔浩也上表推荐闵湛,称他有著述才能。而后,闵湛又劝崔浩把他所撰写的国史刊刻上石,以便万世流传,他的目的是想使崔浩撰写国史时秉笔直书,对拓跋部的事迹记录得既详备又不雅观的情况得到更充分的表现。高允听说此事后,对著作郎宗钦说:"闵湛所做的一切,分寸之间,恐怕就会导致崔家遭受百年不遇的大难。我的门徒中可没有这种人。"不久,大祸降临了。

当初,崔浩被拘捕后,高允则在中书省内值班。恭宗派东宫侍郎吴延去叫高允,并把他留在宫内暂住一夜。第二天,恭宗要入朝拜见世祖,让高允一起陪同前往。走到宫门前,恭宗对高允说:"入朝后当见到圣上的时候,我自然会引导你的。倘若圣上有事问你,你只管依着我的话说。"高允问恭宗:"为了什么事要这样做呢?"恭宗说:"进去自然就知道了。"入朝后见到了魏帝,恭宗说:"中书侍郎高允自在臣的宫中以来,已共同相处多年,他做事小心谨慎而且周密,臣确实非常了解他。虽然他与崔浩同做一事,然而高允低微,都是听从崔浩的主张。请饶恕他的性命吧。"世祖把高允叫到面前,对他说:"《国书》是否都是由崔浩撰写的呢?"高允答道:"《太祖记》是前著作郎邓渊所撰。《先帝记》和《今记》是臣与崔浩共同撰写的。然而崔浩多做综合的工作,只是统筹裁定而已。至于吏中注解疏证的部分,臣做得比崔浩多。"世祖听后勃然大怒,说道:"这个罪比崔造还重,怎么能留他活路!"恭宗急忙说:"高允是小臣,见到圣上威严庄重的样子,就语无伦次了。

臣曾经详细地问过高允，他每次都说是崔浩写的。"世祖问高允："果然像太子所说的吗？"高允答道："臣才质平庸，著述写作时谬误百出，冒犯了天威，此罪理应灭族，如今臣已甘愿受死，所以不敢不说实话。殿下因为臣长期为他讲习授课，所以可怜臣，为臣祈求活命。其实他并没有问过臣，臣也没有说过那些话。臣回答圣上的都是实话，不敢心神无主。"世祖对恭宗说道："正直啊！对一个人来说，这已经是很难做到的了，而且能够至死不移，不就更难了吗！而且他对我说的都是实话，真是忠臣啊。就为他的这些话，我宁愿不追究他的罪，最好还是宽恕了他吧。"高允终于被赦免了。世祖于是把崔浩叫到面前，让人诘问他。崔浩非常惶恐，不能答对。而高允却对每件事情都能郑重说明，有条有理。所以当时世祖更加生气了，命高允撰写诏书，自崔浩以下，僮仆及小吏以上，共一百二十八人，均夷灭五族。高允迟疑着没有动笔，世祖则频频下令急切地催促。高允祈求再次拜见圣上，然后再动笔撰写诏书，于是世祖把他叫到跟前，高允说道："崔浩所犯的罪，如果还有除著述国史之外的其他什么原因的话，那不是臣胆敢知道的。倘若只因国史一事，那么，秉笔直书，坦率写作虽然对朝廷有所触犯，但也还不至于处死呀。"世祖勃然大怒，命武士将高允拘捕起来。恭宗赶快恭敬地为高允请罪。世祖说："如果没有这个人对我表示愤然不满，早就有几千人被斩了。"崔浩最后终于被杀，而且灭了五族，其他人也都惨遭杀戮。宗钦在临死之前，曾感叹说："高允大概是个圣人吧！"

事过之后，恭宗责备高允说："人应当能够把握时机，审时度势，不能审时度势，书读得再多又有什么用呢？那时候，我一开始就引导卿回复圣上的提问，为什么不顺着我的话说，以至于把圣上气成那个样子。每当想起此事，就让人心惊肉跳。"高允说："臣是出生于东方荒野中的凡夫俗子，本来并没有做官的打算。恰好遇上了太平盛世，在朝廷征聘贤士的时候，也就应选了。于是脱去布衣，穿上官服，在中书省任职，而且还经常在麒麟阁参与校勘典籍。那些白拿着朝廷的俸禄而又不做事的官员都很荣耀，而真正有才干的人却被压制不能任用，这种局面已经太久了。史书乃是帝王行为的真实记录，是为后代留下的一个明确鉴戒，这样才能使今人可以了解古人，而后人也可以了解今天。正因为言行举止都要详细记载，所以帝王的行为才要格外谨慎。然而崔浩一家虽世代都蒙受朝廷特殊的礼遇，在当时是非常显赫的大族，但他辜负了圣上对他的恩宠，自取灭亡。但即使对崔浩的这些做法，在当时也还是有值得讨论的余地的。崔浩才知疏弱，象蓬蒿一样，却担负着栋梁般的国家重任，在朝中他缺少正直的节操，在家中也不能与亲人和睦相处，个人的贪欲早已使他忘记了作为朝臣的廉洁之本，个人的爱憎早已取代了正直与真理，这些都是崔浩的责任。但是，至于记录朝廷日常生活的种种事迹，谈论国家事务的正确与失误，这些却也都是史书中的要点，不能与事实有太多的违背。然而，臣与崔浩实际上共同参与此事，不论生死荣辱、按理说两人本不应该有什么不同，实在是由于蒙受了殿下的极大关怀，才违心地苟且幸免，这许不是臣的本意。"恭宗听后非常感动，赞叹了一番。高允后来对人说，我没有接受太子的引导，是唯恐辜负了翟黑子，因为当初我就是这样教导他的，所以现在我自己也应该这样做。

恭宗在去世前的几年中，对自己身边的人非常亲近，并自己营造田园，靠他们来获取财利。高允规劝他说："天地没有私欲，所以天能够覆盖着大地，而大地能够生长万物；帝王没有私欲，所以能够包养天下。过去贤明的君主，都以极公正的态度从政治民，所以把金银留藏在山中而不去开采它，把珍珠留藏在深水中而不去捕捞它，用这些事实将自己的无私昭告天下人，用自己的节俭教诲天下人。所以赞美之声四起，万代传颂。今天，殿下作为国君的继承者，四海归心，您的言行举止，将成为天下人效法的榜样，而您却营造私人田园，畜养鸡犬，甚至在市集上贩酒，还与市民讨价还价，以至于使议论之声到处流布，而难以补救和掩盖。天下乃是殿下的天下，您富有得享有了四海之内的一切，还有什么想要而得不到的呢，有什么欲望不能满足呢，反而去和那些男女商贾争夺蝇头小利。从前虢国将要灭亡的时候，神从天上降临了，赐给他们土地田园，最后竟丧失了国家。汉灵帝不学习君主的庄重威严，而喜欢与宫中的人摆摊贩卖，自己建立了府库，经营小利，最后使国家发生了颠覆混乱的灾难。前车之鉴就像现在您所做的一样，非常可怕呀。一个作君主的人，在选择用人时必须慎重，仔细观察。所以人们把知人善任叫作哲，这一点对于帝王来说是困难的。《商书》说：'不要接近小人'，孔子也说过，你亲近了小人，他就会对你无礼，你疏远了小人，他就会怨恨你。武王亲近周公、邵公、姜太公和毕公，所以能称王天下。殷纣王亲近飞廉、恶来，所以国家灭亡了。纵观古今的社稷存亡之际，没有不是由于亲近小人所致。现在殿下总发自内心地感叹缺少人才，实际上贤达之人并不少。近来在您身边侍奉您的那些人，恐怕都不是治国安邦的材料。所以希望殿下能够稍微倾听一下臣的话，排斥奸佞邪恶的小人，亲近忠良，把归自己所有的田园分给贫苦的人，找准时机把畜养和贩卖之事也结束了。只有这样，听到赞美之声的那一天才会来，而指责之声也就可以平息了。"恭宗并没有接受高允的劝告。

恭宗死后，高允很久都没有入宫进见圣上。后来世祖召见他，高允入宫时，走上台阶就开始抽泣，悲痛得不能自制。世祖见此情景，也跟着哭了，并命高允出使，离开京城。朝臣们都不知因为什么缘故，彼此说道："高允没遇到什么值得悲泣的事呀，让圣上如此哀伤，究竟为什么呢？"世祖听到后，把他们招呼过来说："你们不知道高允的悲痛吗？"朝臣们说："臣等看到高允不说话，只是哭泣，而陛下为这事很悲伤，所以偷偷地说几句。"世祖说："崔浩被杀时，高允也应当一同处死，由于太子苦谏，才得以幸免。今天太子不在人世了，高允看到我因此很悲痛。"

高允后来上表说："前些年圣上下诏，命臣汇集各种天文及灾异现象，并与人间的各种事情相互联系，既要精练又要值得一看。臣听说箕子陈述治国的方略而写成《洪范》，孔子讲述鲁国的历史而著成《春秋》，这些都是宣扬各种治国安民的法规、恭敬地观测天象的例子。所以，根据人们行善还是作恶，天马上就会做出反应而出现灾难或奇异的天象，随着人们的成功或失败，天马上也会应验而降临灾祸或福禄。天与人其实相距很远，但所得到的报应，其速度却像回声一样快，真是太可怕了。自古以来，历代帝王之中，没有一位不尊崇这个天人感应的规律，并以这个法度作为考核的标准来整饬国家，修德行善的。在他们之后，史官都要把那些事情记录在案，以便作为行动的借鉴。汉成帝时，光禄大夫刘向见国家的命运将有危难，权力旁落外戚手中，所以屡次上表陈述出现了妖异天象，但都未被采纳。于是以《洪范》和《春秋》二书中有关上天已对人间的恶迹有所报应而出现了灾异天象的内容加以解释，希望以此使君主有所触动而醒悟，但皇帝终究还是没有对现状进行治理查问，最后终于导致了国家的灭亡。这难道不是很悲哀的吗！尊敬的陛下，您的神威与武功效法皇天，英明而远见卓识，并以非常恭敬的态度来考查古代，一切都按照传统的规矩行事，对古代的言论行为，无不深入地鉴别品评，这些都是先帝所不及的。臣才疏学浅，孤陋寡闻，恐怕没有能力为圣上开阔见闻，使您有所裨益，并且恭敬地实现您英明的意旨。今天臣郑重地依照《洪范传》《天文志》，将其中有关事实的要点摘出，并加以汇集，省略掉那些修饰性的言辞，一共录成八篇。"世祖阅后认为很好，说道："高允对灾异现象的精通程度，难道不如崔浩吗？"到高宗即位以后，高允辅佐新君，表现出很高的谋略。当时，司徒陆丽等人都受到了重赏，而高允却没有受到什么奖励，对于此事，他至死都没有一句怨言。这些事情表现了他对朝廷的忠诚，为人谦逊而不好夸耀的品行。

给事中郭善明，生性机智乖巧，想在皇帝面前显示一下自己的才能，于是劝高宗大兴土木，营建宫殿。高允劝阻道："臣听说太祖道武皇帝在平定天下之后，才开始营建都城，但所有的工程，不等到农闲的时候绝不动工兴建。现在国家已经建立很久了，各种宫室都已建造齐备，永安前殿足可以让君主接受万国宾客的朝见，西厢温暖的房间也足可以安置侍奉圣体，登上紫色的楼阁临望，远近可一览无余。如果大范围地修建雄伟华丽的宫殿，目的只是为了奇异好看，那最好还是慢慢地建，不可仓促行事。统计起来，修建这些宫殿，斫制石木材，运送土方，以及各种杂劳役，总共需要两万人，壮年男子承担这些劳役，老人小孩送水送饭，总计则达四万人，而且需要半年时间才能完成。古人说过：一个男人不耕种，就会有人挨饿；一个妇女不织布，就会有人受冻。何况数万人之多，所造成的损失和浪费就太大了。回首想想古代的事实，再来检验今天，必然会得到同样的结果。圣上确实应该再考虑考虑为好。"高宗采纳了这些建议。

高宗继承了太平事业，但依旧沿袭着鲜卑的风俗习惯，婚丧嫁娶都不遵循中原的传统仪式，于是高允规劝道：

先帝在世之时，多次颁发圣明的诏令，婚姻嫁娶之时不得演奏音乐，送殡埋葬之日也不得唱歌、击鼓跳舞、杀牲和焚烧祭品，这一切都要禁止。虽然这些规定已颁布了很久，但风俗仍然没有改变。而且由于身居高官的人不能改悔，平民百姓也渐渐习惯而成为风俗，对人民教育的荒废，竟到了今天这般地步。过去周文王在百里大小的侯国中，不论整饬德政民风，还时颁布政令，首先从自己和妻子做起，而后再要求他的兄弟，最后才到天下的百姓，终于占有了三分之二的天下。这表明统治者无论做什么事，都要首先从自己和亲人做起。《诗经》说："教育你的亲属行善无恶，天下人就都会效仿了。"所以，君主的一举一动不可不谨慎啊。

《礼记》说：有女儿出嫁的人家，三日燃烛不灭；迎亲娶妻的人家，三日不能奏乐。今天各王纳室娶亲，都由乐部供给艺伎，以供嬉戏玩耍，却反而单对平民百姓横加禁止，不许奏乐，这是第一件怪事。

古代结婚的，都选择有道德节义的人家，挑取贞洁娴静的女子，先要请人说媒，接着再下聘礼，对邀集的幕僚和朋友要注重他们身份的区别，亲近那些乘车的客人，崇尚他们端庄肃穆的仪态，婚姻大事，就是这么难。可是在今天，诸位宗王年仅十五岁就赐给了妻室，离家单独居住了。然而配给妻子的宗王们，有的长幼不分，有的竟闯入嫔妃的住处胡作非为，而与宗王婚配的人，则尽是些嫔妃宫女。自古以来，违背礼仪之甚，没有比这些事再过分的了。近几年来，频频有人揭发和检举这种违礼之事。假如是诸位宗王因饮酒无度而受到责难,事情的缘起,也都是由于他们的妻子因年老色衰而遭到抛弃,从而造成了这种纷乱的局面。如今皇子所娶的妻室多出自嫔妃宫女之中,但却反要天下的平民百姓必须依照礼制的规定婚嫁,这是第二件怪事。

万物生长,最终没有不死亡的,古代贤明的先王制定了礼制,用来养生送死,这是符合人情道理的。如果毁灭生命而自寻死路,那就是圣人禁止的了。然而,埋葬的意思就是藏匿,死者不可能再见面了,所以要把他们深深地藏匿起来。过去帝尧被葬在谷林,农民并没有因此而迁徙到别的土地上去耕种;帝舜被葬在苍梧,商人也没有被迫到别的地方去做生意。秦始皇倒是营建了地下冥城,把它的基础牢牢地固定于三泉之上,所用的金玉珍宝不可计数,但他刚死不久,尸体就被焚烧了,墓穴就被盗掘了。由此推想,尧舜的俭朴,秦始皇的奢侈,谁是谁非就一目了然了。现在国家营建陵墓,花费上亿的银钱,一旦烧了,不也同样成为一片灰烬。如果奢侈浪费对死者有益,为什么单单古人不这样做呢。如今圣上不停地营造茔域,却坚决禁止平民百姓有所兴建,这是第三件怪事。

古代丧礼祭礼,为代替死者受祭,必须立尸,用来辨别左昭右穆的次序,使死者有所依凭,致行献食之礼。如今死者被埋葬之后,人们干脆直接寻找一位与死者相貌相似的人,死者是父母,就像对待父母一样地侍奉他,死者是配偶,则与他像夫妻一样相互恩爱。伤风败俗,亵渎人伦,混乱礼制,没有比这更厉害的了。朝廷不加禁止,百姓也不改易杜绝,这是第四件怪事。

宴飨之礼可以规定礼制仪式,教诲天下臣民,所以圣贤的帝王都重视它。礼制之严甚至到了酒杯满了就不能喝,饭菜不新鲜就不能吃,音乐不是合乎规范的高雅之声就不能演奏,食物不是纯正的货色就不能摆上宴席。而如今在大宴宾客的时候,宫廷内外的人都混杂在一起,因醉酒而喧闹不休,毫无礼仪可言。同时让滑稽小丑做粗俗表演,玷污人们的视听。朝廷长期形成了这种坏习惯,反倒以其为美,而斥责纯洁素朴的风尚,这是第五件怪事。

今天,陛下作为历代帝王中最后的一位,因袭了晋代动乱而遗留的弊端,反而不加以矫正厘定,鞭挞陋俗,臣只怕天下的百姓,永远也见不到传统的礼仪和道德了。高允不止一次地这样劝谏高宗,而高宗也都能从容静听,有时因直言过激而有所冒犯,高宗实在不忍再听下去了,就让身边的人将他搀扶出去。只要在不便当众劝谏的情况下,高允就要求到内宫拜见高宗,高宗深知高允的心意,总是预先在屏风旁迎接他。高允得到很高的礼遇和尊敬,早来晚走,有时接连几天都住在宫里,大臣们都不知道他们在议论些什么。

一次有人上书,历陈朝廷的得失,高宗将表章翻看了一遍,然后对群臣说:"一国之君就是一家之父,父亲有了错误,做儿子的为什么不写成表章,在人群之中当众劝谏他,让大家都知道他的坏处,而是躲在家里私下处理呢。这难道不时对父亲的爱戴,而恐怕家丑外扬吗?如今国家有了善举或恶行,作为臣子不能当面陈述,却要上表在大庭广众之下劝谏一番,这难道不是宣扬君主的缺点,而标榜他自己是多么正确吗。象高允那样的人,才是真正的忠臣。朕有了错误,他常常以正直之言当面辩论,说到朕所不爱听的时候,仍然能侃侃而谈,毫不回避迁就。朕认识到了自己的过错,而天下的人却不知道朕曾受过规谏,这难道不是忠诚吗!你们这些人常在朕的左右,朕却从来没有听到过你们当面对朕说过一句正直的话,只是趁朕高兴的时候祈求官职。你们这些人手持弓箭和刀斧，侍奉在朕的身边，只有白白站立的苦劳，却全都作了王公贵族。而高允手持一支笔，纠正国家的偏失，却只不过是个小小的著作郎。你们这些人难道不感到愧疚吗？"于是，高宗封高允为中书令，同时还让他像过去一样著述校勘。司徒陆丽说："高允虽然得到了圣上的恩宠，但他家境贫寒，衣着俭朴，妻子儿女身份都很寒微。"高宗气愤地说："为什么不早告诉我！今天朕要重用他了，才说出他家境贫寒。"当天，高宗亲自来到高允的家，看到他家只有几间草房，房间里是粗布做的被子和乱麻做成的袍子，厨房中也只有咸菜而已。高宗感叹地说："古人的生活难道比得上这样清苦吗！"当即赐给高允丝帛五百匹、粟米千斛，封高允的长子高忱为绥远将军、长乐太守。高允再三表示坚决辞让，高宗没有同意。当初与高允一起被征聘的游雅等人，多已拜官封侯，甚至高允手下的百十名小吏，也都做到了刺史郡守一级的职位，而高允却作了二十七年的著作郎，没有升官。当时朝廷中的官吏没有俸禄，高允就经常让他的几个孩子砍柴伐木，维持生计。

当初，尚书窦瑾因获罪而遭诛杀，他的儿子窦遵为避难逃亡到了山泽之中，窦遵的母亲焦氏也因此而被囚禁在县府。后来，焦氏虽因年老而得到赦免，但窦家的亲友之中竟没有一个人愿意赡养她。高允可怜年老的焦氏，把她留在自己家里保护赡养。一晃六年过去了，直到窦遵得到赦免后才将老母接走。高允的行为就是这样敦厚。后来，高允转作了太常卿，同时还继续担任中书令。他上奏《代都赋》，用以规劝讽谏，此文也属于汉代张衡《东京赋》和《西京赋》之类的作品，但内容多没有保存下来。当时，中书博士索敞与侍郎傅默、梁祚讨论人的名与字的尊卑贵贱，著述议论纷纭杂乱，莫衷一是。于是高允撰写了《名字论》，为人们解惑释疑，他引经据典，论证翔实。后来他又在任中书令的同时兼领秘书监，解除了太常卿一职，并晋封爵位梁城侯，加官左将军。

从前，高允与游雅及太原张伟同是同学而成了朋友，游雅曾评价高允说："爱发怒的人，一生中就不可能不发怒。而过去的史书中记载的卓公心胸宽阔，文饶大度海量，心地狭窄的人或许不相信有这种人。我与高子相交四十年了，却从来没有见过他为事情的对或错而面露喜怒之色，不也就相信了。高子内心文德辉耀，外表柔弱，说起话来迟迟不能出口，我常叫他'文子'。崔公曾对我说：'高生博学多才，为一代佳士，只是缺少点勇武的风度气节。'当时我也这么看。可后来发生的事却并非如此。司徒的国史罪，只不过因一点小事所引起，但到圣上降诏责罚的时候，崔公竟声音也嘶哑了，腿也发抖了，连话都说不出来，宗钦和比他职位低的官员都吓得趴在地上，大汗直流，个个面无人色。而高子却详细地叙述事理，申明是非，言辞清晰明辨，声音高亢洪亮。圣上被他的行为所感动，在场的人也没有不称赞他的。他以仁厚之心对待同僚和朋友，保佑他们大吉，过去一向所说的勇武，比高允的行为又怎么样呢？宗爱依仗着权势，肆无忌惮，名声威振四海。他曾在大臣议政之处召见百官，宗王公侯及各级官员，只要看见他的殿庭就全都下拜，只有高子直到走上台阶后才长揖见礼。由此可见，汉代的汲长孺能躺在床上接待卫青，又有什么有悖于礼仪的呢！过去一向所说的风度气节，难道不就是说的这些吗？了解一个人本来就很难，被别人了解就更难了。我仅了解高允的外表，却不了解他的内心，而崔公竟连他的外表也不了解。钟子期遇见了俞伯牙，从此不再听琴，管仲一看到鲍叔牙，眼睛都亮了，确实是有原因的啊。"高允就是这样为世人所推崇。

高宗很尊重高允，常常不叫他的名字，而一直称呼他"令公"。于是"令公"之名传布得很广。高宗死后，显祖住在守丧的地方，乙浑趁机独揽朝政，密谋策反，威胁着国家的命运。文明太后杀了他，召高允到宫中，参议决定国家的大政方针。又下诏对高允说："近来，学校长期得不到修建，市肆衰落，学业荒废，青年们的叹息之声，在今天又重新出现了。朕已继承管理了这个伟大的事业，天下安宁，根据过去的制度，想要在郡国设立学校，使学习这项事业能够得以继续传授。卿是儒学宗师，开国元老，以您现在的名望和多年的德行，最适合与中书省和秘书省的官员参议此事，以便传布。"高允表奏道："臣听说象筹划治国大事这样的重要事业，必须首先对人民进行教育和培养；所有的秩序以及九类大法，也都是由于以礼德教化进行统治而形成的。所以，辟雍照耀着周代的《诗经》，而泮宫则是《鲁颂》中显要的内容。自永嘉之乱以后，已有的典章制度都被破坏了。乡间之间再也听不到吟诵《雅》《颂》的声音，京城都邑再也看不到释奠拜师的礼节。道德沦丧，事业衰落，已经有一百五十年了。每当尊敬的先王想要效法过去的典章制度之时，都要治理和提倡纯朴的风尚，只要制定的方案切实理想，很快就能够使局面恢复。陛下恭敬地处理政务并注意节约，明察是非，建立了丰功伟业，天下安宁，百官都能服从领导。为使祖宗的遗志得以发扬，已绝迹的周代礼制得以复兴，于是大发仁德之声，思考着创立新的礼乐法度及文章教化。不论达官显贵还是庶民百姓，都会为此而感到异常欣慰。臣承蒙圣上降旨命令，将中书、秘书二省的官员召集到一起，披阅览读历史典籍，详细研究典章制度和法度准则，随时随地督促儒者们努力从事他们的事业，重视学问而专心于他们的学说。这个圣明的诏令，综合汇集了古代的理义。遵照圣旨，注重建立学校，以便重振风俗教化。这样就能使先王业绩的光辉照耀未来，盛美之音流传天下。臣请求建立这样一种制度，大型的郡设立博士二名，博士的助手四名，学生一百名；次大的郡设立博士二名，助手二名，学生八十名；中型的郡设立博士一名，助手二名，学生六十名；小型的郡设立博士一名，助手一名，学生四十名。博士要选拔录用那些广泛涉猎儒家经典，一生的经历忠诚清白，能够为人师表的人，年龄要在四十岁以上。选拔录用助手的标准与博士相同，年龄在三十岁以上。如果道德修养高尚又大气早成，他的才华足以使他担任教书授业的工作，那么则不限于年龄。学生则挑选那些家世清白，受人敬重，行为美好谨慎，能够遵循礼教的人。首先将富贵人家的子弟全部录取，然后再录取通过考试的人。"显祖听从了高允的建议。自此开始，郡国之内开始设立了学校。

后来，高允因为年老有病，屡次上表请求辞官，皇帝没有同意。于是他写了《告老诗》。又因为昔日一同被征聘的同僚故旧，如今多已不在人世，他感叹时光的流逝，怀念故人，于是作了《征士颂》，颂文中只写了那些应聘在朝廷做官的人，其余未能入聘者则没被录入。对这批贤达之士，也只是简单列举了他们的生平事迹。现将颂文抄录于后：

　　中书侍郎、固安伯范阳人卢玄，字子真

　　行司隶校尉、中都侯西河人宋宣，字道茂

　　郡功曹史博陵人崔绰，字茂祖

　　中书郎燕郡人刘遐，字彦鉴

　　河内太守、下乐侯广宁人燕崇，字玄略

　　中书郎、武恒子河间人邢颖，字宗敬

　　上党太宗、高邑侯广宁人常陟，字公山

沧水太守、浮阳侯渤海人高济,字叔民

征南大将军从事中郎渤海人高毗,字子翼

太平太守、平原子雁门人李熙,字士元

征南大将军从事中郎渤海人李金,字道赐

秘书监、染郡公广平人游雅,字伯度

河西太守、饶阳子博陵人许堪,字祖根

廷尉正、安平子博陵人崔建,字兴祖

中书郎、新丰侯京兆人杜铨,字士衡

广平太守、列人侯西河人宋愔

征西大将军从事中郎京兆人韦阆,字友规

州主簿长乐人潘天符

京兆太守赵郡人李诜,字令孙

郡功曹长乐人杜熙

太常博士、钜鹿公赵郡人李灵,字虎符

征东大将军从事中郎中山人张纲

中书郎、即丘子赵郡人李熙,字仲熙

中书郎上谷人张诞,字叔术

营州刺史、建阳公太原人张伟,字仲业

秘书郎雁门人王道雅

辅国大将军从事中郎范阳人祖迈

秘书郎雁门人闵弼

征东大将军从事中郎范阳人祖侃,字士伦

卫大将军从事中郎中山人郎苗

东郡太守、蒲县子中山人刘策

大司马从事中郎上谷人侯辩

濮阳太守、真定子常山人许琛

陈留郡太守、高邑子赵郡人吕季才

历代帝王治理百官,无不积蓄网罗各种有才能的人,以便使统治之术更加高明有效。所以,周文王因为任用了众多的贤达之士才能使天下安宁,汉武帝因为得到了贤者的辅佐才开创了昌盛的局面。这些事迹都被记载在史籍之中,也都是自古至今最普通的道理。魏朝自神麚年间以来,国内太平安定,诛灭了享有几代非法统治的赫连氏,扫清了在极其荒避遥远的地方肆意妄为的贼寇,向南攻破了江南的楚地,向西荡涤了凉州之地,域外不同地方的民众,都仰慕魏朝的盛德大义,纷纷前来归顺。从此以后,国家偃戈息鼓,停战罢兵,重建礼教,创立学校,广罗俊才异秀之士,用他们应接咨询国家政事。真是日夜梦想着贤达睿哲之人,恨不得马上就能见到他们,四处寻访,只是为了能够求得才智超群的人。当时,大家都异口同声地称赞范阳人卢玄等四十二人,他们全是官宦的后代,在地方上都享有盛名,有辅佐之才。陛下亲自颁发圣旨,征聘卢玄等人,留着官位等待他们去做,空着爵位等着封给他们,他们之中的三十五人入朝做了官,其余的人虽依照规定而没有被州郡聘用，但其才干也同样不可估量。那时，满朝都是英杰俊士，人才济济，一派美好兴盛的景象。昔日臣与他们一同承蒙朝廷的举荐步入仕途，要么从容出入于朝廷议论政事，要么随意集聚到家中尽情娱乐，大家都以为，千载难逢的机会就从那时开始了。但时间流逝，吉凶相迭，共同被征聘的人中，由于年老或丧亡，如今差不多都已不在人世了。今旧尚健在的虽还有几位，但也天各一方，终难相见。往日的欢乐，今天却变成了悲伤。张仲业东行到了营州，多么希望他能回来一起倾心畅叙，在垂殁之年整装相聚，在桑榆之际感怀情谊。但仲业也不幸去世了。如今，朝中的百官都是晚辈，左邻右舍也都是陌生的面孔，进入宫廷没有寄托自己心意的场所，里里外外也没有让人解颜欢笑的地方。顾盼着自己的这副躯壳，所以只好永远叹息不步了。一篇颂辞可以赞美品德高尚的人的形象，也可以畅所欲言，寄托自己的情怀。我已有二十年没有做文章了，但事情急切，总挂念在我心上，怎么能沉默不语呢？于是为他们做了颂辞，颂辞说：

祥瑞紫气冲九天，群雄并起乱华夏，群王恭谨往征伐，屡驾战车飞跃马。扫荡流寇草莽贼，戮除邪恶与妖霸，四海之内合风俗，八方之中兴教化。刑罚教化量无际，天下安宁且同一，偃戈藏兵息战事，唯建礼教勤思虑。圣帝广求旷世杰，询访荐举能与贤，投竿垂钓山隐士，奇异才人同出现。

勤勉不倦卢子真，器量宏大心地纯，钻研学问德为准，研习六艺依据仁。旌旗弓矢应征选，换上官服除布裙，手提衣襟走上朝，良谋佳策日日陈。自东至南勤出使，适马扬鞭独驰骋，北燕冯弘东归顺，南朝刘宋和如亲。

茕单影孤崔茂祖，年幼衰亲遭不幸，严于律己多努力，重整旗鼓家道兴。专心勤勉习《六经》，遨游文藻辞章明，高官厚禄终辞谢，平静自保一清心。

燕崇常陟重诚信，言行高尚靡有失，不求苟且升官爵，任其自然去留职。淡泊谦和又节俭，与世无争善推辞，思念贤哲乐于古，如饥似渴求知识。

宁静致远高子翼，悟性高好李道赐，以礼相约结为友，和谐共处如抚琴。并肩参议万机事，清官为民施善行，悠闲自得度日月，聊以寄托两颗心。

审时度势许祖根，谋深智富逞才能，上仗皇恩功名就，下靠德友情谊重。功勋建树虽然晚，福禄享受实先行，同辈旧臣与故友，位居群后是此人。

孤身独立杜士衡，扪心自问无愧疚，不尚华丽言和语，结交新知不弃旧。计其财产虽贫弱，讲经论道富五斗，所说同僚此一人，实是国家真英秀。

超凡出众韦友规，人品正直心善良，他人长处勤汲取，自己小节善弃扬。禀性有序喜静默，南征北战漂泊郎，虽然屈居王侯下，念念不忘大志向。

赵国故土好地方，代不绝出多奇士，山岳聚集才人众，杰秀贤能推三李。神采飘逸似清风，谚语和悦行谦恭，初九圣贤行隐没，仰慕君王赴京城。李诜拜官治长安，李灵授爵作皇傅，垂训皇宫教后辈，肩负处理万机务。李熙早夭寿虽短，官已拜至侍郎署，所存风尚值效取，光明显赫贯终生。

学识渊博张仲业，性情清雅心高洁，礼仪容止仿古式，典谟诰旨理殷切。身处艰险心不改，节操如一贯始终。结朋交友重仁德，训教后辈尽孝道，教化覆盖及龙川，人民归附从其教。

祖迈杰出且贤能，祖侃授官也适选，闻名家邦受称赞，名声行为同丕显。兼济天下唯其志，独善其身非己愿，冲破束缚无规矩，功勋业绩终未展。

刘策许琛忠职守，鞠躬尽瘁竭力行，出使四方能游说，入见皇帝献其功。驾乘轻车走天下，燕地降服崇屈从，名声彰著映当代，社稷大业更昌盛。

大器早成宋道茂，人小年少远播名，真诚相待结知己，行为处事守信用。怡怡和睦诸兄弟，穆穆温暖一家庭，影响广大且深远，声名高振入云空。常在宫中尽臣责，兼掌天下京都城，量刑罚罪中为准，民风和谐百事平。

壮哉美哉刘彦鉴，艺文礼乐无不善，任其自然为禀性，本领才能自修炼。高官厚禄不崇尚，地位寒微不辱慢，谢绝朱门辞官去，回归山林大自然。

四俊之一邢宗敬，美名赞誉远播扬，辞章华丽似行云，文名洋溢早流芳。道遇路人疾病苦，诗赋相赠了慰问，真挚情感显于辞，人伦事理出于韵。

爽朗豁达高叔民，默识渊通论古今，领新悟异出奇想，发自心胸睿思明，气质堪比和氏璧，文采辉炳善辞章，仕途蹉跎坐京城，衣锦还乡归旧邦。

先知先觉李士元，性格耿直不迷惑，抖擞精神入殿阁，为臣尽忠效王国。行端履正榜样好，严循法度守绳墨，心地善良一君子，言行举止无差错。

孔子称许游和夏，汉人赞美渊与云，脱凡逾众游伯度，出类拔萃更超群。校勘经史入秘阁，总领州郡出河汾，移风易俗施教化，梳理疑乱解争纷。怡然理顺通难义，焕然冰释解疑文，精心研析儒家术，分别九流易辨清。

崔建宋憺二贤人，生性奇伟又英杰，颖脱而出自民间，休名美德漫宫阙。謇謇仪态殊正直，邈邈风节且高亮，贤达卓异不自负，白手起家终辉煌。

潘符高尚为典范，杜熙随和性友善，洁身自好不逐流，一尘不染有主见。名望高绝世罕有，只为小吏淡做官，不计得失反逾多，不尚名利反逾显。

张纲温和人谦逊，叔术端正性刚直，道雅洽闻且强记，闵弼博学又多识。隐者之中拔其萃，渐成栋梁展鸿志，发奋进取忘餐饮，雄心岂能足斗食。遵循礼仪行仁义，榜样规范自不失，挫折不悲心坦荡，得志不喜意平实。

郎苗初来入仕途，各种方法受考核，智足谋深超乎众，言论足可安邦国。性与时尚相融洽，勤勉理政不妄说，合乎今日新标准，无异古代之准则。

人求物利性贪婪，惑意乱神沉子酒，洁身自好属侯辩，唯富德义至笃厚。日日饮酒虽放纵，逾受敬重逾温柔，无道身躯藏私室，仿佛跻彼众公侯。

若论季才之性格，执着竞争又文静，长行远抵南秦地，申明皇威施政令。公平诱导权利弊，矫正是非依准绳，帝王事业得发扬，边疆昌盛且安宁。

群贤毕至会一世，声名显赫扬魏国，竭志效忠安天下，各展其能尽臣责。身披体袭红衣裳，腰系双佩扎玉带，荣耀辉煌在当时，风节高尚传千载。君臣相聚难相伴，古今常理异莫觉，昔日遵奉朝廷合，征举之士能和谐。撩起衣襟独畅想，解带宽衣自抒怀，此时忻乐如昨日，生死存亡忽两乖，沉思默想念故旧，内心翻腾久不平，挥毫赞美诸公德，更增我心悲与哀。

北魏皇兴年间，献文帝下诏命高允兼任太常，并去兖州拜祭孔子庙，献文帝对高允说："这件事只有人品宽厚、德行高尚的人才有资格前往，请你就不要推辞了。"其后，高允跟随显祖献文帝出征北伐，大胜而归，行至武川镇时，高允上奏《北伐颂》，颂辞说："吴广皇天真伟大,降赐鉴戒唯仁德,眷恋有魏负重任,居高临下照万国。礼仪教化大和谐,君王满腹多谋略,平息乱事依皇威,严守法则万民协。劫掠旧隶属北疆,承政发令在蕃邦,往昔只因常起事,驾车北去顾逃亡。世袭旧制不遵循,背离忠义违诚信,网罗亡徒聚强盗,丑寇败类真不少。竟敢率领众羊犬,图谋放纵更猖獗,圣帝降旨告上下,兴师挥戈去北伐。跃马扬鞭裹干粮,星驰电掣进军忙,扑伐征讨劫杀勇,横扫千军斧钺扬。斧钺所至人头落,执馘获俘灭敌旅,尸横遍野填沟谷,血流成河可漂杵。元凶敌首狐奔逃,假借陋室暂歇脚,手下爪牙已遭剿,身边心腹也被杀。周人和亲敬老

孔子庙

笃,忠厚仁德及草木,英明圣皇世绝伦,古今美德汇一身。恩泽被覆京观下,仁德宏旨又垂临,瘗埋尸骨放俘虏,仁爱施予生死魂。生灵死魂蒙仁爱,天地庇护人且喜,人伦纵贯幽冥界,皇泽圣恩播异土。物归其诚安天下,敬神行祭献其福,远近内外得安抚,率士之宾皆臣服。古代所称善用兵,三月克敌属神异,如今圣上也兴师,告捷不足十二日。大军上下同心战,千邦万国共和协,道义光耀垂万载,功勋劳绩铭玉牒,颂扬之声久不灭,流传播布至未来。"显祖阅后非常喜欢。

又有一事。当时,显祖献文帝常常闷闷不乐,因为高祖拓跋宏年纪尚幼,所以献文帝想立京兆王拓跋子推为太子,于是,他召集诸位大臣,依次征询他们的意见。这时高允上前跪倒在地,哭泣着说道:"臣不敢多言,只怕烦劳圣听,愿陛下以祖宗托付的事业为重,再回头想想周公辅成王的古事。"显祖于是把帝位传给了高祖,并赏赐高允丝帛千匹,以表彰他的忠诚亮节。高允后又被升任为中书监,兼领散骑常侍。他虽长期掌管着史校史的工作,然而却不能专心勤勉地从事此事,当时,他与校书郎刘模收集了一些资料,大略地对崔浩过去的工作做了续补,以《春秋》的体例为标准,而对崔著时有刊误匡正。自高宗到显祖的事迹以及军事、国政、书志、檄文,多为高允所撰。到了晚年,高允才推荐高闾接替自己。因他评定议论朝政有功,又被晋封爵位咸阳公,兼领镇东将军。

不久,高允又被任命为使持节、散骑常侍、征西将军和怀州刺史。一年秋季,高允巡行疆界,他关怀百姓的疾苦,所至之处,问寒问暖,当行至邵县的时候,高允见邵公庙已经塌毁,便对人说:"邵公的德操,毁伤它而不尊敬它,那么积德行善的人还能敬仰什么呢。"于是上奏魏帝,要求对邵公庙重加修葺。当时高允已年近九十岁了,还仍然劝导百姓学习问业,使得这种风气蔚然成风。相反,当时的很多儒者却只有悠闲自得地四处游历,而不去过问国家政事。多年以后,在北魏正光年间,中散大夫、中书舍人河内人常景追思怀念高允,亲率郡中的故旧老人,在野王以南为高允修立祠堂,树立碑石,记述他的丰德。

北魏孝文帝太和二年,高允又以年老为由,请求解甲归田,他先后上呈了十余份奏章,但孝文帝最后还是没有同意,于是高允以有病在身为由,请假回到家乡。当年,孝文帝就下诏征聘高允,命州郡负责用可以坐乘的安车将他送到京都。来到京城后,封他为

镇军大将军,兼领中书监。高允表示坚决辞让,不予接受。孝文帝又搀扶着他走入内宫,修改议定《皇诰》。高允当时上奏了《酒训》,奏章说:

"圣上曾命臣对于历代因贪杯饮酒而带来的种种弊端、败坏道德的事情加以汇集议论,写成《酒训》。臣愚朽年迈,按照常理都是该被抛弃的人了,而圣上却仍然施予臣异常隆重的恩典,在臣将死之年还录用臣,在臣心志衰丧的时候还勉励臣。臣接受皇命,诚惶诚恐,喜忧交加,不知怎样用行动来报答圣上的关心。尊敬的陛下英明睿智,远见卓识,身居高位安抚万国;太皇太后圣明贤达,仁德广大,救治养育万邦黎民。普天之下,无不称颂。尽管到了晚年还依旧忧虑而操劳不止,各种设想和希望总是接连不断,而且喜欢回首往事,总结一生行为的警示和借鉴。这种至诚至厚的心怀能够感悟百神,更何况百官和庶民了。臣不胜欣喜,郑重地把臣的所见所闻全部写出来,作成《酒训》一篇。但是臣愚笨无知,见识短浅,加上习文弄墨已荒废了多年,所以文辞拙劣,意义鄙陋,不值得阅读采纳。尊敬的圣上慈悲为怀,能够体恤臣的一片赤诚之情,宽恕臣悖理不明的主张。《训》辞是:

自古以来,圣贤的帝王都要举行宴飨的礼仪,由于上古时代还没有酒,当时都是用水来进行祭礼活动,所以帝王在举行飨礼的时候,要将水制的斋酒放置在厅堂上,而把祭礼用的齐酒放在它的下面,这正是崇尚根本,尊重渊源,而将祭品的滋味看得更次要的表现。如果做到这些,那么,尽管是带着酒杯游行,走到哪儿喝到哪儿,也不至于出现混乱。所以,一个人若能在彰明礼制之后饮酒,人们对他的恭敬仰慕之情就不会降低,若能在处理完事务之后饮酒,一切仪式也就不会出现差错。不遵循这项原则的做法,则是违背正道的。如果这样,又将怎么能作为时代的楷模和处事的典范而永世长存呢?综观古今历代兴衰成败的经验教训,其吉凶祸福皆在于人,而不在于天。商纣王帝辛沉湎于酒,殷商王朝因此而灭亡;周公姬旦作成《酒诰》,用它来训诫康叔,周朝因此而得以昌盛。春秋时楚国的公子侧(字子反)非常糊涂,纵情饮酒,终致命丧,而汉代的穆生滴酒不沾,却留下一代美名。有些人长期以来一直作为人们行动的借鉴,而另一些人则被世人万代传颂。酒这种东西能够改变和惑乱人的性情,虽说是哲人,但又有谁能控制得住自己呢。为官者会因酒而懒散地处理国家政务,庶民百姓会因酒而对政令怠慢不执行,聪明贤达之士会因酒而废弃听理,温恭柔顺之人会因酒而使他们发生争斗,而长期狂饮无度又不知悔改,就会使人产生疾病。哪里只是生病,简直就是减少寿命。有句谚语也说过:如果想使事物有所增益,那么只会像分毫一样少,而要想使事物有所减损,却会像刀切一样快。这里所说的增益,只是在一方面有所增加,不也很少吗。这里所说的减损,则是幼年时代即心志迷乱,幼年乱志这种损害,不也很多吗?千万不要因饮酒无度而使自己沉沦,千万不要因饮酒争胜而丧失伦常之道。如果做不到这些,就会使国家发生混乱,迷失方向,使人民漂泊流浪。不学习传统,不遵守法规,违背了这些原则还能继承什么呢。《诗经》不是说过吗,"对待事情要像制造骨器和玉器一样,精心地用刀去切割它,用锉去锉平它,用刀去雕琢它,用物去磨平它。"这就是朋友之间应遵循的原则。做官的人要对君主的错误有所规谏,为君者要对屡次谋划建功的人有所限制,这是君臣之间应恪守的法则。如果一个人所说的话是善良而有益的,就要反复地斟酌审察,并牢牢地记住它,如果一个人所说的话是恶意而无益的,就要哀怜它,宽恕它。这就是先王采纳规劝时所抱的态度。在昔日司马晋的时代，士大夫多丧失了法度，肆意地放荡不羁，以为这样才是不受约束的表现，纵情地举杯豪饮，以为这样才有高尚豁达的气度，吟唱着关于酒的颂歌，互相炫耀。他们声称尧和舜都都有千杯万盏的酒量，宣扬诋毁法度的言论，拿伟大的圣贤作例子，来表明他们的行为是在效法上天，难道真是这样的吗？子思说过，孔子饮酒，喝不了一升。由此推断，尧舜能饮千杯万盏的说法都是荒谬不合理的。

今天，伟大的魏国应受河图而统治天下，如日月的光辉普照大地，教化所及之处，无不归心臣服，仁德之风日盛，遍播于四海。太皇太后以至仁至德教诲万民，不知厌倦，所付出的忧虑和劳苦比皇亲之情还要殷勤周到，政令和教诲广行天下，超越疆界。所以能够使国运与天地和谐，使功绩堪比天地万物。圣上将仁德恩泽降施百姓，于是天下没有不遵守法度的，普天之下，率土之滨，也无处不蒙受着恩利。在朝中供职的群臣，都是些有志之士，他们最好要约束自己，从善而行，行为端正，忠直守一。节制饮酒以便形成法度，顺随德政以便建立标准。使人明白狂饮无度的危害，它会让人明知有害而无法自制，使人知道恭敬谨慎乃是极荣耀的美德。遵守孝道以赡养老人，光宗耀祖而使名声远扬。重蹈孔子的学生闵子和曾子的足迹，把仁德之风传给后人。这样才能向上以报答上天的赐予，向下以保护所取得的成就。怎么能不努力啊！怎么能不努力啊!"高祖阅后非常高兴，常把它放在自己身边。

高祖孝文帝后来下诏，允许高允乘车入殿，大臣朝拜时也可不必行礼。第二年，孝文帝下令让高允议定法令条文。虽然他的年纪已经很大，但意志和观察力却丝毫不减，犹如当年身为校书郎，披览考定史籍时一样。其后，孝文帝又降诏说："高允的年纪已经到了危险的阶段，但他家境贫寒，因而保养也很不够。可以让乐部派出十名弹奏丝竹乐器的人员，每隔五日到高允的家里去演奏，以便使他的心志能得到娱乐。"同时还特别赐给他一头蜀地的牛，一辆蜀地制造的四面开窗的四驾马车、一件素面的几案、一件素面的手杖和一口蜀地制造的刀。又赐给他珍奇异味，每当春季和秋季的时候，就经常送给他。不久，孝文帝再降诏令，命早晚为高允送饭，每逢朔日初一和望日十五还要致送牛肉和美酒，至于衣服绵绢，每月都要奉送。高允把这些东西都分赠给了亲朋故友。当时，凡地位显赫的大臣家里，都有很多亲属在朝廷内充任高官，而高允的子弟中却没有一人身兼官爵。他就是这样的清廉谦逊。后来，高允又被升任为尚书、散骑常侍，孝文帝常常邀请他入朝，备好几案手杖，向他征询治国安邦的大政方针。至太和十年，高允兼领光禄大夫，并被授予系有紫色丝带的金印。朝廷中的重大事务，都要征求询问他的意见。

北魏王朝刚刚建国的时候，法令严明，朝廷中的官吏很多都受过杖刑的责罚。高允前后侍奉了五位皇帝，在尚书省、中书省和门下省三省供职，历时五十余年，却一点过错也没有。当初，在太武帝太平真君年间，因为狱讼刑罚之事停顿日久，积案很多，于是世祖令高允开始在中书省，根根儒家经典的宏旨审断处理多种悬而未决的事情。高允依据法令评定刑罚，历时三十多年，朝廷内外交口称赞他断事公平。高允深知，刑罚之事关系到人民的性命，他常常感叹道："古代的皋陶虽具有极高尚的德行，但他的后代英国和蓼国却也很早就灭亡了，刘邦与项羽争夺天下之际，英布虽曾因犯罪而受过黥刑，但也称了王。尽管已经历了很长的时代，但仍然还遗留有刑罚的痕迹。圣贤尚且如此，何况凡夫俗子，哪能没有错误呢？"

太和十年四月,群臣京城西郊商议国事,孝文帝下诏,令人用自己的马车迎接高允赴西郊的住所板殿观瞻察视。行至途中,马忽然受惊而狂奔起来,车翻了,高允的额眉处受了三处伤。高祖孝文帝和文明太后派医送药,护理治疗,慰问探望。驾车的车夫将要因此事而受到重罚,高允得知后,赶忙上朝,陈奏自己安然无恙,请求免去车夫的罪过。在此之前,也曾发生过一件类似的事情,魏帝让中黄门苏兴寿搀扶高允行走,一次曾在风雪中遇犬受惊而跌倒,苏兴寿为此非常害怕。高允却安慰鼓励他,不许把这事张扬出去。苏兴寿说,我替高允办事,与他共同相处了三年,从来没有见他发过脾气。他对人循循善诱,诲人不倦。昼夜手不释卷,吟诵阅读。他对亲人的感情极其深厚,对故旧朋友念念不忘。他谦虚谨慎,善于汲取别人的长处。尽管身居高职,地位显赫,但志向却同无官阶无财产的庶民一样。他喜爱音乐,每当乐伎们弹琴唱歌,击节跳舞的时候,他总是在一旁敲着节拍称好。他还非常信仰佛教与道教,经常设斋讲习,对生养之事非常喜好,对杀戮之事则极为憎恶。他性格又很简易通达,不随便与人交往游历。当年,显祖献文帝平定青州,收复齐国故地的时候,曾将当地的名门望族迁徙到了代地。当时,众多的士宦人物辗转迁移,长途跋涉,都已饥寒交迫。在迁徙的人群之中,有很多是高允的亲属,他们都徒步而行,一直走到了目的地。高允把自己的财物全部分发给徙民,用来帮助救济他们的生活,并且慰问周到,关怀入微。人们无不为他仁厚的心怀所感动。他招收徙民中有才能的人,然后上表奏请魏帝,请求任用。当时人们议论纷纷,人们都对这些新选用的人员存有疑虑,高允却说,选取人才,任用能人,不宜于压制身份低微的人。在此之前,高允曾被征召在方山写作颂文,其心气和志向仍与当年相差无几,谈论往事,记忆犹新,不曾遗忘。太和十一年正月,高允去世,享年九十八岁。

当初,高允常常对人说:"我过去在中书省任职时曾积有阴德,赈济民众,拯救生灵。如果在阳间的报答不出差错的话,我应享有百年的寿命。"在他去世前十多天的时候,身体稍感不适。但他仍然没有入寝就卧,请医服药,而是像往常一样出入随意,行动自如,咏诗诵文不断。高祖孝文帝和文明太后得知高允不适后,即派医生李修前往把脉诊病,李修审视完,告诉高允身体平安无恙。而后李修入朝,秘密地向孝文帝报告说,高允的身体机能与血气循环都出现了异常,恐怕不久于人世了。于是,孝文帝派遣使者送去赏赐给高允的御膳珍馐,自酒米到盐醋,共一百多种,包括尽了当时所有的美食佳味,而且还有床帐、衣服、茵被、几案和手杖,东西摆满了整座庭院。侯王官员们来来往往,纷纷前来慰问嘱咐,高允抑制不住自己兴奋的心情,面带喜色地对人说:"因为我太老了,上天降恩于我,馈赠了这么多佳品,这回可有东西招待客人了。"然后只是上表感谢了一番而已,并没有多想什么。就这样又过了几天,高允在深夜悄然离开了人世,平静得连家人都没有察觉。高允死后,孝文帝下诏赠绢一千匹、布两千匹、丝绵五百斤、锦五十匹、各色各样的彩色丝织物百匹、谷米千斛,用来供丧葬时使用。自北魏初年到现在,无论生者还是死者,还没有人蒙受过这样丰厚的赏赐,朝廷给了高允很高的荣誉。将要入葬之时,孝文帝赐赠高允侍中、司空公和冀州刺史等官,他生前担任的将军、公等官爵依然如故,谥号为文,并赐命服一套。高允撰写的诗、赋、诔、颂、箴、论、表、赞,加上他所著的《左氏释》《公羊释》《毛诗拾遗》《论杂解》《议何郑膏肓事》等,共百余篇,都分门别类编纂成集,流行于世。高允还通晓算法,著有算术方面的著作三卷。高允死后,他的儿子高忱继承了他的事业。

阚骃传

【题解】

阚骃字玄阴,甘肃敦煌市人。博通经传,聪敏过人,曾注王郎《易传》,学者借助此书可以通经。蒙逊很器重他,常侍左右。拜秘书考课郎中,给文吏三十人,典校经籍,刊定诸子,三千余卷。撰《十三州志》行于世。加奉车都尉。牧犍对阚骃也很敬重,拜大行,迁尚书。

【原文】

阚骃,字玄阴,敦煌人也。祖倞,有名于西土。父玫,为一时秀士,官至会稽令。骃博通经传,聪敏过人,三史群言,经目则诵,时人谓之宿读。注王朗《易传》,学者籍以通经。撰《十三州志》,行于世。蒙逊甚重之,常侍左右,访以政治损益。拜秘书考课郎中,给文吏三十人,典校经籍,刊定诸子三千余卷。加奉车都尉。牧犍待之弥重,拜大行,迁尚书。姑臧平,东平王丕镇凉州,引为从事中郎。王薨之后,还京师。家甚贫弊,不免饥寒。性能多食,一饭至三升乃饱。卒,无后。

【译文】

阚骃,字玄阴,甘肃敦煌市人。祖父名倞,在西凉很有名。父亲名玫,为当时优秀人才,官至会稽县令。阚骃学问渊博通晓经传,聪明过人,《史记》《汉书》《后汉书》三史及群言,过目即能背诵,当时人说宿日读过。注王朗的《易传》,学者借助他的注释可以通经书。撰著《十三州志》流行于当世。北凉的建立者沮渠蒙逊(368~433 年)很器重他,经常随侍左右,向玄阴询问政治损益利害。拜秘书考课郎中,分派文吏三十人,典藏校勘经籍,刊定子部书三千余卷。加奉车都尉。牧犍对待他更敬重,拜大行,迁尚书。姑臧(今甘肃武威)秃发傉檀(363~415 年)被蒙逊击败后,东平王丕镇守凉州时,任为从事中郎。王死后回京师。家境贫穷,不免受饥寒。生性能多食,一顿饭吃三升才饱。死后无子嗣后人。

郑道昭传

【题解】

郑道昭(公元? ~516 年),字僖伯,自称中岳先生,开封(今河南开封市)人。官至光州刺史、青州刺史。北魏政权迁都洛阳后,他从巩固北魏政权出发,认为要加强儒家的传

统教育,培养人才,以适应新形势的要求,为此他提出不少建议。他是北魏的书法家。清代中叶,在山东掖县云峰山等处摩崖上发现许多题名题诗以及《郑文公上下碑》,结字宽博,笔力雄健,兼有隶意。包世臣考定,认为是出自郑道昭手笔。

【原文】

懿弟道昭,字僖伯。少而好学,综览群言。初为中书学生,迁秘书郎,拜主文中散,徙员外散骑侍郎、秘书丞、兼中书侍郎。

从征沔汉,高祖飨侍臣于悬瓠方丈竹堂。道昭与兄懿俱侍坐焉。乐作酒酣,高祖乃歌曰:"白日光天无不曜,江左一隅独未照。"彭城王勰续歌曰:"愿从圣明兮登衡会,万国驰诚混江外。"郑懿歌曰:"云雷大振兮天门辟,率土来宾一正历。"邢峦歌曰:"舜舞干戚兮天下归,文德远被莫不思。"道昭歌曰:"皇风一鼓兮九地匝,戴日依天清六合。"高祖又歌曰:"遵彼汝坟兮昔化贞,未若今日道风明。"宋弁歌曰:"文王政教兮晖江沼,宁如大化光四表。"高祖谓道昭曰:"自比迁务虽猥,与诸才俊不废咏缀,遂命邢峦总集叙记。当尔之年,卿频丁艰祸,每眷文席,常用慨然。"寻正除中书郎,转通直散骑常侍。北海王详为司徒,以道昭与琅玡王秉为谘议参军。

迁国子祭酒,道昭表曰:"臣窃以为:崇治之道,必也须才;养才之要,莫先于学。今国子学堂房粗置,弦诵阙尔。城南太学,汉魏《石经》,丘墟残毁,藜藿芜秽,游儿牧竖,为之叹息,有情之辈,实亦悼心,况臣亲司,而不言露。伏愿天慈回神纡眄,赐垂鉴察。若臣微意,万一合允,求重敕尚书、门下,考论营制之模,则王雍可翘立而兴,毁铭可不日而就。树旧经于帝京,播茂范于不朽。斯有天下者之美业也。"不从。

广平王怀为司州牧,以道昭与宗正卿元匡为州都。道昭又表曰:"臣闻唐虞启运,以文德为本;殷周致治,以道艺为先。然则礼乐者为国之基,不可斯须废也。是故周敷文教,四海宅心;鲁秉周礼,强齐归义。及至战国纷纭,干戈递用,五籍灰焚,群儒坑殄,贼仁义之经,贵战争之术,遂使天下分崩,黔黎荼炭,数十年间,民无聊生者,斯之由矣。爰及汉祖,于行陈之中,尚优引叔孙通等。光武中兴于拨乱之际,乃使郑众,范升校书东观。降逮魏晋,何尝不殷勤于篇籍,笃学于戎伍。伏惟大魏之兴也,虽群凶未殄,戎马在郊,然犹招集英儒,广开学校,且能阐道义于八荒,布盛德于万国,教靡不怀,风无不偃。今者乘休平之基,开无疆之祚,定鼎伊瀍,惟新宝历,九服感至德之和,四垠怀击壤之庆。而蠢尔闽吴,阻化江湫,先帝爰震武怒,戎车不息。而停銮伫跸,留心典坟,命故御史中尉臣李彪与吏部尚书、任城王澄等妙选英儒,以崇文教。澄等依旨,置四门博士四十人,其国子博士、太学博士及国子助教,宿已简置。伏寻先旨,意在速就,但军国多事,未遑营立。自尔迄今,垂将一纪,学官凋落,四术寝废。遂使硕儒耆德,卷经而不谈;俗学后生,遗本而逐末。进竞之风,实由于此矣。伏惟陛下钦明文思,玄鉴洞远。越会未款,务修道以来之;遐方后服,敷文教而怀之。垂心经素,优柔坟籍。将使化越轩唐,德隆虞夏。是故屡发中旨,敕营学馆,房宇既修,生徒未立。臣学陋全经,识蔽篆素,然往年删定律令,谬预议筵。谨依准前修,寻访旧事,参定学令,事旋封呈。自尔迄今,未蒙报判。但废学历年,经术淹滞。请学令并制,早敕施行,使选投有依,生徒可准。"诏曰:"具卿崇儒敦学之意,良不可言。新令寻班,施行无远,可谓职思其忧,无旷官矣。"

道昭又表曰:"窃惟鼎迁中县,年将一纪,缙绅褫业,俎豆阙闻,遂使济济明朝,无观风之美,非所以光国宣风,纳民轨义。臣自往年以来,频请学令,并置生员,前后累上,未蒙一报,故当以臣识浅滥官,无能有所感悟者也。馆宇既修,生房粗构,博士见员,足可讲习。虽新令未班,请依旧权置国子学生,渐开训业,使播教有章,儒风不坠,后生睹徙义之机,学徒崇知新之益。至若孔庙既成,释奠告始,揖让之容,请俟令出。"不报。

迁秘书监,荥阳邑中正。出为平东将军、光州刺史,转青州刺史,将军如故。复入为秘书监,加平南将军。照平元年卒,赠镇北将军、相州刺史、谥曰文恭。

道昭好为诗赋,凡数十篇。其在二州,政务宽厚,不任威刑,为吏民所爱。

子严祖,颇有风仪,粗观文史。历通直郎、通直常侍。轻躁薄行,不修士业,倾侧势家,干没荣利,闺门秽乱,声满天下。出帝时,御史中尉綦俊劾严祖与宗氏从姊奸通,从士咸耻言之,而严祖聊无愧色。孝静初,除骠骑将军、左光禄大夫、鸿胪卿。出为北豫州刺史,仍本将军。罢州还,除鸿胪卿。卒,赠都督豫兖颖之州诸军事、骠骑将军、司空公、豫州刺史。

严祖弟敬祖,性亦粗疏。起家著作佐郎。郑俨之败也,为乡人所害。敬祖弟述祖,武定中,尚书。述祖弟遵祖,秘书郎。卒,赠辅国将军、光州刺史。遵祖弟顺,卒于太常丞。

自灵太后预政,淫风稍行,及元乂擅权,公为奸秽。自此素族名家,遂多乱杂,法官不加纠治,婚宦无贬于世,有识者咸以叹息矣。

【译文】

郑懿的弟弟郑道昭,字僖伯。少年时就很好学,博览群书。初仕为中书学生,后升为秘书郎,又任主文中散,升为员外散骑侍郎、秘书丞,兼中书侍郎。

郑道昭曾随从魏高祖元弘征伐沔、汉,高祖在悬瓠方丈竹堂宴请随从群臣,郑道昭和他的哥哥郑懿都在坐。乐队奏起乐曲,喝得酒酣耳热,高祖唱道:"白日光天无不曜,江左一隅独未照。"彭城王元勰接着唱道:"愿从圣明兮登衡会,万国驰诚混江外。"郑懿唱道:"云雷大振兮天门辟,率土来宾一正历。"邢峦唱道:"舜舞干戚兮天下归,文德远被莫不思。"郑道昭唱道:"皇风一鼓兮九地匝,戴日依天清六合。"高祖又唱:"遵彼汝坟兮昔化贞。未若今日道风明。"宋弁唱道:"文王政教兮晖江沼,宁如大化光四表。"高祖对郑道昭说:"近来虽被迁都事务所牵,但和众才子也没有中断咏诗,于是命邢峦把所咏的诗歌加以整理编成集子。在这几年,你家连遭丧事,但你仍眷恋吟诗作赋,我很为之感动。"不久,升为中书郎正职,转任通直散骑常侍。北海王元详任司徒,委任郑道昭和琅玡王元秉为谘议参军。

又升任国子祭酒,他上书说:"我以为,治理国家的关键,必须有人才;培养人才的关键,首先是学校。现在国子学的房舍已大致具备,只是学业还未修举。洛阳城南旧太学里的汉魏《石经》,因太学荒废,《石经》也遭到残毁,杂草丛生,牧童在这里放牛,小孩在这里嬉耍,真令人叹息,凡是关心文教的人,都为之伤心,况且我掌管文教,能沉默不言吗?希望皇帝留心,给予关注。如果我的意见是合适的,请求皇帝陛下责令尚书省、门下省,制定营建规模,那么国学可以马上建起来,被毁坏的《石经》也可以得到修复。《石经》碑树立在京城,这一盛举可以永垂不朽。这是帝王的千秋功业。"他的意见未被采纳。

广平王元怀为司州牧,任郑道昭和宗正卿元匡为州都。郑道昭上书说:"我听说尧舜盛世,以文教德政为基础;商周兴盛,也以道德六艺为首务。这么说来,礼乐是立国的基础,不可一时一刻废弃。因此,周朝普施文教,天下人归心;鲁国继承周礼,强大的齐国也宾服。到了战国时代,局面混乱,刀光剑影,经典被焚毁,儒生遭坑杀,轻视宣扬仁义之道的经典,重视军事斗争的战术,致使天下分崩离析,百姓遭到荼炭,几十年之间,之所以民不聊生,原因就在这里。到汉高祖刘邦,他在争战之中尚且优待儒者孙通等人。后汉光武帝,在拨乱返正中建立中兴大业,于是派郑众、范升等人在东观校定经籍。到魏晋时代,又何尝不注意文教?在戎马倥偬中尚且热衷于学问。至于我大魏国兴起,虽然当时敌人还未被消灭,军队还在野外争战,仍然招致名儒硕彦,广开学校,因而能阐扬德政于四国,宣布盛德于天下,文教所至,莫不归心,像风吹野草,莫不顺服。现在在国家安定的基础之上,为开拓万代的伟业,迁都于洛阳,步入新的纪元,天下人受到皇帝德政的威名,四海都拍手相贺。但是顽固不化的闽吴,以长江为险,拒绝归顺,已故皇帝大为恼怒,以致战事不断。但是在戎马争战的间隙,仍留心经典,命已故御史中尉李彪和吏部尚书任城王元澄等人,选择名儒,崇尚文教。元澄等人,按照皇帝的旨意,设四门博士四十人,另外国子博士,太学博士以及国子助教,都已选拔出来。回想先帝的旨意,意在迅速建立学校,只因军事频繁,没来得及成立。从那时到今天,差不多经过了十年,教官已七零八落,学业荒废。致使那些名儒大师,老经而不读;无知的后生小子,舍本而逐末。钻营取巧的风气,因此而产生。陛下您深明文教的作用,目光远大。吴越会稽地区尚未归顺。一心修举文教进行招徕;远方归服较晚,宣扬文教进行感化。陛下您留心经籍,精研坟典。将使教化程度超越陶唐,圣德胜过虞夏。因此多次传下圣旨,督促营建学校,房屋已修筑起来,但学生还没有选上来。我的经学浅陋,书法也不高明,但以前制定律令时,曾参加议论。也曾依据前代的成规,搜寻旧时事例,拟定出学校条令,拟好后进呈给皇帝。从那时到现在,未见批示。但学校已废置多年,经学也没有发展。请求把学校条令和皇帝的批示,尽早颁行,以便选择学官有所依据,学生也可以有准则通循。"皇帝下圣旨说:"你的崇儒促学的用意,是非常可嘉的。新的条令不久就可以颁布,付诸施行也不会很久了。你真是尽职尽责,没有旷废职事。"

郑道昭又上书说:"考虑到迁都中原,将近十年,但读书人学业荒废,礼乐尚缺,致使堂堂大魏,外国没人来观光礼乐,这样就不能宣扬国威,也不能用礼乐收笼人心。我从去年以来,多次请求下颁学校条令,并选收学生,但前后多次上书,没有得到回答,恐怕是因为我学识庸浅滥竽充数,没有深刻的见解足以引起皇帝的注意。现在学馆已经修成,学员的房舍也大致具备,现有的国子博士,也足以胜任教学。虽然新的条令还没有颁下,请求暂按旧有规定收选学员,逐渐开始学业,这样教学也有章可循,学业也不致于中断,使后辈生徒看到学习向上的机会,在校的学生也体会到学业上的收益。至于孔庙已经修成,祭奠先师孔子的典礼以及一切礼仪,等到新令颁布以后再举行。"他的意见皇帝没有理睬。

郑道昭升为秘书监、荣阳邑中正。又外任为平东将军、光州刺史,转任青州刺史,仍为平东将军。又入朝为秘书监,加平南将军衔。熙平元年逝世,追赠为镇北将军、相州刺史,赠谥号为"文恭"。

郑道昭爱好写诗作赋,共著有数十篇。他在光州、青州任上,行政宽厚,不滥用刑罚,受到官民的爱戴。

他的儿子郑严祖,很有风度,粗通文史典籍。历官通直郎,通直常侍。但他为人轻狂浮躁,行为不端,不安心读书,投靠势家大族,贪图功名利禄,家庭人伦关系混乱,臭名满天下。出帝在位时,御史中尉綦儁检举郑严祖与嫁给宗氏的堂姐通奸,人们提起他都感到羞耻。但郑严祖却毫无愧色。孝静帝初年,升任骠骑将军、左光禄大夫、鸿胪卿。又外任为北豫州刺史,仍为骠骑将军。罢任州刺史,入朝仍为鸿胪卿。他死之后,追赠他为都督豫兖颍三州诸军事、亶亶将军、司空公、豫州刺史。

郑严祖的弟弟邵敬祖,也生性粗疏。初任官为著作佐郎。因郑俨败亡,他也被乡民所害。郑敬祖的弟弟郑述祖,武定年间官至尚书。郑述祖的弟弟郑遵祖,官至秘书郎。去世后,追赠为辅国将军、光州刺史。郑遵祖的弟弟郑顺,死于太常丞任上。

自从灵太后当政时,淫乱的风气开始流行,到元叉专权时,则公开通奸。从此以后,名族大家之内,人伦关系混乱,官方也不加处治,他们在淫乱关系下的婚姻土宦行为,社会上也不加以抨击,有见识的人都为此而叹息。

奚康生传

【题解】

奚康生(468~521),河南洛阳人,其祖先是鲜卑族,居于代(今山西大同),世为部落大人。奚康生勇敢有武艺,善弓箭。曾随从孝文帝攻齐钟离,因功为直阁将军。后又随王肃伐齐义阳,用大弓射杀齐将,时人称为"狂弩"。接受齐寿春的投降,以功迁征虏将军。梁萧宏率十万大军攻徐州,被奚康生一战败之。拜光禄勋,领右卫将军,与元叉同谋废灵太后,后又倒向灵太后,欲杀元叉,结果被元叉所杀。奚康生在北魏与齐、梁战争中屡次获胜,是北魏的名将。可参见《北史》卷三七本传。

【原文】

奚康生,河南洛阳人。其先代人也,世为部落大人。祖直,平远将军,柔玄镇将。入为镇北大将军,内外三都大官,赐爵长进侯。卒,赠幽州刺史,谥曰简。父普怜,不仕而卒。

太和十一年,柔然频来寇边,柔玄镇都将李兜讨击之。康生性骁勇,有武艺,弓力十石,矢异常箭,为当时所服。以兜为前驱军主,频战陷陈,壮气有闻,由是为宗子队主。

从驾征钟离,驾旋济淮,五将未渡,萧鸾遣将率众据渚,邀断津路。高祖敕曰:"能破中渚贼者,以为直阁将军。"康生时为军主,谓友人曰:"如其克也,得畅名绩,脱若不捷,命也在天。丈夫今日何为不决!"遂便应募,缚筏积柴,因风放火,烧其船舰,依烟直进,飞刀乱斫,投河溺死者甚众。乃假康生直阁将军,后以勋除中坚将军、太子三校、西台直后。

吐京胡反,自号辛支王。康生为军主,从章武王彬讨之。胡遣精骑一千邀路断截,康生率五百人拒战,破之,追至石羊城,斩首三十级。彬甲卒七千,与胡对战,分为五军,四军俱败,康生军独全。迁为统军。率精骑一千追胡至车突谷,诈为坠马,胡皆谓死,争欲取之。康生腾骑奋矛,杀伤数十人,胡遂奔北。辛支轻骑退走,去康生百余步,弯弓射之,应弦而死。因俘其牛羊驼马以万数。

萧鸾置义阳□,招诱边民。康生复为统军,从王肃讨之,进围其城。鸾将张伏护自升城楼,言辞不逊,肃令康生射之。以强弓大箭望楼射窗,扉开即入,应箭而毙。彼民见箭,皆云狂弩。以杀伏护,赏帛一千匹。又频战再退其军,赏三阶,帛五百匹。萧宝卷将裴叔业率众围涡阳,欲解义阳之急。诏遣高聪等四军往援之,后遣都督、广陵侯元衍,并皆败退。时刺史孟表频启告,高祖敕肃遣康生驰往赴援。一战大破之,

奚康生雕像

赏二阶,帛一千匹。及寿春来降也,遣康生领羽林一千人,给龙厩马两匹,驰赴寿春。既入其城,命集城内旧老,宣诏抚赉。俄而,萧宝卷将桓和顿军梁城,陈伯之据峡石,民心骇动,颇有异谋。康生乃防御内外,音信不通。固城一月,援军乃至。康生出击桓和、伯之等二军,并破走之,拔梁城、合肥、洛口三戍。以功迁征虏将军,封安武县开国男,食邑二百户。

出为南青州刺史。后萧衍郁洲遣军主徐济寇边,康生率将出讨,破之,生禽济。赏帛千匹。时萧衍闻康生能引强弓,力至十余石,故特作大弓两张,送与康生。康生得弓,便会集文武,乃用平射,犹有余力。其弓长八尺,把中围尺二寸,箭粗殆如今之长笛,观者以为希世绝伦。弓即表送,置之武库。

又萧衍遣将宋黑率众寇扰彭城,时康生遭母忧,诏起为别将、持节、假平南将军,领南青州诸军击走之。后衍复遣都督、临川王萧宏,副将张惠绍勒甲十万规寇徐州,又假宋黑徐州刺史,领众二万,水陆俱进,径围高塚戍。诏授康生武卫将军、持节、假平南将军,为别将领羽林三千人,骑、步甲士随便割配。康生一战败之,还京,召见宴会,赏帛千匹,赐骅骝御胡马一匹。

出为平西将军、华州刺史,颇有声绩。转泾州刺史,仍本将军。以辄用官炭瓦为御史所劾,削除官爵。寻旨复之。萧衍直阁将军徐玄明戍于郁洲,杀其刺史张稷,以城内附。诏遣康生迎接,赐细御银缠槊一张并枣柰果。面敕曰:"果者,果如朕心;枣者,早遂朕意。"未发之间,郁洲复叛。时扬州别驾裴绚谋反,除康生平东将军,为别将,领羽林四千讨之,会事平不行。

遭父忧,起为平西将军、西中郎将。是岁,大举征蜀,假康生安西将军,领步骑三万邪趣绵竹。至陇右,世宗崩,班师。除卫尉卿。出为抚军将军、相州刺史。在州,以天旱令人鞭石虎画象,复就西门豹祠祈雨,不获,令吏取豹舌。未几,二儿暴丧,身亦遇疾,巫以为虎、豹之祟。

征拜光禄卿,领右卫将军。与元叉同谋废灵太后。迁抚军大将军、河南尹,仍右卫,

领左右。与子难娶左卫将军侯刚女，即元乂妹夫也。又以其通姻，深相委托，三人率多俱宿禁内，时或迭出。又以康生子难为千牛备身。

康生性粗武，言气高下，又稍惮之，见于颜色，康生亦微惧不安。正光二年三月，肃宗朝灵太后于西林园，文武侍坐，酒酣迭舞。次至康生，康生乃为力士舞，及于折旋，每顾视太后，举手、蹈足、瞋目、顿首为杀缚之势。太后解其意而不敢言。日暮，太后欲携肃宗宿宣光殿。侯刚曰："至尊已朝讫，嫔御在南，何劳留宿？"康生曰："至尊，陛下儿，随陛下将东西，更复访问谁？"群臣莫敢应。灵太后自起援肃宗臂下堂而去。康生大呼唱万岁于后，近侍皆唱万岁。肃宗引前入阁，左右竞相排，阁不得闭。康生夺其子难千牛刀，斫直后元思辅，乃得定。肃宗既上殿，康生时有酒势，将出处分，遂为乂所执，锁于门下。至晓，乂不出，令侍中、黄门、仆射、尚书等十余人就康生所讯其事，处康生斩刑，难处绞刑。乂与刚并在内矫诏决之。康生如奏，难恕死从流。难哭拜辞父，康生忻子免死，又亦慷慨，了不悲泣。语其子云："我不反死，汝何为哭也？"有司驱逼，奔走赴市。时已昏暗，行刑人注刀数下不死，于地刻截。咸言禀乂意旨，过至苦痛。尝食典御奚混与康生同执刀入内，亦就市绞刑。

康生久为将，及临州尹，多所杀戮。而乃信向佛道，数捨其居宅以立寺塔。凡历四州，皆有建置。死时年五十四。子难，年十八。以侯刚子婿得停百日，竟徙安州。后尚书卢同为行台，又令杀之。

康生于南山立佛图三层，先死忽梦崩坏。沙门有为解云："檀越当不吉利，无人供养佛图，故崩耳。"康生称然。竟及祸。灵太后反政，赠都督冀瀛沧三州诸军事、骠骑大将军、司空公、冀州刺史，又追封寿张县开国侯，食邑一千邑。子刚，袭。武定中，青州开府主簿。齐受禅，爵例降。刚弟定国，袭康生安武县开国男。

【译文】

奚康生，河南洛阳人。祖先是鲜卑族，居住在代郡，世代为部落大人。祖父奚直，任平远将军、柔玄镇将。入朝为镇北大将军，内外三都大官，赐封爵为长进侯。死后，赠官幽州刺史，谥号为"简"。父亲奚普怜，没有做官就死了。

孝文帝太和十一年，柔然屡次进攻边境，柔玄镇都将李兜曾讨伐出击，奚康生性格勇猛，有武艺，弓力有十石（即一千二百斤），他的箭也与平常的不同，当时人都很佩服他。奚康生随从李兜为前驱军主，多次参加战斗，冲锋陷阵，勇猛的名声很大，因此被任为宗子队主。

后来随从孝文帝征伐钟离。孝文帝渡过了淮河，五个将领未渡，齐明帝萧鸾派将领率部队占据水中小岛，切断了渡河的路。孝文帝下诏命令说："能够摧毁小岛中敌人的人，可以任为直阁将军。"奚康生当是时军主，他对友人说："如果能攻克，就能够扬我名声和功绩，如果能取胜，这是天命。大丈夫在今天为什么不决定试试！"接着就去应募。他缚了木筏堆满了木柴，然后乘着风放火，靠近和烧着了敌人的战船。奚康生带战士在烟火弥漫中直冲上敌人战船，飞刀乱砍，使众多敌人投河溺水而死。于是孝文帝任命奚康生兼直阁将军。后因功劳又授官中坚将军、太子三校、西台直后。

吐京地区的山胡造反，自称辛支王。朝廷任命奚康生为军主，随从章武王元彬去讨伐。山胡派出一千名精锐骑兵迎路阻挡，奚康生率领五百人打败了他们，一直追到石羊城，斩首三十级。章武王元彬带领七千士兵，与山胡对阵作战，共分为五军，四军都失败了，只有奚康生一军保全没有损失。奚康生因此升为统军。他率领精锐骑兵一千名追击山胡到车突谷，假装从马上掉下来，山胡人都认为他已死，争相来取其首级。奚康生突然奋起骑上马，用矛杀死杀伤数十人，山胡向北逃去。辛支王也骑马退逃，离奚康生百余步，奚康生弯弓向他射去，应声而倒。这次战斗俘获山胡牛羊驼马达到上万数。

齐萧鸾设置义阳□，招诱北魏边境上居民。奚康生重新任为统军，随从王肃讨伐，进攻包围了这座城。萧鸾的守将张伏护登上城楼，出言不逊，王肃命令奚康生射他。奚康生用强弓大箭对准城楼上的窗，窗门一开，就射入箭，张伏护应声而毙。城民见到箭，都称说是"狂弩"。因杀张伏护的功，孝文帝赏给奚康生帛一千匹。后又多次战斗打退齐的军队，因此赏赐他提升官阶三级，帛五百匹。齐东昏侯萧宝卷的将领裴叔业率领部队包围涡阳，想解除义阳的危急。孝文帝诏命派遣高聪等四军前往支援，后来又派遣都督、广陵侯元衍去，两军都败退。当时南兖州刺史孟表多次告急，孝文帝命王肃派奚康生立刻前往救援。一次战斗就打败了齐军，孝文帝赏给他官阶二级，帛一千匹。后来齐的寿春前来求降。北魏派奚康生率领羽林军一千人，又给予龙厩马两匹，立即赶到寿春。入城后，奚康生召集城内年老居民，宣布朝廷安抚赏赐的诏命。不久，齐萧宝卷的将领桓和的军队停顿在梁城，陈伯之的军队占据峡石，民心惊骇浮动，有人想阴谋叛变。奚康生对内对外都加以防御，音信不通。固守城达一个月，援军才到来。奚康生出击桓和、陈伯之等两军，使他们失败而逃走，攻下了齐梁城、合肥、洛口三戍。因有功升为征虏将军，封安武县开国男的爵位，食邑二百户。

奚康生外出为南青州刺史。后来梁萧衍的郁州派出军主徐济侵犯边境，奚康生率领将士讨伐，打败了梁军，活捉了徐济。朝廷赏赐帛千匹。当时萧衍听说奚康生能拉强弓，其力达到十余石，故而特地制作了两张大弓，送与奚康生。奚康生得到弓后，便会集文武官员，用来平射，还有多余力气。这弓长八尺，弓把中围一尺二寸，箭粗像现在的长笛，观看的人以为这是世间少有和无与伦比。随即上表朝廷把这弓送入武库。

梁武帝萧衍派将领宋黑率领部众进攻彭城，当时奚康生刚遇到母亲去世，朝廷任命他为别将、持节、假平南将军、兼南青州诸军击败了梁军。后来萧衍又派都督、临川王萧宏，副将张惠绍带兵十万进攻徐州，又任宋黑为徐州刺史领二万兵，水陆俱进，围高塚戍。朝廷下诏任命奚康生为武卫将军、持节、假平南将军，为别将，率领羽林军三千人，骑兵和步兵战士随他要求配给。奚康生一战就打败了梁军。回到京城洛阳，皇帝召见，并设宴会，赏赐给他帛一千匹，骓骝御胡马一匹。

奚康生外出任为平西将军，华州刺史，治绩颇有名声。转任泾州刺史，仍为平西将军。因为私用官家的炭和瓦被御史所弹劾，削除了官爵。不久皇帝下旨给他重新恢复官职。萧衍的直阁将军徐玄明守卫在郁州，杀了刺史张稷，请求以郁州城投附北魏。北魏派奚康生前去迎接，赐给细御银缠矛一根，还有枣和苹果。宣武帝当面对奚康生说："果的意思，是要果然称朕的心；枣的意思，是早实现朕的意愿。"奚康生还未出发，郁州又叛变了。当时扬州别驾裴绚谋反，朝廷又任命奚康生为平东将军，别将，领羽林军四千人前去讨伐，刚好此事已平定而没有去成。

遇到父亲去世，起用为平西将军、西中郎将。这一年北魏大举征伐梁的蜀地，授予奚康生安西将军，率领三万步兵、骑兵，进攻绵竹。到陇右，宣武帝驾崩，于是回师。任命为卫尉卿，外出为抚军将军、相州刺史。在相州，因为天旱奚康生命人鞭打石虎的画像；再到西门豹祠求雨，没有成功，命令吏截取西门豹的舌头。不久，他的两个儿子突然死去，他自己也生病，巫师认为是石虎、西门豹在作祟。

朝廷征召拜奚康生为光禄卿，兼任右卫将军。与元叉一起谋划废去灵太后。升为抚军大将军、河南尹、仍任右卫，领仗身左右。为儿子奚难娶左卫将军侯刚的女儿，侯刚儿子是元叉的妹夫。元叉因为和两家通了婚姻，就对他们十分信任重用。三人大多住宿在宫中，或者轮流出去。元叉又任命奚康生儿子奚难为千牛备身。

奚康生性格粗鲁，讲话声高语气重，元叉有些怕他，常表现在脸色上，奚康生也因此有点不安。正光二年三月，孝明帝在西林园朝拜灵太后，文武百官在一旁坐着，酒喝到兴致上就轮流跳舞。轮到奚康生，他就表演力士舞，每次转身时，就回顾注视灵太后，举手、蹈足、瞪着眼、点头，作执杀的样子。灵太后了解他的意思而不敢说。天色已晚，灵太后要孝明帝一起住宿在洛阳北宫宣光殿。侯刚说："至尊已经朝拜完华，嫔妃在洛阳南宫，何必留宿？"奚康生说："至尊，是陛下灵太后的儿子，随陛下到东到西，还要再去访见谁？"群臣们都不敢说话。灵太后起身后拉着孝明帝手臂下堂而去。奚康生在后面大呼万岁，近侍们也都喊万岁。孝明帝前面入阁，左右竞相推门，阁门不得关闭。奚康牛夺过奚难的千牛刀，斫杀直后元思辅，事情才得定。孝明帝上殿后，奚康生趁着酒势，将要做出反元叉的安排，结果被元叉所逮捕，锁在门下。次日早晨，元叉自己不出来，命侍中、黄门、仆射、尚书等十余人到奚康生处讯问其事，宣布处奚康生斩刑，其子奚难绞刑。元叉与侯刚都在内用灵太后的名义下诏："奚康生按上奏处斩，奚难恕死处流放。"奚难哭着拜别父亲，奚康生对儿子免死感到欣慰，又情绪激昂，但不悲泣。他对儿子说："我不反上而死，你为什么要哭呢？"在有关方面驱使逼迫下，拖走到市。当时已黄昏，行刑人刀砍数次不死，在地上一刻钟才砍下头。都说这是秉承元叉的意旨，让他过分痛苦。尝食典御奚混与奚康生一起提刀入内，也到市上处以绞刑。

奚康生做将领太久，等到他做州尹时，就多所杀戮。但他相信佛道，多次捐出自己住宅作为寺庙或建塔。他经历四个州，都有所建树。死时年五十四岁。儿子奚难，年十八。因为是侯刚的女婿停了百日，最后流徙安州。后来尚书卢同为行台时，又命令杀了他。

奚康生在南山造佛塔三层，死前忽然梦见其崩坏。有和尚为他解说："施主当不吉利。无人供养佛塔，故崩坏。"康生说很对。最后终于发生此祸。灵太后重新执政后，赠官都督冀瀛沧三州诸军事、骠骑大将军、司空公、冀州刺史，又追封寿张县开国侯，食邑一千户。儿子奚刚，袭爵。东魏武定年间，任青州开府主簿。北齐建立后，按例降爵。奚刚弟奚定国，袭奚康生的爵为安武县开国男。

杨大眼传

【题解】

杨大眼,北魏武都(今属甘肃)人,氐族。为氐族首领杨难当的孙子。有胆量,奔走如飞,曾徒手搏杀猛虎。随从孝文帝南伐,勇冠六军。宣武帝时,任东荆州刺史,讨平蛮族反叛。正始四年(507)围梁钟离(今安徽凤阳东北),为韦睿等所破,免官。永平中起用,与萧宝夤征淮河浮山堰。孝明帝时以平东将军出任荆州刺史,使荆州蛮人不敢作乱。杨大眼武艺高强,是北魏的名将。

【原文】

杨大眼,武都氐难当之孙也。少有胆气,跳走如飞。然侧出,不为其宗亲顾待,颇有饥寒之切。太和中,起家奉朝请。时高祖自代将南伐,令尚书李冲典选征官,大眼往求焉。冲弗许,大眼曰:"尚书不见知,听下官出一技。"便出长绳三丈许系髻而走,绳直如矢,马驰不及,见者莫不惊叹。冲曰:"自千载以来,未有逸材若此者也。"遂用为军主。大眼顾谓同僚曰:"吾之今日,所谓蛟龙得水之秋,自此一举终不复与诸君齐列矣。"未几,迁为统军。从高祖征宛、叶、穰、邓、九江、钟离之间,所经战陈,莫不勇冠六军。世宗初,裴叔业以寿春内附,大眼与奚康生等率众先入,以功封安成县开国子,食邑三百户。除直阁将将军,寻加辅国将军、游击将军。

出为征虏将军、东荆州刺史。时蛮酋樊秀安等反,诏大眼为别将,隶都督李崇,讨平之。大眼妻潘氏,善骑射,自诣军省大眼。至于攻陈游猎之际,大眼令妻潘戎装,或齐镳战场,或并驱林壑。及至还营,同坐幕下,对诸僚佐,言笑自得,时指之谓人曰:"此潘将军也。"

萧衍遣其前江州刺史王茂先率众数万次于樊雍,招诱蛮夏,规立宛州,又令其所署宛州刺史雷豹狼、军主曹仲宗等领众二万偷据河南城。世宗以大眼为武卫将军、假平南将军、持节、都督统军曹敬、邴虬、樊鲁等诸军讨茂先等,大破之,斩衍辅国将军王花、龙骧将军申天化,俘馘七千有余。衍又遣其舅张惠绍总率众军,窃据宿豫。又假大眼平东将军为别将,与都督邢峦讨破之。遂乘胜长驱。与中山王英同围钟离。大眼军城东,守淮桥东西二道。属水泛长,大眼所绾统军刘神符、公孙祉两军夜中争桥奔退,大眼不能禁,相寻而走,坐徙为营州兵。

永平中,世宗追其前勋,起为试守中山内史。时高肇征蜀,世宗虑萧衍侵轶徐扬,乃征大眼为太尉长史、持节、假平南将军、东征别将,隶都督元遥,遏御淮肥。大眼至京师,时人思其雄勇,喜其更用,台省闾巷,观者如市。大眼次谯南,世宗崩。时萧衍遣将康绚于浮山遏淮,规浸寿春,诏加大眼光禄大夫,率诸军镇荆山,复其封邑。后与萧宝夤俱征淮堰,不能克。遂于堰上流凿渠决水而还,加平东将军。

大眼善骑乘,装束雄竦,摆甲折旋,见称当世。抚巡士卒,呼为儿子。及见伤痍,为之

流泣。自为将帅，恒身先兵士，冲突坚陈，出入不疑，当其锋者，莫不摧拉。南贼前后所遣督将，军未渡江，预皆畏慑。传言淮泗、荆沔之间有童儿啼者，恐之云"杨大眼至"，无不即止。王肃弟子秉之初归国也。谓大眼曰："在南闻君之名，以为眼如车轮。及见，乃不异人。"大眼曰："旗鼓相望，瞋眸奋发，足使君目不能视，何必大如车轮。"当世推其骁果，皆以为关张弗之过也。然征淮堰之役，喜怒无常，捶挞过度，军士颇憾焉。识者以为性移所致。

梁武帝萧衍

又以本将军出为荆州刺史。常缚蒿为人，衣以青布而射之。召诸蛮渠指示之曰："卿等若作贼，吾政如此相杀也。"又北淯郡尝有虎害，大眼搏而获之，斩其头悬于穰市。自是荆蛮相谓曰："杨公恶人，常作我蛮形以射之。又深山之虎尚所不免。"遂不敢复为寇盗。在州二年而卒。

大眼虽不学，恒遣人读书，坐而听之，悉皆记识。令作露布，皆口授之，而竟不多识字也。有三子，长甄生、次领军、次征南，皆潘氏所生，气干咸有父风。

初，大眼徙营州，潘在洛阳，颇有失行。及为中山，大眼侧生女夫赵延宝言之于大眼，大眼怒，幽潘而杀之。后娶继室元氏。大眼之死也，甄生等问印绶所在，时元始怀孕，自指其腹谓甄生等曰："开国当我儿袭之，汝等婢子，勿有所望！"甄生深以为恨。及大眼丧将还京，出城东七里，营车而宿。夜二更，甄生等开大眼棺，延宝怪而问之，征南射杀之。元怖，走入水，征南又弯弓射之。甄生曰："天下岂有害母之人。"乃止。遂取大眼尸，令人马上抱之，左右扶挟以叛。荆人畏甄生等骁勇，不敢苦追。奔于襄阳，遂归萧衍。

【译文】

杨大眼，武都地区氐族首领杨难当的孙子。少年时有胆量勇气，跳跃奔跑像飞一样。然而是妾所生，不被他的宗族亲戚看重和照顾，常遭受到饥饿和寒冷。孝文帝太和年间，开始做官为奉朝请。当时孝文帝从都城代郡平城打算南伐，命令尚书李冲主持选拔南征的军官。杨大眼前去应征，李冲没有批准，杨大眼说："尚书不了解我，让下官表演一技。"便拿出三丈多的长绳系住头发而跑，绳像射出的箭一样直，马也赶不上他，看的人没有一个不惊叹不已。李冲说："自从千年以来，没有一个有超群才能的人像他那样的。"于是任用为军主。杨大眼回头对同伴们说："今天我真所谓是蛟龙得水的日子，从此我再不会与诸位在同一行列中了。"不久，升为统军。随从孝文帝出征宛、叶、穰、邓、九江、钟离之间，所经历的战斗，没有一次不是勇冠六军。宣武帝初年，南齐裴叔业将寿春城向北魏投诚，杨大眼与奚康生等率领军队首先进入寿春,因功封为安成县开国子,食邑三百户。任命他为直阁将军,不久加辅国将军和游击将军。

后离京出任为征虏将军,东荆州刺史。当时蛮族首领樊秀安等造反,朝廷任命杨大眼为别将,隶属于都督李崇,讨伐平定了这次事变。杨大眼的妻子潘氏,善于骑马射箭,到军中看望杨大眼。在战斗和打猎的时候,杨大眼叫妻潘氏穿着军装,或者在战场上一起战斗,或者在大森林里并驾前驱。等到回营后,两人同坐营帐下,在各位属官面前,谈笑自若,杨大眼指着她对人说:"这是潘将军。"

梁萧衍派他的前任江州刺史王茂先率领数万大军到了樊城、雍州,招诱蛮族和汉族人民,计划建立宛州,又命令他所任命的宛州刺史雷豹狼、军主曹仲宗等率领二万大军偷袭占据河南城。宣武帝任命杨大眼为武卫将军、假军南将军、持节、都督,统领曹敬、邴虬、樊鲁等诸军讨伐打败了王茂先等,杀死萧衍的辅国将军王花、龙骧将军申天化,俘虏斩首七千余人,萧衍又派他的舅舅张惠绍总领各军,暗中进据宿豫。北魏又假杨大眼为平东将军,为另一路的统兵将领,与都督邢峦一起打败了张惠绍。于是乘胜进军,与中山王元英一起围攻钟离。杨大眼驻军在城东,守淮河桥的东西两路。刚好碰到河水猛涨,杨大眼所管辖的统军刘神符、公孙祉两路军在夜间争着从桥上逃跑,杨大眼不能阻止,随军而逃,因而犯罪,流放到营州为兵。

永平年间,宣武帝追念杨大眼以前的功勋,起用为代理中山内史。当时高肇征伐梁的蜀地,宣武帝怕萧衍的军队侵扰徐州和扬州,于是召命杨大眼为太尉长史、持节、假平南将军、东征别将,隶属于都督元遥。以防御阻遏淮河肥水一带的梁军。杨大眼到京城洛阳,人们想到他的英勇,又高兴他被重新起用,从台省等政府机关到大街小巷,来观看他的人像上市场赶集一样。杨大眼驻军在谯城南。宣武帝死,当时萧衍派他的将军康绚在浮山筑淮河大堰,计划用淮河水来灌淹寿春,朝廷下诏加杨大眼光禄大夫官,命他率领各军镇守荆山,恢复他的封邑。后来与萧宝夤一起进攻淮河上浮山堰,没有成功,于是在堰的上游凿开一渠道放走淮水,使它不构成对寿阳的威胁。杨大眼回军后,加官平东将军。

杨大眼善于骑马。装束英武,穿着铠甲,转折盘旋,被当时人们所称赞。他巡视抚慰士兵,称他们为儿子,见有受伤的人,常常为他们流泪。他身为将帅,总是身先士卒,冲锋陷阵,出入战场毫不犹豫,和他作战的敌人,没有不被摧垮的。南朝前后所派遣的督军,军队还未渡江,都已感到畏惧。相传在淮泗、荆沔之间有小儿啼哭,只要吓唬他说:"杨大眼到来了",没有一个不马上停止。南朝王肃的侄子王秉刚从南朝投奔到北朝,对杨大眼说:"在南方听说您的大名,总以为你眼睛像车轮那么大,现在见到了,和平常人也差不多。"杨大眼说:"在两军对阵、旗鼓相望的时候,我双目怒视,虎视眈眈,足以使你不敢看我,何必一定要眼睛大如车轮?"同时代的人推崇他的骁勇,都认为关羽、张飞也不会超过他。然而在出征淮河浮山堰的战斗中,却常常喜怒无常,过度捶打士兵,战士们颇有些怨恨他。有识之士认为这是他性情改变所造成的。

后来又以本将军出任荆州刺史。他常把蒿草捆扎成人体形状,让它穿上青布衣服,对着它射箭。同时招来蛮族首领让他们观看,杨大眼指着草人说:"你等如果做贼反叛,我就是用这种办法来宰杀。"在荆州北淯郡曾经出现老虎造成伤害,杨大眼与虎搏斗而擒获了它,并斩下虎头悬挂在穰县的街市上。从此荆州蛮族人相互议论:"杨公是凶暴的人,常常制作了我们蛮人的形体而对之射杀;而且在深山的老虎也不能免遭被他的杀害。"于是不敢再劫掠作乱。杨大眼在荆州二年便死了。

杨大眼虽然没读过书,但常常派人读书,他坐着听,都能记住。命人作捷报,都由他口授,但终究识字不多。他有三个儿子,长子杨甄生,次子杨领军,三子杨征南,都是潘氏所生。他们都有父亲的气概和才能。

当初,杨大眼流放营州,潘氏在洛阳颇有失节行为。后在中山,杨大眼妾生女儿的丈夫赵延宝把这事告诉了杨大眼,大眼十分恼怒,把潘氏关起来,最后把她杀了。后来再娶了元氏作为继室。杨大眼将死时,甄生等曾问元氏印绶在何处。当时元氏已怀孕,她指着自己的肚子对甄生等说:"开国县子的爵位应当由我的儿子继袭,你们这些婢女所生的儿子,不要有所望!"甄生十分怨恨。后来杨大眼的灵柩将送回到京师,出穰城东七里,停了车过夜,半夜二更,甄生等打开杨大眼的棺材。赵延宝奇怪地询问他。被征南射死。元氏恐惧,逃入河中,征南又弯弓将射她,甄生说:"天下岂有杀害母亲的人。"征南就停止了。于是取出杨大眼的尸体,命人在马上抱着,他们在左右扶持叛逃。荆州人畏惧甄生等勇猛,不敢穷追。他们逃到襄阳,于是归降了萧衍。

宋翻传

【题解】

《魏书》的作者魏收,东魏、北齐间人,是北朝有名的散文学家,然人品不高,《魏书》的文笔技巧虽然比较高明,但颇多徇私曲笔,招致了后人的批评。不过这几篇酷吏传大约不会出于挟嫌攻击。有几点需要稍做说明:第一,北魏以落后的鲜卑贵族入主中原,特别在早期,对汉人的歧视压迫是相当严重的。所以一般意义上的所谓"酷吏",当然远远不止《酷吏传》中的那些篇,而且还会有许多不够资格列入史书的人。《酷吏传序》说:"魏氏以戎马定王业,武功平海内,治任刑罚,肃厉为本,猛酷之伦,所以列之今史。"已经透出了消息。第二,宋翻的情况很有点像《后汉书》中的董宣,只是后来官大了,胆子就小了。《魏书》不列入《酷吏传》,说明"酷吏"的概念正在起变化。第三,魏收叙事注意到了分寸感。宋翻字飞鸟,《魏书》并未将其列入《酷吏传》,但其行事断案,确有"酷"的一面,比如本传记中提到的他对"弥尾青"这种严酷刑具的使用情况。因此我们仍把他看作为当时的"酷吏"。

【原文】

宋翻,字飞鸟,广平列人人也。吏部尚书弁族弟。少有志尚,世人以刚断许之。世宗初,起家奉朝请,本州治中,广平王郎中令,寻拜河阴令。

翻弟道玙,先为冀州京兆王愉法曹行参军,愉反,逼道玙为官,翻与弟世景俱囚廷尉。道玙后弃愉归罪京师,犹坐身死,翻、世景除名。久之,拜翻治书侍御史、洛阳令、中散大夫、相州大中正,犹领治书。又迁左将军、南兖州刺史。时萧衍遣将先据荆山,规将寇窃。属寿春沦陷,贼遂乘势迳趋项城。翻遣将成僧达潜军讨袭,频战破之。自是州境帖然。

孝庄时,除司徒左长史、抚军将军、河南尹。初,翻为河阴令,顺阳公主家奴为劫,摄而不送。翻将兵围主宅,执主婿冯穆,步驱向县,时正炎暑,立之日中,流汗沾地。县旧有大枷,时人号曰"弥尾青",及翻为县主,吏请焚之。翻曰:"且置南墙下,以待豪家。"未几,有内监杨校磬诣县请事,辞色不逊,命取尾青镇之。即免,入诉于世宗。世宗大怒,敕河南尹推治其罪,翻具自陈状。诏曰:"卿故违朝法,岂不欲作威以买名?"翻对:"造者非臣,买名者亦宜非臣。所以留者,非敢施于百姓,欲待凶暴之徒如校磬者耳。"于是威震京师。及为洛阳,迄于为尹,畏惮权势,更相承接,故当世之名大致减损。永安三年,率于位。赠侍中、卫将军、相州刺史。出帝初,重赠骠骑大将军、仪同三司、尚书左仆射、雍州刺史,谥曰贞烈。

【译文】

宋翻,字飞鸟,广平列人县人。他是吏部尚书宋弁的同族兄弟。年轻的时候就有节操理想,当世的人称许他刚毅而有决断。魏宣武帝时,入仕为奉朝请,迁官本州治中,广平王郎中令,不久又任命为河阴令。

宋翻的兄弟道玙,先前担任冀州京兆王元愉的法曹行参军,元愉反叛朝廷,逼迫宋道玙出任伪官,宋翻和另一个弟弟宋世景因此而都被囚禁在廷尉监狱中。宋道玙后来离开元愉回到京城听候处理,但依然被判处死刑,宋翻和宋世景都被免职为民。很久以后,任命宋翻为治书侍御史、洛阳令、中散大夫、相州大中正,仍然兼任治书侍御史。又升迁为左将军,南兖州刺史。当时梁朝萧衍派遣将士先占据了荆山,计划将要入寇,跟着寿春为梁朝攻破,敌人就乘势一直攻向项城。宋翻派遣部下将领成僧达暗中领兵袭击,屡次击破梁军。从此南兖州边境顺服无事。

孝庄帝时代,授宋翻为司徒左长史、抚军将军、河南尹。起先,宋翻担任河阴令,顺阳公主的家奴犯了抢劫罪,受到公主保护不肯送交官府。宋翻率领士兵包围公主的住宅,抓住了公主的丈夫冯穆,把他徒步押送到县里。当时正是大热天,让冯穆站在太阳下,流下的汗水沾湿了地面。县里原来有一种大木枷,当时人把它称为"弥尾青",等到宋翻做了这个县的长官,手下的官吏请求把这种枷烧掉。宋翻说:"姑且放在南墙下,以等待豪强使用。"没过多久,有一个太监杨校磬到县里有事,言语神色都很傲气,宋翻命令把"弥尾青"给他带上。杨校磬除去这面大枷以后,进宫把事情告诉宣武帝。宣武帝大为生气,下令让河南尹查问宋翻的罪状,宋翻自己一一陈说当时情况。河南尹奏报宣武帝,宣武帝下诏说:"你故意违反朝廷法度,难道不是想作威作福买取一个好名声吗?"宋翻回答说:"造这种大枷的不是臣下,买取好名声的也应该不是臣下。臣下所以留着不毁掉的原因,就是想要等待凶恶暴虐之徒像杨校磬这样的人。"于是宋翻的威名振动了京城。等到他当上洛阳令以后,直到当上河南尹,却变得害怕权势,转过来和有权有势的人互相应酬应往,所以当时的声名因此而大为减损。魏孝庄帝永安三年,在河南尹任上去世。追赠侍中、卫将军、相州刺史。魏出帝初年,重新追赠骠骑大将军,仪同三司,尚书左仆射、雍州刺史,加谥号为贞烈。

高肇传

【题解】

高肇，北魏名宦，魏世宗之舅亲，以故升为尚书仆射，尚书令。为人能干，但喜结附党从，擅权作恶，朝野皆怨。世宗去世，为元雍等所杀。

【原文】

高肇，字首文，文昭皇太后之兄也。自云本勃海穆人，五世祖顾，晋永嘉中避乱入高丽。父飏，字法飏。高祖初，与弟乘信及其乡人韩内、冀富等入国，拜厉威将军、河间子，乘信明威将军，俱待以客礼，赐奴婢牛马采帛。遂纳飏女，是为文昭皇后，生世宗。

飏卒。景明初，世宗追思舅氏，征肇兄弟等。飏尚书事、北海王详等奏："飏宜赠左光禄大夫，赐爵勃海公，谥曰敬。其妻盖氏宜追封清河郡君。"诏可。又诏飏嫡孙猛袭勃海公爵，封肇平原郡公，肇弟显澄城郡公。三人同日受封。始世宗未与舅氏相接，将拜爵，乃赐衣帻引见肇、显于华林都亭。皆甚惶惧，举动失仪。数日字间，富贵赫弈。是年，咸阳王禧诛，财物珍宝奴婢田宅多入高氏。未几，肇为尚书左仆射、令吏部、冀州大中正，尚世宗姑高平公主，迁尚书令。

肇出自夷土，时望轻之。及在位居要，留心百揆，孜孜无倦，世咸谓之为能。世宗初，六辅专政，后以咸阳王禧无事构逆，由是遂委信肇。肇既无新族，颇结朋党，附之者旬月超升，背之者陷以大罪。以北海王详位居其上，构杀之。又说世宗防卫诸王，殆同囚禁。时顺皇后暴崩，世议言肇为之。皇子昌薨，金谓王显失于医疗，承肇意旨。及京兆王愉出为冀州刺史，畏肇恣擅，遂至不轨。肇又潜杀彭城王勰。由是朝野侧目，咸畏恶之。因此专权，与夺任己。又尝与清河王怿于云龙门外虎下，忽忿诤，大至纷纭，太尉、高阳王雍和止之。高后既立，愈见宠信。肇既当衡轴，每事任己，本无学识，动违礼度，好改先朝旧制，出情妄作，减削封秩，抑黜勋人，由是怨声盈路矣。延昌初，迁司徒。虽贵登台鼎，犹以去要怏怏形乎辞色。众咸嗤笑之。父兄封赠虽久，竟不改瘗。三年。乃诏令迁葬。肇不自临赴，唯遣其兄子猛改服诣代，迁葬于乡。时人以肇无识，哂而不责也。

其年，大举征蜀，以肇为大将军，都督诸军为之节度。与都督甄琛等二十馀人俱面辞世宗于东堂，亲奉规略。是日，肇所乘骏马停于神虎门外，无故惊倒，转卧渠中，鞍具瓦解，众咸怪异。肇出，恶焉。

四年，世宗崩，敕罢征军。肃宗与肇及征南将军元遥等书，称讳言，以告凶问，肇承变哀愕，非唯仰慕，亦私忧身祸，朝夕悲泣，至于羸悴。将至，宿瀍涧驿亭，家人夜迎省之，皆不相视，直至阙下，衰服号哭，升太极尽哀。

太尉高阳王先居西柏堂，专决庶事，兴领军于忠密欲除之，潜备壮士直寝邢豹、伊瓮生等十余人于舍人省下。肇哭梓宫讫，于百官前引入西廊，清河王怿、任城王澄及诸王等皆窃言目之。肇入省，壮士搤而拉杀之。下诏暴其罪恶，又云刑书未及，便至自尽，自余亲党,悉无追问,削除职爵,葬以士礼。及昏,乃于厕门出其尸归家。初,肇西征,行至函谷,车轴中折。从者皆以为不获吉还也。灵太后临朝,令特赠营州刺史。永熙二年,出帝赠使持节、侍中、中外。诸军事、太师、大丞相、太尉公、录尚书事、冀州刺史。

肇子植。自中书侍郎为济州刺史,率州军讨破元愉,别将有功。当蒙封赏,不受,云:"家荷重恩,为国致效是其常节,何足以应进陟之报。"恳恻发至诚。历青、相、朔、恒四州刺史,卒。植频莅五州,皆清能著称,当时号为良刺史。赠安北将军、冀州刺史。

【译文】

高肇,字首文,是文昭皇太后(北魏孝文帝皇后)的哥哥。他自己说本来是渤海郡蓨县人,五世祖高颍,在晋永嘉年间避乱才逃往高丽。父高飏,字法修,在魏高祖孝文帝初年,和他的弟弟高乘信以及同乡的韩内、冀富等投奔魏国,拜官厉威将军、爵河间子,乘信为明威将军,都待以宾客之礼,赐予奴婢、牛马、彩帛。于是娶了高飏的女儿,是为文昭皇后,生下了世宗皇帝。

高飏去世。景明初年,魏世宗(宣武帝)追念舅父家,征召高肇兄弟等入朝。录尚书事、北海王元详等上奏说:"高飏应该追赠左光禄大夫,赐爵渤海公,谥号为敬。其妻盖氏应该封清河郡君。"世宗同意了。又诏令高飏的嫡孙高猛承袭渤海公爵,封高肇为平原郡公,高肇的弟弟高显为澄城郡公。三人同日受封。开初世宗没有和舅父家有过来往,将拜爵时,就赐以衣冠,引见高肇、高显于华林都亭。他们都很是惶惧不安,举动失态。数日之间,他们就富贵显赫了。这一年,咸阳王元禧被诛,财物、珍宝、奴婢、田宅大多归于高家。没有多久,高肇担任尚书左仆射、领吏部、冀州大中正,娶世宗的姑姑高平公主,迁升为尚书令。

高肇出自东夷,当时的人心里很轻视他。及至位居权要,留心一切政务,孜孜不倦,世人都称赞他能干。世宗初年,由六辅臣专政(魏孝文帝临终以北海王元详为司空,王肃为尚书令,广阳王元嘉为左仆射,宋弁为吏部尚书,咸阳王元禧太为尉,任城王元澄为右仆射。辅政),后来因为咸阳王元禧平白无事地要谋反,从此世宗就委信高肇了。高肇既没有亲族,就大肆结交朋党,依附他的旬月之间就破格提拔,反对他的则构陷以大罪。他因为北海王元详位居自己之上,诬构杀之。他又劝说世宗防范诸王,等同囚禁。当时顺皇后(世宗皇后于氏)暴死,世上议论说是高肇所为。皇子元昌死,也都说王显的医疗失误,是承受高肇的意旨。及至京兆王元愉出为冀州刺史,因为畏惧高肇恣肆擅权,所以才图谋不轨。高肇又进谗言杀害了彭城王元勰。由此朝野侧目而视,都畏惧嫌恶他。于是他专掌朝廷大权,生杀予夺都任由自己。他又曾经在云龙门外的廊庑之下,与清河王元怿忽然仇争起来,闹得声势很大,后来太尉、高阳王元雍给调和了。世宗立高氏(高肇的侄女,高偃的女儿)为皇后以后,他就更被宠信了。高肇既掌朝政,诸事都自己决断,他本来就没有学识,动辄违反法度,随意胡为,减削封秩,贬黜勋臣,从此就怨声载道了。延昌初年,迁升为司徒。虽然他贵为三公,但还以离开要职快快不乐,见于辞色。众人都嗤笑他。父兄虽然久已封赠,但他竟然不改葬。到延昌三年,诏令改葬,高肇又不亲自去办,只派他兄长的儿子高猛改换服装前往代城,迁葬于家乡。当时人因为高肇没有见识,只是哂笑而不责备。

这年，朝廷大举征讨梁朝的蜀郡，以高肇为大将军，都督军为统帅。他与都督甄深等二十多人一起在东堂面辞世宗，亲奉战略规划。这天，高肇所乘的骏马停在神虎门外，无故惊倒，倒卧在沟中，鞍具都散落了，众人都感到很怪异。高肇出来后，心中很作恶。

延昌四年，世宗去世，有赦令停止征战的军队。魏肃宗(孝明帝)写给高肇及元遥等人书信，自称名讳，告以凶讯。高肇听说变故，哀痛惊愕，不仅恋慕先帝，也暗自担忧自己的祸事，朝夕悲泣，以至憔悴。将回到都城时，他夜宿于瀍涧的驿站，家中人夜间迎来探问，都不敢以目对视。直到宫阙之下，他衰服号哭，登上太极殿，奉丧尽哀。

太尉高阳王元雍先已居于西柏堂，专决朝政，与领军于忠秘密商议，想除去高肇，悄悄安排直寝壮士邢豹、伊瓮生等十余人在舍人省下，高肇哭灵柩完华，在百官面前被领进西廊，清河王元怿、任城王元澄和诸王等都看着他窃窃私语。高肇进入舍人省，壮士掐住他脖子把他活活拉折而死。朝廷下诏公布他的罪恶，又说未及行刑，他就自尽了，其余的亲党，全部不再追究，削除他的官职爵位，以士人之礼葬埋。等到黄昏，才从侧门运出他的尸体送回他的家。开初，高肇西征，行至函谷关，车轴从中折断。随从者都认为不会平安归来。灵太后(世宗皇后胡氏)临朝听政，下令特别追赠高肇为营州刺史。永熙二年，魏出帝追赠高肇为持节、侍中、中外诸军事、太师、大丞相、太尉公、录尚书事、冀州刺史。

李业兴传

【题解】

李业兴，上党长子(今山西长治市南)人。生于北魏孝文帝太和七年(公元483)，卒于东魏孝静帝武定七年(公元549)。他性格耿直，师从徐遵明，博涉百家之学，尤其精通算术和历法。后被举为孝廉，任校书郎。北魏延昌年间造《戊子元历》，后以此历及太史令张明豫之子荡寇将军张龙祥所造《甲子元历》为主，综合中坚将军屯骑校尉张洪等七家历，修成《正光历》，并于正光四年颁行。孝庄帝时典仪论，为著作左郎。东魏初年掌制邺都地图。天平四年(公元537)与卢元明等使梁，与梁武帝答经义。又任散骑常侍、国子祭酒、太原太守等职。至东魏孝静帝时，《正光历》已多有乖舛，不甚精密。兴和元年(公元539)，李业兴重修《正光历》，成《甲子元历》，并奉敕以新历呈齐献武王田曹参军信都芳审视，信都芳精于历术，以星辰失次数事驳难业兴，李业兴则以新精于北凉赵歙之《元始历》、南朝刘宋何承天之《元嘉历》及祖冲之《大明历》，一一出具答对。继而颁用。后获罪而遭囚禁，在狱中撰成《九宫行棋历》，未得施行。最后死于狱中。

【原文】

李业兴，上党长子人也。祖虬，父玄纪，并以儒学举孝廉。玄纪卒于金乡令。业兴少耿介，志学精力，负帙从师，不惮勤苦。耽思章句，好览异说。晚乃师事徐遵明于赵魏之间。时有渔阳鲜于灵馥亦聚徒教授，而遵明声誉未高，著录尚寡。业兴乃旨灵馥黉舍，类受业者。灵馥乃谓曰："李生久逐羌博士，何所得也?"业兴默而不言。及灵馥说《左传》，业兴问其大义数条，灵馥不能对。于是振衣而起曰："羌弟子正如此耳！"遂便径还。自此灵馥生徒倾学而就遵明。遵明学徒大盛，业兴之为也。

后乃博涉百家、图纬、风角、天文、占候无不详练，尤长算历。虽在贫贱，常自矜负，若礼待不足，纵于权贵，不为之屈。后为王遵业门客。举孝廉，为校书郎。以世行赵歐历，节气后辰下算，延昌中，业兴乃为《戊子元历》上之。于是屯骑校尉张洪、荡寇将军张龙祥等九家各献新历、世宗诏令共为一历。洪等后遂共推业兴为主，成《戊子历》，正光三年奏行之。事在《律历志》。累迁奉朝请。临淮王彧征蛮，引为骑兵参军。后广阳王渊北征，复为外兵参军。业兴以殷历甲寅，黄帝辛卯，徒有积元，术数亡缺，业兴又修之，各为一卷，传于世。

建义初，敕典仪注，未几除著作佐郎。永安二年，以前造历之勋，赐爵长子伯。遭忧解任，寻起复本官。元晔之窃号也，除通直散骑侍郎。普泰元年，沙汰侍官。业兴仍在通直，加宁朔将军。又除征虏将军、中散大夫，仍在通直。太昌初，转散骑侍郎，仍以典仪之勤，特赏一阶，除平东将军、光禄大夫，寻加安西将军。后以出帝登极之初，预行礼事，封屯留县开国子，食邑五百户。转中军将军、通直散骑常侍。永熙三年二月，出帝释奠，业兴与魏季景、温子升、窦瑗为摘句。后入为侍读。

迁邺之始，起部郎中辛术奏曰："今皇居徒御，百度创始，营构一兴，必宜中制。上则宪章前代，下则模写洛京。今邺都虽旧，基址毁灭，又图记参差，事宜审定。臣虽曰职司，学不稽古，国家大事非敢专之。通直散骑常侍李业兴硕学通儒，博闻多识，万门千户，所宜房询。今求就之披图案记，考定是非，参古杂今，折中为制，召画工并所须调度，具造新图，申奏取定。庶经始之日，执事无疑。"诏从之。天平二年，除镇南将军，寻为侍读。于是尚书右仆射、营构大将高隆之被诏缮冶三署乐器、衣服及百戏之属，乃奏请业兴共参其事。

四年，与兼散骑常侍李谐、兼吏部郎卢元明使萧衍。衍散骑常侍朱异问业兴曰："魏洛中委粟山是南郊邪？"业兴曰："委粟是圆丘，非南郊。"异曰："北间郊、丘异所，是用郑义。我此中用王义。"业兴曰："然，洛京郊、丘之处专用郑解。"异曰："若然，女子逆降傍亲亦从郑以不？"业兴曰："此之一事，亦不专从。若卿此间用王义，除禫应用二十五月，何以王俭《丧礼》禫用二十七月也？"异遂不答。业兴曰："我昨见明堂四柱方屋，都无五九之室，当是裴頠所制。明堂上圆下方，裴唯除室耳。今此上不圆何也？"异曰："圆方之说，经典无文，何怪于方？"业兴曰："圆方之言，出处甚明，卿自不见。见卿录梁主《孝经义》亦云上圆下方，卿言岂非自相矛盾！"异曰："若然，圆方竟出何经？"业兴曰："出《孝经援神契》。"异曰："纬候之书。何用信也！"业兴曰："卿若不信，灵威仰、叶光纪之类经典亦无出者，卿复信不？"异不答。

萧衍亲问业兴曰："闻卿善于经义，儒、玄之中何所通达？"业兴曰："少为书生，止读五典，至于深义，不辨通释。"衍问："《诗·周南》，王者之风，系之周公；《邵南》，仁贤之风，系之邵公。何名为系？"业兴对曰："郑注《仪礼》云：昔大王、王季居于岐阳，躬行《邵南》之教，以兴王业。及文王行今《周南》之教以受命。作邑于酆，分其故地，属之二公。名为系。"衍又问："若是故地，应自统摄，何由分封二公？"业兴曰："文王为诸侯之时所化之本国，今既登九五之尊，不可复守诸侯之地，故分封二公。"衍又问："《乾卦》初称'潜龙'，二称'见龙',至五'飞龙'。初可名为虎。"问意小乖。业兴对:"学识肤浅,不足仰酬。"衍又问:"《尚书》'正月上日受终文祖',此是何正?"业兴对:"此是夏正月。"衍言何以得知。业兴曰:"案《尚书中候·运行篇》云'日月营始',故知夏正。"衍又问:"尧时以何月为正?"业兴对:"自尧以上,书典不载,实所不知。"衍又云:"'寅宾出曰'即是正月。'日中星鸟,以殷仲春',即是二月。此出《尧典》,何得云尧时不知用何正也?"业兴对:"虽三正不同,言时节者皆据夏时正月。《周礼》,仲春二月会男女之无夫家者。虽自周书,月亦夏时。尧之日月,亦当如此。但所见不深,无以辨析明问。"衍又曰:"《礼》,原壤之母死。孔子助其沐椁。原壤叩木而歌曰:'久矣夫,予之不托于音也。狸首之班然。执女手之卷然。'孔子圣人,而与原壤为友?"业兴对:"孔子即自解,言亲者不失其为亲,故者不失其为故。"又问:"原壤何处人?"业兴对曰:"郑注云:原壤,孔子幼少之旧。故是鲁人。"衍又问:"孔子圣人,所存必可法。原壤不孝,有逆人伦,何以存故旧之小节,废不孝之大罪?"业兴对曰:"原壤所行,事自彰著。幼少之交,非是今始,既无大故,何容弃之?孔子深敦故旧之义,于理无失。"衍又问:"孔子圣人,何以书原壤之事,垂法万代?"业兴对曰:"此是后人所录,非孔子自制。犹合葬于防,如此之类,《礼记》之中动有百数。"衍又问:"《易》曰太极,是有无?"业兴对:"所传太极是有,素不玄学,何敢辄酬。"

　　还,兼散骑常侍,加中军大将军。后罢议事省,诏右仆射高隆之及诸朝士与业兴等在尚书省议定五礼。兴和初,又为《甲子元历》,时见施用。复预议《麟趾新制》。武定元年,除国子祭酒,仍侍续。三年,出除太原太守。齐献武王每出征讨,时有顾访。五年,齐文襄王引为中外府咨议参军。后坐事禁止。业兴乃造《九宫行棋历》,以五百为章,四千四十为部,九百八十七为斗分,还以己未为元,始终相维,不复移转,与今历法术不同。至于气序交分,景度盈缩,不异也。七年,死于禁所,年六十六。

　　业兴爱好坟籍,鸠集不已,手自补治,躬加题帖,其家所有,垂将万卷。览读不息,多有异闻,诸儒服其渊博。性豪侠,重义气。人有急难,委之归命,便能容匿。与其好合,倾身无吝。若有相乖忤,便即疵毁,乃至声色,加以谤骂。性又躁隘,至于论难之际,高声攘振,无儒者之风。每语人云:"但道我好,虽知妄言,故胜道恶。"务进忌前,不顾后患,对人以此恶之。至于学术精微,当时莫及。

　　子崇祖,武定中,太尉外兵参军。崇祖弟遵祖,太昌中,业兴传其长子伯以授之。齐受禅,例降。

【译文】

　　李业兴,上党长子人。祖父李虬,父亲李玄纪,都因精通儒家学说而被荐举为孝廉。李玄纪在任金乡令期间去世了。李业兴少年耿直,从小就立志专心致力于学问,身背书籍从师学习,不辞辛苦。他对有关儒家经典的诠释精心研究,并喜欢披览和留心新奇的学说。稍后,李业兴师从徐遵明,在赵魏故地之间学习儒学。当时,渔阳人鲜于灵馥也招收学生教学授业,而徐遵明名望不高,著述也还不多。业兴于是来到灵馥的学校,以生徒的身份听他讲授。灵馥问业兴:"李生长期追随羌博士徐遵明问经,都学到了些什么呢?"李业兴沉默不语。等到灵馥讲解《春秋左氏传》的时候,李业兴向他求教有关此书的数条要旨大义,灵馥却哑然不能对。于是李业兴抖了抖衣服,站起来说:"羌博士的弟子正是如此!"随后他立即离开灵馥的学校,直接回到了徐遵明的门下。自此之后,灵馥的学生全部离开他而投奔了徐遵明。徐遵明的学说由此大盛,生徒也渐渐地多了起来,这些都是李业兴所促成的。

此后,李业兴广泛涉猎多种学问,凡图谶、风角、天文、占候之学,无不精通熟练。尤其擅长算术和历法。虽然他家境贫寒,但却常常高傲自负,如果待他礼节不周,即使是达官显贵,也休想使他屈服。李业兴后来做了王遵业的门客。继而被荐举为孝廉,任校书郎。由于朝廷施用的赵歐《元始历》,因节气少算而后于天时,渐渐地已不很精密了。于是在北魏延昌年间,李业兴制定了《戊子元历》,上呈魏帝。当时,李业兴及屯骑校尉张洪、荡寇将军张龙祥等九人都各自献上了自己新定的历法,世宗宣武帝下诏,让他们在此基础上共同编制一部历法。后来,张洪等人一致推举李业兴主领此事,编写了《戊子历》,并于正光三年上奏颁行。此事记载在《律历志》中。李业兴接着又被提升为奉朝请。临淮王元彧征伐南蛮时,推荐他为骑兵参军。后广阳王元渊北伐,又任他为外兵参军。李业兴认为,阴历的甲寅,黄帝历的辛卯,都只徒有一个上元积年而已,方法与内容都已缺佚,于是李业兴又修订殷历与黄帝历,各成一卷,流行于世。

北魏建义初年,孝庆帝降旨李业兴,命他掌管对礼仪的注释论解,不久封他为著作左郎。永安二年,因他过去制定历法有功,赐封李业兴长子伯的爵位。后来由于父母去世,在服丧期间他解职去官,不久又官复原职。在长广王元晔盗用帝号期间,他被封为通直散骑侍郎。普泰元年,宫中裁减侍中常待等官,而李业兴仍然被留任通直,兼领宁朔将军。后来又被任命为征房将军、中散大夫,依旧留在通直。太昌初年,李业兴改作散骑侍郎,还是因为他掌管礼仪的劳苦,特别被赏赐晋升一级,封为平东将军、光禄大夫,不久又兼领安西将军。后来因出帝当初即位之时,李业兴参与实行了礼仪之事,被封为屯留县开国子,并赐五百户封地作为食邑。此后他改作了中军将军、通直散骑常侍。永熙三年二月,出帝以爵祭于神前行拜师礼,李业兴与魏季景、温子升、窦瑗代为选取文章。后入宫作了侍读,为出帝讲学授业。

东魏初年,国都刚刚迁到邺城不久,起部郎中辛术便上奏说:"如今皇城迁徙到了新地,一切都需从头做起,要想将京城修建得繁华富丽,必须以采用适中的方案为宜。向上可以效法古代,向下可以仿照洛阳城的模式。虽然今天的邺都已很破旧,建筑基础也毁弃殆尽,加之相关的图纸与文字记录多不一致,这些事都需要审核考定。臣虽说有此职责,但学问还不足以研习古事,因此对国家大事不敢独断专行。通直散骑常侍李业兴的学问精深博洽,他通达儒学,见闻广博,纵使是千家万户,也最好去访询。如今要向他求教,请他用图纸来查考核对文字记录,考定是非,再参照杂糅古今的有关记载,取其适中的内容制定出一个方案,招募画工和其他可供调动使用的人员,将全部内容重新绘制成一幅新图,而后呈奏圣上定夺。只有这样,到开始营建的时候,主事和工匠们才不会有疑问。"孝静帝采纳了这个建议。东魏天平二年,李业兴被任为镇南将军,不久又被封为侍读。当时,尚书右仆射、营构大将军高隆之奉旨,正在整理五官中郎、左中郎和右中郎三署的乐器、衣服。以及各种散乐杂技使用的器具,于是上奏魏帝,请李业兴也共同参与这项事务。

天平四年,李业兴与兼任散骑常侍的李谐、兼任吏部郎的卢元明一起出使梁朝。当时,梁武帝萧衍的散骑常侍朱异问李业兴:“魏洛阳城外的委粟山是举行郊祀的地方吗?”李业兴答道:“委粟山是祭天的圜丘坛,不是举行郊祀的地方。”朱异说:“北方举行郊祀之地与圜丘的安排不在同一个地方,这是采用郑玄的说法吧。我则以为王肃的解释更适用。”业兴说:“是这样,京城洛阳举行郊祭的地点和圜丘的安排,都只根据郑玄的说法。”朱异问:“如果是这样,那么嫡亲女子的礼制却反常地按庶亲的礼制降低一等,是否也是根据郑玄的说法呢?”业兴答道:“对于这件事,也不能仅从一家之说,如果卿在这件事上采用王肃的说法,那么,丧家除服行的祭礼应该在二十五个月后举行,为什么在王俭所著的《丧礼》中,除服之祭却是在二十七个月后举行呢?”朱异于是无言以对,李业兴继续说:“我昨天看见一座明堂,它是用四根柱子架起的方形房屋,里面根本没有分成五间或九间内室,这种形制是裴頠制定的。明堂是一种上面为圆形,下面为方形的建筑,裴頠只是取消了其中的内室而已,并没有改变它的整体形状,那么,为什么现在看到的这座明堂的上面不建成圆形呢?”朱异说:“上面圆下面方的说法,在经典著作中根本找不到,既然如此,方形的明堂又有什么可奇怪的呢?”业兴说:“上圆下方的说法,来源非常清楚,卿只是自己没有看到罢了。我曾见过你集录梁国君主的《孝经义》,其中也说到明堂的形状为上圆下方,如此看来,你所说的岂不是自相矛盾了嘛!”朱异说:“如果确实如此,那么明堂为上圆下方的说法究竟出自哪一部经典呢?”业兴答道:“出自《孝经援神契》。”朱异说:“这是谶纬占卜之类的书籍,有什么可值得相信的!”业兴反问道:“卿如果不信此书,那么灵威仰、叶光纪之类的神嘉在经书中也都没有记载,你又信不信呢?”朱异哑然不能作答。

接着,萧衍亲自向李业世兴发问:“我听说爱卿精通五经及其义理,那么儒家学说与道家学说究竟有哪一点彼此相通呢?”业兴说:“我少年时代做学生时的义理,则还不能完全了解。”萧衍又向:“《诗经》中的《周南》是帝王的诗歌,却要系在周公的名下;《召南》是仁厚贤者的诗歌,却要系在召公的名下。为什么要听叫作系呢?”业兴回答说:“郑玄在注释《仪礼》时说:‘古时大王和王季居住在岐山以南,他们身体力行《召南》的教导,用以振兴帝王的事业。到了文王的时候,他遵循今天《周南》的教导办事,因而得以受授天命,在酆地营建了都城,然后把他旧有的土地分给了周公和邵公,所以叫作系。”萧衍接着又问:“如果是旧有的土地,应该自己统辖管理才是,有什么理由要分给周、邵二公呢?”业兴答道:“文王在做诸侯的时候,教育感化了自己的国家和人民,今天已经作了至尊至上的天子,便不可以再守着过去做诸侯时的土地了,所以将其分给了二公。”萧衍继续问:“乾卦的第一爻的爻题是‘藏伏不见的龙’,第二爻的爻题是‘刚刚出现的龙’,至第五爻的爻题是‘飞跃在天的龙’。我看它们最初可以叫作虎吧。”提问稍略转了话题,业兴回答说:“我才疏学浅,不足以回答您的问题。”萧衍又问:“《尚书》记载‘正月朔日,虞舜在文祖庙接受帝尧禅让帝位’。这是哪一种历法的正月?”业兴答道:“这是夏历的正月。”萧衍问他如何得知,业兴说:“查考《尚书中候·运行篇》,其中说到‘日月开始运行’。所以知道是夏历。”萧衍又问:“帝尧时代的历法以哪个月作为一年的开始呢?”业兴回答道:“自帝尧以前,典籍中没有记载,实在不知道。”萧衍接着说:“‘恭敬地迎接刚出升的太阳’,这就是正月。‘在一年中昼夜平分的那一天,鸟星将在傍晚出现在正南方的天空,用这个天象可以确定春分’,这就是二月。这些内容都出自《尧典》,为什么说不知道帝尧时代的历法以哪个月为一年的开始呢?”业兴答道:“虽然夏、商、周三代的历法不同,但人们在谈论时间和节气的时候，都依据夏代的历法。《周礼》说：在仲春二月，让那些尚未成家的单身男女相会相配。此事虽出自周代的典籍，但月份却是采用夏代的历法。帝尧时代的历法也当如此。然而我研究得不够深入，无法辨别分析清楚，难以回答您的问题。"萧衍又问："《礼记》记载，原壤的母亲死后，孔子帮助他整治棺椁。原壤却敲着棺材唱道：'从母亲去世到现在已经很久了，我一直都不能以此木来寄托我的歌声。棺材的木纹象狸头上的花纹一样斑斓，孔子执斧的手像女子的手一样柔美。'孔子是圣人，怎么反而与原壤是朋友呢？"业兴回答说："孔子自己在当时就已经解释了"，他说："朋友没有大的过错就不能相互遗弃，与我有骨肉关系的亲属，虽然有违背礼仪的地方，但还没有失去他们作亲属的原则，我就仍然要与他们和睦相处。我的故旧朋友，虽然有违背礼仪的地方，但还没有忘记他们做朋友的原则，我就仍然要与他们交往。"萧衍继续问："原壤是哪里人？"业兴答道："郑玄在对《礼记》的注释中说：原壤是孔子幼年时代的朋友。所以是鲁国人。"萧衍问："孔子是圣人，他身上所具有的品行必然可以效法。原壤不行孝道，违背了尊卑长幼之间应遵从的关系，为什么孔子要容忍故友的小毛病而与他交往，却不追究他不行孝道的大罪过呢？"业兴答道："原壤所做的一切，事情是明白清楚的，孔子与他从幼年时代结下的情谊，并不是从今天才开始的，既然朋友没有严重的过失，怎么可以抛弃呢？孔子非常珍视与老朋友深厚的情谊，并没有失理。"萧衍继续问："孔子是圣人，为什么要写原壤的事迹让后代效法呢？"业兴回答说："这是后人所撰，并不是孔子自己写的。与孔子父母被合葬在防地一样，像这类事情，《礼记》中动辄就可以列出上百条。"萧衍接着问："《易经》所说的太极，究竟有没有呢？"业兴答道："古代所传是有太极，但我一向不善于道家学说，哪儿敢立刻回答这个问题。"

回国之后，李业兴兼任散骑常侍，又兼领中军大将军。后来议事省被废除，魏帝下诏令右仆射高隆之及其他中央官吏，与李业兴在尚书省共同议定公、侯、伯、子、男五等爵位的礼仪。兴和初年，李业兴又续修了《甲子元历》，当时就颁行使用了。后来他又计划议定《麟趾新制》。东魏武定元年，李业兴被任为国子寺祭酒，并继续担任侍读。武定三年，他受朝廷派遣，出任太原太守。齐献武王高欢每次出兵征讨，常要到他府上拜访，与他商议。武定五年，齐文襄王高澄封他为中外府咨议参军。后因犯事而遭囚禁，于是李业兴在狱中撰修了《九宫行棋历》，以五百为一章，四千零四十为一部，九百八十七为斗分，重新以己未作为历元，与此前行用的历法首尾相接，不需再作调整，此历的内容与方法与当时施行的历法不同。至于节气的交分和影度的盈缩长短，则与当时的历法没有差异。武定七年，李业兴死在狱中，享年六十六岁。

李业兴对古代典籍十分喜爱，汇集收藏从未终止，他常亲手将破旧的书籍补好，然后亲笔书写上题跋，家中的藏书将近万卷。他览读不息，并常有很多新奇的见解，他学识渊博，儒者们对此都十分钦佩。李业兴性格豪爽侠义，重意气。别人遇到急难，委身投奔他，便能得到他的收留和容匿。对于与他爱好相投的人，即使倾其所有送给人家，他也绝不吝惜。但是，如果别人与他有相违戾的地方，便会立即指责人家，甚至厉声厉色地诽谤痛骂。同时他的性格又很急躁狭隘，每当他与人辩论的时候，总要高声叫喊，排斥别人的意见，毫无儒者风度。他常对人说："只要对我有利，即使知道别人所说的都是荒谬不合理的话，也比对我不利要好。"他致力进取，妒忌别人的才能和声望超过自己，甚至不顾可能造成的恶劣后果,当时的人们都对他这一点非常憎恶。但说到他学术的精深广博。在当时却没有人能与其相比。

李业兴的儿子李崇祖,在东魏武定年间任太尉外兵参军。李崇祖的弟弟叫李遵祖,北魏太昌年间,李业兴将自己长子伯的爵位传给了他。在北齐接受东魏禅让帝位的时候,他们都投降了。

于洛侯传

【题解】

于洛侯,代地(今山西北部)人。北魏时著名的酷吏之一,生性贪残,为百姓所怒而揭发弹劾,孝文帝下令将他处死。

【原文】

于洛侯,代人也。以劳旧为青州刺史,而贪酷安忍。州人富炽夺民吕胜胫缠一具,洛侯辄鞭富炽一百,截其右腕。百姓王陇客刺杀民王羌奴、王愈二人,依律罪死而已。洛侯生拔陇客舌,刺其本,并刺胸腹二十余疮。陇客不堪痛苦,随刀战动。乃立四柱磔其手足,命将绝,始斩其首,支解四体,分悬道路,见之者无不伤楚。阖州震恐,人怀怨愤,百姓王元寿等一时反叛。有司纠劾,高祖诏使者于州刑人处宣告兵民,然后斩洛侯以谢百姓。

【译文】

于洛侯,代地人。由于劳绩和资历被任命为秦州刺史,生性贪婪严酷而习于残忍。州里人富炽抢夺百姓吕胜一副裹腿,于洛侯就把富炽鞭打一百下,砍去他的右腕。百姓王陇客刺死了王羌奴、王愈两个人,按照法律不过是判处一般死罪而已。于洛侯却活活地拔出王陇客的舌头,用刀刺舌面,同时又刺在胸部腹部二十多处。王陇客忍受不了痛苦,身体随着刀子颤抖。于是又立起四根木柱子把他手脚绑上用刀剐,当他快死的时候,这才砍下他的脑袋,肢解两手两腿,分开悬挂在路上,看到这种惨状的人无不伤心悲痛。全州震惊,人人都心怀怨恨愤怒,百姓王元寿等人同时起来反叛。有关部门向朝廷揭发弹劾,魏孝文帝下诏让使者在州中给百姓用刑的地方向全体兵民宣布于洛侯的罪状,然后杀了于洛侯,以此向百姓谢罪。

李洪之传

【题解】

李洪之,本名李文通,恒农(今河南灵宝)人。太平真君年间为狄道护军,遇显祖之母李氏，以同姓结为兄妹，遂改名洪之。显祖即帝位，李洪之遂冒为外戚，历任河内太守，怀州刺史、封汲郡公。后为使持节，安南将军，秦益二州刺史。所在贪残，闻于朝野。孝文帝时，以每行酷暴，多纳贿赂被赐死。

【原文】

李洪之，本名文通，恒农人。少为沙门，晚乃还俗。真君中，为狄道护军，赐爵安阳男。会永昌王仁随世祖南征，得元后姊妹二人，洪之以宗人潜相饷遗，结为兄弟，遂便如亲。颇得元后在南兄弟名字，乃改名洪之。及仁坐事诛，元后入宫，得幸于高宗，生显祖。元后临崩，昭太后问其亲，因言洪之为兄。与相诀竟日，具条列南方诸兄珍之等，手以付洪之，遂号为显祖隶舅。太安中，珍之等兄弟至都，与洪之相见，叙元后平生故事，计长幼为昆季。

以外戚为何内太守，进爵任城侯，威仪一同刺史。河内北连上党，南接武牢，地险人悍，数为劫害，长吏不能禁。洪之致郡，严设科防，募斩贼者便加重赏，劝农务本，盗贼止息。诛锄奸党，过为酷虐。

后为怀州刺史，封汲郡公，征拜内都大官。河西羌胡领部落反叛，显祖亲征，命洪之与侍中、东郡王陆定总统诸军，舆驾至并州，诏洪之为河西都将讨山胡。皆保险拒战，洪之筑垒于石楼南白鸡原以对之。诸将悉欲进攻，洪之乃开以大信，听其复业，胡人遂降。显祖嘉之，迁拜尚书外都大官。

后为使持节使、安南将军、秦益二州刺史。至治，设禁奸之制，有带刃行者，罪与劫同，轻重品格，各有条章。于是大飨州中豪杰长老，示之法制。乃夜密遣骑分部复诸要路，有犯禁者，辄提送州，宣告斩决，其中枉见杀害者百数。赤葩渴郎羌深居山谷，虽相羁縻，王人罕到。洪之芟山为道，广十余步，以示军行之势。乃兴军临其境，山人惊骇。洪之将教十骑至其里间，抚其妻子，问所疾苦，因资遣之。众羌喜悦，求编课调，所入十倍于常。洪之善御戎夷，颇有威惠，而刻害之声闻于朝野。

初，洪之微时，妻张氏助洪之经营资产，自贫至贵，多所补益，有男女几十人。洪之后得刘氏，刘芳从妹。洪之钦重，而疏薄张氏，为两宅别居，偏厚刘室。由是二妻妒竞，互相讼诅，两宅母子，往来如雠。及莅西州，以刘自随。

洪之素非清廉，每多受纳。时高祖始建禄制，法禁严峻。习察所闻，无不穷究，遂锁洪之赴京。高祖临太华，庭集群官，有司奏洪之受赃狼藉。又以酷暴。高祖亲临数之，以其大臣，听在家自裁。洪之志性慷慨，多所堪忍，疹疾灸疗，艾炷围将二寸，首足十余处，一时俱下，而言笑自若，接宾不辍。及临自尽，沐浴换衣，防卒扶持，将出却入，遍绕家庭，如是再三，泣叹良久，乃卧而饮药。

始洪之托为元后兄，公私自同外戚。至此罪后，高祖乃稍对百官辨其诬假，而诸李犹善相视，恩纪如亲。洪之始见元后，纪年为兄，及珍之等至，洪之以元后素定长幼，其呼拜坐皆如家人。暮年数延携之宴饮。醉酣之后，携之时或言及本末，洪之则起而加敬，笑语自若。富贵赫奕，当舅戚之家，遂弃宗专附珍之等。后颇存振本属，而犹不显然。刘氏四子，长子神。

李洪之,原来名叫文通,恒农人。小时候做过和尚,后来还俗。魏太武帝太平真君年间,担任狄道护军,被赐邓安阳男爵位。正碰上永昌王拓跋仁跟随太武帝南征,得到了元皇后李氏姐妹两个人,李洪之以同宗人的身份私下给李氏姐妹馈送东西,结成兄弟姐妹,于是就像真兄妹一样。李文通稍稍了解到元皇后在南方的兄弟的名字,就改名为洪之。等到拓跋仁因事被诛戮,元皇后作为罪人家属送进宫里,文成帝和她发生了关系,生下了献文帝。元皇后临死时,昭太后问起她的亲人,元皇后因此说李洪之是她的兄长。于是就和李洪之诀别了一整天,一一列出南方的各位兄长李珍之等人的名字,亲手交付给李洪之,李洪之因此而被称为献文帝的亲舅父。魏文成帝太安年间,李珍之等兄弟来到京师平城,和李洪之相见,叙说元皇后生平情况,互相计算年龄大小作为兄弟。

李洪之以皇亲国戚的身份担任河内太守,进封爵位为任城侯,仪仗和刺史完全相同。河内北边与上党相连,南面与武牢相接,地形险要居民强悍,居民中屡屡有人从事抢劫骚扰,地方长官不能禁止。李洪之到达郡中,严密地制定条律禁令,招募有人能斩杀坏人的就加以重赏,鼓励农业生产这一国家根本,于是盗贼就平息下来。但是他诛戮消灭坏人的同党,其所作所为又严酷得过分。

后来升任怀州刺史,封汲郡公,召入京城拜为内都大官。河西地区的羌胡部落反叛朝廷,献文帝亲自率军征讨,任命李洪之和侍中、东郡王陆定总管各路兵马。献文帝到达并州,下诏命令李洪之为河西都将征讨山胡。山胡都据险抵御,李洪之在石楼南边的白鸡原构筑堡垒对付山胡。部下的将领们都想发兵进攻,李洪之对山胡开诚布公,表示既往不咎。听凭他们各自重新恢复正常的生计,胡人就投降了。献文帝表示嘉奖,提升他为尚书外都大官。

后来又出任使持节、安南将军、秦益二州刺史。李洪之到达刺史治所,就制定了禁止为非作歹的制度,规定有人带刀外出行走,就和抢劫一样惩处,轻重高下的等级,各有明文规定。又为此而大设宴会,宴请州中的豪强和年长有地位的人,向他们通告法律制度。李洪之又在夜里秘密派遣骑兵分别埋伏在各条主要道路上,有触犯禁令的,就抓起来送到州里,公开宣布斩首,其中冤枉被杀的数以百计。赤葩渴郎羌居住在深山穷谷之中,朝廷虽然加以安抚,但代表朝廷的使者却很少来到。李洪之在山上砍树割草开出道路,宽十多步,让赤葩渴郎羌看着像在做进军的准备。于里发兵临近羌人的境内,山中的羌人大为惊骇,李洪之就率领几十名人马亲自到他们的聚居点去,安抚他们的妻儿,询问他们生活中的痛苦,随着就发给他们钱物。各部羌人很高兴,要求编入户籍缴纳租税,政府因此而收入比往常多出十倍。李洪之善于驾驭戎人夷人,很能恩威并施,可是苛刻的名声却传遍在朝廷和民间。

起初,李洪之没有发迹的时候,妻子张氏帮着李洪之经营资产,从贫穷到富贵,张氏给了很大的帮助,生下男孩女孩近十人。李洪之后来又娶了刘氏,是刘芳的堂妹。李洪之尊重刘氏,疏远张氏,造了两所宅院分开居住,但偏重在刘氏的宅院。因此两个妻子忌妒竞争,互相责骂诅咒,两个宅院的母亲孩子,如同仇敌一样。等到李洪之到西边去出任刺史,就让刘氏跟随自己。

李洪之素来并不清廉,常常多受贿赂。当时魏孝文帝开始建立发给官吏俸禄的制度,法规禁令都很严峻,官员们侦察了解的情况,无不一一举报,因此就把李洪之锁送京城。孝文帝登太华殿,庭前聚集文武百官,有关官员启奏李洪之收受赃物,声名狼藉,又残酷暴虐。孝文帝亲自对李洪之数说他的罪行,只是由于他是大臣,所以从宽让他在家中自杀。李洪之意志高昂,能承受别人难以承受的事情,得了病要用灸法治疗,用以治疗的艾炷周围有近二寸长,从头到脚要烧灼十多处,同时点上火,李洪之仍然谈笑像平时一样,接待宾客并不中断。等到面临自尽,洗澡换好衣服,防范他的士兵两边挟持着,他已经要出去自尽又退了回来,围着家里的院子绕一圈,像这样有好几次,哭泣叹息了好久,这才躺下服毒。

开始李洪之假托是元后的兄长,无论公私对待他自然都等同于皇亲国戚。及至犯罪赐死以后,孝艾帝就稍稍对文武百官说明他的假冒,但对其他李姓诸人还是很好地对待,恩情如同亲舅家一样。李洪之开始见到元皇后,计算年龄应当是兄长。等到李珍之等人来到北方以后,李洪之由于元皇后早已和他确定了兄妹关系,所以对李珍之等人的称呼拜坐都像一家人。晚年多次邀请李携之设宴饮酒,酣饮喝醉以后,李携之有时会说出事情的来龙去脉,李洪之则并不恼怒,站起身表现得更加恭敬,带着笑说话和平时一样。由于富贵显赫,相当于皇亲国舅,所以就丢弃自己的宗族而专门依附李珍之等人。后来也很想保存和振兴原来的宗族,但还是并不明显。他的妻子刘氏四个儿子,长子李神。

张赦提传

【题解】

张赦提,魏中山安喜(属今河北定州)人。性雄勇,有谋划,为官残忍严酷,为北魏著名酷吏之一。曾任冠年将军,幽州刺史,假安喜候。献文帝时,以贪虐被赐死。

【原文】

张赦提,中山安喜人也。性雄武,有规画。初为虎贲中郎。有京畿盗魁自称豹子、虎子,并善弓马,遂领逃连及诸畜牧者,各为部帅,于灵丘、雁门间聚为劫害,至乃斩人首射其口,刺人脐引肠绕树而共射之以为戏笑。其为暴酷如此。军骑掩揜,久弗能获,行者患焉。赦提设防遏穷追之计,宰司善之,以赦提为逐贼军将。乃求骁勇追之,未几而获虎子、豹子及其党与,尽送京师,斩于阙下,自是清静。其灵丘罗思祖宗门豪溢,家处隘险。多止亡命,与之为劫。显祖怒之,孥戮其家,而思祖家党,相率寇盗。赦提应募求捕逐,乃以赦提为游缴将军,前后禽获,杀之略尽,因而滥有屠害,尤为忍酷。既资前称,又藉此功。除冠军将军、幽州刺史,假安喜侯。赦提克已厉约,遂有清称。后颇纵妻段氏,多有受纳,令僧尼因事通请,贪虐流闻。中散李真香出使幽州,采访牧守政绩。真香案其罪,赦提惧死欲逃。其妻姑为太尉、东阳王丕妻,恃丕亲贵,自许诣丕申诉求助,谓赦提曰:"当为诉理,幸得申雪,愿且宽忧,不为异计。"赦提以此差自解慰。段乃陈列真香昔因假而过幽州，知赦提有好牛，从索不果。今台使心协前事，故威逼部下，拷楚过极，横以无辜，证成诬罪。执事恐有不尽，使驾部令赵秦州重往究讯，事伏如前，处赦提大辟。高祖诏赐死于第。将就尽，召妻而责曰："贪浊秽吾者卿也，又安吾而不得免祸，九泉之下当为仇雠矣。"

又有华山太守赵霸，酷暴非理。大使崔光奏霸云："不遵宪度，威虐任情，至乃手击吏人，僚属奔走。不可以君人字下，纳之轨物，辄禁止在州。"诏免所居官。

【译文】

张赦提，中山安喜人。性格雄豪尚武，但又善于谋划。起初任虎贲中郎。当时京城附近的强盗头子自称为豹子、虎子，都善于骑马射箭，就率领一伙逃亡者和放牧人，各人都当上了首领，在灵丘、雁门之间聚众抢劫，甚至于砍下人的脑袋而把嘴巴当作箭靶，刺人肚脐拉出肠子绕在树上而一起向被害人射箭，把这种举动作为玩笑取乐。他们的暴虐残酷就是这样。朝廷派军马暗中搜捕，很久也不能抓获，道路上来往的人都感到害怕。张赦提设下了防止遏制和追查穷寇的计策，地方长官认为很好，任命张赦提为逐贼军将。张赦提就寻求骁勇的武士追捕这伙人，不多久就抓获了虎子、豹子和他们的同党，全部解送到京城，在宫殿前面斩首，从此这一带地方才得以安定。其中灵丘的罗思祖家族豪横骄盈，家里的庄园位于险隘之处，招纳收容了很多亡命之徒，和他们一起抢劫。魏献文帝听说以后大为生气，把他全家有的诛杀，有的投入官府为奴，但罗思祖家的那帮同伙，又接连出来劫掠偷盗。张赦提应征要求去追捕，于是就任命他为游徼军将，前后所抓获的人，几乎全被杀完。张赦提借着捕盗的名义滥杀无辜，尤其残忍酷虐。由于已经有了以前的名声，又凭借了这一回的功绩，为朝廷授予冠军将军、幽州刺史，假安喜侯。

张赦提对待自己严格俭约，于是就有清廉的称誉。后来却对妻子段氏相当放任，收受贿赂很多，行贿者常常让和尚、尼姑借着别的事由通禀请求，所以张赦提声誉大坏，贪婪暴虐之名四处流传。中散大夫李香真出使幽州，采集访查地方长官的政绩。李真香查明张赦提的罪行，张赦提害怕处死，想逃走。他妻子的姑母是太尉、东阳王元丕的妻子，仗着元丕是皇族而又显贵，自告奋勇到元丕那里去申诉请求帮助。她对张赫提说："我给你去申诉，希望能够得到无罪昭雪，但愿你暂时把忧虑放下，不要想别的念头。"张赦提因此而稍稍得到宽解安慰。段氏就向元丕陈说李真香过去曾经在假期中路过幽州，知道张赦提养有好牛，向张赦提索取但没有如愿。现在作为政府的使者对以前的事情怀恨在心，所以威逼部下，用刑拷打使人不能忍受，硬把无辜的人罗织诬陷成罪。主管人员恐怕段氏所说的情况不确，让驾部令赵秦州重新前去审讯，审讯结果口供同以前一样，判处张赦提斩刑。魏孝文帝下诏让他在家里自杀。自杀之前，张赦提把妻子叫来责骂说："用贪污来弄脏我的就是你，又让我宽心不要逃走至于不能免去灾祸，在九泉之下我就变成你的仇人了。"

又有华山太守赵霸，残酷暴虐超越常理。大使崔先参奏他说："不遵守法度，作威作福但凭心意，甚至于动手殴打官吏，僚属因此奔逃。这样的人不能统治百姓爱护下级，让他纳入法度准则之中，应当立即禁止再在州里。"朝廷下诏免去了赵霸的华山太守。

崔暹传

【题解】

崔暹，字元钦，清河东武城（今河北清河县）人，世居荥阳、颖川间（今河南荥阳、禹州）。性残酷而少仁恕。以秀才迁南兖州刺史，又历平北将军、瀛洲刺史。所至贪婪残忍，为百姓之害。建义初年，尔卡荣发动"河阴之变"，崔暹也被杀。

【原文】

崔暹，字元钦，本云清河东武城人也。世家于荥阳、颖川间。性猛酷，少仁恕，奸猾好利，能事势家。初以秀才累迁南兖州刺史，盗用官瓦，赃污狼藉，为御史中尉李平所纠，免官。后行豫州事，寻即真。坐遣子析户，分隶三县，广占田宅，藏匿官奴，障吝陂苇，侵盗公私，为御史中尉王显所弹，免官。后累迁平北将军、瀛洲刺史，贪暴安忍，民庶患之。尝出猎州北，单骑至于民村，井有汲水妇人，暹令饮马，因问曰："崔瀛洲何如？"妇人不知其为暹也，答曰："百姓何罪，得如此癫儿刺史！"暹默然而去。以不称职被解还京。武川镇反，诏暹为都督，隶大都督李崇讨之。建崇节度，为贼所败，单骑潜还，禁于廷尉。以女妓、园田货元叉，获免。建义初遇害于河阴。赠司徒公、冀州刺史，追封武津县公。

子瓒，字绍珍。位兼尚书左丞、卒。瓒妻，庄帝妹也，后封襄城长公主，故特赠瓒冀州刺史。子茂，字祖昂，袭祖爵。

【译文】

崔暹，字元钦，原籍据说是清河东武城人，世代家住在荥阳、颖川之间，性情猛烈残酷，很少对人仁爱宽恕，又奸猾而唯利是图，能趋附有权有势的人家。起初以秀才的身份连续升迁到南兖州刺史，把公家的屋瓦据为己有，贪污赃物，声名狼藉，被御史中尉李平所举发，免官。后来代理豫州刺史，不久就实授这一官职。他让儿子分散户口，分别隶属在三个县中，大肆侵占田地住宅，藏匿公家的奴隶，贪婪地把池塘苇地圈起来作为私产，侵吞盗窃公私财物，被御史中尉王显弹劾，又被免官。后来又连续升为平北将军、瀛洲刺史，做官时贪污暴虐，习于残忍，百姓都对他感到害怕。他有一次到州城北边打猎，一个人骑着马到村子里。村里井边有一个妇女在打水，崔暹就让她饮马，借着机会问："崔瀛洲这个人怎么样？"这个妇女不知道他是崔暹，回答说："不知百姓有什么罪过，碰上了这浑身长疮的刺史！"崔暹一言不发就走开了。后来由于不称职而被押送回京城。武川镇将士造反，下诏任命崔暹为都督，隶属于大都督李崇，前去讨伐。崔暹违背李崇的指挥调度，被敌人打败，一个人偷偷逃回来。朝廷命把他关在廷尉监狱里，他又用妓女、庄园、田地等贿赂掌握大权的元叉，因此得以免于治罪。孝庄帝建义年间，尔朱荣造反，大杀文武官员，崔暹也在河阴被杀。追赠为司徒公、冀州刺史，追封为武津县公。

崔暹的儿子崔瓒，字绍珍，官至兼尚书左丞，去世。崔瓒的妻子是孝庄帝的妹妹，后来封为襄城长公主，所以特别封赠崔瓒为冀州刺史。崔赞的儿子崔茂，字祖昂、继承祖父的爵位。

逸士传

【题解】

古之所谓"隐士"，自伯夷、叔齐以后，历代皆有。而真正是知识分子而隐居山林的，则起自东汉初年。这是中国古代知识分子生活的一个大转折，是他们独立的思考现实，形成相对独立的世界观的开始。《后汉书》首列《隐逸列传》，其义即在于此。士人隐逸之动机历代虽有不同，但大多是出于对黑暗社会现实的不满，是对现实社会的一种无声反抗和逃避。而为隐逸，矫情以饰其伪则不在此列。这里所列的北魏时期的著名隐士眭夸、冯亮、李谧、郑修等人属于前者。"不事王侯，高尚其事"，正道出了这些人物的为人心愿。

【原文】

盖兼济独善，显晦之殊，其事不同，由来久矣，昔夷齐获全于周武，华裔不容于太公，何哉？求其心者，许以激贪之用；督其迹者，以为束教之风。而肥遁不反，代有人矣。夷情得丧，忘怀累有。比夫迈德弘道，匡俗庇民，可得而小，不可得而忽也。自叔世浇浮，淳风殆尽，锥刀之末，竞入成群，而能冥心物表，介然离俗，望古独适，求友千龄，亦异人矣。何必御霞乘云而追日月，穷极天地，始为超远哉，今录眭夸等为《逸士传》。

眭夸，一名昶，赵郡高邑人也。祖迈，晋东海王越军谋掾，后投石勒为徐州刺史。父邃，字怀道，慕容宝中书令。夸少有大度，不拘小节。耽志书传，未曾以世务经心。好饮酒，浩然物表。年二十遭父丧，须鬓至白，每一悲哭，闻者为之流涕。高尚不仕，寄情丘壑。同郡李顺愿与之交，夸拒而不许。邦国少长莫不惮之。

少与崔浩为莫逆之交。浩为司徒，奏徵为其中郎，辞疾不赴。州郡逼遣，不得已，入京都。与浩相见，延留数日，惟饮酒谈叙平生，不及世利。浩每欲论屈之，竟不能发言。其见敬惮如此。浩后遂投诏书于夸怀，亦不开口。夸曰："桃简，卿已为司徒，何足以此劳国士也。吾便于此将别。"桃简，浩小名也。浩虑夸即还，时乘一骡，更无兼骑，浩乃以夸骡内之厩中，冀相维絷。夸遂托乡人输租者，谬为御车，乃得出关。浩知而叹曰："眭夸独行士，本不应以小职辱之。又使其人仗策复路，吾当何辞以谢也。"时朝法甚峻，夸既私还，将有私归之咎。浩仍相左右，始得无坐。经年，送夸本骡，兼遗以所乘马。为书谢之。夸更不受其骡马，亦不复书。及浩诛，为之素服，受乡人吊唁，经一时乃止，叹曰："崔公既死，谁能更容眭夸！"遂作《朋友篇》，辞义为时人所称。

妇父钜鹿魏攀，当时名达之士，未尝备婿之礼，情同朋好。或人谓夸曰："吾闻有大才者必居贵仕，子何独在桑榆乎？"遂著《知命论》以释之。年七十五卒。葬日，赴会者如市。无子。

冯亮，字灵通，南阳人，萧衍平北将军蔡道恭之甥也。少博览诸书，又笃好佛理。随道恭至义阳，会中山王英平义阳而获焉。英素闻其名，以礼待接。亮性清净，至洛，隐居嵩高，感英之德，以时展勤。及英亡。亮奔赴，尽其哀恸。

世宗尝召以为羽林监，领中书舍人，将令侍讲《十地》诸经，固辞不拜。又欲使衣帻入见，亮苦求以幅巾就朝，遂不强逼。还山数年，与僧徒礼诵为业，蔬食饮水，有终焉之志。会逆人王敞事发，连山中沙门，而亮被执赴尚书省。十余日，诏特免雪。亮不敢还山，遂寓居景明寺。敕给衣食及其从者数人。后思其旧居，复还山室。亮既雅爱山水，又兼巧思，结架岩林，甚得栖游之适，颇以此闻。世宗给其工力，令与沙门统僧暹、河南尹甄琛等，周视嵩高形胜之处，遂造闲居佛寺。林泉既奇，营制又美，曲尽山居之妙。亮时出京师。延昌二年冬，因遇笃疾，世宗敕以马舆送令还山，居嵩高道场寺。数日而卒。诏赠帛二百匹，以供凶事。遗兄子综，敛以衣巾帽，左手持板，右手执《孝经》一卷，置尸盘石上，去人数里外。积十余日，乃焚于山。以灰烬处，起佛塔经藏。

初，亮以盛冬丧，时连日骤雪，穷山荒涧，鸟兽饥窘，僵尸山野，无所防护。时寿春道人惠需，每旦往看其尸，拂去尘霰。禽虫之迹，交横左右，而初无侵毁，衣服如本，惟风吹帽巾。又以亮识旧南方法师信大栗十枚，言期之将来十地果报，开亮手以置把中。经宿，乃为虫鸟盗食，皮壳在地，而亦不伤肌体。焚燎之日，有素雾翁郁，回绕其傍，自地属天，弥朝不绝。山中道俗营助者百余人，莫不异焉。

李谧，字永和，赵郡人，相州刺史安世之子。少好学，博通诸经，周览百氏。初师事小学博士孔璠。数年后，璠还就谧请业。同门生为之语曰："青成蓝，蓝谢青，师何常，在明经。"谧以公子徵拜著作佐郎，辞以授弟郁，诏许之。州再举秀才，公府二辟，并不就。惟以琴书为业，有绝世之心。览《考工记》《大戴礼盛德篇》，以明堂之制不同，遂著《明堂制度论》。

谧不饮酒，好音律，爱乐山水，高尚之情，长而弥固，一遇其赏，悠而忘归，乃作《神士赋》，歌曰："周孔重儒教，庄老贵无为。二途虽如异，一是买声儿。生乎意不惬，死名用何施。可心聊自乐，终不为人移。脱寻余志者，陶然正若斯。"延昌四年卒，年三十二，遐迩悼惜之。

其年，四门小学博士孔璠等学官四十五人上书曰："窃见故处士赵郡李谧：十岁丧父，哀号罢邻人之相；幼事兄瑒，恭顺尽友于之诚。十三通《孝经》《论语》《毛诗》《尚书》，历数之术尤尽其长，州间乡党有神童之号。年十八，诣学受业，时博士即孔璠也，览始要终，论端究绪，授者无不欣其言矣。于是鸠集诸经，广校同异，比三传事例，名《春秋丛林》，十有二卷，为璠等判析隐伏，垂盈百条。滞无常滞，纤毫必举；通不长通，有枉斯屈。不苟言以违经，弗饰辞而背理。辞气磊落，观者忘疲。每曰：'丈夫拥书万卷，何假南面百城。'遂绝迹下帷，杜门却扫，弃产营书，手自删削，卷无重复者四千有余矣。犹括次专家，搜比说议，隆冬达曙，盛暑通宵。虽仲舒不窥园，君伯之闭户，高氏之遗漂，张生之忘食，方之斯人，未足为喻。谧尝诣故太常卿刘芳推问音义，语及中代兴废之由，芳乃叹曰：'君若遇高祖，侍中、太常非仆有也。'前河南尹、黄门侍郎甄琛内赞近机，朝野倾目，于时亲识求官者，答云：'赵郡李谧，耽学守道，不闷于时，常欲致言，但未有次耳。诸君何为轻自媒炫？'谓其子曰：'昔郑玄、卢植不远数千里诣扶风马融，今汝明师甚迩，何不就业也？'又谓朝士曰：'甄琛行不愧时，但未荐李谧，以此负朝廷耳。'又结宇依岩，凭崖凿室，方欲训彼青衿，宣扬坟典，冀西河之教重兴、北海之风不坠。而祐善空闻，暴疾而卒。邦国衔殄悴之哀，儒生结摧梁之慕。况璠等或服议下风，或亲承音旨，师儒之义，其可默乎！"事奏，诏曰："谧屡辞徵辟，志守冲素，儒隐之操，深可嘉美，可远傍惠、康，近准玄晏，谥曰贞静处士，并表其门闾，以旌高节。"遣谒奉册，于是表其门曰文德，里曰孝义云。

郑修，北海人也。少隐于岐南几谷中。依岩结宇，独处淡然，屏迹人事，不交世俗，耕食水饮，皮冠草服，雅好经史，专意玄门。前后州将，每徵不至。岐州刺史魏兰根频遣致命，修不得已，暂出见兰根，寻还山舍，兰根申表荐修，肃宗诏付雍州刺史萧宝夤访实以闻。会宝夤作逆，事不行。

【译文】

兼济天下和独善其身之间有着明显的区别。由于人们所从事的事业不同，这种区别由来已久。早先伯夷、叔齐在周武王的时代得以保全自己的名节，华裔却不容于太公，这是为什么呢？寻求恬淡之心的做法，可以有激励贪婪之人的作用，督责人的行为轨迹，是用来形成良好的社会风气。然而避世隐居的人，每个朝代都有。平静地对待成功与失败，也不介意有无危难与过失。像这样提倡德行，发扬正义，匡正风俗，庇护人民，可以稍少一点，但不能够忽视它。近代以来民风浮薄，良好淳厚的社会风尚荡然无存，针尖大的地方，也有成群的人涌入，而能潜心于世事之外，超然脱俗，向往古人、行为超迈的人，也就不是凡人了。为什么一定要腾云驾雾、遨游天地之间，才算是超脱呢？现在记录眭夸等人的事迹作为《逸士传》。

眭夸，又名昶，是赵郡高邑县人。祖父名迈，是晋朝东海王所率军队中的参谋副官，后投奔石勒当了徐州刺史。父亲名邃，字怀道，是慕容宝的中书令。眭夸年轻时就很大度，不拘小节。专好读书，世俗事务不放在心上，喜欢喝酒，超然于世事之外。二十岁时父亲去世，以至于鬓发全白，每一次恸哭，听到的人都会感动得流泪。情怀高尚，不步仕途，将自己的情志寄托在自然山水之间。同郡的李顺愿意结交他，然而眭夸拒绝了，不同意。地方上年轻年长的没有不敬畏他的。

年轻时和崔浩成了莫逆之交。崔浩担任司徒一职，进言要皇上征召眭夸作自己的中郎，然而眭夸借口自己有病推辞了。州郡的官员仍然逼他就职，迫不得已，他才到了京城。和崔浩相见后，逗留了好几天，只喝酒叙谈平生琐事，不涉及社会上的各种利害关系。崔浩每每想驳倒他，最后终于没能说出来。他让人敬畏就像这样。后来崔浩把诏书扔到眭夸的怀里，也不说话。眭夸说："桃简，你已经是司徒了，为什么还要用当官来烦我呢？我现在要告辞了。"桃简是崔浩的小名。崔浩想到眭夸就要回去了，来时只骑了一匹骡子，没有其他的坐骑，于是把眭夸的骡子藏到马圈中，希望以此来留下眭夸。眭夸托运租的乡下人弄了一辆车，谎称是御车，才逃出关。崔浩知道了叹息说："眭夸是独来独往的人，本来不该用小小的职务去侮辱他。使他赶着车子回去，我将怎么说才能道歉呢？"当时的朝廷法律严峻，眭夸既然是偷偷回去的，就有私归之罪。崔浩仍辅佐在君王左右，才得以不受牵连。又过了些年，送还眭夸的骡子，并把自己的坐骑赠送给他，写了一封信表示歉意。然而眭夸不接受他的骡马，也不回信。崔浩被杀以后，眭夸为他穿素服，接受乡里人的吊唁，过了一段时间才结束。叹息道："崔公已经死了，谁还能容得下我眭夸！"作《朋友篇》一文，篇中的文辞为当时人所称赞。

妻子的父亲钜鹿人魏攀也是当时的知名人士。和眭夸不曾以翁婿对待，感情如同好朋友一般。有人对眭夸说："我听说有大才的人一定会取得高官厚禄，为什么你偏偏在乡下民间呢？"于是眭夸作了《知命论》一文，予以解释。七十五岁时去世。安葬的那天，送葬的人像赶集一样。身后无子。

冯亮，字灵通，南阳人，是梁武帝萧衍平北将军蔡道恭的外甥。从小博览群书，又特别爱好佛理。随着道恭到了义阳，碰上中山王元英平定并攻占了义阳。元英早就听说了他的大名，以尊敬的态度对待他。冯亮生性爱清静，到了洛阳一带，隐居在嵩山。为答谢元英的礼遇，经常表示自己的殷勤。元英去世时，冯亮为他奔丧，极力表示了自己的哀恸。

世宗曾下诏任命他为羽林监，兼中书舍人，等他给皇上讲解《十地》等佛经，他坚决推辞了，没有接受任命。又让他朝服朝冠、穿戴整齐地入见皇上。他却苦苦要求以普通服装入朝进见，于是皇上也就不再强迫他。回到山里很多年，以与佛教徒们诵经学佛为事业，吃粗食喝冷水，有终老山林的志愿。碰巧王敞叛乱，牵连到山里的僧人，冯亮也被抓起来交付尚书省，十多天后，皇上特别下诏免除其罪。冯亮不敢再回山里，于是客居在景明寺。皇上敕给他衣服食物和几名随从人员。后来因为想念老房子又回到了山里。冯亮不但酷爱山水，而且构思巧妙，在深山老林中盖房子，深得游玩的奥秘，并且也很舒适，很多人都听说了这一点。世宗给他提供人力，命令他和和尚统领僧暹、河南官员甄琛等遍考嵩高地区风景地貌，以便建造精舍和佛寺。这里风景既已奇特，建造又很精美，竭尽山居的美妙。冯亮时常出入京城。延昌二年冬季，因为生了重病，世宗还送给他马车，让人把他送回山里，住在嵩高道场寺，过了几天死去了。皇上下诏赠送他布帛二百匹，以备办他的丧事，留下遗嘱告诉他哥哥的儿子冯综，说给他装殓要穿布衣戴便帽，左手拿着一块板，右手拿着一卷《孝经》，把尸体放在离人几里外的大石头上，过十多天，才在山里焚毁。在尸体焚毁烧成灰烬的地方，盖一座佛塔，收藏佛经。

冯亮是在隆冬去世的，当时连日大雪，山坡上溪水边都是光秃秃的，满山遍野都是饿死的鸟兽，连它们都无法抵御严寒。当时有一个寿春地区的道人名叫惠需的，每天早晨都去看护他的尸体，拂去灰尘和露珠。鸟兽爬虫的印迹交叉地印在尸体周围的地上，但是一点儿也没有侵犯毁坏尸体，衣服还像原来的样子，只有风吹动着便帽。又因为冯亮的旧友、一位南方的法师托人带来十个大栗子，说希望将来在佛教修行的十种境地里得到好的报应，惠需掰开冯亮的手把十个栗子放在他的手掌中，过了一夜，就被虫子和鸟偷吃了，皮壳扔在地下，然而没有伤着冯亮的肌肤。尸体焚毁的那天，有白雾笼罩，盘旋在旁边，从地下腾起一直连向天空，一早晨都没有散尽。山中佛徒、道士及前来帮助焚尸的平民百姓一百多人，没有一个人不感到惊讶。

李谧，字永和，赵郡人，是相州刺史李安世的儿子。年轻好学，各种典籍都很精通，诸子百家也都读过。开始是跟着小学博士孔璠学习，几年后，孔璠反过来向李谧求教。同门师兄弟说："青出于蓝，蓝不如青。老师不总是老师，关键在通晓典籍。"皇上以公子的名义征召他，任命他为著作佐郎，他以要教弟弟李郁学习为理由谢绝了，皇上也同意了他的请求。地方上再次推举优秀人才,官员们两次推荐他,他都没有答应。只以抚琴写书为事业,有和社会断绝往来的想法。浏览了《考工记》《大戴礼·盛德篇》,因为它们记录古代天子宣明政教的地方及礼仪制度有不同,于是写了《明堂制度论》一文。

李谧不喝酒,喜欢音乐,热爱自然山水,这种高尚的情操,随着他年龄的增长而更加坚固。一到了喜爱欣赏的地方,就乐而忘返。于是作《神士赋》一文,唱道:"周公孔子重视儒教,庄周老子看重无为。二种途径虽然不同,但都是为了取得好名声。活着时如不惬意,死了后名声又有什么用。满足自己的心愿,自己让自己高兴,终究不会被人改变。假如寻求我的志向,高高兴兴已达目的。"延昌四年去世,时年三十二岁,远近的人民都悼念他并为他惋惜。

那一年,四门博士之一小学博士孔璠等四十五人给皇上上书说:"我们看见过去的隐士赵郡李谧是这样的情况:十岁死了父亲,哀号恸哭,使邻居都为之神伤。幼年事奉哥李瑒,极其恭顺友爱。十三岁通晓《孝经》《论语》《毛诗》《尚书》,对于天文历数尤其擅长,在乡间邻里有神童之称。十八岁,到学校正式从师受业,当时的老师就是博士孔璠。从开头浏览,到最后进行归纳总结,探究事物的开端并且往往追本溯源,教他的老师听了他的话没有一个不高兴的。于是他搜集各种经典,广泛地较正它们的异同,依据《春秋》之传的体例,作了《春秋丛林》一书,共十二卷。条分缕析,为我们阐明了很多隐蔽的思想。阻碍不会总是阻碍,有一点不通一定指出。讲得通也不一定永远讲得通,有一点误解也就讲不通了,不随便说话而违背经典原意,不强辞夺理而违背事物常理。文辞气势磊落。读者往往忘记了疲劳。他常说:"大丈夫拥有万卷图书,不必要借助统治者的力量。"于是不再教书,闭门谢客,放弃家产,专门着手书籍整理,亲手删定四千余种而没有重复,并且搜求、排列各家学说和街谈巷议,从隆冬到盛夏,从黎明到半夜,即使仲舒无暇窥园,君伯闭门谢客,高氏遗忘漂洗之物,张生忘记吃饭,他们的行为都不能和李谧相提并论。李谧曾到已故太常卿刘芳那儿请教音义问题,谈话涉及中代兴废的原因。刘芳叹息说:'您如果遇到议高祖,侍中、太常这些官职就不是我的了。'前河南尹、黄门侍郎甄琛身为皇上近臣,朝野都刮目相待,当时亲自接见来求官的人,说:'赵郡人李谧,好学而坚持正义,关心时事,常常想发表政见,但始终没有造次。你们这些人为什么轻易就自我炫耀呢?'对他的儿子说:'过去郑玄、卢植不远千里到扶风去跟随马融研习经籍,现在你的老师也在远方,为什么不到那儿去跟他学习呢? 又对朝中官员说:'我甄琛的行为对于我们所处的时代来说毫不惭愧,但是因为没有推荐李谧,所以有负于朝廷。'又依山建房,临崖盖屋,正要想从事教育教导学生,宣扬经典教义,希望黄河流域的清淳教化重新兴盛,北方纯朴的社会风气不致湮灭。然而这种良好的愿望刚刚听说,他就得了暴病死去了。国家地方满含着悲痛,学士儒生的心里郁结着无限的思念之情。何况我孔璠等人有些同意他的观点主张,有些聆听过他的教诲,我们之间有这种情义,怎么可以保持沉默呢?"事情说完后,皇上下诏书说:"李谧多次谢绝了我的征召,笃志于淡泊自守,清静无为。儒学隐者的情操,实在应该褒奖。可以比方着惠、康、玄晏等人的情况,追封他为贞静处士,并且在他的家乡树立牌坊,以表彰他的高尚情操。"派遣掌管晋见的大臣捧着文书,当即赐给他的家门文德封号,居住的地方叫作孝义里。

郑修,北海郡人。年轻时隐居在岐山南面的山谷中,依山建房,独来独往,淡泊恬然。

谢绝外人来访,也不结交世俗凡人,耕田而食,粗茶淡饭,衣冠随便。但特别喜好经籍史书,尤其着意于清谈玄学。前后几任州官征召他,他都不出来。岐州刺史魏兰根多次派人传达命令,郑修不得已,暂时出来见见魏兰根,不久又回到山里去了。魏兰根向皇上上书推荐郑修,肃宗下诏让雍州刺史肖宝夤访问实情后汇报上去,恰好碰上肖宝夤政变,这件事情没有进行。

晁崇传

【题解】

晁崇,字子业,辽东襄平(今辽宁省辽阳市)人。生年未详,约卒于北魏道武帝天兴五年(公元 402 年)。晁崇精通天文术数之学,初作后燕慕容垂的太史郎,后为北魏军俘虏,赦免后跟随太祖拓跋珪平定中原,官拜太史令,后升任中书侍郎。北魏天兴元年(公元398 年),晁崇奉诏开始制造浑天仪,他所造的浑天仪用铁制成,十分精美,星度均错银,下有十字水平,上立四柱,十字之上,以龟负双规。这具浑天仪由六规组成,分内外两重,外重四规恒定,一为地平环(金浑纬规),一为赤道环(天常规),另外两规是子牛环和卯酉环,相交而呈南北两极。内重由两规和窥管组成,可以运转。窥管长八尺,可观测星辰行度。北周武帝宇文邕平灭北齐后,曾获得此仪。随哥皇三年(公元 583 年),国都初竣,这具浑天仪又被移置观象台。至唐代仍在使用。

【原文】

晁崇,字子业,辽东襄平人也。家世史官。崇善天文术数,知名于时。为慕容垂太史郎。从慕容宝败于参合,获崇,后乃赦之。太祖爱其伎术,甚见亲待。从平中原,拜太史令,诏崇造浑仪,历象日月星辰。迁中书侍郎,令如故。天兴五年,月晕,左角蚀将尽,崇奏曰:"占为角虫将死。"时太祖既克姚平于柴壁,以崇言之征,遂命诸军焚车而反。牛果大疫,舆驾所乘巨犗数百头亦同日毙于路侧,自余首尾相继。是岁,天下之牛死者十七八,糜鹿亦多死。

崇弟懿,明辩而才不及崇也。以善北人语内侍左右,为黄门侍郎,兄弟并显。懿好矜容仪,被服僭度,言音类太祖。左右每闻其声,莫不惊辣。太祖知而恶之。后其家奴告崇与懿叛,又与亡臣王次多潜通,招引姚兴,太祖衔之。及兴寇平阳,车驾击破之。太祖以奴言为实,还次晋阳,执崇兄弟并赐死。

【译文】

晁崇,字子业,辽东襄平人。他的祖辈世代出任史官。晁崇擅长天文、历法和占卜等学问,在当时享有盛名。他曾任后燕慕容垂的太史郎。晁崇跟随后燕太子慕容宝征战时,在参合坡为北魏军大败,并被俘获,后来得到赦免。北魏道武帝拓跋珪十分赏识他的才学和技能,宠爱备至。此后,晁崇跟随道武帝平定中原,官拜太史令。道武帝并下诏令他制造浑天仪,且根据日月星辰的运行情况制定历法。在他被升为中书侍郎后,乃就继续从事制造浑天仪和修订历制的工作。北魏天兴五年(公元402年)十月,发生了月晕现象,月亮的左角快要被光气完全遮住了,晁崇急忙上奏道:"依星占的说法,这种天象预示着长有犄角的动物将要死亡。"当时,太祖道武帝统领北魏大军已经在柴壁打败了姚平,因为晁崇陈明出现了不祥的天象征兆,于是命令全军焚烧战车,班师回朝。果然,很快就发生了大范围的牛瘟,军中几百头驾车的巨大的被阉割过的牛,在一天之内都死在了路旁,首尾相接,一个挨着一个。这一年,天下十分之七八的牛都死掉了,而且还死了很多麋鹿。

晁崇的弟弟晁懿,聪明善辩,但才智不如晁崇。由于他北方话讲得好,因而在宫廷内以供听使,作了黄门侍郎,兄弟二人的地位都很显赫。晁懿喜欢修饰仪表容貌,威严有余,穿着服饰常超越他的级别,而且讲话的声音非常像太祖。身边的人每当听到他的声音,都吓得浑身发抖。道武帝得知此事后,对他极为厌恶。后来,晁家的家奴告发晁崇与晁懿兄弟二人密谋反叛,并且与亡臣王次多秘密串通,又与姚兴相互勾结,使得武帝对他们日生不满。恰恰到天兴五年的时候,姚兴寇边,攻击平阳,道武帝亲自统兵大破了姚军。太祖拓跋珪这时才觉得,晁家家奴先前对晁崇兄弟二人的告发应该属实,于是回到晋阳后,将晁崇与晁懿一并拘执,赐了死罪。

孙僧化传

【题解】

孙僧化,东莞(今山东沂水)人,北魏末期的天文历法家和星占学家。曾任通直散骑常侍,据史书载,于永熙(公元532~534年)年间,他受诏与太史令胡世荣、张龙(祥)、赵洪庆及中书舍人孙子良等人校订天文书,他们集甘、石二家《星经》及汉魏以来的二十三家经占,集为五十五卷。又,"后集诸家撮要,前后所上杂占,以类相从,日月五星、二十八宿、中外官图,合为七十五卷。"他著有《星占》三十三卷(又说,与他人合作,二十八卷)和《后魏永安历》一卷,都已失传。

【原文】

(孙)僧化者,东莞人。识星分,案天占以言灾异,时有所中。普泰中,尔朱世隆恶其多言,遂系于廷尉,免官。永熙中,出帝召僧化与中散大夫孙安都失撰兵法,未就而帝入关,遂罢。元象中死于晋阳。

【译文】

孙僧化,东莞人。认识星宿名分,依照天象占卜以讲述灾祸变异,时常有所应验。普泰(531~532)中,尔朱世隆嫌他多言,因而将其囚禁于掌管刑罚的廷尉处,免去官职。北魏永熙(532~534)年间,出帝元修(510~534)召见孙僧化和中散大夫孙安都,让他们共同

撰写兵法,未等写完而元修入关,于是停写。东魏元象(538~539)中,孙僧化死于晋阳(今山西太原市南)。

江式传

【题解】

江式(公元?~257年),字法安,祖籍陈留郡济阳(在今河南兰考县东北),其祖父由凉州迁居代京(今山西省大同市)。江式仕北魏,官至骁骑将军、著作佐郎。江氏一门,以文字书法为家学,江式以书法著名北魏,擅长篆书,洛阳宫殿匾联,大都由他题署。江式曾撰集字书《古今文字》四十卷,书未成而去世。

【原文】

江式,字法安,陈留济阳人。六世祖琼,字孟琚,晋冯翊太守,善虫篆、训诂。永嘉大乱,琼弃官西投张轨,子孙因居凉土,世传家业。祖强,字文威,太延五年,凉州平,内徙代京。上书三十馀法,各有体例,又献经史诸子千馀卷,由是擢拜中书博士。卒,赠敦煌太守。父绍兴,高允奏为秘书郎,掌国史二十馀年,以谨厚称。卒于赵郡太守。

式少专家学。教年之中,常擎两人时相教授,乃瘗,每有记识。初拜司徒长兼行参军、检校御史,寻除珍寇将军、符节令。以书文昭太后尊号谥册,特除奉朝请,仍符节令。式篆体尤工,洛京宫殿诸门板题,皆式书也。

延昌三年三月,式上表曰:

臣闻庖羲氏作而八卦列其画,轩辕氏兴而龟策彰其彩。古史仓颉览二象之爻,观鸟兽之迹,别创文字,以代结绳,用书契以维事。宣之王庭。则百工以叙;载之方册,则万品以明。迄于三代,厥体颇异,虽依类取制,未能悉殊仓氏矣。故《周礼》八岁放入小学,保氏教国子以六书:一曰指事,二曰象形,三曰谐声,四曰会意,五曰转注,六曰假借。盖是史颉之遗法也。及宣王太史史籀著《大篆》十五篇,与古文或同或异,时人即谓之"楷书"。至孔子定《六经》,左丘明述《春秋》,皆以古文,厥意可得而言。

其后七国殊轨,文字乖别,暨秦兼天下,丞相李斯乃奏蠲罢不合秦文者。斯作《仓颉篇》,中车府令赵高作《爰历篇》,太史令嘲毋敬作《博学篇》,皆取史籀大篆,或颇省改,所谓小篆者也。于是秦烧经书、涤除旧典,官狱繁多,以趣约易,始用隶书。古文由此息矣。击书者,始皇使下杜人程邈附于小篆所作也,以邈徒隶,即谓之隶书。故书有八体:一曰大篆,二曰小篆,三曰刻符书,四曰虫书,五曰摹印,六曰署书,七曰殳书,八曰隶书。

汉兴,有尉律学,复教以籀书,又习八体,试之课最,以为尚书史。吏民上书,省字不正,辄举劾焉,又有草书,莫知谁始,考其书形,虽无厥谊,亦是一时之变通也。孝宣时,召通《仓颉》读者,独张敞从之受。凉州刺史杜邺、沛人爱礼,讲学大夫秦近亦能言之。孝平时,征礼等百馀人说文字于未央宫中,以礼为小学元士。黄门侍郎扬雄采以作《训纂篇》。及亡新居摄,自以应运制作,使大司空甄丰校文学之部,颇改定古文。时有六书:一曰古文,孔子壁中书也;二曰奇字,即古文而异者;三曰篆书,云小篆也;四曰佐书,秦隶书也;五曰缪篆,所以摹印也;六曰鸟书,所以幡信也。壁中书者,鲁恭王坏孔子宅而得《礼》《尚书》《春秋》《论语》《孝经》也。又北平侯张仓献《春秋左氏传》,书体与孔氏相类,即前代之古文矣。

后汉郎中扶风曹喜号曰工篆,小异斯法,而甚精巧,自是后学皆其法也。又诏侍中贾逵修理旧文。殊艺异术,王教一端,苟有可以加于国者,靡不悉集。逵即汝南许慎古文学之师也。后慎嗟时人之好奇,叹儒俗之穿凿,愐文毁于誉,痛字败于訾,更诡任情,变乱于世,故撰《说字解字》十五篇,首一终亥,各有部属,包括六艺群书之诂,评释百氏诸子之训,天地、山川、草木、鸟兽、昆虫、杂物、奇怪珍异、王制礼仪、世间人事莫不毕载。可谓类聚群分,杂而不越,文质彬彬,最可得而论也。左中郎将陈留蔡邕采李斯、曹喜之法为古今杂形,诏于太学立石碑,刊载《五经》,题书楷法,多是邕书也。后开鸿都,书画奇能莫不云集,于时诸方献篆无出邕者。

魏初博士清河张揖著《埤雅》《广雅》《古今字诂》,究诸《埤》《广》,缀拾遗漏,增长事类,抑亦于文为益者。然其《字诂》,方之许慎篇,古今体用,或得或失矣。陈留邯郸淳,亦与揖同时,博古开艺,特善《仓》《雅》,许氏字指,八体六书,精究闲理,有名于揖,以书教诸皇子。又建《三字石经》于汉碑之西,其文蔚炳,三体复宣。校之《说文》、篆隶大同,而古字少异。又有京兆韦诞、河东卫觊二家,并号能篆。当时台观榜题、宝器之铭,悉是诞书,咸传之子孙,世称其妙。

晋世义阳王典祠令任城吕忱表上《字林》六卷,寻其况趣,附托许慎《说文》,而案偶章句,隐别古籀奇惑之字,文得正隶,不差篆意也。忱弟静别放故左校令李登《声类》之法,作《韵集》五卷,宫商角征羽各为一篇,而文字与兄便是鲁卫,音读楚、夏,时有不同。

皇魏承百王之季,绍五运之绪,世易风移,文字改变,篆形谬错,隶体失真,俗学鄙习,复加虚巧,谈辩之士,又以意说,炫惑于时,难以厘改。故传曰,以众非,非行正。信哉得之于斯情矣。乃曰追来为归,巧言为辩,小兔为鬒,神虫为蚕,如斯甚众,皆不合孔氏古书、史楷大篆、许氏《说文》《石经》三字也。凡所关古,莫不惆帐焉。嗟夫!文字者六艺之宗,王教之始,前人所以垂今,今人所以识古,故曰“本立而道生”。孔子曰:“必也正名手。”又曰:“述而不作。”《书》曰:“予欲观古人之象。”皆言遵修旧史而不敢穿凿也。

臣六世祖琼,家世陈留,往晋之初,与从父兄应元俱受学于卫觊,古篆之法,《仓》《雅》《方言》《说文》之谊,当时并收善誉。而祖官至太子洗马,出为冯翊郡,值洛阳之乱,避地河西,数世传习,斯业所以不坠也。世祖太延中,皇威西被,牧犍内附,臣亡祖文威杖莱归国,奉献五世传掌之书,古篆八体之法,时蒙褒录,叙列于儒林,官班文省,家号世业。暨臣暗短,识学庸薄,渐渍家风,有添无显。但逢时来,恩出愿外,每承泽云津,厕沾漏润,驱驰文阁,参与史官,题篆宫禁,猥同上哲。既竭愚短,欲罢不能,是以敢籍六世之资,奉遵祖考之训,窃慕古人之轨,企践儒门之辙,辄求撰集古来文字,以许慎《说文》为主,爰采孔氏》《《籀篇》《尔雅》《三仓》《凡将》《方言》《通俗文》《祖文宗》《埤》《苍》《广雅》《古令字诂》《三字石经》《字林》《韵集》,诸赋文字有六书之谊者,皆以次类编联,文无复重,纠为一部。其古籀、奇惑、俗隶诸体,咸使班于篆下,各有区别。诂训假借之谊,金随文而解;音读楚、夏之声,并逐字而注。其所不知者,则阙如也。脱蒙逐许,冀省百氏之观,而同文字之域,典书秘书。所须之书,乞垂敕给;并学士五人尝习文字者,助臣披览;书生五人,专令抄写。侍中、黄门、国子祭酒,一月一监,评议疑隐,庶无纰缪。所撰名目,伏听明旨。

诏曰:"可如所请,并就太常,冀兼教八书史也。其有所须,依请给之。名目待书成重闻。"

式于是撰集字书,号曰《古今文字》,凡四十卷,大体依许氏《说文》为本,上篆下隶。又除宣威将军、符玺郎,寻加轻车将军。正光中,除骁骑将军、兼著作佐郎,正史中字。四年卒,赠左将军、巴州刺史。其书竟未能成。

式兄子征虏将军顺和,亦工篆书。先是太和中,兖州人沈法会能隶书,世宗之在东宫,敕法会侍书。已后隶迹见知于闾里者甚众,未有如崔浩之妙。

【译文】

江式,字法安,是陈留郡济阳县人。他的六世祖江琼,字孟琚,在晋朝官至冯翊太守,擅长鸟虫书和篆书,又精于文字训诂之学。永嘉年间大乱,江琼弃官西去,投靠张轨,因此子孙居住在凉州,世代继承他的家学。江式的祖父江疆,字文威,太延五年凉州平定,举家迁往代京。他曾向朝廷上书,提出三十余项行政措施,都很得体,他又向朝廷献上经史及诸子百家书籍一千多卷,因此提升他为中书博士。逝世之后,追赠他为敦煌太守。江式的父亲江绍兴,高允举荐他为秘书郎,主修国史达二十多年,以谨慎忠厚著称。死于赵郡太守任上。

江式少年时代就能继承家学。有好几年的时间,他常梦见有两个人来教他读书,醒来以后,还能记住教授的内容。他最初任司徒长兼行参军、检校御史,不久又任为珍寇将军、符节令。因他曾书写文昭太后的尊号谥册,特提升他为奉朝请,仍兼符节令。江式尤其擅长篆书,洛阳宫殿各门的匾额,都是江式书写的。

延昌三年三月,江式上书说:

我听说庖羲氏兴起以后,列出八卦的笔画,轩辕氏兴起后,用龟纹进行占卜。古史仓颉观察到乾坤二象的笔画,又观察了鸟兽的足迹,另外创出文字,以代替结绳,用文字来记事。文字用于政事,则百官职责分明;用来记述志册,则万物各有专名。到了三代时,字体发生变异,但是依类相从,与仓颉造字原则也相差不多。因此,《周礼》规定八岁入小学,教师用六书来教学生:一为指事,二为象形,三为谐声,四为会意,五为转注,六为假借。这大概就是仓颉的造字方法。到周宣王的时代,太史史籀著大篆十五篇,和古文有同有异,当时人称之为"籀书"。到后来孔子删定《六经》,左丘明著《春秋》,都采用古文,人们都能看懂。

后来战国时七国的文字都不一致,文字差别很大,到秦朝统一天下,丞相李斯向皇帝奏请,废除不与秦文相合的文字。李斯著《仓颉篇》,中车府令赵高作《爰历篇》,太史令胡毋敬作《博学篇》,都用史籀的大篆,或者少加省改,这就是小篆。于是秦朝下令焚烧经书,废除旧的典籍,因官方文书和刑狱案件繁多,书写时文字趋向简易,开始形成隶书。古文从此就被废弃了。所谓隶书,是秦始皇下令杜人程邈在小篆的基础上改造而成的,因程邈是有罪之徒隶,于是就称之为隶书。因此秦代的文字有八种书体:一为大篆,二为小篆,三为刻符书,四为虫书,五为摹印,六为署书,七为殳书,八为隶书。

汉朝兴起,掌握刑律的官员学习法律,又教他们学习籀书,并熟悉八种书体,学习成绩最好的,任为尚书史。官民上书,文字省改不合正体的,要遭受弹劾。又有草书,不知创始者是谁,考察它的形体,却没有一定的规律,也是出于一时的变通。汉宣帝时,征召精通《仓颉篇》的人,只有张敞一人前来受读。凉州刺史杜邺、沛人爰礼、讲学大夫秦近等人,也能通《仓颉篇》。汉平帝时,朝廷征召爰礼等一百多人在未央宫研究文字,任爰礼为小学元士。黄门郎扬雄利用爰礼等人的研究成果,著作了《训纂篇》。到王莽篡政,自以为上承天命,应有所作为,于是派大司空甄丰校定文字的部属,对古文颇有修改。当时有六种书体:一为古文,就是孔子旧宅中发现的书体;二为奇字,在古文的基础上稍加变化的书体;三为篆书,即是小篆;四为佐书,即秦代的隶书;五为缪篆,用来刻印的书体;六为鸟书,用来书写旗帜的书体。孔子壁中书,是鲁恭王拆孔子旧宅时发现的《礼》《尚书》《春秋》《论语》《孝经》。再有,北平侯张苍所献的《春秋左氏传》,字体和孔子壁中书相仿,就是前代的古文。

后汉时,郎中扶风人曹喜号称擅长篆书,他的书体比李斯的篆书小有差别,但却十分精巧,后来的学者都采用曹喜的篆法。皇帝又令侍中贾逵清理旧有文字,不管是哪种书体,哪种写法,为了宣扬王道是一致的,如果有利于国家政事,都加以收集。贾逵即是汝南人许慎的古文字学老师。后来许慎有感于当时人的好奇,慨叹迂儒的穿凿附会,叹惜文字毁于争名夺誉,痛恨字体坏在人们的互相攻击,任情变乱字形,在社会上造成混乱,因此他撰著《说文解字》十五篇,从"一"部开始,以"亥"部结尾,文字各归部类,普遍包括了六艺群书的训诂,评品诸子百家的解释,凡天地、山川、草木、鸟兽、昆虫、杂物、奇怪异珍、国家制度、世间的人事等,都有证载。可说是做到了依类相从,以群相分,杂而不乱,文质彬彬,是最完美的论著了。左中郎陈留人蔡邕,采用李斯、曹喜的篆法,形成古今杂糅的篆体,皇帝下令在国立大学立碑,用这种字体刊刻《五经》,标题和正文,大都出自蔡邕之手。后来开设鸿都学,各种书画作品以及奇异技能作品云集此,当时四面八方呈献的篆书作品,水平没有超过蔡邕的。

曹魏初年,清河人张揖博士撰著《埤雅》《广雅》《古今字诂》,《埤雅》和《广雅》这两部书,拾遗补阙,增加了部类,对研究文字学是有帮助的。但他的《古今字诂》这部书,比起许慎的《说文解字》,在古今字形字义的解释方面,有得有失。陈留郡人邯郸淳也和张揖同时,博雅多才艺,特别擅长文字学以及许慎的《说文解字》,对各种字体和书法精研细究,比张揖更为有名,教诸位皇子学习书法。又在汉碑之西树立《三字石经》碑,蔚为大观,使三种书体重新耀现光彩。与《说文解字》相比较,篆隶大体相同,古字稍有差异。又有京兆人韦诞、河东人卫觊两家,都号称擅长篆书。当时楼台馆阁的匾额、宝贵器物上的铭文,都是韦诞所书写,他们的子孙也能继承祖业,被世人传为美谈。

晋朝义阳王典祠令任城人吕忱进呈《字林》六卷,细究它的指趣,体例依照许慎的《说文解字》,说解用排偶文字,并附注古籀奇字,文字的部类准确,不违背篆书的字义。吕忱的弟弟吕静仿照已故的左校令李登所著《声类》一书的体例,撰著《韵集》五卷,宫、商、角、征、羽各为一篇,所收的文字和他哥哥的书差不多,音读或取中原读音或荆楚读音,时有不同。

北魏建国在百代圣王之后，随着时代的发展，社会风气的变化，文字也发生了变异，篆体错误百出，隶书也失去原有面貌。学识浅薄的人，又将错误的字形巧为解释。口若悬河的辩士，又任意胡说，哗众取宠，难以改正。因此经传上说，以多数人的错误，来指责正确的东西。这话确实是道出了这种流弊的实质。甚至说："追来为归""巧言为辩""小兔为需觑""神虫为蚕"，像这样的例子很多，都不合乎孔壁古书、史籀、大篆、许慎的《说文解字》《三体石经》。凡是关心古文字的人，莫不为此而感慨。啊啊！六艺依赖文字流传，圣贤治世也以文字为根本，古人用文字记载史事，流传到今天，现在的人借助文字了解古代史事，因此说"本立而道生"。孔子说："必也正名乎。"又说："述而不作。"《书经》上说："予欲观古人之象。"这都是说要遵守旧有的文字规范，不敢去穿凿附会。

我的六世祖江琼，世世代代住在陈留郡，在晋朝初年，和他的堂兄江应元都跟随卫觊学习，对于古代的篆书，以及《仓颉篇》《尔雅》《方言》《说文解字》都深有研究，在当时有很高的声誉。六世祖官至太子洗马，又外任为冯翊郡守。因洛阳之乱，逃奔到河西地区，经几代人继承传授，所以这门学业没有中断。世祖太延年间，大魏势力强盛，牧犍归服，我已故的祖父江文威前来投奔，并献上世代传习的书籍，以及古篆八种书体的技法，当时受到褒奖，他身列儒林，在朝为文官，我家被称为文字世家。到我这一辈，才质不高，学识浅薄，家学中落，有愧于祖宗。但我身遇盛世，受到皇帝的赏识，得到莫大的恩惠，我身为文官，曾参与撰修国史，官门的匾额，也命我来题写，与古代贤哲际遇相同。为朝廷既尽了我的绵薄之力，但欲罢不能，我想凭六世家学的修养，按照祖辈的遗训，模仿古人的成例，实现儒者的愿望，我要求编一部字书，以许慎的《说文解字》为本，兼采孔壁《尚书》《五经》的音注、《史籀篇》《尔雅》《三仓》《凡将篇》《方言》《通俗文》《祖文宗》《埤仓》《广雅》《古今字诂》《三字石经》《字林》《韵集》，诸赋的文字，有合于六书造字原则的，都按部类进行编排，文字不重出，编为一部书。其中古籀字、奇异字、隶书的俗体字等字体，都缀于篆体之下，各有区别。字义的训诂、字音的假借，都随字进行解释；字音的正读和方言读音，也逐字注出。读音不明的，则暂付缺如。如果我的请求得到批准，将来可以省得人们去翻检诸子百家，又可以统一文字，成为一代字典。编撰中所需要的书籍，请下令配给，并派曾学习文字学的五个学士，帮助我翻检书籍；再派抄手五人，专门从事抄写。侍中、黄门郎、国子祭酒等官员一月一审查，解决疑难问题，这样可以避免发生错误。这部书的书名，希望皇帝来命名。

皇帝批示说："可按他的请求进行，并在太常寺办公，希望兼教八书字体。他需要的一切，按他的请求配给。书名待书编成后再说。"

于是江式着手撰集一部字书，名为《古今文字》，共四十卷，大体依据许慎的《说文解字》，上列篆书，下列隶书。江式又升为宣威将军、符玺郎，不久又加轻车将军衔。正光年间，任骁骑将军兼著作佐郎，负责校正史书中的文字。正光四年去世，追赠他为右将军、巴州刺史。但他的字书没有最后编成。

江式的侄子征虏将军江顺和，也擅长篆书。原在太和年间，兖州人沈法会擅长隶书，世宗为东宫太子时，召沈法会侍奉太子。以后以隶书在民间知名的人很多，但都达不到崔浩的水平。

周澹传

【题解】

周澹(公元?~419年),南北朝北魏医家,京兆鄠(今陕西鄠邑区)人。多才艺,精医术、卜筮、占验等多种技艺,以医术尤为擅长。曾任北魏太医令。其时太宗皇帝得风眩病,周澹为之治愈,被封为成德侯。后京城闹饥荒,朝廷上下商议将首都自洛阳迁至邺城。周澹表示反对,皇帝因周澹与他观点一致而倍加赏赐。子名驴驹,他承袭父亲爵位,也传其医学。

【原文】

周澹,京兆鄠人也。为人多方术,尤善医药,为太医令。太宗尝苦风头眩,澹治得愈。由此见宠,位至特进,赐爵成德侯。神瑞二年,京师饥,朝议将迁都于邺。澹与博士祭酒崔浩进计,论不可之意,太宗大然之,曰:"唯此二人,与朕意同也。"诏赐澹、浩妾各一人,御衣一袭,绢五十匹、绵五十斤。泰常四年卒,谥曰恭。

时有河南人阴贞,家世为医,与澹并受封爵。清河李潭亦以善针见知。子驴驹,袭,传术。延兴中,位至散令。

【译文】

周澹,京兆郡鄠县人。他善于医药、卜筮、占验等技艺,尤其擅长医药。官任太医令。太宗皇帝曾经患风眩病异常痛苦,周澹为他治疗才得以痊愈。从此周氏深受器重,官位升至特进,并赐以成德侯爵位。神瑞二年(公元415),京城闹饥荒,朝臣商议将迁都至邺城。周澹与博士祭酒崔浩(字伯渊)向上建议,论述不可迁都之见解。太宗皇帝大为赞同,说:"只有这两人与我想法一致。"于是下诏书赏赐周澹和崔浩各一名妾及御衣一套、绢五十匹、绵五十斤。周澹卒于泰常四年(公元419),谥号为恭。

当时河南有位名叫阴贞的人,家中世代都是医生,他和周澹同时被封爵位。清河有位李潭亦以善于针刺而闻名。周澹的儿子名驴驹,他继承周澹的爵位,并传授其父的技艺。延兴年间,官位至散令。

李修传

【题解】

李修,字思祖,今河北省馆陶县人,出生医家。北魏太和年间(公元477~499年)为孝文帝和文明太后侍奉针药,治病多获良效。其时他召集一百多位有识之士在东宫撰写

《药方》一百余卷。现已佚失。李修曾预言咸阳公高允脉象欲竭，气息微弱，可能寿命不长。果然高允不久辞世。李修于北魏朝曾任太医令、中散令、给事中。封下蔡子爵。卒后赠威远将军、青州刺史。

【原文】

李修，字思祖，本阳平馆陶人。父亮，少学医术，未能精究。世祖时，奔刘义隆于彭城，又就沙门僧坦研习众方，略尽其术，针灸授药，莫不有病人，停车舆于下，时有死者，则就而棺殡，亲往吊视。其仁厚若此。累迁府参军，督护本郡，士门宿官，咸相交昵，车马金帛，酬贲无赀。修兄元孙随毕众敬赴平城，亦遵父业而不及。以功赐爵义平子，拜奉朝请。

修略与兄同。晚入代京，历位中散令，以功赐爵下蔡子、迁给事中。太和中，常在禁内。高祖、文明太后时有不豫，修侍针药，治多有效。赏赐累加，车服第宅，号为鲜丽。集诸学士及工书者百余人，在东宫撰诸《药方》百余卷，皆行于世。先是咸阳公高允虽年且百岁，而气力尚康，高祖、文明太后时令修诊视之。一旦奏言，允脉竭气微，大命无远。未几果亡。迁洛，为前军将军，领大医令。后数年，卒，赠威远将军、青州刺史。

子天授，袭。汶阳令。医术不逮父。

【译文】

李修，字思祖，系阳平馆陶人。父亲名亮，年轻时学习医术，但学问不精深。北魏太武帝时他投奔刘义隆到达彭城。在那里师从沙门僧坦研习医方，此后医术颇有长进。针灸处方，均获得较好疗效。在徐州兖州一带，他常常救治病人，对他人疾苦十分体恤。各地病人甚至跋涉千里，慕名前来求医。李亮以大厅供病人住宿，准备车乘于厅下，如有病人死去，便车载棺柩送葬，并亲自去吊唁。他就是如此仁慈善厚。后来他升任府参军、督护彭城郡。他与当地士族官僚相互交往亲密。别人赠予他的车马金帛不可计量。李修的哥哥名元孙，跟随毕众敬开赴平城。承袭父业，然医术不如其父。他因立功被赐义平子爵位，授官奉朝请。

李修与兄略同，去魏都代郡平城较晚。历任中散令。因有功赐下蔡子爵位。后升至给事中。太和年间，他常在宫内，高祖、文明太后时常有疾病，李修便侍奉针药，治疗多取得良效。因此赏赐不断，车辆、衣物、房屋都十分华丽。他召集一百多位有学识与善于书法的人士于东宫撰各类《药方》一百余卷，皆流传于世。此前，咸阳公高允虽年近百岁，然气力尚康健。高祖、文明太后时常命李修去探望他，进行诊视。有一天，李修向皇帝上奏：高允脉象欲竭，气息微弱，性命不久。果然不久高允辞世。后来孝文帝迁都至洛阳，李修任前军将军，兼任太医令。数年后，李修去世。赠官威远将军、青州刺史。

李修的儿子名天授，继承父亲爵位。任汶阳县令。医术不如其父。

王显传

中华传世藏书 二十五史 文史 魏书

【题解】

王显(公元？~515年),南北朝北魏医家。字世荣。阳平乐平(今山东莘县)人。父安道知医。王显自学通医术,颇有聪明才智。曾任本州从事、廷尉少卿、相州刺史。因诊断文昭皇后怀孕,治愈世宗皇帝的虚弱症而受到重用。任侍御师,于宫内侍奉皇帝,料理宫中用药。以营疗之功,封卫南伯。并奉诏撰《药方》三十五卷,颁布天下。世宗皇帝驾崩后,肃宗继位,他兼任执法官职。由于仗势逞威,为大家憎恶,后来朝廷以他侍奉皇帝治病无效为托词词,将他拘捕下狱,受伤吐血死去。曾撰《王世荣单方》一卷,已佚。

【原文】

王显,字世荣,阳平乐平人,自言本东海郯人,王朗之后也。祖父延和中南奔,居于鲁郊,又居彭城。伯父安上,刘义隆时板行馆陶县。世祖南讨,安上弃县归命,与父母俱徙平城,便叙阳都子,除广宁太守。显父安道,少与李亮同师,俱学医药,粗究其术,而不及亮也。安上还家乐平,颇参士流。

显少历本州从事,虽以医术自通,而明敏有决断才用。初文昭皇太后之怀世宗也,梦为日所逐,化而为龙而绕后,后寤而惊悸,遂成心疾。文明太后敕召徐謇及显等为后诊脉。謇云是微风入藏,宜进汤加针。显云:"案三部脉非有心疾,将是怀孕生男之象。"果如显言。久之,召补侍御师,尚书仪曹郎,号称干事。世宗自幼有微疾,久未差愈,显摄疗有效,因是稍蒙昑识。

又罢六辅之初,显为领军于烈间通规策,颇有密功。累迁游击将军,拜廷尉少卿,仍在侍御。营进御药,出入禁内。乞临本州,世宗曾许人,积年未授,因是声问传于远近。显每语人,言时旨已决,必为刺史。遂除平北将军,相州刺史。寻诏驰驿还京,复掌药,又遣还州。元愉作逆,显讨之不利。入除太府卿、御史中尉。

显前后历职,所在著称。纠折庶狱,究其奸回,出内惜慎,忧国如家。及领宪台,多所弹劾,百僚肃然。只以中尉属官不悉称职,讽求更换。诏委改选,务尽才能,而显所举或有请属,未皆得人,于是众口喧哗,声望致损。所世宗诏显撰《药方》三十五卷,班布天下,以疗诸疾。东宫既建,以为太子詹事,委任甚厚。世宗每幸东宫,显常迎侍。出入禁中,仍奉医药。赏赐累加,为立馆宇,宠振当时。延昌二年秋,以营疗之功。封卫南伯。

四年正月,世宗夜崩,肃宗践祚。显参奉玺策,随从临哭,微为忧惧。显即蒙任遇,兼为法官,恃势使威,为时所疾。朝宰托以侍疗无效,执之禁中,诏削爵位。临执呼冤,直阁以刀环撞其腋下,伤中吐血,至右卫府一宿死。始显布衣为诸生,有沙门相显后当富贵,诫其勿为吏官,吏官必败。由是世宗时或欲令其遂摄吏部,每殷勤避之。及世宗崩,肃宗夜即位,受玺策,于仪须兼太尉及吏部,仓卒百官不具,以显兼吏部行事矣。

【译文】

王显,字世荣,阳平郡乐平县人,自称原东海郯人,王朗的后代。祖父于延和年间(公元432~434)投奔南朝,在山东曲阜居住,后迁居彭城。伯父名安上,南朝宋文帝时他兼任馆陶县令。北魏世祖讨伐南朝,王安上为保性命诳弃县令职守,与父母一起迁移到平城。以后在朝廷选拔官员时援例铨叙为阳都子爵、授任广宁太守。王显父亲名安道,青年时与李亮同拜一位老师,学习医学,对医术有所研究,然不如李亮高明。王安上返回家乡乐平,常与有地位人士交往。

王显曾任相州从事。虽自学而通医术,且聪明有决断才能。当初文昭皇太后怀世宗皇帝时,做梦被太阳追逐,并化为龙缠绕太后。太后醒来紧张害怕,于是变成心病。文明太后下令召徐謇与王显等人为文昭皇太后诊脉。徐謇认为有轻微风邪侵入脏腑,宜吃汤药并加针刺治疗。王显说:"从三部脉候来看,不是有心病,而是怀孕生男孩之征象。"后果然如王显说的那样。很长一段时间过后,王显补任为侍御师、书仪曹郎,人们称道他十分胜任这些职务。世宗自幼即有虚弱病,很久没有治好。王显为他治疗后,教以摄养之法而显出疗效,从此渐渐被重视。

孝文帝迁都洛阳初期,王显为领军于烈私下制定计划,很有一些不被人知的功绩。于是升任游击将军,且授予廷尉少卿,但他仍然为侍御师,料理宫中用药,往来于宫廷内外。以后王显向皇帝请求去相州,世宗曾予以诺言,然多年未予授任,由此关于此事四处均有传闻。王显常对别人说,圣上已经决定,必定是刺史。最终他被任命平北将军、相州刺史。不久皇帝就下诏书让他返回京城,重新掌管宫中药物,以后又派遣回相州。孝文帝第四子元愉谋反,王显对他讨伐不利。后入京任太府卿、御史中尉。

王显前后历任数职,均受到称赞。他判决案件,追究奸邪;掌管财物,出入慎重,精打细算。为国分忧,就像对待自己家里的事情一样。后来他任职御史台,多次弹劾臣官错误,群臣因此十分敬重。后因中尉下属官员不都称职,朝中有人婉言提出要求更换。于是皇帝下诏书委托他改选,以便任人唯贤,但王显所举荐之人中有的系私托人情而来,不十分合适。众人对此议论纷纷,王显的声望由此而受到损害。后来世宗皇帝下诏书命王显撰著《药方》三十五卷。颁布于民间,用于治疗各种疾病。待太子所居东宫建立,授任王显为太子詹事,掌管东宫事务,委任甚为厚重。世宗皇帝每次亲临东宫,王显常常迎送侍候左右。此期间王显仍侍奉医药,进出宫中,不断得到赏赐与升迁机遇。皇上为他建立楼馆,他因受皇帝的宠遇而名振当时。延昌二年(公元513)秋,王显以治病有功被封卫南伯爵。

延昌四年,世宗于一日夜间驾崩,肃宗继位。王显参与侍奉先帝诏书,随从众人一起于先帝灵前哀哭,并有些担心忧虑。因为他承蒙任命,兼任法官,仗势逞威,被大家所憎恶。朝廷以他侍奉皇帝治病无效为托辞,将他拘捕于宫中,皇帝并下诏书削去他的爵位。临执行时王显呼喊冤枉,直阁将军用刀环撞击他腋下,伤中吐血,至右卫府一夜即死亡。王显最初没有做官,是太学学生,那时有一僧人为王显看相,预见他日后将富贵,告诫他不要做官,做官必然失败。因此世宗皇帝时有人欲让王显进而兼管吏部,他每每恳切辞避。到世宗皇帝驾崩,肃宗皇帝夜里继位,接受先帝诏书,在举行仪式时需要太尉与吏部官员,仓促之间官员尚未备齐,故以王显兼任吏部处理事务。

崔彧传

【题解】

崔彧,字文若,南北朝时期北魏医家。清河东武城(今属山东)人。崔彧青年时期于青州师从一位出家和尚学习医学,精研《素问》《灵枢》《甲乙经》等中医古典医籍,于是掌握了医疗技术,尤其善于用针刺法治病。中山王英的儿子患病,王显等诸多名医治疗都未奏效,崔彧施针法,针起病除。崔彧为人性善宽厚,除热心治病外尚招收许多门徒,传授医学知识,并教导他们治病人当尽心而为。弟子赵约、郝文法都是当时颇有名望的医生。崔彧一生历任冀州别驾、宁远将军等职。子景哲,亦以医术显。

【原文】

崔彧,字文若,清河东武城人。父勋之。字宁国。位大司马外兵郎。赠通直郎。彧与兄相如俱自南入国。相如以才学知名,早卒。彧少尝诣青州,逢隐逸沙门,教以《素问》《九卷》及《甲乙》,遂善医术。中山王英子略曾病,王显等不能疗,彧针之,抽针即愈。后位冀州别驾,累迁宁远将军。性仁恕,见疾苦,好与治之。广教门生,令多救疗。其弟子清河赵约、渤海郝文法之徒咸亦有名。

彧子景哲,豪率,亦以医术知名。为太中大夫、司徒长史。

【译文】

崔彧,字文若,清河东武城人。父名勋之,字宁国。官为大司马外兵郎。死后追赠通直郎。崔彧与他的哥哥相如一起自南朝入魏。相如因才学出众而闻名,但很早就去世。崔彧青年时曾去过青州,在那里遇见出家和尚,教他学习《素问》《九卷》《甲乙经》等医籍,于是擅长医术。中山王英的儿子略曾经患病,王显等名医也没能治好他的病,崔彧采用针刺疗法,起针后病即痊愈。他初任冀州别驾,后升至宁远将军。崔彧性情仁善宽容。遇见别人被疾病困扰,即热心给予治疗。崔彧还广收门生,传教医术,告诫他们要尽力救治病人。他的弟子如清河赵约、渤海郝文法等都有医名。

彧的儿子名景哲,性格豪爽、直率,也以擅长医术著称。官为太中大夫、司徒长史。

列女传

【题解】

《魏书·列女传》记载的妇女故事,明察有见识、具有文采辩才的内容占了不少篇幅。

姚氏妻子杨氏的淡泊自守最后保全自身，苟金龙的妻子危难之际从容不迫智救围城，即使是在今天看来也是富有启发意义的。

【原文】

夫妇人之事，存于织纴组紃、酒浆醯醢而已。至如嫄训轩宫，娥成舜业，涂山三母，克昌二邦，殆非匹妇之谓也。若乃明识列操，文辩兼该，声自闺庭，号显列国，子政集之于前，元凯编之于后，随时缀录，代不乏人。今书魏世可知者为《列女传》。

钜鹿魏溥妻，常山房氏女也。父堪，慕容垂贵乡太守。房氏婉顺高明，幼有烈操。年十六而溥遇病且卒，顾谓之曰："人生如白驹过隙，死不足恨，但凤心往志，不闻于没世矣。良痛母老家贫，供奉无寄；赤子矇眇，血祀孤危。所以抱怨于黄墟耳。"房垂泣而对曰："幸承先人馀训，出事君子，义在自毕。有志不从，命也。夫人在堂，稚子襁褓，顾当以身少，相感长往之恨。"俄而溥卒。及大敛，房氏操刀割左耳，投之棺中，仍曰："鬼神有知，相期泉壤。"流血滂然，助丧者咸皆哀惧。姑刘氏辍哭而谓曰："新妇何至于此！"房对曰："新妇少年不幸，实虑父母未量至情，觊持此自誓耳。"闻知者莫不感怆。于时子缉生未十旬，鞠育于后房之内，未曾出门。遂终身不听丝竹，不预座席。缉年十二，房父母仍存，于是归宁。父兄尚有异议，缉窃闻之，以启母。房命驾给云他行，因而遂归，其家弗知之也。行数十里方觉，史弟来追，房哀叹而不反。其执意如此。训导一子，有母仪法度。缉所交游有名胜者，则身具酒饭；有不及己者，辄屏卧不餐，须其悔谢乃食。善诱严训，类皆如是。年六十五而终。缉事在《序传》。缉子悦为济阴太守，吏民立碑颂德。金紫光禄大夫高闾为其文，序云："祖母房年在弱笄，艰贞守志，秉恭妻之操，著自毁之诚。"又颂曰："爰及处士，遘疾凤凋。伉俪秉志，识茂行高。残形显操，誓敦久要。诞兹令胤，幽感乃昭。"溥未仕而卒，故云处士焉。

清河房爱亲妻崔氏者，同郡崔元孙之女。性严明高尚，历览书传，多所闻知。子景伯、景先，崔氏亲授经义，学行修明，并为当世名士。景伯为清河太守，每有疑狱，常先请焉。贝丘民列子不孝，吏欲案之。景伯为之悲伤，入白其母。母曰："吾闻闻不如见，山民未见礼教，何足责哉？但呼其母来，吾与之同居。其子置汝左右，令其见汝事吾，或应自改。"景伯遂召其母，崔氏处之于榻，与之共食。景伯之温情，其子侍立堂下。未及旬日，悔过求还。崔氏曰："此虽颜惭，未知心愧，且可置之。"凡经二十馀日，其子叩头流血，其母涕泣乞还，然后听之，终以孝闻。其识度厉物如此，竟以寿终。

泾州贞女兕先氏，许嫁彭老生为妻，聘币既毕，未及成礼。兕先率行贞淑，居贫常自春汲，以养父母。老生辄往逼之，女曰："与君礼命虽毕，二门多故，未及相见。何由不禀父母，擅见陵辱！若苟行非礼，正可身死耳。"遂不肯从。老生怒而刺杀之，取其衣服，女尚能言，临死谓老生曰："生身何罪，与君相遇。我所以执节自固者，宁更有所邀？正欲奉给君耳。今反为君所杀，若魂灵有知，自当相报。"言终而绝。老生持女珠璎至其叔宅，以告叔，叔曰："此是汝妇，奈何杀之，天不佑汝！"遂执送官。太和七年，有司劾以死罪。诏曰："老生不仁，侵陵贞淑，原其强暴，便可戮之。而女守礼履节，没身不改，虽处草莱，行合古迹，宜赐美名，以显风操。其标墓旌善，号曰'贞女'。"

姚氏妇杨氏者，阉人苻承祖姨也。家贫无产业，及承祖为文明太后所宠贵，亲姻皆求利润，唯杨独不欲。常谓其姊曰："姊虽有一时之荣，不若妹有无忧之乐。"姊每遗其衣服，多不受，强与之，则云："我夫家世贫，好衣美服，则使人不安。"与之奴婢，则云："我家无食，不能供给。"终不肯受。常著破衣，自执劳事。时受其衣服，多不著，密埋之，设有著者，污之而后服。承祖每见其寒悴，深恨其母，谓不供给。乃启其母曰："今承祖一身何所乏少，而使姨如是？"母具以语之。承祖乃遣人乘车往迎之，则厉志不起，遣人强舁于车上，则大哭，言："尔欲杀我也！"由是符家内外皆号为痴姨。及承祖败，有司执其二姨至殿庭。一姨致法，以姚氏妇衣裳弊陋，特免其罪。其识机虽吕姨亦不过也。

任城国太妃孟氏，钜鹿人、尚书令、任城王澄之母。澄为扬州之日，率众出讨。于后贼帅姜庆真阴结逆党，袭陷罗城。长史韦缵仓卒失图，计无所出。孟乃勒兵登陴，先守要便。激厉文武，安慰新旧，劝以赏罚，喻之逆顺，于是咸有奋志。亲自巡守，不避矢石。贼不能克，卒以全城。澄以状表闻，属世宗崩，事寝。灵太后后令曰："鸿功盛美，实宜垂之永年。"乃敕有司树碑旌美。

苟金龙妻刘氏，平原人也。廷尉少卿刘叔宗之姊。世宗时，金龙为梓潼太守，郡带关城戍主。萧衍遣众攻围，值金龙疾病，不堪部分，众甚危惧。刘遂率厉城民，修理战具，一夜悉成。拒战百有馀日，兵士死伤过半，戍副高景阴图叛逆。刘斩之，及其党与数十人。自馀将士，分衣减食，劳逸必同，莫不畏而怀之。井在外城，寻为贼陷，城中绝水，渴死者多。刘乃集诸长幼，喻以忠节。遂相率告诉于天，俱时号叫，俄而澍雨。刘命出公私布绢及至衣服。悬之城中，绞而取水，所有杂器悉储之。于是人心益固。会益州刺史傅竖眼将至，贼乃退散。竖眼叹异，具状奏闻，世宗嘉之。正光中，赏平昌县开国子，邑二百户，授子庆珍，又得二子出身。庆珍卒，子纯陀袭。齐受禅，爵例降。

庆珍弟孚，武定末，仪同开府司马。

贞孝女宗者，赵郡柏仁人，赵郡太守李叔胤之女，范阳卢元礼之妻。性至孝，闻于州里。父卒，号恸几绝者数四，赖母崔氏慰勉之，得全。三年之中，形骸销瘠，非人扶不起。及归夫氏，与母分隔，便饮食日损，涕泣不绝，日就羸笃。卢氏合家慰喻，不解，乃遣归宁。还家乃复故，如此者八九焉。后元礼卒，李追亡抚存，礼无违者，事姑以孝谨著。母崔，以神龟末年终于洛阳，凶问初到，举声恸绝，一宿乃苏，水浆不入口者六日。其姑虑其不济，亲送奔丧。而气力危殆，自范阳向洛，八旬方达，攀榇号踊，遂卒。有司以状闻。诏曰："孔子称毁不灭性，盖为其废养绝类也。李既非嫡子，而孝不胜哀，虽乖俯就，而志厉义远，若不加旌异，则无以劝引浇浮。可追号曰'贞孝女宗'，易其里为孝德里，标李卢二门，以惇风俗。"

河东姚氏女字女胜，少丧父，无兄弟，母怜而守养。年六七岁，便有孝性，人言其父者，闻辄垂泣。邻伍异之。正光中，母死，女胜年十五，哭泣不绝声，水浆不入口者数日，不胜哀，遂死。太守崔游申请为营墓立碑，自为制文，表其门闾，比之曹娥，改其里曰上虞。墓在郡城东六里大道北，至今名为孝女冢。

荥阳刁思遵妻，鲁氏女也。始笄，为思遵所聘，未逾月而思遵亡。其家矜其少寡，许嫁已定，鲁闻之，以死自誓。父母不达其志。遂经郡诉，称刁氏吝护寡女，不使归宁。鲁乃与老姑徒步诣司徒府，自告情状。普泰初，有司闻奏，废帝诏曰："贞夫节妇，古今同尚，可令本司依式标榜。"

【译文】

大凡女人的事迹,不过存在于编织缝补、酒浆腌菜方面罢。至于像嫫母在黄帝宫教导众人,蛾皇成就了舜的事业,涂山三母能够使两个国家昌盛,已经不是通常所说的匹妇了。如果说那些明察见识各种操守,兼有文采言谈的辩才,声誉从闺阁庭院里传出来,美名在各国间很显著的,前有子政收集她们的事迹,后有元凯编次他们的行为故事,随时补缀书录,每个时代都不乏其人。现在把魏代所知道这方面事情写成《列女传》。

巨鹿人魏溥的妻子是常山房氏的女儿。她父亲房堪,是慕容垂政府的贵乡太守。房氏温婉和顺高尚明白,从小便有光明的操守。十六岁时魏溥生病要死了,看着他说:"人生好像白驹过隙,死没有什么遗憾的,只是向来的心愿志向,死后就无人知道了。非常悲痛母亲年老家里贫穷,没有供奉赡养的保证;小儿子还幼小不懂事,血脉继承孤弱危险。这些都是我到黄泉都要带着怨愁的。"房氏流着泪回答说:"我有幸接受了长辈的教导,出来事奉您,道义在于自己完成。志向不能实现,这是命运。夫人还健在,小儿子还在襁褓中,我自己还年轻,只有怀念我们难以再在一起的遗憾。"不久魏溥死了。收殓的时候,房氏举着刀子割掉了左边的耳朵,投放在棺材中,还说:"鬼神如果能知道,就在黄泉之中相见。"她血流如注,帮助治丧的人都很同情害怕。婆婆刘氏止住哭泣对她蜕:"媳妇何必这样!"房氏回答说:"媳妇年轻就有不幸,实在是因为担忧父母不体晾我的深挚感情(让她改嫁),找机会用这个举动表明我的志愿啊!"听说这话的人,没有不为之感慨悲怆的。当时儿子魏缉出世还不到一百天,在后房里边抚养教育他,没有出过门。从此终身不听音乐声,不参加座席聚会。魏缉十二岁时,房氏的父母还活着,于是一块去看望他们。父亲兄长还有想法(对她不改嫁),魏缉偷听到他们的话,把它告诉了母亲。房氏命令准备驾车要去别处,于是就回去了,她家的人都不知道她这样做了。她走了几十里路才被发觉,兄长与弟弟来追赶,房氏哀叹而不回头。她是这样的执意不变。她教育引导一个儿子,合乎做母亲的礼仪法度。魏缉交游的朋友,有比他强的,她就亲自准备酒饭;有不如他的,就关着门躺在床上不吃饭,一定要等到他后悔谢罪才吃饭。她善于诱导严格督促,大抵都是这样。她六十五岁时死去。魏缉的事迹记载在《序传》中。魏缉的儿子魏悦做济阴太守,官吏百姓立碑歌颂他的美德。金紫光禄大夫高闾写的文章,序是这样写的:"他的祖母刚刚成年的时候,艰难中坚定地守志不改嫁,秉承了恭妻的节操,把自己毁伤的诚意告诉大家。"又赞扬说:"处士魏溥,遇病去世。他们夫妻保持自己的志向,见识深远品行高尚。伤残形体显扬操守,发誓督促能长久重要的事情。生了这样出色的后代,她在天之灵也昭明于世。"魏溥没有做官就死了,因此说处士。

清河人房爱亲的妻子崔氏,是同郡人崔元孙的女儿。禀性严明品德高尚,读了很多书籍传记,见闻学识很渊博。儿子景伯、景先,崔氏都亲自传授经籍义理,学业品行美好通达,都成为当代的名士。景伯任清河太守,每当有疑难案件,常常先请教她。贝丘一百姓几个儿子都不孝,官吏想把他们立案抓捕。景伯为他们感到悲伤,进去跟他母亲说。他母亲说:"我听说听来的不如见到的,山里人没见过礼仪教育,有什么好责怪的呢?只要把他们的母亲叫来,我跟她住在一起。把她的儿子放在你的身边,让他们看见你是怎样对待我的,或许能够自己改错。"景伯就叫了他们的母亲来,崔氏把她安排在床上睡,跟她一起吃饭。景伯侍奉母亲无微不至,那些儿子侍立在堂下。不到十日,都悔改了,请求回去。崔氏说："这时虽然脸上表示惭愧，不知道心里惭愧，还应该继续留他们在这里。"前后经过了二十多天，她的儿子们叩头都叩出血来了，他们的母亲哭着请求回家，然后同意了他们，最后以孝顺出了名。她的见识气度勉励事物做到这样，后来寿尽而终。

泾州贞女兒先氏，许配给彭老生做妻子，聘礼完成后，还没有成婚。兒先氏行为仪表都很坚定美好，生活困难时经常亲手舂米打水，来奉养父母。老生常常去强迫她，女子说："与你聘礼虽然下定了，但两家变故多，没来得及成婚在一起。什么原因不禀告父母，自作主张遭受凌辱！如果潦草行事不讲礼仪，还不如死了。"就不肯听从。老生发怒而刺杀了她，脱了她的衣服。女子还能说话，临死时对老生说："生了我有什么罪，跟你相遇。我之所以坚持节操保护自己，难道是另有所图吗？还不是为了奉送给你。现在反而被你杀掉，如果灵魂能有知觉自然要报复的。"说完就死了。老生拿了女子装饰用的珠玉来到他叔叔家里，把事情告诉了他叔叔。叔叔说："他是你老婆，怎么杀了她，天下不会保佑你的！"就把他扭送官府。太和七年，有关官吏奏请用死罪处罚。朝廷下诏令说："老生不仁，侵犯凌辱坚贞美好的女子，推究他强暴的罪过，就应该杀了他。而女子谨守礼仪履行节操，到死不变，虽然已经身处野草之下，但行为合乎古代的事迹，应该赏赐美名，以宣扬她的道德操守。标志墓碑表扬美德给了'贞女'的称号。"

姚氏的妻子杨氏，是太监符承祖的姨。家里穷没有产业。等到承祖被文明太后所宠爱尊贵，亲戚姻家都向他乞求好处，只有杨氏一人不想。她常对她姐姐说："姐姐虽然有一时的荣华富贵，不如妹妹有不用担忧的快乐。"姐姐送给她衣服，就说："我丈夫家时贫穷，好衣裳使人感到不安。"送给她奴婢，就说："我家没有吃的，供养不起。"终于不肯接受。经常穿着破旧衣裳，亲自从事劳动。不时地送给她衣服，大多不穿，偷偷地埋起来，即使有时也穿，总是弄脏后再穿。承祖每次看见她寒酸的样子，都非常恨她的母亲，以为她不供给她。就对她母亲说："现在承祖自己还缺少什么，而让姨这样？"母亲把事实都告诉她。承祖就派人乘着车去迎接她，她却坚决不来，派人把她强抬到车上，就大哭，说："你想杀掉我！"于是符家内外都说她是傻姨。到承祖败落时，有关官吏把她的两个姨抓到殿庭。一个姨依法判处了，因为姚氏衣裳破旧丑陋，特别免了她的罪。她的见识机敏即使是吕姨也超不过她去。

任城国的太妃孟氏，钜鹿人，尚书令、任城王澄的母亲。澄在扬州任职时，率领军队出去讨伐贼寇。后来贼人元帅姜庆真暗中勾结反叛的人，攻下了罗城。长史韦缵慌忙中没有办法，无人给她出谋划策。孟氏就手拿兵器登上城头矮墙，先守住要道便道。鼓励文武官员，安慰新旧人士，用赏罚道理勉励他们，用叛逆和忠顺的道理晓喻他们，于是大家都有奋勇的斗志。她亲自巡逻守卫，不躲避箭矢飞石。贼人攻不下，最后保全了城市。澄上奏章报告了这事，逢上世宗驾崩，这奏章被扣压了。灵太后后来下令说："大功盛大美好，实在应该让它流传千古。"于是下令有关官员为她树碑以表扬她的好处。

苟金龙的妻子刘氏，平原人。是廷尉少卿刘叔宗的姐姐。世宗在位时，金龙任梓潼太守，郡带关城为守城主将。萧衍派遣军队包围进攻，正在这时金龙生病，管理不了下属，众人非常担忧害怕。刘氏于是率领激励城里居民，修理战斗用具，一夜之间都准备好了。抗拒战打了一百多天，士兵死伤超过了半数。守城副将高景暗地里图谋叛变，刘氏杀了他，包括他的同谋共数十人。残留的将士，分配衣服减少粮食，劳逸安排一定相同，没有人不害怕而佩服她的。水井在外城，不久破贼人占领，城中绝水，渴死的人很多。刘氏集中了许多老少人员,向他们说明忠诚气节的道理,就相继向天祷告,同时呼叫,一会儿就下起大雨。刘氏命令拿出公家和私人的各种布匹以及衣服,挂在城中,绞了取水,所有各种容器都用来储水。于是人心更加稳定。正好益州刺史傅竖眼领兵赶到,贼众才退去。竖眼赞叹惊异,写成疏状上奏,世宗嘉奖了她。正光年中,赏赐平昌县开国子,食邑二百户,给了她儿子庆珍,又让两个儿子做官。庆珍死后,她儿子纯陀承袭了爵位。齐接受禅让后,爵位按例降低。

庆珍的弟弟乎,武定末年,官任仪同开府司马。

所谓贞孝女宗,赵郡柏仁人,赵郡太守李叔胤的女儿,范阳人卢元礼的妻子。天性极其孝顺,闻名州里。父亲死时,好几次哭喊悲痛差点死去,幸亏母亲崔氏安慰劝勉她,才活了下来。三年之内,变得骨瘦如柴,没有人扶持就站不起来。等到回了丈夫家里,跟母亲分开了,于是饮食量一天比一天少,哭泣个不停,一天天羸弱病重。卢氏全家人都劝慰,没有效果,就把她送回娘家。回到丈夫家时还是那样,这样重复了八九次。后来元礼死了,李氏追念死者抚养活着的,礼仪上没有违背的,侍候婆婆是出名的孝顺恭谨。母亲崔氏,神龟元年在洛阳寿终,死讯刚刚到时,大声痛哭得死去活来,一宿后才苏醒过来,六日内滴水不进。她婆婆担心她不行了,亲自陪送她去奔丧。因为身体过度虚弱,从范阳到洛阳,八十天才到达,手抓着棺材喊叫跳跃,就这样死去。有关官吏上奏朝廷。朝廷下令说:"孔子说毁坏身体不应该灭了本性,大概是因为那会停止奉养断绝种类吧。李氏既然不是正妻所生孩子,而孝道又经受不住悲哀,虽然轻重有错,但志向激烈道义深远,如果不加以表扬,就没有办法劝勉引导浇薄的风气。可以追封为'贞孝女宗',把她的里巷改名为孝德里,给李、卢两家挂匾,借以使风俗淳朴。"

河东人姚氏女子字女胜,从小死了父亲,没有兄弟,母亲因为怜爱她就守寡抚养。六七岁时,就有了孝敬父母的思想,有人说到她父亲,听见就流泪。邻居们都感到奇怪。正光年中,母亲去世,女胜十五岁,哭泣的声音没有间断过,好几天水米不进,不胜悲哀,就死掉了。太守崔游申请求替她造坟墓树碑,亲自撰写文字,旌表她的门庭,把她比作曹娥,把她所在的里巷改名为上虞里。坟墓在郡城东边六里处的大道北边,到今天仍叫孝女冢。

荥阳人刁思遵的妻子,鲁氏女子。刚成年时,被思遵聘为媳妇,没满一月思遵就死了。她家里可怜她少年守寡,许配的人家都已经定下来了,鲁氏听到这消息后,用死来发誓。父母不同意她的想法,于是到郡里诉讼,说刁家同情爱护守寡的女子,不让她回家。鲁氏就跟年老的婆婆徒步到司徒府,自己申述情状。普泰初年,有关官吏上奏朝廷,废帝下令说:"坚贞的丈夫,有节操的妇女,古今风尚相同,可以让本司按例标榜表扬。"

仇洛齐传

【题解】

仇洛齐,北魏中山人,本姓仇,为仇嵩的养子。仇洛齐是天生的阉人,在东部的人们不愿意到北魏做官的情况下,投奔平城,当了宦官,后随军平定凉州,官至高位。曾建议取消杂户、营户,使之统一归属郡县。

仇洛齐，中山人，本姓侯氏。外祖父仇款，始出冯翊重泉。款，石虎末徙邺南枋头，仕慕容暐为乌丸护军、长水校尉。生二子，长曰嵩，小曰腾。嵩仕慕容垂，迁居中山，位殿中侍御史。嵩有二子，长曰广，小曰盈。洛齐生而非男，嵩养为子，因为之姓仇。

初，嵩长女有姿色，充冉闵宫闱，闵破，入慕容㒩，又转赐卢豚。生鲁元，有宠于世祖，而知外祖嵩已死，唯有三舅，每言于世祖，世祖来访其舅。是时，东方罕有仕者，广、盈皆不乐入平城，洛齐独请行，曰："我，养子，兼人道不全，当为兄弟试祸福也。"乃乘驴赴京。鲁元候知将至，结从者百余骑，迎于桑干河，见而下拜，从者亦同致敬。入言于世祖，世祖问其才所宜用，将授之以官。鲁元曰："臣舅不幸生为阉人，唯合与陛下守宫闱耳。"而不言其养子，俄而赐爵文安子，稍迁给事黄门侍郎。

魏初禁网疏阔，民户隐匿漏脱者多。东州既平，绫罗户民乐葵因是请采漏户，供为纶绵。自后逃户占为细茧罗縠者非一。于是杂、营户帅遍于天下，不属守宰，发赋轻易，民多私附，户口错乱，不可检括。洛齐奏议罢之，一属郡县。

从平凉州，以功超迁散骑常侍，又加中书令、宁南将军、进爵零陵公。拜侍中、平远将军、冀州刺史，为内都大官。兴安二年卒，谥曰康。

养子俨，袭。柔和敦敏，有长者风。太和中，为虎牢镇将。初，洛齐贵盛之后，广、盈坐他事诛，世祖以其非仇氏子，不与焉。还取侯家近属，以俨为子。后欲还本。而广有女孙配南安王桢，生章武彬，即中山王英弟也。仇妃闻而请俨曰："由我仇家富贵至此，奈何一旦孤背恩养也！"桢时在内都主司品臣，俨隶于桢，畏惮之，遂不敢。九年卒，谥曰静。子振袭。稍迁至中坚将军、长水校尉。

广、盈并善营产业，家于中山，号为巨富，子孙仕进至州主簿。

腾曾孙俊，位至龙骧将军、骁骑将军、乐不男。

【译文】

仇洛齐，中山人，本来姓侯，外祖父仇款起初是冯翊重泉人。在石虎尚未迁徙到邺城南面的枋头时，仇款在慕容暐那里做官，担任乌丸护军、长水校尉。仇款生了两个儿子，大儿子名叫仇嵩，小儿子名收仇腾。仇嵩在慕容垂那里做官，迁居中山，当了殿中侍御史。仇嵩有两个儿子，大儿子名叫仇广，小儿子名叫仇盈。仇洛齐是天生的阉人，仇嵩收养他为儿子，因此姓了仇。

起初，仇嵩的大女儿长得很有姿色，进了冉闵的后宫，冉闵败亡后，落到慕容暐的手里，慕容暐又把她转赐给卢豚。卢豚和她生了儿子卢鲁元，卢鲁元受到世祖的宠爱。他知道外祖仇嵩已经去世，只有三个舅舅在世，经常向世祖提及，世祖便寻访他的舅舅。这时，东方人士来做官的人极为罕见，仇广、仇盈都不愿意到平城做官，唯独仇洛齐主动要去，说："我是养子，加之人道不全，应该为兄弟试一试祸福。"便骑驴赶赴京城。卢鲁元探知仇洛齐即将到来，带领随从一百多人，骑马到桑干河迎接，见面就伏地叩拜，随从也跟着行礼。卢鲁元进宫禀告世祖，世祖问仇洛齐适于做些什么，准备委任他官职。卢鲁元说："我舅舅不幸生来就是阉人，只适合给陛下看守宫闱。"却没有说他是养子。世祖怜悯仇洛齐，赏给奴仆和马匹，吩咐领来接见。不久，仇洛齐被任命为武卫将军，旋即赐爵文安子,逐渐升任为给事黄门侍郎。

北魏初期,法令宽松,百姓的户口隐瞒脱漏的很多。东部各州平定后,绫罗户百姓乐葵据此请求访查脱漏的户口,让他们交纳丝绵。此后,逃漏的民户自报交纳蚕茧丝帛的不在少数,导致杂户、营户遍布天下。由于这些人不归州县统属,官府随意向他们征收赋税,所以百姓大多依附私室,户口混乱,无法考察。仇洛齐上奏建议废除杂户、营户的名目,使户口统一由州县管理。

仇洛齐随军平定凉州,因功越级提升为散骑常侍,又加授中书令、宁南将军、进升爵位为零陵公。后被任命为侍中、平远将军、冀州刺史,担任内都大官。兴安二年,仇洛齐去世,谥号为康。

养子仇俨袭位。仇俨性情柔和,敦厚敏捷,有长者之风,太和年间担任虎牢镇将。起初,仇洛齐地位尊贵后,仇广、仇盆因别的事犯罪被杀,世祖因仇洛齐不是仇家的后人,没有牵连他,还找来侯家的近支亲属,让仇俨当了仇洛齐的儿子。后来,仇俨希望归宗。仇广有个孙女许配给南安王拓跋桢,生了章武王拓跋彬,拓跋彬即中山王拓跋英的弟弟。仇妃闻讯去问仇俨说:"由于我仇家你才如此富贵,怎么忽然就辜负了培养你的恩情!"当时拓跋桢在内都主管朝臣品级的评定,仇俨隶属于拓跋桢,很怕他,因此不敢归宗。太和九年,仇俨去世,谥号为静。儿子仇振袭爵,逐渐升至中坚将军、长水校尉。

仇广、仇益都善于经营财产,家住中山,号称巨富,子孙做官至州中的主簿。

仇腾的曾孙仇儁,官位至龙骧将军、骁骑将军、乐平男。

赵黑传

【题解】

赵黑,《北史》作赵黑,字文静,起初名叫赵海,北魏平定凉州,被没为宦官后改名赵黑。为北魏太武帝、文成帝、献文帝、孝文帝四朝宦官,因劝献文帝传位孝文帝得宠,历任高官。曾主持选部,任用得人。由于反对尚书李䜣任官徇私,一度被贬,后捏造罪名,劾死李䜣。为官清廉俭朴,不受贿赂,颇受嘉奖。

【原文】

赵黑,字文静,初名海,本凉州隶户。自云其先河内温人也,五世祖术,晋末为平远将军、西夷校尉,因居酒泉安弥县。

海生而凉州平,没入为阉人,因改名为黑。有容貌,恭谨小心。世祖使进御膳,出入承奉,初无过行。迁侍御,典监藏,拜安远将军,赐爵眭阳侯。转选部尚书,能自谨厉,当官任举,颇得其人。加侍中,进爵河内公。

显祖将传位京兆王子推,访诸群臣,百官唯唯,莫敢先言者。唯源贺等词义正直,不肯奉诏。显祖怒,变色,复以问黑。黑曰:"臣愚无识,信情率意。伏惟陛下春秋始富,如日方中,天下说其盛明,万物怀其光景,元元之心,愿终万岁。若圣性渊远,欲颐神味道者,臣黑以死奉戴皇太子,不知其他。"显祖默然良久,遂传祚于高祖。黑得幸两宫,禄赐优厚。

是时,尚书李䜣亦有宠于显祖,与黑对缩选部。䜣奏中书侍郎崔鉴为东徐州,北部主书郎公孙处显为荆州,选部监公孙蘧为幽州,皆曰有能也,实有私焉。黑疾其亏乱选体,遂争于庭曰:"以功授官,因爵与禄,国之常典。中书侍郎、尚书主书郎、诸曹监,勋能俱立,不过列郡。今䜣皆用为方州,臣实为惑。"显祖疑之,曰:"公孙蘧且止。"蘧最为䜣厚,于是黑与䜣遂为深隙,䜣竟列黑为监藏时有所截没。先是,法禁宽缓,百司所典,与官并食,故多所损折。遂黜出门士。

黑自以为䜣所陷,叹恨终日,废寝忘食,规报前怨。逾年,还入为侍御、散骑常侍、侍中、尚书左仆射,复兼选部如昔。黑告䜣专恣,䜣遂出为徐州。及其将获罪也,黑构成以诛之,然后食甘寝安,志在于职事。

出为假节、镇南大将军、仪同三司,定州刺史,进爵为王。克己清俭,忧济公私。时有人欲行私赂,黑曰:"高官厚禄,足以自给,卖公营私,本非情愿。"终无所纳。高祖、文明太后幸中山,闻之,赐帛五百匹,谷一千五百石,转冀州刺史。太和六年秋,薨于官,诏赐绢四百五十匹、谷一千斛、车牛二十乘,致枢至都,追赠司空公,谥曰康。

黑养族弟赵奴第四子炽为后。炽,字贵乐。初为中散,袭黑爵,后降为公,官至扬州安南府长史,加平远将军。元嵩之死寿春也,炽处分安辑,微有声称。神龟中卒,赠光州刺史。黑为定州,与炽纳钜鹿魏干女,有二子。

长子揆,字景则。袭父侯爵,官至乐陵太守,卒赠左将军、沧州刺史。

揆弟僬之,守仲彦,轻薄无行。为给事中,转谒者仆射。为刘腾养息,犹以阉官作资,赂遗权门,频历显官而卒。

【译文】

赵黑,字文静,起初名叫赵海,本来是由凉州收没为奴的隶户。赵海自己说,他的先人是河内温县人,五世祖赵术在晋朝末年担任平远将军、西夷校尉,因此在酒泉安弥县住下。

刚生下来时,凉州被北魏平定,赵海被没入后宫,当了宦官,因而改名为赵黑。赵黑长得漂亮,恭谨小心,世祖让他担当进献御膳的事由,侍候世祖的出入往来,在最初一段时间内行为上也没有过失。他升任侍御,掌管内监物品,受任安远将军,得赐封爵,成了睢阳侯。他改任选部尚书,能谨慎自厉,履行铨选任用官员的职责,颇为得人,加任侍中,爵位晋升为河内公。

显祖准备把帝位传给京兆王拓跋子推,征求群臣的意见,百官唯唯诺诺,没有人敢先发言,只有源贺等人陈言正直,不肯接受诏命。显祖气得变了脸色,又就此去问赵黑。赵黑说:"臣愚昧无知,没有见识,任凭自己的想法,坦率地说说。陛下正年富力强,如同日当中天。天下悦服陛下的英明,万物向往陛下的光辉。百姓的心愿,希望陛下传国万年。如果陛下旨趣深沉悠远,打算颐养精神,体察至理,臣誓死拥戴皇太子,不知别的。"显祖沉默良久,便把帝位传给高祖。赵黑受到显祖、高祖的宠爱,官位优越,得到的赏赐也很丰厚。

这时,尚书李䜣也受到显祖的宠爱,与赵黑同时主管选部。李䜣奏任中书侍郎崔鉴

为东徐州刺史,北部主书郎公孙处显为荆州刺史,选部监公孙蔍为幽州刺史,说他们都很能干,实际却有私情。赵黑痛恨李诉损害扰乱铨选的体制,便在大殿上争辩说:"根据功劳授给官职,依照爵位给予俸禄,是国家的常例。中书侍郎、尚书主书郎,诸曹监这样的官员,即使功勋与能力兼备,也不过掌管各郡。现在,李诉将这些人一概用为各州长官,我实在不明其义。"显祖心中疑惑,就说:"先别任命公孙蔍了。"公孙蔍最受李诉的厚待,因此赵黑和李诉深深结怨,李诉竟逐条揭发赵黑掌管内监物品时侵吞了不少东西。原先,法令宽松,百官掌管的物品,可供官吏享用,所以损耗很多。于是,赵黑被贬黜为守门的卫士。

赵黑认为自己受了李诉的陷害,整天慨叹怀恨,废寝忘食,谋划报复以前的怨仇。过了一年,赵黑回到朝廷,担任侍御、散骑常侍、侍中、尚书左仆射,仍旧兼管选部。赵黑告发李诉肆意专权,李诉随即外放为徐州刺史。在李诉将要得罪时,赵黑捏造罪名,将他杀死,这才吃得有味,睡得安稳,一心办理本职事务。

赵黑外放为假节、镇南大将军、仪同三司、定州刺史,晋升为王爵,仍然严格约束自己,清廉俭朴,关心并扶助公私事务。当时有人打算私下行贿,赵黑说:"我高官厚禄,足以自给。损公营私的事,我本来就不愿意干。"始终没收任何贿赂。高祖、文明太后前往中山,闻讯后赏赐给赵黑帛五百匹、谷物一千五百石。赵黑又改任冀州刺史,在太和六年秋天死在任上。高祖下诏赐绢四白五十匹、谷物一千斛、带牛的车辆二十乘,将灵柩运回京城,追赠司空公,谥号为康。

赵黑收养族弟赵奴的第四个儿子赵炽为后嗣。赵炽,字贵乐,起初担任中散,承袭赵黑的爵位,后来降爵为公,官至扬州安南府长史,加授平远将军。元嵩在寿春死去时,赵炽把寿春处理得很安定,因此稍微有些名声。神龟年间,赵炽去世,赠光州刺史。赵黑任定州刺史时,为赵炽娶子钜鹿人魏干的女儿,生了两个儿子。

长子赵撰,字景早,承袭父亲的侯爵,官至乐陵太守,死后赠左将军、沧州刺史。

赵撰的弟弟赵僬之,字仲彦,轻薄无行,担任给事中,改任谒者仆射,是刘腾的养子。赵僬之仍然利用宦官留给他的地位,贿赂权门,频频担当显要官员,然后去世。

张宗之传

【题解】

张宗之,字益宗,北魏河南巩县人。因宗文邕反抗北魏受牵连,遭腐刑,后历任朝廷内外高官。其妻萧氏熟悉后宫礼法制度,在孝文帝实行改革,建立后宫礼仪过程中多咨询之。

【原文】

张宗之,字益宗,河南巩县人,家世寒微。父孟舒,刘裕西征,假洛阳令。及宗之贵幸,高宗赠孟舒平南将军、洛州刺史、巩县侯,谥曰贞。

初，缑氏宗文邕聚党于伊阙谋反，逼胁孟舒等。文邕败，孟舒走免，宗之被执入京，充腐刑。以忠厚谨慎，擢为侍御中散，赐爵巩县侯，遂历右将军、中常侍、仪曹、库部二曹尚书、领中秘书，进爵彭城公，出为散骑常侍、宁西将军、东雍州刺史。以在官有称，入为内都大官，出除散骑常侍、镇东将军、冀州刺史，又例降为侯。太和二十年卒，年六十九，赠建节将军、怀州刺史，谥曰敬。

宗之兄鸾旗，中书侍郎、东宫中庶子，兼宿卫给事，加宁远将军，赐爵洛阳男，转殿中给事，出为散骑常侍、冠军将军、泾州刺史，进爵为侯，复为殿中给事、中常侍。卒赠洛州刺史，谥曰靖。

始，宗之纳南来殷孝祖妻萧氏，刘义隆仪同三司思话弟思度女也，多悉妇人仪饰故事。太和中，初制六宫服章，萧被命在内预见访采，数蒙赐赉。萧兄子超业，后名彦，幼随姑入国，娶李洪之女，赖其给赡以自济。历位太尉长史、武卫将军、齐州刺史、散骑常侍、中军将军、金紫光禄大夫。彦时来往萧宝夤，致敬称名，呼之为尊。彦于河阴遇害，赠车骑将军、仪同三司、徐州刺史。子百年，西河太守。

宗之养兄子袭绍爵。袭，字子业，高祖初，除主文中散，稍迁员外郎、京兆王大农，久之除义阳太守，为司空刘腾咨议参军、散骑常侍、平东将军、光禄大夫子颢，邵郡太守，卒赠荆州刺史。

颢弟璟，中散大夫。璟弟玮，武定中，豫州征西府长史。诸中官皆世衰，唯赵黑及宗之后，家僮数百。通于士流。

【译文】

张宗之，字益宗，河南巩县人，世代门第寒微。父亲张孟舒在刘裕西征时，暂时代理洛阳县令。及至张宗之尊贵得宠后，高宗追赠张孟舒为平南将军、洛州刺史、巩县侯，谥号为贞。

起初，缑氏人宗文邕在伊阙聚合同党谋反，胁迫张孟舒等人。宗文邕失败后，张孟舒逃脱一死，张宗之被捉到京城，受了腐刑。张宗之因忠厚谨慎，被提升为侍御中散，得以赐爵巩县侯，随后历任右将军、中常侍、仪曹尚书与库部尚书、领中秘书，进升爵位为彭城公，外放为散骑常侍、宁西将军，东雍州刺史。因在职任上有政绩值得称道，进朝担任内都大官，再度外放，任命为散骑常侍、镇东将军、冀州刺史，又照例降为侯爵。太和二十年去世，当时六十九岁，被追赠为建节将军、怀州刺史，谥号为敬。

张宗之的哥哥张鸾旗，担任中书侍郎、东宫中庶子，兼任宿卫给事，加授宁远将军，得赐爵位为洛阳男，改任殿中给事，外放为散骑常侍、冠军将军、泾州刺史，晋升为侯爵，再度担任殿中给事、中常侍。死后赠官洛州刺史，谥号为靖。

起初，张宗之娶了来自南方的殷孝祖的妻子萧氏，萧氏是刘义隆朝的仪同三司萧思话之弟萧思度的女儿，非常熟悉妇女礼仪装饰的先例。太和年间，刚刚制定六宫后妃服装品级，萧氏受命在内廷预先接受咨询，多次得到赏赐。萧氏之兄的儿子萧超业，后来改名萧彦，小时随姑姑萧氏来到北魏，娶下李洪之的女儿，并靠李洪之供养才得以自存。萧彦历任太尉长史、武卫将军、齐州刺史、散骑常侍、中军将军、金紫光禄大夫。萧彦时常与萧宝夤来往，向他表示敬意，自称其名，而称他为长辈。萧彦在河阴遇害，赠官为车骑将军、仪同三司、徐州刺史。儿子萧百年当了西河太守。

张宗之的养兄子张袭继承了他的爵位。张袭,字子业,高祖初年被任命为主文中散,逐渐升为员外郎,京兆王大农,许久以后被任命为义阳太守,当了司空刘腾的咨议参军,受任散骑常侍、平东将军、光禄大夫。太昌初年,张袭去世,当时七十七岁,赠官骠骑大将军、仪同三司、冀州刺史。

张袭的儿子张颢担任邵郡太守,死后赠官荆州刺史。张颢的弟弟张璟是中散大夫。张璟弟弟张玮在武定年间担任豫州征西将军府长史。众宦官都即世衰微,只有赵黑和张宗之的后人,拥有家仆数百人,与士大夫交往。

抱嶷传

【题解】

抱嶷,字道德,安定石唐人,家居直谷。由于其家参与张乾王对北魏的反叛,被收没为宦官,后因忠诚谨慎得居高位,孝文帝在位时期,颇得冯太后的宠信。其养弟抱老寿纵情酒色,与石荣易室而奸,成为当时的丑闻。

【原文】

抱嶷,字道德,安定石唐人,居于直谷。自言其先姓杞,汉灵帝时,杞匡为安定太守,董卓时,惧诛,由是易氏,即家焉,无得而知也。幼时,陇东人张乾王反叛,家染其逆。及乾王败,父睹生逃逸得免,嶷独与母没内京都,遂为宦人。小心慎密,恭以奉上,沉迹冗散,经十九年。后以忠谨被擢,累迁为中常侍、安西将军、中曹侍御、尚书,赐爵安定公。

自总纳言,职当机近,诸所奏议,必致抗直。高祖、文明太后嘉之,以为殿中侍御,尚书领中曹如故,以统宿卫,俄加散骑常侍。高祖、太后每出游幸,嶷多骖乘,入则后宫导引。太后既宠之,乃征其父睹生,拜太中大夫,赏赐衣马。睹生将还,见于皇信堂,高祖执手谓之曰:“老人归途,几日可达,好慎行路。”太和十二年,迁都曹,加侍中、祭酒,尚书领中曹侍御,后降爵为侯。睹生卒,赠州刺史,谥曰靖,赐黄金八十斤、缯绵及绢八百匹,以供丧用,并别使劳慰,

加嶷大长秋卿。嶷老疾,请乞外禄,乃以为镇西将军、泾州刺史,特加右光禄大夫。将之州,高祖钱于西效乐阳殿,以御白羽扇赐之。十九年,被诏赴洛,以刺史从驾南征,常参侍左右。以嶷耆旧,每见劳问,数追称嶷之正直,命乘马出入行禁之间,与司徒冯诞同例。军回,还州。

自以故老前宦,为政多守往法,不能遵用新制。侮慢旧族,简于接礼。天性酷薄,虽弟侄甥婿,略无存润。后数年,卒于州。

先以从弟老寿为后,又养太师冯熙子次兴。嶷死后,二人争立。嶷妻张氏致讼经年,得以熙子为后。老寿亦仍陈诉,终获绍爵。次兴还于本族,给奴婢三十口。嶷前后赐赏奴婢牛马盖数百千,他物称是。

老寿凡薄,酒色肆情。御史中尉王显奏言:

"风闻前洛州刺史阴平子石荣、积射将军抱老寿恣荡非轨，易室而奸，臊声布于朝野，丑音被于行路，即摄鞫问，皆当风闻无差。犯礼伤化，老寿等即主。谨案：石荣籍贯兵伍，地融宦流，处世无入朝之期，在生绝冠冕之望。遭时之运，逢非次之擢，以犬马延慈，簪履恩念，自微至贵，位阶方岳。不能怀恩感德，上酬天施，乃咎彰遐迩，响秽京墟。老寿种类无闻，氏姓莫纪，丐乞刑余之家，覆养阉人之室。蒙国殊泽，预班爵序，正宜治家假内，教诫闺庭。方恣其淫奸，换妻易妾。荣前在洛州，远迎老寿妻常氏，兵人千里，疲于道路。老寿同敝笱之在梁，若其原之无别，男女三人，莫知谁子，人理所未闻，鸟兽之不若。请以见事免官，付廷尉理罪，鸿胪削爵。"诏可。

老寿妻常氏，万敌弟女也。老寿死后，收纪家业，稍复其旧，奴婢尚六七百人。三女并嫔贵室，为老寿祖父皆造碑铭，自洛就乡而建之。西方云，直谷出二贵人。

石荣者，从主书稍进为州。自被劾后，遂便废顿。子长宜，武定中，南兖州刺史，与侯景反，伏法。

【译文】

抱嶷，字道德，安定石唐人，住在直谷。抱嶷说自己的祖先姓杞，汉灵帝时杞匡担任安定太守，董卓专权时，杞匡害怕遭受诛杀，由此改姓抱氏，就地安家，人们对这种说法的真实与否不得而知。抱嶷小时候，陇东人张乾王反叛，抱嶷家也牵连其事。及至张乾王失败，父亲抱睹生逃跑，得以不死，只有抱嶷与母亲被押至京都，收没后宫，于是成为宦官。抱嶷办事小心谨慎，严守机密，恭敬地侍奉上司，埋没在冗员闲职中，历时十九年。后来，由于抱嶷忠诚恭谨，受到提拔，历经升迁，成为中常侍，安西将军、中曹侍御、尚书，得赐爵位为安定公。

自从抱嶷执掌出纳王命以来，处于机要近臣的地位上，对群臣上奏的各种议论，总是肯定坦率耿直的意见。高祖、文明太后予以嘉许，任命为殿中侍御、尚书，仍然兼任中曹侍御，以便统辖宿卫禁军，不久又加任散骑常侍。每当高祖和文明太后外出游览时，抱嶷多在车右陪坐，回来时则在后宫引路。文明太后既然宠爱抱嶷，就征召他父亲抱睹生入朝，任命为太中大夫，赏赐衣服和马匹。抱睹生准备返回时，在皇信堂受到召见，高祖拉着他的手说："老人家的归程，几天才能到达，一路小心。"太和十二年，抱嶷升为都曹，加授侍中、祭酒，仍然担任尚书，兼任中曹侍御，后来降为侯爵。抱睹生去世，赠官秦州刺史，谥号为靖。朝廷赐给黄金八十斤，彩帛和绢八百匹，以供备办丧事使用，并另派使者前去慰问。

朝廷加任抱嶷为大长秋。抱嶷年老生病，请求到地方做官，朝廷便任命他为镇西将军、泾州刺史，特意加授右光禄大夫。抱嶷准备前往泾州时，高祖在西郊乐阳殿设宴饯行，把自己用的白羽毛扇赐给他。太和十九年，抱嶷受诏赶赴洛阳，以刺史的身份跟随高祖南征，经常在高祖身边侍奉。由于抱嶷是朝中故老，高祖常加慰劳，屡次回忆称许抱嶷为人正直，允许抱嶷在行宫之间骑马出入，与司徒冯诞一样对待。南征军北归，抱嶷才返回泾州。

抱嶷认为自己是朝中的老宦官了，办理政务时往往拘守旧法，不能遵用新制。对旧日的贵族轻侮傲慢，怠于以礼相待。天性冷酷薄情，即使对弟侄甥婿，也毫不存问接济。几年后，抱嶷死在泾州。

抱嶷原先立堂弟抱老寿为后嗣，又收养了太师冯熙的儿子冯次兴。抱嶷死后，抱老寿与冯次兴二人争当后嗣。抱嶷的妻子张氏打了一年的官司，得以立冯熙的儿子为后嗣。抱老寿也继续申诉，终于得以继承抱嶷的爵位。冯次兴回到本族，分给奴婢三十人。抱嶷先后受赏得到的奴婢和牛马大抵成百上千，别的东西也与此相称。

抱老寿平庸浅薄，纵情酒色。御史中尉王显上奏说：

风闻前洛州刺史阴平子石荣和积射将军抱老寿恣情放荡，不遵礼法，交换妻室，纵欲奸淫，可羞的名声在朝野传播，丑音秽闻在道路上流传。经立即拘捕审讯，实情与风闻完全相符。违犯礼法，伤风败俗，抱老寿等人就是祸首。据察，石荣隶属军籍，此生此世，没有进入朝廷的可能，绝无出人头地的指望。只因赶上当时的运数，遇上不拘等次的提拔，以犬马之劳邀取上司的怜悯，显贵的顾念，由鄙微以至贵盛，成为一方长官。他不能感恩戴德，报答上天的赐予，竟然罪传远近，名秽京城。抱老寿宗族难辩，宗族姓氏不明，乞求受过腐刑的阉人把自己收养在家中，蒙受国家特殊的恩典，得以继承爵位。本应该整治家庭内部事务，训诫闺阁清净守礼，现在却与人交换妻妾，恣意淫荡行奸。石荣以前在洛州时，长途远迎抱老寿的妻子常氏，军人跋涉千里，途中困乏不堪。抱老寿如同破鱼篓捞不了鱼，管不住老婆，好像原来就不想加以区别，所生男女三人，不知是谁的孩子，为人之道，闻所无闻，禽兽不如。请据此事，免除他的官职，交付司法官员治罪，由鸿胪寺削除封爵。

诏书照准。

抱老寿的妻子常氏，是常万敌之弟的女儿。抱老寿死后，收拾家业，渐复旧观，那时尚有奴婢六七百人。三个女儿都成了宫中的嫔妃，她们替抱老寿和祖父都立碑刻铭，从洛阳到家乡去就地建造。西部地区的人们说：直谷出了二贵人。

石荣由主书逐渐晋升为一州长官，自从遭到弹劾后，就被废弃不用了。儿子石长富，武定年间担任南兖州刺史，与侯景反叛，伏法被杀。

王遇传

【题解】

王遇，字庆时，本名王他恶，北魏冯翊李润镇羌人。因事犯罪，没为宦官，后为文明太后宠信，渐至荣显。颇能趋炎附势，擅长监造宫室屋宇。

【原文】

王遇，字庆时，本名他恶，冯翊李润镇羌也。与雷、党、不蒙俱为羌中强族。自云其先姓王，后改姓钳耳，世宗时复为王焉。自晋世以来，恒为渠长。父守贵，为郡功曹卒。遇既贵，追赠安西将军、秦州刺史、澄城公。

遇坐事腐刑，为中散，迁内行令、中曹给事中，加员外散骑常侍，右将军，赐爵富平子。迁散骑常侍、安西将军，进爵宕昌公。拜尚书，转吏部尚书，仍常侍。例降为侯。出为安西将军、华州刺史,加散骑常侍。

幽后之前废也,遇颇言其过。及后进幸,高祖对李冲等申后无咎,而称遇谤议之事。冲言:"果尔,遇合死也。"高祖曰:"遇旧人,未忍尽之,当止黜废耳。"遂遣御史驰驿免遇官,夺其爵,收衣冠,以民还私第。世宗初,兼将作大匠,未几拜光禄大夫,复夺爵。

废后冯氏之为尼也,公私罕相供恤。遇自以常更奉接,往来祇谒,不替旧敬,衣食杂物,每有荐奉,后皆受而不让。又至其馆,遇夫妻迎送谒伏,侍立执臣妾之礼。

遇性巧,强于部分。北都方山灵泉道俗居宇及文明太后陵庙、洛京东郊马射坛殿,修广文昭太后墓园,太极殿及东西两堂、内外诸门制度,皆遇监作。虽年在耆老,朝夕不倦,跨鞍驱驰,与少壮者均其劳逸。又长于人事,留意酒食之间,每逢僚旧,具设饩果,饬膳精丰。

然竞于荣利,趋求势门。赵修之宠也,遇往还宗承,受敕为之监作第宅,增于本旨,笞击作人,莫不嗟怒。

卒于官。初,遇之疾也,太傅、北海王与太妃俱往临问,视其危惙,为之泣下,其善奉诸贵,致相悲悼如此。赠使持节、镇西将军、雍州刺史,侯如故。

始,遇与抱嶷并为文明太后所宠,前后赐以奴婢数百人,马牛羊他物称是,二人俱号富室。

遇养弟子厉,本郡太守,稍迁至右军将,袭爵宕昌侯,产业有过于遇时。

【译文】

王遇,字庆时,原来名叫王他恶,是冯翊李润镇的羌人。王姓与雷、党、不蒙各姓都是羌人中的强族。王遇说自己的先人姓王,后来改姓钳耳,世宗时又改姓为王。自晋朝以来,王氏历来是羌人的酋长。父亲王守贵在郡中功曹任上死去。王遇地位尊贵后,王守贵被追赠为安西将军、秦州刺史、澄城公。

王遇因事犯罪,遭受腐刑,担任中散,升任内行令、中曹给事中,加授员外散骑常侍、右将军,赐爵富平子。升任散骑常侍、安西将军,晋爵为宕昌公。受任尚书,改任吏部尚书,仍然担任常侍,依例降为侯爵。外放为安西将军、华州刺史,加授散骑常侍。

幽皇后第一次受到废黜时,王遇很说过幽皇后的一些过错。及至后来幽皇后回宫受到宠爱,高祖与李冲等人谈话时申述幽皇后无罪,并说王遇有诽谤之罪。李冲说:"果真如此,王遇应当处死。"高祖说:"王遇是故旧,不忍心让他去死,只把他废黜掉就行了。"便派御史火速骑驿马去罢免王遇的官职,削去爵位,收回朝服,让他以百姓的身份返回私人宅第。世宗初年,王遇兼任将作大匠,不久受任光禄大夫,重新恢复爵位。

废皇后冯氏出家为尼时,朝廷和官员个人很少进献物品,以示体恤的。王遇认为自己应该经常前去侍奉,往来拜谒,不改往日的恭敬,时常进献一些衣服、食品和杂物,废皇后也不推让,一概接受。废皇后还到王遇的家中去,王遇夫妻来迎往送,谒见叩拜,侍立一旁,恪守奴仆的礼数。

王遇生性灵巧,善于部署安排。北都方山灵泉僧俗房屋和文明太后的陵庙,京城洛阳东郊马射坛殿,文昭太后墓园的修葺扩建,太极殿及东西两堂,内外诸门的规制,都由王遇监督实施。虽然已经六七十岁了,王遇仍然朝夕不知疲倦地骑马奔驰,分担青壮年的劳苦。王遇还长于处理人事,注意酒席饭桌间的事情,每当遇到旧日的同僚,就备办食物果品,酒饭精美丰盛。

然而,王遇热衷名利,趋附权门。赵修得宠时,王遇往来奔走,拜见逢迎,受命为他监造宅第,超过原来的要求,还笞打工匠,工匠无不慨叹愤怒。

王遇在任上死去。起初,王遇得了病,太傅、北海王与太妃都前去探问,见他病危,为之泪下。他善于事奉各位贵人,以致使贵人为他如此悲伤。朝廷赠官使持节、镇西将军、雍州刺史,仍为侯爵。

起初,王遇与抱嶷都受到文明太后的宠爱,先后得赐奴婢数百人,马牛羊和其他物品与此相称,两人都号称富有之家。

王遇的养弟子王厉,担任本郡太守,逐渐升任右军将军,承袭了宕昌侯的爵位,财产比王遇活着时还多。

刘腾传

【题解】

刘腾,字青龙,北魏平原人,迁居南兖州谯郡。幼年因事受刑,成为宦官,通过向孝文帝告发幽后的隐私、选召民女、护卫太子等事,得居高官,备受宠信。后因清河王元怿没有任用他的弟弟,遂与元叉勾结,害死元怿,囚禁灵太后,专擅朝政达四年之久。其间大肆受贿,垄断舟车山泽之利,剥削六镇,欺压百姓,役使并勒索宫女,为天下痛恨。

【原文】

刘腾,字青龙,本平原城民,徙属南兖州之谯郡。幼时坐事受刑,补小黄门,转中黄门。高祖之在悬瓠,腾使诣行所。高祖问其中事,腾具言幽后私隐,与陈留公主告符协,由是进冗从仆射,仍中黄门。

后与茹皓使徐、兖,采召民女,及还,迁中给事,稍迁中尹、中常侍,特加龙骧将军。后为大长秋卿、金紫光禄大夫、太府卿。

肃宗践极之始,以腾预在宫卫,封开国子,食邑三百户。是年,灵太后临朝,以与于忠保护之勋,除崇训太仆,加中侍中,改封长乐县开国公,食邑一千五百户。拜其妻时为钜鹿郡君,每引入内,赏赉常亚于诸主外戚。所养二子,为郡守、尚书郎。腾曾疾笃,灵太后虑或不救,迁卫将军、仪同三司,余官仍旧,后疾瘳。腾之拜命,肃宗当为临轩,会其日大风,寒甚而罢,乃遣使持节授之。腾动充宫役,手不解书,裁知署名而已。奸谋有余,善射人意。灵太后临朝,特蒙进宠,多所干托,内外碎密,栖栖不倦。洛北永桥、太上公、太上君及城东三寺,皆主修营。

吏部尝望腾意,奏其弟为郡带戍,人资乖越,清河王怿抑而不与。腾以为恨,遂与领军元叉害怿。废灵太后于宣光殿,宫门昼夜长闭,内外断绝。腾自执管钥,肃宗亦不得见,裁听传食而已。太后服膳俱废,不免饥寒。又使中常侍贾粲假言侍肃宗书,密令防察。又以腾为司空公,表里擅权,共相树置。又为外御,腾为内防,迭直禁闼,共裁刑赏。

腾遂与崔光同受诏乘步挽出入殿门。四年之中，生杀之威，决于叉、腾之手，八座、九卿旦造腾宅，参其颜色，然后方赴省府，亦有历日不能见者。公私属请，唯在财货；舟车之利，水陆无遗；山泽之饶，所在固护；剥削六镇，交通互市。岁入利息以巨万计。又颇役嫔御，时有征求；妇女器物，公然受纳；逼夺邻居，广开室宇，天下咸患苦之。

正光四年三月，薨于位，年六十。赠帛七百匹、钱四十万、蜡二百斤。鸿胪少卿护丧事，中官为义息，衰绖者四十余人。

腾之初治宅也，奉车都尉周特为之筮，不吉，深谏止之，腾怒而不用。特告人曰："必困于三月、四月之交。"至是果死，厅事甫成，陈尸其下。追赠使持节、骠骑大将军、太尉公、冀州刺史。腾之葬日，阉官为义服，杖绖衰缟者以百数，朝贵皆从，轩盖填塞，相属郊野。魏初以来，权阉存亡之盛莫及焉。

灵太后反政，追压爵位，发其冢，散露骸骨，没入财产，后腾所养一子叛入萧衍，太后大怒，因徙腾余养于北裔，导遣密使追杀之于汲郡。

【译文】

刘腾，字青龙，原来是平原城的百姓，迁居到归南兖州统辖的谯郡。刘腾幼年因事犯法，受了腐刑，补授小黄门，改任中黄门。高祖驻兵悬瓠城时，刘腾派人前往行在。高祖问此来何事，刘腾把幽后的隐私合盘讲出，与陈留公主告发的相符。由此，刘腾晋升为冗从仆射，仍然担任中黄门。

后来，刘腾与茹皓出使徐州、兖州，去选召民女。及至返回后，刘腾升任中给事，逐渐升为中尹、中常侍，破例加授龙骧将军，后来担任大长秋、金紫光禄大夫、太府卿。

肃宗刚刚登位时，因刘腾也在护卫东宫之列，便封他为开国子，食邑三百户。本年，灵太后临朝主持朝政，因刘腾与于忠有保护肃宗的功勋，任命他为崇训太仆，加授中侍中，改封为长乐县开国公，食邑一千五百户，封他的妻子为钜鹿郡君，经常让人领她到内宫来，她领受的赏赐仅仅少于各位公主和外戚。刘腾收养的两个儿子，一个担任郡守，一个当了尚书郎。有一次，刘腾病重，灵太后担心他也许没救了，就提升他为卫将军、仪同三司，其余官职仍旧，不过，刘腾的病后来好了。刘腾受命任官时，肃宗应该亲自到殿前来，适逢那天刮起大风，非常寒冷，才没有去，而是派使者手持符节，向他授官。刘腾从小在宫中当差，不会写字，只会签名，但是奸狡的智谋绰绰有余，善于猜测别人的用意。灵太后临朝主政，刘腾格外受宠，得到进用。他频频请托，对于朝廷内外琐碎的事情，栖栖惶惶，不知疲倦。洛阳北面的永桥、太上公和太上君以及城东的三座寺庙，都由他主持营建。

吏部曾经察看刘腾的用意，奏用他的弟弟为郡中统领戍兵，由于其人资质并不相称，清河王元怿压下此事，不肯授官。刘腾为此怀恨在心，随即与领军元叉害死元怿。他们将灵太后废黜在宣光殿里，宫门日夜经常紧闭，与外界断了联系。刘腾亲自拿着钥匙，肃宗也不能与灵太后见面，只是任随他送些食物而已。灵太后的服装和膳食都无人料理，不免挨饿受冻。刘腾又指使中常侍贾粲佯称侍候肃宗读书，实则密令贾粲察看并提防肃宗的行动。元叉让刘腾担任司空公，专擅朝廷内外大权，互相支持。元叉防范外朝，刘腾戒备内宫，两个人轮流在宫中值班，共同裁定赏罚。随后，刘腾与崔光一起接受诏命，可以坐由人拉的车子出入殿门。四年里，生杀大权都掌握在元叉和刘腾手里，八座、九卿每天先前往刘腾的家中参拜问候,然后才到各省各府办公,也有一整天见不到刘腾的。公家和私人拜托他们办事,只看钱财;水陆舟车之利,霸占无遗;山林湖泽间的物产,处处垄断;搜括六镇军民的财物,勾结互利,每年收入的利息以万万计。同时,他们对宫女颇加役使,时常进行勒索,公然接受妇女使用的器物,还强占邻居的房舍,拓广自己的屋宇,天下人都恨透了他们。

正光四年三月,刘腾死在任上,当时六十岁。办理丧事用了丝制七百匹、钱四十万、蜡二百斤。鸿胪少卿为他治理丧事,宦官充当义子,有四十多人为他服丧。

刘腾刚建住宅时,奉车都尉周特为他用蓍草占卜,结果不吉,便极力劝阻。刘腾发怒,不肯听信。周特告诉别人说:"准在三月、四月之交垮台。"到这时,刘腾果然死去,堂屋刚刚建成,就陈尸其中。朝廷追赠刘腾为使持节、骠骑大将军、太尉公、冀州刺史。在刘腾入葬的那天,宦官为他服义孝,有数百人披麻戴孝,朝廷权贵一律跟随前往,车辆拥挤,前后相连,直到郊外。北魏建国以来,掌权宦官存亡的盛况都比不上刘腾。

灵太后重新执政后,削去刘腾的爵位,掘开他的坟墓,拆散并暴露尸骨,没收财产充公。后来,刘腾收养的一个儿子叛降到萧衍一方,灵太后大怒,于是将刘腾其余的养子迁徙到北部边远地区,不久又派密使在汲郡追上他们,杀戮一光。

贾粲传

【题解】

贾粲,字季宣,酒泉人。太和年间因事犯法,当了宦官,世宗末年渐得提升。与元叉、刘腾结为党羽,胁迫肃宗,囚禁灵太后,权倾京城。灵太后再度主政后,在外放贾粲的途中,派人将他杀死。

【原文】

贾粲,字季宣,酒泉人也。太和中,坐事腐刑。颇涉书记,世宗末渐被知识,得充内侍,自崇训丞为长兼中给事中、中尝药典御,转长兼中常侍,迁光禄少卿,光禄大夫。

灵太后之废,粲与元叉、刘腾等伺帝动静。右卫奚康生之谋杀叉也,灵太后、肃宗同升于宣光殿,左右侍臣俱立西阶下。康生既被囚执,粲给太后曰:"侍官怀恐不安,陛下宜亲安慰。"太后信之。适下殿,粲便扶肃宗于东序,前御显阳,还闭太后于宣光殿。

粲既叉党,威福亦震于京邑。自云本出武威,魏太尉文和之后,遂移家属焉。时武威太守韦景承粲意,以其史绪为功曹,绪时年向七十。未几,又以绪为西平太守,比景代下,已转武威太守。

灵太后反政,欲诛粲,以叉、腾党与不一,恐惊动内外,乃止。出粲为济州刺史,未几,遣武卫将军刁宣驰驿杀之,资财没于县官。

【译文】

贾粲,字季宣,酒泉人。太和年间因事犯法,遭受腐刑。贾粲认识一些字,世宗末年逐渐被发现，受到赏识，得以担任内侍宦官，由崇训丞当了长兼中给事中、中尝药典御，改任长兼中常侍，升任光禄少卿、光禄大夫。

灵太后遭到废黜，贾粲与元叉、刘腾等人窥伺肃宗的动静。右卫奚康生谋杀元叉时，灵太后和肃宗一起登上宣光殿，左右侍臣都站在西阶下。奚康生被捕囚禁后，贾粲哄骗灵太后说："侍从官员惶恐不安，陛下应该亲自加以安慰。"灵太后信以为真，刚走下大殿，贾粲就把肃宗扶到东厢房里，在显阳殿前抵御，又返回来把灵太后关在宣光殿里。

贾粲既然是元叉的党羽，其权势也震撼京城。贾粲说自己原籍武威，是曹魏太尉贾翊的后代，随即把家搬到酒泉。当时，武威太守韦景秉承贾粲的意旨，让他的哥哥贾绪担任功曹，贾绪那时将近七十岁。不久，韦景又让贾绪担任西平太守。及至韦景调离时，贾绪已经改任武威太守了。

灵太后重新主政，想杀贾粲，由于元叉、刘腾的党羽并不相同，恐怕使朝廷内外受到惊动，便没下手。灵太后外放贾粲为济州刺史，不久又派武卫将军刁宣火速骑驿马赶去将他杀死，由县官没收他的资财。

成轨传

【题解】

成轨，字洪义，北魏上谷居庸人。年轻时因罪受宫刑，成为宦官。孝文帝时渐被知任，宣武帝时位至高官，孝明帝宠幸的潘嫔呼之为"假父"。孝庄帝即位之际，前往河阴迎驾，得以封侯。成轨曾担任燕州大中正，俨然成为一方士大夫的首脑。

【原文】

成轨，字洪义，上谷居庸人。少以罪刑，入事宫掖，以谨厚称，除中谒者仆射。高祖意有所欲，轨瞻候容色，时有奏发，辄合帝心。从驾南征，专进御食。于时高祖不豫，常居禁中，昼夜无懈。车驾还，赐帛百匹。

景明中，尝食典御丞，仆射如故，转中给事中、步兵校尉，敕侍东宫。延昌末，迁中常侍、中尝食典御、光禄大夫，赐始平伯，统京梁都将，转崇训太仆少卿。遭母忧，诏遣主书常显景吊慰。又起为本官，进安东将军、崇训卫尉卿。久之，超迁中侍中、抚军将军，典御、崇训如故，寻除中军将军、燕州大中正。孝昌二年，以勤旧封始平县开国伯，食邑三百户。肃宗所幸潘嫔，以轨为假父，颇为中官之所敬惮。

建义初，轨迎于河阴，诏令安尉宫内，进爵为侯，增户三百，并前六百户，迁卫将军。其年八月卒，赠车骑大将军、雍州刺史，谥曰孝惠。

养弟子仲庆，袭，历位镇军将军、光禄大夫，卒。子朏，袭，齐受禅，例降。

【译文】

成轨，字洪义，上谷居庸人。年轻时因罪遭受腐刑，进入后宫供职，以谨慎厚道知名，受任中谒者仆射。只要高祖想干什么,成轨察言观色,时常奏请实行,总是令高祖满意。成轨跟随高祖南征,专掌进献御餐。那时高祖得了病,成轨经常住在宫中,夜以继日,不敢懈怠。高祖还京,赐予丝帛一百匹。

景明年间,成轨当了尝食典御丞、仍然担任仆射,改任中给事中、步兵校尉,受命侍奉太子。延昌末年,成轨升任中常侍、中尝食典御、光禄大夫,赐爵始平伯,统辖京染都将,改任崇训太仆少卿。适逢母亲去世,世宗下诏派主书常显景前去吊唁慰问。接着,成轨又被起用为本官,晋升为安东将军、崇训卫尉卿。许久以后,成轨越级被提升为中侍中、抚军将军,仍然担任中尝食典御、崇训卫尉卿,不久得任中军将军、燕州大中正。孝昌二年,因成轨是办事勤勉的故旧,封为始平县开国伯,食邑三百户。肃宗宠爱的潘嫔,认成轨为义父,宦官对成轨深为敬畏。

建义初年,成轨到河阴迎接敬宗,敬宗下诏命他安慰内宫人员,因而晋升为侯爵,增加食邑三百户,与以前的封户合计为六百户,升任卫将军。当年八月,成轨去世,赠官车骑大将军、雍州刺史,谥号为孝惠。

养弟子成促庆承袭封爵,历任镇军将军、光禄大夫而死。成促庆的儿子成胐承袭封爵,北齐接受帝位禅上,成胐照例归降。

王温传

【题解】

王温,字桃汤,赵郡栾城人。因父亲犯罪被杀而被收没为宦官,孝文帝、宣武帝朝稍得进用。参与扶立孝明帝有功,但冢宰元雍担心宦官结成朋党,外放他为钜鹿太守。不久灵太后临朝主政,遂累加升迁。

【原文】

王温。字桃汤,赵郡栾城人。父冀,高邑令,坐事被诛。温与兄继叔俱充宦者。高祖以其谨慎,补中谒者、小黄门,转中黄门、钩盾令,稍迁中尝食典御、中给事中,给事东宫,加左中郎将。

世宗之崩,群官迎肃宗于东宫。温于卧中起肃宗,与保母扶抱肃宗,入践帝位。高阳王雍既居冢宰,虑中人朋党,出为钜鹿太守,加龙骧将军。

灵太后临朝,征还为中常侍、光禄大夫,赐爵栾城伯,安南将军领崇训太仆少卿,特除使持节、散骑常侍,抚军将军、瀛洲刺史。还,除中侍中,进号镇东将军、金紫光禄大夫,迁车骑将军,左光禄大夫、光禄勋卿,侍中如故。孝昌二年,封栾城县开国侯,邑六百户。温后自陈本阳平武阳人,于是改封武阳县开国侯,邑如故。

建义初,于河阴遇害,年六十六。永安初,赠骠骑大将军、仪同三司、雍州刺史。养子同哲,袭、齐受禅,例降。

【译文】

王温,字桃汤,赵郡栾城人。父亲王冀担任高邑县令,因事犯罪被杀,王温与哥哥王继叔都当了宦官。高祖因王温谨慎,补授中谒者、小黄门,改任中黄门、钩盾令,逐渐升任中尝食典御、中给事中,供职东宫,加任左中郎将。

世宗去世时,百官到东宫去迎接肃宗。王温从卧室中叫起肃宗,与保姆一个抱着肃宗,一个扶着肃宗,进宫登上帝位。高阳王元雍担任冢宰后,担心宦官结党营私,将王温外放为钜鹿太守,加授龙骧将军。

灵太后临朝主政,征召王温回朝担任中常侍、光禄大夫,赐爵栾城伯,受任安东将军、领崇训太仆少卿,破格任命他为使持节、散骑常侍、抚军将军、瀛洲刺史。由瀛洲回朝后,任命他为中侍中,进升封号为镇东将军、金紫光禄大夫,升任车骑将军、左光禄大夫、光禄勋卿,仍然担任侍中。孝昌二年,王温被封为栾城县开国侯,食邑六百户。后来,王温说自己原来是阳平武阳人,于是朝廷改封他为武阳县开国侯,食邑仍旧。

建义初年,王温在河阴遇害,当时六十六岁。永安初年,朝廷追赠他为骠骑大将军、仪同三司、雍州刺史。养子王同哲承袭爵位,北齐接受帝位禅让,照例降顺北齐。

释老志

【题解】

《魏书·释老志》是正史中第一篇全面系统反映一朝一代佛、道两教发展的经典文献,在后来的正史中,只有《元史·释老传》可与之相提并论。全《志》分佛、道两部分,佛教所占部分较大,对大同、洛阳等地的佛教发展记述尤详,且对佛教传入中国及至北魏的发展、朝廷与佛教的关系及佛教经济都有详细记述。道教部分主要记述道教的发展和寇谦之的道教改革过程。由于内容全面、价值独特,特作收录。

【原文】

大人有作,司牧生民,结绳以往,书契所绝,故靡得而知焉。自羲轩已还,至于三代,其神言秘策,蕴图纬之文,范世率民,垂坟典之迹。秦肆其毒,灭于灰烬;汉采遗籍,复若丘山。司马迁区别异同,有阴阳、儒、墨、名、法、道德六家之义。刘歆著《七略》,班固志《艺文》,释氏之学,所未曾纪。

案汉武元狩中,遣霍去病讨匈奴,至皋兰,过居延,斩首大获。昆邪王杀休屠王,将其众五万来降。获其金人,帝以为大神,列于甘泉宫。金人率长丈余,不祭祀,但烧香礼拜而已。此则佛道流通之渐也。

及开西域,遣张骞使大夏还,传其旁有身毒国,一名天竺,始闻有浮屠之教。哀帝元寿元年,博士弟子秦景宪受大月氏王使伊存口授浮屠经。中土闻之,未之信了也。后孝明帝夜梦金人,项有日光,飞行殿庭,乃访群臣,傅毅始以佛对。帝遣郎中蔡愔、博士弟子秦景等使于天竺,写浮屠遗范。愔仍与沙门摄摩腾、竺法兰东还洛阳。中国有沙门及跪拜之法,自此始也。愔又得佛经《四十二章》及释迦立像。明帝令画工图佛像,置清凉台及显节陵上,经缄于兰台石室。愔之还也,以白马负经而至,汉因立白马寺于洛城雍门西。摩腾、法兰咸卒于此寺。

浮屠正号曰佛陀,佛陀与浮图声相近,皆西方言,其来转为二音。华言译之则谓净觉,言灭秽成明,道为圣悟。凡其经旨,大抵言生生之类,皆因行业而起。有过去、当今、未来,历三世,识神常不灭。凡为善恶,必有报应。渐积胜业,陶冶粗鄙,经无数形,澡练神明,乃致无生而得佛道。其间阶次心行,等级非一,皆缘浅以至深,藉微而为著。率在于积仁顺,蠲嗜欲,习虚静而成通照也。故其始修心则依佛、法、僧,谓之三归,若君子之三畏也。又有五戒,去杀、盗、淫、妄言、饮酒,大意与仁、义、礼、智、信同,名为异耳。云奉持之,则生天人胜处,亏犯则坠鬼畜诸苦。又善恶生处,凡有六道焉。

诸服其道者,则剃落须发,释累辞家,结师资,遵律度,相与和居,治心修净,行乞以自给。谓之沙门,或曰桑门,亦声相近,总谓之僧,皆胡言也。僧,译为和命众,桑门为息心,比丘为行乞。俗人之信凭道法者,男曰优婆塞,女曰优婆夷。其为沙门者,初修十诫,曰沙弥,而终于二百五十,则具足成大僧。妇人道者曰比丘尼。其诫至于五百,皆以阙为本,随事增数,在于防心、摄身、正口。心去贪、忿、痴,身除杀、淫、盗,口断妄、杂、诸非正言,总谓之十善道。能具此,谓之三业清净。凡人修行粗为极。云可以达恶善报,渐阶圣迹。初阶圣者,有三种人,其根业各差,谓之三乘,声闻乘、缘觉乘、大乘。取其可乘运以至道为名。此三人恶迹已尽,但修心荡累,济物进德。初根人为小乘,行四谛法;中根人为中乘,受十二因缘;上根人为大乘,则修六度。虽阶三乘,而要由修进万行,拯度亿流,弥历长远,乃可登佛境矣。

所谓佛者,本号释迦文者,译言能仁,谓德充道备,堪济万物也。释迦前有六佛,释迦继六佛而成道,处今贤劫。文言将来有弥勒佛,方继释迦而降世。释迦即天竺迦维卫国王之子。天竺其总称,迦维别名也。初,释迦于四月八日夜,从母右肋而生。既生,姿相超异者三十二种。天降嘉瑞以应之,亦三十二。其《本起经》说之备矣。释迦生时,当周庄王九年。《春秋》鲁庄公七年夏四月,恒星不见,夜明,是也。至魏武定八年,凡一千二百三十七年云。释迦年三十成佛,道化群生,四十九载,乃于拘尸那城娑罗双树间,以二月十五日而入般涅磐。磐译云灭度,或言常乐我净,明无迁谢及诸苦累也。

诸佛法身有二种义,一者真实,二者权应。真实身,谓至极之体,妙绝拘累,不得以方处期,不可以形量限,有感斯应,体常湛然。权应身者,谓和光六道,同尘万类,生灭随时,修短应物,形由感生,体非实有。权形虽谢,真体不迁,但时无妙感,故莫得常见耳。明佛生非实生,灭非实灭也。佛既谢世,香木焚尸。灵骨分碎,大小如粒,击之不坏,焚亦不燋,或有光明神验,胡言谓之"舍利"。弟子收奉,置之宝瓶,竭香花,致敬慕,建宫宇,谓为"塔"。塔亦胡言,犹宗庙也,故世称塔庙。于后百年,有王阿育,以神力分佛舍利,役诸鬼神,造八万四千塔,布于世界,皆同日而就。今洛阳、彭城、姑臧、临淄皆有阿育王寺,盖承其遗迹焉。释迦虽般涅槃,而留影迹爪齿于天竺,于今犹在。中土往往,并称见之。

初,释迦所说教法,既涅槃后,有声闻弟子大迦叶、阿难等五百人,撰集著录。阿难亲承嘱授,多闻总持,盖能综核深致,无所漏失。乃缀文字,撰载三藏十二部经,如九流之异统,其大归终以三乘为本。后数百年,有罗汉、菩萨相继著论,赞明经义,以破外道,《摩诃衍》《大、小阿毗昙》《十二门论》《百法论》《成实论》等是也。皆傍诸藏部大义，假立外问，而以内法释之。

汉章帝时，楚王英喜为浮屠斋戒，遣郎中令奉黄缣白纨三十匹，诣国相以赎愆。诏报曰："楚王尚浮屠之仁祠，洁斋三月，与神为誓，何嫌何疑，当有悔吝。其还赎，以助伊蒲塞、桑门之盛馔。"因以班示诸国。桓帝时，襄楷言佛陀、黄老道以谏，欲令好生恶杀，少嗜欲，去奢泰，尚无为。魏明帝曾欲坏宫西佛图。外国沙门乃金盘盛水，置于殿前，以佛舍利投之于水，乃有五色光起，于是帝叹曰："自非灵异，安得尔乎？"遂徙于道东，为作周阁百间。佛图故处，凿为濛汜池，种芙蓉于中。后有天竺沙门昙柯迦罗入洛，宣译诚律，中国诚律之始也。自洛中构白马寺，盛饰佛图，画迹甚妙，为四方式。凡宫塔制度，犹依天竺旧状而重构之，从一级至三、五、七、九。世人相承，谓之"浮图"，或云"佛图"。晋世，洛中佛图有四十二所矣。汉世沙门，皆衣赤布，后乃易以杂色。

晋元康中，有胡沙门支恭明译佛经《维摩》《法华》《本起》等。微言隐义，未之能究。后有沙门常山卫道安性聪敏，日诵经万余言，研求幽旨，慨无师匠，独坐静室十二年，覃思构精，神悟妙赜，以前所出经，多有舛驳，乃正其乖谬。石勒时，有天竺沙门浮图澄，少于乌苌国就罗汉入道，刘曜时到襄国。后为石勒所宗信，号为大和尚，军国规谟颇访之，所言多验。道安曾至邺候澄，澄见而异之。澄卒后，中国纷乱，道安乃率门徒，南游新野。欲令玄宗在所流布，分遣弟子，各趣诸方。法汰诣扬州，法和入蜀，道安与慧远之襄阳。道安后入苻坚，坚素钦德问，既见，宗以师礼。时西域有胡沙门鸠摩罗什，思通法门，道安思与讲释，每劝坚致罗什。什亦承安令问，谓之东方圣人，或时遥拜致敬。道安卒后二十余载而罗什至长安，恨不及安，以为深慨。道安所正经义，与罗什译出，符会如一，初无乖舛。于是法旨大著中原。

魏先建国于玄朔，风俗淳一，无为以自守，与西域殊绝，莫能往来。故浮图之教，未之得闻，或闻而未信也。及神元与魏、晋通聘，文帝久在洛阳，昭成又至襄国，乃备究南夏佛法之事。太祖平中山，经略燕赵，所逕郡国佛寺，见诸沙门、道士，皆致精敬，禁军旅无有所犯。帝好黄老，颇览佛经。但天下初定，戎车屡动，庶事草创，未建图宇，招延僧众也。然时时旁求。先是，有沙门僧朗，与其徒隐于泰山之琨瑞谷。帝遣使致书，以绘、素、旛、罽、银钵为礼。今犹号曰朗公谷焉。天兴元年，下诏曰："夫佛法之兴，其来远矣。济益之功，冥及存没，神踪遗轨，信可依凭。其敕有司，于京城建饰容范，修整宫舍，令信向之徒，有所居止。"是岁，始作五级佛图、耆阇崛山及须弥山殿，加以缋饰。别构讲堂、禅堂及沙门座，莫不严具焉。太宗践位，遵太祖之业，亦好黄老，又崇佛法，京邑四方，建立图像，仍令沙门敷导民俗。

初，皇始中，赵郡有沙门法果，诚行精至，开演法籍。太祖闻其名，诏以礼征赴京师。后以为道人统，绾摄僧徒。每与帝言，多所惬允，供施甚厚。至太宗，弥加崇敬，永兴中，前后授以辅国、宜城子、忠信侯、安成公之号，皆固辞。帝常亲幸其居，以门小狭，不容舆輦，更广大之。年八十余，泰常中卒。未殡，帝三临其丧，追赠老寿将军、赵胡灵公。初，法果每言。太祖明睿好道，即是当今如来，沙门宜应尽礼，遂常致拜。谓人曰："能鸿道者人主也，我非拜天子，乃是礼佛耳。"法果四十，始为沙门。有子曰猛，诏令袭果所加爵。帝后幸广宗，有沙门昙证，年且百岁。邀见于路，奉致果物。帝敬其年老志力不衰，亦加以老寿将军号。

是时，鸠摩罗什为姚兴所敬，于长安草堂寺集义学八百人，重译经本。罗什聪辩有渊思，达东西方言。时沙门道肜、僧略、道恒、道禰、僧肇、昙影等，与罗什共相提挈，发明幽致。诸深大经论十有余部，更定章句，辞义通明，至今沙门共所祖习。道肜等皆识学洽通，僧肇尤为其最。罗什之撰译，僧肇常执笔，定诸辞义，注《维摩经》，又著数论，皆有妙旨，学者宗之。

又沙门法显，慨律藏不具，自长安游天竺。历三十余国，随有经律之处，学其书语，译而写之。十年，乃于南海师子国，随商人泛舟东下。昼夜昏迷，将二百日。乃至青州长广郡不其劳山，南下乃出海焉。是岁，神瑞二年也。法显所迳诸国，传记之，今行于世。其所得律，通译未能尽正。至江南，更与天竺禅师跋陀罗辩定之，谓之《僧祇律》，大备于前，为今沙门所持受。先是，有沙门法领，从扬州入西域，得《华严经》本。定律后数年，跋陀罗共沙门法业重加译撰，宣行于时。

世祖初即位，亦遵太祖、太宗之业，每引高德沙门，与共谈论。于四月八日，舆诸佛像，行于广衢，帝亲御门楼，临观散花，以致礼敬。

先是，沮渠蒙逊在凉州，亦好佛法。有罽宾沙门昙摩谶，习诸经论于姑藏，与沙门智嵩等译《涅槃》诸经十余部。又晓术数、禁叹，历言他国安危，多所中验。蒙逊每以国事咨之，神麐中，帝命蒙逊送谶诣京师，惜而不遣。既而，惧魏威责，遂使人杀谶。谶死之日，谓门徒曰："今时将有客来，可早食以待之。"食讫而走使至。时人谓之知命。智嵩亦爽悟，笃志经籍。后乃以新出经论，于凉土教授。辩论幽旨，著《涅槃义记》。戒行峻整，门人齐肃。知凉州将有兵役，与门徒数人，欲往胡地。道路饥馑，绝粮积日，弟子求得禽兽肉，请嵩强食。嵩以戒自誓，遂饿死于酒泉之西山。弟子积薪焚其尸，骸骨灰烬，唯舌独全，色状不变。时人以为诵说功报。凉州自张轨后，世信佛教。敦煌地接西域，道俗交得其旧式，村坞相属，多有塔寺。太延中，凉州平，徙其国人于京邑，沙门佛事皆俱东，象教弥增矣。寻以沙门众多，诏罢年五十已下者。

世祖初平赫连昌，得沙门惠始，姓张。家本清河，闻罗什出新经，遂诣长安见之，观习经典。坐禅于白渠北，昼则入城听讲，夕则还处静坐。三辅有识多宗之。刘裕灭姚泓，留子义真镇长安，义真及僚佐皆敬重焉。义真之去长安也，赫连屈丐追败之，道俗少长咸见坑戮。惠始身被白刃，而体不伤。众大怪异，言于屈丐。屈丐大怒，召惠始于前，以所持宝剑击之，又不能害，乃惧而谢罪。统万平，惠始到京都，多所训导，时人莫测其迹。世祖甚重之，每加礼敬。始自习禅，至于没世，称五十余年，未尝寝卧。或时跣行，虽履泥尘，初不污足，色愈鲜白，世号之曰白脚师。太延中，临终于八角寺，齐洁端坐，僧徒满侧，凝泊而绝。停尸十余日，坐既不改，容色如一，举世神异之。遂瘗寺内。至真君六年，制城内不得留瘗，乃葬于南郊之外。始死十年矣，开殡俨然，初不倾坏。送葬者六千余人，莫不感恸中书监高允为其传，颂其德迹。惠始冢上，立石精舍，图其形像。经毁法时，犹自全立。

世祖即位，富于春秋。既而锐志武功，每以平定祸乱为先。虽归宗佛法，敬重沙门，而未存览经教，深求缘报之意。及得寇谦之道，帝以清净无为，有仙化之证，遂信行其术。时司徒崔浩，博学多闻，帝每访以大事。浩奉谦之道，尤不信佛，与帝言，数加非毁，常谓虚诞，为世费害。帝以其辩博，颇信之。会盖吴反杏城，关中骚动，帝乃西伐，至于长安。先是，长安沙门种麦寺内，御骠牧马于麦中，帝入观马。沙门饮从官酒，从官入其便室，见大有弓矢矛盾，出以奏闻。帝怒曰："此非沙门所用，当与盖吴通谋，规害人耳！"命有司案诛一寺，阅其财产，大得酿酒具及州郡牧守富人所寄藏物，盖以万计。又为屈室，与贵室女私行淫乱。帝既忿沙门非法，浩时从行，因进其说。诏诛长安沙门，焚破佛像，敕留台下四方，令一依长安行事。又诏曰："彼沙门者，假西戎虚诞，妄生妖孽，非所以一齐政化，布淳德于天下也。自王公已下，有私养沙门者，皆送官曹，不得隐匿。限今年二月十五日，过期不出，沙门身死，容止者诛一门。"

时恭宗为太子监国，素敬佛道。频上表，陈刑杀沙门之滥，又非图像之罪。今罢其道，杜诸寺门，世不修奉，土木丹青，自然毁灭。如是再三，不许。乃下诏曰："昔后汉荒君，信惑邪伪，妄假睡梦，事胡妖鬼，以乱天常，自古九州之中无此也。夸诞大言，不本人情。叔季之世，暗君乱主，莫不眩焉。由是政教不行，礼义大坏，鬼道炽盛，视王者之法，蔑如也。自此以来，代经乱祸，天罚亟行，生民死尽，五服之内，鞠为丘墟，千里萧条，不见人迹，皆由于此。朕承天绪，属当穷运之弊，欲除伪定真，复羲农之治。其一切荡除胡神，灭其踪迹，庶无谢于风氏矣。自今以后，敢有事胡神及造形像泥人、铜人者，门诛。虽言胡神，问今胡人，共云无有。皆是前世汉人无赖子弟刘元真、吕伯强之徒，接乞胡之诞言，用老庄之虚假，附而益之，皆非真实。至使王法废而不行，盖大奸之魁也。有非常之人，然后能行非常之事。非朕孰能去此历代之伪物！有司宣告征镇诸军、刺史，诸有佛图形像及胡经，尽皆击破焚烧，沙门无少长悉坑之。"是岁，真君七年三月也。恭宗言虽不用，然犹缓宣诏书，远近皆豫闻知，得各为计。四方沙门，多亡匿获免，在京邑者，亦蒙全济。金银宝像及诸经论，大得秘藏。而土木宫塔，声教所及，莫不毁矣。

始谦之与浩同从车驾，苦与浩诤，浩不肯，谓浩曰："卿今促年受戮，灭门户矣。"后四年，浩诛，备五刑，时年七十。浩既诛死，帝颇悔之。业已行，难中修复。恭宗潜欲兴之，未敢言也。佛沦废终帝世，积七八年。然禁稍宽弛，笃信之家，得密奉事，沙门专至者，犹窃法服诵习焉。唯不得显行于京都矣。

先是，沙门昙曜有操尚，又为恭宗所知礼。佛法之灭，沙门多以余能自效，还俗求见。曜誓欲守死，恭宗亲加劝喻，至于再三，不得已，乃止。密持法服器物，不暂离身，闻者叹重之。

高宗践极，下诏曰："夫为帝王者，必祇奉明灵，显彰仁道，其能惠著生民，济益群品者，虽在古昔，犹序其风烈。是以《春秋》嘉崇明之礼，祭典载功施之族。况释迦如来功济大千，惠流尘境，等生死者叹其达观，觉文义者贵其妙明，助王政之禁律，益仁智之善性，排斥群邪，开演正觉。故前代已来，莫不崇尚，亦我国家常所尊事也。世祖太武皇帝，开广边荒，德泽遐及。沙门道士善行纯诚，惠始之伦，无远不至，风义相感，往往如林。夫山海之深，怪物多有，奸淫之徒，得容假托，护寺之中，致有凶党。是以先朝因其瑕衅，戮其有罪。有司失旨，一切禁断。景穆皇帝每为慨然，值军国多事，未遑修复。朕承洪绪，君临万邦，思述先志，以隆斯道。今制诸州郡县，于众居之所，各听建佛图一区，任其财用，不制会限。其好乐道法，欲为沙门，不问长幼，出于良家，性行素笃，无诸嫌秽，乡里所明者，听其出家。率大州五十，小州四十人，其郡遥远台者十人。各当局分，皆足经化恶就善，播扬道教也。"天下承风，朝不及夕，往时所毁图寺，仍还修矣。佛像经论，皆复得显。

京师沙门师贤，本罽宾国王种人，少入道，东游凉城，凉平赴京。罢佛法时，师贤假为医术还俗，而守道不改。于修复日，即反沙门，其同辈五人。帝秘亲为下发。师贤仍为道人统。是年，诏有司为石像，令如帝身。既成，颜上足下，各有黑石，冥同帝体上下黑子。论者以为纯诚所感。兴光元年秋，敕有司于五级大寺内，为太祖已下五帝，铸释迦立像五，各长一丈六尺，都用赤金二十五万斤。太安初，有师子国胡沙门邪奢遗多、浮陀难提等五人，奉佛像三，到京都。皆云，备历西域诸国，见佛影迹及肉髻，外国诸王相承，咸遣工匠，摹写其容，莫能及难提所造者，去十余步，视之炳然，转近转微。又沙勒胡沙，赴京师致佛钵并画像迹。

和平初，师贤卒。昙曜代之，更名沙门统。初昙曜以复佛法之明年，自中山被命赴京，值帝出。见于路，御马前衔曜衣，时以为马识善人。帝后奉以师礼。昙曜白帝，于京城西武州塞，凿山石壁，开窟五所，镌建佛像各一。高者七十尺，次六十尺。雕饰奇伟，冠于一世。昙曜奏：平齐户及诸民，有能岁输谷六十斛入僧曹者，即为"僧祇户"，粟为"僧祇粟"，至于俭岁，赈给饥民。又请民犯重罪及官奴以为"佛图户"，以供诸寺扫洒，岁兼营田输粟。高宗并许之。于是僧祇户、粟及寺户，遍于州镇矣。昙曜又与天竺沙门常那邪舍等，译出新经十四部。又有沙门道进、僧超、法存等，并有名于时，演唱诸异。

显祖即位，敦信尤深，览诸经论，好老庄。每引诸沙门及能谈玄之士，与论理要。初，高宗太安末，刘骏于丹阳中兴寺设斋。有一沙门，容止独秀，举众往目，皆莫识焉。沙门惠璩起问之，答名惠明。又问所住，答云，从天安寺来。语讫，忽然不见。骏君臣以为灵感，改中兴为天安寺。是后七年而帝践祚，号天安元年。是年，刘彧徐州刺史薛安都始以城地来降。明年，尽有淮北之地。其岁，高祖诞载。于时起永宁寺，构七级佛图，高三百余尺，基架博敞，为天下第一。又于天宫寺，造释迦立像。高四十三尺，用赤金十万斤，黄金六百斤。皇兴中，又构三级石佛图。榱栋楣楹，上下重结，大小皆石，高十丈。镇固巧密，为京华壮观。

高祖践位，显祖移御北苑崇光宫，觉习玄籍。建鹿野佛图于苑中之西山，去崇光右十里，严房禅堂，禅僧居其中焉。

延兴二年夏四月，诏曰："比丘不在寺舍，游涉村落，交通奸猾，经历年岁。令民间五五相保，不得容止。无籍之僧，精加隐括，有者送付州镇，其在畿郡，送付本曹。若为三宝巡民教化者，在外赍州镇维那文移，在台者赍都维那等印牒，然后听行。违者加罪。"又诏曰："内外之人，兴建福业，造立图寺，高敞显博，亦足以辉隆至教矣。然无知之徒，各相高尚，贫富相竞，费竭财产，务存高广，伤杀昆虫含生之类。苟能精致，累土聚沙，福钟不朽。欲建为福之因，未知伤生之业。朕为民父母，慈养是务。自今一切断之。"又诏曰："夫信诚则应远，行笃则感深，历观先世灵瑞，乃有禽兽易色，草木移性。济州东平郡，灵像发辉，变成金铜之色。殊常之事，绝于往古；熙隆妙法，理在当今。有司兴沙门统昙曜令州送像达都，使道俗咸睹实相之容，普告天下，皆使闻知。"

三年十二月，显祖因田鹰获鸳鸯一，其偶悲鸣，上下不去。帝乃恻然，问左右曰："此飞鸣者，为雌为雄？"左右对曰："臣以为雌。"帝曰："何以知？"对曰："阳性刚，阴性柔，以刚柔推之，必是雌矣。"帝乃慨然而叹曰："虽人鸟事别，至于资识性情，竟何异哉！"于是下诏，禁断鸳鸟，不得畜焉。

承明元年八月，高祖于永宁寺，设太法供，度良家男女为僧尼者百有余人，帝为剃发，施以僧服，令修道戒，资福于显祖。是月，又诏起建明寺。太和元年二月，幸永宁寺设斋，赦死罪囚。三月，又幸永宁寺设会，行道听讲，命中、秘二省与僧徒讨论佛义，施僧衣服、宝器有差。又于方山太祖营垒之处,建思远寺。自兴光至此,京城内寺新旧且百所,僧尼二千余人,四方诸寺六千四百七十八,僧尼七万七千二百五十八人。四年春。诏以鹰师为报德寺。九年秋,有司奏,上谷郡比丘尼惠香,在北山松树下死,尸形不坏。尔来三年,士女观者有千百。于时人皆异之。十年冬,有司又奏:"前被敕以勒籍之初,愚民侥幸,假称入道,以避输课,其无籍僧尼罢遣还俗。重被旨,所检僧尼,寺主、维那当寺隐审。其有道行精勤者,听仍在道,为行凡粗者,有籍无籍,悉罢归齐民。今依旨简遣,其诸州还俗者,僧尼合一千三百二十七人。"奏可。十六年诏:"四月八日、七月十五日,听大州度一百人为僧尼,中州五十人,下州二十人,以为常准,著于令。"十七年,诏立《僧制》四十七条。十九年四月,帝幸徐州白塔寺。顾谓诸王及侍官曰:"此寺近有名僧嵩法师,受《成实论》于罗什,在此流通。后授渊法师,渊法师授登、纪二法师。朕每玩《成实论》,可以释人染情,故至此寺焉。"时沙门道登,雅有义业,为高祖眷赏,恒侍讲论。曾于禁内与帝夜谈,同见一鬼。二十年卒,高祖甚悼惜之,诏施帛一千匹。又设一切僧斋,并命京城七日行道。又诏:"朕师登法师奄至徂背,痛悼摧恸,不能已已。比药治慎丧,未容即赴,便准师义,哭诸门外。"缁素荣之。又有西域沙门名跋陀,有道业,深为高祖所敬信。诏于少室山阴,立少林寺而居之,公给衣供。二十一年五月,诏曰:"罗什法师可谓神出五才,志入四行者也。今常住寺,犹有遗地,钦悦修踪,情深遐远,可于旧堂所,为建三级浮图。又见逼昏虐,为道珍躯,既暂同俗礼,应有子胤,可推访以闻,当加叙接。"

先是,立监福曹,又改为昭玄,备有官属,以断僧务。高祖时,沙门道顺、惠觉、僧意、惠纪、僧范、道弁、惠度、智诞、僧显、僧义、僧利,并以义行知重。

世宗即位,永平元年秋,诏曰:"缁素既殊,法律亦异。故道教彰于互显,禁劝各有所宜。自今已后,众僧犯杀人已上罪者,仍依俗断,余犯悉付昭玄,以内律僧制治之。"二年冬,沙门统惠深上言:"僧尼浩旷,清浊混流,不遵禁典,精粗莫别。辄与经律法师群议立制:诸州、镇、郡维那、上坐、寺主,各令戒律自修,咸依内禁,若不解律者,退其本次。又,出家之人,不应犯法,积八不净物。然经律所制,通塞有方。依律,车牛净人,不净之物不得为己私畜。唯有老病年六十以上者,限听一乘。又,比来僧尼,或因三宝,出贷私财缘州外。又,出家舍著,本无凶仪,不应废道从俗。其父母三师,远闻凶问,听哭三日。若在见前,限以七日。或有不安寺舍,游止民间,乱道生过,皆由此等。若有犯者,脱服还民。其有造寺者,限僧五十以上,启闻听造。若有辄营置者,处以违敕之罪,其寺僧众摈出外州。僧尼之法,不得为俗人所使。若有犯者,还配本属。其外国僧尼来归化者,求精检有德行合三藏者听住,若无德行,遣还本国,若其不去,依此僧制治罪。"诏从之。

先是,于恒农荆山造珉玉丈六像一。三年冬,迎置于洛滨之报德寺,世宗躬观致敬。

四年夏,诏曰:"僧祇之粟,本期济施,俭年出贷,丰则收入。山林僧尼,随以给施;民有窘弊,亦即赈之。但主司冒利,规取赢息,及其征责,不计水旱,或偿利过本,或翻改券契,侵蠹贫下,莫知纪极。细民嗟毒,岁月滋深。非所以矜此穷乏,宗尚慈拯之本意也。自今已后,不得专委维那、都尉,可令刺史共加监括。尚书检诸有僧祇谷之处,州别列其元数,出入赢息,赈给多少,并贷偿岁月,见在未收,上台录记。若收利过本,及翻改初券,依律免之,勿复征责。或有私债,转施偿僧,即以丐民,不听收检。后有出贷,先尽贫穷,征债之科,一准旧格。富有之家,不听辄贷。脱仍冒滥,依法治罪。"

又尚书令高肇奏言:"谨案:故沙门统昙曜,昔于承明元年,奏凉州军户赵苟子等二百家为僧，衹户，立课积粟，拟济饥年，不限道俗，皆以拯施。又依内律，僧衹户不得别属一寺。而都维那僧遍、僧频等，进违成旨，退乖内法，肆意任情，奏求逼召，致使吁嗟之怨，盈于行道，弃子伤生，自缢溺死，五十余人。岂是仰赞圣明慈育之意，深失陛下归依之心。遂令此等，行号巷哭，叫诉无所，至乃白羽贯耳，列讼宫阙。悠悠之人，尚为哀痛，况慈悲之士，而可安之。请听苟子等还乡课输，俭乏之年，周给贫寡，若有不虞，以拟边捍。其遍等违旨背律，廖奏之愆，请付昭玄，依僧律推处。"诏曰："遍等特可原之，余如奏。"

世宗笃好佛理，每年常于禁中，亲讲经论，广集名僧，标明义旨。沙门条录，为《内起居》焉。上既崇之，下弥企尚。至延昌中，天下州郡僧尼寺，积有一万三千七百二十七所，徒侣逾众。

熙平元年，诏遣沙门惠生使西域，采诸经律。正光三牟冬，还京师。所得经论一百七十部，行于世。

二年春，灵太后令曰："年常度僧，依限大州应百人者，州郡于前十日解送三百人，其中州二百人，小州一百人。州统、维那与官及精练简取充数。若无精行，不得滥采。若取非人，刺史为首，以违旨论。太守、县令、纲僚节级连坐，统及维那移五百里外异州为僧。自今奴婢悉不听出家，诸王及亲贵，亦不得辄启请。有犯者，以违旨论。其僧尼辄度他人奴婢者，亦移五百里外为僧僧尼多养亲识及他人奴婢子，年大私度为弟子，自今断之。有犯还俗，被养者归本等。寺主听容一人，出寺五百里，二人千里。私度之僧，皆由三长罪不及已，容多隐滥。自今有一人私度，皆以违旨论。邻长为首，里、党各相降一等。县满十五人，郡满三十人，州镇满三十人，免官，僚吏节级连坐。私度之身，配当州下役。"时法禁宽褫，不能改肃也。

景明初，世宗诏大长秋卿白整准代京灵严寺石窟，于洛南伊阙山，为高祖、文昭皇太后营石窟二所。初建之始，窟顶去地三百一十尺。至正始二年中，始出斩山二十三丈。至大长秋卿王质，谓斩山太高，费功难就，奏求下移就平，去地一百尺，南北一百四十尺。永平中，中尹刘腾奏为世宗复造石窟一，凡为三所。从景明元年至正光四年六月已前，用功八十万二千三百六十六。肃宗熙平中，于城内太社西，起永宁寺。灵太后亲率百僚，表基立刹。佛图九层，高四十余丈，其诸费用，不可胜计。景明寺佛图，亦其亚也。至于官私寺塔，其数甚众。

神龟元年冬，司空公、尚书令、任城王澄奏曰：

仰惟高祖，守鼎嵩瀍；卜世悠远。虑括终始，制冶天人，造物开符，垂之万叶。故都城制云，城内唯拟一永宁寺地，郭内唯拟尼寺一所，余悉城郭之外。欲令永遵此制，无敢逾矩。逮景明之初，微有犯禁。故世宗仰修先志，爰发明旨，城内不造立浮图、僧尼寺舍，亦欲绝其希觊。文武二帝，岂不爱尚佛法，盖以道俗殊归，理无相乱故也。但俗眩虚声，僧贪厚润，虽有显禁，犹自冒营。至正始三年，沙门统惠深有违景明之禁，便云："营就之寺，不忍移毁，求自今已后，更不听立。"先旨含宽，抑典从请。前班之诏，仍卷不行，后来私谒，弥以奔竞。永平二年，深等复立条制，启云："自今已后，欲造寺者，限僧五十已上，闻彻听造。若有辄营置者，依俗违敕之罪，其寺僧众，摈出外州。"尔来十年，私营转盛，罪摈之事，寂尔无闻。岂非朝格虽明，恃福共毁，僧制徒立，顾利莫从者也。不俗不道，务为损法，人而无厌，其可极乎！

夫学迹冲妙，非浮识所辩；玄门旷寂，岂短辞能究。然净居尘外，道家所先，功缘冥深，匪尚华逡。苟能诚信，童子聚沙，可迈于道场；纯陀俭设，足荐于双树。何必纵其盗窃，资营寺观。此乃民之多幸，非国之福也。然比日私造，动盈百数。或乘请公地，辄树私福；或启得造寺，限外广制。如此欺罔，非可稍计。臣以才劣，诚添工务，奉遵成规，裁量是总。所以披寻旧旨，研究图格，辄遣府司马陆昶、属崔孝芬，都城之中及郭邑之内检括寺舍，数乘五百，空地表刹，未立塔宇，不在其数。民不畏法，乃至于斯！自迁都已来，年逾二纪，寺夺民居，三分且一。高祖立制，非徒欲使缁素殊途，抑亦防微深虑。世宗述之，亦不锢禁营福，当在杜塞未萌。今之僧寺，无处不有。或比满城邑之中，或连溢屠沽之肆，或三五少僧，共为一寺。梵唱屠音，连詹接响，像塔缠于腥臊，性灵没于嗜欲，真伪混居，往来纷杂。下司因习而莫非，僧曹对制而不问。其于汙染真行，尘秽练僧，有法秀之谋；近日冀州，遭大乘之变。皆初假神教，以惑众心，薰获同器，不亦甚欤！往在北代，终设奸诳，用逞私悖。太和之制，因法秀而杜远；景明之禁，虑大乘之将乱。始知祖宗睿圣，防遏处深。履霜坚冰，不可不慎。

　　昔如来阐教，多依山林，今此僧徒，恋著城邑。岂湫隘是经行所宜，浮宣必栖禅之宅，当由利引其心，莫能自止。处者既失其真，造者或损其福，乃释氏之糟糠，法中之社鼠，内戒所不容，王典所应弃矣。非但京邑如此，天下州、镇僧寺亦然。侵夺细民，广占田宅，有伤慈矜，用长嗟苦。且人心不同，善恶亦异。或有栖心真趣，道业清远者；或外假法服，内怀悖德者。如此之徒，宜辨泾渭。若雷同一贯，何以劝善。然觌法赞善，凡人所知；矫俗避嫌，物情同趣。臣独何为，孤议独发。诚以国典一废，追理至难，法纲暂失，条纲将乱。是以冒陈愚见，两顾其益。

　　臣闻设令在于必行，立罚贵能肃物。令而不行，不如无令。罚不能肃，孰与亡罚。顷明诏屡下，而造者更滋，严限骤施，而违犯不息者，岂不以假福托善，幸罪不加。人殉其私，吏难苟劲，前制无追往之辜，后旨开自今之恕，悠悠世情，遂忽成法。今宜加以严科，特设重禁，纠其来违，惩其往失。脱不峻检，方垂容借，恐今旨虽明，复如往日。又旨令所断，标榜礼拜之处，悉听不禁。愚以为，树榜无常，礼处难验，欲云有造，立榜证公，须营之辞，指言尝礼。如此则徒有禁名，实通造路。且徒御已后，断诏四行，而私造之徒，不惧制旨。岂是百官有司，怠于奉法？将由网漏禁宽，容托有他故耳。如臣愚意，都城之中，虽有标榜，营造粗功，事可改立者，请依先制。在于郭外，任择所便。其地若买得，券证分明者，听其转之。若官地盗作，即令还官。若灵像既成，不可移撤，请依今敕，如旧不禁，悉令坊内行止，不听毁坊开门，以妨里内通巷。若被旨者，不在断限。郭内准此商量。其庙像严立，而逼近屠沽，请断旁屠杀，以洁灵居。虽有僧数，而事在可移者，令就闲敞，以避隘陋。如今年正月赦后造者，求依僧制，案法科治。若僧不满五十者，共相通容，小就大寺，必令充限。其地卖还，一如上式。自今外州，若欲造寺，僧满五十已上，先令本州表列，昭玄量审，奏听乃立。若有违犯，悉依前科。州郡已下，容而不禁，罪同违旨。庶仰遵先皇不朽之业，俯奉今旨慈悲之令，则绳墨克全，圣道不坠矣。

　　奏可。示几，天下丧乱，加以河阴之酷，朝士死者，其家多捨居宅，以施僧尼，京邑第舍，略为寺矣。前日禁令，不复行焉。

　　元象无年秋，诏曰："梵境幽玄，义归清旷，伽蓝净土，理绝嚣尘。前朝城内，先有禁断，自肆来迁邺，率由旧章。而百辟士民，届都之始，城外新城，并皆给宅。旧城中暂时普借，更拟后须，非为永久。如闻诸人，多以二处得地，或舍旧城所借之宅，擅立为寺。知非己有，假此一名。终恐因习滋甚，有亏恒式。宜付有司，精加隐括。且城中旧寺及宅，并有定帐，其新立之徒，悉从毁废。"冬，又诏："天下牧守令长，悉不听造寺。若有违者，不问财之所出，并计所营功庸，悉以枉法论。"兴和二年春，诏以邺城旧宫为天平寺。

世宗以来至武定末，沙门知名者，有惠猛、惠辨、惠深、僧暹、道钦、僧献、道晞、僧深、惠光、惠显、法荣、道长，并见重于当世。

魏有天下，至于禅让，佛经流通，大集中国，凡有四百一十五部，合一千九百一十九卷。正光已亥，天下多虞，王役尤甚，于是所在编民，相与入道，假慕沙门，实避调役，猥滥之极，自中国之有佛法，未之有也。略而计之，僧尼大众二百万矣，其寺三万有余。流弊不归，一至于此，识者所以叹息也。

道家之原，出于老子。其自言也，先天地生，以资万类。上处玉京，为神王之宗；下在紫微，为飞仙之主。千变万化，有德不德，随感应物，厥迹无常。授轩辕于峨嵋，教帝喾于牧德，大禹闻长生之决，尹喜受道德之旨。至于丹书紫字，升玄飞步之经；玉石金光，妙有灵洞之说。如此之文，不可胜纪。其为教也，咸蠲去邪累，澡雪心神，积行树功，累德增善，乃至白日升天，长生世上。所以秦皇、汉武，甘心不息。灵帝置华盖于濯龙，设坛场而为礼。及张陵受道于鹄鸣，因传天官章本千有二百，弟子相授，其事大行。斋祠跪拜，各成法道，有三元九府、百二十官，一切诸神，咸所统摄。又称劫数，颇类佛经。其延康、龙汉、赤明、开皇之属，皆其名也。及其劫终，称天地俱坏。其书多有禁秘，非其徒也，不得辄观。至于化金销玉，行符敕水，奇方妙术，万等千条，上云羽化飞天，次称消灾减祸。故好异者往往而尊事之。

初文帝入宾于晋，从者务勿尘，姿神奇伟，登仙于伊阙之山寺。识者咸云魏祚之将大。太祖好老子之言，诵咏不倦。天兴中，仪曹郎董谧因献服食仙经数十篇。于是置仙人博士，立仙坊，煮练百药，封西山以供其薪蒸。令死罪者试服之，非其本心，多死无验。太祖犹将修焉。太医周澹，苦其煎采之役，欲废其事。乃阴令妻货仙人博士张曜妾，得曜隐罪。曜惧死，因请辟谷。太祖许之，给曜资用，为造静堂于苑中，给洒扫民二家。而练药之官，仍为不息。久之，太祖意少懈，乃止。

世祖时，道士寇谦之，字辅真，南雍州刺史赞之弟，自云寇恂之十三世孙。早好仙道，有绝俗之心。少修张鲁之术，服食饵药，历年无效。幽诚上达，有仙人成公兴，不知何许人，至谦之从母家庸赁。谦之尝观其姨，见兴形貌甚强，力作不倦，请回赁兴代己使役。乃将还，令其舍南辣田。谦之树下坐算，兴垦发致勤，时来看算。谦之谓曰："汝但力作，何为看此？"二三日后，复来看之，如此不已。后谦之算七曜，有所不了，惘然自失。兴谓谦之曰："先生何为不怿？"谦之曰："我学算累年，而近算《周髀》不合，以此自愧。且非汝所知，何劳问也。"兴曰："先生试随兴语布之。"俄然便决。谦之叹伏，不测兴之深浅，请师事之，兴固辞不肯，但求为谦之弟子。未几，谓谦之曰："先生有意学道，岂能与兴隐遁？"谦之欣然从之。兴乃令谦之洁斋三日，共入华山。令谦之居一石室，自出采药，还与谦之食药。不复饥。乃将谦之入嵩山。有三重石室，令谦之住第二重。历年，兴谓谦之曰："兴出后，当有人将药来。得但食之，莫为疑怪。"寻有人将药而至，皆是毒虫臭恶之物，谦之大惧欲走。兴还问状，谦之具对，兴叹息曰："先生未便得仙，政可为帝王师耳。"兴事谦之七年，而谓之曰："兴不得久留，明日中应去。兴亡后，先生幸为沐浴，自当有人见迎。"兴乃入第三重石室而卒。谦之躬自沐浴。明日中，有叩石室者，谦之出视，见两单子，一持法服，一持钵及锡杖。谦之引入，至兴尸所，兴欻然而起，著衣持钵、执杖而去。先是，有京兆灞城人王胡儿，其叔父亡，颇有灵异。曾将胡儿至嵩高别岭，同行观望，见金室玉堂，有一馆尤珍丽，空而无人，题曰"成公兴之馆"。胡儿怪而问之，其叔父曰："此是仙人成公兴馆，坐失火烧七间屋，被谪为寇谦之作弟子七年。"始知谦之精诚远通，兴乃仙者谪满而去。

谦之守志嵩岳，精专不懈，以神瑞二年十月乙卯，忽遇大神，乘云驾龙，道从百灵，仙人玉女，左右侍卫，集止山顶，称太上老君。谓谦之曰："往辛亥年，嵩岳镇灵集仙宫主，表天曹，称自天师张陵去世已来，地上旷诚，修善之人，无所师授。嵩岳道士上谷寇谦之，立身直理，行合自然，才任轨范，首处师位，吾故来观汝，授汝天师之位，赐汝《云中音诵新科之诫》二十卷。号曰《并进》。"言："吾此经诫，自天地开辟已来，不传于世，今运数应出。汝宣吾《新科》，清整道教，除去三张伪法，租米钱税，及男女合气之术。大道清虚，岂有斯事。专以礼度为首，而加之以服食闭练。"使王九疑人长客之等十二人，授谦之服气导引口诀之法。遂得辟谷，气盛体轻，颜色殊丽。弟子十余人，皆得其术。

泰常八年十月戊戌，有牧土上师李谱文来临嵩岳，云：老君之玄孙，昔居代郡桑乾，以汉武之世得道，为牧土宫主，领治三十六土人鬼之政。地方十八万里有奇，盖历术一章之数也。其中为方万里者有三百六十方。遣弟子宣教，云嵩岳所统广汉平土方万里，以授谦之。作诰曰："吾处天宫，敷衍真法，处汝道年二十二岁，除十年为竟蒙，其余十二年，教化虽无大功，且有百授之劳。今赐汝迁入内宫，太真太宝九州真师、治鬼师、治民师、继天师四录。修勤不懈，依劳复迁。赐汝《天中三真太文录》，劾召百神，以授弟子。《文录》有五等，一曰阴阳太官，二曰正府真官，三曰正房真官，四曰宿宫散官，五曰并进录主。坛位、礼拜、衣冠仪式各有差品。凡六十余卷，号曰《录图真经》。付汝奉持，辅佐北方泰平真君，出天宫静输之法。能兴造克就，则起真仙矣。又地上生民，未劫垂及，其中行教甚难。但令男女立坛宇，朝夕礼拜，若家有严君，功及上世。其中能修身练药，学长生之术，即为真君种民。"药别授方，销练金丹、云英、八石、玉浆之法，皆有决要。上师李君手笔有数篇，其余，皆正真书曹赵道覆所书。古文鸟迹，篆隶杂体，辞义约辩，婉而成章。大自与世礼相准，择贤推德，信者为先，勤者次之。又言二仪之间有三十六天，中有三十六宫，宫有一主。最高者无极至尊，次曰大至真尊，次天覆地载阴阳真尊。次洪正真尊，姓赵名道隐，以殷时得道，牧土之师也。牧土之来，赤松、王乔之伦，及韩终、张安世、刘根、张陵，近世仙者，并为翼从。牧土命谦之为子，与群仙结为徒友。幽冥之事，世所不了，谦之具问，一一告焉。《经》云：佛者，昔于西胡得道，在三十二天，为延真宫主。勇猛苦教，故其弟子皆髡形染衣，断绝人道，诸天衣服悉然。

始光初，奉其书而献之，世祖乃令谦之止于张曜之所，供其良物。时朝野闻之，若存若亡，未全信也。崔浩独异其言，因师事之，受其法术。于是上疏，赞明其事曰："臣闻圣王受命，则有大应。而《河图》《洛书》，皆寄言于虫兽之文。未若今日人神接对，手笔粲然，辞旨深妙，自古无比。昔汉高虽复英圣，四皓犹或耻之，不为屈节。今清德隐仙，不召自至。斯诚陛下俟踪轩黄，应天之符也，岂可以世俗常谈，而忽上灵之命。臣窃惧之。"世祖欣然，乃使谒者奉玉帛牲牢，祭嵩岳，迎致其余弟子在山中者。于是崇奉天师，显扬新法，宣布天下，道业大行。浩事天师，拜礼甚谨。人或讥之，浩闻之曰："昔张释之为王生结袜。吾虽才非贤哲，今奉天师，足以不愧于古人矣。"及嵩高道士四十余人至，遂起天师道场于京城之东南,重坛五层,遵其新经之制。给道士百二十人衣食,齐肃祈请,六时礼拜,月设厨会数千人。

世祖将讨赫连昌,太尉长孙嵩难之,世祖乃问幽征于谦之。谦之对曰:"必克。陛下神武应期,天经下治,当以兵定九州,后文先武,以成太平真君。"真君三年,谦之奏曰:"今陛下以真君御世,建静轮天宫之法,开古以来,未之有也。应登受符书,以彰圣德。"世祖从之。于是亲至道坛,受符录。备法驾,旗帜尽青,以从道家之色也。自后诸帝,每即位皆如之。恭宗见谦之奏造静轮宫,必令其高不闻鸡鸣狗吠之声,欲上与天神交接,功役万计,经年不成。乃言于世祖曰:"人天道殊,卑高定分。今谦之欲要以无成之期,说以不然之事,财力费损,百姓疲劳,无乃不可乎?必如其言,未若因东山万仞之上,为功差易。"世祖深然恭宗之言,但以崔浩赞成,难违其意,沉吟者久之,乃曰:"吾亦知其无成,事既尔,何惜五三百功。"

九年,谦之卒,葬以道士之礼。先于未亡,谓诸弟子曰:"及谦之在,汝曹可求迁录。吾去之后,天宫真难就。"复遇设会之日,更布二席于上师坐前。弟子问其故,谦之曰:"仙官来。"是夜卒。前一日,忽言"吾气息不接,腹中大痛",而行止如常,至明旦便终。须臾,口中气状若烟云,上出窗中,至天半乃消。尸体引长,弟子量之,八尺三寸。三日已后,稍缩,至敛量之,长六寸。于是诸弟子以为尸解变化而去,不死也。

时有京兆人韦文秀,隐于嵩高,刘诣京师。世祖曾问方士金丹事,多曰可成。文秀对曰:"神道幽昧,变化难测,可以暗遇,难以豫期。臣昔者受教于先师,曾闻其事,未之为也。"世祖以文秀关右豪族,风操温雅,言对有方,遣与尚书崔赜诣王屋山合丹,竟不能就。时方士至者前后数人。河东祁纤,好相人。世祖贤之,拜纤上大夫。颍阳绛略、闻喜吴劭,道引养气,积年百余岁,神气不衰。恒农阎平仙,博览百家之言,然不能达其意,辞占应对,义旨可听。世祖欲授之官,终辞不受。扶风鲁祈,遭赫连屈孑暴虐,避地寒山。教授弟子数百人,好方术,少嗜欲,河东罗崇之,常饵松脂,不食五谷,自称受道于中条山。世祖令崇还乡里,立坛祈请。崇云:"条山有穴,与昆仑、蓬莱相属。入穴中得见仙人,与之往来。"诏令河东郡给所须。崇入穴,行百余步,遂穷。后召至,有司以崇诬罔不道,奏治之。世祖曰:"崇修道之人,岂至欺妄以诈于世,或传国不审,而至于此。古之君子,进人以礼,奶人以礼。今治之,是伤朕待贤之意。"遂赦之。又有东莱人王道翼,少有绝俗之志,隐韩信山,四十余年,断粟食菱,通达经章,书符录。常隐居深山,不交世务,年六十余。显祖闻而召焉。青州刺史韩颓遣使就山征之,翼乃赴都。显祖以其仍守本操,遂令僧曹给衣食,以终其身。

太和十五年秋,诏曰:"夫至道无形,虚寂为主。自有汉以后,置立坛祠,先朝以其至顺可归,用立寺宇。昔京城之内,居舍尚希。今者里宅栉比,人神猥凑,非所以祇崇至法,清敬神道。可移于都南桑乾之阴,岳山之阳,永置其所。给户五十,以供斋祀之用,仍名为崇虚寺。可召诸州隐士,员满九十人。"

迁洛移邺,踵如故事。其道坛在南郊,方二百步,以正月七日、七月七日、十月十五日,坛主、道士、哥人一百六人,以行拜祠之礼。诸道士罕能精至,又无才术可高。武定六年,有司执奏罢之。其有道术,如河东张远游、河间赵静通等,齐文襄王别置馆京师而礼接焉。

　　自从上天造就了人类，管理着民众一直到结绳记事以前的历史，由于没有书本龟契等文字记载，所以无从知道了。自从伏羲、轩辕以后，一直到三代，他们的神言秘策，蕴藏在图书纬文之中；训范世人、引导民众，也载在经典文献之中。秦始皇放肆荼毒，把这些经典、图籍都化为灰烬了，汉代采集到遗书秘籍，恢复得像山一样多。司马迁区分它们各自的不同，归纳为阴阳、儒、墨、名、法、道德六家。刘歆著《七略》，班固撰写《汉书·艺文志》，释氏的学问，还没有著录记载。

　　汉武帝元狩年中，派霍去病讨伐匈奴，到皋兰，经过居延，斩敌甚多，大获胜利，昆邪王杀休屠王，率领五万多人来投降，并获得了他们的金人。武帝认为金人是大神，把它放在甘泉宫。金人大概有一丈多长，但没有对金人祭祀，只不过烧烧香、礼拜礼拜罢了，这就是佛教流行中国的开始。

　　等到开辟了西域，派遣张骞出使大夏回来，传说大夏国边上有一个身毒国，又名天竺，才开始听说有浮屠之教。汉哀帝元寿元年，博士弟子秦景宪传授了大月氏王的使者伊存口头传授的浮屠经典，中土的人听了以后，没有多少人相信、明白。后来孝明帝夜里梦见金人，头顶有太阳光，在宫廷中飞翔，于是征问众大臣，傅奕开始回答是佛。明帝派遣郎中蔡愔、博士弟子秦景等人出使到天竺，抄写浮屠流传下来的文献。蔡愔于是与沙门摄摩腾、竺法兰回到洛阳，中国有沙门以及行跪拜之礼，是从这时开始的。蔡愔又得到佛经《四十二章》及释迦的立像，明帝命令画工写佛像，放在清凉台及显节陵上，经书则封起来放在石室兰台。蔡愔回来的时候，用白马背着经书回来，汉朝因此在洛城雍门西建立白马寺，摄摩腾、竺法兰都死在这座寺中。

　　浮屠正号叫佛陀，佛陀和浮图声音相近，都是西方的话，他们传过来以后变成了两个音，用汉语翻译的意思是叫净觉，讲的是除去污秽，成就光明，大道为圣明者所悟。大凡佛典经书意旨，大多讲的是人生命运一类的事情，都是由于其品行、德业所决定的。佛教讲人生有过去、现在、未来，一共经历三世，智识、精神都不灭。只要行善或为恶，一定会有报应。慢慢积德修行，去掉粗俗鄙浅的东西，经过无数阶段，洗涤炼冶神行，于是可以达到形灭而神存，得到佛道。这中间的阶段及心路历程，程序等级不止一个，都是从浅到深，从小到大。大率在于积累仁行善举，剔除嗜欲，坚守虚静而渐成通观内照。所以他们开始修行就按佛、法、僧三事，称作三归，譬如君子的三件敬畏之事。又有五戒：戒去杀生、偷盗、奸淫、妄言、饮酒五件事，五戒的大意与儒家仁、义、礼、智、信相同，而名称有所差异罢了。说只要奉持了五戒，就会生活在天人胜处，损坏差失就会掉进鬼、畜之苦中。还有善恶的产生，总共有六条途径。

　　凡是信奉佛道的，必须剃除须发，去除家累，出家修行，师徒聚集一块，遵守戒律法度，共同一起清居，诚心修炼清静洁身，靠行乞来自足，这些人被称作沙门，又称作桑门，也是声音相近的缘故，总称之为僧，都是胡人的语言。僧，翻译成汉意为和合众人之命，桑门意思为静心，比丘之意则为行乞。世俗之人信奉道法的，男的被称作优婆塞，女的则叫优婆夷。那些想成为沙门的人，开始修炼十种戒规，叫作沙弥，最终有二百五十诫，修成后就可以成为大僧人了。女性入道者称作比丘尼，修诫一共有五百条，都以戒条为本。根据事情而增加数目，目的在于防心，控制身体，端正言语。心中应去除贪、恚、痴之心，身体应去掉杀、淫、盗之行，口中应了断妄说、杂说以及其他非正道之言，总括叫作十善道。能达到这些，就可称作心、身、口都清静。普通人修行可以达到善恶相报，并慢慢达到圣明之境。初步达到圣贤之境的有三种人，他们的佛根品业各有差别，称作三乘：声闻乘、缘觉乘、大乘，取的是可以修道进而达到最高道行而得名。这三种人为恶之迹已经干净，只要修身养性、洗荡心累、救济世人、加强品德。初根人为小乘，施守四谛法；中根人叫中乘，受十二因缘；上根人为大乘，那么就修行六度。虽然经历了三乘，而实质上是要修炼一切品行、拯救自己的意念，从不间断以至永远，这样才可成佛了。

所谓佛，本来称作释迦，意译为能仁，是说道德充沛周备，能够济度万事万物。释迦以前有六世佛，释迦继承六世佛而成道，处于今贤劫。有的书上说又称将来有弥勒佛，正继释迦而降生。释迦即天竺迦维卫国王之子。天竺是他的总称，迦维是别名。开始，释迦在四月八日夜从母亲的右肋生下来，生下来以后，姿态长相超乎寻常之处有三十二种，上天降下来吉祥的征兆以感应他的降生，也有三十二种。《本起经》叙述这些已很详备了。释迦出生的时候，当时为中国周庄王九年。《春秋》上记载鲁庄公七年夏四月，恒星不见、夜明，就是这个时间。到北魏武定八年，一共一千二百三十七年。释迦三十岁成佛，教导化育万物民众，四十九年，在拘尸那城婆罗双树间，在二月十五日而入涅槃，涅槃译为灭度，有的说法是常乐我净，没有变化衰谢及其他诸多痛苦累赘。

众佛法身有两种意义：一是"真实"；二是"权应"。真实身讲的是最高之体，什么至累也奇妙地断绝了，不可能按正规的期待，也不可能用形式去丈量规定，有感动就有感应，本体很清静。"权应身"的意思讲的是六道相合相和，与尘灰及万物相同，随时生存或毁灭，长和短都与物相融，外形是由触感而产生，本体并不是实有。暂存之体虽然凋谢，长存之真实际上不变。但是有时没有灵妙之感，所以不得以经常见到罢了。知道佛的生存并非实在的生存，灭逝也并不是实际的灭逝，佛既然离开世界，香木焚烧尸体。灵骨也分开碎掉，大小象颗粒一样，敲击它也不坏，焚烧也不变焦，有的产生光明神验，西方的说法把它叫"舍利"。弟子收藏敬奉，放置在宝瓶之中，送香花，表达礼敬爱慕，建立宫宇，即称作塔。塔也是西方的语言，象宗庙一样，所以俗世称作塔庙。在后来的百年，有个国王叫阿育，因为用神力分开佛祖的舍利，调动鬼神之力，建造八万四千个塔，遍布在全世界，都是同一天建成。现在洛阳、彭城、姑臧、临淄都有阿育王寺，大概是承袭他的遗迹。释迦虽然涅槃，但留有影迹在天竺，到现在还在。来往中土的人，都说见过。

开始，释迦所说的教义法术，在涅槃后，有声闻弟子大迦叶、阿难等五百人，撰集著录，阿兰亲自接受佛祖传授多，就主持这事，大概能综合研核佛祖深旨大意，没有什么遗漏散失。于是缀合文字，撰集而成三藏十二部经，象九流的不同流派，它的大致归承仍以大乘、中乘、小乘为本。后来数百年，有罗汉、菩萨相继著述论述，阐明经义，用来破除异道，《摩诃衍》《大、小阿毗昙》《中论》《十二门论》《百法论》《成实论》等即是，都是依傍几部大藏的意义，假借外人问答的疗式，而用内法解释它。

汉章帝时，楚王英喜欢做浮屠斋戒，派郎中令奉黄缣白纨三十匹，让相国去用来赎罪。下诏回答说："楚王喜欢浮屠的斋祠，沐浴清洁斋戒三个月，对神发誓，有什么怀疑和嫌弃的，应当有所悔改，他的贡品送还，用来帮助伊蒲塞、桑门的宴请。"因此把贡品公布给众国。桓帝时，襄楷用佛陀、黄老之道去进谏皇上，想让他爱护生命，不要妄杀，减少嗜欲，除去奢侈与浮华，讲求无为。魏明帝曾想破坏宫西的佛画，外国来的沙门于是用金制杯子装水，放在佛殿前，把佛的舍利投入水中，于是水中出现了五色光。这时明帝感叹说："假若不是灵异，怎么会这样？"于是就把佛画搬到了路的东面，并为佛画造了百间房屋。佛图的原址，则凿了一个濛泔池，并在水池中种上芙蓉。后来有一位天竺沙门昙柯迦罗来到洛阳，宣传译述戒律，这是中国有戒律的开始。自从洛阳建造白马寺，浓厚地用佛画装饰，画像十分奇妙，为四方形式。所有宫塔形制，仍然按照印度的旧样而加以重构，从一级到三、五、七、九级。世人相沿袭，称之为"浮图"，又叫作"佛图"。晋代，洛中地方佛教壁图达四十二所。汉代的沙门都穿红布，后代才改易为其他颜色。

晋元康年中，有一位胡沙门支恭明翻译佛经《维摩》《法华》，三部《本起》等，经中的微言大义，深奥理论没有能够探究明白。后来有一位沙门常山卫道安禀性聪明敏锐，一天能背诵经书万余字，研究探求经书旨意，感叹没有老师法匠可以请教，于是独坐静室十二年，精思细研，神悟妙理。从前所译佛经，大多有些错误纰漏，于是对这些经书错误加以纠正。石勒的时候，有一位天竺沙门浮图澄，从小的时候在乌苌国跟随罗汉学道，刘曜时来到襄国。后来被石勒所信赖，号称为大和尚，国家大事多向他咨询，所说大多灵验。卫道安曾经到过邺地候见浮图澄，浮图澄见到他以后十分惊异。浮图澄死后，中国战乱纷繁，卫道安于是率领门徒，出游到南方的新野，想让佛教广为流传，分别派遣弟子，各去一个方向。法汰到扬州，法和到四川，卫道安与慧远到襄阳。卫道安后来到了苻坚处。苻坚本来十分钦佩他的名声，见到以后，用老师之礼拜见。当时西域有一位胡人沙门鸠摩罗什，精通法门，卫道安想和鸠摩罗什讲论探讨，经常劝苻坚邀请鸠摩罗什。鸠摩罗什也听说了卫道安的大名，并称其为东方圣人，有时遥远地致意相拜。卫道安死二十余年后，鸠摩罗什到长安，遗憾没有见到卫道安，认为这是最大的遗憾。卫道安所改正的佛书经典语言，和鸠摩罗什所译就像符契相会，完全一致，没有一点差错。于是佛法宗旨在中土广为流传开来。

北魏开始建国在北方地带，风俗淳朴单一，清静无为用来自我保护，和西方地区相隔很遥远，没有什么交往。所以浮图作为宗教，没有谁听说过，即使听说过的人也不相信，等到神元年间和魏、晋通聘后，文帝久在洛阳，昭成又到过襄国，于是才详细地了解了南夏佛法之事。太祖平定中山，经营统治燕赵地区，所管辖的郡县国家里的佛寺，看到众多的沙门、道士，都精诚地加以敬重，禁军军队也不敢侵犯。太祖皇帝喜欢黄老之学，阅读了一些佛经，但是天下刚刚安定，战车经常出动，许多事情刚刚草创，没有建成浮图寺宇，用来招揽延请僧徒佛众。但是仍然不时地抽暇访求。在这以前，有位沙门叫僧朗，和他的徒弟隐居在泰山的琨瑞谷中。太祖皇帝派使者送信，用丝缯、素丝、旃罽、银钵等作为礼物，现在仍然称他所住地作朗公谷。天兴元年，下诏书说："佛法的兴起，它的来源很悠久，济世辅益的功劳，都达了生存与死的人。神灵的踪迹，遗存的轨则，确实可以依据凭靠。敕令百官，在京城中建立庙宇，修饰整顿宫殿寺舍，使信仰归化的人有居住的地方。"这一年，才开始造五级佛图、耆阇崛山及须弥山大殿，都加以修饰，另外建造了讲堂、禅堂以及沙门座，没有不严肃设置的。太宗即位后，遵照太祖的事业，也喜欢黄老之学，崇尚佛法，京城及四方，建立佛图佛像，仍然命令沙门宣传教化、民众习俗。

开始，皇始年中，赵郡地方有沙门法果，传戒行为至为精诚，开讲演说佛法经义。太祖听说他的名字，下诏用礼节征请他赴京师，后来做了道人总领，统管约束僧徒。每次和皇帝讲论，皇帝心里都感到十分高兴，对他供奉布施很优厚。到太宗时，更加对他崇拜礼敬。永兴年中，前前后后被授予辅国、宣城子、忠信侯、安成公等称号，都坚决地推辞。太宗皇帝曾亲自到他住的地方，因为门太小，无法容纳皇帝车队，于是扩大增广其门。八十多岁，泰常年间逝世。没有埋葬的时候，皇帝三次去吊丧，追赠老寿将军、赵胡灵公。开始，法果每次说，太祖圣明聪慧，喜欢佛道，就是现世的如来，沙门应该行跪拜之礼。于是经常拜敬皇帝，对人说："能弘扬光大佛道的是皇帝，我不是在礼拜皇帝，实际是在礼拜佛。"法果四十岁，才成为沙门。他有个儿子叫猛，下诏让他袭承法果所封的爵位。太宗皇帝后来到广宗寺，有一位沙门叫昙证，年龄百岁了，在路上相见邀请敬奉送呈水果、物品。太宗皇帝尊敬他年老而志向体力不衰，也加封了一个老寿将军的称号。

这个时期，鸠摩罗什被姚兴所礼敬，在长安草堂寺聚集了八百余人，重新翻译经典。鸠摩罗什聪明善辩思想深沉，通晓东西文字。当时沙门道彤、僧略、道恒、道禔、僧肇、昙影等人，和鸠摩罗什共同互相提挈，阐发彰明经旨。各种经书有十多部，他们都重新确定章节、句读，文辞意义通达明白，到现在的沙门都还沿用学习。道彤等人见识学问博洽通达，僧肇尤其突出，鸠摩罗什的撰述翻译，僧肇经常执笔，确定所要表达的文辞和意义，注释《维摩经》，又写了几种论著，都有精妙的论述，学者们都宗法他们的学说。

又有一个沙门叫法显，感慨经律典籍不完备，从长安到天竺游学，经历了三十多个国家，凡是有经籍的地方，学习他们的语言典籍，翻译并抄写过来。过了十年，又在南海的师子国，跟随商人船队东下，昼夜昏迷将近二百多天，才到青州长广郡不其崂山，南下才出海。这年是神瑞二年。法显所经过的国家，用传记体记载，现在流传在世。他所得到的经律，通译没有完全表达原意。到江南，又和天竺的禅师跋陀罗辩论审定，称作《僧祇律》，比以前大大的完备了，被现在的沙门所守持接受。从前有沙门法领，从扬州到西域，得到《华严经》，译定后数年，跋陀罗和沙门法业重新加以译述撰写，流传于当时。

世祖刚开始即位，也遵从太祖、太宗的遗业，经常引见有高德的沙门，和他们一起谈论。在四月八日，抬着许多佛像，行走在大街通道上，世祖皇帝亲自登上城门高楼，在楼台上散花，用来表达对佛教的礼敬。

从前，沮渠蒙逊在凉州，也喜欢佛法，有罽宾沙门昙摩谶，学习许多经典律论，和沙门智嵩等，翻译《涅槃》等经十多部，又通晓术数、禁祝，屡次讲到别国的安危，每每被他言中。蒙逊经常向他咨询国家大事，神麚中，世祖皇帝命令蒙逊护送昙摩谶到京城，蒙逊爱惜而不想送。不久，又害怕魏国的威胁责难，于是派人杀掉昙摩谶。昙摩谶死的那天，对弟子们说："今天会有客人来，可以早吃饭来等他们。"刚吃完饭就有使者来了，当时人认为他能知道天命。智嵩也很颖悟，专心致志在经典上。后来就把新译出的经律论，在凉州地区教授传诵，辩论其中深义，并著有《涅槃义记》。守戒严肃整齐，弟子都严格遵守。知道凉州将会发生兵役，和门徒数人，想逃到胡地。路上发生了饥荒，断粮好几天，弟子求到了动物禽兽的肉，请求智嵩勉强吃一顿。智嵩遵守发誓的戒律，于是就饿死在酒泉的西山之中。弟子们堆积柴火焚烧他的尸体，骨头都成了灰，独独舌头完整、颜色形状不变。当时人认为是讲诵宣说之功的报应。凉州自从张轨以后，世世代代都信奉佛教。敦煌地方连接西域，佛道正根据它们的旧状，村落之间，大多都有佛塔寺院。太延中，凉州平定，迁徙凉州地方的人到京城，沙门佛事都向东发展，佛教更加发展。不久因为沙门人数太多，下诏罢免五十岁以下者。

世祖刚刚平定赫连昌，得到沙门惠始，俗姓张，家本清河，听说鸠摩罗什译出新经，于是到长安去拜见他,观摩学习经典,并在白渠北坐禅。白天进城去听讲,晚上则回来静坐。三辅有学识的人多效法他。刘裕灭掉姚泓,留下儿子义真镇守长安,义真和幕僚都很敬重他。义真离开长安后,赫连屈丐追杀失败了,佛徒老少都被坑埋杀戮。惠始受到刀刺,而身体没有受伤。大家感到很奇怪,对屈丐说了这件事。屈丐大为发怒,下令惠始前来,用他所带的宝剑杀他,也不能伤害,于是感到害怕而请求宽恕。统万平定后,惠始到京都,对他有些训教,当时人不能推测他的行踪。世祖十分看重他,经常加以礼敬。惠始从习禅一直到逝去,声称五十多年中间,从没有坐下来睡过觉。有时光着脚走路,虽然走在泥坑灰尘之上,开始不会弄脏了脚,走得越久脚越干净,世人号称为白脚先生。太延中,在八角寺逝去,整齐清洁正襟而坐,和尚徒弟立满身旁,平平静静地气绝。停尸十多天,坐式没有改变,颜色同平时一样,所有人都对此感到神异。于是掩埋在寺内。到真君六年,按规定城内不能保留坟墓,于是改葬在南郊之外,这是距惠始死已经十年了,打开棺材仍很端肃,和当初一样没有歪倒。替他送葬的六千多人,没有不受感动的,中书监高允为他写传,歌颂赞述他的品德事迹。惠始的墓冢上,建了一座石制精舍,绘上了他的形象,经过毁法运动,仍然独自保全。

世祖即位时,青春年少,立志建立武功,经常把平定祸乱作为重大事情。虽然归依佛法,敬重沙门,却没有阅读过佛经教义,更没有详细地考求因缘报应的意义。等到得到了寇谦之的道法,世祖皇帝认为道教清静无为,有登仙化去的证验,于是就信奉他的方术,当时司徒崔浩,博学多闻,世祖皇帝经常向他咨询国家大事。崔浩信奉寇谦之的道教,很不喜欢佛教,和皇帝谈话,多次对佛教加以非难诋毁,经常说佛教虚空荒诞,给世上带来浪费与危害。皇帝因为他善辩而且博览,很相信他的说法。正赶上盖吴在杏城造反,关中骚动。世祖皇帝于是西去讨伐,来到长安。以前,长安沙门在寺内种麦。皇帝的看马人在寺中喂马,皇帝进去观看。沙门喝了侍从官的酒,侍从进入他的便室,看到了许多弓箭、长矛、盾牌,出来后向皇帝回奏。皇帝发怒说:"这不是沙门所使用的东西,应该是和盖吴共同计划来残害人们。"命令管事的人把全寺的人都杀掉,清点并没收其财产,结果得到了许多酿酒的酒具以及州郡官和富人寄存的藏品数以万计。又制造暗室,和贵族家的女子私自淫乱。皇帝既十分愤怒沙门干非法之事,崔浩当时随行,因此大讲他的言论。下诏诛杀长安的所有沙门,焚毁破坏佛像,下敕传下四方,都按长安的办法办理。又下诏说:"那些沙门,假借西方虚诞之说,妄自制造妖孽,不是用来整齐政治教化民众,传布厚德于天下。自王公以下,有私自收养沙门的,都送到官府,不得隐蔽藏匿。限令今年二月十五日,超过期限不送出,沙门杀掉,收留者也一族都杀掉。"

当时恭宗做太子监国,平素敬重佛道,多次上表,陈述用刑法杀害沙门的过滥,指出这不是图画佛像的罪过。现在废除佛道,把那些寺院关起来,世代不奉祀守持,建筑装饰自然会毁弃掉。像这样申辩三番五次,皇帝不同意。于是下诏令说:"从前后汉的国君荒唐,信奉邪恶虚伪,胡妄地假托睡梦,事奉西方的妖鬼,因而变乱了天理伦常,自古以来中州大地没有比这更严重的。夸妄荒诞之言,不本乎人理之情。衰弱的时代,昏暗胡乱的君主,没有不被佛教所迷惑的。从此以后政治教化不实行,礼义大坏,鬼道高涨兴盛,对于王权法律,没有放在眼里。从此以后,每代都经受了战乱和祸害,上天的惩罚经常施行,民众都死光了。从曾祖到曾孙五代之内,都变成了坟墓废墟了,千里萧条,见不到人的踪迹,都是由于这个原因。我承上天之命,多次遇到时运不利的弊病,想除掉伪假而确定真的东西,恢复伏羲神农的天下大治,扫除掉一切西方的神灵,毁灭他们的痕迹,那样或许无愧于风后氏了。从今以后,胆敢有事奉西方神灵以及制造神像泥人、铜人的,满门皆杀。虽说是西方之神,询问现在的西方人,都说没有,都是前代汉人无赖子弟刘元真、吕伯强一类的人物,听从西方人的胡言怪语,借用老子、庄子的虚假附会而设立,都不是真正的事实。致使王法废弃而不施行,大概是大奸的魁首了。有非常特出的人,然后才能做非常特出的事。不是皇帝我怎能除去这个历代的伪物呢?地方官宣传告诉征镇诸军、刺史,凡是有画佛形象以及佛经,都要击破焚烧,沙门不论年长老少都坑杀掉。"这一年,是真君七年三月。恭帝的言语虽然没有接受,但是仍然得以缓迟宣布诏书,远远近近都提前听说知道了,得以各自打算安排。四面八方的沙门和尚,都逃亡得以幸免。在京城的,也得以全部获救。金银制造的宝物佛像以及许多佛经经论,大多得以秘密收藏。但是有关佛教的建筑佛寺佛塔,诏书命令所及,没有不被销毁的。

开始寇谦之和崔浩一起跟从皇帝车队,苦苦地与崔浩相争,崔浩不肯。对崔浩说:"你现在在走绝路,将会满门杀戮。"后四年,崔浩被杀,备受五刑,时年七十。崔浩既被杀掉,皇帝心里十分悔恨毁佛之事,但已实行,难以修复。恭帝暗地里想要恢复佛教,不敢说。佛教沦丧废弃一直到皇帝去世,长达七八年。但是禁令稍微宽松一些,诚信的人,得以秘密奉行事佛。沙门专门从事佛教的人,仍然私自偷偷地穿着法服诵读佛经,独独不能明显地流行在京中。

以前,沙门昙曜具有节操品行,又被恭帝所了解礼敬。佛教废灭后,沙门大多靠其他方面的能力自己养活自己,还俗求得自存。昙曜发誓想坚守到死,恭帝亲自加以劝谕,以至于再三,不得已才停止。秘密地穿着法服拿着法物,一点也不离开身边,听说的人对他很敬重。

高宗登上皇位,下命令说:"作为帝王,一定要敬奉神明灵魂,昭显彰明仁义之道,神明能把恩惠带给民众,救济补益万物,虽然从前往古,仍然叙说他们的丰功伟业。所以《春秋》赞叹崇敬神明的礼数,祭祀的典礼记载着布功施力的氏族。更何况释迦如来功力救济大千世界,恩惠流布到尘世。把生和死看得相同的人感叹他的通达博观,披览文章义理的人,以为义理宝贵奇妙,有助于政教的禁律,更有益于仁智者的善良本性,排斥群邪,开导演示真正的觉悟。所以前代以来,没有不崇尚的,也是我们国家所经常尊敬的事情。世祖太武皇帝,开拓广大边疆荒域,恩德泽润施及很远。沙门道士品纯行善,诚实可靠。惠始这样的人,再远的地方也去,风气意义所感化,往往像林木一样多,山和海由于深广,怪物就多,奸淫之徒,得以借身栖命,讲堂佛寺之中,以至于也有凶党之族。因此前代朝廷因为他们的缺失与过错,杀戮那些有罪的人。管事的人有违背旨意的地方,把一切都禁止废弃了。景穆皇帝每次为此而感慨,正赶巧国家多事,没来得及修理恢复。我承接大业,统帅天下万邦,想继承前代的志向,用来弘扬佛道。现在命令所有的州郡县,在民众居住的地方,都准许建一座佛图,随便花多少钱财,不加以限制。那些喜欢佛道,想做沙门的,不管他年长年幼,只要出身良家子弟,本性品行朴实敦厚,没有什么嫌疑污秽,乡村中比较明智的,听从他出家入道。大致大的州五十人,小的州四十人,其中边远地带十个人。各个应当按区分布,都可能够除去恶迹,追求好的,弘扬佛教之道。"天下听到这个意旨,早上听到还等不到晚上,以前所有毁掉的浮图佛寺,都还原修复了。佛像经典,都得以显扬。

京师沙门师贤，本来是罽宾国王种人，从小入门修道，东游凉城。凉城平定后到京城。废除佛法的时候，师贤假借医术还俗为医，但坚守佛道没有改变。在恢复佛教的时候，又重入沙门。他的同辈五个人都一起入佛，皇帝亲自为他剃发。师贤于是做了佛道头领。这一年，命令执事的人雕一个石像，形象像皇帝身体一样。雕成以后，眉毛和脚下，每处一个黑石和皇帝身体的黑子相同，论说的人认为是真诚所感动的缘故。兴光元年的秋天，命令管事的人在五级大寺内，替太祖以下五位皇帝，铸造五个释迦的立像，每个长一丈六尺，都用赤金二十五万斤。太安初年，有师子国的西方沙门邪奢遗多、浮陀难提等五个人，奉持三个佛像来到京都，都说：经历了西方所有的国家，见到了佛的影迹以及肉身发髻，外国诸王相继承，都派遣工匠，摹绘他的形象，没有人能够达到浮陀难提所制造的境界，离十余步远，看上去仍神采光辉，越近越惟妙惟肖。又有沙勒西方沙门，到京城送佛教的钵及画像。

和平初年，师贤逝去，昙曜代替他，换名字叫沙门统。开始昙曜在恢复佛法的第二年，从中山受命到京城，赶巧皇帝外出，在路上碰见了，皇帝的马往前衔着昙曜的衣服，当时认为马认识好人。皇帝后来以老师之礼对待他。昙曜告诉皇帝，在京城的西面武州塞，开凿一座山的石壁，开凿五所，每一座雕刻佛像一个。高的七十尺，其次的六十尺，雕的形饰奇伟壮观，冠于一世。昙曜上奏：平齐的民户及广大民众，有能够每年送粮食六十斛到僧人中的，就是僧人的役户，粮食称作"僧祇粟"。至于到了歉收的年岁，救济饥荒的人，又请求民众中犯有重罪的人以及那些官奴户作为佛图户，用来供给各个寺院的打扫，每年兼作种田和运输粮食。高宗都同意，就这样僧祇户、粟以及寺户，遍及每个州和镇了。昙曜又和天竺沙门常那邪舍等一起，翻译出新的佛经十四部，还有沙门道进、僧超、法存等，都在当时很有名气，说经演义也很特别。

显祖即位后，信佛尤其之深，披览众多佛经，喜欢老子、庄子。每次同沙门及能够谈论玄学的人，一起讨论精要之道。开始高宗太安末年，刘骏在丹阳中兴寺设斋，有一个沙门，举止行为特别突出，大家一齐看到，但都没有谁认识他。沙门惠琚起身询问，回答说是惠明。又问从哪儿来。回答说，从天安寺来。说完，突然不见了。刘骏君臣认为是神灵感应，改中兴寺为天安寺。从此七年之后刘骏便登上了帝位，建号天安元年。这一年，刘彧和徐州刺史薛安都开始拿城来投降。第二年，完全拥有了淮北的土地。这一年，高祖生下来了。在这个时候建起了永宁寺，构造七级佛图，高三百多尺，基址构架都很宽阔，为天下第一。又在天宫寺，建造释迦的立像，高四十三尺，花了赤金十万斤，黄金六百斤。皇兴中，又建三级石佛图。雕梁画栋，上下重结，大小都是石头，高十多丈。镇固精巧细密，称为京城中的壮观景象。

高祖登位后，显祖迁移住到北苑崇光宫，观览学习佛典，在苑中的西山，建造鹿野佛图，离崇光宫右边十里地，岩房是禅房，禅僧住在中间。

延兴二年夏四月，下诏书说："比丘不住在佛寺房舍中，游历经过村庄，和奸猾的人往来，过了些年头，命令二十五户相结为保，不得让比丘居住。没有籍属的和尚，严格加以检查，发现有的话送给州镇，如果在郡县，送给本官，假若是佛、法、僧三宝巡民教化的，在外地带着镇维那等的文书印牒，在本地则带着都维那的印牒，然后随便行走，违犯的加重罪责。"又下诏说："教内教外的人，兴建造福的事情，建造佛图塔寺，高大宽敞显耀广博，也能够弘扬佛教了。但是无知之徒，各自竞相攀比，贫困富裕互相比阔，花费用尽了财产，仅存下一个高大和广崇，伤害昆虫及有生命的人。假若能诚心尽意，把沙土堆起来，造福也是不朽的。想建造有造福的根本，无知是伤害生命的事情。我作为民众的父母，我的任务是力求慈祥地抚养。从今以后一切都斩断掉。"又下诏书说："信仰诚实那么报应很远，行为诚实就感动深刻，历观先世的灵验瑞应，就有禽兽变色，草木变性的。济州东平郡，灵像生辉变成金铜一样的颜色，非常不平常的事情，与从前大不相同，特别隆重的妙法，按理应该在现在。执事的人和沙门统昙曜命令送佛像到京都，让道徒及俗众都看到真正的面貌，普告天下，都让他们听说知道。"

　　三年十二月，显祖因为打猎获得一只鸳鸯，它的配偶很悲哀的哭着，飞上飞下不离开，皇帝于是心中警觉，问左右说："这个飞叫的鸳鸯，是雄性还是雌性？"帝身边有人回答说："我以为是雌性的。"皇帝说："怎么知道的？"回答说："雄的阳性刚烈，雌的阴性柔和，按刚烈和柔和推断，一定是雌性。"皇帝感慨地叹息说："即使是人和鸟的事情有差别，至于说到天资禀性情感，又有什么差异！"于是下命令，禁止断绝猛禽，不得养育。

　　承明元年八月，高祖在永守寺设大法会供奉，剃度良家男女僧尼一百多人，皇帝为他们剃发，施赏他们和尚衣服，让他们修道守戒，为显祖求福。这个月，又下诏建建明寺。太和元年二月，到永宁寺设斋，大赦死犯的罪。三月，又到永宁寺设法会，布道听讲，命令中、秘二省和僧徒一起讨论佛义，施给僧衣服、宝器。又在方山太祖建坟的地方，建造思远寺，从兴光到这所佛寺，京城内佛寺新旧有将近一百所，僧及比丘尼二千多人。全国寺庙共六千四百七十八，僧及比丘尼七万七千二百五十八人。四年春，下诏在鹰师故里建立报德寺。九年秋，执事上奏，上谷郡比丘尼惠香，在北山松树下死去，尸体不坏，已经三年，士女观看者成千上万。当时的人都惊叹奇异这件事。十年冬天，执事者又向上报告："从前接受皇帝敕封强迫入籍的愚民开始怀着侥幸，假借号称入道，用来躲避输役征课，那些没有凭借的僧徒比丘尼都让他们还俗，重新授受皇帝的诏令，所检核的僧徒、比丘尼、寺主、维那等应当在寺中暗暗审核，其中修道品行精严勤奋的，听从他在佛道中；行为粗鄙庸俗的，无伦有凭借无凭借，都罢免为民。现在按照圣旨选择送遣，各个州中那些还俗的，僧徒比丘尼共一千三百二十七人。"奏书被批准。十六年下诏书说："四月八日，七月十五日，听从大的州剃度一百人为僧尼，中等州郡五十人，小州二十人，作为正常的准则。颁布在市中。"十七年，下诏确立《僧制》四十七条，十九年四月，皇帝到徐州白塔寺，对众王及侍从官说："这座佛寺最近有位名僧嵩法师，从鸠摩罗什处接受《成实论》，在这里流通。后传授渊法师，渊法师传授登、纪二法师。我每次玩味《成实论》，可以去掉人心上的俗情，所以来到这座寺中。"当时沙门道登，很有学问法术，为高祖所赏识，经常带在一起讲说讨论。曾经在宫中和皇帝晚上谈话，一块看见一鬼。二十多岁死的，高祖十分哀痛惋惜他，下诏施给丝帛一千匹。又设一切僧斋，并且命令京城七天行道。又下诏说："我的老师登法师突然逝世，痛苦伤心，不能停止，近来吃药治疗，要注意丧事，不能够赴丧，只好准备老师之义，在门外兴吊。"僧徒及百姓均感到很荣幸，又有西方的沙门叫跋跎，有道业，很为高祖所敬仰信赖，下诏在少室山的南面，建少林寺住下来，公家供给衣食。二十一年五月，下诏说："鸠摩罗什法师可以称得上神化超出智、勇、仁、信、忠五才，志节进入仁、义、礼、智四行的人，现在经常住在寺中，仍然还有空余之地。敬顺地修道、志向情感很深很远，可以在旧的堂所，为他建造三级浮图。又被昏虐所逼，为佛道而亡身，既然暂时和俗体相同，应该有子孙后代，可以推求访问报告上来，可以加以接续。"

以前,立监福曹,又改为昭玄,配有官职,用来处理佛僧的事情,高祖时,沙门道顺、惠觉、僧意、惠纪、僧范、道弁、惠度、智诞、僧显、僧义、僧利,都因为德义道行而被推重。

世祖即位,永平元年秋天,下诏说:"佛徒与百姓虽然不同,法律也应该相异,所以道德与教义在互相显明中更为明白,禁令与劝助各有各的适宜。从今以后,僧人犯了杀人以上的罪,仍然按照普通的断法,其余的犯罪都交给昭玄,按内部法律制断治理他们。"二年冬天,沙门统惠深上奏说:"僧徒以丘尼众多、清浊混杂,有的不遵守禁律典则,好的和坏的没法分辨,于是和经律法师一起商议建立制度:每个州、镇、郡维那、上坐、寺主,都让他们自己修持戒律,都要按照内部禁分,假若有不懂律条的,退至本次。又说:出家的人,不应该犯法,积累八种不净物。但是经律所规定的,通达与否各有差别。按律条:车牛及寺院仆役,是不净的东西,不应该为自己所私养,只有年老多病满六十岁以上的人,限制乘坐一辆。又:近来僧尼,有的因为佛、法、僧三宝,出借财产,化缘州外,又:出家人舍开家庭,本来没有凶仪之事,不应该废弃佛道而随从习俗。父母或三师之丧,远远听说凶讯,任他哭三天,假若在眼前看到见到,限定在七日。有的不安于在寺舍中,游在民众中,违乱佛道制造过失,都是因为这些事情。假若有犯的,脱掉僧服还民。那些建造佛寺的限制收僧五十人以上,报告诉听他们建造。假若有随便建造营制的,按违犯敕制之罪论处,该寺中的僧徒都被赶出外州,僧尼的法规,不应该为普通人所使用。假若有违犯法规的,返还原籍。那些外国僧尼来归化的,寻求那些有高德的高僧符合三藏的听他居住,假若没什么德行,遣送回本国,假若他不离去,按这种僧律治罪。"下诏听从。

从前,在恒农荆山制造珉玉一丈六的塑像一个,三年冬天,迎送放置在洛水河边的报德寺,世宗亲自向它致敬。

四年夏天,下诏说:"僧祇的粮食,本来是期待救济布施,歉收之年出借,丰收之年则收藏。山林僧尼,随时用来补给布施;人民有困难或弊病,也给予救济。但主持事情的官吏贪图利益,从中求得赢利,等到征用不计较水灾旱情,有的偿还的利息超过本金,有的改动券契,侵害贫困的民众,没有谁知道记录他们的极责。普通民众受苦受难,日子一天比一天艰难。这并不是因此可怜他们的贫困与穷苦,宗法追求慈善拯灾的本来意思,从今以后,不应该专门交给维那、都尉,可以让刺史一起加以监督检束。尚书检核那些有僧祇的地方,州别外列出它们的基数,收进与放出的收入利息,救济的多少以及借贷放债的年岁月份,现存的以及没有收购的,都存簿记录。假若收到的利息超过本粮,以及翻改账本契券,根据法律免去罪过,不复再加罚罪。有的有私人债务,反过来施舍赏给僧人,便用此来救济民众,不听收检,后来有出借放贷,首先尽量救济贫困穷苦,征粮还债的科条,一律按照旧的规定,富裕的家庭,不能任其放债,假若泛滥冒犯,按法律加以治罪。

又尚书令高肇上奏说:"小心地说:亡故的沙门统昙曜,以前在承明元年,上凉家州军户赵苟子等二百家为僧祇户,建立课税积累粮食,拟定救济饥民,不限制道徒或俗民,都用来拯救布施,又按内律,僧祇户不得另外属于一寺,但请求强谓诏令,致使叹息的怨恨满路都是,抛弃儿子伤害生灵,跳河自杀的,达五十多人。难道是敬仰赞叹圣明慈育的心意,严重地丧失了皇帝陛下归依民众的心里。因此让这些人,在路上巷中高喊叫唤,没有地方可以安顿,以致于白羽贯过耳朵,在宫廷官府中打官司。普通的人,尚且感到哀叹痛惜,更何况慈祥悲悯的人,怎么可以安心、请听从苟子等回家征役借役,歉收之年,借给贫困的人。假若有意料之外的事情,用来巩固捍卫边疆。象僧逼一样的建反旨意背叛法律，荒谬上奏的罪过，请交给昭玄，按照僧律处罚。"下诏说："僧暹等人特别可原谅，其他按奏折办。"

世宗特别喜欢佛理，每年经常在禁城中亲自讲解经论，广集名僧，称明义旨，沙门担任记录，编成《内起居》一书的。皇上既然尊崇，民间更加追尚。到延昌年中，天下州郡僧尼寺，一共有一万三千七百二十七所，僧徒更加众多。

熙平元年，下诏派沙门惠生出使西域，采访经书律论，正光二年冬，回到京师，所得经书律令一百七十部，流传于世。

二年春，灵太后下令说："往常剃度僧人，根据限制大州应该一百人，州郡在前十天里送了三百人，其中中州二百人，小州一百人，州统、维那和官吏应精择严选以充数。假若没有精洁之人，不应该胡乱保送选取。假若取择不得其人，刺史作为负责者，按违犯旨意论处，太守、县令、纲僚都按级相连论罪，沙门统和维那送到五百里以外的其他州做和尚。从今以后奴婢都不让出家为僧，诸王族以及亲友贵族，也不能随便请求，有违犯的，按违反圣旨论罪。那些僧徒比丘尼随便剃度他人奴婢的，也移到五百里以外的地方做僧徒，僧民养很多亲朋以及其他人奴婢的孩子，年纪大并私自剃度为弟子的，从今以后取消。有违犯的还俗，被供奉的回到原来的地方，从今有一个人私自剃度，都按违反圣旨论罪。邻长为首、里、党各自都降一级、县里超过五十人、郡里超过三十人，州镇超过三十人，免除官职，慕僚及从吏按级论罪。私自剃度的人，配发所在州充役。"当时法律禁令宽松，不能改变归化。

景明初，世宗下诏大长秋卿白整准代京灵岩寺石窟，在洛南伊阙山，为高祖、文昭皇太后建造石窟三座。刚建的时候，石窟的顶离地三百一十尺。到正始二年中，开始出高山二十三丈，到大长秋卿王质，说开山大高，费力难以成功，上奏请求往下移动接近平地，离地一百尺，南北一百四十尺。永平中，中尹刘腾上奏为世宗再造一石窟，一共三所。从景明元年至正光四年六日以前，花了八十万二千三百六十六个工。肃宗熙平中，在城内太社西边，建造永宁寺，灵太后亲自率领百官群臣，奠基建刹，佛图共九层，高四十余丈，它所花费的费用，不可胜计。景明寺佛图，仅是居第二，至于官方私人的佛寺佛塔，数目很多。

神龟元年冬天，司空公、尚书令任城王澄上奏说：

尊敬的高祖皇帝，建立基业在嵩瀍之间，占卜世事悠远，考虑计划从头到尾，创造符合天人，造物开符，垂流万世，故都的都城规定说，城内只建一座永宁寺的地方，城郭内只设尼寺一所，其他都在城郭之外。想让永远遵照这一规定，不敢超过这个规矩。到景明初年，稍有违犯禁令。所以世宗遵从修持先代之志，于是发布圣明之旨，城内不建立设造浮图，僧尼等寺，也是想断绝他们觊觎。文武二帝，难道不喜欢追尚佛法，大概因为佛道与习俗道路不同，按理应该不相违乱的缘故。但是世俗眩惑佛教的声势，僧徒贪恋丰厚的利润，虽然有明显的禁令，仍然私自建造。至正始三年，沙门总管惠深违犯景明的禁令，于是说："营建的佛寺，不忍心搬动毁掉，求得从今以后，不再随便建造。"先帝心中宽厚，把典制放宽听从其请。前代颁行的诏令，仍然不能得以遵守，后来私下请求的，更加追求竞争。永平二年，惠深等人再立条例，向皇上报告说："从今以后，想建造佛寺的，限制在僧尼五十岁以上的人，听他们随意建造；假如有随意建造的，按照普通违犯赦令的罪过处罚，寺中的僧人，赶出外州。"近来十多年，私人建造佛寺越来越兴盛，论罪赶去外州的事情，一点也没听说过。难道不是朝廷规定虽然严明，依靠福降一起毁弃制度。僧制白白地建立，因为考虑到利益而不遵从？既非俗人又不是道人一定有损于法制，作为一个人而没有什么满足，这还有止境吗？

学问很深很远，不是一般浮识之士所能分清；佛门广阔安静，难道是简短的言辞所能说明的。但是安静地生活在红尘之外，这在道家已开先例，功业因缘既冥且深，并非追求奢华或隐遁。假若能真正诚信，童子堆沙，可以超过设道场，纯粹节俭的设置，足可推荐给双树。哪里用得着去放纵盗窃，资助建造佛寺观宇？这实是民众之幸，而不是国家之福，但是近日私人建造，动不动就满百，有的趋机请求公家地址，于是为自己谋福；有的报告造寺，在规定的范围外扩大规模，如此这样欺骗不可以一点点计较。臣子因为才华鄙劣，诚恳地担任工务，奉命遵守成规，总体起来裁定规量。因此所以翻看旧有的旨意，研究图格，于是派府司马陆昶、缘属崔孝芬，都城之中及城郭郡邑之内调查寺庙，总数超过五百，凭空起刹，没有建立塔寺，不在这个数之中。民众不害怕法律，竟然到了这个地步。自从迁都以来，时代超过了二十四年，佛寺夺去了民间的居地，三分占了一分，高祖建立制度，并不是白白地想让僧徒与民众这样大的分别，也是考虑很深，防止很远。世宗祖述，也不禁锢造营福业，应当在没有萌芽之时便防止了。现在的僧寺没有一处地方没有，有的连接着满城都是，有的接连着占满了屠场，卖酒的市场，有的三五个小和尚，共同主持着一个佛寺。诵佛的梵语和卖肉的声音，交错在同一檐下，佛塔被腥膻味所缠绕，嗜欲把性灵冲没了。真的和假的混在一起，来来往往很杂乱。下面的官吏因习以为常而没有责难，僧徒互相不问。这对于污染真性，弄脏真正的僧徒，香草与杂草同在一个器皿中，不是更加过分吗？从前在北方代国，有法秀谋乱；近日在冀州，碰到大乘的变化，开始都借助于神教，用来蛊惑民心，终于设立奸诳，用来逞纵自己的欲。大和的制度，因为法秀的事情而杜绝干净；景明的设禁，考虑到大乘即将发生变乱。才开始知道祖宗睿智圣明，防止制断考虑很深，走在带霜的坚冰之上，不可以不慎重。

从前如来阐扬教义，大多靠在山林，现在的僧徒，眷依着大城都邑。难道污水涨满是讲经所适宜，杂乱浮喧是栖息讲禅的地方，大概是由于利益吸引着他们的心，不能够自己控制。居住者既然失去他们真正的一面，建造的人也就有可能有损福业。这是释氏的糟糠，法中的社鼠，法内之戒所不能容忍，王法国典所应抛弃的。不仅京城之中这样，天下州、镇僧寺都是这样。侵害剥夺普通民众，广泛占有田土住宅，伤害慈祥老弱，值得长嗟苦叹。况且人的想法不同，善恶也不一样，有的栖心在真趣之中，道业清远，有的则外在假借法服，心中怀着歹心。像这样的人，应该分清泾渭。假若都看成一样，怎样才能劝民为善？然而看到佛法表彰善行，这是普通人所知道的；矫正习俗回避嫌疑，人的情趣相同。下臣独独想干什么？一个人的议论私下发表。确实因为国家之典一旦废弃，正本清源特别艰难；法网一旦失去，条纲就会混乱，因此所以冒昧地陈述自己的想法，希望僧俗均得其益。

我听说设立法令一定要实行，建立处罚就能严肃，有令不执行，不如没有法令；处罚而不严肃，还不如不处罚。最近圣明诏书多次发下，但是建造的人更加多；严格的限制突然放松，但违犯不停的人，难道不是靠借福，苟幸不加罪于身吗？人追求私心，官吏难道可以严格追查。前代的制度没有追求以前的不幸，后来的圣旨放开了今天的宽恕。世情啊世情，竟然变成了常法。现在应该加以严格的惩罚，特别设立严重的禁令，来纠正那些违犯者，并惩罚那些过失之事。假若不严峻加以检束，现在允许宽容，担心现在圣明虽然明白，但实施又如以前，而且圣旨命令所规定的，榜示礼拜的地方，都任其放松而不禁止。我认为，设立榜示没有一定礼信就很难证验。想说建造，张榜公布，应该建造的话，的确讲明应该礼信，如此这样则白白地只有禁止的名声，实际打通了营造的道路。况且迁移改变御旨之后，割断的诏书四处流行，但私人建造者，不害怕规定的旨意。难道是百官执事者，对奉法守法有差失？恐怕是法网疏漏禁令不严，抑或有其他缘故。按照下臣的想法，都城之中，即使有标示榜文，营建的大致工夫，事情可以改建的，请按以前的制度办。处在城廓之外的，随便他们选择什么地方，他的地盘假若是买到的，文券契证很清楚的，听从随便转让。假若是官府的地盘而偷偷地建造的，马上让他们还给官吏。假若灵象已经建成，不可能移动改换，请求按照现在的赦令。城廓之内按此进行商量。那些寺庙塑像威严耸立、靠近屠场卖酒地很近的，请求搬掉旁边的屠场或酒店，用来清洁神灵之居。虽然有僧徒之数，但事情可以变移的，让他们到空闲宽敞之地，以躲避狭隘、简陋之苦，如果是今年正月下赦令以后建造的，请求按照旧有之制，根据法律治理。假若僧人不满五十个，互相通融，小的合并到大的去，一定让他们满额，地盘买卖归属，一律按照上面的原则，从今以后外州之地，想要建造亲庙，僧人五十以上的，首先让本州上表报告，昭玄考虑审查，上奏允许才准建造。假若有违犯，都按照前面的规定。州郡以下，允许而不禁止，罪过与违背圣旨相同。大概可以上遵照先代皇帝不朽的事业，下可以奉行现在圣旨慈悲之意，那么规定可以全保，圣治之道不远了。

上奏被批准，不久，天下丧乱，加上河阴的严酷，朝廷官吏死去的，他们的家属多把旧宅捐献，以施舍给僧尼。京城中的宅第，大多成了佛寺了。以前的禁令，不再实行了。

元象元年秋天，下诏说："梵境幽玄，本义是归于清静广阔，伽兰净土世界，理应绝弃热闹的尘世。前朝的城内，首先有禁令制断，自从迁来邺城，都按照旧规矩办。但是百官及士民，筑都的开始，城外的新城，都给一住宅。旧城中暂时都是借用，并打算后来借用，不时成为永久之规。听说有许多人，都在二处得到地方，有的舍弃旧城所借的屋宅，擅自立为寺庙，知道不属于自己所有，假借这一名声。终究担心因袭而更加发展，有亏旧式，应该交给执事者，认真加以统计。况且城中旧寺和住宅，一定都有旧账，那些新立的，都应该毁弃废掉。"冬天，又下诏说："天下的牧守及令长官员，都不准建造佛寺，假若有违犯的，不追问财产从何而来，包括所用的功费，都按违犯法律论罪。"兴和二年春天，下诏用邺城旧宫为天平寺。

世宗以来到武定末年，沙门中著名的有惠猛、惠辩、惠深、僧暹、道钦、僧献、道晞、僧深、惠光、惠显、法荣、道长，都为当世所敬重。

魏国拥有天下，一直到禅让，佛经流通，大集于中国，共有四百一十五部，合计一千九百一十九部。正光已亥，天下多乱，征役尤其多，于是所在的编户齐民，都一起入佛为僧，假借仰慕沙门，实际是逃避征调兵役，猥恶泛滥的极限，自从中国有一佛法，从来没有过。总略计算，僧尼一共有二百万了，佛寺三万多，流俗积弊不归，以至于这地步，有识的人因此而叹息。

道家的本源，出自老子，它们自己说，产生在天地形成以前，用来化育万事万物。在上居住在玉京，作为神王之宗；在下紫微，是飞仙的主宰。千变万化，有道德而不认为有道德，随着万物的变化而感应变化，它的影迹没有什么正常之态，在峨眉传授轩辕，教授帝喾以统治之德,大禹听说了长生不死之诀,尹喜接受了道德的意旨。至于丹书紫字,是升玄飞仙的经典;玉石金光,是妙有灵洞的学说。像这样的文字,不可以记尽。它作为一种宗教,都是除去邪恶秽迹,清洁心神,积累善行道德,建立功勋事业,于是就会白日升天,长生在世上。所以秦始皇、汉武帝,心甘情愿而不停止。灵帝把华盖放在濯龙之上,设立坛场以为礼敬。等到张陵在鹄鸣山授道,因此传授天官章本一千二百人,弟子相互传授,事情大为流行。斋戒祭祀跪拜,都成为法道,有三元九府,百二十官,一切诸神都归其统领管理。又称"劫数",与佛经很相似。象延康、龙汉、赤明、开皇一类,都是它的名字,等到他们劫数终止,称作是天和地都坏了。它们的书籍中有很多禁秘之事,不是道徒,不得随便观看。至于销化金子玉石,用符化水,奇妙的方术有万样千条。最上称羽化飞天,其次称消灾灭祸,所以喜欢奇异的人往往尊重并习行之。

开始文帝到晋朝为贵宾,跟从的人叫务勿尘,姿态神奇壮伟,在伊阙之山寺登道成仙道。知道的人都说魏国的神祚将会壮大。太祖喜欢老子的学说,讲诵吟咏不废倦。天兴年中,仪曹郎董谧因献服食仙经数十篇,于是建立仙人博士,建立仙坊,煮炼各种药物,封肓西山用来供奉烧薪蒸药。让犯有死罪的人试着服用,因为那些人都不是本心,大多死去而没有效验。太祖仍然修持。太医周澹,认为道教煎煮开采的事情很苦,想废除这件事,于是暗地里让妻子买得仙人博士张曜的小妾,得到张曜隐藏的罪责。曜害怕处死,因此请求辟谷,太祖同意,供给张曜器具费用,在宫苑中建造静室,并拨给打扫二家的人。而炼药的官吏,仍然没有停止,过了很久,太祖心中有些松懈,才停止。

世祖的时候,道士寇谦之,字辅真,南雍州刺史寇赞的弟弟,自称是寇恂之的十三世孙,早年喜欢仙道,有与世俗相绝的心愿。从少修炼张鲁的道术,服寒食散,吃炼丹药,经历多年而没有作用。他的诚心感动了上天,有位仙人叫成公兴,不知道是什么人,至寇谦之叔母家里做佣人。谦之去探望他的姨,看见成公兴形象状貌很强壮,辛苦地劳动而不显疲倦,请求让成公兴去为自己帮佣,等到要回家,让成公兴打开房舍南边的辣田。寇谦之在树下坐算,成公兴勤奋地开垦,当时来看寇谦之坐算。寇谦之说:"你只管拼命干活,为什么来看这些。"三天之后,又来看坐算,像这样没有停止。后来寇谦之计算七曜,有时不清楚,心中很失望。成公兴向谦之说:"先生为何不高兴?"谦之说:"我学算多年,但近来计算《周髀》不相合,因此而感到惭愧,但事情不是你所知道的,哪里用得着问?"成公兴说:"先生试告诉成公兴,让我来演算一下。"一会儿就算清了。谦之感叹并佩服,不知道成公兴的深浅,请求他当自己的老师。成公兴坚决推辞不肯,只愿意当寇谦之弟子。不久,对寇谦之说:"先生有意学道,能不能和成公兴一起归隐?"寇谦之很高兴地同意了。成公兴于是让寇谦之斋戒三天,一起到华山,让谦之住石室,自己外出采药,回来让寇谦之吃药,不再饥饿。于是带着寇谦之到嵩山,有三重石室,让寇谦之住第二重,过了年,成公兴对寇谦之说:"成公兴出去后,将会有人送药来,得到后只管吃,不要感到奇怪。"不久有人送药来了,都是些毒虫腐臭之类的东西,寇谦之十分害怕地逃走了。成公兴回来后问情况,谦之把情况说了,成公兴叹息说:"先生不可能做神仙,只可作为帝王的老师了。"成公兴事奉寇谦之七年,于是对他说:"成公兴不能久留,明天中年应该离去。成公兴死后,先生自己沐浴,会有人迎接。"成公兴于是进入第三重石室逝去了。寇谦之自己沐浴,第二天中午,有叩石室门的,谦之出去看,看见两个童子,一个拿着法服,一个拿着钵和锡杖。谦之引进门,到成公兴尸体之处,成公兴慢悠悠地起来,穿上法服带着钵,拿着锡杖走了。以前，京北灞城人王胡儿，他的叔父死了，很有些灵异，曾经将胡儿放在嵩高别岭上，同行的人观望，看见金室玉堂，有一个馆尤其珍贵华丽，里面是空的，于是进入，题名为"成兴公之馆。"胡儿奇怪地问他的叔父说："这是仙人成公兴的馆，因为犯了火烧七间屋的罪过，被下谪作寇谦之七年的弟子。"才开始知道谦之精诚通达甚远，成兴公是神仙被谪满以后才离开的。

寇谦之守志在嵩岳，精诚专门没有松懈，在神瑞二年十月乙卯，突然碰到大神，乘云驾龙，百灵带路，仙人玉女，左右侍卫，停集在山顶上，称为太上老君者对寇谦之说："以前辛亥年，嵩岳镇灵集仙宫主，上表天曹，告诉自从天师张道陵去世以后，地上很久没有职位了，修善的人，没有什么师承传授。嵩岳道士上谷寇谦之，立身端直合理，行为和自然相合，才能可当轨则师范，处于老师之首。所以我来看你，授给你天师的位置，赐给《云中音诵新科之诫》二十卷，号称'并述'。"又说："我这个经诫，自从天地开辟以来，没有传于世，现在是运数应该出来了。你宣传我的《新科》，用来清理整顿道教，除掉三张的伪旧之法，以及租米钱税，男女合气的法术。大道贵清虚，难道有这种事。应该专门以礼度为首务，而辅以服食闭练。"让王九疑人长客之等十二人，传授寇谦之服气导引口诀之法，于是得以辟谷，气盛体轻，颜色十分美丽，弟子十多人，都得到他的法术。

泰常八年十月戊戌，有牧士上师李谱文来到嵩高，说：老君的后代孙子，以前住在代郡桑乾，在汉武之世得道，成为牧土官主，统领三十六土人鬼的政务。地方圆十八里多，大概是历术一章的数字。其中为方万里的有三百六十方，派弟子宣传教义，说嵩岳所统的广汉平土方万里，用来授予寇谦之。作诰文说："我住在天宫，敷演真法，考虑到你布道二十二年，除去十年为启蒙，其余十二年，教化虽然没有什么大功，但有传授的苦劳，现在赐给你《天中三真太文录》，招致百神，以传授弟子。《文录》有五等，一叫阴阳太官，二叫正府真官，三叫正房真官，四叫宿宫散官，五叫并进录主。坛位、礼拜、衣冠仪式都有差级品位，总共六十卷，号称《录图真经》，交付你奉持，辅佐北方泰平真君。出天宫静轮之法。能兴造建就，则是真仙了。又地上的生民，未劫将来，在其中行教很困难。只有命令男男女女建立坛宇，从早到晚礼拜，像家里有父亲，功业能达到上一代。其中能够修身炼药，学习长生之术，就是真君种民。"药另外传授有方，销炼金丹、云英、八石、五浆的方法，都有要诀，上师李君手笔有数篇，其他都是楷书官赵道覆所写，古文鸟迹，篆隶杂体，辞旨意义简约说理，委婉成章，大致和世俗之礼相同，选择贤明有德的人，信仰的优先，勤奋的居次，又说天地二仪之间有三十六天，其中有三十六宫，每宫有一宫主，最高的称无极至尊，其次称大至真尊，再次天覆地载阴阳真尊，次洪正真尊，姓道名道隐，在殷时得道，牧土的老师。牧土为了以后，赤松、王乔一类的人物，以及韩终、张安世、刘根、张陵、近代成仙的，都跟随附从。牧土把寇谦之当作儿子，让他和群仙结为学徒朋友。幽冥之间的事情，世上不一定清楚，谦之详细问询，都一一回答。《经》说：佛，从前在西胡得道，在三十二天，是延真宫主，勇猛苦救，他的弟子都剃发染衣，断绝正常人道，诸天衣服都是这样。

始光初年，奉持他的书向上贡献，世祖于是让谦之住在张曜的地方，供给他食物，当时朝廷、民间听说，或存或亡，没有全部相信。崔浩独独感到奇异，因此师事寇谦之，并接受他的法术。于是上疏，赞叹表明这事说："我听说圣上受命，就有天人感人。因此《河图》《洛书》，都把文字寄存在虫兽一类的文字上，不像今天人和神仙相接对，笔迹都很明白，文辞意义很深远，从古都没有人可以相比。从前汉高虽然很英圣，四皓仍然感到耻辱，不向他屈膝。现在清明之德的隐逸神仙，不用召唤而亲自来到，这确实是陛下可以赶上轩辕、黄帝，是感应上天的符瑞，怎么可以当作普通世俗之谈，却忽略上灵的命令，下臣私下里感到害怕。"世祖听了很高兴，于是派使者带着玉帛及牲畜太牢等祭品，祭祀嵩岳，迎请在山中的其他弟子。于是崇敬信奉天神，显扬新的道法，宣布天下，道业大行。崔浩事奉天师，拜敬礼信很严。有的人讥笑他，崔浩听说后讲："从前张释之为王先生织袜子，我虽然才华并不是什么贤者哲人，现在敬奉天师，也可以不愧对古人了。"等到嵩高道士四十多人来到，于是设立天师道场在京城的东南，重叠有五层，按照新出经典的制度。供给道士一百二十多人衣服食用，一齐严肃地祈求，六时礼拜，每月设厨会时有数千人。

世祖要讨伐赫连昌，大尉长孙嵩阻拦他，世祖于是向寇谦之询问事情的征兆，寇谦之说："一定会胜利。陛下神武应天期，天经地义地统治天下，应当用兵平定九州，先用武功后施文治，用来成为太平真君。"真君三年，寇谦之上奏说："现在陛下您以真君统治天下，建立静轮天宫之法，开古以来，从来没有过。应该马上接受符书，用来彰明圣德。"世祖听从，于是亲自到道场，接受符箓，准备法驾，旗帜都是青色的，用来顺从道家的颜色。这以后的几位皇帝，每次即位都按这套办，恭宗看见寇谦之上奏建造静轮宫，一定想让宫高到听不到鸡狗的声音，想从上和天神相接，费工征役按万计过一年还建不成。于是对世祖说："人和天道不同，高和低有定分。现在寇谦之想要无法成功的期限，说是不可能的事情，财产物力损耗花费，百姓疲劳，不是太不应该吗？一定像他所说的，不如借助东山万仞之高，作办道功也就差不多了。"世祖深深地感到恭宗的话很对，但是因为崔浩赞成，难以违背他的意思，沉默了许久，才说："我也知道这件事情不成，事情既然这样了，何必爱惜那三五百个工？"

九年，寇谦之逝去，按道士的礼节安葬。在没有逝世的时候，对众弟子说："我谦之在世，你们可以请求迁录，我逝世以后，天宫真是难说。"又碰到设会之日，又设二桌在上师座前，弟子问是什么缘故，谦之说："仙官要来。"当夜逝去。前一天，实然说："我出气闭气接不上，腹中很痛。"但是行为举止正常，至第二天便寿终了。不久，口中气状像烟云，向上从窗中出，至半天中才消失。尸体变长了，弟子量他，达八尺三寸。三天以后，稍微缩少一点，到装敛时量他，才长六尺六寸，于是弟子认为是尸解变化离去了，没有死。

当时京兆人韦文秀，隐藏在嵩高，征到京师。世祖曾经询问方术金丹之事，都说可以成功。文秀回答说："神道幽深，变化难测，可以暗地里碰到，难以预先期待。我以前受学于先师，曾听说过这事，但没有做过。"世祖因为文秀是关右豪族，风操温雅，回答很有方法，派他和尚书崔颐到王屋山合丹，竟然不能成功，当时方士到来的前后数人，河东祁纤，喜欢相人，世祖认为贤明，封祁纤为上大夫。颍阳绛略，闻喜吴劭，导引养气，活到一百多岁，神态气息没有衰减。恒农阎平仙，博览百家之言，但不能知道真正的意义，言辞占卜回答，意思可以接受。世祖想封他官吏，最终辞职不接受。扶风鲁祈，赶上赫连屈子的暴虐，躲避在寒山之中，教授弟子数百人，喜欢方术，没有嗜好。河东罗崇之，经常吃松脂，不吃五谷粮食，自称是从中条山授道。世祖命令罗崇同到乡里，建坛祈求请愿，罗崇说："条山有一穴，和昆仑、蓬莱相连，进入洞中可以见到仙人，并和他们往来，下诏让河少郡借给他所需要的。罗崇进入洞穴，走了百多步，洞就到了尽头。后来被征召，掌事者认为罗崇诬罔不守道，上奏治其罪。"世祖说："罗崇是修道人，难道欺骗妄说用来诈行于世，或许是传闻不确，因此这样。古代的君子，用礼进人，也用礼退人，现在治他罪，实在是伤害我对待贤者的心意。"于是赦免了他，又有东莱人王道翼，从少有不同世俗的志向，隐居韩信山四十多年，断绝粮食只坐吃香草，通晓明白经书，书写符录，经常隐居深山，不和世事相交，活了六十多岁。显祖听说就召见他。青州刺史韩颓派使者到山上去征求他，王道翼于是到郡。显祖认为他守住本业，于是让僧人供给他衣服，以养终年。

太和十五年秋，下诏说："最好的道没有形，以虚无寂静为主。自从汉代以来，设置建立坛祠，前朝认为最为归顺可以利用，因此建立寺宇。从前京城之内，住的房屋都很少，现在房屋一栋挨一栋，人和神杂处，并不是在崇仰佛法，清静尊敬神道，可移到都城南的桑乾之北、岳山之南，永远设置场所，给予五十户，用来供给斋戒祭礼应用，仍然命名为崇虚寺，可以召名州隐士人数满九十人。

从洛移到邺，办事还同以前，道坛在南郊，方二百步，在正月七日，七月七日，十月十五日，坛主、道士、哥人一百六人，用来施行拜祠之礼。众道士很少能精诚，又没有高才法术。武定六年，执事者上奏罢掉。其中有道术的，象河东张远游，河间赵静通等，齐文襄王在京师别设馆礼貌地对待。